Xpert.press

Die Reihe **Xpert.press** vermittelt Professionals in den Bereichen Softwareentwicklung, Internettechnologie und IT-Management aktuell und kompetent relevantes Fachwissen über Technologien und Produkte zur Entwicklung und Anwendung moderner Informationstechnologien.

Rainer Gerlich · Ralf Gerlich

111 Thesen zur erfolgreichen Softwareentwicklung

Argumente und Entscheidungshilfen für Manager

Konzepte und Anleitungen für Praktiker

Mit 55 Abbildungen und 9 Tabellen

Springer

Rainer Gerlich
Ralf Gerlich
Auf dem Ruhbühl 181
88090 Immenstaad
Rainer.Gerlich@bsse.biz
Ralf.Gerlich@bsse.biz

Bibliografische Information der Deutschen Bibliothek
Die Deutsche Bibliothek verzeichnet diese Publikation in der Deutschen Nationalbibliografie; detaillierte bibliografische Daten sind im Internet über http://dnb.ddb.de abrufbar.

ISSN 1439-5428
ISBN-10 3-540-20910-7 Springer Berlin Heidelberg New York
ISBN-13 978-3-540-20910-2 Springer Berlin Heidelberg New York

Springer ist ein Unternehmen von Springer Science+Business Media
springer.de

Printed in Germany

Satz: Druckfertige Daten des Autors
Herstellung: LE-TeX Jelonek, Schmidt & Vöckler GbR, Leipzig
Umschlaggestaltung: KünkelLopka Werbeagentur, Heidelberg
Gedruckt auf säurefreiem Papier 33/3142/YL - 5 4 3 2 1 0

Danksagung

Für die Unterstützung unserer Arbeiten bedanken wir uns bei

- unseren Mitarbeitern Thomas Boll und Daniel Sigg, die engagiert und kreativ bei der erfolgreichen Implementierung der Produktionsprozesse mitgearbeitet haben.
- der ESA (European Space Agency), die durch Vergabe zahlreicher Projekte zu diesem Thema wesentlich dazu beigetragen hat, dass wir in Richtung automatischer Produktionsprozesse arbeiten konnten und können, und die die Technologie im Rahmen ihres "Technology Transfer Programme" (TTP) unterstützt.
- dem Raumfahrtmanagement des DLR (Deutsches Zentrum für Luft- und Raumfahrt) für die Förderung unserer Arbeiten durch Projekte und Verbreitung unserer Ergebnisse im Rahmen der "Initiative für den Technologietransfer aus der Raumfahrt" (INTRA).
- MST Aerospace GmbH für die wertvolle Unterstützung im Rahmen von TTP und INTRA.
- unseren Ansprechpartnern im Bereich DG IST (Information Society Technologies) der EU für die Unterstützung im Rahmen der "Framework Programme" FP4 und FP 6.
- allen unseren Auftraggebern und Kunden, durch die wir in der Lage waren, unsere Technologie in realen Projekten einsetzen und dadurch weiterentwickeln zu können.
- allen Diskussionspartnern, die uns durch Kritik und Rat Anregungen für weitere Anwendungen gegeben und uns damit zur Erschließung weiterer Einsatzbereiche ermutigt haben.
- unseren Ansprechpartnern beim Springer-Verlag, für ihre Geduld (es hat leider etwas länger gedauert) und ihre Hilfe bei der Erstellung dieses Buches..
- und – last but not least – allen unseren Teamkollegen aus den ESA- und EU-Projekten, für Gedankenaustausch, Anregungen und auch Kritik, die für uns sehr wertvoll waren, um unseren Ansatz weiterzuentwickeln.

Vorwort

Ziel dieses Buches ist es,

- Managern Argumente und Entscheidungshilfen für die Einführung effizienter Techniken der Softwareentwicklung zu geben, und
- Praktiker von der Notwendigkeit effizienter Softwareentwicklung zu überzeugen und Wege zur erfolgreichen Anwendung aufzuzeigen.

Unter "effizienter Softwareentwicklung" verstehen wir die Umsetzung von Anforderungen in "qualitativ hochwertige" Software zu "angemessenem" Preis innerhalb "angemessener" Zeit.

"Qualitativ hochwertig" steht für fehlerfrei, zuverlässig, robust und voll den Anforderungen entsprechend. Unter "angemessen" verstehen wir minimale Komplexität bei voller Abdeckung der Anforderungen, bezahlbar und kurzfristig verfügbar.

Im ersten Teil dieses Buches (Kap. 2 - 5) führen wir den Leser hin zum "automatischen Softwareproduktionsprozess", durch Präsentation von Thesen und Analysen. Anleitungen und Beispiele folgen im zweiten Teil (Kap. 6 und 7). Wir schließen mit Betrachtungen zur gesellschaftspolitischen Relevanz einer Technologie, die auf Automation beruht (Kap. 8).

Wie in anderen Bereichen, in denen Automation bereits angewendet wird, haben automatische Softwareproduktionsprozesse Einfluss auf die Arbeitsplätze. Präziser ausgedrückt, es fallen bestimmte Arten von Arbeitsplätzen weg, während andere entstehen. Für Manager und Entwickler, aber auch Ausbilder, ist es wichtig, sich frühzeitig auf die Möglichkeiten und Folgen dieser Technologie einzustellen.

Zur Zeit wird durch "Outsourcing", "Nearshoring" oder "Offshoring" versucht, die Softwareentwicklungskosten zu senken. "Automation" in der Softwareentwicklung geht darüber hinaus. Nicht nur Kosten sinken, auch Entwicklungszeit und -risiken, die Flexibilität erhöht sich, und Know-how muss nicht nach außen weitergegeben werden.

Softwareentwickler müssen daher informiert werden, dass Automation mehr zur Sicherung ihrer Arbeitsplätze beiträgt als sie zu gefährden. Die Gefahr, den eigenen Arbeitsplatz zu verlieren, ist ohnehin durch das momentane Gefälle des Preis-Leistungsverhältnisses zwischen In- und Ausland gegeben. Nur durch Verbesserung dieses Verhältnisses kann ein Entwickler seinen Arbeitsplatz sichern. Automatische Softwareproduktion gibt ihnen die Chance, die Leistung zu erbringen, die ihre höhere Bezahlung im Vergleich zu Niedriglohnländern rechtfertigt., bei gleichzeitiger Erhöhung der Arbeitsplatzqualität.

Um konkurrenzfähig zu bleiben, müssen Firmen sogar hoch bezahlte Arbeitsplätze schaffen, da die Entwicklung spezifischer und automatisierter Entwicklungsprozesse eine hochwertige Ausbildung voraussetzt.

"Qualität hat ihren Preis" ist eine bekannte Aussage. Bei kritischen Anwendungen, wie beispielsweise in der Luft- und Raumfahrt, sind die Entwicklungskosten mindestens um eine Größenordnung höher als bei anderen Anwendungen, weil sorgfältiges Vorgehen gefordert wird, einschließlich Maßnahmen zum Nachweis der Qualität. Bedeutet dies nun, dass andere Bereiche darauf verzichten müssen, wenn sie die Kosten für höhere Qualität nicht über Marktpreise abdecken können?

Wir sagen "Nein"! Und diese Aussage gilt prinzipiell für alle Bereiche. Unser Ziel ist es, die bisher nur unter hohen Kosten zu befriedigenden Qualitätsansprüche zu akzeptablen Kosten zu erfüllen, und damit die bisher nur in Bereichen wie Luft- und Raumfahrt realisierbare Qualität auch auf anderen Gebieten zu ermöglichen.

Dazu sind neue Verfahren und Vorgehensweisen bei der Entwicklung notwendig. Die Erfahrung zeigt uns, dass immer dann eine Qualitätssteigerung bei gleichzeitiger Kostensenkung möglich ist, wenn eine neue Technologie eingesetzt wird. Thema dieses Buches ist daher eine Methodik, mit der die gesteckten Ziele erreicht werden können.

Die Einführung einer neuen Technologie und die Erschließung breiter Anwendungsbereiche ist nicht einfach. Zunächst muss sie für den industriellen Einsatz reif sein. Diese Reife kann nur durch reale Anwendungen nachgewiesen werden, was in der Regel Aufträge von Anwendern voraussetzt. Dann muss sie auch von den Anwendern akzeptiert werden. Die Anwender müssen ihr vertrauen, was in der Regel erfolgreiche Anwendungen voraussetzt. Am Anfang ist es daher schwierig, einen neuen Weg zu beschreiten und durchzusetzen, weil diese beiden Bedingungen konträr zueinander sind. Von der ersten Idee bis zum beherrschbaren Einsatz in der Praxis ist daher ein langer Weg.

Wir werden ausführlich die Verfahren sowie die grundlegenden Konzepte und Strategien beschreiben und die Vorteile durch erfolgreich abgeschlossene Projekte und Beispiele belegen.

Insbesondere werden wir aus unserer Sicht darlegen, warum die beiden folgenden – weithin akzeptierten – Aussagen falsch sind:

- Software ist teuer, und
- mangelhafte Software ist ein unvermeidbares Schicksal.

In unserem täglichen Leben beobachten wir ständig, dass die Qualität von Produkten und Dienstleistungen steigt während Preis und Kosten sinken. Warum soll dies nicht auch für Software gelten?

Die Bedeutung von Software in unserem Umfeld nimmt kontinuierlich zu, wodurch auch die Auswirkungen schlechter Qualität größer werden. Der Bogen spannt sich hierbei von begrenzten, materiellen Auswirkungen wie Programmabstürzen, fehlerhafter Funktionalität, die „nur“ Zeitverlust und Unkosten verursachen, hin zu sicherheitskritischen, gesundheits- oder lebensgefährdenden Auswirkungen beispielsweise bei Anwendungen in der Transport-, Energie- und Medizintechnik, in Luft- und Raumfahrt.

Die potenziellen Einflüsse gehen aber noch weiter. Die zukünftige Wettbewerbsfähigkeit unserer Wirtschaft erfordert hohe Flexibilität hinsichtlich der Produkteigenschaften, bei kurzer Entwicklungszeit und niedrigen Produktionskosten. Wirtschaftsräume, die Software zu teuer produzieren, verlieren schon jetzt Marktanteile bzw. Arbeitsplätze, weil die hohen Softwareentwicklungskosten durch Vergabe von Arbeit in sog. Niedriglohnländer verringert werden.

Aus dieser Sicht wird es immer dringlicher, einen Weg aus dieser “Softwarekrise“ aufzuzeigen. Zu der technischen und wirtschaftlichen Brisanz des Themas kommen damit sozial- und wirtschaftspolitische Aspekte hinzu.

Warum geschieht nun anscheinend nichts Wesentliches, um dieses Problem in naher Zukunft lösen zu können? Die Antwort ist: es geschieht schon etwas, nur sind die Auswirkungen so gering, dass sie sich kaum oder überhaupt nicht auswirken. Auch fehlen geeignete Hilfsmittel, um Fortschritte messen zu können, was zur Folge hat, dass nicht genügend zielgerichtet vorgegangen wird.

Die hohen Umsätze, die mit Software bereits heute erzielt werden, sagen nichts über die Effizienz der Herstellungsmethoden aus. Ein besserer Indikator dafür ist die Verlagerung von Arbeitsplätzen in Niedriglohnländer. Dieses Verhalten der Wirtschaft zeigt, dass eine technische Lösung für das Kostenproblem offensichtlich noch nicht gefunden wurde. Daher werden Möglichkeiten nichttechnischer Art wie Unterschiede im Lohnniveau benutzt, um Wettbewerbsvorteile zu erhalten.

Die heutige Situation im Bereich der Softwareentwicklung ist vergleichbar mit dem Festhalten am Ptolomäischen Weltbild. Durch immer neue Erker versucht man das eigentlich ungeeignete System mit der Realität in Übereinstimmung zu bringen. Damals waren dies die neuen Erkenntnisse der Astronomen, die zu immer neuen "Verrenkungen" führten, ohne das Problem grundsätzlich lösen zu können. Im Bereich der Softwareentwicklung sind es heute neue Anforderungen und Qualität, Menge und Komplexität, die zwar zu „hektischen" Bemühungen fuhren, aber keine befriedigenden Ergebnisse bringen.

Erst ein neuer Ansatz, das Kopernikanische Weltbild, brachte den Durchbruch. Plötzlich war alles einfach und klar, die Komplexität sank drastisch, vorhandene Limitierungen verschwanden, neue Anwendungsfelder wie Schiffsnavigation durch sphärische Geometrie öffneten sich.

Wie sieht nun unser neues Weltbild bezüglich der Softwareentwicklung aus? Die Antwort heißt: Rationalisierung und Automatisierung. Präziser ausgedrückt: die Beschränkung des Menschen auf die kreativen und handhabbaren Anteile des Herstellungsprozesses von Software. Dies ist eine Vorgehensweise, die seit Ende des 19. Jahrhunderts in anderen Bereichen erfolgreich angewendet wurde und wird.

Natürlich wird der Ingenieur nicht völlig entbehrlich werden, aber er wird höherwertige Tätigkeiten übernehmen und den Rechner dazu stärker als bisher als Hilfsmittel nutzen, um bei niedriger Komplexität an der Mensch-Maschine-Schnittstelle große Komplexität des Produktes zu bewältigen. Dieses Ziel ist gegenläufig zum von uns beobachteten Trend, möglichst viel Komplexität handhaben zu wollen, um eigene Fähigkeiten demonstrieren zu können.

Unserer Auffassung und Erfahrung nach ist es aber eine viel größere Herausforderung, die geforderte Funktionalität in einfacher Weise zu implementieren. Durch die Verringerung der Komplexität an der Schnittstelle zum Produktionsprozess und dem Einsatz eines hinsichtlich Komplexität skalierbaren Produktionsprozesses wird die Herstellung hochkomplexer Systeme beherrschbar.

Der Beweis eigener hervorragender Fähigkeiten ist nach wie vor möglich, nur auf einer höheren Abstraktionsebene, bei gleichzeitiger Erfüllung der wirtschaftlichen Randbedingungen. Die kreativen Fähigkeiten der Entwickler rücken in den Vordergrund und werden somit in Relation zum Produktionsaufwand deutlich wertvoller. Aufgabe von Ausbildern und Managern wird es daher sein, den

Entwicklern die neuen Möglichkeiten und Anforderungen zu vermitteln.

Ein Beispiel für das geänderte "Weltbild" ist die Vereinheitlichung von "Entwicklung" und "Wartung". Wir werden zeigen, dass zwischen Entwicklung und Wartung nicht mehr unterschieden werden muss, sondern Entwicklung als kontinuierliche Wartung realisiert werden kann.

Durch den Übergang von der handwerklichen zu der industriellen Fertigung wie wir sie aus der Produktion von Massengütern kennen, sinken die Kosten drastisch, und die Qualität steigt entsprechend, die Produktions- bzw. Entwicklungsrisiken sinken. Zwischen solchen mechanischen, chemischen, pharmazeutischen oder lebensmitteltechnischen Produktionsweisen – um nur einige typische Felder zu nennen – und der Herstellung von Software gibt es viele Analogien, aber natürlich auch Unterschiede, die vor allem durch den immateriellen Charakter der Software bedingt sind. Wie wir später erläutern werden, lassen sich aus diesem Unterschied entscheidende Vorteile und Fähigkeiten zugunsten der Softwareentwicklung ableiten.

Es wird also notwendig sein, das Software Engineering von der handwerklichen, vorindustriellen Phase auf eine industrielle Vorgehensweise umzustellen. Ein solcher, von uns als notwendig betrachteter Übergang stößt üblicherweise zunächst auf Widerspruch, da mit ihm strukturelle Änderungen verbunden sind, die von den Beteiligten erst akzeptiert werden müssen.

Die Einführung einer erfolgsorientierten Softwareentwicklungsstrategie ist nur möglich, wenn Entscheidungsträger wie Manager, Kosten- und Technologieverantwortliche sowie Projektleiter mit Softwareentwicklern kooperieren. Manager müssen sich ihrer Verantwortung für die Einführung und erfolgreiche Anwendung effizienter Softwareentwicklungsmethoden bewusst sein. Ebenso müssen Softwareentwickler wissen, dass sie nur bei Anwendung effizienter Methoden mittel- bis langfristig ihren Arbeitsplatz sichern.

Voraussetzung für die Akzeptanz optimierter Produktionsmethoden ist die Messbarkeit der Ergebnisse. Der dafür notwendige Einsatz von Metriken ist weitgehend unbekannt, wird von den aktuellen Methoden und Werkzeugen kaum bzw. nicht unterstützt, oder erfordert zuviel Aufwand. Würden Forderungen wie „10 % Produktivitätssteigerung pro Jahr" vorgegeben werden, könnte ihre Umsetzung gar nicht festgestellt werden. Daher bleibt es beim Glauben, mit einer bestimmten Vorgehensweise eine positive Änderung bewirken zu können, weil Beweise für eine erfolgreiche Umsetzung kaum erbracht werden können. Während die Produktionskosten für Hardware durch Prozessoptimierung kontinuierlich sinken, bleiben wegen fehlender messbarer Optimierung Aufwand und Kosten für Software hoch.

Weder Manager noch Softwareentwickler können die Probleme allein lösen. Möglicherweise fehlt vielen Managern das Verständnis für die Probleme, insbesondere wenn sie von ihren Entwicklern hören, dass keine positiven Veränderungen möglich sind. In dieser anscheinend nicht veränderbaren Situation überlassen sie die Initiativen ihren Softwarefachleuten mit dem Ergebnis, dass nichts geschieht, oder sie machen die bittere Erfahrung, dass teure Investitionen nicht zu einer wesentlichen Verbesserung führen, es sich dabei also wegen mangelnder Erfahrung nur um reinen Aktionismus ("Placebos") gehandelt hat. Dies führt zur Stagnation bei der Optimierung der Herstellungsprozesse.

Umgekehrt fehlt möglicherweise Entwicklern das Verständnis für Kosten, Zeit, Flexibilität und Kundenbedürfnisse, und die Fähigkeit, eigene praktische Arbeitsabläufe zu analysieren und zu optimieren. Es entsteht eine Patt-Situation: den Managern fehlen die Argumente, um Änderungen initiieren und durchsetzen zu können, und den Entwicklern fehlt die Erfahrung und die Motivation, Prozesse zu optimieren. So bleibt im Wesentlichen alles wie es ist.

Wir hoffen, mit diesem Buch dazu beizutragen, dass diese Stagnation überwunden werden kann. Manager sollten nach dem Lesen dieses Buches wissen, dass es Alternativen gibt, Praktiker sollten wissen, wie man sie realisiert und warum Änderungen dringend notwendig sind.

In den folgenden Kapiteln dieses Buches werden wir unsere Thesen, Strategien und Konzepte darlegen, den Stand der Technik präsentieren und analysieren, bereits mit einer neuen Technologie erzielte Ergebnisse beschreiben, weiteres Potenzial für Optimierung identifizieren sowie wirtschafts- und sozialpolitische Aspekte diskutieren.

Einen großen Teil unserer Erfahrung haben wir im Bereich der sog. "technischen Systeme" gesammelt wie "Echtzeitsysteme", "embedded systems", "fehlertolerante Systeme", "hochzuverlässige Systeme" mit zugehöriger Mensch-Maschine-Schnittstelle (MMI) bzw. grafischer Oberfläche (GUI), und Datenbankanwendungen (DB), sowie (automatischen) Testwerkzeugen.

Für diese Systeme gelten hohe Qualitäts- und Zuverlässigkeitsanforderungen: Aus dieser Sicht blicken wir auf den Stand der Technik und werden dann in späteren Kapiteln beschreiben, wie man diese hohen Anforderungen zu akzeptablen Kosten erfüllen kann, nicht nur in den genannten Anwendungsgebieten.

Die Techniken, die für die o.g. Systemkategorien notwendig sind, lassen sich auch in anderen Bereichen effektiv zur Erhöhung der

Qualität und Zuverlässigkeit nutzen. Wir denken hierbei u.a. an Organisationssysteme, gerade unter dem Gesichtspunkt steigender Anforderungen und Komplexität bei Datenbank- und Web/Internet-Anwendungen, an den Bereich der Automatisierungstechnik (SPS) und Prozessrechnertechnik, an die Pflege und Portierung von "Altlasten" ("Legacy Software", "Reverse Engineering") und an den Einsatz bei der Analyse und Modellierung von Geschäftsprozessen.

Wir geben nun eine Übersicht über den weiteren Inhalt des Buches, getrennt für Manager und Praktiker bzw. Entwickler.

Für Manager enthalten die Kapitel folgende Informationen:

Kap. 1 enthält die gesammelten Thesen und grundsätzliche Strategien zur Softwareentwicklung mit negativen und positiven Beispielen. Diese Strategien bilden den Kern unseres Handelns und unserer Prozessoptimierung.

Kap. 2 klärt den Begriff "Effizienz" und spricht praktische Aspekte der Automation an, die später in abstrakter Form in die Definition automatischer Produktionsprozesse einfließen.

Kap. 3 definiert das Verhältnis zwischen Nutzern und Entwicklern, identifiziert Chancen und Risiken der Softwareentwicklung, und analysiert das Spannungsverhältnis zwischen Auftrageber und Auftragnehmer. An Beispielen belegen wir, warum eine Verbesserung der Entwicklungsmethodik notwendig ist.

Kap. 4 gibt einen Überblick über Methoden, Sprachen, Betriebssysteme sowie Werkzeuge der Softwareentwicklung. Gute Kenntnisse auf diesen Gebieten sind Voraussetzung für die erfolgreiche Implementierung von Produktionsprozessen.

Kap. 5 behandelt Managementaspekte der Softwareentwicklung einschließlich Projektmanagement. Wir identifizieren Einsparungs- und Verbesserungspotenziale, untersuchen Innovationshemmnisse, diskutieren notwendige organisatorische Maßnahmen und Aufgaben des Managements, und präsentieren schließlich eine Checkliste, die das Einordnen der im eigenen Betrieb erreichten Reife und das Aufdecken von Schwachstellen ermöglichen soll.

Kap. 6 beschreibt die Theorie automatischer Softwareproduktionsprozesse. Grundelemente dieser Information ermöglichen einem Manager, Entwickler für solche Entwicklungsansätze zu motivieren. Von Interesse dürften auch die Ausführungen über die Auswirkungen auf die Zusammenarbeit zwischen Vertragspartnern, die Korrektheit der Produkte und die Kostenminimierung bei der Entwicklung von Produktionsprozessen sein.

Kap. 7 belegt an Beispielen die Vorteile und den großen Einsatzbereich bereits vorhandener Prozesse, identifiziert zukünftige Anwendungsbereiche und diskutiert die weitere Vorgehensweise zu ihrer Erschließung.

Kap. 8 geht auf die gesellschaftlichen Aspekte der Automation ein, vergleicht Outsourcing, Nearshoring und Offshoring mit automatischen Entwicklungsprozessen, und identifiziert zukünftige Ausbildungsprofile von Entwicklern und Entscheidungsoptionen von Managern.

Kap. 9 präsentiert abschließend unsere Thesen in kompakter Form und blickt in eine Zukunft, die durch den Einsatz automatischer Prozesse geprägt werden kann.

Mit den Augen eines Praktikers sehen wir folgende relevanten Beiträge:

Kap. 1 enthält die gesammelten Thesen und definiert die Entwicklerrolle im Umfeld automatischer Softwareproduktionsprozesse.

Kap. 2 erläutert die Relevanz verschiedener Aspekte der Automation aus praktischer Sicht und legt damit die Grundlagen für die spätere abstrakte Definition der automatischen Softwareproduktion.

Kap. 3 analysiert das Spannungsverhältnis zwischen Entwickler und Anwender, fordert eine stärkere Fokussierung auf die Bedürfnisse des Nutzers, zeigt an einigen Beispielen, was schiefgehen kann und identifiziert die Ursachen.

Kap. 4 führt in Softwareentwicklungsmethoden, Qualitätssicherung, Sprachen und Betriebssysteme ein. Fehlerquellen und Fehlervermeidung werden an Beispielen erläutert, Standards und Begriffe wie Zertifizierung, Klassifizierungskriterien von Werkzeugen und Betriebssystemen werden erklärt. Der größte Teil der hier präsentierten Information wird benötigt, um effizient Produktionsprozesse realisieren zu können.

Kap. 5 gibt einem Praktiker Einblick in die Kriterien, nach denen Manager entscheiden, entscheiden sollten oder vielleicht manchmal bei der Entscheidungsfindung auch vernachlässigen.

Kap. 6 enthält die theoretischen Grundlagen zur Definition und Einsatz eines automatischen Softwareproduktionsprozesses. Dieses Kapitel ist daher das wichtigste für einen

Praktiker, der solche Prozesse anwenden oder selbst entwickeln will.

Kap. 7 lockert die abstrakten Überlegungen von Kapitel 6 durch praktische Beispiele auf. Sie zeigen, was möglich ist und auch bereits erreicht wurde.

Kap. 8 beschreibt die gesellschaftlichen Auswirkungen der Automation, geht auf das Potenzial hinsichtlich des Erhalts von Arbeitsplätzen ein, und definiert das dafür notwendige zukünftige Ausbildungsprofil von Entwicklern, die sich in einem verstärktem globalen Wettbewerb behaupten wollen.

Kap. 9 bildet das Schlusskapitel. Wir fassen unsere Thesen zusammen und geben einen Ausblick.

Inhaltsverzeichnis

1 Thesen

In diesem einführenden Kapitel präsentieren wir einen Überblick über unsere Thesen. Wir beschreiben grundsätzliche Strategien zur Erhöhung der Effizienz der Softwareentwicklung, und diskutieren bestehende Probleme und Lösungsansätze. Im letzten Teil dieses Kapitels führen wir zusammenfassend alle Thesen auf, die wir in diesem Buch definieren. Der Inhalt dieses Kapitels ist für das weitere Verständnis wichtig und sollte daher von beiden Zielgruppen, Managern und Entwicklern, gelesen werden.

1.1 Einführung in das Konzept

Unsere Thesen betreffen strategische und organisatorische Maßnahmen zur Verbesserung der Effizienz, Flexibilität und Qualität der Softwareentwicklung. Sie sind keine Wunschträume, sondern sie wurden bzw. werden bereits in der Praxis angewendet. Ergebnisse und Analysen zur erzielten Effizienz sind bereits verfügbar, u.a. wurde eine komplexe Anwendung für die internationale Raumstation ISS mit einem (automatischen) Softwareproduktionsprozess[1] erfolgreich entwickelt. Unsere Thesen definieren eine neue Strategie der Softwareentwicklung, die die vollständige Optimierung des Entwicklungsprozesses zum Ziel hat.

---

[1] Unter einem "Softwareproduktionsprozess" verstehen wir nicht nur einen Prozess, der Code generiert, sondern einen, der alle Entwicklungsphasen von der Spezifikation bis zur Abnahme einschließt, insbesondere berücksichtigt er Integration, Test, Verifikation, Validierung, sowie die (frühzeitige) Identifizierung von Anwenderfehlern. Ein automatischer Produktionsprozess erfordert die Mitwirkung eines Entwicklers nur bei der Spezifikation und der Abnahme, aber nicht während der Zwischenphasen. Eine charakteristische Eigenschaft eines solchen Prozesses ist, dass die Produktionszeit um ca. 1/x sinkt, wenn die Rechnerleistung um den Faktor x steigt.

These 23
Eine geänderte Rollenverteilung zwischen Entwickler und Rechner kann die Effizienz wesentlich erhöhen.

Ein wichtiger Aspekt ist die Forderung nach einer geänderten Aufgabenverteilung zwischen Softwareentwickler und Rechner als Hilfsmittel der Entwicklung. Bei der jetzigen Vorgehensweise werden vom Entwickler Tätigkeiten ausgeführt, die ein Rechner bei entsprechender Organisation viel schneller und zuverlässiger ausführen könnte, während ein Entwickler grundsätzliche Probleme hat – aufgrund der menschlichen Unzulänglichkeit, sie regelkonform umzusetzen.

Zur Zeit sehen wir zwei prinzipielle Konflikte:

- Entwickler möchten und müssen kreativ sein, während sie bei der Umsetzung ihrer Ideen in ein Softwareprodukt Regeln einhalten müssen. Kreativität und Regelkonformität widersprechen sich aber.

  Die zu bewältigenden Aufgaben und Regeln sind üblicherweise so komplex, dass die Entwickler das gesamte Problem – Entwicklungsziel und Umsetzungsregeln – nicht mehr überblicken können, und Regelverstöße Teil der Problemlösung werden.

  Um Regelverstöße zu finden, sind weitere Entwickler zur Qualitätssicherung, viel Aufwand und Zeit erforderlich, wohl wissend, dass die Qualitätssicherer prinzipiell nicht alle Regelverstöße finden können.
- Entwickler suchen Herausforderungen, sehen aber als die größte Herausforderung – leider – die Tätigkeit an, bei der sie prinzipiell nicht gewinnen können: die regelkonforme und korrekte Umsetzung ihrer Ideen durch sie selbst.

  In der Annahme, die korrekte Umsetzung nur selbst durchführen zu können, konzentrieren sich die Verbesserungsmaßnahmen auf die Unterstützung der Entwicklungsarbeit durch Rechner, wobei die Last dennoch bei den Entwicklern bleibt. Der Weg zur Alternative, einem Rechner die regelkonforme Umsetzung zu überlassen, ist somit blockiert.

These 26
Eine klare Trennung der Aufgaben zwischen Entwickler und Rechner ist erforderlich

Die Lösung dieser grundsätzlichen Konflikte erfordert daher eine klar definierte, neue Rollenverteilung zwischen Entwicklern und Rechnern entsprechend ihrer Fähigkeiten:

- kreative Aufgaben übernimmt der Entwickler,
- die Umsetzung nach festen Regeln der Rechner, wobei der Rechner einen Entwickler auch bei der Organisation seiner Ideen unterstützen kann.

Ein Rechner wird dann nicht mehr hauptsächlich zur Ausführung von Programmen eingesetzt, sondern für die Produktion der Programme selbst. Der Entwickler definiert das Ziel, und der Rechner transformiert seine Ideen in korrekte und ausführbare Programme. Durch seine großen Ressourcen verstärkt er dabei die Softwareentwicklungsfähigkeiten seines "Meisters" in unvorstellbarem Maße, ohne Fehler zu übernehmen oder zu erzeugen. Aber der "Meister" muss lernen, seinem "Besen" die richtigen Instruktionen zu geben, sonst bleibt der Erfolg aus, wie beim "Zauberlehrling" von Johann Wolfgang von Goethe.

These 24
Die "Verstärkereigenschaften" eines Rechners können effizient für die Softwareentwicklung eingesetzt werden.

Vereinfacht ausgedrückt setzt ein Entwickler bei der bisherigen Vorgehensweise seine Ideen selbst um, und der Rechner kontrolliert meistens nur, ob er die Regeln einhält, und dies auch nicht vollständig. Bereits realisiert wurde eine solche notwendige Unterstützung durch den Übergang von Assemblern zu Compilern. Compiler sind ein gutes Beispiel für die effiziente Nutzung der "Verstärkereigenschaften" eines Rechners. Aber die Probleme auf höheren Abstraktionsebenen werden damit nicht gelöst. Durch die Mächtigkeit der Compiler kann mehr ausführbarer Code als früher erzeugt werden, aber dadurch sind neue Probleme entstanden. Die große Menge an Quellcode muss auch auf Korrektheit überprüft werden, aber dazu reichen die Mittel eines Compilers nicht aus. Jetzt muss die Erzeugung von Quellcode für die Compiler organisiert und unterstützt werden.

Bei der Umsetzung der Eingaben oder Vorgaben in ein Ergebnis werden nur zu einem geringen Teil die Ressourcen eines Rechners genutzt. Die Ergebnismenge beträgt üblicherweise ein Vielfaches der Eingabemenge, und der Entwickler selbst übernimmt diese Vervielfachung. Bei den meisten aktuell angewandten Verfahren zur Testautomation leitet beispielsweise der Entwickler die (zahlreichen) Testfälle ab und benutzt erst zur Ausführung einen Rechner.

Die geänderte Rollenverteilung erfordert ein Umdenken und eine Organisation, die neue Abläufe unterstützt.

Aus unserer Sicht wird es dann die folgenden Entwicklerprofile geben (Abb. 1-1 und Abb. 1-2):

- den anwendungsorientierten Entwickler ("AOE"),
- den prozessorientierten Entwickler ("POE"), und
- den herkömmlichen Entwickler.

Alle drei Profile können natürlich auch in einer Person bzw. Firma vereint sein.

Der prozessorientierte Entwickler (POE) (Abb. 1-1) definiert den Softwareproduktionsprozess, wobei er auf Information über Produkteigenschaften und spezifisches Know-how des Anwenders angewiesen ist, um den Prozess optimal auf die Anforderungen abstimmen zu können.

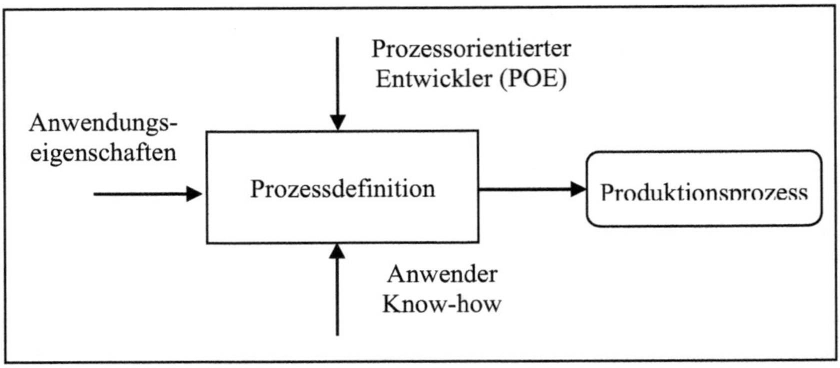

Abb. 1-1 Prozess-definition[2]

Der anwendungsorientierte Entwickler (AOE) (Abb. 1-2) definiert – kreativ – die Anwendung, und setzt sie durch einen Produktionsprozess mit einem Rechner in ein reales Ergebnis um, ohne an der Produktion (Erstellung von Quellcode usw.) selbst beteiligt zu sein. Er konfiguriert den Produktionsprozess entsprechend den Anwenderanforderungen über die Produkteigenschaften.

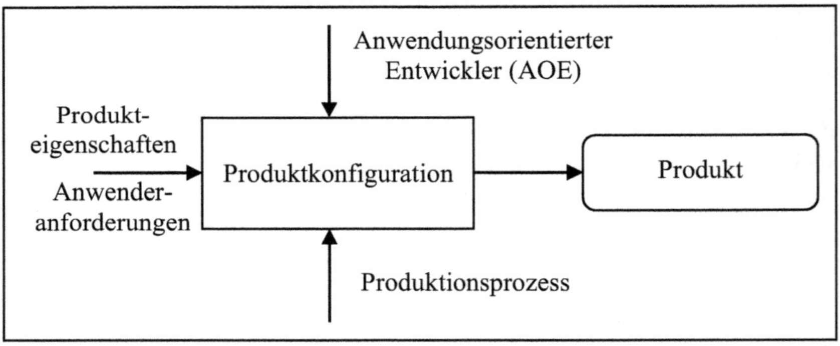

Abb. 1-2 Produkt-konfiguration

Der "herkömmliche" Entwickler entwickelt Software, die nicht durch Produktionsprozesse erzeugt wird. Nach einer Übergangszeit wird diese Tätigkeit an Bedeutung verlieren. Dies ist vergleichbar zum Übergang von Assembler auf Compiler. Der Anteil an Assemblerprogrammen ist heute sehr gering. Nur für sehr spezifische Probleme wird weiterhin die herkömmliche "manuelle" Entwicklung notwendig sein, ähnlich wie sich heutzutage die Anwendung manuell erzeugten Assemblercodes auf wenige einfache Teilaufgaben beschränkt, etwa beim Laden eines Betriebssystems.

[2] Wir benutzen hier die grafische Notation von SADT™ (Structured Analysis and Design Technique): von links: Eingabedaten, von oben: Kontrolltätigkeit, von unten: Methoden, nach rechts: Ergebnis

Die eigentliche Softwareentwicklung – nach bisherigem Verständnis – findet somit nur noch bei der Entwicklung der Produktionsprozesse statt. Die bisherige Erfahrung zeigt, dass der Anteil der erforderlichen Neuentwicklungen sinkt, wenn schon Produktionsprozesse vorhanden sind. Die Wiederverwendbarkeit der Produktionssoftware ist durch die strikte Organisation erheblich höher als bei der bisherigen Anwendungssoftware – dies lässt sich an den bisher von uns realisierten Prozessen nachweisen. Durch die angewandte Organisationsform wird die Software des Produktionsprozesses sogar 100% wiederverwendbar. Die Wiederverwendbarkeit impliziert auch eine Optimierung des Produktionsprozesses und der Wartung: die Entwicklung geht in ständige Wartung über.

Dieser hier skizzierte Ansatz kann natürlich nur schrittweise eingeführt werden d.h. es wird eine Koexistenz von "automatischer" und "manueller" Softwareentwicklung für eine Übergangsphase geben. Die Integration manuell neu erstellter bzw. bereits vorhandener Software kann und sollte ein Produktionsprozess ebenfalls unterstützen.

1.2 Mehr Chancen durch bessere Strategien

Den Begriff "Strategie" interpretieren wir in zweifacher Weise:

1. Strategien zur systematischen Optimierung der Softwareentwicklung,
2. Strategien der Softwarenutzer zum Erreichen ihrer eigenen Ziele.

Mit besseren Strategien können die Softwareentwickler wettbewerbsfähiger werden und die Qualität ihrer Produkte erhöhen, aber auch flexibler und agiler werden, damit ihre Kunden durch Einsatz von guter Software ihre eigenen strategischen Ziele besser erreichen können. Bei kundenspezifischen Entwicklungen sollte der Anwender als Teil seiner Strategie sich mit den Softwareentwicklern abstimmen, um durch Synergie einen höheren Nutzen zu erhalten.

In zunehmenden Maße wird Software eingesetzt, ihr kommt immer größere Bedeutung zu. Sie kann den Nutzer begünstigen oder auch behindern. Als Behinderung verstehen wir hier Abweichungen zur versprochenen Leistung, und unvollständige Abdeckung von Anwenderanforderungen. Entsprechend der größeren Verbreitung treten auch immer öfter Behinderungen auf. Unser Ziel ist es, die Softwareentwicklungsmethodik so auszurichten, dass eine Behinderung von Anwendern nicht eintreten kann, d.h. dass verdeckte Mängel ausgeschlossen sind, und flexibel und zu akzeptablen Kosten die Bedürfnisse von Anwendern abgedeckt werden können.

Eine Analyse der gegenwärtigen Situation der Softwareentwicklung impliziert, über deren Probleme zu diskutieren. Diese Probleme sind sehr groß. Im täglichen Leben können wir das feststellen, wenn wir schwer lesbare Rechnungen bekommen, wenn ein Programm plötzlich abstürzt, oder wir über "Tricks" versuchen müssen, von einem Programm das zu bekommen, was wir wollen. Wenn Software ausfällt, kann dies zu großen Störungen führen.

Ende September 2004 fiel das Flugbuchungssystem bei der Deutschen Lufthansa aus. Flüge – auch von Partnergesellschaften – mussten gestrichen werden, hatten große Verspätung und Passagiere mussten umbuchen. Obwohl ein solches Ereignis glücklicherweise selten eintritt, ist der Schaden im Fall der Fälle groß.

Natürlich gibt es eine Menge von Programmen, mit denen der Anwender voll oder weitgehend zufrieden ist. Hohe Kundenzufriedenheit impliziert aber momentan hohe Entwicklungskosten und lange Entwicklungszeit. Für gute Qualität muss ein hoher Preis bezahlt werden. Anwender und Entwickler meinen zu wissen, dass sie bei niedrigem Preis ihre Ansprüche an Qualität erheblich reduzieren müssen, ein Anspruch auf Mängelbeseitigung ist in der Regel bei frei verkäuflicher Software nicht durchsetzbar. Möglicherweise wird der Mangel mit der nächsten Version behoben, aber dafür muss wieder bezahlt werden. Dies sind Prozeduren, die in anderen Bereichen nicht üblich sind.

These 62 Aufwand senken, Qualität erhöhen

Um ausreichende Qualität sicherzustellen, werden große Entwicklungsressourcen benötigt. Diese sind teuer und auch in der benötigten Menge tatsächlich nicht vorhanden. Seit einiger Zeit versucht man mit Outsourcing, Nearshoring oder Offshoring die hohen Personalkosten zu senken, ohne die eigentlichen Probleme – den hohe Bedarf an Entwicklern und ihre (relativ hohe) Fehlerrate – befriedigend lösen zu können.

Zur Skizzierung der aktuellen Situation und zur Erläuterung unseres prinzipiellen Lösungsansatzes werden wir auch Beispiele aus anderen Bereichen oder dem Alltag heranziehen, um dadurch besser die Probleme und ihre potenziellen Lösungen charakterisieren zu können. Uns ist bewusst, dass ein Vergleich möglicherweise nicht vollständig alle Aspekte berücksichtigen kann. Wir wählen auch das Mittel der "Karikatur", um – vielleicht überspitzt – die Situation und Lösungsansätze treffender darzustellen zu können.

1.2.1
Optimale Arbeitsteilung

Aus unserer Sicht werden zwar Rechner (Computer) vielfältig zur Ausführung von Anwendungsprogrammen benutzt, aber nur unzureichend zur Entwicklung von Programmen und zur Lösung der hierbei auftretenden Probleme hinsichtlich Ressourcen, Kosten und Zeit. Die Möglichkeiten von Computern werden u.E. nicht voll ausgeschöpft. Zur Optimierung reicht es nicht, die aus dem manuellen Entwicklungsprozess bekannten einzelnen Schritte durch Einsatz von Computern zu optimieren, sondern der gesamte Prozess muss neu betrachtet werden. Um optimieren zu können, benötigt man Kriterien über die Effizienz des Entwicklungsprozesses, und Metriken, durch die solche Kriterien messbar und vergleichbar werden. Daran mangelt es aber.

These 2
Der Stand der Technik versucht die Probleme nur durch punktuelle Automation zu lösen.

Der noch relativ junge Bereich "Softwareentwicklung" hatte anscheinend nicht genügend Zeit, einen langsamen und kontinuierlichen Reifeprozess zu durchlaufen. Nach einer kurzen "Anlaufphase" werden hohe Anforderungen an Qualität und Funktionalität gestellt. Andere Bereiche konnten auf jahrhundertelange Erfahrung zurückgreifen, um den Übergang von handwerklichen Abläufen in industrielle Prozesse innerhalb der letzten 150 Jahre zu bewältigen. Ein "Drill" wie bei der Ausbildung von Lehrlingen im Handwerk und bei Ingenieuren in der Ausbildung, strikte Anleitung zu Einfachheit, Zweckmäßigkeit und Robustheit ist in der Ausbildung von Softwareentwicklern weitgehend unbekannt.

Die Softwareentwicklung wird als kreative Tätigkeit verstanden, und Entwickler beanspruchen dafür genügend Freiraum. Solche Freiräume führen bei der Umsetzung von der Idee in ein ausführbares Programm zu Problemen, weil dann regelkonformes Vorgehen notwendig ist. Unser Ansatz zur Lösung dieses Konfliktes ist:

These 25
Der kreative Entwickler soll nicht gezwungen werden, starre Regeln einzuhalten.

- der Entwickler *beschränkt* sich auf die kreativen Tätigkeiten,
- die Tätigkeiten, die nicht kreativ sind, sondern nach Regeln ausgeführt werden müssen, werden Automaten, den Computern, überlassen.

Damit gewinnt der Entwickler Freiräume für seine Kreativität, er wird von starren Tätigkeiten entlastet. Rechner dagegen können nur nach einem starren Plan ihre Arbeit ausführen, sind daher wesentlich zuverlässiger bei der Einhaltung der Regeln und schneller. Entwickler und Rechner ergänzen sich in dieser Weise ideal.

These 26
Eine klare Trennung der Aufgaben zwischen Entwickler und Rechner ist erforderlich

Bei der bisherigen Vorgehensweise ergeben sich Konflikte zwischen Kreativität und Vorschriften, weil die Entwickler ihre Aufgabe hauptsächlich darin sehen, dort kreativ zu sein, wo die Einhaltung von Regeln angebracht wäre, ein inhärenter Konflikt, der sich historisch entwickelt hat. Aus unserer Sicht konzentrieren sich die bisherigen Entwicklungsmethoden und -werkzeuge darauf, den Ingenieuren zu helfen, mit diesem Konflikt leben zu können, die Auswirkungen zu mildern. Bei dieser Zielsetzung können sie ihn aber nicht grundsätzlich beseitigen, obwohl immense Ressourcen an Personal für Entwicklung und Qualitätssicherung eingesetzt werden.

These 1
Mit dem Stand der Technik können die prinzipiellen Probleme nicht gelöst werden.

Der von uns einleitend geforderte Paradigmenwechsel besteht in einer strikten Aufgabenteilung entsprechend der Fähigkeiten, und einem gezielten Einsatz von Rechnern zur Umsetzung der kreativen Vorgaben unter Nutzung der großen Rechnerressourcen, die die Produktion großer und komplexer Softwaresysteme durch skalierbare und korrekte Produktionsabläufe ermöglichen. Wir fordern damit die Abkehr von einem Entwicklungsansatz, der die Lösung eines Konfliktes versucht, der prinzipiell nicht lösbar ist.

These 27
Die Arbeitsteilung zwischen Mensch und Rechner muss gut organisiert werden.

Diese Arbeitsteilung zwischen Mensch und Rechner erfordert aber eine gut abgestimmte Organisation, eine klare Abgrenzung zwischen kreativen und starren Tätigkeiten, eine exakte Definition, was ein Rechner ausführen soll, und klare Anweisungen. Aus den bisherigen Diskussionen wissen wir, dass der Übergang nicht einfach umzusetzen ist, auch weil alle bisherigen Anstrengungen sich nicht auf eine zufriedenstellende Lösung dieses Konfliktes konzentrierten, einschließlich Ausbildung. Wir werden den Leser daher langsam an diese Aufgabe heranführen.

Wir haben erlebt, dass Entwickler glaubten, die Idee sei so einfach, dass sie sie ohne spezielles Training verwirklichen könnten, dann scheiterten, und daraus schlossen, dass der Ansatz nicht realisierbar sei. Wenn jemand ein Flugzeug ohne Pilotenausbildung fliegt und dann abstürzt, wird (heute) niemand behaupten, dass Fliegen nicht möglich ist.

Wenn Alexander der Große sich die Idee zur Lösung des gordischen Knotens (s.a. Kap. 1.2.6) nur von einem anderen abgeschaut hätte, ohne selbst die notwendigen intellektuellen Fähigkeiten zu besitzen, hätte er zwar die Stricke trennen, aber nicht die damit verbundene Voraussage erfüllen könne, Asien zu erobern.

Der oben erwähnte Drill muss kein Widerspruch zur Kreativität sein. Mit reiner Kreativität kann man Bilder malen oder Musikstücke komponieren. Will man aber eine Idee in ein brauchbares Produkt umsetzen, so erfordert das Planung, und Planung impliziert geordnetes Vorgehen. Bei dieser Planung können Rechner aber die Entwickler unterstützen, und die Menge der anzuwendenden Regeln minimieren bzw. die Einhaltung der Regeln kontrollieren.

Neben der Kreativität wird also noch ein Minimum an geordneter Vorgehensweise verlangt. Damit die Tätigkeit effizient ausgeübt werden kann, ist auch hierfür Training oder eine Ausbildung erforderlich, so wie zum Fliegen.

Nach einer Beschreibung der aktuellen Situation, Identifikation der wichtigsten Anforderungen und einem (Rück-)Blick auf die bisher eingesetzten Entwicklungstechniken, bereiten wir dann den Leser allmählich auf die Methodik vor. Dies geschieht über eine qualitative und quantitative, *messbare* Bewertung der Situation, eine prinzipielle Beschreibung der Vorgehensweise und der Möglichkeiten, und schließlich durch Präsentation konkreter Beispiele aus verschiedenen Anwendungsbereichen.

Wir begannen mit Produktionsprozessen für komplexe technische Systeme, wie "embedded systems", Echtzeitsysteme, und haben dann die Erfahrungen abstrahiert und auf weitere Anwendungsbereiche übertragen: grafische Benutzeroberflächen, Datenbankanwendungen, logistische Systeme und Re-Engineering. Obwohl wir im Bereich "kritischer Systeme", und dort speziell im Bereich "Raumfahrtsysteme" anfingen, konnten wir die Methodik erfolgreich in anderen Anwendungsgebieten einsetzen, deren (funktionale) Anforderungen sich von den ursprünglichen stark unterscheiden. Die Erfahrung zeigt: je häufiger die Methodik angewendet wird, desto mehr potenzielle Anwendungsgebiete sieht man.

1.2.2 Arbeitsplätze im Wandel

Die veränderte Rollenverteilung zwischen Softwareentwicklern und Rechnern wird zu einer strukturellen Änderung auf dem Arbeitsmarkt führen. Sowohl die Art der Tätigkeit als auch die Anzahl der benötigten Entwickler werden davon betroffen sein.

Die zukünftige Tätigkeit erfordert eine andere und höhere Qualifizierung, an die sich die Ausbildung anpassen muss. Für eine Übergangsfrist kann daher der Bedarf nur durch "Training-on-the-job" und begleitende Weiterbildungsmaßnahmen gedeckt werden.

Entwickler, die die nötige Qualifikation besitzen, werden ihren Arbeitsplatz sichern, weil sie eine höhere Produktivität erreichen sowie Produkte bei besserer Qualität mit mehr Funktionalität erzeugen können.

Firmen können ihre Kosten senken und ihre Wettbewerbssituation allgemein verbessern und gewinnen mehr Flexibilität, auf die Bedürfnisse des Marktes zu reagieren.

Dieser Strukturwandel wird zu einem Abbau an herkömmlichen Arbeitsplätzen führen, in der gleichen Weise, wie er in anderen Bereichen bereits bei fortschreitender Automation beobachtet werden konnte. Er bietet aber auch Chancen, wie aus diesen Bereichen ebenfalls bekannt. Denn die verbleibenden Arbeitsplätze werden stabilisiert, und neue können entstehen, weil neue Bedürfnisse entstehen, die erst durch die geänderten Entwicklungsstrukturen gedeckt werden können.

Erfolgt dieser Strukturwandel nicht, sind alle Arbeitsplätze gefährdet, während neue nicht entstehen. Diese Situation können wir bereits jetzt (2004) beobachten. Zur Kostensenkung werden Arbeitsplätze massiv abgebaut und in sog. "Niedriglohnländer" verlagert. Da alle Firmen auf diese Weise ihre Kosten senken werden, wird ein kontinuierlicher Druck entstehen, weitere Arbeitsplätze zu verschieben.

These 4
Automation verschafft Wettbewerbsvorteile.

Natürlich können auch die "Niedriglohnländer" ihre Entwicklungsstrategie optimieren. Da bei dem von uns beschriebenen Ansatz die Produktionskosten praktisch unabhängig vom Lohn sind (Personalkosten fallen nur für Spezifikation und Abnahme an), wird sich der Wettbewerb von den Kosten auf die Produkteigenschaften verlagern. Somit entfällt der Druck zur Verlagerung von Arbeitsplätzen wegen zu hoher Lohnkosten. Kurz- bis mittelfristig wird der den größten Vorteil haben, der früh die neue Technologie einsetzt.

Detailliert werden wir auf die gesellschaftspolitischen Aspekte in Kap. 8 eingehen.

1.2.3 Synergie muss organisiert werden

Software entzieht sich unseren Sinnen, das Entstehen eines Softwareproduktes ist schwer zu überwachen, sein Güte schwer zu beurteilen. Eine schiefe Fahrzeugkarosserie findet keine Käufer, jeder Entwickler und jeder Käufer sieht den Mangel sofort. Daher sind Sofortmaßnahmen unumgänglich, um die Produktion zu verbessern. Bei einem Softwareprodukt dauert dies länger. Da die Mängel nicht für jedermann sofort sichtbar sind, fehlt offensichtlich die unmittelbare Motivation zu ihrer sofortigen Behebung.

Die Produktion von Quellcode wurde bzw. wird als Hauptziel oder sogar als alleiniges Ziel der Softwareentwicklung angesehen. Wichtig ist anscheinend nur, dass ein Programm ausgeführt werden kann, ob dies zuverlässig geschieht und es alle Anforderungen des Anwenders erfüllt, scheint zweitrangig zu sein. Test, Verifikation und Validierung der Eigenschaften wurden lange bzw. werden immer noch vernachlässigt.

Während in der digitalen Technik jeder Eingang oder Ausgang einer elektronischen Bauelementes nur zwei (operationelle) Zustände hat, hat der Parameter einer Funktion praktisch ein Kontinuum von Zuständen. Die Anzahl der Testfälle explodiert daher sehr schnell, der Nachweis der Funktionsfähigkeit ist somit sehr schwer und zeitraubend.

These 45
Synergie zwischen Codegenerierung und Qualitätssicherung ist möglich.

Umso mehr werden daher geeignete Strategien benötigt, die bei der Lösung dieser immensen Probleme helfen. Wir werden zeigen, dass Qualität und niedrige Kosten kein Widerspruch sein müssen. Im Gegenteil, wir identifizieren eine Synergie zwischen Produktion von Code und dem Nachweis seiner Qualität, d.h. wir leiten aus dem Produktionsprozess für den Code Information ab, die den effizienten Nachweis seiner (geforderten) Eigenschaften in einer für den Entwickler bzw. Qualitätssicherer verständlichen Form erlaubt.

These 28
Synergie muss organisiert werden.

Diese Korrelation ist nicht zwingend, wie die Vergangenheit zeigt. Wenn der Produktionsprozess für den Code nicht geeignet organisiert ist, dann kann auch die für die Synergie notwendige Information nicht abgeleitet werden. Diese Synergie war auch zuerst für uns nicht offensichtlich, sondern ihre Identifikation stand am Ende einer Reihe von Verbesserungsmaßnahmen, einer Analyse der ausgeführten Maßnahmen und Ergebnisse, und einer daraus resultierenden Abstraktion der Vorgehensweise. Die Erfahrung zeigt auch, dass eine solche Optimierung kaum theoretisch vorhergesagt werden kann, sondern nur durch Ausführung von kleinen Schritten, im Wechsel von Theorie und Praxis, erreicht werden kann. Nachdem wir aber diese Erkenntnis gewonnen hatten, konnten wir abstrahieren und sie gezielt auch bei anderen Entwicklungen von Produktionsprozessen einsetzen.

Das Finden einer guten Strategie ist sicher nicht einfach. Aber eine übergeordnete Lösungsstrategie hilft hierbei weiter: man muss auf Abstand zum Problem gehen, es hilft nicht, immer tiefer in das Problem einzudringen. Scheint das Problem immer komplexer zu werden, oder ist keine Lösung in Sicht, dann ist der Zeitpunkt gekommen, das Problem neu zu überdenken.

Wir haben den Eindruck – und diese Meinung wird von anderen uns bekannten Fachleuten geteilt: wenn Firmen bzw. deren Mitarbeiter Probleme haben, haben sie wegen der vorhandenen Probleme keine Zeit, diese Probleme zu lösen. Wichtig ist zu erkennen, dass man in einem solchen Teufelskreis gefangen ist, aus ihm herauszutreten und sich für eine mögliche Lösung zu öffnen.

Mitte der 80er Jahre haben wir mit der Vereinheitlichung von Systemstrukturen begonnen, zunächst mit der Zielsetzung, die Wiederverwendbarkeit von Software zu erhöhen. Anfang der 90er Jahre kamen Aspekte zur Steigerung der Qualität und Zuverlässigkeit sowie Reduktion des Entwicklungsrisikos hinzu.

Ende der 90er Jahre erkannten wir, dass sich beide Aspekte unter dem Dach der Automation zusammenführen ließen, und begannen systematisch den Grad der Automation in unserer Softwareentwicklung zu erhöhen. Anfang des neuen Millenniums konnten wir vollautomatische Softwareproduktionsprozesse[3] realisieren und damit beginnen, weitere Bereiche wie grafische Benutzeroberflächen, Datenbankanwendungen oder "programmierbare Steuerungen" zu erschließen.

Die Portierung des prinzipiellen Ansatzes auf verschiedene Anwendungsgebiete ist möglich, wenn auch – je nach Ähnlichkeitsgrad – Anpassungen notwendig sind bzw. neue Software erstellt werden muss. Die Generierung eines Echtzeitsystems erfordert andere "Automaten" als die eines Datenbanksystems oder einer grafischen Benutzeroberfläche. Trotz dieser teilweisen Neuimplementierung bleiben die Vorteile erhalten, da viele Anwendungen des jeweiligen Bereiches abgedeckt werden können.

These 50 Automation erhöht die Qualität

Die Vorgehensweise, Produktionsprozesse für Spezialgebiete einzurichten, ist nicht neu. Der Fertigungsprozess für ein Auto unterschiedet sich von dem für einen Fernsehapparat. Aber gerade durch diese Spezialisierung werden Kosten gespart und die Qualität erhöht.

Auch zeigt sich, dass sich Qualität und Effizienz überhaupt erst durch Spezialisierung messen lassen. Man versuche einmal, die Qualitätsprüfungsmaßnahmen für einen Fernseher auf ein Auto zu übertragen, oder die Produktivität eines PKW-Werks und eines Fernseher-Herstellers allein durch Vergleich der Zahl produzierter Einheiten pro Tag in Relation zu setzen.

Genauso kann die Qualität eines Datenbankentwurfs oder einer grafischen Oberfläche nicht mit denselben Metriken festgestellt werden wie die eines Echtzeitsystems. Optimierung kann also nur durch Spezialisierung in Fakten und Zahlen sichtbar werden.

---

[3] Unter einem "vollautomatischen Produktionsprozess" verstehen wir einen Softwareentwicklungsansatz, bei dem ein Ingenieur nur noch am Anfang die Anforderungen definiert und am Ende den vollständigen Code abholen kann einschließlich des Nachweises der Korrektheit, ohne dass dazwischen die Mitwirkung des Ingenieurs erforderlich ist.

1.2.4
Offen sein für Problemlösungen

Unser Eindruck ist, dass Probleme, die im Bereich der Softwareentwicklung noch gelöst werden müssen oder gar als unlösbar angesehen werden, wie ausreichende Zuverlässigkeit, auch in anderen Bereichen auftreten und dort bereits zufriedenstellend gelöst wurden. Provokativ ausgedrückt sehen wir eher Ansätze zur Pflege der Probleme als zu ihrer Lösung. Dies mag damit zusammenhängen, dass die Softwareentwicklung und die Informatik relativ junge Domänen sind – nicht älter als ca. 70 Jahre, wenn man die ersten Schritte beispielsweise von Zuse hinzurechnet, und ihre Wurzeln mehr im mathematisch-wissenschaftlichen als im handwerklich-technischen Bereich liegen.

Für Laien ist es praktisch unmöglich, Einblick in die Praktiken der Softwareentwicklung zu bekommen. Durch den Einsatz von Programmiersprachen und komplexen Methoden und Werkzeugen können Außenstehende bzw. Anwender nur schwer verstehen, worin die Probleme liegen, ob sie besser gelöst werden könnten, und dann auf einer optimierten Lösung bestehen.

Programmiersprachen und -methoden wirken quasi als Zugangsbeschränkung zu Informationsquellen für Laien wie Latein oder Griechisch bei den Mönchen im Mittelalter: Dadurch wird jegliche Möglichkeit der Einflussnahme und Kritik von außen unterbunden. Dies führt zu einer Isolation und zu einer Verselbständigung der Vorgehensweise, der Konzentration auf Details, Verlust der Fähigkeit zur globalen Optimierung. Der hilfreiche Druck von außen, der Veränderungen anstoßen könnte, kann nicht entstehen.

These 86
Problemlösung setzt den Willen zur Diskussion und Offenheit voraus.

Besteht eine Neigung, Probleme Laien oder Fachfremden, auch Informatikern oder Ingenieuren eines anderen Fachgebietes, nicht erklären zu können oder zu wollen, so erhöht sich die Wahrscheinlichkeit stark, dass eine Problemlösung komplexer als nötig wird.

Möglicherweise besteht ein Interesse, kontinuierlich unter gewohnten Bedingungen arbeiten zu können. Wird für eine Problemlösung sehr viel Zeit benötigt, oder ist eine Entwicklung sehr aufwändig, dann kann man sich lange damit beschäftigen, hat eine Aufgabe und Arbeit. Wird das Problem dann nach langer Zeit endlich gelöst, so spricht dies scheinbar auch für Kompetenz. Wenn Fremden Einblicke verwehrt werden, wird nicht sichtbar, dass tatsächlich Inkompetenz vorliegt, dass effizienter vorgegangen werden könnte.

These 88
Erfolgreiche Umsetzung von Veränderungen erfordert psychologisches Geschick.

These 89
Das Management sollte im Dialog mit den Entwicklern den Herstellungsprozess optimieren.

Will man einen Entwicklungsprozess optimieren, so muss man auch die Psychologie der Mitarbeiter berücksichtigen, wenn man Erfolg haben will. Aufgabe des Managements ist es, für einen Dialog mit Entwicklern die Voraussetzungen zu schaffen, über diesen Dialog Schwachpunkte zu identifizieren und dann die notwendigen strategischen Maßnahmen einzuleiten.

1.2.5 Helfen, nicht beschränken

Softwareentwicklung ist prinzipiell immer eine Dienstleistung, auch wenn das Ergebnis später selbst ein Produkt oder in einem Produkt enthalten ist. Immer wird Software von "Anwendern" benutzt, direkt von Menschen oder von anderen technischen Systemen.

Ziel der Entwicklung sollte immer sein, den Bedarf eines Anwenders ("Kunden") zu decken. Dazu ist die Software ein Hilfsmittel, aber sie darf nicht Selbstzweck sein. Nicht sie steht im Mittelpunkt, sondern der Bedarf des Anwenders. Aus unserer Sicht wird aber zu oft versucht, den Bedarf des Anwenders in den Käfig der Softwareentwicklung zu zwängen, obwohl dies nicht nötig wäre, wenn die Entwicklungsansätze flexibel genug wären. Oft wird (vordergründig) argumentiert, es sei schwierig, auf die realen Bedürfnisse wegen der komplexen Zusammenhänge und hohen Kosten einzugehen, während zielgerichtete Arbeit zur Beseitigung dieser Ursachen unterbleibt.

So bekommt der Anwender nur zu oft, was als realisierbar angesehen wird, aber nicht, was er tatsächlich braucht. Jeder kennt aus dem täglichen Leben die Probleme, die – aus unserer Sicht – durch unsachgemäße oder zu komplexe Entwicklung verursacht werden, und zu mangelnder Flexibilität bei der Deckung der Kundenbedürfnisse führen.

Nutzt beispielsweise ein Betrieb ein Softwaresystem für die Verwaltung seiner betrieblichen Daten, so wird die Abhängigkeit von einem solchen System sehr groß. Unter den gegenwärtigen Bedingungen ist es dann kaum möglich, das System zu wechseln oder die interne Organisation des Betriebes an aktuelle Bedürfnisse anzupassen. Kürzlich musste ein größerer Betrieb seine gesamte Belegschaft (mehrere tausend Mitarbeiter) für mehr als einen Monat in Urlaub schicken, weil die Organisationssoftware umgestellt wurde.

Während Unternehmensberater den Firmen raten, ihre Organisationsstruktur kontinuierlich zu optimieren, beispielsweise auf prozessorientierte Organisationsformen umzustellen, um damit flexibler reagieren zu können, klagen Firmen, dass eine solche Änderung nicht oder nur unter hohen Kosten und Beeinträchtigung des Betriebes möglich ist. Wenn ein Betrieb gerade unter hohen Kosten ein Softwaresystem für die Erfassung betrieblicher Daten basierend auf einer Matrixorganisation eingeführt hat, kann er nur unter großen Schwierigkeiten auf eine prozessorientierte Form umstellen. Neben der Bindung von Personal wäre auch der betriebliche Ablauf beeinträchtigt.

Die Einführung von Software für die Erfassung und Verwaltung von Betriebsdaten hat somit positive und negative Seiten. Dem besseren Überblick auf betriebliche Abläufe und dem schnellen Zugriff auf Daten steht (möglicherweise) eine eingefrorene Organisationsstruktur und daraus resultierend geringere Flexibilität gegenüber.

1.2.6 Probleme richtig verstehen

Einst löste Alexander der Große den "Gordischen Knoten" – unkonventionell – mit einem Schlag seines Schwertes. An den kunstvoll geknoteten Stricken, die den Streitwagen des Königs Gordios von Phrygien untrennbar mit dem Zugjoch verbinden sollten, waren zuvor die Gelehrten gescheitert, weil sie versuchten, ihn ohne Beschädigung zu entfernen. Wer den Knoten von dem Zeus geweihten Wagen lösen könne, würde Asien erobern, hatte das Orakel vorhergesagt. Alexander sollte später mit seinem erfolgreichen Asienfeldzug in die Geschichte eingehen, weil er auch für die Kriegsführung unkonventionelle Methoden einsetzte.

Dies zeigt uns, dass und wie ein Problem komplexer, und damit sogar unlösbar werden kann, wenn man nicht fähig ist, es unvoreingenommen zu betrachten. In diesem Fall haben die Gelehrten, die das Problem zu lösen suchten, nur einen Unterraum des gesamten Lösungsraumes betrachtet und daher die Lösung nicht gefunden. Die mögliche Lösung lag außerhalb ihrer Vorstellungskraft.

These 92
Das richtige Problemverständnis führt zum Erfolg.

Während sich die Experten (Gelehrten) darauf konzentrierten, eine Trennung ohne Beschädigung der Stricke durchzuführen, fand Alexander der Große eine pragmatische und einfach realisierbare Lösung: er trennte die verknoteten Stricke mit einem Schwert und fand damit eine unerwartete, aber zulässige Lösung. Nirgends war gefordert, dass die Stricke bei der Lösung des Knotens unbeschädigt bleiben müssen.

Die vom Orakel hergestellte Verknüpfung zwischen Lösung der Aufgabe und der Herrschaft über Asien trat dann auch ein. Dies dürfte weniger auf göttliche Fügung als eher auf die zielgerichtete, pragmatische Vorgehensweise von Alexander dem Großen zurückzuführen sein. Er hat das Problem gelöst, indem er sich auf die eigentliche Aufgabenstellung konzentrierte. Während andere in ihrer üblichen "wissenschaftlichen" Denkweise gefangen waren ("den Knoten zu entwirren"), löste er sich davon. Er erkannte, dass eine Lösung des Knotens nicht unbedingt eine Umkehrung des früheren Vorganges der Verknotung erfordert.

These 68
Unkonventionelle Lösungsansätze sichern den Erfolg.

Wer das Potenzial besitzt, scheinbar komplexe Probleme so stark auf ihren eigentlichen Sachverhalt zu reduzieren, dass sie lösbar werden, besitzt auch das Potenzial, sich im Alltag oder im geschäftlichen bzw. politischen Umfeld durchzusetzen. Seine Fähigkeit, durch die Alexander den Gordischen Knoten lösen konnte, prädestinierte ihn auch, seine weiteren Siege zu erringen, weil er anscheinend gewohnt war, unkonventionelle Mittel zur Verwirklichung seiner Ziele einzusetzen. Wer erkennt, dass vorgegebene Wege verlassen werden müssen, um ein Ziel zu erreichen, ist seinen Konkurrenten immer mindestens einen Schritt voraus.

These 69
Einfachheit, nicht Komplexität impliziert den Erfolg.

Das Schlüsselwort dazu heißt "Simplifizieren": Simplifizieren, um Erfolg zu haben, statt Komplexität pflegen, um Erfolg zu suchen – ihn aber nicht zu bekommen. Alexander der Große hat einen einfachen und unkonventionellen Lösungsansatz gewählt, und war erfolgreich.

1.2.7
Simplifizieren durch Organisieren

These 29
Einfachheit kann organisiert werden.

Organisation hilft, scheinbar verwirrende Sachverhalte so zu vereinfachen, dass sie lösbar werden. Bevor wir an die Lösung eines Problems gehen, sollten wir die Komplexität der Aufgabe auf ein Minimum reduzieren, quasi auf eine "minimale Normalform" bringen.

Alexander der Große hat dies getan, indem er die für die Problemlösung nicht geforderte, von den Gelehrten irrtümlich hinzugefügte Nebenbedingung auf zerstörungsfreie Trennung der Stricke fallen ließ. Die Gelehrten waren Gefangene ihrer Ausbildung und ihrer Denkweise, und somit unfähig, das Problem zu lösen. Möglicherweise hatten sie auch zu viel Respekt vor dem Götterwagen, und kamen daher nicht auf die einfache Lösung.

Vereinfachen durch Organisieren bedeutet, nach einer Analyse Denkblockaden zu beseitigen und die Randbedingungen so zu gestalten, dass das Problem lösbar wird.

Um zu zeigen, wie man durch Organisation ein Problem vereinfachen kann, nehmen wir als Beispiel die Verifikation von Software, für die heute sehr viel Zeit und Aufwand benötigt wird. Durch den großen Bedarf an Ressourcen für die Codierung wird die Verifikation vernachlässigt, unterbleibt ganz oder teilweise. Dagegen kann bei geeigneter Organisation eine Verifikation (in bestimmten Fällen) komplett entfallen. Um den Lösungsansatz verständlich beschreiben zu können, beginnen wir mit einem Verifikationsproblem aus unserem Alltag.

Wenn wir an einer Wand ein Bild aufhängen wollen, müssen wir – sinnvollerweise – verifizieren, dass sich dort, wo wir einen Nagel einschlagen oder ein Loch bohren wollen, keine elektrische Leitung befindet.

Wenn die Elektroinstallateure unorganisiert vorgegangen wären, müssten wir damit rechnen, dass an jeder Stelle der Wand eine Leitung unter dem Putz verlaufen könnte. Dann brauchten wir ein Werkzeug, das uns anzeigt, ob an der beabsichtigten Stelle tatsächlich eine Leitung verläuft oder wir müssten den Putz entfernen. Zur Verifikation unserer Hypothese "keine Leitung an der ausgewählten Stelle" wäre somit erheblicher Aufwand notwendig – relativ zur eigentlichen Aufgabe: wir müssten uns ein Werkzeug besorgen und damit die Wand untersuchen.

In der überwiegenden Zahl der Fälle brauchen wir aber ein solches Werkzeug überhaupt nicht. Die Handwerker haben nämlich gemäß "best practice" gewisse Regeln eingehalten, aus denen wir schließen können, dass im zentralen Teil der Wand keine Leitungen verlaufen[4]. Wir können daher auf eine Verifikation vollständig verzichten.

These 30
Gute Organisation verringert Komplexität, Aufwand und Entwicklungszeit.

Übertragen auf die Softwareentwicklung heißt dies: bei guter Organisation können komplexe Aufgaben entfallen. Wenn bestimmte Regeln eingehalten werden, entstehen bestimmte Probleme überhaupt nicht. Voraussetzung ist, dass man sich von vorgegebenen Denkweisen löst, die einengen und eine Lösung erschweren oder verhindern.

Ein Entwickler sollte Regeln definieren, die der Rechner ausführt, aber keine Regeln auf der Ebene der Softwareimplementierung für sich oder Kollegen. Davon nicht betroffen sind Regeln, die der Festlegung der Aufgabe dienen, aber die Kreativität nicht beeinflussen. Solche Regeln – projiziert auf das obige Beispiel – könnten sein: für das Aufhängen des Bildes muss bestimmt werden, welches Bild und welcher Nagel oder welche Schraube und welcher Dübel benötigt werden.

Die Einführung solcher Regeln darf aber nicht die Anwendung beeinträchtigen. Statt der Regel "Leitung parallel zum Rand in ei-

[4] Auf die Betrachtung von Sonderfällen wie einer Zuleitung für eine Wandlampe, die im Innenbereich der Wand liegen könnte, wollen wir nicht eingehen, da dafür ähnliche Schlussfolgerungen möglich sind.

nem bestimmten Abstand" hätte man auch die Regel einführen können "Stromanschlüsse gibt es nur in einem Raum, wo keine Löcher in die Wand gebohrt werden müssen/dürfen". Auch dieser Ansatz löst das Problem, jedoch nur vordergründig aus Sicht der Sicherheitsingenieure. Der Bewohner hat dagegen erhebliche Nachteile. Er muss sich mit frei verlegbaren Kabeln den Strom in die Wohnräume holen – in denen zum Aufhängen von dekorativen Gegenständen oder der Einrichtung Löcher in die Wand gebohrt werden müssen und die täglich beleuchtet werden müssen – und dafür erheblichen und wiederkehrenden Aufwand betreiben.

Aus Anwendersicht ist auch das Gesundheitsrisiko nicht kleiner geworden. Dem – relativ seltenen – Risiko eines Stromschlages beim Aufhängen eines Bildes – ein Bild hängt man nicht jeden Tag auf – steht nun das – relativ häufige – Risiko gegenüber, stündlich über die Kabel zu stolpern und sich dabei Knochen oder sogar den Hals zu brechen. Bei dieser Lösung würden somit die für Sicherheit der Elektroinstallation zuständigen Ingenieure zwar die potenzielle Gefährdung durch Stromschlag verhindern, ein Bewohner hätte aber insgesamt ein viel größeres gesundheitliches Risiko.

Glücklicherweise gibt es erfahrene (und vernünftige) Elektroingenieure, die die erste und nicht die zweite Lösung gewählt haben. Leider kann man im Bereich der Softwareentwicklung nicht immer davon ausgehen, dass der zweite Lösungstyp vermieden wird, wie wir aus der Analyse von Softwareimplementierungen und Qualitätssicherungsmaßnahmen wissen. Wir werden später in Kapitel 3 einige Beispiele schildern.

Ein alternative Lösung wäre auch, die Wand nicht zu verputzen, denn dann wäre der Verlauf der Leitungen immer zu erkennen. Das wäre nicht im Sinne des Bewohners, aber gut für seine Sicherheit. Analog dazu wird in der Softwareentwicklung bei hohen Sicherheitsanforderungen "Sichtbarkeit" verlangt.

Da es unmöglich zu sein scheint, Sicherheit mit Einkapselung der Funktionalität ("Verputzen der Wand") zu vereinbaren, erhält die Sicherheit und damit "Sichtbarkeit" den Vorrang. Die Sichtbarkeit hat aber nicht nur Vorteile. Übertragen wir hierzu die in der Software angewandten Methoden auf unser praktisches Beispiel, so impliziert das, dass wir nicht selbst entscheiden können, ob wir risikolos einen Nagel einschlagen können, sondern wir müssen dazu unabhängige Sicherheitsfachleute hinzuziehen, die dann nach Begutachtung der unverputzten Wand "grünes Licht" geben. Hieraus wird deutlich, welche Folgen schlechte Organisation haben kann: nicht nur Einschränkung der Brauchbarkeit, sondern auch hohe Personalkosten und zeitliche Verzögerungen.

Häufig wird eine Entscheidung "pro Sicherheit" und "contra Komfort" getroffen, obwohl auch – siehe oben – eine Lösung möglich wäre, die keinen Konflikt zwischen beiden Zielen entstehen lässt – durch geeignete Organisation. Wie wir gesehen haben, erfordert eine solche Lösung den unbedingten Willen zur Simplifizierung.

Wir wollen dieses Beispiel auch noch in einer anderen Richtung verwenden, um zu erklären, dass ein bewährter Ansatz nicht unbedingt in allen Fällen zum Erfolg führt.

Betrachten wir hierzu einen Nassraum und die Entscheidung, aus Sicherheitsgründen dort keine Elektroinstallation zu verlegen. Dies ist durchaus eine praktikable Lösung für diesen speziellen Fall. Überträgt man nun diese erfolgreiche Lösung auf alle Räume eines Gebäudes, so ist die Gesamtlösung nicht akzeptabel, wie oben beschrieben. Folglich sollte man immer in jedem Einzelfall prüfen, ob eine unter bestimmten Umständen erfolgreiche Lösung auch immer bei der Lösung des nächsten, scheinbar ähnlichen Problems hilft.

Aus diesen Betrachtungen folgt: gute Organisation ist notwendig, um ein Problem auch für den Anwender zufriedenstellend zu lösen, und nicht nur für den Entwickler.

These 31
Bei der Organisation der Lösung muss der Nutzen für den Anwender im Vordergrund stehen.

Kehren wir nun zum Problem der Verifikation in der Softwareentwicklung zurück.

Bei dem überwiegend eingesetzten Phasenmodell (Spezifikation, Entwurf, Codierung, Test, Integration, Abnahme, s.a. Kap. 4) muss verifiziert werden, dass die Ergebnisse einer folgenden Phase mit den Vorgaben einer früheren Phase übereinstimmen. Das erfordert sehr viel Zeit und Aufwand, weil diese Tätigkeiten "manuell"[5] ausgeführt werden, und damit eine Abweichung von den Vorgaben nicht ausgeschlossen werden kann.

Setzt man dagegen Software- bzw. Systemgeneratoren ein, die beispielsweise eine Spezifikation regelkonform direkt in Code überführen (s.a. Kap. 6 und 7), braucht man nicht zu verifizieren, dass der Entwurf der Spezifikation entspricht, und der Code dem Entwurf. Die Übereinstimmung zwischen Code und Spezifikation ist inhärent durch das angewendete Verfahren gegeben, vorausgesetzt

[5] In diesem Buch verwenden wir den Begriff "manuell" für die durch den Einsatz von Personen (Softwareingenieuren) geprägte Art der Entwicklung, auch wenn diese hauptsächlich auf geistiger Leistung beruht. Unter "(voll-)automatischer" Entwicklung verstehen wir die Erzeugung von Software durch einen Produktionsprozess, der ohne manuellen Eingriffe aus einer (manuell erstellten) Spezifikation korrekte Software erzeugt und den Nachweis der Korrektheit selbst erbringt.

seine Korrektheit wurde vorher bewiesen. Wegen der Reproduzierbarkeit der Abläufe muss "nur"[6] einmal verifiziert werden, dass die Generatoren korrekt arbeiten. Dann kann man für jede weitere Anwendung von der Korrektheit des generierten Codes ausgehen.

In unserem Beispiel der Elektroinstallation war dies die Vorschrift, dass Leitungen parallel zu den Begrenzungen der Wand und nur in einem bestimmten Abstand vom Rand verlaufen dürfen. Bei der Erzeugung von Code sind es die Konstruktionsregeln, die sicherstellen, dass eine Spezifikation korrekt in Code umgesetzt wird, so dass eine Verifikation nicht notwendig ist.

Die zielgerichtete Organisation des Produktionsprozesses führt zu einer starken Vereinfachung und zur Verringerung von Aufwand und Zeit.

Wir wollen mit einem weiteren Beispiel schließen, das die Testorganisation betrifft. Wie wir in Kap. 7 zeigen werden, können aus einer vollständigen Spezifikation für ein Echtzeitsystem automatisch Testfälle für das Systemverhalten abgeleitet werden. Zum Nachweis seiner Eigenschaften wird das System mit den erwarteten Eingabedaten stimuliert, seine Reaktion beobachtet, die Ergebnisse aufgezeichnet und ausgewertet – alles automatisch.

Üblich ist zur Zeit, die Testfälle zu definieren, für jeden Testfall das System in den jeweiligen Anfangszustand zu bringen, den Test auszuführen und die Ergebnisse zu protokollieren – alles manuell.

Nachdem wir die Möglichkeiten der Testautomation aufgezeigt hatten, wurden wir verwundert gefragt, wie es denn möglich wäre, den immensen manuellen Testaufwand einzusparen, das sei doch höchst fraglich.

Die Erklärung ist jedoch recht einfach. Die Wurzeln sind in der geänderten Spezifikation und der daraus resultierenden Organisation der Produktion zu finden. Bei der manuellen Vorgehensweise müssen die Tests einzeln identifiziert und ausgeführt werden, da kein Automat diese Aufgabe übernehmen kann. Die Ausführung von Einzeltests impliziert jedoch, dass das System manuell in den jeweiligen Betriebszustand gebracht werden muss, was sehr aufwändig ist. Jeder Einzeltest repräsentiert einen Teil des gesamten operatio-

---

[6] "nur" weist auf den relativ geringen, *einmaligen* Aufwand für diese Aktivität hin, während bei herkömmlicher Verfahrensweise der Aufwand ständig anfällt. Gering ist dieser Aufwand aber auch nur dann, wenn wieder geschickt organisiert wird. Um zu garantieren, dass für beliebige Anwendungen des gewählten Bereichs das Ergebnis immer korrekt ist ("einmal korrekt, immer korrekt"), ist eine einmalige, geordnete Vorgehensweise erforderlich.

nellen Szenarios des Systems. Die Summe aller Tests deckt dann alle Betriebszustände ab.

Beim automatischen Testen wird das System wie im normalen Betrieb stimuliert. Somit wird – wenn alle möglichen Testfälle ausgeführt worden sind – auch das gesamte operationelle Szenario durchlaufen, mit dem Unterschied, dass die jeweiligen Voraussetzungen für den Test vom System automatisch eingestellt werden. Ein Test wird für die jeweilige Situation ausgewählt, daher muss das System nicht mehr in diesen Zustand gebracht werden.

Der wesentliche Unterschied zwischen beiden Vorgehensweisen besteht also darin, dass im ersten Fall ein Test willkürlich, d.h. unabhängig vom aktuellen Betriebszustand, ausgewählt wird, mit der Folge, dass die Voraussetzungen "künstlich" zu schaffen sind. Im zweiten, automatischen Fall werden nur die Tests ausgewählt, die in dem jeweiligen Zustand möglich sind, eine Vorbereitung des Systems kann daher entfallen. Trotzdem werden alle Betriebszustände durchlaufen.

Da bei der Testautomation das Testziel eine vollständige Testabdeckung ist, sind – in der Regel – beide Vorgehensweisen äquivalent zueinander, mit dem Unterschied, dass durch die Automation weniger manueller Testaufwand anfällt. Wenn keine vollständige Abdeckung bei Testautomation erreicht werden kann, bedeutet dies, dass auch bei normalem Betrieb bestimmter Code nicht ausgeführt wird, was auf einen Fehler in der Spezifikation hindeutet. Während bei manueller stückweiser Ausführung der Tests ein solcher Mangel unbemerkt bleibt, kann er dagegen bei Testautomation festgestellt werden.

Aber es gibt noch einen anderen Grund, weshalb die Testautomation effektiver ist. Durch die Möglichkeit der automatischen Instrumentierung wird die Testauswertung unterstützt. Hierdurch kann die Testabdeckung nachgewiesen werden, die Ergebnisse können für jeden Test aufgezeichnet und ausgewertet werden. Erst durch diese Unterstützung des automatischen Produktionsprozesses können die Tests im laufenden Betrieb kontinunierlich durchgeführt und der Nachweis der Korrektheit erbracht werden.

1.2.8 Mehr erreichen durch strategische Entscheidungen

Die Möglichkeiten, die gute Organisation bietet, um Komplexität und Aufwand zu reduzieren, führt beispielsweise direkt zu der Frage, ob es wirklich notwendig ist, dass ein Entwickler tage-, wochen-

oder monatelang vor seiner Apparatur sitzen muss, um schrittweise die in ihr enthaltene Software zu testen, und er diese Prozedur teilweise oder vollständig bei der nächsten Änderung wiederholen muss.

Nach unseren bisherigen Ausführungen ist dies eine ineffiziente Ausnutzung seiner Fähigkeiten. Was trägt mehr zum Erfolg und zur Effizienz der Entwicklung bei: seine Ausbildung bzw. Erfahrung im Testen oder seine Fähigkeit, den Testaufwand zu reduzieren? Umgekehrt muss gefragt werden, wie wertvoll ein Entwickler für seinen Betrieb ist, der seine Aufgabe allein darin sieht, gute Qualität durch hohe Kosten zu erreichen.

Hierbei spielt es keine Rolle, ob dies der Stand der Technik ist, ob alle Entwickler so vorgehen. Entscheidend ist, in welcher Weise ein Entwickler dabei hilft, die Wettbewerbsfähigkeit seines Betriebes durch geeignete Innovation zu stärken, und damit auch den Erhalt seines Arbeitsplatzes zu sichern.

Die wesentlichen Punkte zum Wert strategischer Entscheidungen arbeiten wir zunächst wieder an einem Alltagsproblem heraus.

Betrachten wir die Leistungsfähigkeit eines Spediteurs. Er benötigt einen Führerschein, einen Lkw und er muss die Route vom Abhol- zum Zielort planen. Wo liegt nun das größte Potenzial, um Aufwand und Zeit einzusparen? In der Fahrausbildung, in der Wahl des Fahrzeugtyps oder in der Routenplanung?

Unsere Meinung ist: durch gezielte Planung des Weges kann er am meisten einsparen. Gute Fahrausbildung und ein schneller Lkw nutzen ihm nichts, wenn er lange im Stau stehen muss oder er sich verfährt. Routenplanung lernt er aber nicht in der Ausbildung, obwohl sie wesentlicher Teil des ausgeübten Berufes ist.

These 5
Die ständige Verbesserung der Effizienz sichert das Überleben im Wettbewerb.

Will er erfolgreich sein, muss er aber fit auf allen Gebieten sein, die seine Berufsausübung betreffen. Wenn er nicht den Wert strategischer Maßnahmen – die Routenplanung – erkennt, wird er verlieren. Das impliziert auch, dass er sich mit Dingen beschäftigen muss, die nicht Bestandteil seiner Ausbildung waren, die aber relevant für seine Tätigkeit sind bzw. im Laufe der Zeit relevant werden.

Nur ein Mitarbeiter, der die Effizienz seiner Arbeit ständig analysiert und verbessert, wird für seinen Betrieb mittel- bis langfristig ein wertvoller Mitarbeiter sein. Kümmert er sich nicht um die Effizienz seiner Arbeit oder versucht, seinen Arbeitsplatz durch hohe Komplexität der Arbeitsvorgänge und daraus resultierenden hohen Aufwand zu sichern, wird er ihn verlieren. Außerdem wird er leicht austauschbar, denn hohe Komplexität können viele erzeugen, während die Beschränkung auf minimale Komplexität bei vorgegebener Funktionalität ausreichende Qualifikation und Motivation voraussetzt.

Übertragen wir nun das beschriebene Szenario auf die Welt der Software: der Fahrausbildung entspricht die Ausbildung in Programmiersprachen und -methoden, die Fahrzeugtypen entsprechen den Softwarewerkzeugen, und der Routenplanung entspricht das Prozessmodell der Softwareentwicklung.

So wie der Spediteur handeln muss, wenn er immer lange Zeit im Stau hängen bleibt, so sollte der Softwareentwickler erkennen, dass sich etwas ändern muss, wenn seine Effizienz immer wieder durch gewisse Tätigkeiten leidet, wie beispielsweise durch das zeitraubende Testen.

Um effizienter zu werden, wird es ihm nichts nutzen, eine Programmiersprache durch eine andere zu ersetzen, oder eine manuelle Testmethode durch eine andere. Solange er das grundsätzliche Problem nicht durch eine geeignete strategische Entscheidung löst, wird er keinen Erfolg haben. Umgekehrt werden die erfolgreich sein, die ein Problem global angehen, aus der Welt der Details heraustreten und die übergeordneten Zusammenhänge sehen, und auf dieser Ebene eine Lösung suchen.

These 70
Nur durch geeignete strategische Entscheidungen können wesentliche Verbesserungen erreicht werden.

Dem Spediteur nutzt im Stau ein starker oder schneller Lkw nichts, dem Softwareentwickler ein besseres Testwerkzeug nichts, solange er immer noch selbst intensiv in den Testprozess eingebunden ist ("manuelles Testen"). Der Spediteur muss den Stau umfahren, der Softwareentwickler das manuelle Testen vermeiden.

Er kann es vermeiden, wenn er in den Vorphasen geeignete Maßnahmen trifft, beispielsweise durch ein (formaleres) Vorgehen, so dass entweder Tests entfallen oder automatisch generiert werden können, das ist die notwendige strategische Entscheidung, die er treffen muss.

1.2.9 Interdisziplinäre Kooperation – eine effektive Strategie

Die Zusammenarbeit zwischen Experten der Softwareentwicklung und Anwendern von Software bietet große Chancen, die Effizienz beider Partner zu erhöhen. Wettbewerbsvorteile können aber nur dann entstehen, wenn der vom Anwender benötigte Softwareproduktionsprozess schnell und zu geringen Kosten bereitgestellt und flexibel an zukünftige Bedürfnise angepasst werden kann.

Ob sich solche Kooperationen auch tatsächlich entwickeln können, hängt von der Marktsituation ab. Ermöglicht der Markt solche Synergien oder verhindert er sie? Wir werden zuerst die Chancen beschreiben und dann mögliche Hemmnisse diskutieren.

1.2.9.1
Synergie durch Kooperation

Für die Entwicklung von Software gibt es bisher nur die Ansätze 1 und 2, der dritte Weg öffnet sich bei Automation.

1. Ein Hersteller bringt aufgrund seiner Kenntnisse über das Anwendungsgebiet ein Produkt auf den Markt,
2. Ein Anwender entwickelt im eigenen Betrieb die benötigte Software, oder beauftragt einen externen Entwickler.
3. Ein Anwender konfiguriert einen Produktionsprozess, um ein spezifisches Produkt bei niedrigen Kosten und kurzer Lieferzeit zu erhalten, ohne selbst entwickeln zu müssen.

Im ersten Fall ist die finanzielle Investition für einen Anwender gering, und das damit verbundene Risiko auch. Das Produkt ist praktisch sofort verfügbar. Aber möglicherweise werden nicht alle Anforderungen des Anwenders abgedeckt. Seine Konkurrenten verfügen über die gleichen Fähigkeiten, wenn sie dieses Produkt kaufen. Dagegen trägt der Produktentwickler ein hohes Risiko, er muss in Vorleistung gehen, und kann nicht sicher sein, ob er einen ausreichenden Erlös erzielt.

Im zweiten Fall ist – heute – ein großes finanzielles Engagement durch den Anwender notwendig, bei entsprechend hohem Risiko. Die Wahrscheinlichkeit ist größer, dass das Ergebnis seinen Wünschen entspricht, und er erhält möglicherweise einen Vorsprung gegenüber seinen Mitbewerbern, aber er muss warten, bis die spezifische Entwicklung abgeschlossen ist. Das Risiko für den beauftragten Entwickler dagegen ist gering.

Bei effizienterer Entwicklung wird die dritte Alternative machbar: Dieser Weg vereinigt die Vorteile der beiden früheren Möglichkeiten, und vermeidet deren Nachteile, für beide Partner.

Der Entwickler bringt hierbei seine Fähigkeit ein, schnell und preiswert ein kundenspezifisches Produkt bei hoher Qualität herstellen zu können. Der Anwender muss über seine Anforderungen seine Expertise einbringen. Dadurch entsteht eine Synergie für beide Partner.

Diese Synergie resultiert aus der Ausschöpfung von Fähigkeiten beider Partner, die erst durch die Kooperation möglich wird. Während der Entwickler die Fähigkeit besitzt, bestimmte Probleme optimal zu lösen, kennt er nicht die spezifischen Probleme des Anwenders. Dieser kennt zwar die Probleme, kann sie aber nicht optimal lösen.

Zur Zeit scheint aber – leider – nach unseren Beobachtungen ein gegenteiliger Trend zu entstehen. Die Anwender minimieren ihr Risiko, indem sie auf Standardprodukte und -methoden setzen, und hoffen, dass auf diese Weise ihre Probleme gelöst werden können.

Die Entwickler dagegen minimieren ihr Risiko, und bringen Produkte bzw. Methoden und Werkzeuge mit unspezifischen Eigenschaften auf den Markt, um möglichst viele Anwender ansprechen zu können. Eine Schere, die immer weiter aufgeht.

Aus unserer Sicht leidet darunter die Innovation insgesamt, die Fortschritte der Anwender von Software werden begrenzt, sie können nicht das anbieten, was eigentlich möglich wäre. Die Wettbewerbssituation des einzelnen Anbieters ist insgesamt nicht stark gefährdet, da es prinzipiell allen Mitbewerbern gleichermaßen ergeht. Aber es entsteht eine labile Marktsituation, aus der der erste, der ein effizienteres Verfahren einsetzt, als Sieger hervorgeht, während die Überlebenschancen der Mitbewerber nicht vorhersagbar bzw. gering sind.

In einer solchen labilen Situation entsteht wie bei einem Vulkan allmählich ein hoher Druck, der sich dann plötzlich über einen Ausbruch entlädt, und dabei die Umweltbedingungen ("Wettbewerbsbedingungen") stark und unkontrolliert verändert.

Ein Verfahren, das erheblich mehr Effizienz in die Softwareentwicklung bringt, wird den aufgezeigten dritten Weg ermöglichen, und den beteiligten, kooperierenden Partnern Vorteile bringen. Die früher beschriebene Aufgabenteilung zwischen "Mensch und Maschine" besitzt u.E. dieses Potenzial.

1.2.9.2
Evolutionsshemmnisse

Wir wollen nun die Erfolgsaussichten solcher Kooperationen betrachten. Nur wenn sie gut sind, werden sie sich entwickeln und durchsetzen können. Dabei spielt die Struktur des Marktes eine entscheidende Rolle.

Zur weiteren Betrachtung unterscheiden wir zwischen zwei verschiedenen Typen:

- einen Markt, bei dem freier Wettbewerb möglich ist, und
- einen Markt, bei dem der Wettbewerb eingeschränkt ist.

Ein freier Wettbewerb begünstigt die Innovation, weil zur effizienten Deckung des Bedarfs neue Produktionsverfahren entwickelt und verbessert werden müssen. Hier stehen die Interessen der Abnehmer im Vordergrund. Bei eingeschränktem Wettbewerb stehen dagegen die Interessen von Gruppen im Vordergrund, und Innovation kann blockiert werden, wenn sie nicht Vorteile für die jeweilige Gruppe bringt.

Wenn die Interessen der Abnehmer und ihr Verhalten am Markt nicht koordiniert werden, ergibt sich der Druck auf die Anbieter aus der Majorität der Bedürfnisse, und die Evolution wird daher nicht gehemmt. Werden dagegen die Interessen von Gruppen und ihr

Verhalten gezielt gesteuert, wird die Evolution beschränkt oder überhaupt nicht ermöglicht. Eine solche Beschränkung kann verschiedene Gründe haben.

Um die verschiedenen Hemmnisse verstehen zu können, müssen wir die Beziehungen der Partner am Markt näher definieren. Wir hatten bisher nur eine "2er Beziehung" betrachtet zwischen

Entwickler[7] ← Werkzeug- bzw. Methodenlieferanten (WML)

und müssen noch eine "3er Beziehung" hinzunehmen: indem wir die Rolle des Abnehmers des Entwicklers, des "Endkunden" betrachten:

Endkunde ← Entwickler ← Werkzeug- bzw. Methodenlieferant

Wie bereits im letzten Abschnitt beschrieben, können auch die Abnehmer (Entwickler, Endkunde) ihre Interessen koordinieren, das kann bewusst oder unbewusst geschehen.

So kann der Endkunde ein Interesse an einer Harmonisierung haben, und durch Standards oder andere Vorschriften die Entwickler an gewisse Vorgehensweisen binden. Ist er mächtig genug, so wird er viele Entwickler steuern, und damit indirekt auch den WML.

Eine ähnliche Situation entsteht, wenn ein Entwickler den Markt dominiert, oder es sich um einen geschlossenen Markt handelt, zu dem nur eine begrenzte Zahl von Firmen Zugang hat. Wenn eine Entwicklungsfirma nicht durch Wettbewerb gezwungen ist, auf Effizienz zu achten, werden firmenpolitische Entscheidungen im Vordergrund stehen. Kann eine solche Firma ihr Personal nicht auslasten, oder müssen sich Investitionen noch amortisieren, so wird sie den Einsatz einer neuen Technologie verzögern.

Ähnliches gilt für einen WML. Besitzt ein WML eine marktbeherrschende Stellung, wird er den Markt nur mit Produkten versorgen, die zu seiner Strategie passen. U.a. wird er primär an einer Gewinnmaximierung seiner Investitionen interessiert sein, eine (zu frühe) Einführung neuer Produkte könnte zu Ertragseinbußen führen.

Bei solchen Marktverhältnissen kann der Entwickler zwischen beiden Fronten eingeklemmt werden. Ein mächtiger Endkunde kann über seine dominierende Position am Markt versuchen, die Preise zu drücken. Kann der Entwickler dann nicht seinen Produktionsprozess optimieren, weil der Endkunde ihn auch noch mit Vorschriften einengt, oder der WML ihm dazu keine Unterstützung bietet oder bieten kann, so kommt er in starke Bedrängnis.

---

[7] Wir sehen hier den "Entwickler" nicht nur als Person, sondern eher als Firma.

In dieser Situation nutzt es ihm nicht, dass langfristig gesehen auch Endkunde und WML davon negativ betroffen werden können. Wenn keine leistungsfähigen Entwickler mehr zur Verfügung stehen, können die Endkunden auf ihrem Markt die Wettbewerbsfähigkeit verlieren. Verschwinden viele Entwickler vom Markt, dann sinkt auch der Umsatz eines WML.

Außerdem können sich die Machtverhältnisse durch den sog. "Lopez-Effekt"[8] umkehren: durch den durch Preisdruck eingeleiteten Schrumpfungsprozess verbleiben nur noch wenige Anbieter am Markt, die dann aufgrund ihres Quasi-Monopols dominieren, der Endkunde kann dann nicht mehr wie früher seine Position durchsetzen.

1.2.9.3 Auswege

Besonders groß ist die Gefahr, dass ein Entwickler zwischen den beiden Machtpolen eingeklemmt wird, wenn er es versäumt, mit eigenen Strategien in seinem Betrieb Entwicklungsfähigkeiten aufzubauen, die es ihm erlauben, aus dieser Notsituation zu entkommen oder ihn davor bewahren.

Der aktuelle Status der Softwareentwicklung mit dem großen Bedarf an Entwicklungsressourcen und hohen Kosten begünstigt den Trend, auf einen WML zurückzugreifen, statt eigene Entwicklungsprozesse zu benutzen, die optimal auf die eigenen Bedürfnisse abgestimmt werden können. Somit kann ein Entwickler in starke Abhängigkeit von einem WML geraten.

Einen Ausweg bieten effiziente Entwicklungsprozesse, deren Realisierung für einen Entwicklungsbetrieb keine hohen Kosten verursachen, aber mehr Flexibilität bringen.

1.2.10 Mehr Zuverlässigkeit und Effizienz durch Automation

Eine wesentliche Frage bzgl. des Beispiels der Elektroinstallation wurde bisher noch nicht beantwortet: „Hat sich der Handwerker wirklich an die Regeln gehalten?“ bzw. „Ist der Generator wirklich fehlerfrei?“ Sollte man nicht doch eine Verifikation durchführen, um sicher zu sein?

---

[8] José Ignacio Lopez drückte in den 90er Jahren erheblich die Preise der Automobilzulieferer, wodurch es zu einem Massensterben von Zulieferern kam.

Natürlich bleibt immer ein gewisses Restrisiko, dass die Vorschriften nicht eingehalten werden. Die Frage ist daher, welche Fehlerwahrscheinlichkeit wir tolerieren können.

Wenn wir maximal in unserem Leben 1,000 Bilder aufhängen (in einem Zeitraum von 50 Jahren durchschnittlich etwa 2 Bilder pro Monat), wie viele schlechte Handwerker darf es geben, damit wir mit einer Sicherheit von 99.999999% keinen Stromschlag erhalten? Wir wollen diese Frage nicht näher quantitativ untersuchen, sondern auf folgende Aspekte hinweisen:

- Eine absolute Sicherheit gibt es nicht, man muss mit einer gewissen Fehlerwahrscheinlichkeit leben, und aus dem akzeptablen Limit Anforderungen an die Verlässlichkeit ableiten.
- Die Verlässlichkeit ist umso höher, je größer die Reproduzierbarkeit des Vorganges ist.

Da Handwerker Individuen sind, kann man nicht von 100% Reproduzierbarkeit ausgehen, d.h. das Ergebnis hängt von Ausbildung, Tagesform und persönlicher Zuverlässigkeit ab. Wird ein Automat eingesetzt, wie beispielsweise bei der Produktion einer Wand eines Fertighauses, dann ist die Reproduzierbarkeit sehr hoch, praktisch 100%, abgesehen von einer Störung des Automaten. Trotz dieses (geringen) Restrisikos ist die Zuverlässigkeit bei einem automatischen Prozess um Größenordnungen höher als bei "manueller" Ausführung.

Übertragen auf die Softwareentwicklung folgt, dass die automatische Erzeugung von Code neben hoher Effizienz die höchste Zuverlässigkeit bietet. Ist der Produktionsprozess genau bekannt – ohne solchen detaillierten Kenntnisse kann nicht automatisiert werden, sind auch die Qualitäts- und Prüfkriterien bekannt. Bei der Fertigung einer Wand kann man an den entsprechenden Stellen Sensoren anbringen, die überprüfen, dass die Leitungen vorschriftsgemäß verlegt wurden. Im Fall eines Softwareproduktionsprozesses kann man durch einen Stimulator den Testfall automatisch erzeugen ("Verlegen der Kabel"), und ebenso mit einen "Observer" das Antwortverhalten aufzeichnen, überwachen und ggf. eine Fehlermeldung auslösen („wurden die Kabel richtig verlegt? ").

Die Automation erschließt somit vorher unbekannte Möglichkeiten der Prozessoptimierung. Daher sollte nicht gefragt werden, „Kann ich das vielleicht automatisieren? ", sondern „Warum ist das noch nicht automatisiert? "

Bei der Einführung der Automation genügt es nicht, Automaten einzusetzen, man muss ihren Einsatz planen und effizient gestalten. Hierzu wollen wir ein einfaches Beispiel zur Testautomation bringen.

Betrachten wir die Aufgabe, eine grafische Benutzeroberfläche zu testen, und hier wieder speziell eine Menüauswahl wie beispielsweise bei der englischen Version 1.7 des Internet-Browser "Mozilla™" die Einstellung des Formats der Zeichenkodierung:

View → Character Encoding → Auto-Detect → Off

Als Testziel definieren wir das Setzen des Schalters "Off" über das Menü. Wir nehmen hier (ohne Beschränkung der Allgemeinheit) an, dass der Begriff "Off" innerhalb des Menüs eindeutig ist, und der Test nur auf die Auswahl des Menüpunktes zielt, nicht auf den Nachweis, dass alle Untermenüs vorhanden sind und auch erscheinen.

Um automatisch (z.B. per Testskript) "Auto-Detect" auszuschalten, geht man üblicherweise folgendermaßen vor (wir skizzieren den Vorgang nur):

```
mozilla.menu.View.click
mozilla.menu.Character Encoding.click
mozilla.menu.Auto-Detect.click
mozilla.menu.Off.click
```

Der automatische Test folgt also genau dem von früher bekannten manuellen Testablauf und erfordert, die Eingabe von vier Befehlen. Das oben definierte Testziel verlangt aber nicht eine 1:1 Abbildung der manuellen Vorgehensweise. Die Fähigkeit eines Testwerkzeuges, selbst den Pfad zu "Off" herauszufinden und das Testziel mit nur einem Befehl zu erreichen, wird also nicht genutzt.

Neben der Einsparung von drei Anweisungen führt die Vereinfachung auf eine Anweisung noch zu einem weiteren Vorteil: die bessere Wartbarkeit des Testskriptes bzw. Unabhängigkeit (in gewissen Grenzen) von Änderungen durch Wartung des Browsers.

Natürlich sind die Einsparungen bei diesem Beispiel nicht besonders groß, aber wir haben ein einfaches und verständliches Beispiel gewählt, um das Prinzip erläutern zu können.

1.2.11 Ohne richtige Dimensionierung geht nichts

Wenn ein Handwerker die Elektroinstallation "implementiert", überlegt er sich, was die mögliche Last sein kann. Er plant nicht nur die "Leitungsarchitektur", sondern auch die Systemperformance, also den Querschnitt der Leitung entsprechend der erwarteten Belastung. Das verhindert spätere Beschädigungen oder Nutzungseinschränkungen.

In der Softwareentwicklung ist es dagegen üblich, sich erst nur auf die statischen Teile, wie Architektur, Topologie, Funktionalität zu konzentrieren, während durchaus das Risiko wegen zu geringer Performance (zu hohe CPU-Last, zu wenig Speicher, zu lange Antwortzeiten) inzwischen bekannt ist. Ob richtig dimensioniert wurde, erfährt man beim ersten "Einschalten". Brennen die Leitungen nicht durch, oder werden sie nur mäßig warm, hat man Glück gehabt, das Projekt ist gerettet. Durch diese risikoorientierte Vorgehensweise scheitern etwa 25% der Softwareprojekte: sie "brennen" beim ersten Einschalten ab.

Der Elektriker hat es sicher auch einfacher. Er hat den Überblick über den Verbrauch. Erstens weiß er – durch die Kirchhoffschen Gesetze und die daraus für die Handwerker abgeleiteten Regeln, dass die Gesamtleistung sich linear aus der der einzelnen Verbraucher berechnen lässt. Zweitens kennt er die Anzahl der Verbraucher (bzw. Steckdosen) und ihre ungefähre Leistung.

Softwareentwickler haben es leider schwerer. Der "Verbrauch" eines komplexen Softwaresystems ist nicht so leicht überschaubar. Umso wichtiger ist es aber, die Überschaubarkeit durch gute Organisation zu erhöhen, und gleichzeitig Regeln einzuführen, um die Eigenschaften des geplanten Systems besser bestimmen zu können.

Bereits bei der eigenen Software ist es schwierig, die Performance vorhersagen zu können. Durch Nutzung von Fremdsoftware wie Betriebssystem, grafischen Oberflächen, Datenbanken usw. wird dieses Problem aber noch viel größer. Die Möglichkeit, schnell nach Beginn der Entwicklung eine repräsentative Version ausführen zu können, hilft, dieses Risiko zu verringern.

Ein automatischer Produktionsprozess kann auch diese Anforderung abdecken. Bei geeigneter Organisation kann ein Generator schon die erste einfache Idee in ein repräsentatives, ausführbares Programm unter Berücksichtigung der Schnittstellen zu anderen Programmen überführen.

Damit besteht bereits von Beginn der Entwicklung an die Möglichkeit, die "Last" zu prüfen und rechtzeitig für Korrekturen zu sorgen.

1.2.12 Komplexität – weniger ist mehr

Die Beherrschung hoher Komplexität gilt üblicherweise als Nachweis von Kompetenz, woraus dann wieder ein Anspruch auf eine Führungsposition oder angemessen hohe Bezahlung abgeleitet wird. Aus dieser Sicht ist die Entwicklung von Systemen bzw. Produkten hoher Komplexität für einen Entwickler erstrebenswert. Auch in der Ausbildung wird auf Beherrschung hoher Komplexität geachtet, damit die späteren Ingenieure die Anforderungen ihres Berufes möglichst gut erfüllen können.

Hohe Komplexität kann aber auch von Nachteil sein. Fehlerrate, Entwicklungskosten und –zeit eines komplexen Produktes sind meistens auch höher. Daher muss zwischen diesen zueinander in Konflikt stehenden Zielen in der Praxis ein Optimum gefunden werden: minimale Komplexität bei maximaler Leistung, gute Funktionalität und Zuverlässigkeit bei niedrigem Preis, geringen Entwicklungskosten und –zeit.

Aus der Praxis wissen wir, dass es viel schwieriger ist, die gleiche Funktionalität mit niedriger Komplexität zu erreichen, als mit hoher. Minimale Komplexität für eine bestimmte Aufgabe zu erzielen, das zeichnet den Fachmann aus und weist Kompetenz nach.

These 10
Ein Ziel mit niedriger Komplexität zu erreichen weist mehr Kompetenz nach.

Meistens findet man zuerst eine komplizierte Lösung, von der aus man die einfachere Lösung ableiten muss – vorausgesetzt, man hat dieses Ziel. Dazu ist es notwendig, sich ein Komplexitätslimit zu setzen, das nicht überschritten werden darf. Wenn doch, muss eine einfachere Lösung gefunden werden. Die Erfahrung zeigt, dass die einfachere Lösung immer viel besser ist. Komplexe Lösungen verhalten sich wie ein Kartenhaus, das schon beim Anhauchen zusammenfällt. Sie entsprechen einem labilen Gleichgewicht, während einfache Lösungen sich stabil und robust verhalten, auch hinsichtlich Wartung.

Kürzlich hatten wir ein sehr komplexes Problem zu lösen, das uns durch das benutzte Betriebssystem aufgezwungen worden war. Wir mussten einen Mouse-Click emulieren, der Anwendung vom Programm her vortäuschen, dass auf eine bestimmte Position in einem Fenster einer grafischen Benutzeroberfläche ein Mouse-Click ausgeführt wurde. In der Version A des Betriebssystems mussten wir dazu eine Mindestverzögerung zwischen "mouse-down" und "mouse-up" einbauen, so wie es der Realität entspricht.

Diese Version ging als Untermenge in der folgenden Version B des Betriebssystems auf. Dort stellten wir fest, dass die Einspeisung von "mouse-down" und "mouse-up" bei Verwendung der zu A neu hinzugekommenen, zweiten grafischen Oberfläche, "atomar" sein musste, also ohne Verzögerung. Nach "mouse-down" ging das System in einen Zustand, der den Empfang unseres erzeugten "mouse-up" ausschloss. Wir passten daraufhin die Software einheitlich an und mussten an mehreren Stellen ändern.

Bei weiteren Tests stellten wir dann fest, dass die Untermenge der früheren Version A doch die Verzögerung benötigte. Es gab also zwei unterschiedliche Implementierungen der gleichen Operation.

Die frühere Version A war integriert worden, und für die neue Version wurde eine andere Funktionalität zusätzlich implementiert.

Eine mögliche Lösung wäre gewesen, vor dem emulierten Mouse-Click abzufragen, von welchem Typ das zu bedienende Objekt ist, und dann atomar oder nicht-atomar die Aktionen einzuspeisen. Das hätte aber weitere Änderungen erfordert. An dieser Stelle zogen wir die "Notbremse", das Komplexitätslimit war überschritten worden. Wir begannen, den gesamten Lösungsweg zu überprüfen und nach Möglichkeiten der Vereinfachung zu suchen.

These 20
Weniger ist mehr

These 71
Das Setzen eines Komplexitätslimits erzwingt einfache Lösungen.

Die zugehörige Dokumentation wurde konsultiert, und nach ca. 2 Stunden hatten wir eine einfache Lösung gefunden. Wir konnten daher vereinheitlichen, für beide Objekttypen nicht-atomar einspeisen, und damit eine gemeinsame und einfache Lösung realisieren.

Bei Umstellung auf die Version B hatten wir die Standardversion einer Option bei einem Funktionsaufruf gewählt, und es gab zu diesem Zeitpunkt keinen Grund, sich anders zu entscheiden. Aber genau diese Entscheidung verursachte den Konflikt. Das Problem war, dass wir beim Auftreten des Konfliktes keinen Zusammenhang mehr sehen konnten, die frühere Entscheidung lag schon mehr als ein Jahr zurück. Nur durch die Weigerung, eine Lösung hoher Komplexität zu realisieren, hatten wir Gelegenheit, diese Abhängigkeit doch zu entdecken und das Problem zufriedenstellend lösen zu können.

In dem Moment, als wir die Notbremse zogen, bestand für uns zwar das Risiko, dass die Suche nach einer einfacheren und besseren Lösung zusammen mit deren Implementierung mehr Zeit benötigen würde, als eine mögliche komplexe Lösung. Die Erfahrung zeigt aber, dass dieses Risiko erstens recht gering ist, und zweitens sich eine grundsätzliche Neubetrachtung der Situation aufgrund der dann möglichen Vereinfachung in nahezu allen Fällen lohnt. Diese Vereinfachung entsteht in unserem Beispiel, weil nur noch ein Zweig anstatt zweier Zweige existiert, und sich somit Wart- und Testbarkeit erheblich verbessern.

Die Beibehaltung der komplexen Lösung hätte dagegen das Risiko erhöht. Denn es war nicht absehbar, wie viele komplexe Hilfskonstrukte in Zukunft notwendig gewesen wären, um die dieses "Kartenhaus" zu stützen. Außerdem hat die Suche nach einer besseren Lösung das Verständnis des Problems und damit sowohl die Stabilität als auch das Vertrauen in die Gesamtlösung deutlich erhöht.

Für die Festlegung des Komplexitätslimits gibt es leider keine Regel. Jeder muss es gemäß seiner Erfahrung definieren. Prinzipiell kann man sich am eigenen Verständnislimit orientieren. Im vorgestellten Fall merkten wir, dass wir die entstehende Lösung des für das Gesamtsystem kritischen Problems nicht mehr ohne Hilfsmittel hätten überschauen können, und sahen unsere Komplexitätsgrenze damit erreicht.

Immer sollte das Ziel aber sein: je niedriger, desto besser. Nur auf diese Weise können frühzeitig Fehlentwicklungen entdeckt und verhindert werden.

Hätten sich die Gelehrten bei der Lösung des Gordischen Knotens ein niedrigeres Limit gesetzt, so hätten sie wohl früher bemerkt, dass sie das Problem und die Anforderungen an eine Lösung nicht ausreichend verstanden haben und nach einem neuen Lösungsansatz suchen müssen.

1.2.13 Mensch-Maschine-Schnittstelle

Ein Mensch kann mit einem Rechner in zweifacher Weise Kontakt aufnehmen:

- als Entwickler, und
- als Anwender des entwickelten Programmes.

Da der Entwickler auch wieder Programme benutzt, ist er gleichzeitig auch Anwender. Unterschiede bestehen nur in der Art der Anwendung. Die Dialoge des Entwicklers können denen eines Anwenders ähneln, hauptsächlich in einer frühen Phase wie während des Entwurfes, d.h. er definiert über eine grafische Benutzeroberfläche eines Werkzeuges das zu entwickelnde System. Er kann aber auch die Schnittstelle zu einer Programmiersprache nutzen, beispielsweise während der Codierungsphase.

Eine "Mensch-Maschine-Schnittstelle" (MMI, "Mensch-Maschine-Interaktion", "Man-Machine-Interface") muss so gestaltet sein, dass ein Anwender seine Ziele einfach und schnell erreichen kann. Aus der Praxis wissen wir, dass dies nicht immer optimal gelingt.

Der Entwurf eines Dialogs mit dem Anwender ist meistens kompliziert, besonders wenn der Dialog komfortabel sein soll. Entsprechend aufwändig ist die Implementierung. Um Kosten und Zeit zu sparen, müssen dann Kompromisse geschlossen werden, und die Schnittstelle bietet dann möglicherweise nicht den erwarteten und notwendigen Komfort.

Für die effiziente Implementierung einer Schnittstelle gelten die an anderen Stellen bereits getroffenen Aussagen. Wir werden uns daher hier auf die Gestaltung einer MMI konzentrieren.

These 37
Die Komplexität einer MMI kann mit einem Rechner reduziert werden.

These 54
Ein Prozess muss dem Anwender helfen, die Informationsmengen zu bewältigen

Die effiziente Gestaltung einer MMI erfordert u.a. Einfachheit und Verständlichkeit des Dialoges einschließlich Fehlerprävention. Durch den Dialog soll ein Anwender ent- und nicht belastet werden. Ein Rechner sollte die einzugebende Informationsmenge minimieren und auf Korrektheit und Vollständigkeit überprüfen. Allgemeiner ausgedrückt, kann ein Rechner die Komplexität einer Mensch-Maschine-Schnittstelle reduzieren.

In dieser Form lassen sich die immensen Ressourcen eines Rechners sehr sinnvoll nutzen, neben dem bereits beschriebenen Einsatz im Softwareproduktionsprozess. Aber eine solche Nutzung muss ebenfalls organisiert werden.

Wenn beispielsweise sich überlappende Information abgefragt wird, und der Rechner dann Widersprüche erkennt, so ist das sicher ein Fortschritt, indem der Rechner einen Fehler frühzeitig erkennt, aber nicht gut genug. Der Anwender muss überlegen, worin der Fehler besteht, und muss neu eingeben.

Sinnvoller wäre es, wenn nur nicht-redundante Information abgefragt würde, und der Rechner diese Information in die geeignete Form bringen würde. An einem einfachen Beispiel für die Definition einer Funktion in den Programmiersprachen Ada und C erläutern wir diese Forderung. Kenntnisse in diesen beiden Sprachen werden nicht vorausgesetzt. Um das Problem verstehen zu können, muss man nur wissen, dass

- eine Funktion definiert wird durch ihren Namen, einen Rückgabewert und eine Parameterliste,

  In Ada wird diese Definition "function declaration" genannt, in C "prototype". Diese Deklaration wird benutzt, um die Funktion im gesamten Code bekannt zu machen.
- einen Ausführungsteil benötigt bestehend aus der Wiederholung der Definition und Anweisungen.

  In Ada wird dieser Teil "function body" genannt, in C ist es die "function".

Hier ein Beispiel einer Ada-Funktion:

Deklaration:

```
function myFunction(para1 : type1; para2 : type2) return type3;
```

Body:

```
function myFunction(para1 : type1; para2 : type2) return type3 is
<Anweisungen>
```

Einsichtig ist, dass beim "Body" die Namen der Parameter angegeben werden müssen, weil sie in den Anweisungen im Funktionsrumpf benötigt werden. Dagegen würde bei der "Declaration" die Angaben der Typen ausreichen, um feststellen zu können, dass ein Aufruf mit den richtigen Parametertypen erfolgt. Die Angabe von Parameternamen in der Deklaration stellt nicht nur redundante Information dar (die Namen werden beim Body ebenfalls definiert), sondern die Information wird an dieser Stelle überhaupt nicht benötigt.

Einziger Nutzen könnte die Dokumentation des Zwecks der Parameter durch ihre Namen sein, da in vielen Fällen nur die Funktionsdeklaration im Quellcode zur Verfügung steht, nicht aber der Funktionsrumpf, etwa weil eine Bibliothek nur in Binärform verfügbar ist. Selbst dann sollte es allerdings dem Entwickler überlassen bleiben, ob er die Option der Dokumentation wahrnimmt.

Ada fordert aber nicht nur, dass die Parameternamen bei der Deklaration angegeben werden müssen, sondern prüft auch deren Übereinstimmung mit den Namen, die beim Body angegeben werden. Gibt man versehentlich bei der Deklaration falsche Namen an, führt das zu einem Fehler, wie in folgendem Fall, obwohl die Information für die Übersetzung überhaupt nicht benötigt wird:

Deklaration:

```
function myFunction(par1 : type1; par2 : type2) return type3;
```

Body:

```
function myFunction(para1 : type1; para2 : type2) return type3 is
<Anweisungen>
```

In C dagegen wäre ein solcher Konflikt ausgeschlossen, denn folgender Code ist zulässig:

Prototype / Deklaration

type3 myFunction(type1, type2);

Function / Body

```
type3 myFunction(type1 para1, type2 para2) {
<Anweisungen>
}
```

Bei Ada wird also nicht nur nicht erforderliche Information verlangt, sondern unnötigerweise die redundante Information auch noch auf Konsistenz überprüft.

Die MMI wird also unnötig komplex. Dieses Beispiel ist relativ trivial. Wir haben es gewählt, weil es verständlich ist. In der Praxis treten aber viel erheblichere Probleme auf, wenn die Daten- bzw. Codemengen groß werden, und Teile durch Wiederholung von Information voneinander abhängen.

Bei der Tabellenkalkulation beschreibt man Abhängigkeiten durch Regeln bzw. Rechenausdrücke. Wenn eine Zahl in einem Formblatt verändert wird, so werden alle davon abhängigen Daten automatisch neu berechnet. In Programmen gibt es ebenfalls viele solcher Abhängigkeiten im Code, deren einfache Verwaltung wird aber durch Programmiersprachen nicht unterstützt.

Das Fehlen solcher Mechanismen erhöht den Aufwand und die Fehlerrate. Die MMI wird unnötig komplex. Durch geeignete, übergeordnete Organisation kann man aber diesen Nachteil von Programmiersprachen beheben, indem man wie bei der Tabellenkalkulation Regeln ("Konstruktionsregeln") einführt, und durch die Hilfe des Rechners Komplexität, Aufwand und Fehlerrate verringert.

These 38
Bei guter Organisation muss der Anwender seine Welt nicht verlassen.

Ziel muss daher sein, die MMI so einfach zu gestalten, dass sie selbst bei komplexen Problemen einfach und für den Anwender übersichtlich bleibt, den Anwender bei der Problemlösung (beispielsweise bei der Definition eines Programmes) führt und Fehler frühzeitig erkennt. Zur Umsetzung der kreativen Ideen des Anwenders in ein komplexes System kann ein Rechner eingesetzt werden. Geeignete organisatorische Maßnahmen können gewährleisten, dass diese Transformation auch wieder möglichst einfach und vielseitig verwendbar wird.

Die für den Anwender beste Lösung ist, ihn nicht zu einer anderen Notation zu zwingen, sondern seine eigene Notation zu übernehmen, und die Transformation auf die Standardnotation des Produktionsprozesses vom Rechner durchführen zu lassen.

Wir wissen, dass dies eine Herausforderung ist. Immer wieder hören wir in Diskussionen, dass es schwierig bzw. unmöglich sei, die MMI so zu gestalten, dass ein Programm die Transformation ausführen kann. Die Folge ist, dass sie von Experten manuell durchgeführt werden müsste, mit allen Nachteilen hinsichtlich Aufwand, Zeit und Qualität. Wir werden später zeigen, dass eine automatische Transformation möglich ist. Ihre Realisierung erfordert aber grundsätzliches Umdenken.

1.2.14 Ohne Zusatzaufwand unendlich viele Fälle abdecken

These 64
Bei geeigneter Organisation können mit endlichem Aufwand unendlich viele Anwendungsfälle bzw. Operationen abgedeckt werden.

Manuell erzeugter Code muss immer auf Korrektheit getestet werden, was hohen Aufwand erfordert. Code, der nach bewährten Konstruktionsregeln erzeugt wird, muss nicht getestet werden ("einmal korrekt, immer korrekt"). Besonders effizient wird dieser Ansatz dann, wenn durch einmaligen endlichen Aufwand alle zukünftigen, unendlich vielen Fällen abgedeckt werden können Unter "Zusatzaufwand" verstehen wir hierbei den Aufwand, der anfällt, wenn Erweiterungen für ein bereits bekanntes Objekt implementiert werden. Der frühere Aufwand zur Erzeugung des Objektes wird dann nicht zu der Erweiterung hinzu gerechnet.

Als Beispiel wählen wir benutzerdefinierte Datentypen, auf denen wir Operationen ausführen wollen. Solche Operationen können sein: Initialisierung, Anzeige, Konvertierung, Überprüfen der Werte, beliebige Metriken usw. Die Implementierung erfolgt über Funktionen, und für jeden Typ und jede dieser Operationen muss eine Funktion implementiert werden.

Bei geeigneter Organisation ist es jedoch möglich, alle Funktionen für beliebige Typen automatisch zu generieren, ohne manuellen Zusatzaufwand, d.h. Aufwand, zusätzlich zu der (unumgänglichen) Definition des Datentyps. Einmalig ist dazu folgender Aufwand notwendig:

These 48
Einmal korrekt, immer korrekt

- Definition der Operation über eine Regel (in einer geeigneten Notation)
- Implementierung der Operation für jeden Basistyp der benutzten Programmiersprache über eine Funktion. In C sind dies beispielsweise die Typen char, short, int, long, float, double, also eine sehr geringe Anzahl.

Mit diesen einfachen Maßnahmen kann man alle künftigen Fälle abdecken, ohne – außer der Definition des Typs selbst, manuell neuen Code generieren zu müssen.

Wird ein Typ hinzugefügt, so ist sofort die gesamte Funktionalität auch für diesen Typ verfügbar, ohne dass weiterer manueller Aufwand entsteht, abgesehen von der Definition des neuen Typs. Entsprechendes gilt auch, wenn ein Typ entfernt wird.

1.2.15 Qualitätssicherung

Unter dem Begriff "Qualitätssicherung" versteht man eine Überprüfung auf Konformität mit vorgegebenen Regeln oder Vorschriften bei der Entwicklung, Produktion oder Ausübung einer Dienstleistung. Ein "Qualitätssicherer" sichert also nicht die Qualität des Ergebnisses, sondern bestätigt, dass entsprechend dem Stand der Technik die nötige Sorgfalt angewendet wird. Im Sinne der Norm ISO 9000 (s. ISO9000) muss der "Hersteller" in der Lage sein, die Eigenschaften seines Produktes zu definieren, zu messen und zu bewerten, und den Produktionsvorgang so zu beeinflussen, dass das Produkt die gewünschten Eigenschaften aufweist – innerhalb gewisser zulässiger Fehlergrenzen. Somit ist der Produzent verantwortlich, dass geeignete Verfahren eingesetzt werden, die zu der gewünschten Qualität führen. Nur die Verfügbarkeit solcher Methoden wird von Qualitätssicherern bewertet.

In der Softwareentwicklung werden Vorschriften ("Softwarestandards") angewendet, die sicherstellen sollen, dass bewährte Verfahren zur Implementierung der Software eingesetzt werden, und deren Einhaltung überprüft. Die Überprüfung erfolgt meistens anhand von Dokumentation und Quellcode durch "Einsichtnahme" in die Unterlagen, und Extrapolation der gewonnenen Information auf das spätere Verhalten. Wegen der großen Anzahl von Testfällen können an der Gesamtzahl gemessen nur relativ wenig Fälle – auch bei der üblichen (partiellen) "Testautomation" ausgeführt und ausgewertet werden.

These 108
Bei geeigneter Organisation kann ein Rechner nicht nur Software produzieren, sondern auch die Qualität selbst überwachen.

Ist der Produktionsprozess bekannt und wird von einem Rechner ausgeführt, dann können vom Rechner aus dem Produktionsprozess auch die Kontrollaufgaben abgeleitet, realisiert und ausgewertet werden, so dass der Entwickler in verständlicher Form die Qualitätsinformation bekommen kann, ohne dafür selbst aktiv zu werden.

Wenn in den Anforderungen ein "Timeout" von 2 Sekunden definiert ist, dann kann der Generator entsprechende Kontrollmechanismen einbauen. Er kennt die Start- und Stopbedingungen, kann eine Überwachung auslösen und eine Überschreitung im Bericht vermerken, oder falls kein Zeitfehler auftritt, dies ebenfalls dem Anwender anzeigen, der dann nur den automatisch erstellten Bericht durchgehen muss.

Ein Generator, der den Code erzeugt, kann auch Maßnahmen treffen, um die sog. "Coverage" zu messen, z.B. wie oft und unter welchen Bedingungen ein Statement ausgeführt wurde.

These 109
Die Synergie zwischen Erzeugung und Überwachung reduziert die Fehler.

Die Erzeugung von Code und Überwachungsmechanismen durch einen Produktionsprozess ist kein Widerspruch zu der sonst notwendigen Trennung von Ausführung und Kontrolle. Im Gegenteil, dieser Ansatz bietet die Chance, mehr Fehler zu erkennen als wenn nur ein Teil realisiert würde, oder beide nicht über eine Schnittstelle arbeiten würden. Die erforderliche Abstimmung zwischen den unabhängigen Teilen des Produktionsprozesses deckt Fehler in einem der beiden Teile auf, ähnlich zum bekannten "n-version programming".

Falls verschiedene Generatoren zur Verfügung stehen, kann auch ohne die sonst hohen Kosten "n-version programming" selbst realisiert werden, indem die Generatoren ausgetauscht werden. Falls dabei Schnittstellen angepasst werden müssen, kann das auch automatisch geschehen.

These 110
Je größer die Bandbreite enes Produktionsprozesses, desto größer seine Zuverlässigkeit.

Der breitbandige Einsatz von solchen Produktionsprozessen impliziert eine höhere Zuverlässigkeit. Je mehr Anwendungen generiert werden, und je unterschiedlicher die Anwendungen sind, desto größer ist die Wahrscheinlichkeit, dass latente Fehler entdeckt werden, die sonst trotz aller Qualitätssicherungsmaßnahmen nicht gefunden werden. Oft bleiben logische Fehler unentdeckt, weil sie für die Anwendungsfälle korrekte Ergebnisse liefern. Die Software, die von einem wiederverwendbaren Produktionsprozess generiert wird, ist mit großer Wahrscheinlichkeit zuverlässiger als ein manuell hergestelltes Unikat.

Trotz der erwähnten Vorteile eines Softwareproduktionsprozesses auf die Qualitätssicherung, sind aber noch einige Probleme zu lösen, wenn an die Implementierung eines solchen Prozesses hohe Sicherheitsanforderungen gestellt werden, wie beispielsweise in der Luft- und Raumfahrt.

Geht man von "verified-by-use" aus, also von der Tatsache, dass ein Produkt sich in der Praxis als zuverlässig erwiesen hat, dann bestehen diese Probleme nicht. Für die meisten Anwendungen wird dies zutreffen. Compiler sind ein typisches Beispiel hierfür. Sie arbeiten zuverlässig, ein spezielles Zertifikat wird aber in der Regel nicht verlangt. Wenn sie bei kritischen Anwendungen eingesetzt werden sollen, wird dagegen eine spezielle Prüfung durchgeführt.

Zum Nachweis der Qualität wird zertifiziert oder qualifiziert. Bei der Zertifizierung wird die Konformität mit Qualitätssicherungsstandards durch eine autorisierte Organisation bestätigt. Als "Qualifizierung" bezeichnet man den Prozess der Zertifizierung für ein bestimmtes Anwendungsgebiet und bestimmte Einsatzbedingungen (Camus02).

Für C++ gibt es eine Standard-Testsuite für den Test von Compilern. Für Ada-Compiler ist eine Zertifizierung möglich. Sie bezieht sich aber nur auf die Konformität zum Ada-Standard, nicht auf die Korrektheit eines Ada-Compilers.

Der Einsatz von Codegeneratoren (keine Softwareproduktionsprozesse) in den vergangenen Jahren und ihre Zertifizierung bzw. Qualifizierung hat gezeigt, dass dabei hohe Kosten anfallen können, und zwar für jede Änderung an den Generatoren (Cass04). Diese Kosten können sehr hoch sein, so dass aus finanzieller Sicht die reine automatische Codegenerierung uninteressant werden kann. Dieses Thema wird zur Zeit (2004) intensiv diskutiert. Zur teuren Zertifizierung und Qualifizierung gibt es gegenwärtig noch keine akzeptierte alternative Lösung. Ein Ausweg wäre, die Anforderungen im jeweiligen Anwendungsbereich zu überprüfen und – wenn möglich – zu verringern.

Aus strategischer Sicht und im Hinblick auf automatische Produktionsprozesse ist die weitere Zielsetzung aber klar vorgegeben: der Nachweis der Korrektheit muss für jeden Anwendungsfall und jede aktuelle Version der Prozessimplementierung ebenfalls wie die Qualitätssicherungsmaßnahmen des Produktionsprozesses durch einen generischen Ansatz erbracht werden können. Jedes Softwarepaket, das vom Produktionsprozess erzeugt wurde, soll von einem dazu passenden, automatisch erzeugten Qualitätssicherungsprozess überprüft werden können. Die ersten Arbeiten zu einem solchen

These 111
Der Nachweis der Korrektheit für den Produktionsprozess kann durch einen generischen Ansatz erbracht werden.

Ansatz wurden von uns bereits im Rahmen des EU-Projektes "ASSERT" begonnen.

1.2.16 Schnittstellenanpassung

Durch Benutzung von Fremdsoftware oder Wiederverwendung vorhandener Software stellt sich häufig das Problem der Integration dieser Software in eine vorgegebene Umgebung. Dafür müssen meistens Schnittstellen angepasst werden. Bei Fremdsoftware kann das Programm selbst nicht angepasst werden, und auch bei eigener Software ist häufig die beste Lösung, spezielle Software zwischen beide Teile einzufügen, die die Schnittstellen anpasst.

Ein solcher Transformator kann eine Zwischenfunktion sein, die für das rufende Programm die gewünschte Schnittstelle realisiert, die Daten anpasst und an die Zielfunktion weiterreicht. Er kann auch als eigenständiges Programm realisiert werden, um Daten von Datei zu Datei oder über Kanäle des Betriebssystems zu konvertieren und auszutauschen. Ebenso sind Mischformen möglich.

These 39 Schnittstellen können automatisch angepasst werden.

Für jedes der miteinander zu verbindenden Programme ist die Schnittstelle definiert, und – meistens – liegt diese Spezifikation bereits in maschinenlesbarer Form vor. Ebenso ist bekannt, von welchem Medium nach welchem Medium der Datenstrom zu empfangen und zu senden ist. Damit liegen – prinzipiell – alle Voraussetzungen vor, um das benötigte Bindeglied automatisch zu generieren.

Wenn die beiden Schnittstellen logisch zueinander kompatibel sind – im einfachsten Fall müssen nur Datenstrukturen umgeordnet werden, kann der Transformator ein breites Gebiet abdecken. Sind noch spezielle Operationen erforderlich, dann wird auch das Anwendungsgebiet des Transformators enger.

Der zugehörige Produktionsprozess muss als Parameter erhalten:

- die Definition der Datentypen und Ort der Speicherung,
- die Struktur der jeweiligen Schnittstelle in Form von Elementnamen und Datentyp,
- evtl. noch eine auszuführende Operation (s.a. Kap. 1.2.14), beispielsweise die Konvertierung von Binärdaten, und
- die Art der Schnittstelle wie Funktionsname, Datenkanal.

Eine einfache Anwendung ist beispielsweise, den Inhalt einer Datenstruktur über ein Netzwerk zu übertragen. Dazu muss beim Sender der Inhalt der Datenstruktur in einen Datenpuffer geschrieben werden, was nicht so aufwändig ist. Beim Empfänger müssen die einzelnen Elemente byteweise aus dem Datenpuffer geholt und den Elementen der Datenstruktur zugewiesen, und möglicherweise auch noch binär konvertiert werden. Bei größeren Datenstrukturen und vielen Schnittstellen, ist die binäre Konvertierung aufwändig und auch fehleranfällig, durch einen allgemeinen Transformator aber leicht zu erledigen, einschließlich der Dokumentation (s.a. Kap. 7.5.1).

1.2.17 Dokumentation

Um einen Produktionsprozess oder eine Schnittstellenanpassung zu realisieren, muss die Fähigkeit vorhanden sein, Information auszuwerten, beispielsweise aus einer Datei, aus Quellcode oder aus aus einem Dokument. Diese Fähigkeit wollen wir als "Extraktion von Information" bezeichnen.

Wenn diese Fähigkeit verfügbar ist, kann sie genutzt werden, um die extrahierte Information in Dokumentation über die Informationsquelle zu transformieren. Diese Transformation kann auch eine Weiterverarbeitung der Information einschließen, wie beispielsweise die Erzeugung grafischer Darstellungen, Erstellen von Querverweisen usw.

Die Extraktion und Transformation ist dann Teil des Produktionsprozesses, und wie die anderen Schritte auch, auf ihn abgestimmt. Dies muss nicht implizieren, dass alle Teile nur für diesen Produktionsprozess implementiert werden müssen, sondern kann die Verwendung von Teilen existierender Produktionsprozesse einschließen.

1.3
111 Thesen zur effizienten Softwareentwicklung

Wir schließen dieses Kapitel mit der Aufzählung unserer Thesen ab, zu denen wir in den späteren Kapiteln Stellung nehmen werden.

1.3.1
Stand der Technik

These 1 Mit dem Stand der Technik können die prinzipiellen Probleme der Softwareentwicklung, hohe Fehlerrate und niedrige Produktivität, nicht gelöst werden.

These 2 Der Stand der Technik sucht die Probleme der Softwareentwicklung hauptsächlich durch manuelle Ansätze zu lösen und nur punktuell durch Automation.

1.3.2
Wettbewerb

These 3 Wer als erster eine neue Technologie einsetzt, hat einen erheblichen Wettbewerbsvorteil.

These 4 Wer automatisierte Softwareentwicklungsprozesse einsetzt, hat erhebliche Wettbewerbsvorteile.

These 5 Die ständige Verbesserung der Effizienz sichert das Überleben im Wettbewerb.

1.3.3
Softwareentwicklung

These 6 Softwareentwicklung ist kein Selbstzweck, sondern eine Dienstleistung für den Benutzer.

These 7 Effizienz und Qualität schließen sich nicht aus.

These 8 Ziel von Test, Verifikation und Validierung ist es, Fehler nachzuweisen, und nicht, die Abwesenheit von Fehlern zu bestätigen, d.h. das Nichtauftreten von Fehlern wird erst einmal auf unzureichende Test- und Verifikationsmethoden zurückgeführt und nicht als Beweis für Fehlerfreiheit gewertet.

Nur durch einen wartbaren Entwicklungsprozess können gleichzeitig hohe Produktivität und Qualität erreicht werden. *These 9*

Es ist viel schwieriger, das gleiche Ziel mit niedriger Komplexität zu erreichen als mit hoher. Ein Ziel mit niedriger Komplexität zu erreichen, weist mehr Kompetenz nach *These 10*

1.3.4 Organisation

Das anzuwenden, was alle anwenden, führt nicht unbedingt zum Erfolg. *These 11*

Rationalisierungspotenzial kann nur durch detaillierte Betrachtung der Produktionsschritte erschlossen werden. *These 12*

Spärliche Fehlermeldungen implizieren erhöhten Aufwand beim Testen und zeigen damit erheblichen Mehraufwand an bzw. identifizieren ein Rationalisierungspotenzial. *These 13*

Die Softwareentwicklung muss so organisiert werden, dass sich Arbeitsabläufe wiederholen, um sie für die Automation vorzubereiten. *These 14*

Wenn Probleme in Teilprobleme aufgelöst werden, findet man die Lösung schneller. *These 15*

Alle Entwicklungsabläufe bzw. Entwicklungsphasen müssen auf Optimierungsmöglichkeiten analysiert werden, ebenso die Übergänge zwischen den Phasen. *These 16*

Wartung impliziert Fortsetzung der Entwicklung. *These 17*

Spezialisierung führt zu mehr Effizienz. *These 18*

Spezialisierung impliziert nicht die Beschränkung auf wenige Anwendungsfälle. Trotz Spezialisierung eines Produktionsprozesses kann eine unendliche Anzahl von Anwendungen abgedeckt werden. *These 19*

"Weniger ist mehr" – durch Beschränkung kann mehr erreicht werden. *These 20*

Nur kompetente strategische Entscheidungen zur Entwicklungsmethodik können die Situation verbessern, nicht aber der zufallsartige Einsatz von Methoden oder Zukauf von Produkten. *These 21*

Software selbst kann bei Vorgabe von Konstruktionsregeln und Anforderungen weitere für die Produktion von Software benötigte Programme, also wieder Software, erzeugen. *These 22*

These 23 Eine geänderte Rollenverteilung zwischen Entwickler und Rechner kann die Effizienz wesentlich erhöhen.

These 24 Die "Verstärkereigenschaften" eines Rechners können effizient für die Softwareentwicklung eingesetzt werden.

These 25 Der kreative Entwickler soll nicht gezwungen werden, starre Regeln einzuhalten. Die Einhaltung von Regeln ist Aufgabe eines Rechners.

These 26 Überforderung eines Entwicklers und daraus resultierende Konflikte und Fehler werden durch klare Trennung der Aufgaben entsprechend der Fähigkeiten von Entwickler und Rechner vermieden.

These 27 Die Arbeitsteilung zwischen Mensch und Rechner muss gut organisiert werden.

These 28 Synergie muss organisiert werden.

These 29 Einfachheit kann organisiert werden.

These 30 Gute Organisation verringert Komplexität, Aufwand und Entwicklungszeit.

These 31 Bei der Organisation der Lösung muss der Nutzen für den Anwender im Vordergrund stehen.

These 32 Produktionsprozesse können organisiert werden.

These 33 Effizientes Vorgehen heißt: Einfache Fälle sofort lösen, andere bei Bedarf.

These 34 Häufig anfallende Tätigkeiten zuerst automatisieren, andere bei Bedarf.

These 35 Allgemeine Lösungen zuerst, spezielle bei Bedarf.

1.3.5 Schnittstellen

These 36 Vollständige, abstrakte und klare Schnittstellen helfen Anwender und Entwickler. Eigene Schnittstellen schützen gegen Änderungen.

These 37 Die Komplexität einer MMI kann mit einem Rechner reduziert werden.

These 38 Bei guter Organisation muss der Anwender seine Welt, d.h. seine gewohnte Notation, nicht verlassen.

These 39 Schnittstellen können automatisch angepasst werden.

1.3.6 Information

Abhängigkeiten von Programmteilen sollten klar dokumentiert sein. Inkompatibilitäten sollten automatisch erkannt werden. *These 40*

Entwickler, die kurze und unverständliche Fehlermeldungen verwenden, führen ihre Tests manuell durch. *These 41*

Kurze Fehlermeldungen, die beispielsweise nur aus einer Fehlernummer bestehen, verursachen nicht nur dem Anwender Probleme, sondern behindern auch den Entwickler und erhöhen somit die Entwicklungskosten. *These 42*

Kurze Fehlermeldungen sind ein Zeichen für ineffiziente Organisation. *These 43*

1.3.7 Automation

Automation impliziert Spezialisierung. *These 44*

Durch Automation entsteht bei geeigneter Organisation eine Synergie zwischen Codegenerierung und Test, Verifikation und Validierung. *These 45*

Fehler in der Spezifikation dürfen sich nicht in den Produktionsprozess fortpflanzen. Der Produktionsprozess darf nur dann ausgeführt werden, wenn die Anforderungen fehlerfrei sind. *These 46*

Automation senkt das Entwicklungsrisiko. *These 47*

Bei richtig umgesetzter Automation gilt: einmal korrekt, immer korrekt. *These 48*

Automation senkt Kosten und Entwicklungszeit. *These 49*

Automation erhöht die Qualität. *These 50*

Ein Anwender muss voll auf einen automatischen Produktionsprozess vertrauen können. *These 51*

Ein automatischer Produktionsprozess muss einem Anwender die volle Kontrolle über die Erzeugung des Produktes ermöglichen. *These 52*

Ein automatischer Produktionsprozess muss dem Anwender die Ergebnisse in verständlicher Form präsentieren. *These 53*

These 54 Automatische Produktionsprozesse müssen dem Anwender helfen, große Informationsmengen zu bewältigen.

These 55 Ein automatischer Produktionsprozess muss die Informationsmenge reduzieren.

These 56 Keine Eingabefehler → korrekter Code; bei Eingabefehlern → kein Code.

These 57 Automation verringert die Komplexität für den Anwender, ohne die maximal erreichbare Komplexität zu beschränken.

These 58 Automatische Codegenerierung hat nur ein Einsparungspotenzial von maximal ca. 20% des Gesamtaufwandes.

These 59 Software kann Softwareproduktionsprozesse erzeugen.

These 60 Softwareproduktionsprozesse decken Produktklassen ab.

These 61 Konstruktionsregeln vervielfachen Information intelligent um Größenordnungen, ohne unnötigen Code zu erzeugen.

1.3.8 Strategie

These 62 Das Ziel jeglicher Optimierung und Rationalisierung in der Softwareentwicklung muss die Minimierung des Aufwandes und die Erhöhung der Qualität sein.

These 63 Ein besonders hohes Einsparungspotenzial kann dann erschlossen werden, wenn bereits vorhandene Information automatisch extrahiert und in Ergebnisse umgesetzt werden kann.

These 64 Bei geeigneter Organisation können mit endlichem Aufwand unendlich viele Anwendungsfälle, viele Operationen mit einmaligem, endlichem Aufwand abgedeckt werden.

These 65 Zur Erschließung des maximalen Rationalisierungspotenzials muss ein Produktionsprozess auf Konzepten aufgebaut werden, die minimalen Aufwand erfordern.

These 66 Nicht die aktuelle, bereits vorhandene Organisationsform darf die Grundlage der Prozessoptimierung sein, sondern die Organisation, die den Aufwand tatsächlich minimiert (totales Minimum).

These 67 Um Erfolg messen zu können, braucht man Metriken und muss kontinuierlich Kontrollen (Benchmarking) durchführen. Nur wiederholbare und messbare Arbeitsabläufe können optimiert werden.

These 68 Unkonventionelle Lösungsansätze sichern den Erfolg.

Einfachheit, nicht Komplexität impliziert den Erfolg. *These 69*

Nur durch geeignete strategische Entscheidungen können wesentliche Verbesserungen erreicht werden. *These 70*

Das Setzen eines Komplexitätslimits erzwingt einfache Lösungen. *These 71*

Je früher ein Fehler erkannt wird, desto mehr spart man. *These 72*

Fehlerprävention in frühen Phasen, senkt die Kosten der späteren Phasen. *These 73*

Frühzeitige Validierung des Entwurfs zahlt sich aus. *These 74*

Einsparungen im Bereich 85% .. 95% sind durch Automation möglich. *These 75*

1.3.9 Kostenschätzung

Kostenreduktion impliziert Reduktion der Funktionalität. *These 76*

Kostenreduktion durch Suche nur nach zu großzügigen Schätzungen führt zu späteren Verlusten. Das Gleichgewicht von unterschätzten und überschätzten Problemen wird dadurch in Richtung höheres Risiko verschoben. *These 77*

Fehlerhafte Kostenschätzungen können durch Inkonsistenzen zwischen Schätzungen verschiedener Ausprägung, aber gleicher Wurzel entdeckt werden, beispielsweise durch Vergleich von Aufwandsschätzung und (umgerechneten) technischen Budgets wie solche über Speicherbedarf. *These 78*

1.3.10 Projektmanagement

Die Anzahl der Fehler pro Entwicklungsphase steigt von der Spezifikation bis zur Codierung kontinuierlich an – bedingt durch die Menge der zu bearbeitenden Information. *These 79*

Fehler müssen vor der Auslieferung erkannt werden. *These 80*

Die meiste Zeit und der meiste Aufwand werden für die Fehlerlokalisierung benötigt, bis zu ca. 95%. *These 81*

These 82 Bei frühzeitiger Validierung von Spezifikation und Entwurf lassen sich hohe Einsparungen erzielen und das Risiko erheblich senken.

These 83 Bei spät erkannten Fehlern müssen alle früheren Aktivitäten erneut ausgeführt werden.

These 84 Durch automatische Übergänge entfallen sonst notwendige manuelle Prüfungen auf Konsistenz der Ergebnisse, entweder ist die Konsistenz durch die Automation inhärent gewährleistet, oder sie werden durch automatische Prüfungen ersetzt.

These 85 Ein Mitarbeiter, der bereits ein Problem hatte, kann zukünftige Probleme besser vermeiden (wenn er lernfähig ist) als ein Mitabeiter, der noch kein Problem hatte. Erfahrung, insbesondere negative, kann zu zukünftigen Verbesserungen führen.

These 86 Problemlösung setzt den Willen zur Diskussion und Offenheit voraus.

These 87 Durch Vorgaben des Auftraggebers können beim Auftragnehmer Risiken und Mehraufwand entstehen.

1.3.11 Management

These 88 Erfolgreiche Umsetzung von Veränderungen erfordert psychologisches Geschick und Durchsetzungsvermögen.

These 89 Das Management sollte im Dialog mit den Entwicklern den Herstellungsprozess optimieren.

These 90 Das Management sollte nicht ungeprüft organisatorische Vorschläge der Entwickler übernehmen.

These 91 Im Management muss die Kompetenz vorhanden sein, technische Lösungen und Maßnahmen hinsichtlich Rationalisierung zu beurteilen bzw. vorzuschlagen.

These 92 Das richtige Problemverständnis führt zum Erfolg.

1.3.12 Qualitätssicherung

These 93 Vollständiges Testen ist wegen der großen, meist unendlichen Anzahl von Testfällen praktisch unmöglich. Je geringer der Aufwand pro Testfall, desto mehr Testfälle können abgedeckt werden. Ausreichende Testabdeckung kann nur durch Automation erzielt werden.

Je mehr Fehler erkannt wurden, desto besser die Qualität. *These 94*

Aus der Absicht, das Risiko durch Vereinfachung zu senken, entsteht möglicherweise ein viel größeres Risiko. *These 95*

Fehlende Information über die Korrektheit einer Spezifikation erhöht das Risiko. *These 96*

Wenn man die erlaubten Fälle kennt, kennt man auch die Fehlerfälle. *These 97*

Für jede auszuführende Aktion muss auch der Fehlerfall betrachtet werden. *These 98*

Portabilität erhöht die Qualität. Jede Plattform wirkt als Filter für bestimmte Fehler, sie filtert einige aus, andere können (prinzipiell) nicht erkannt werden. Durch Einsatz verschiedener ("gekreuzter") Filter können Fehler nicht durch das Gesamtfilter "durchfallen". *These 99*

Je mehr Aufwand erforderlich ist, um einen Fehler zu finden, desto weniger Fehler sind in der Software noch enthalten. *These 100*

Tritt während der Tests kein Fehler auf, impliziert das keine Fehlerfreiheit. *These 101*

Die Anzahl der tatsächlich ausgeführten, verschiedenen unabhängigen Testfälle hängt nicht von der Ausführungs- bzw. Betriebszeit ab. *These 102*

Wenn nur bestimmte Testszenarien benutzt werden, kann man prinzipiell nicht alle Fehler finden. *These 103*

Die bessere Umsetzung von Standards durch mehr, insbesondere durch qualifizierteres Personal, liegt nahe, ist aber nicht zwingend. *These 104*

Die Anwendung von Standards führt nicht zwingend zu fehlerfreier Software. Standards dienen der Beschränkung der vollständigen kreativen Freiheit auf bewährte Ansätze. Aber die menschliche Unzulänglichkeit, Regeln nicht immer folgen zu können, auch wenn der Wille vorhanden ist, führt trotzdem zu Fehlern, und zwar immer mit einer endlichen (persönlichen) Fehlerwahrscheinlichkeit, auch nach bestem Training. *These 105*

Qualitätssicherungsmaßnahmen wie die Anwendung von Standards, deren Einhaltung nicht kontrolliert werden kann, führen nicht zwingend zu mehr Qualität. *These 106*

Zertifizierung ist keine Garantie für Fehlerfreiheit. *These 107*

Bei geeigneter Organisation kann ein Rechner nicht nur Software produzieren, sondern auch die Qualität selbst überwachen. *These 108*

These 109 Die Synergie zwischen Erzeugung und Überwachung reduziert die Fehler.

These 110 Je größer die Bandbreite eines Produktionsprozesses, desto größer seine Zuverlässigkeit.

These 111 Der Nachweis der Korrektheit für den Produktionsprozess kann durch einen generischen Ansatz erbracht werden.

2 Strategische Ausrichtung

Wann entwickelt man Software effizient und erfolgreich? Worin liegen die Herausforderungen der professionellen Softwareentwicklung und wie lassen sie sich bewältigen? In welchen anderen Bereichen außerhalb der reinen Entwicklung muss noch auf Effizienz geachtet werden?

In diesem und den beiden folgenden Kapiteln werden wir Antworten auf diese Fragen geben und dabei erklären, was "Automatische Softwareproduktion" bedeutet und wie sie hilft, die Effizienz zu steigern. Zu bekannten Problemen werden wir Beispiele aus der Praxis geben, sowie Zusammenhänge und Auswirkungen – negative und positive – erläutern.

Bei der Softwareentwicklung und speziell bei der automatischen Softwareproduktion sind sehr viele Aspekte zu beachten. Wir werden daher allmählich an die Thematik heranführen. Dieses und die beiden folgenden Kapitel betrachten die Aspekte aus verschiedenen Blickwinkeln. Auf diese Weise werden wir schrittweise die einzelnen Aspekte betrachten und die Problematik an Beispielen erläutern.

In diesem Kapitel definieren wir die grundlegende Strategien in Richtung automatischer Softwareproduktion und identifizieren das Optimierungspotenzial und Synergien. Im nächsten Kapitel führen wir eine Analyse der aktuellen Situation in der Softwareentwicklung durch und erläutern an ausgewählten charakteristischen Beispielen, wo Änderungen aus unserer Sicht notwendig sind. Im übernächsten Kapitel geben wir Hinweise auf Verfahren, die bei der Entwicklung von Produktionsprozessen nützlich sind. Diese können auch für die "manuelle Entwicklung" nützlich sein.

Wir gehen gegenwärtig von einer Koexistenz der manuellen und vollständig automatisierten Entwicklung aus, wobei sich der Schwerpunkt zunehmend von der manuellen Entwicklung in Richtung automatischer Produktion verlagern wird.

2.1
Wann ist man effizient und erfolgreich?

Wir beginnen mit der Definition der Begriffe "Effizienz" und "Erfolg".

Wann ist eine Entwicklung effizient? Wenn sie

1. kostengünstig ist und
2. schnell abschlossen werden kann.

Messgrößen sind also Aufwand bzw. Kosten und Zeit.

Wann ist eine Entwicklung erfolgreich? Hier sehen wir die folgenden Kriterien:

(a) vom Standpunkt des Entwicklers bzw. Auftragnehmers, wenn die Planung hinsichtlich Kosten und Zeit eingehalten wurde,

(b) vom Standpunkt des Auftraggebers, wenn das entstandene Produkt genügend zufriedene Abnehmer findet und damit ein ausreichender Ertrag für die Investition erwirtschaftet werden kann, und

(c) vom Standpunkt des Nutzers, wenn er das Produkt effizient einsetzen kann.

In diesem Sinne sind Planbarkeit, Kundenzufriedenheit, Kundenakzeptanz und Ertrag die Messgrößen.

Die Umkehrung dieser Aussagen gilt jedoch nicht unbedingt. Ein Produkt kann einen hohen Ertrag erbringen, selbst wenn es mit einer ineffizienten Methode entwickelt wurde und/oder die Kunden unzufrieden sind, z.B. wenn ein Monopol oder eine ähnliche marktbeherrschende Stellung vorliegt, oder alle bzw. die meisten Anbieter ähnlich ineffiziente Entwicklungsansätze verwenden.

Effizienz ist daher relativ zu bewerten. Eine höhere Effizienz als allgemein üblich bringt große Vorteile bei der Produktentwicklung und -qualität, denn niedrigere Entwicklungskosten erlauben niedrigere Endpreise. Kürzere Entwicklungszeiten bringen Vorteile beim Verkauf und der Tilgung der Entwicklungskosten, führen zu mehr Flexibilität bei der Entwicklung und damit zu einer größeren Wahrscheinlichkeit, bei verringertem Risiko schneller die Kundenanforderungen erfüllen zu können.

In diesem Sinne verstehen wir unter "effizienter Softwareentwicklung" eine Entwicklungsmethode, die dem Stand der Technik überlegen ist hinsichtlich Kosten, Aufwand und Zeit und die zu mehr Qualität und Erfolg auf dem Markt bzw. beim Einsatz des Produktes führt.

2.2 Mehr Effizienz durch Automatische Softwareproduktion

Unter "effizienter Softwareentwicklung" verstehen wir auch die planbare Entwicklung von Software bei – gegenüber dem Stand der Technik – niedrigen Herstellungskosten und kurzer Entwicklungszeit, wobei das Endprodukt die Anforderungen voll erfüllt.

Bei der "Automatischen Softwareproduktion" (Automated Software Production, ASaP) gibt es prinzipiell zwei Arten von Tätigkeiten:

- entweder konfiguriert ein "Entwickler" den Produktionsprozess so, dass das gewünschte Produkt entsteht, und überprüft die Produkteigenschaften durch die vom Prozess erstellten Berichte, oder
- er entwickelt die Software für einen Produktionsprozess, möglicherweise unter Nutzung bereits vorhandener automatischer Prozesse.

Ziel ist die Erzeugung von korrekten Softwareprodukten durch einen automatisch ablaufenden Produktionsprozess für einen bestimmten Anwendungsbereich ("Produktfamilie"), ohne Detailkenntnisse über die Softwareentwicklung haben zu müssen. Ein Produktionsprozess transformiert Anforderungen in das gewünschte Produkt und garantiert die gewünschten Eigenschaften, ohne dass der Anforderer Kenntnisse über das Herstellungsverfahren haben muss. Dies führt zu einer signifikanten Effizienzsteigerung.

Ein automatischer Produktionsprozess sollte ein möglichst breites Spektrum abdecken, damit sich seine Entwicklung auch lohnt. Ein spezielles Thema ist hierbei, wie effizient sich "effiziente Produktionsprozesse" entwickeln lassen, also Produktionsprozesse, die dem Anwender ein großes Potenzial erschließen, die aber selbst auch schnell und kostengünstig hergestellt werden und zu hoher Qualität des Produktionsprozesses führen.

Da es sich bei der automatischen Softwareproduktion um eine neue Technologie handelt, sind heute noch nicht für alle Anwendungsgebiete automatische Produktionsprozesse verfügbar, aber der Abdeckungsgrad wird kontinuierlich wachsen.

Unser Ziel ist, die vorhandenen Fähigkeiten von Rechnern stärker für die zuverlässige Entwicklung von Software zu nutzen. Der Ansatz, Rechner für die Programmerstellung einzusetzen, ist prinzipiell aber nicht neu. Dies ist bereits vor ca. 50 Jahren bei der Einführung von Assemblern geschehen, später dann bei Compilern und CASE-Tools (Werkzeuge).

Aber die gebräuchlichen Werkzeuge nutzen die Fähigkeiten heutiger Rechner nicht genügend aus. Compiler und "Zeichenhilfsmittel" reichen nicht mehr aus, um die heutigen Softwareprodukte effizient erzeugen zu können. Unser Thema ist die "industrielle Fertigung" von Software im Vergleich zu der heute üblichen "handwerklichen Entwicklung".

Wir verwenden die Begriffe "industriell" und "handwerklich" so wie sie in anderen Bereichen der Fertigung, also beispielsweise bei der Produktion von Textilien, Lebensmitteln, Möbeln, Fahrzeugen, Elektrogeräten benutzt werden. Handwerkliche Fertigung impliziert individuelle Herstellungsverfahren mit relativ großer Streuung der Merkmale, und auch der Qualität. Wenn wir heute ein solches handwerklich hergestelltes Produkt erworben haben, sind wir doch stolz, seine Einzigartigkeit und den relativ hohen Preis – bedingt durch die Lohnkosten – durch individuelle Merkmale nachweisen zu können, wozu Fehler wie unregelmäßige Struktur oder Farbabweichungen zählen.

Bei handwerklicher Software, also Software wie wir sie heute kennen, ist das ähnlich. Programme sind üblicherweise einzeln angefertigte Stücke – Unikate, daher teuer und fehlerbehaftet, quasi einzigartig durch Fehler. Ihre Produktion dauert relativ lange.

Ein wichtiger Unterschied zur Software besteht jedoch darin, dass anders als bei materiellen Produkten die Fehler eines "Einzelstücks" völlig identisch vervielfältigt werden und daher viele Kunden solche fehlerhafte Produkte erhalten.

Anders als bei den oben erwähnten "kleinen" Fehlern handelt es sich bei Softwarefehlern leider um gravierendere Fehler. Derartige Fehler würden bei materiellen Einzelstücken – etwa fehlende Belastbarkeit eines Stuhls – niemals als "einzigartig" im positiven Sinne eingestuft werden. Solche Produkte würden in anderen Bereichen als der Softwareentwicklung niemals in den Verkauf gelangen.

Um Nachteile wie hohe Fertigungskosten, lange Fertigungszeiten und Qualitätsmängel zu überwinden, ging man seit Ende des 19. Jahrhundert bei der Herstellung "materieller" Produkte zur "industriellen Fertigung" über, durch die größere Stückzahlen bei akzeptablen Preisen sowie gleichmäßiger und guter Qualität hergestellt werden können. Trotz der niedrigen Preise wird besser verdient, weil ein größerer Markt erschlossen werden kann. Durch die verbesserten Fertigungsverfahren kann außerdem auch schneller auf die Bedürfnisse des Marktes reagiert werden. Durch die neue "Technologie" der Automation konnten immer anspruchsvollere Produkte bei sinkenden Kosten hergestellt werden.

Die industriellen Herstellungsverfahren erfordern Arbeitsvorbereitung und Organisation, die ständig aufgrund der gewonnenen

Erfahrung weiter verbessert werden. Die manuellen Eingriffe in die Fertigungsverfahren wurden immer weiter minimiert. Dadurch stieg die Qualität der Produkte bei sinkenden Preisen aber größerer Rendite der Firmen und höherem Wohlstand der Arbeitnehmer kontinuierlich seit dem Ende des 19. Jahrhunderts.

Bei der Einführung der "industriellen Produktion von Software“ muss ähnlich vorgegangen werden. Die Arbeitsabläufe, die bei der Herstellung von Software heute eingesetzt werden, müssen analysiert und durch automatische Abläufe ersetzt werden. Sie können dann fortlaufend erweitert und perfektioniert werden. Manuelle Eingriffe in diesen Produktionsprozess müssen vermieden werden. Jeder manueller Eingriff erhöht die Entwicklungszeit, senkt die Produktivität, und ist eine potenzielle Fehlerquelle.

These 50
Automation erhöht die Qualität

These 49
Automation senkt Kosten und Entwicklungszeit

Wesentlich höhere Produktivität, kürzere Entwicklungszeiten und bessere Qualität der Software durch konsequente Reorganisation sind keine Fiktion, sondern bereits Realität in den Bereichen "verteilte Echtzeitsysteme", "graphische Benutzerschnittstellen", "Datenerfassung und -verarbeitung", "Datenverwaltung", "Datenbanken", "Benutzerschnittstellen", "Portierung von Software", und in Vorbereitung für "speicherprogrammierbare Steuerungen".

Bei der automatischen Produktion von Software entfällt der Anteil, den Edison mit „99% transpiration“ bezeichnet hat, und es verbleiben nur die „1% inspiration“ als eigentlich kreativer Anteil, der nicht automatisiert werden kann und weiterhin vom Anforderer bzw. dem beauftragten Entwickler erbracht werden muss.

Durch Automation der herkömmlichen Entwicklungsabläufe lassen sich Produktionsraten von Millionen Zeilen an korrektem Quellcode inkl. Testgenerierung und -auswertung sowie Dokumentation pro Stunde auf einem heutigen PC (2004) erreichen für ein vom Anwender spezifiziertes System einer bestimmten Produktfamilie.

Durch die auf diese Weise erreichbaren kurzen Produktionszyklen kann inkrementell entwickelt werden, was die Wahrscheinlichkeit erhöht, die Anwenderanforderungen wirklich zu treffen bzw. sie zu optimieren.

2.3 Software korrekt produzieren durch Automation

Ein automatischer Softwareproduktionsprozess muss sicherstellen, dass das Ergebnis den Erwartungen des Anforderers entspricht. Dies ist eine nicht einfache Aufgabe, nicht nur bei der Automation, sondern auch bei den herkömmlichen Entwicklungsansätzen. Aber durch Automation ist es wesentlich leichter, die "wirklichen" Erwartungen des Anforderers zu erfüllen, weil das Produkt schneller vorliegt, seine Herstellung weniger Aufwand erfordert, und der Produktionsprozess dabei hilft, die Erwartungen zu identifizieren, sie ggf zu korrigieren und sie in das Produkt umzusetzen.

Über den automatischen Produktionsprozess kann die Erfahrung eines Entwicklers von einem Anforderer für die Implementierung genutzt werden, er selbst braucht kein Spezialist für Software zu sein. Seine Anforderungen werden sofort erweitert um Erfahrungen, die andere kontinuierlich vorher gesammelt und dann in den Produktionsprozess eingebracht haben. Vorhanden Erfahrungen lassen sich durch einen Produktionsprozesses "konservieren": Sie bleiben erhalten, auch bei Personalfluktuation.

2.3.1 Anforderungen korrekt umsetzen

Anforderungen können fehlerhaft sein. Solche Fehler wird auch das Produkt enthalten. Möglicherweise bleiben sie lange Zeit unentdeckt, treten vielleicht erst beim Endanwender auf. Ein exakt definierter und daher automatisierbarer Produktionsprozess kann frühzeitig Fehler des Anforderers aufdecken, wieder durch Erfahrungen oder Erkenntnisse, die in dem Produktionsprozess enthalten sind.

Nicht immer werden Anforderungen so formuliert, dass sie eindeutig sind oder ihre Umsetzung zu den gewünschten Eigenschaften des Produktes führt. Wenn sie mehrdeutig sind, wird der Entwickler bei der manuellen Softwareentwicklung seine eigenen Vorstellungen einbringen. Der Anforderer bekommt dann ein Produkt mit anderen Eigenschaften als er erwartet hat, aber er muss es abnehmen, weil es mit seinen Anforderungen kompatibel ist.

Je komplexer die Anforderungen, desto häufiger werden Fehler bei ihrer Transformation in ein Produkt auftreten. Unser Gehirn arbeitet nicht nach strikten Regeln, sondern leistet sich einen Ermessensspielraum, wir drücken nicht immer das aus, was wir meinen. Aufgabe eines Produktionsprozesses ist es, solche Widersprüche früh zu erkennen bzw. die Produkteigenschaften so zu präsentieren, dass der Anforderer schnell seine Fehler erkennen kann, die ihm beim Formulieren seiner Wünsche unterlaufen sind.

Wir haben nun zwei prinzipielle Aspekte identifiziert, die bei der Herstellung eines korrekten und damit erfolgreichen Produktes notwendig sind: die Verifikation und die Validierung.

Durch die Verifikation werden Fehler des Anforderers und auch des Produktionsverfahrens erkannt und beseitigt, oder die Korrektheit (Vollständigkeit, Konsistenz, Eindeutigkeit) der Vorgaben wird bestätigt. Bei der Validierung wird geprüft, ob die Produkteigenschaften mit den Erwartungen übereinstimmen.

Wenn die Produkteigenschaften den Anforderungen entsprechen, dann liefert die Verifikation zwar ein positives Ergebnis, aber trotzdem kann die Validierung fehlschlagen, wenn die Eigenschaften nicht den Erwartungen entsprechen, die Anforderungen also nicht die Erwartungen ausdrücken.

Verifikation wird mit der Frage assoziiert „Do we build the system right?", „Erstellen wir das System konsistent und gemäß der geltenden Richtlinien?" und Validierung mit „Do we build the right system?", „Befinden wir uns mit unseren Anforderungen auf dem richtigen Weg?"

Testen ist ein Hilfsmittel sowohl zur Verifikation als auch zur Validierung. Bei der Verifikation wird durch Tests überprüft, ob die Anweisungen des Quellcodes korrekte, also die erwarteten Ergebnisse liefern, ob die Transformation der Eingabedaten in Ausgabedaten korrekt ist. Ziel von Validierungstests ist es, die Produkteigenschaften festzustellen und zu visualisieren, damit der Anforderer erkennen kann, ob das Produkt wirklich die gewünschten Eigenschaften hat.

Ein automatischer Produktionsprozess impliziert eine Synergie zwischen der automatischen Erzeugung von Software und der automatischen Verifikation und Validierung sowie automatischem Testen.

2.3.2 Verifikation und Validierung – was Softwareentwickler und Bäcker brauchen

Jeder Produktionsprozess muss mit "Zutaten gefüttert" werden und verarbeitet dann diese Zutaten zu einem Produkt. Beim Backen von Brot erwartet der Prozess Zutaten wie Mehl, Salz, Wasser, vielleicht auch noch Milch und Fett, die dann in einem bestimmten Verhältnis und in einer bestimmten Reihenfolge zum Teig gemischt werden. Der Teig wird partitioniert und geformt, und dann in einen Backofen transportiert und dort für eine bestimmte Zeit einer vorgegebenen Temperatur ausgesetzt, schließlich zum Abkühlen weiter transportiert, und am Ende eventuell noch verpackt.

Abstrakt formuliert, verarbeitet ein Produktionsprozess vordefinierte Zutaten von einem bestimmten Typ und in bestimmten Mengen nach vorgegebenen Regeln schrittweise zu dem gewünschten Produkt.

Durch Verifikation wird beim Brotbacken sichergestellt, dass die benötigten Zutaten Mehl, Wasser, Salz usw. in der erforderlichen Menge und Qualität (z.B. Reinheit, Feinheit) vorhanden sind. Bei der Validierung prüft man beispielsweise, ob das Brot die richtige Bräune, den gewünschten Geschmack, das richtige Gewicht und die gewünschte Form hat.

Gibt der Produktionsprozess nicht die gewünschte Menge Salz hinzu, dann scheitert seine Verifikation, vielleicht ist die Waage nicht kalibriert. Stimmt die vorgegebene Salzmenge, aber nicht der Geschmack des Brotes, dann scheitert die Validierung, während die Verifikation erfolgreich verläuft.

2.3.3
Synergien erzeugen

Bevor wir die Synergie zwischen der Produktion und Verifikation und Validierung erläutern, müssen wir einige Begriffe verständlich definieren.

Unter einem "Produktionsprozess" verstehen wir einen Prozess, der aus "Zutaten", beispielsweise im Fall von Backwaren Mehl, Zucker, Salz, Milch, Wasser, für einen Produkttyp wie Brot verschiedene Ausprägungen, also Mischbrot, Weißbrot, Baguette erzeugt, oder noch weitere Produktarten. Um Weißbrot zu erhalten, muss der Produktionsprozess entsprechend konfiguriert werden, bei der Mehlart muss also in diesem Fall "Weizenmehl" angegeben werden.

Im Bereich Software ist ein "Produktionsprozess" ein Prozess, der für einen Produkttyp wie "grafische Benutzeroberflächen" Programme erzeugt, die auf verschiedene Bedürfnisse abgestimmt sind, wie Datenbankanwendungen oder Darstellung von Prozessdaten, ohne dass – und das ist wichtig – für jede dieser Ausprägungen neu kodiert werden muss. Die Produktionsanlage für Brot muss auch nicht ausgewechselt werden, wenn eine andere bzw. neue Brotart gebacken werden soll.

Ein solcher Produktionsprozess (oder Produktionsanlage im Fall des Brotes) muss definiert werden. Wir nennen dies die "Prozessdefinition". Durch die Prozessdefinition wird festgelegt, aus welchen Daten ("Zutaten") über Konstruktionsregeln ("Anleitung zum Brotbacken" wie Teig mischen, formen, erhitzen) ein Produkt ("Brot") entsteht, und durch welche Parameter der Herstellungsvorgang beeinflusst werden kann (wie "Temperatur", "Backzeit").

Eine Synergie zwischen Produktion und Verifikation und Validierung kann nur entstehen, wenn sie bei der Prozessdefinition als Ziel berücksichtigt wird. Ein Produktionsprozess kennt die Zutaten, die Konstruktions- bzw. Produktionsregeln und die gewünschten Eigenschaften des Produktes. Aus dieser Information entsteht die Synergie.

Diese Kenntnis ist unbedingte Voraussetzung für die Definition eines (formalen) Produktionsprozesses. Sie folgt aus der Spezifikation eines Produktes. Eine Spezifikation legt fest, woraus was entstehen soll. Ein Produktionsprozess führt eine "Transformation" der Eingaben ("Zutaten") in das Produkt durch. Sicher gibt es mehrere geeignete Transformationen, so mindestens die Gruppen der "manuellen" und "automatischen" Transformationen. Für die Produktion können wir irgendeine benutzen, die aus den Eingaben das gewünschte Produkt erzeugt. Sinnvoll ist es aber, die effizienteste, also die automatische, auszuwählen.

Ist die Spezifikation unvollständig, dann muss während der Produktion nachgebessert werden, die fehlende Information angefordert und die Produktion möglicherweise daraufhin verändert werden. Das ist unbefriedigend, geschieht aber in der Softwareentwicklung ständig. Für automatische Produktionsprozesse muss eine Spezifikation vollständig sein, sonst scheitert ihre Realisierung.

Wenn wir automatische Produktionsprozesse wollen, müssen wir eine vollständige Spezifikation voraussetzen. Wenn wir sie voraussetzen können, ist Synergie möglich. Wie kann sie entstehen? Das wollen wir wieder am Beispiel des Brotbackens erklären.

Betrachten wir die Zutaten wie Mehl, Milch und Salz und das Produkt, das ein bestimmtes Gewicht haben soll. Wir wissen, dass von jeder Zutat eine bestimmte Menge benötigt wird. Die Zugabe der jeweiligen Menge und die Feststellung des Gewichtes gehören zur Verifikation im Rahmen des Produktionsprozesses. Die Art der Verifikation hängt von einer Zutat bzw. vom Produkt ab. Aber wir können für jede Zutat und jede Eigenschaft des Produktes festlegen, wie verifiziert wird. Wenn wir diese Kenntnis im Produktionsprozess berücksichtigen, erhalten wir die gewünschte Synergie.

Bei der Prozessdefinition sind somit die geeigneten Maßnahmen zu treffen. Wenn wir mit dem Produktionsprozess eine Produktfamilie abdecken, zahlt sich die erreichte Synergie vielfach aus.

Beim Brotbacken würde also die Anforderung "Verifikation Eingabedaten" dazu führen, dass der Prozess selbständig die Mittel bereitstellt, die zum (Nach-)Wiegen von Mehl, Salz und Wasser, zum Prüfen der Feinkörnigkeit und Reinheit des Mehls oder des Brotgewichtes notwendig sind. Die Verifikation beispielsweise der Salzmenge wird dann durch eine unabhängige Einheit wie eine Waage erfolgen.

Wichtig für das Überprüfen ist, dass dem "Datentyp" "Salz" das "Verifikationsmittel" "Waage" im Rahmen des Produktionsprozesses zugeordnet wird. Wann immer eine Menge an Salz benötigt wird, wird beim Bau der Produktionsanlage bzw. beim Realisieren des Produktionsprozesses das "Verifikationsmittel" "Waage" eingebaut.

Es dürfte nun vermutlich das Vorstellungsvermögen des Lesers überfordern, sich vorzustellen, wie aus den abstrakten Konstruktionsregeln für das Brotbacken als Teil der Prozessdefinition die Geräte für das Wiegen oder die optischen Kontrollen für die Bräune hergestellt oder bestellt und eingebaut werden sollen, und zwar vollautomatisch ohne manuelle Eingriffe. Hier endet nun die Analogie zwischen der Welt der Hardware und der Software, zwischen materieller und immaterieller Welt.

These 22
Software kann selbst wieder Software, Produktionsprozesse können wieder Produktionsprozesse erzeugen.

Der "Hersteller eines Produktionsprozesses", der die Prozessdefinition in die Realität umsetzt, kann ein Programm sein, der Produktionsprozess auch. Ein Programm erzeugt somit ein Programm. Ein solches Programm produziert entweder Code, durch das die Anforderungen erfüllt werden ("produktiver Code", "Zutaten hinzugeben"), oder Mittel, mit denen der erzeugte Code überprüft werden kann ("nicht-produktiver Code", "Waage").

Das ist eigentlich nichts Neues, denn ein Compiler – selbst ein Programm – erzeugt auch wieder ein Programm. Bei einigen Programmiersprachen wie Ada fügt auch der Compiler optional Prüfmechanismen hinzu (z.B. "Range-Checking").

Wenn eine "Waage" zum Programm wird, ist einsichtig, dass solche Verifikations- und Validierungsmittel "leicht" zu erzeugen sind. Weder zu ihrer Erzeugung noch zu ihrem Einbau sind mechanische Hilfsmittel oder Handgriffe nötig.

2.3.4 Vom Compiler zum Systemcompiler

Der Unterschied zwischen der Herstellung ("Produktion") eines Produktionsprozesses (ein Programm) und dem Compilieren von Quellcode (das Ergebnis ist auch ein Programm) liegt – vereinfachend ausgedrückt – nur in der Abstraktionsebene. Wir werden daher für "Hersteller eines Produktionsprozesses" auch den Ausdruck "Systemcompiler" einführen, der auf einer höheren Abstraktionsebene als ein Compiler – aber ähnlich – arbeitet.

Ein Compiler erzeugt aus dem Quellcode nach festen Regeln ausführbaren Code und muss einigen anderen Code aus Bibliotheken hinzufügen oder Schnittstellen zum Betriebssystem herstellen. Er muss also verschiedene Codeteile zusammenfügen. Für die Codesynthese werden auch "Konstruktionsregeln" angewendet.

Prinzipiell unterscheiden sich die Aufgaben eines Compilers und eines Systemcompilers nicht. Auf der jeweiligen Sprach- und Abstraktionsebene werden Elemente definiert und miteinander verknüpft, die Synthese des Endproduktes muss organisiert werden und läuft nach festen Regeln ab. Das Ergebnis ist ausführbare Software.

Wenn wir einen Compiler mit der Herstellung eines LKW vergleichen, dann sind die Sprachelemente auf dieser Ebene: Motor, Karosserie, Räder usw. Ein Systemcompiler würde beispielsweise ein Logistikunternehmen – auf der nächsten höheren Ebene – aufbauen, u.a. mit dem Element "LKW". Der Compiler ermöglicht die Synthese von verschiedenen Typen von LKWs, je nach "Quellcode" und Konstruktionsplan. Ein Systemcompiler könnte die LKW benutzen und daraus Logistikunternehmen verschiedener Ausprägung aufbauen wie Spedition, Busunternehmen, Apothekenservice, Tiefkühlkostvertrieb.

Um einen Systemcompiler zu definieren, muss man

1. wissen, wie aus einer Spezifikation bzw. aus Angaben zur Systemkonfiguration das Endprodukt erzeugt werden kann,
2. eine Vorstellung haben von den Elementen ("Zutaten"), aus denen das System besteht,
3. die Verknüpfung der Elemente über Operationen kennen, und
4. wissen, welche Tests, Verifikations- und Validierungsmittel eingesetzt werden sollen

Bei einem Compiler sind dies beispielsweise:

1. Typen, Daten, Funktionen,
2. Ausdrücke, Anweisungen,
3. Aneinanderreihung des Codes der Elemente, und
4. Prüfung von Feld- und Wertebereichsgrenzen.

2.3.5 Selbstkontrolle

Da Software materielos ist, kann sie sich die benötigten Hilfsmittel selbst herstellen, also Quellcode erzeugen, der für die jeweilige Verifikation benötigt wird. Synergie entsteht also aus dem Wissen, was verarbeitet werden soll, und der Forderung nach Prüfung. Aus der Information und der Anforderung kann Software ohne jegliches Eingreifen von außen sich selbst das schaffen, was für eine Überwachung des Produktionsprozesses erforderlich ist. Man muss dem Produktionsprozess nur einmalig mitteilen, was für die Verifikation der korrekten Menge benötigt wird, dann wird er diese entsprechend überall einbauen, wo diese Verifikationsart gebraucht wird.

These 53
Ein Prozess muss die Ergebnisse in verständlicher Form präsentieren

Ähnliches geschieht bei der Validierung. Durch Angaben, die für die Qualität des Produktes relevant sind, also beispielsweise Gewicht, Größe, Bräune, kann der Produktionsprozess die entsprechenden Prüfungen durchführen und die Ergebnisse in einer für Menschen leicht verständlichen Form aufbereiten, wie durch eine optische Anzeige, oder auch in Tabellenform. Er kann auch Streuungen erfassen oder den Anteil an Ausschuss.

Wesentlich für das weitere Verständnis des automatischen Softwareproduktionsprozesses ist: man kann durch Angabe einer *endlichen* (i.a. sehr kleinen) Anzahl von Anweisungen (wie zur Überprüfung der Masse) eine *unendliche* Menge von Prüfungen, oder allgemeiner Operationen abdecken, also unendlich viele Messungen unterschiedlicher Massen, nachdem man einmal den Messvorgang definiert hat.

2.3.6 Ist Selbstkontrolle sinnvoll?

An dieser Stelle wollen wir kurz auf eine häufig gestellte Frage eingehen: ist denn eine Überprüfung notwendig und sinnvoll, wenn der Prüfende aus dem gleichen "Haus" kommt wie der, der zu überprüfen ist? Es ist sinnvoll!

Bei einem automatischen Produktionsprozess werden produzierende und überwachende Mittel durch dieselbe Quelle, die Prozessdefinition, festgelegt. Die erste Frage ist, ist eine Überprüfung überhaupt notwendig, denn der Produktionsprozess sollte doch korrekt sein? Die zweite Frage betrifft die Chancen, einen Fehler zu erkennen, wenn Produktions- und Überwachungseinheit eine gemeinsame Quelle haben. Kann dann die Überwachungseinheit Fehler erkennen, die durch den Anlagenbau verursacht werden?

Zur ersten Frage: Überprüft wird in diesem Fall nicht, ob ein Dosierungsgerät vorgesehen ist, das ist Teil der Überprüfung des Herstellungsprozesses, ob er vorsieht, dass Salz zugegeben werden kann. Ziel der Überprüfung ist vielmehr, ob zur Produktionszeit die richtige Menge Salz zugegeben wird. Dazu muss eine Messstation vorgesehen werden zusätzlich zur Dosierung. Wenn also für einen Produktionsprozess "Salz" benötigt wird, dann lautet die Konstruktionsregel: baue die Dosierung und die zugehörige Überwachung ein.

Da Software nicht verschleißt, kann die Überwachung ggf. nach erfolgter Verifikation entfallen. Der entsprechende Code kann dann wieder entfernt werden, was auch durch Konfiguration des Produktionsprozesses geschehen kann.

Mit der zweiten Frage werden folgende Fehlermöglichkeiten angesprochen:

(a) Ist für einen Produktionsschritt wie "Zugabe von Salz" auch tatsächlich eine Überwachung vorgesehen?
(b) Wurde der Produktionsschritt "Salzzugabe" überhaupt berücksichtigt?

Bei entsprechender Organisation kann die Software sehr leicht feststellen, ob für eine Operation auch die Prüfmechanismen definiert wurden, wesentlich einfacher als beim Anlagenbau. Dies wäre Teil der Prozessverifikation.

Fehlt ein Verarbeitungsschritt sollte dies bei der Prozessvalidierung erkannt werden: "das Salz fehlt". Theoretisch kann das Fehlen auch übersehen werden. Da aber ein solcher Prozess für verschiedene Brotarten und von einer großen Zahl von Bäckereien ("Anwender") eingesetzt wird, ist die Wahrscheinlichkeit hoch, dass ein solcher Mangel entdeckt und korrigiert wird. Das gilt prinzipiell auch für den Fall (a).

2.4 Entwickeln impliziert Projektmanagement

Professionell wird Software in Projekten entwickelt. Zu der technischen kommt daher auch noch eine übergeordnete organisatorische Komponente "Projektmanagement“ hinzu. Das Projektmanagement kann ebenfalls ineffizient sein, und jeglichen Fortschritt auf der technischen Ebene kompensieren. Technische Innovation erfordert also auch entsprechende Innovation auf der Managementebene.

Beispielsweise müssen manuelle Kontrollprozeduren aufgehoben werden, weil die Kontrollen vom Produktionsverfahren selbst durchgeführt werden. Während heute das Ergebnis einer manuellen Produktionsstufe auf Korrektheit und Konsistenz analysiert wird, bevor es in die nächste Stufe übernommen werden kann, ist bei einem automatischen Produktionsverfahren das Ergebnis immer korrekt und konsistent. Die Beseitigung solcher Hemmnisse ist nicht einfach, da den zuständigen Qualitätssicherern das Gefühl fehlt, ob sie einem automatischen Produktions- und Prüfverfahren trauen können.

Heute fordert niemand mehr eine Dokumentation über die Resultate einer einzelnen Compilerphase N, damit ein Gremium darüber befinden kann, ob alles korrekt ist und die nächste Phase N+1 beginnen kann. An diesem Beispiel kann man auch sehen, wie groß der Produktivitätsvorteil bei effizientem Einsatz von einem Rechner wirklich ist. Welcher Aufwand wäre erforderlich und welche Verzögerung würde auftreten, wenn ein Compiler nicht automatisch und zuverlässig eine in einer höheren Programmiersprache formulierte Anforderung in binäre Rechnerinstruktionen transformieren würde?

Größere Projekte werden in kleinere Projekte aufgeteilt, und dann von mehreren Teams bearbeitet, die auch zu verschiedenen Firmen mit unterschiedlichen Standorten gehören können. Dann werden die Anforderungen den Teilaufgaben zugeordnet, an die Teams verteilt und durch die Teams konkretisiert. Ein Unterauftragnehmer kann dann wieder Auftraggeber eines weiteren Unterauftragnehmers sein, so dass eine hierarchische Projektorganisation entsteht.

Solche Teams arbeiten parallel. Sie brauchen feste Randbedingungen für ihre Arbeit, d.h. die Schnittstellen (Interfaces) müssen eingefroren werden. Falls dennoch Änderungen erforderlich werden, entsteht hoher Aufwand, weil mindestens zwei Teams, möglicherweise auch alle, ändern müssen. Stabile Schnittstellen sind daher vor Beginn der parallelen Aktivitäten erforderlich, was ausreichendes Wissen über die Funktionalität und damit Gestaltung der Schnittstelle erfordert.

Wenn beispielsweise bei einer zentralen Funktion ein Parameter hinzugefügt werden muss, müssen alle bereits existierenden Aufrufe geändert werden. Meist müssen auch die relevanten Tests wiederholt werden.

Stabiler wird eine Schnittstelle dann, wenn mehr Information über ihre Nutzung vorhanden ist. Genutzt kann sie erst werden, wenn sie definiert ist. Wir haben also hier ein klassisches "Henne-Ei-Problem". Wenn wir nicht schon aus früheren Projekten die Schnittstelle gut beherrschen, müssen wir mit Änderungen rechnen und dafür sorgen, dass dies mit geringem Aufwand geschehen kann. Ein zentrales und automatisches Änderungsverfahren ist hierfür die ideale Lösung.

Wenn die Unterauftragnehmer Versionen ausliefern, entsteht das Problem der Integration. Die Teilprodukte müssen beim Auftraggeber in dessen Umgebung integriert werden. Dann gewinnt man üblicherweise neue Erkenntnisse, die Änderungen an Schnittstellen erfordern. Auch wenn Hardware integriert wird, treten häufig Probleme auf, weil die Realität anders aussieht als die Theorie.

Integration erfolgt beim aktuellen Stand der Technik ziemlich spät, erst müssen die Entwurfsphasen abgeschlossen und die Codierung weit fortgeschritten sein. Schnittstellenänderungen führen dann häufig zu sehr ernsten Problemen hinsichtlich Aufwand und Zeitplan, weil viele Teile überarbeitet werden müssen.

Frühe Stabilität der Schnittstellen bzw. kosten- und zeitgünstige Wartung der Schnittstellen muss daher ein Ziel sein, um das Entwicklungsrisiko zu senken. Wir werden sehen, dass man mit einem automatischen Produktionsprozess dieses Ziel erreicht.

These 47 Automation senkt das Entwicklungsrisiko

Mit ihm erhalten wir schnell eine Integrationsumgebung und können diese an alle Projektpartner verteilen. Somit vereinfacht ein automatischer Produktionsprozess auch das Projektmanagement.

2.5 Organisation der Entwicklung

Lokale Probleme in einer Organisation können – wie Fehler in technischen Systemen – zu globalen Problemen werden. Zeitlicher Verzug in einem Teil des Entwicklungsteams kann sich auf andere Teile auswirken und zu einer Gesamtverzögerung und einem erhöhten Mittelverbrauch führen. Ebenso können Mängel, verursacht durch einen Teil der Entwicklungsmannschaft, andere beeinträchtigen und Verzögerungen und Mehraufwand verursachen.

Um die Fortpflanzung von Problemen zu verhindern, werden technische und organisatorische Schnittstellen eingeführt. Diese Schnittstellen kapseln Technik und zugehörige Organisation mit dem Ziel einer Minimierung der Abhängigkeiten. Damit wird das Gesamtteam in mehrere, eventuell hierarchisch organisierte Teams zerlegt.

Solche Teams können zur selben Firma gehören, müssen aber nicht. Um die Verantwortlichkeiten zu klären, müssen die technischen und organisatorischen Schnittstellen formalisiert werden: innerhalb des Entwicklungsteams entstehen Auftraggeber-Auftragnehmer-Verhältnisse. Bei größeren Systemen entsteht eine Auftragnehmer-Hierarchie. Gehören die Teams verschiedenen Firmen an, so wird die Beziehung über Verträge geregelt, innerhalb einer Firma über äquivalente verbindliche Zusagen.

Der Auftraggeber gibt dem Auftragnehmer eine Teilspezifikation, der Auftragnehmer übergibt das Teilprodukt im Rahmen eines Abnahmetests. Die Spezifikationen werden "top-down" (und rekursiv) von jedem Auftragnehmer verfeinert und aufgeteilt, und an seine Unterauftragnehmer weitergegeben. Aus dem Entwurf einer Schicht wird die Spezifikation der nächsten Schicht abgeleitet. Die Teilprodukte werden "bottom-up" von Schicht zu Schicht integriert. Dies kostet Zeit, und die Produkteigenschaften werden auf den höheren Schichten erst spät sichtbar, was zu einem erhöhten Risiko führt.

Eine falsche Anforderung kann mehrere vertragliche Schnittstellen betreffen, eine Korrektur kann daher sehr teuer und langwierig sein. Ähnliches gilt auch bei Lieferung eines fehlerhaften Produktes, wenn der Fehler erst auf einer höheren Schicht erkannt wird. Dann müssen Test und Integration auf mehreren Schichten wiederholt werden.

Fehler beim Spezifizieren können für den Anforderer teuer werden, für den Auftragnehmer lukrativ, weil er mehr ausführen kann als geplant. Hieraus ergibt sich ein Spannungsverhältnis hinsichtlich der geeigneten Vorgehensweise: der Auftraggeber ist an Kosten- und Risikominimierung interessiert, der Auftragnehmer an einer Maximierung des Auftragsvolumens.

Aus diesem Grund wird ein Anforderer versuchen, seine Spezifikation möglichst gut und eindeutig zu gestalten. Dazu kann er mehr Aufwand in die "Papierarbeit" investieren, und die Anforderungen präziser formulieren. Ohne konkrete Antwort vom realisierten System wird er aber nicht wissen, ob seine Anforderungen gut sind, insbesondere ob der höhere Aufwand sein Risiko minimiert. Denn verfeinerte Anforderungen können das Risiko auch erhöhen, nämlich dann, wenn sie schlecht sind.

Die Lage des Auftraggebers lässt sich nur verbessern, wenn er sofort eine Rückmeldung über die Güte seiner Anforderungen bekommt. Automatische Produktionsprozesse helfen ihm dabei.

Ob ein Werkzeug, das Automation verspricht, auch tatsächlich die erwartete Hilfe bietet, lässt sich leider meistens erst bei der Benutzung feststellen.

Dazu bietet sich die Realisierung eines kleinen, aber trotzdem repräsentativen Beispiels aus dem Anwendungsbereich an. Während der Umsetzung der Anforderungen in ausführbare und getestete Software sollte der anfallende manuelle Aufwand erfasst und mit dem früheren Aufwand ohne Automatisierungswerkzeug verglichen werden. Liegen Vergleichsdaten nicht vor, kann der Aufwand bei rein manueller Entwicklung auch durch Schätzung der Größe des generierten Codes näherungsweise bestimmt werden – wenn repräsentative Produktivitätsdaten verfügbar sind. Ist keine Erfahrung über Produktivität vorhanden, so lassen sich auch Angaben aus der Literatur oder von speziellen Datenbanken wie INSEAD (s. INSEAD) verwenden.

Insbesondere sollte analysiert werden, welche manuellen Tätigkeiten noch erforderlich sind, wenn das Werkzeug eingesetzt wird. Müssen Dateien, die das Werkzeug bereitstellt, manuell eingebunden werden, eventuell auch noch Verzeichnisse durchsucht werden? Kann es hierbei zu Inkonsistenzen kommen?

Wir haben bei der Benutzung eines Werkzeuges feststellen müssen, dass zwei verschiedene Konzepte für die Analyse- und Generierungsphase benutzt werden müssen, ein früheres Konzept A und ein neues Konzept B.

A wird eigentlich nicht mehr empfohlen, aber B deckt (noch) nicht die Funktionalität von A ab. Dagegen bietet B neue Funktionalität wie die Generierung von Code für das Zielsystem an, während A nur Simulation auf der Entwicklungsumgebung unterstützt. Die Funktionen für gleiche Funktionalität sind unterschiedlich und es müssen verschiedene h-Files in den C-Code vom Benutzer eingebunden werden bei jedem Wechsel zwischen A und B. Das Werkzeug stellt die jeweilige Umgebung nicht automatisch bereit, der Benutzer muss dies selbst organisieren.

Die Dokumentation ist noch auf A ausgerichtet, gibt Empfehlungen, die dann unter B für das Zielsystem nicht unterstützt werden. Welche Funktionen nur für A verfügbar sind, nicht aber für B, geht aus der Dokumentation nicht hervor.

Für die Definition des Systemverhaltens werden endliche Zustandsautomaten unterstützt, jedoch keine Verifikation dieser Automaten. Beim Training empfiehlt der Hersteller, dieses Konzept für die Zustandsmaschinen nicht einzusetzen, da die Performance schlecht ist. Besser sei es, das Verhalten mit einem anderen Werkzeug zu definieren, das auch die Verifikation unterstützt. Das erfordert Einarbeitung in ein weiteres Werkzeug und Organisation der Integration des von beiden Werkzeugen gelieferten Codes, obwohl diese Schritte auch automatisierbar wären. Zwei Werkzeuge stehen für die Erweiterung zur Auswahl, auch um die Verifikation abzudecken. Während die Integration für das eine Werkzeug nicht viel Aufwand erfordert, fällt für das andere Werkzeug bei jeder strukturellen Änderung erheblicher Editieraufwand an.

Das Werkzeug wird als Automatisierungstool eingestuft, das alle für die Entwicklung benötigten Schritte abdeckt und Code für das Entwicklungssystem automatisch generiert. Diese Aussage ist aber missverständlich. Denn alle Entwicklungsschritte werden zwar abgedeckt, aber nicht durch Automation. Der Entwickler muss viele Schritte manuell ausführen und damit Tätigkeiten übernehmen, die Aufgabe eines Werkzeuges wären, das Automation verspricht.

2.6 Wie groß ist das Einsparungspotenzial?

Automation sollte immer zu einer Verbesserung des Entwicklungsablaufes führen. Die Produktivität sollte erhöht werden, Kosten und Entwicklungszeit sollten sinken, die Qualität steigen. Wenn ein Werkzeug zur Automation eingesetzt werden soll, muss immer die

Frage im Vordergrund stehen: „Was nützt es?" Wir haben im vorherigen Abschnitt gesehen, dass möglicherweise die Einsparungen geringer sind als erwartet. Außerdem gibt es prinzipielle Grenzen, selbst wenn das Werkzeug im vorgesehenen Einsatzbereich zu 100% die Abläufe automatisiert.

These 58
Bei p % Anteil, können höchstens p % eingespart werden.

Ersetzt ein Werkzeug einen Teil des Entwicklungszyklus, dessen Anteil p% beträgt, z.B. ca. 20% bei der Codierung, dann können höchstens p% eingespart werden. Dem sind gegenüber zu stellen evtl. zusätzliche manuelle Abläufe, Kosten der Investition einschließlich Schulung, Training und Organisation umgelegt auf eine gewisse Anzahl von Projekten.

Deckt ein Werkzeug nur einen Teilbereich durch Automation ab, so sind die Einsparungen selbst im Idealfall geringer als es dem prozentualen Anteil des Teilbereich am gesamten Entwicklungszyklus entspricht.

Zusätzlicher Aufwand kann beispielsweise entstehen, wenn manuell erzeugter Code mit automatisch erzeugtem Code integriert werden muss. Handelt es sich hier möglicherweise um eine zusätzliche manuell auszuführende Aktivität, die jedes Mal nach neu erzeugtem Code, beispielsweise bei jeder Iteration, auszuführen ist? Dann ist der Nutzen wahrscheinlich gering, weil weiterhin der manuelle Anteil überwiegen dürfte.

Entstehen eventuell neue Fehlerquellen? Wir haben in der Praxis schon erlebt, dass ein Werkzeug sehr viele Fehler bei der Eingabe von Information erkennen kann. Sieht man aber genauer hin, stellt sich heraus, dass 80-90% dieser Fehler erst durch das Werkzeug entstehen, man ohne Werkzeug die Probleme überhaupt nicht hätte.

2.7 Welcher Weg ist der beste?

Seit langer Zeit wird eine Verbesserung des Softwareentwicklungsprozesses durch Vorgabe von Regeln angestrebt, die auf Erfahrung beruhen. Sie bilden die Grundlage des "Software Engineering". Mit dem Ausdruck "Engineering" ist die aus anderen Bereichen bekannte Vorstellung einer geordneten Vorgehensweise verbunden, unter Verwendung von Regeln und Standards mit dem Ziel, guter Qualität, hohe Effizienz und Kundenzufriedenheit zu erreichen. Eine solche Vorgehensweise wird im Rahmen des Software Engineering. als "Methode" bzw. "Softwareentwicklungsmethode" bezeichnet.

In der Softwareentwicklung wurden bisher sehr viele Methoden definiert. Die meisten erlebten kurzfristig eine Blütezeit und verloren danach an Bedeutung. Welche Methode ist nun am besten geeignet, die Effizienz zu erhöhen?

Unsere Antwort ist: die am besten auf die Bedürfnisse des Anwendungsbereichs abgestimmte. Diese Abstimmung erfordert eine Spezialisierung auf einen gewissen Anwendungsbereich, wie wir später erläutern werden. Trotz der Spezialisierung können aber noch unendliche Mengen von Anwendungen des gewählten Bereiches abgedeckt werden.

Wir beginnen mit einer Methode, die konträr zu unserer Zielsetzung durch einen einheitlichen Ansatz die Situation verbessern will, und gehen dann auf unseren Spezialisierungsansatz ein.

Die seit knapp 8 Jahren (Status 2004) bekannte Methode „UML™" (Unified Modelling Language) ging aus drei anderen Methoden hervor, die von Booch, Rumbaugh und Jakobsen definiert wurden. UML ist inzwischen von der Object Management Group (OMG) standardisiert, eine Anerkennung als ISO-Norm wird angestrebt.

UML soll einen einheitlichen Ansatz für die Entwicklung von Software bieten, und die verschiedensten Gebiete abdecken wie Echtzeitsysteme, verteilte Systeme, grafische Benutzeroberflächen (GUI) oder Datenbanken. Diese Anwendungsbereiche aber haben unterschiedliche Bedürfnisse.

Echtzeitsysteme benötigen entsprechende Betriebssysteme, die die für Echtzeitverarbeitung notwendige Funktionalität anbieten, sowie ausreichende Beschreibungsmöglichkeiten für Echtzeiteigenschaften wie z.B. Termine oder Wiederholungsintervalle von Ereignissen. GUIs bauen ebenso auf speziellen Betriebssystem- und Anwendungssoftware auf wie Datenbanken.

Jedes Anwendungsgebiet hat auch unterschiedliche Testanforderungen.

Ein einheitlicher Ansatz mit konkreter Unterstützung für den Entwickler ist daher nur für die frühen Phasen eines Projektes möglich, für die späteren Phasen können höchstens allgemeine Empfehlungen gegeben werden, die dann der Entwickler selbst konkretisieren muss.

Im Rational Unified Process (RUP) – der Teil des UML-Standards ist – wird daher eine allgemeine "Roadmap" angegeben für die Reihenfolge, in der die verschiedenen UML-Diagramme und -Dokumente zu erstellen wären. Da im allgemeinen Fall aber je nach Projekt unterschiedliche Abhängigkeiten zwischen den einzelnen Diagrammen bestehen, ist es weder möglich, einen allgemeinen Startpunkt, noch einen allgemeinen Weg durch diese "Roadmap" anzugeben. Sie degeneriert daher zu einer unübersichtlichen Straßenkarte: „viele Wege führen nach Rom", den optimalen Weg muss jeder selbst herausfinden. Die Planung und Navigation muss also nach wie vor der Fahrer übernehmen.

In der aktuellen Version unterstützt UML wesentliche Aspekte des Software Engineering nicht wie Performance, Testen, Verifikation und Validierung.

Mangelnde Performance stellt ein Hauptrisiko (Glass 1998) dar. Der größte Anteil an Kosten und Zeit fällt nicht während der von UML – zur Zeit – abgedeckten Phasen (Spezifikation, Entwurf und ggf. Codierung) an, sondern bei Test, Verifikation und Validierung (s.a. Kapitel 5.5.3).

Durch die einheitliche Vorgehensweise erlaubt UML eine abstrakte Spezifikation eines Systems, ohne sich frühzeitig festlegen zu müssen, was durch Hardware und was durch Software realisiert werden soll. Dies ist sinnvoll, da sich dann solche Aspekte nach der Spezifikation entscheiden lassen. Eine Performanceanalyse, aus der frühzeitig die Implementierungsrichtung bestimmt werden kann, wird aber – aktuell – nicht unterstützt.

Der Vorteil, frei zwischen Hardware und Software wählen zu können, ist aber nur ein scheinbarer Vorteil. Aus Sicht des Projektmanagements nutzt es nicht viel, wenn man erst den Weg Richtung Software geht, und dann in der Testphase feststellt, dass wegen mangelnder Performance die Implementierung in Hardware besser wäre. Die Kosteneinsparung durch Wiederverwendbarkeit der (UML-)Spezifikation steht in keinem Verhältnis zu den verlorenen Kosten (und der Zeit) für die Softwareimplementierung. Für ein Projekt ist es daher besser, frühzeitig zu wissen, welcher Weg beschritten werden muss. Dazu wäre in diesem Fall eine Performanceanalyse notwendig.

Performanceanalyse kann natürlich ergänzend zu UML eingesetzt werden, aber das zeigt, dass eben die Methode doch nicht einheitlich ist, da sie prinzipiell der (individuellen) Ergänzung bedarf. UML lässt prinzipiell solche Erweiterungen zu: Aber dies erfordert auch die Identifikation des besten Weges durch eigene Analysen. Der Anspruch einer gewissen Universalität durch eine Methode ist für einen Anwender dann irreführend, wenn er glaubt, dass er einfach diese Methode nur einzusetzen braucht, um jegliche Risiken ausschließen zu können und den Erfolg "frei Haus" sofort geliefert zu bekommen.

Aus anderen industriellen Bereichen ist bekannt, dass Effizienz erst durch genaue Analyse des Produktionsvorganges möglich wird. Dafür zuständig waren am Anfang sog. "Arbeitsvorbereiter" zusammen mit der "Nachkalkulation", die den Einsatz von Ressourcen wie Kosten und Zeit überwachten und minimierten..

Um Rationalisierungspotenziale effizient erschließen zu können, richtete man Ausschüsse wie REFA (s. REFA) ein. "REFA-Ingenieure" sind speziell dafür ausgebildet, Arbeitsabläufe zu analysieren, Zeiten für einzelne Arbeitsschritte zu messen und zu beurteilen, Verbesserungen vorzuschlagen und ggf. kürzere Taktzeiten festzusetzen. Auch ermutigt man bis heute Mitarbeiter, aus ihrer Kenntnis der Arbeitsabläufe heraus Verbesserungen vorzuschlagen.

Einsparungen an Kosten und Zeit und damit höhere Effizienz sind also besonders dann möglich, wenn man einen bestimmen Produktionsprozess betrachtet.

In der Softwareentwicklung dienen Kostenanalysen bisher – soweit uns bekannt – nur zur Unterstützung der Kostenschätzung zukünftiger Softwareprojekte (vgl. Demarco, 1982, Boehm, 1981) und zum (vertraulichen) Vergleich mit anderen abgeschlossenen Projekten, beispielsweise die Datenbank von ESA bei INSEAD (s. INSEAD). Öffentliche Quellen zu Produktivitätsdaten über die Softwareentwicklung sind allgemein selten, größere Firmen dürften aber intern Information dazu sammeln.

Aus diesen Daten werden üblicherweise Parameter und Funktionen abgeleitet, über die sich die Kosten eines Projektes näherungsweise abschätzen lassen. Typische Parameter sind Programmiersprache, Anwendungsbereich, Methode, geforderte Zuverlässigkeit, Größe, Erfahrung der Softwareingenieure. Auch über die Verteilung der Kosten über die einzelnen Projektphasen liegen Daten vor.

Was jedoch fehlt, sind Untersuchungen, warum im Entwicklungsprozess in einer bestimmten Phase Kosten anfallen, und ob und warum diese berechtigt sind, ob bestimmte Arbeitsvorgänge reduziert werden oder entfallen können. Da solche Information fehlt, können auch keine Maßnahmen zur Effizienzsteigerung abgeleitet werden. Der gesamte Produktionsprozess bleibt unverändert, Rationalisierungspotenzial wird nicht identifiziert.

Obwohl heute mächtige Entwicklungswerkzeuge auf dem Markt sind, verursachen die trotzdem noch erforderlichen manuellen Zwischenschritte den größten Teil an Kosten und Entwicklungszeit. Aus unserer Sicht deshalb, weil keine konsequente Analyse der Abläufe erfolgt, aus denen Maßnahmen zur Effizienzsteigerung abgeleitet werden können, so wie beispielsweise durch REFA bekannt.

Bei der Definition eines automatischen Produktionsprozesses dagegen stellen wir erst einmal die noch existierenden manuellen Schritte zur Disposition mit dem erklärten Ziel, sie in automatisch ausführbare Produktionsschritte umzuwandeln. Wesentlich hierbei ist, dass die Machbarkeit der Automatisierung überhaupt nicht angezweifelt wird, sondern als machbar unterstellt wird. Bei der Einführung der vollständigen Automation geht es daher nur um eine effiziente Realisierung der Produktionsprozesse nach vorheriger Analyse der Arbeitsschritte, was in der Regel aber nicht trivial ist.

Zwei Punkte sind für die automatische Softwareproduktion somit entscheidend: der unbedingte Wille zu automatisieren und die Erfahrung, dies auch umsetzen zu können.

Eine solche vollständige Automatisierung ist aber nur möglich, wenn wir das Produkt kennen, das hergestellt werden soll. Wie in anderen Bereichen REFA-Ingenieure oder Mitarbeiter aus ihrer Detailkenntnis von Prozess und Produkt Verbesserungsmaßnahmen einleiten können, so ist es auch in der Softwareentwicklung.

Zu den universell einsetzbaren Methoden gehören neben UML u.a. das Phasenmodell für das Projektmanagement, Entwicklungsmethoden wie SADT™ (Structured Analysis and Design Technique, SoftTech Inc.), SA/SD (Structured Analysis / Structured Design), SA/RT (Structured Analysis / Real-Time), SDL oder Statecharts. Zu jeder Methode gibt es Werkzeuge, die dem Entwickler helfen sollen, die Methode anzuwenden.

Methoden und Werkzeuge verhalten sich aber aus unserer Sicht neutral, sie geben keine Hilfestellung, um maximale Effizienz zu erreichen. Sie geben nur Rahmenbedingungen vor, die genaue Vorgehensweise muss der Entwickler selbst festlegen. Aber genau darin liegt das größte Risiko.

Erfahrung kann nicht gesammelt, gespeichert und abgerufen werden. Jeder Entwickler fängt mit neuen und eigenen Ideen an, und muss sich seine Erfahrungsbasis selbst organisieren. Die Methoden und Werkzeuge schließen das nicht aus, aber für den kritischsten Teil einer Entwicklung bieten sie keine große Hilfe.

Auch UML kann nur allgemeine Ratschläge geben, aber keine Hilfe für besonders aufwändige und kritische Abläufe, die nur in einem bestimmten Anwendungsbereich auftreten wie für Echtzeitsysteme. Universalität und Konkretisierung schließen sich ausBeispielsweise empfiehlt UML die Definition von Use-Cases, um die Anforderungen an ein System grob verstehen zu können, den Einsatz grafischer Hilfsmittel, um die Funktionalität und Abhängigkeiten zu visualisieren, die Definition von Plattformschnittstellen, Versionskontrollen und Teammanagement. Aber konkrete Aussagen über Realisierbarkeit und Fehlerfreiheit können am Ende nicht abgeleitet werden.

Worin genau liegt nun das Potenzial der Spezialisierung? Wir hatten schon erwähnt, dass wir maximale Effizienz anstreben. Daraus folgt, dass alle nicht kreativen Tätigkeiten durch einen automatischen Produktionsprozess abgedeckt werden. Kreativ sind die Definition der Anforderungen und die Analyse des Ergebnisses sowie die daraus folgende Abnahme des Produktes. Alle Zwischenschritte sind nicht kreativ.

Unser Ziel ist es nun, alle erforderlichen Produktionsschritte – die "Zwischenschritte" – mit Hilfe eines Rechners zu automatisieren. Dies erfordert eine konsequente, d.h. vollständige Beschreibung der Produktionsschritte und der Übergänge zwischen den einzelnen Schritten, also eine Formalisierung. Dem Rechner muss genau mitgeteilt werden, was er zu tun hat. Wir erinnern uns, dass zwischen unserer Vorstellung, was der Rechner tun soll, und dem, was er tatsächlich gemäß unserer Anweisungen tut, ein großer Unterschied bestehen kann.

These 16
Abläufe, Phasen und Übergänge müssen zur Optimierung analysiert werden.

Während ein Mensch Informationslücken ausgleichen kann, kann dies ein Rechner nicht. Wir müssen daher die richtige Information zur richtigen Zeit bereitstellen. Dazu müssen wir die jeweiligen Schritte kennen.

Das klingt zunächst kompliziert und aufwändig. Wenn wir aber die notwendigen Schritte genau spezifizieren, was Aufwand verursacht, so müssen wir bedenken, dass dieser Aufwand nur einmal anfällt. Wenn die Abläufe manuell abgewickelt werden, entsteht jedes Mal dieser Aufwand, der noch erhöht ist, weil die Verfahrensweise unklar ist. Kein Entwickler wird selbst bei Wiederholung derselben Entwicklung so vorgehen wie beim ersten Mal. Implementiert der Entwickler einen Produktionsprozess für sich selbst, dann muss er nur einmal (plus eventuell weitere Wartung) investieren, dafür sind für jede spätere Anwendung die Produktionskosten vernachlässigbar. Der Nutzen ist um so größer, je häufiger der Produktionsprozess eingesetzt oder an andere Anwender verkauft werden kann.

Bisher haben wir nur den "positiven" Teil der Produktion betrachtet, also den normalen Ablauf der Produktionsschritte. Was geschieht nun, wenn gewisse Voraussetzungen für einen Produktionsschritt nicht erfüllt sind, beispielsweise wenn fehlerhafte Eingaben des Anforderers vorliegen, wenn Ressourcen wie Platz auf einem Massenspeicher fehlen. Die Erfüllung solcher Randbedingungen wie "korrekte Eingabe" oder "genügend Platz auf der Platte" muß vor Beginn und während des Produktionsprozesses ständig geprüft werden.

Der Abbruch eines Produktionsprozess wegen fehlender positiver Voraussetzungen ist dann besonders ärgerlich, wenn er spät erfolgt, man dies aber schon sehr viel früher hätte erkennen können. Somit muss das Ziel sein, fehlende Voraussetzungen so früh wie möglich – und automatisch – zu erkennen. Dazu muss man genaue Kenntnis über den Prozess besitzen.

Wenn wir über Produktion sprechen, so verstehen wir unter einem automatischen Softwareproduktionsprozess nicht nur die Produktion, sondern auch die automatische Qualitätskontrolle. Die Qualität muss fortlaufend von Anfang an und nicht nur am Ende überprüft werden. Dazu muss man das Produkt aber genauer kennen.

Betrachten wir eine "Flaschenabfüllanlage". Die Qualitätskontrolle würde in diesem Fall den Füllstand, ggf. auch die Farbe der Flüssigkeit, die Temperatur und den korrekten Sitz des Verschlusses kontrollieren. Eine solche Kontrolle ist nur möglich, wenn man weiß, dass ein Füllstand zu messen ist, und wo und wie man ihn messen muss. Ein solcher spezifischer Produktionsprozess eignet sich dann nicht mehr für die PKW-Herstellung. Sein Vorteil ist aber, dass er besonders effizient bei der Abfüllung von Flaschen ist.

These 18
Spezialisierung führt zu mehr Effizienz

Aus diesen Beispielen leiten wir ab, dass Spezialisierung Vorbedingung für effiziente Produktionsprozesse ist.

Spezialisierung bedeutet aber nicht unbedingt Beschränkung auf eine kleine Menge von Produkten. Zurück zur Flaschenabfüllanlage. Wir können damit nicht nur hohe Mineralwasserflaschen abfüllen, sondern auch kleinere Limonadenflaschen mit verschiedenfarbigem Inhalt. Das "Zauberwort" dafür heißt "Parametrisierung" oder "Konfiguration". Durch kleine Änderungen, wie den Wert der Füllstandshöhe, können wir den gesamten Produktionsprozess für verschiedene Produkte verwenden. Später werden wir sehen, dass wir trotz Spezialisierung noch immer eine unendliche Menge von Produkten mit dem gleichen Prozess durch Parametrisierung herstellen können.

Als Beispiel sei hier die Klasse der "verteilten und/oder Echtzeitsysteme" genannt, von denen es unendlich viele Ausprägungen gibt, die aber alle mit unserem Prozess "ISG" ("Instantaneous System and Software Generation") produziert werden können. Wir werden dies später genauer erläutern.

2.8 Automatisierung effizient einsetzen

Wenn wir etwas verbessern wollen, z.B. durch Automatisierung, müssen wir darauf achten, welche Steigerung der Effizienz wir maximal erreichen können. Wenn wir eine Aktivität optimieren wollen, die nur 20 % der Entwicklungskosten beträgt (wie beispielsweise die Codierungsphase), dann können wir auch nur maximal 20 % an Kosten und Zeit einsparen. Die Frage ist dann, ob die dafür nötigen Investitionen sich wirklich lohnen, da die 20 % in der Praxis tatsächlich nicht erreicht werden können.

Der mögliche Nutzen ist aber nicht nur eine Frage des sichtbaren Einsparungspotenzials, sondern auch der Risikominimierung. Die Codierungsphase ist in der Regel nicht mit einem großen Risiko verbunden. Aus Sicht der Risikominimierung wäre es angebracht, die Test- und Integrationsphase zu minimieren und nahe an den Projektanfang zu schieben.

Die Optimierung der Codierungsphase hilft zwar dabei, aber die Risiken werden nicht zu Beginn der Test- und Integrationsphase sichtbar, sondern eher gegen deren Ende. Somit ist eine frühzeitige Erkennung von Risiken immer noch nicht möglich.

Eine Abdeckung mehrerer Phasen, möglichst aller nicht kreativen Phasen, bei denen der Mensch nicht unbedingt erforderlich ist, ist also erstrebenswert.

Wenn mehrere Phasen abgedeckt werden, ergibt sich ein weiterer Synergieeffekt. Dann sind Einsparungen nicht nur innerhalb einer Phase möglich, sondern auch an den Schnittstellen. Hierzu folgendes Beispiel.

Häufig wird Information mehrfach von einem Entwicklungswerkzeug angefordert, natürlich nicht durch dieselbe Aufforderung, sondern durch verschiedene Eingaben, deren Inhalt aber voneinander abhängig ist. Dadurch ist latent immer ein Risiko vorhanden, dass ein Konflikt wegen widersprüchlicher Information entsteht.

Wenn beispielsweise eine Instanz eines Echtzeitprozesses auf einen bestimmten Rechner ausgeführt werden soll, muss eine Zuordnung "Prozessinstanz-Rechner" erfolgen. Für die Einrichtung der Verbindung zwischen den Rechnern müssen nun wieder alle Rechner angegeben werden, bei bestimmten Verbindungstypen wie TCP/IP sogar paarweise.

Auch bei sorgfältiger Vorgehensweise kann es leicht geschehen, insbesondere bei Wartung, dass beide Listen unvollständig oder widersprüchlich zueinander sind. Ein Rechner ist dann z.B. in der einen Liste enthalten, aber nicht in der anderen.

Aufwändig wird es, wenn Paare angegeben werden müssen. Entsprechend steigt die Fehleranfälligkeit. Bei n Rechnern, sind dann n*(n-1)/2 Kombinationen anzugeben. Bei einem unserer Projekte war ein 16-Rechner-Netzwerk zu installieren. Die zugehörigen 120 Paare wären kaum noch manuell zu verwalten.

Die Unterstützung der bisherigen Entwicklungswerkzeuge beschränkt sich dann darauf, Inkonsistenzen zu entdecken und anzuzeigen. Mehr ist auch in der Regel nicht möglich, weil nicht bekannt ist, in welcher Beziehung die Elemente zueinander stehen. Dies ist bei einem spezialisierten Produktionsprozess anders, denn dort ist bekannt, dass zwischen den bei der Instanzzuordnung aufgeführten Rechnern auch Verbindungen aufgebaut werden müssen. Daher kann der Produktionsprozess sofort nach Eingabe der Rechner-Instanz-Beziehung die Angaben zur Realisierung der Netzwerkverbindungen ableiten.

Dadurch entsteht ein zweifacher Einsparungseffekt: die Eingabe der zweiten Liste entfällt, sie wird automatisch abgeleitet, und die erforderliche Eingabe hängt nur noch linear von der Anzahl der Elemente ab.

In der Tat trifft bei einem automatischen Produktionsprozess immer zu, dass nur noch Information der ersten Ordnung eingegeben werden muss, also Information, die nur von der Anzahl der Elemente abhängt, aber nicht von einer höheren Potenz.

Neben der Einsparung an Aufwand für die Eingabe entfällt auch der potenzielle, aber doch in der Praxis immer vorhandene Aufwand für die Beseitigung von Inkonsistenzen.

Ein Produktionsprozess reduziert den erforderlichen Aufwand u.a. dadurch, dass er vorhandene Information in eine andere Form transformiert, wenn diese aktuell benötigt wird, und damit sonst mögliche Konflikte über den Konstruktionsansatz ausschließt.

Hohe Effizienz kann also nur dann erreicht werden, wenn eine kohärente Gesamtlösung angestrebt wird.

2.9 Weniger ist mehr - durch Einschränkungen mehr erreichen

Eine Softwareentwicklungsumgebung bietet große Freiheiten, eine Lösung für ein bestimmtes Problem zu entwickeln. Wir haben bereits diskutiert, warum eine allgemeine Entwicklungsmethode von der Art ihrer Organisation her nicht zur besten Effizienz führen kann. Jetzt wollen wir uns mit den Elementen beschäftigen, die für die Realisierung benötigt werden, also mit Werkzeugen und Sprachen.

Viel Freiheit zur Entfaltung der Kreativität impliziert auch viel Freiheit, Fehler zu begehen. Um effizient zu sein, muss man daher den "goldenen Mittelweg" finden: genügend Freiheit, um die Aufgabe verwirklichen zu können, aber genügend Einschränkungen, um effizient an das Ziel zu kommen. Genau dazu ist aber ein auf einen Anwendungsbereich spezialisierter Produktionsprozess geeignet.

Bildlich gesehen, bietet die Freiheit auch viel Gelegenheit, "Müll" zu produzieren, den man mit viel Aufwand "wegräumen" muss, um das gewünschte Produkt bzw. dessen Eigenschaften zu finden. Produziert man keinen solchen "Heuhaufen", braucht man auch nicht die "Nadel" darin zu suchen, sondern sie ist sofort greifbar.

Ein gutes Beispiel hierfür ist die sog. "state explosion", die durch die exponentiell anwachsende Anzahl von Zuständen eines Systems hervorgerufen wird. In diesem Fall muss man (aus unserer Sicht) unnötigerweise eine große Anzahl von Zuständen untersuchen, um die Korrektheit des Systems nachweisen zu können. Bei geeigneter Vorgehensweise reduziert sich die Anzahl der zu untersuchenden Zustände beispielsweise von 10^9 auf 60 (s.a. Kap. 7.2.3).

Um nachweisen zu können, dass das Verhalten eines Systems in allen Fällen korrekt ist, muss man formal vorgehen. Üblicherweise definiert man daher die Zustände eines Systems über "Finite State Machines" (endliche Zustandsautomaten, FSM).

Das Verfahren, das dann eingesetzt wird, um den Nachweis der Korrektheit zu erbringen, nennt man "exhaustive simulation" oder "exhaustive exploration". Dabei werden alle Kombinationen von Systemzuständen durchlaufen, das System also für alle möglichen Fälle ausgeführt und seine Reaktionen überprüft.

Alternativ kann zum Nachweis formal vorgegebener Eigenschaften eines Systems das sogenannte „model checking" eingesetzt werden. In einem System mit mehreren Prozessen, die konkurrierend auf eine gemeinsame Ressource zugreifen und sich dabei koordinieren, muss nachgewiesen werden, dass jeder Prozess, der auf die Ressource zugreifen möchte, dies auch irgendwann in der (endlichen) Zukunft tun darf. Dafür muss diese Eigenschaft formal definiert und mit Hilfe eines Algorithmus überprüft werden, beispielsweise durch "temporale Logik". Anders als bei der "exhaustive simulation" wird hierbei das System nicht ausgeführt, sondern es werden lediglich die Zustände des Gesamtsystems und ihre Übergänge betrachtet.

Nachteilig ist, dass die Anzahl der Gesamtzustände das Produkt aus den Zuständen (n) der Unterkomponenten (m) ist, also n^m, wenn alle Komponenten die gleiche Anzahl von Zuständen haben, wodurch schnell bei realen Systemen 10^6 ... 10^9 Zustände erreicht werden, was lange Rechenzeiten und sehr viel Speicherplatz zur Überprüfung erfordert.

Bei 30 Komponenten mit nur zwei Zuständen erhält man schon $2^{30} \approx 10^9$ Zustände insgesamt. Daher helfen die üblichen Verfahren in der Praxis meistens nicht weiter. 30 Prozesse sind nicht ungewöhnlich, dagegen besitzt in der Regel eine Teilkomponente mehr als 2 Zustände.

Bei einem Verfahren, bei dem die Anzahl der Gesamtzustände dagegen nur die Summe der Zustände der Unterkomponenten ist, erhält man n x m Gesamtzustände. Für den oben betrachteten Fall reduziert sich die Anzahl damit von 10^9 auf 2 x 30 = 60.

Eine solche Reduktion ist aber nur über die Einführung spezieller Regeln möglich, wobei ein Produktionsprozess gut dazu geeignet ist, diese Regeln zu überwachen.

Betrachten wir als weiteres Beispiel die Deadlock-Situationen bei Echtzeitsystemen. Dabei behindern sich (mindestens) zwei Prozesse gegenseitig an der Ausführung. Da solche Ereignisse meist vom zeitlichen Verhalten der einzelnen Ausführung abhängig sind und damit nur sporadisch auftreten, sind sie schwierig vor der Ausführung zu identifizieren. Werkzeuge, die Deadlocks erkennen können, sind daher komplex und bauen beispielsweise auf FSMs auf [1], wobei wieder das Problem der "state explosion" relevant wird.

Definiert man dagegen die Regeln eines Produktionsprozess so, dass garantiert keine Deadlocks auftreten können, hat man schon ein ernsthaftes Problem gelöst. Hierbei handelt es sich dann nicht um eine allgemeine Lösung dieses Problems, sondern um eine spezielle, die aber ausreicht und die Allgemeinheit des Produktionsprozesses hinsichtlich des gewünschten Anwendungsbereiches nicht einschränkt. Geht man den üblichen Weg und schließt Deadlocks nicht durch geeignete Regeln aus, produziert man offensichtlich Probleme, die vermeidbar sind. Solche vermeidbaren Probleme, die die Entwicklung belasten, bezeichnen wir als "Müll" oder besser als "Problemmüll".

These 65
Höchste Effizienz durch "minimale" Konzepte

These 66
Optimierung und Minimierung vor Konservieren

Produziert man keinen Müll, braucht man auch nicht für die Beseitigung zu sorgen und zu bezahlen. "Müllfreie" Produktionsprozesse sind also "minimale Produktionsprozesse" hinsichtlich des notwendigen Aufwandes für Produktions- und Qualitätssicherung. Minimale Produktionsprozesse erlauben, ein Produkt mit dem geringst möglichen Aufwand an Kosten und Zeit herzustellen. Dafür muss auch ggf. vorhandene Infrastruktur angepasst oder aufgegeben werden.

Bei der Einführung von Regeln zur Vermeidung solchen Mülls muss aber darauf geachtet werden, dass sie die Lösungsvielfalt nicht einschränken. Wenn wir einen Produktionsprozess für verteilte Echtzeitsysteme definieren, müssen auch nach der Einführung solcher Regeln trotzdem alle Benutzeranforderungen für diese Kategorie noch realisiert werden können.

---

[1] Ein anderer Ansatz beruht auf sog. "Petri-Netzen".

2.10 Effizient Entwicklungsrisiken meistern

Risiken entstehen aus Informationsmangel, aus Unkenntnis der tatsächlichen Lage. Ziel eines geordneten Entwicklungsablaufes muss es daher sein, Risiken frühzeitig zu erkennen und zu beseitigen.

"Entwicklungsrisiken meistern" impliziert nicht, dass Risiken vermieden werden können, wie wir sehen werden. Obwohl das grundsätzliche Ziel ist, Risiken auszuschließen, gibt es auch Fälle, wo wir den Ablauf nicht wesentlich beeinflussen können, sondern nur reagieren können. Dann kommt es auf Schadensbegrenzung an, also auf Risikominimierung.

Unter effizienter Lösung der mit Risiken verbundenen Probleme verstehen wir nicht die Verschiebung von Risiken auf den zukünftigen Anwender. Wenn beispielsweise durch einen durch Risiken bedingten Mehraufwand Zeit und Geld knapp werden, dann könnte eine Lösung darin bestehen, den Mehraufwand einzusparen, indem die Funktionalität, insbesondere die Benutzerfreundlichkeit, reduziert wird. Eine solche Vorgehensweise verlagert die eigenen Risiken auf den späteren Anwender, verschiebt also – aus globaler Sicht – nur das Problem.

Im Falle von Auftragsarbeiten steht diese Alternative möglicherweise gar nicht zur Verfügung oder erhöht das Risiko der Nichtabnahme durch den Auftraggeber. Eine solche Lösung, die für den Entwickler durchaus "effizient" sein kann, zählen wir nicht zu den erstrebenswerten Lösungen. Unser Ziel ist es, ein Problem zu lösen und nicht zu verschieben.

Welche Risiken gibt es überhaupt? Zunächst verursacht ein Entwickler selbst Risiken, z.B. dadurch dass sein Code fehlerhaft ist, die Performance mangelhaft ist oder er Anforderungen ignoriert oder falsch interpretiert.

Unzureichendes Budget oder ein falsch eingeschätzter Zeitplan können zu großen Risiken für ein Projekt führen, weil durch die entstehende Hektik in der Regel keine geordnete Arbeit mehr möglich ist. Diese Risiken werden selbst verursacht, sind also interne Risiken. Solche Risiken können bei geeigneter Vorgehensweise vollständig ausgeschlossen werden.

Externe Risiken entstehen beispielsweise durch Fremdsoftware, die fehlerhaft ist, mangelnde Performance aufweist, zu spät oder überhaupt nicht geliefert wird, sowie Kostenüberzüge von Auftragnehmern. Solche Risiken können möglicherweise nicht ausgeschlossen werden.

Stellt man frühzeitig fest, dass ein Auftragnehmer schlecht oder überhaupt nicht liefern kann, dann kann man zu einem anderem wechseln, sofern es diese Alternative gibt. Besteht diese Alternative nicht, dann kann man versuchen, durch eigene Arbeit die Auswirkungen zu begrenzen. In diesem Fall hat man höhere Kosten, kann damit aber noch höhere Kosten, beispielsweise hohe Vertragsstrafen vermeiden.

Die frühzeitige Kenntnis der Risiken ist daher wichtig, um noch genügend Zeit zu haben, Gegenmaßnahmen zu ergreifen.

Besonders hoch wird ein Risiko dann, wenn man glaubt, es beseitigt zu haben, aber es tatsächlich noch vorhanden ist, und es erst sehr spät wieder auftritt.

Wir denken hier beispielsweise an den Anwender einer Methode, die ihm helfen soll, Risiken zu erkennen. Wenn ihm die Methode bzw. das zugehörige Werkzeug keine Risiken anzeigt, obwohl Risiken vorhanden sind, dann bekommt er ernsthafte Probleme: die Methode selbst wird zum Risiko.

Als Beispiel nehmen wir wieder die bereits früher eingeführten Deadlocks aus dem Echtzeitbereich. Sie stellen ein hohes Risiko dar und sollten daher rechtzeitig erkannt und beseitigt werden. Dazu benötigt man ein Werkzeug.

Die Bedingungen, unter denen Deadlocks auftreten, hängen aber auch von der Plattform ab, insbesondere vom Betriebssystem. Solche mächtigen Werkzeuge stehen häufig nur für die Entwicklungsplattform zur Verfügung, nicht aber für die Zielplattform. Beweist man nun auf der Entwicklungsplattform, dass keine Deadlocks auftreten, so können sie trotzdem auf der Zielplattform auftreten.

Bei solchen Analysen geht es um die Repräsentativität der Beweisführung. Das Werkzeug liefert korrekte Ergebnisse, wenn die Entwicklungsplattform identisch mit der Zielplattform ist. Wird aber nicht darauf hingewiesen, dass das Ergebnis nicht repräsentativ für die Zielplattform ist, hat man ein Problem, ohne es zu wissen.

Ein großes Problem bekommt der Entwickler, wenn aus den geschilderten Gründen Deadlocks oder andere Fehler nicht vor der Auslieferung, sondern erst beim Anwender auftreten.

In solchen Fällen kann man den Entwicklern nicht unbedingt Fahrlässigkeit vorwerfen, wenn sie ein solches Problem übersehen, da die Zusammenhänge komplex sind. Man müsste mindestens dann die vom Werkzeug angewendete Methodik kennen, was sicher nicht einfach ist. Meist hilft das auch nicht weiter, weil der Hersteller des Werkzeuges sein Know-how nicht offenlegen will.

Hieran sehen wir wieder, wie wichtig eine "effiziente Anwenderschnittstelle" ist. Durch fehlende Information kann ein Anwender schnell in große Probleme geraten.

Im Flugzeugbau wird wegen der hohen Risiken für Leben und Gesundheit der Passagiere der Nachweis der Repräsentativität gefordert, wenn Systemeigenschaften nicht direkt am System nachgewiesen werden können, beispielsweise wenn es um Korrektheit von Software im Fehlerfall geht. In welcher Weise der Nachweis der Repräsentativität erbracht werden muss, wird durch Fachgremien wie der JAA (Joint Aviation Authority) festgelegt.

Um Risiken auszuschließen, braucht man viel Erfahrung, auch um die Ergebnisse, die eine Methode oder ein Werkzeug liefert, kritisch einschätzen zu können.

Interne Risiken kann man vermeiden, indem man denselben Fehler nicht zwei Mal oder sogar mehrfach begeht. Hierbei hilft ein Produktionsprozess aus den folgenden Gründen:

(1) Wird durch Fehleranalysen festgestellt, dass ein Prozess nicht ausreichend zur Fehlerprävention beiträgt, dann kann er entsprechend erweitert werden.

(2) Wird festgestellt, dass er zuviel "Müll" produziert (im oben definierten Sinn), dann können die Regeln geändert werden.

(3) Durch die festen Produktionsregeln ist Automatisierung möglich, wodurch das Produkt schneller verfügbar ist und etwaige Probleme früher erkannt werden können.

Bei externen Risiken hilft die frühe Verfügbarkeit des Produktes oder einer Vorversion.

Wird über einen automatischen Produktionsprozess früh eine Version des Produktes erzeugt, hat man alle Möglichkeiten zur Überprüfung, auch wenn es sich vielleicht um eine unvollständige Version handelt. Auf jeden Fall können schrittweise von Anfang an etwaige Probleme identifiziert werden.

Im Fall eigener Software erhält man Information über die aktuellen Systemeigenschaften, nicht nur auf dem Entwicklungssystem, sondern auch auf dem Zielsystem. Insbesondere kann der Verbrauch an Ressourcen gemessen werden.

Da bei Benutzung eines Produktionsprozesses von allen Teilen des Systems (beispielsweise bei paralleler Entwicklung in Teams) ausführbare Versionen vorliegen, können diese auch frühzeitig integriert werden. Damit lassen sich bereits in der Anfangsphase etwaige Diskrepanzen an den Schnittstellen feststellen.

Ebenso können diese Teile an Auftragnehmer verteilt werden. Alle am Projekt Beteiligten können die gleiche Umgebung benutzen, wodurch Schnittstellenprobleme ausgeschlossen werden. In gleicher Weise können neue Versionen der Auftragnehmer beim Auftraggeber integriert werden. Damit ist während der Projektlaufzeit eine ständige Kontrolle in einer für den Projektfortschritt repräsentativen Umgebung sichergestellt.

Wird Fremdsoftware benutzt, kann diese auch integriert werden, sobald sie verfügbar ist, so dass Risiken in diesem Bereich auch früher aufgedeckt werden können.

Im Idealfall, wenn für alle Teile der Anwendung automatische Produktionsprozesse vorhanden sind, brauchen diese nur noch konfiguriert zu werden, so dass nach Vorliegen der ersten Version der Spezifikation sofort das entsprechende Produkt ausführbar vorliegt oder zur Integration mit der Fremdsoftware bereit ist.

Entscheidend für eine effektive Senkung der Risiken ist die frühe Verfügbarkeit ausführbarer und integrationsfähiger Software. Dieses Ziel wird durch einen automatischen Produktionsprozess optimal unterstützt (s.a. Kap. 6.5.15).

2.11 Komplexität meistern

These 57
Komplexität für den Anwender verringern, ohne die Komplexität des Produktes zu beschränken

Durch mangelnde Sicht auf die Eigenschaften von Software wird schnell eine Grenze erreicht, die nicht mehr fehlerfrei beherrschbar ist. Je mehr diese Grenze überschritten wird, desto größer ist der Aufwand, ein zufriedenstellendes Softwareprodukt herzustellen. Ziel muss es daher sein, die Komplexität an der Schnittstelle zum Menschen möglichst niedrig zu halten, ohne die Komplexität des Produktes dadurch begrenzen zu müssen. Wir müssen menschliche Grenzen und wirtschaftliche Ziele in Übereinstimmung bringen. Dabei werden uns automatische Produktionsprozesse helfen, indem wir den Rechner als Multiplikator der produktiven und geistigen Fähigkeiten der Entwickler einsetzen.

Aber wir müssen auch psychologische Barrieren beachten. Das heutige Verständnis von Leistung begünstigt u.E. die Steigerung der Komplexität an der Mensch-Maschine-Schnittstelle. Hierdurch entstehen Aufwand und auch Fehler. Aus unserer Erfahrung wissen wir aber, dass es viel leichter ist und mehr Anerkennung bringt, eine Aufgabe komplex zu lösen, als einen einfachen Weg anzuwenden.

So soll Kolumbus' Leistung der Entdeckung Amerikas von anderen Seefahrern belächelt worden sein. Jeder hätte Amerika entdecken können. Kolumbus forderte darauf seine Kollegen auf, ein Ei stabil auf den Tisch zu stellen. Jeder versuchte sich daran, mit verschiedenen Methoden, aber alle ohne Erfolg. Kolumbus soll daraufhin das Ei mit ein wenig mehr Kraft auf den Tisch gestellt haben, so dass die Unterseite eingedrückt wurde und eine Standfläche bildete. Diese Lösung war einfach und pragmatisch – ähnlich wie die Lösung des Gordischen Knotens durch Alexander den Großen, aber

Kolumbus war der Einzige der Runde, der sie gefunden und angewandt hatte.

Entsprechend sollte die effektivste und wirtschaftlichste Lösung, also die einfachste, das Ziel sein und entsprechend anerkannt werden, denn sie löst das Problem besser als die komplexeren und teureren Ansätze, erfordert aber besondere Kreativität statt dem Befolgen üblicher Verfahren und eingefahrener Wege.

Komplexität muss immer auf das gesamte System bezogen werden. Maßnahmen, die zwar aus einem Blickwinkel die Komplexität reduzieren, können insgesamt gesehen die Komplexität wesentlich erhöhen. Das geschieht häufig, wenn eine Maßnahme, die in einem Fall erfolgreich war, auf andere Anwendungsfälle angewendet wird, wo sie nicht mehr aus Sicht der Gesamtkomplexität geeignet ist.

Wir wollen hierfür als Beispiel die "synchronen Systeme" nehmen. Bei solchen Systemen wird der Zeitpunkt aller Systemaktivitäten, d.h. verschiedener Codesequenzen, von einer "Zentraluhr" abgeleitet. Die Aktivitäten werden periodisch ausgeführt, und jede einzelne Periode ist ein Vielfaches der Grundperiode und steht zu ihr in einem festen Phasenverhältnis. Der Takt dieser "Uhr" muss aber nicht konstant sein, sie kann auch stehen bleiben und dann weiterlaufen. Wesentlich ist hierbei, dass alle Aktivitäten mit diesem Takt synchronisiert werden. Innerhalb eines solchen Taktes ist aber kein Zeitfortschritt messbar. Die Zeit "springt" mit jedem Takt um die Differenz zwischen zwei Takten.

Durch die synchrone Ausführung wird eine geordnete und deterministische Ausführung des Systems möglich, die an anderen Stellen erwähnten Deadlocks können somit nicht auftreten. Aus Sicht von Sicherheit und Zuverlässigkeit ist ein solcher Ansatz vernünftig.

Leider können solche Aspekte in der Praxis in Konflikt mit anderen Randbedingungen stehen wie z.B. der Performance. Ein System, das sicher und zuverlässig ist, aber untauglich in der Praxis wegen mangelnder Performance, ist keine Lösung.

Komplexität (und damit auch Risiko) entsteht sehr häufig in der Praxis, weil verschiedene Ziele zueinander in Konflikt stehen, wie beispielsweise der Verbrauch der Ressourcen Rechenzeit und Speicher. Eine Lösung, die sehr gut ist, wenn genügend Ressourcen vorhanden sind, kann zu sehr schlechten Ergebnissen führen, wenn Ressourcen knapp sind. Dann ist möglicherweise eine Minimierung der Komplexität mit der vorher optimalen Methode nicht mehr möglich. Ein anderer Ansatz, der vorher nachteilig war, kann dann zu wesentlich besseren Ergebnissen führen.

Im Fall der synchronen Systeme kommt es zu solchen Konflikten beispielsweise dann, wenn es wahrscheinlich ist, dass eine Aktivität nicht innerhalb einer Periode beendet werden kann. Dies klingt zunächst unverständlich, impliziert doch eine synchrone Vorgehensweise eine deterministische Ausführung.

Die Antwort lautet: deterministisch heißt nicht unbedingt gleichmäßig, und das hier auftretende Problem ist gerade eng verknüpft mit dem Determinismus. Da alle Frequenzen zueinander in einem harmonischen Verhältnis mit fester Phase stehen, kann es in einigen Perioden zu einer Überlastung des Rechners kommen, nämlich für solche Perioden (wenn wir diese fortlaufend im zeitlichen Ablauf zählen), die durch andere Perioden ganzzahlig teilbar sind.

Wenn wir also drei Perioden mit T0, T1=3*T0 und T2=4*T0 haben (die zugehörigen Aktivitäten, die während dieser Perioden ausgeführt werden, wollen wir mit A0, A1 und A2 bezeichnen) , dann sollen zu den Zeiten 3*n*T0 bzw. 4*n*T0 immer je zwei Aktivitäten mit der Ausführung beginnen, und bei 12*n*T0 alle drei Aktivitäten. Damit dies möglich ist, muss also die gesamte Ausführungszeit der drei Aktivitäten kleiner als T0 sein, denn bei 12*n*T0+T0 soll A0 wieder ausgeführt werden können. Zum Verständnis müssen wir nun an dieser Stelle noch eine weitere Eigenschaft des synchronen Konzeptes erwähnen: die Ununterbrechbarkeit.

Jede gestartete Aktivität behält die Kontrolle über die CPU, bis sie sich selbst beendet. Daher kann A0 nur dann wieder bei 12*n*T0+T0 starten, wenn alle Aktivitäten A1, A2 und A3 innerhalb von T0 fertig geworden sind.

Das ursprünglich so einfache und sichere Konzept, wird daher in der Praxis auf einmal zum Problemfall, und zwar durch eine Koppelung der Aktivitäten A0, A1, A2, die eigentlich funktional unabhängig voneinander sind. Über die Ressource CPU wird eine Verknüpfung hinsichtlich Häufigkeit der Ausführung (1/Ti) und der Ausführungszeit (max. Ti) hergestellt, und zwar mit der notwendigen Bedingung, dass

sum(WCET(Ai)) < Min(Ti)

sein muss, wobei wir mit WCET die "Worst Case Execution Time" bezeichnet haben. Ein solches Problem wird beispielsweise bei dem Projekt CRISYS, Pilot Application "Electrical Load Management Unit“ diskutiert.

Dieses Problem ist typisch für die Softwarepraxis. Sonst unabhängige Elemente werden über Ressourcen ("Ressource Sharing") miteinander gekoppelt, wodurch sich dann die Komplexität stark erhöht.

Wenn wir also eine Aktivität haben, die mit 10 Hz ausgeführt werden muss, darf die Summe der WCET aller Aktivitäten höchstens 100 ms betragen. Dies führt in der Praxis schnell zu nicht erfüllbaren Randbedingungen. Um die realen Randbedingungen erfüllen zu können, müssen daher die Aktivitäten in kleinere Einheiten zerlegt werden, die dann gezielt in vorgegebenen Intervallen ausgeführt werden unter Beachtung der jeweiligen WCET.

Konkret heißt dies, dass z.B. die Aktivität A2 in max. 4 Teilaktivitäten aufgespalten wird wegen des Multiplikators 4 in Bezug auf T0, beispielsweise in 2, die dann bei 4*n*T0+2 und 4*n*T0+3 ausgeführt werden. Entsprechend könnte A1 in maximal 3 Teile aufgebrochen werden, die dann bei 3*n*T0+1, 3*n*T0+2, 3*n*T0+3 laufen. Hierbei ist noch zu beachten, dass für Intervalle, für die 3*n*T0+i=4*m*T0+j ($0 \leq i < 3$, $0 \leq j < 4$) ist – in denen also die Teilaktivitäten von A1 und A2 zeitlich zusammentreffen, ebenfalls die Summe der WCET < T0 sein muss.

Man sieht, dass hier schnell eine hohe Komplexität allein von der Verteilung und der Partitionierung erreicht wird. Hinzu kommt noch, dass durch die Zerlegung zusätzliche funktionale Schnittstellen geschaffen werden, die weitere Abhängigkeiten und damit Komplexität hinzufügen.

Durch die Partitionierung ist der Entwickler gezwungen, "festen Boden" – das klare, theoretische Konzept der synchronen Systeme – zu verlassen und sich "auf dünnes Eis" – die zerstückelte Implementierung – zu begeben. Während das ursprüngliche Konzept durch formale Beweisführung unterstützt wurde, muss er nun improvisieren und erhält keine Unterstützung mehr. Jeder Entwickler ist auf sich selbst angewiesen, ihm steht wieder die große Welt der Fehler offen. Aus einem einfachen zuverlässigen Konzept ist plötzlich eine höchst fragwürdige Realisierung entstanden.

Der asynchrone Ansatz dagegen kennt solche Probleme nicht. Er verteilt die CPU nach Bedarf, einzige notwendige und hinreichende Randbedingung ist, dass die Summe über WCET(i) x f_i kleiner als 1 sein muss, wobei f_i die Ausführungsfrequenz der Aktivität Ai ist.

Nachteilig beim asynchronen Ansatz ist das Risiko für Deadlocks. Dem kann man jedoch durch eine entsprechende Architektur – mit Konstruktionsregeln - begegnen, wie bereits erwähnt. Ein derart optimiertes asynchrones Konzept ist hinsichtlich Komplexität und Risiko dem auf dem synchronen Konzept beruhenden, aber modifizierten Konzept insgesamt überlegen, u.a. weil es eine Standardlösung bietet, und nicht jeder Entwickler eine eigene Lösung finden muss.

Wie kann man nun einen Rechner einsetzen, um hohe Komplexität zuverlässig und wirtschaftlich meistern zu können? Natürlich über Produktionsprozesse, und zwar über skalierbare.

Skalierbarkeit bedeutet, dass man mit einem Produktionsprozess unterschiedlich mächtige Mengen erzeugen kann, ohne Konflikte durch beschränkte Ressourcen zu bekommen..

Nehmen wir wieder verteilte Systeme als Beispiel. Wir erwarten von einem skalierbaren Prozess für verteilte Systeme, dass er sowohl ein 1-Rechner-System als auch ein 16-Rechner-System, vielleicht auch ein 1000-Rechner-System, erzeugen kann, wobei es ausreicht, nur die vorgesehenen Rechner durch ihren Namen anzugeben. Für die Einführung jedes zusätzlichen Rechners darf daher jeweils nur ein kleiner, konstanter Zusatzaufwand entstehen.

Die Skalierbarkeit basiert auf Konstruktionsregeln, die festlegen, wie die Software für Mehrrechnersysteme hergestellt wird. Ein Entwickler konzentriert sich dann also nicht auf die mühsame Erstellung von Software für 1000 Rechner, sondern auf die Regeln, mit denen er ein solches großes System herstellen kann. Diese Regeln können immer noch komplex sein, aber bei logischer Vorgehensweise lässt sich diese Komplexität beherrschen. Dazu gehört auch, bei zu hoher Komplexität die einzelnen Produktionsschritte wieder zu unterteilen, also eine "Partitionierung" des Produktionsprozesses. Man baut aus vielen kleinen Steinen ein großes Gebäude. Die nächst größere Einheit benutzt immer bereits bewährte Technik.

Die Definition der Konstruktionsregeln liegt somit immer im Bereich der beherrschbaren Komplexität, und dies ist auch gleichzeitig das Ziel. Um größere Komplexität korrekt zu erreichen, können wir dann einen automatischen Produktionsprozess auf einem Rechner einsetzen, der aus der begrenzten Komplexität an der Konfigurationsschnittstelle eine in ihrer Komplexität nicht begrenzte Anwendung erzeugt.

2.12 Effiziente Wartung

These 17
Wartung impliziert Fortsetzung der Entwicklung.

Durch Weiterentwicklung eines Produktes reagiert der Entwickler auf neue Bedürfnisse des Marktes bzw. er kann durch neue Produkteigenschaften Nachfrage wecken. Insofern treffen für die Wartung dieselben Schlussfolgerungen zu wie für die Grundentwicklung. Die Herausforderungen bei der Wartung sind aber meistens höher. Während bei der Entwicklung die Produkteigenschaften bekannt sind (was nicht immer gegeben ist, wie wir gesehen haben, aber trotzdem eine Prämisse sein sollte) und daher die Architektur so gewählt wird, dass das Entwicklungsziel erreicht wird, können während der Wartung Anforderungen entstehen, die schwer durch die ursprünglich gewählte Architektur abgedeckt werden können. Hierzu einige Beispiele.

Wir beginnen mit einem Beispiel aus der Klasse "trickreiche Lösungen". In diesem Fall wurde ein bestimmter Verarbeitungsmodus über das Vorzeichen eines Funktionsparameters angefordert. Wahrscheinlich wollte man auf diese Weise die Anzahl der Parameter verringern, vielleicht hatte man auch beim Entwurf diesen Modus vergessen, und musste ihn nachträglich einführen. Man hat diese Art der "eleganten" bzw. trickreichen Realisierung gewählt, weil man davon überzeugt war, dass dieser Parameter nie negative Werte annehmen kann. Das böse Erwachen kam dann, als nach einer Erweiterung der Programmfunktionalität der Parameter doch negativ werden konnte.

Wir haben den Ausdruck "trickreich" gebraucht, der Entwickler dürfte überzeugt davon sein, dass er eine elegante Lösung für das Problem gefunden hatte. Solche "eleganten" Lösungen führen leider – wir meinen immer – zur Unzufriedenheit und erfordern zu ihrer Beseitigung erheblichen finanziellen und zeitlichen Aufwand.

Der Aufwand ist in der Regel deshalb so hoch, weil solche Entwurfsentscheidungen sich durch das gesamte System hinziehen, und daher bei einer Änderung eine vollständige Überarbeitung erforderlich wird.

Scheinbar elegante und effiziente Maßnahmen dieser Art führen also schnell in eine Sackgasse, man steht bei Wartungsmaßnahmen gleich "mit dem Rücken zur Wand".

Wirklich effizient ist es dagegen, Funktionalität "orthogonal" zu halten, also nicht verschiedene Aspekte miteinander zu verknüpfen, weil die Mischung in der Regel zu weniger Flexibilität führt. "Orthogonal" heißt also minimale Kopplung und Unabhängigkeit von Elementen. In einem orthogonalen Koordinatensystem sind alle Basisvektoren linear unabhängig und *jeder* Punkt im Koordinatensystem kann durch eine *eindeutige* Kombination von Vielfachen dieser Basisvektoren beschrieben werden.

Architekturen, die zu Problemen bei der Evolution des Systems führen, behindern den Entwickler und den Kunden. Durch mangelnde Flexibilität gehen dann sehr wahrscheinlich Marktanteile verloren, ausgenommen der Fall, in dem der Anbieter eine marktbeherrschende Position hat. Dann kann es aber beim Kunden zu Problemen kommen.

Wir haben kürzlich gehört, dass Firmen ihre Organisation nicht an die Erfordernisse anpassen können, weil die eingesetzte Software zur Überwachung der betrieblichen Abläufe dies nicht zulässt, d.h. die gewünschten neuen Strukturen können nicht auf das eingesetzte Softwaresystem abgebildet werden, oder die alte Struktur kann nicht ohne erheblichen Aufwand und Produktionsausfall in die neue Organisationsform überführt werden.

In einem solchen Fall liefert sich ein Unternehmen also einem Softwarelieferanten vollkommen aus, der nicht auf die Bedürfnisse des Marktes reagieren kann. Damit wird die eigene Produktion und Wettbewerbsfähigkeit möglicherweise stark behindert.

Wir gehen davon aus, dass der Softwareanbieter selbst kein Interesse daran hat, dass seine Kunden durch sein Produkt in Probleme geraten. Daher wird er darauf achten, dass er bereits in der Entwicklungsphase einen Ansatz wählt, der effiziente Wartung erlaubt.

Wie kann man nun verhindern, dass Probleme bei der Wartung und Evolution von Software auftreten? Die Antwort heißt: effiziente und vorausschauende Organisation.

Erstens, indem man eine orthogonale Architektur wählt, keine Kompromisse eingeht, um Aufwand zu sparen auf Kosten der Erweiterungsfähigkeit. Trotzdem muss eine solche Architektur nicht teuer sein. Den höheren Aufwand kann man durch effiziente Organisation reduzieren, indem man Möglichkeiten zur automatischen Modifikation der Architektur schafft, beispielsweise durch klare Strukturen und Isolation von Abhängigkeiten.

3 Risiken und Chancen in der Softwareentwicklung

In diesem Kapitel diskutieren wir an ausgewählten Beispielen Probleme, die während der Programmentwicklung und -anwendung auftreten können, identifizieren ihre Ursachen und geben Hinweise zur Problemlösung. Am Ende dieses Kapitels erklären wir, was durch automatische Produktionsprozesse besser gelöst werden kann.

Manager und Entwickler finden in diesem Kapitel Information, die für das Verständnis der in späteren Kapiteln folgenden strategischen Zielsetzungen und Entscheidungen notwendig ist.

3.1 Rollenverteilung

Bevor wir auf die eigentliche Thematik eingehen, wollen wir klären, wer an der Softwareentwicklung beteiligt ist, wer Software erwirbt bzw. anwendet und was die jeweilige Rolle der Beteiligten ist.

Prinzipiell unterscheiden wir die folgenden beiden Fälle für die Entwicklung eines Softwareproduktes:

1. den Erwerb eines bereits entwickelten Softwareproduktes durch Kauf (Abb. 3-1),
2. den Erwerb eines Systems durch Beauftragung (Abb. 3-2).

Beim *Kauf* erwirbt ein *Kunde* ein *Produkt*, das auf Veranlassung eines *Auftraggebers* von einem *Entwickler* erzeugt wurde in der Erwartung, einen Käufer zu finden. Der Kunde kann auch Anwender sein, Auftraggeber und Entwickler können ebenfalls identisch sein. Prinzipiell besteht ein Verhältnis "Anwender – Entwickler", der Anwender benutzt ein Produkt eines Entwicklers. Dieses Verhältnis wird je nach Produktionsart ("Kauf" oder "Beauftragung") um weitere Beteiligte erweitert. Je nach Produktionsart hat der Anwender mehr (bei Beauftragung) oder weniger (bei Kauf) Einfluss auf die Eigenschaften des Produktes.

Beim *Kauf* kennt der Anwender üblicherweise den Entwickler und dessen Auftraggeber nicht. Der Anwender selbst stellt keine *Anforderungen*, vielmehr übernimmt diese Aufgabe der Auftraggeber, indem er die möglichen *Bedürfnisse* eines Kunden identifiziert. Der Auftraggeber überlässt die Entwicklung einem Auftragnehmer. Auftraggeber, Auftragnehmer und Entwickler können identisch sein, ebenso Kunde und Anwender. Vor der Kaufentscheidung prüft der Kunde, ob das Produkt seinen Erwartungen entspricht, wenn nicht, kommt kein Kauf zustande.

Abb. 3-1 Kunde kauft fertiges Produkt

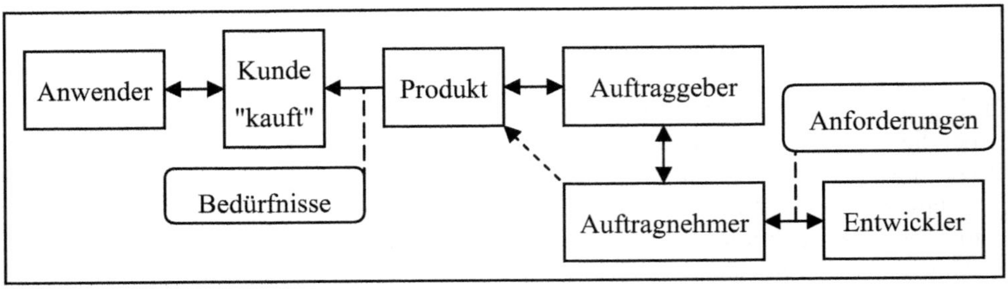

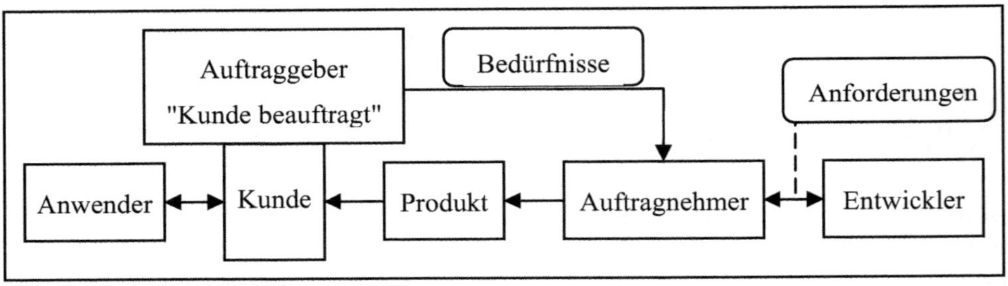

Abb. 3-2 Kunde beauftragt Entwicklung

Bei der *Auftragsentwicklung* gibt ein Kunde bzw. Anwender als Auftraggeber einem Auftragnehmer den Auftrag, ein System nach seinen Anforderungen zu entwickeln. Der Auftragnehmer ist Entwickler und liefert als Ergebnis das geforderte System – ein Produkt – ab. Der Auftraggeber tritt als Anforderer auf – denn er definiert Anforderungen, der Auftragnehmer als Entwickler. Auftraggeber und Auftragnehmer können zur selben Firma oder zu verschiedenen Firmen gehören. Der Auftraggeber ist üblicherweise auch Anwender. Der Anwender kann aber auch einen Dritten beauftragen, die Anforderungen zu definieren und die Produktentwicklung zu veranlassen und zu überwachen.

Diese komplexen Beziehungen gilt es zu beachten, wenn wir in diesem Buch die Begriffe *Kunde*, *Anwender*, *Anforderer*, *Auftraggeber*, *Auftragnehmer* oder *Entwickler* sowie *Anforderungen* und *Bedürfnisse* benutzen.

3.2 Professionelle Softwareentwicklung – *die* Herausforderung

Software entwickeln kann jeder, so könnte man denken. Man kauft sich einen Computer, besorgt sich (eventuell sogar kostenlos) einen Compiler, und schon kann man ein Programm entwickeln. Mit den heute zur Verfügung stehenden Ressourcen für CPU und Speicher werden weder Programmgröße noch Komplexität Grenzen gesetzt.

Bei der Fertigung von Hardware dagegen werden Hilfsmittel benötigt, die nicht leicht zu beschaffen sind und auch spezielle Vorrichtungen für die Benutzung erfordern. Zum Bau von Möbeln werden bereits Werkzeuge benötigt, die sachgemäße Bedienung und Vorkenntnisse erfordern. Zwar kann die sich jeder – je nach Geschick – aneignen, aber man erkennt schnell, dass ohne Übung kein professionelles Ergebnis entsteht.

Bei Hardware erkennt man schnell Mängel, funktionale – wenn ein Stuhl wackelt oder kippt, und nicht-funktionale – wenn er zu schwach ist oder die Lackierung fehlerhaft ist.

Dagegen verhält sich Software wie

- ein Gas
  - denn sie nimmt jeden verfügbaren Raum ein,
    Zeit und Geld, Speicher und Rechnerleistung
  - denn sie ist unsichtbar,
    wir können ihre Eigenschaften nicht sehen
- wie eine Chemikalie
  - denn bei unsachgemäßer Handhabung kommt es zur Katastrophe,
    die Eigenschaften der verwendeten Substanz und ihre Wirkung sind unbekannt

Mit diesen für die Entwickler so problematischen Eigenschaften haben wir bei der Entwicklung von Software zu kämpfen. Während wir für Hardware "Sensoren" wie Augen, Nase, Ohren und Tastsinn haben, fehlen uns die geeigneten Sensoren für Software. Die Eigenschaften von Software, die positiven und die negativen – wie Fehler, können wir erst dann erkennen, wenn sie für uns sichtbar werden durch Hilfsmittel wie Drucker, Monitor, Datendisplays oder akustische Signale.

3.2.1
Risiken durch Informationsmangel

Wird nicht genügend für die "Visualisierung" der Eigenschafen in einer für Menschen leicht verständlichen Präsentation gesorgt (im übertragenen Sinn zählen wir zur Visualisierung nicht nur die Wahrnehmung durch Augen, sondern auch durch Ohren sowie den Tast- und Riechsinn), dann werden Abweichungen von den Vorgaben – also Fehler – nicht frühzeitig genug wahrgenommen.

Visualisierung der Software ist mit Aufwand verbunden. Zur Minimierung der Kosten wird man sich daher erst einmal auf das unbedingt Notwendige beschränken, wodurch ein nicht unerhebliches Risiko entstehen kann, da man dann möglicherweise nicht alle Eigenschaften des entstehenden oder fertigen Produkts erfährt. Denn mangelhafte Visualisierung impliziert fehlende Information, fehlende Information führt zur falschen Einschätzung der Situation, und bei der Softwareentwicklung in der Regel zur Unterschätzung oder zum Ignorieren eines Problems.

Ein typisches Beispiel hierfür sind Schnittstellen zwischen Softwarekomponenten wie Funktionen oder Teilprogrammen. Hier treten Probleme auf, wenn wegen mangelnder Visualisierung Inkompatibilitäten übersehen werden. Dann werden Probleme zu spät erkannt, was zu erheblichen Zusatzkosten und meistens auch zu Terminverzug führt.

Die bei der Softwareentwicklung auftretenden Probleme sind vergleichbar mit einer in ihren Auswirkungen nicht abschätzbaren chemischen Reaktion beim Mischen zweier unbekannter Chemikalien. Während in der Chemie strenge Regeln existieren, um Katastrophen zu verhindern, sind entsprechende Vorsichtsmaßnahmen in der Softwareentwicklung meistens nicht realisierbar, weil zu aufwändig.

In der Chemie ist die Mischung unbekannter Chemikalien aus Sicherheitsgründen verboten, in der Softwareentwicklung die Integration von Code mit unzureichend bekannten Eigenschaften nicht. Meistens ist es in der Praxis unmöglich, die "Nebenwirkungen" zu erkennen, auch wenn der Wille dazu besteht. Der Aufwand ist zu hoch. So werden die "Substanzen" zusammengekippt und abgewartet, was geschieht, in der Hoffnung, dass nichts geschehen wird. Gemäß "Murphy's Law" [1] geht aber schief, was schief gehen kann.

---

[1] Der US-Ingenieur Edward Murphy, jr. soll die Aussage geprägt haben: "Wenn es zwei oder mehrere Wege gibt, etwas zu erledigen, und einer davon kann in einer Katastrophe enden, so wird jemand diesen Weg wählen." Daraus entwickelte sich "Alles was schiefgehen kann, geht schief." (Quelle: Wikipedia)

Weitere Risiken entstehen durch Randbedingungen wie CPU-Leistung und Speicher. Auch hier ist wieder mangelnde Information die Ursache. Der tatsächliche Verbrauch von Ressourcen wird meistens erst dann erkannt, wenn die Software ausgeführt werden kann. Da die Ausführbarkeit Codierung und ein Minimum an Tests und Integration voraussetzt, erhält man meistens diese Information zu spät, um ohne großen Aufwand noch Mängel beseitigen zu können.

Software strebt deshalb danach, jedes für die Entwicklung bereitgestelltes Budget und jeden Zeitplan auszufüllen, mit der Tendenz, immer mehr zu nehmen als tatsächlich verfügbar ist.

Analysiert man die Entstehung von Zusatzkosten, dann stellt man fest, dass durch Entscheidungen in der Spezifikations- oder Designphase bereits hohe Kosten und lange Entwicklungszeit in der Zukunft fest geschrieben werden. Wenn die Entscheidung fällt, sieht man sie nicht, wenn man das Problem erkennt, kann man meistens nicht mehr auf Alternativen ausweichen.

3.2.2 Risiken durch Managementfehler

Risiken können für ein Projekt durch Unterschätzung der technischen Komplexität, mangelhafte Organisation und Verträge entstehen.

Wenn beispielsweise ein Auftraggeber keine Erfahrung auf dem Gebiet der beabsichtigten Entwicklung hat, aber trotzdem dem Auftragnehmer eine bestimmte Vorgehensweise vorschreibt, erhöhen sich Kosten und Entwicklungszeit, falls die geforderten Rahmenbedingungen ungeeignet sind. Unterschätzt der Auftragnehmer die Komplexität, entstehen Risiken durch Mehrkosten und längerer Entwicklungszeit oder mangelhafter Funktionalität und Qualität. Begünstigt ein Vertrag einen Partner zu stark, kann der andere möglicherweise das vorgegebene Ziel nicht erreichen, weil er zu sehr eingeschränkt wird.

Zu wenig Ressourcen wie Budget und Zeit sind für ein Projekt gefährlich. Wenn das Problem nicht frühzeitig erkannt wird, wächst das Risiko. Wird in Kenntnis des Mangels an dieser Ressourcen versucht, das Projekt durchzuführen, leidet es ständig unter Termin- und Kostendruck, der die Wahrscheinlichkeit von Fehlentscheidungen erhöht.

Verlangt der Auftraggeber beispielsweise den Einsatz einer bestimmten Entwicklungsumgebung, die Tests und Fehlersuche nur unzureichend unterstützt, nur weil er eine Präferenz für ein bestimmtes Produkt hat, dann können sich die Entwicklungskosten sehr stark erhöhen. Daher ist es sinnvoll, dass sich Anforderer und Entwickler rechtzeitig zusammensetzen, um solche Probleme gemeinsam und frühzeitig lösen zu können.

Möglicherweise wird auch versucht, eine vermeintliche Schwäche des Partners zum eigenen Vorteil auszunutzen. Ein solches Verhalten kann für beide Parteien, also auch für den vermeintlich Stärkeren, bedrohlich werden und schließlich zum Scheitern des Projektes führen.

Wenn überhöhte Kosten drohen, gibt es für einen Auftragnehmer drei Möglichkeiten:

1. Er weist den Auftraggeber sofort auf die erhöhten Kosten und Risiken hin.
2. Er schweigt, obwohl er den hohen Aufwand erkennt, und präsentiert die Rechnung über die Zusatzkosten später – sofern vertraglich möglich, beispielsweise wenn das Projekt schon zu weit fortgeschritten ist und nicht mehr abgebrochen werden kann.
3. Er schweigt, weil er den hohen Aufwand selbst nicht erkennen kann.

Wenn der Auftragnehmer die Bezahlung der Mehrkosten durchsetzt, hat der Auftraggeber unerwartete Aufwendungen, wenn dieser sich erfolgreich wehrt, muss der Auftragnehmer die Mehrkosten tragen. Da eine der beiden Parteien plötzlich mit (hohen) Mehrkosten belastet wird, entsteht für sie ein hohes finanzielles Risiko. Wenn die Mehrkosten nicht getragen werden können, muss das Projekt eingestellt werden, und beide Partner haben einen Verlust: der Auftraggeber erhält trotz Ausgaben kein brauchbares Ergebnis, der Auftragnehmer keine volle Entschädigung für seinen Aufwand.

Alle sollten daher ein großes Interesse an einer Risikominimierung haben. Ist dies möglich?

3.2.3 Der Kampf gegen das Chaos

Die Probleme der Softwareentwicklung entstehen prinzipiell aus Informationsmangel. Dieser Mangel ist nicht eine Folge fehlender Fachkenntnis, sondern von Überforderung bzw. Unterschätzung der Aufgabe. Die Umsetzung von Ideen in Software wird durch fehlende Sichtbarkeit ("Feedback") auf die Eigenschaften des entstehenden Produktes leicht so komplex und damit unüberschaubar, dass die Entwicklung nicht mehr beherrschbar ist. Ständig kann – bedingt durch Informationslücken – neuer Handlungsbedarf entstehen. Der geplante Ablauf endet im Chaos.

Ziel der bisherigen allgemeinen Bemühungen zur Bewältigung dieses Problems ist, die Komplexität durch eine Strategie der Ordnung und Planung zu senken. Projekte oder Programme werden in kleine übersichtliche Pakete zerlegt, die getrennt bearbeitet werden können. Damit wird die Komplexität eines einzelnen Teils reduziert. Der Projektablauf wird in Phasen zerlegt, Programme in kleinere Komponenten wie Module, Komponenten oder Objekte je nach verwendeter Methode.

Projektphasen werden sequentiell abgearbeitet, am Ende einer Phase erfolgt eine Prüfung der Ergebnisse, bevor sie in die nächste Phase übernommen werden oder das Produkt am Ende abgenommen wird. Urahn der sequentiellen Vorgehensweise in der Softwareentwicklung ist das aktivitätenorientierte "Wasserfall-Modell" von Boehm (Boehm76). Die Projektaktivitäten schreiten von Phase zu Phase voran wie das hinunter fließende Wasser bei einem Stufen-Wasserfall.

Bei der sequentiellen Vorgehensweise ist bei der Entwicklung von Software nachteilig, dass die Eigenschaften des Ergebnisses erst spät wahrgenommen werden können, nämlich erst dann, wenn die Software ausführbar ist – das Wasser (fast) unten angekommen ist. Zu diesem Zeitpunkt sind aber – wie wir später sehen werden – bereits mehr als 50% des Budgets und der Zeit verbraucht, so dass Änderungen nur schwer und unter hohem Aufwand möglich sind.

Zur Abhilfe wurde eine inkrementelle Vorgehensweise vorgeschlagen, z.B. das Spiral-Modell von Boehm (Boehm88). Hier durchläuft man die Phasen mehrmals bei kontinuierlicher Erweiterung der Funktionalität. Neben der Reduktion der Komplexität erhält man schneller erste Informationen über die Produkteigenschaften.

Die Zerlegung von Programmen in kleinere Einheiten reduziert die Komplexität des einzelnen Teils. Als Vertreter für diese Vorgehensweise seien hier die "strukturierte Programmierung" (z.B. Wirth74, McClure75) und die "objekt-orientierte Programmierung" (z.B. OOISO, Kay03) genannt. Zu jedem dieser prinzipiellen Ansätze gibt es unzählige Varianten, auch unterstützt durch oder abgestimmt auf Programmiersprachen wie C, C++, Pascal, Modula, Ada.

Trotzdem bestehen die Probleme immer noch. Weshalb? Unsere Meinung ist, dass die Zerlegung und Kapselung nicht die Gesamtkomplexität reduziert. Der verringerten Komplexität des einzelnen Teils steht die größere Komplexität der gesamten Menge gegenüber.

Die phasenweise Abwicklung verschiebt die Sichtbarkeit auf die Produkteigenschaften an das Ende des Entwicklungszyklus, so dass Änderungen kaum noch möglich sind, wenn die Notwendigkeit von Korrekturen erkannt wird.

3.3 Fehlentscheidungen

Wir wollen nun anhand von Beispielen typische Fehlentscheidungen bei der Entwicklung von Software diskutieren. Die Beseitigung dieser Probleme ist Teil unserer Optimierungsstrategien. Das Potenzial durch strategische Maßnahmen werden wir am Ende dieses Kapitels identifizieren.

3.3.1 Viel Code, wenig Qualität

Weit verbreitet scheint die Meinung zu sein, dass die Entwicklungsaufgabe erledigt ist, sobald ausführbarer Code vorhanden ist. Die Qualität des Codes steht dann nicht im Vordergrund. Häufig ist das Ziel nur, das Auftreten von Fehlern bei vorgegebenem Aufwand zu minimieren (vgl. Musa93), während die Auslieferung eines fehlerfreien Produktes üblicherweise nicht im Vordergrund steht (vgl. DarkSideSW).

Diese Vorgehensweise ist eine Folge des hohen Aufwandes, der notwendig wäre, alle Fehler in der nach bisherigen Methoden entwickelten Software zu finden. Konsequente Fehlersuche ist nur in Bereichen wie Luft- und Raumfahrt, Kernenergie, Transportwesen üblich, für die strenge und detaillierte Richtlinien wie ESA-PSS, ESA-ECSS, DO-178-B gelten, und der Auftraggeber – im Angesicht der hohen Risiken bei Auftreten eines Fehlers (Verletzung oder Tod von Menschen, Scheitern einer einmaligen Mission) – bereit ist, die hohen Kosten zu tragen.

Die gegenwärtigen Ansätze zur Softwarequalitätssicherung sind in den sog. "unkritischen" [2] Bereichen geprägt durch die Machbarkeit. Der auf dem Markt erzielbare Preis bzw. die Entwicklungszeit ("Time-To-Market") bestimmen bzw. begrenzen die Entwicklungskosten und damit auch die Qualitätssicherungsmaßnahmen.

Mit diesem Ansatz bekommen wir die Qualität, die wir bezahlen können oder wollen. Bei den erwähnten Ausnahmen werden durch

---

[2] Das Kriterium für die Einstufung einer Anwendung als "kritisch" ist üblicherweise die Sicherheit. In diesem Sinne verwenden wir dieses Attribut hier. Abweichend von dieser Definition sehen wir selbst aber alle Bereiche als "kritisch" an. Wenn beispielsweise ein Flugbuchungssystem ausfällt, dann sind die Auswirkungen zwar nicht lebensbedrohlich, aber doch äußerst unangenehm, und implizieren möglicherweise auch großen finanziellen Schaden für die Betroffenen.

hoheitliche Maßnahmen solche Regeln des freien Marktes zugunsten der Sicherheit außer Kraft gesetzt. Leider können – gegenwärtig – aber auch strenge Regeln keine Fehlerfreiheit garantieren, sondern nur eine Verringerung der Fehlerrate bewirken, weil die verfügbaren Ressourcen an Entwicklern und Qualitätssicherern nicht ausreichen bzw. diese eine relativ hohe Fehlerrate aufweisen, die sich auch bei Einsatz von vielen Personen nicht reduzieren lässt.

Der weitaus größte Teil der Werkzeuge, die bei der Softwareentwicklung eingesetzt werden, unterstützt nur die Generierung von Code. Der wichtigste und aufwändigste Teil der Softwareentwicklung wird kaum durch Werkzeuge unterstützt: Test, Verifikation und Validierung zum Nachweis der gewünschten Produkteigenschaften, einschließlich Analyse des Verhaltens unter erwarteten oder unerwarteten Störungen und Fehlbedienung.

Das Missverhältnis zwischen Werkzeugen zur Codeerzeugung und zum Qualitätsnachweis wird deutlich, wenn man allgemeine Übersichten über Softwarewerkzeuge ansieht (vgl. QueensU), und den Anteil der Werkzeuge für Entwurf und Codegenerierung mit dem für Test, Verifikation und Validierung vergleicht. Spezielle Werkzeuge zur Qualitätssicherung findet man beispielsweise bei StickyMinds, TestFAQ, WhatTest.

3.3.2 Wie zuverlässig sind Ergebnisse?

Bei der gegenwärtigen Vorgehensweise und der hohen Komplexität ist es unmöglich, die Annahmen und Voraussetzungen exakt zu beschreiben, unter denen ein Programm sich korrekt verhält.

Im Umgang mit Gütern des täglichen Bedarfs wissen wir, dass wir z.B. einen Automotor zerstören, wenn wir ihn bei hoher Drehzahl betreiben. Die zulässigen Betriebsbedingungen sind uns genau bekannt. Auf Software trifft dies i. A. nicht zu. Daher ist die Annahme bzw. Erwartung unzutreffend, dass die vom Programm produzierten Ergebnisse absolut richtig sein müssen.

Ein Rechner setzt nur exakt das um, was ihm vorgegeben wird. Insofern reproduziert ein Rechner nur menschliche Vorgaben, auch die Schwächen und Fehler. Wird die Software unzulässigen "Betriebsbedingungen" ausgesetzt, dann kann über die Korrektheit der Ergebnisse nichts ausgesagt werden. Das Problem ist aber, dass man nicht unbedingt erfährt, ob das Programm in einem unzulässigen Betriebszustand arbeitet. Großes Glück hat man, wenn das Programm abstürzt, und damit selbst auf einen unzulässigen Betriebszustand hinweist, Pech, wenn es Ergebnisse liefert und den Anschein erweckt, alles wäre in Ordnung.

Da ein Rechner als Multiplikator zur Vervielfachung der Leistung des menschlichen Gehirns eingesetzt wird, kann konsequenterweise nicht erwartet werden, dass wir mit einem Bruchteil dieser Rechenleistung selbst beurteilen können, ob die Ergebnisse richtig sind.

Wenn sich die Ergebniskontrolle wegen begrenzter Mittel auf Stichproben beschränken muss, kann aus der Korrektheit einiger Ergebnisse nicht auf Korrektheit für den gesamten Einsatzbereich geschlossen werden. Doch das geschieht sehr häufig, weil eben der Überblick fehlt, unter welchen Voraussetzungen ein Programm korrekte Ergebnisse liefert.

Jüngstes eindrucksvolles Beispiel dieses "Irrglaubens" ist das Unglück der COLUMBIA-Raumfähre im Februar 2003. Wie heute bekannt ist (vgl. Columbia, Debris, Caib) lieferte damals ein Simulationsprogramm falsche Ergebnisse über die Schwere einer Beschädigung beim Start von Columbia, weil das Programm in einem Bereich eingesetzt wurde, für den es nicht vorgesehen war. Das wurde übersehen, weil keine Überprüfung der Einsatzbedingungen durch das Programm stattfand.

Beim Start der Raumfähre beschädigte ein Schaumstoffbrocken mit einer Masse von "nur" ca. 1 kg eine Tragflächenkante so schwer, dass es beim Wiedereintritt zur Katastrophe kam. Die NASA hatte die Beschädigung zwar beobachtet und das dafür vorgesehene Simulationsprogramm zur Beurteilung des Schadens eingesetzt. Das Ergebnis der Simulation ergab aber fälschlicherweise aus den o.g. Gründen, dass keine Probleme zu erwarten seien. Leider sah die Realität anders aus. Aus der Korrektheit der Ergebnisse in den überprüften Bereichen wurde unzulässigerweise geschlossen, dass "alle" Ergebnisse des Programmes korrekt seien. Ein fataler Irrtum.

Bei der ersten Analyse war man aufgrund des Bildmaterials vom Start davon ausgegangen, dass der Schaumstoffbrocken die Unterseite der Tragfläche getroffen hätte. Selbst für diese empfindliche Stelle sagte das Simulationsprogramm keine kritische Beschädigung voraus.

Aus späteren Analysen des Bildmaterials – nach dem Absturz – ging hervor, dass das Schaumstoffstück die äußerst stabile Flügelvorderkante getroffen hatte. Bei einer Nachstellung der Kollision durchschlug ein Stück mit gleicher Größe und gleichem Gewicht diese Vorderkante.

Wenn das Simulationsprogramm schon für die empfindliche Unterseite der Tragfläche keinen nennenswerten Schaden vorhergesagt hat, hätte es wohl noch unrealistischere Vorhersagen gemacht, wenn man den tatsächlichen Einschlagpunkt mit einbezogen hätte.

Fatal war allerdings nicht nur, dass das Programm falsche Ergebnisse lieferte, sondern dass man sich vielmehr darauf verließ und keine weitere Prüfung vornahm oder notwendige Rettungsmaßnahmen einleitete. Teleskope hätten von der Erde aus beim Überflug der Columbia die Tragflächen auf Schäden absuchen können. Ebenso hätten die Astronauten die Flügel selbst bei einem Weltraumspaziergang untersuchen können. Experten gehen davon aus, dass es verschiedene Möglichkeiten zur Rettung der Astronauten gegeben hätte – von einer Rettungsmission der in Vorbereitung befindlichen Raumfähre bis zu einem Abstiegwinkel, der die beschädigte Tragfläche hätte entlasten können – wenn man den Schaden nur ernst genug genommen hätte.

Ein weiteres Beispiel für einen vergleichbaren Irrtum kommt auch aus der Raumfahrt. Im Juni 1996 misslang der erste Start der Ariane5-Rakete (Ariane5), wegen der (unzulässigen) Annahme, dass ein Stück Code, das schon erfolgreich bei Ariane4 eingesetzt wurde, auch bei Ariane5 erfolgreich arbeiten würde. Übersehen wurde dabei, dass die Einsatzbedingungen bei Ariane5 sich von denen bei Ariane4 unterscheiden. Die größere Horizontalgeschwindigkeit führte zu einem Darstellungsproblem der Daten und zu falschen Ergebnissen beim Inertialreferenzsystem – einem Sensorsystem, das Beschleunigungen misst – und zwar bei der Haupt- und bei der Ersatzkomponente, da es sich um einen Fehler handelte, der in beiden Systemen durch die gemeinsame Software vorhanden war. Die Komponenten fielen im Abstand von weniger als einer Sekunde voneinander vollständig aus.

Auch hier führte die Extrapolation von Erfahrungen auf Bereiche, für die dieses Wissen nicht abgesichert war, zu einem Fehlschlag.

Bemerkenswert ist, dass diese Katastrophen in einem Bereich auftraten, der hohe Anforderungen an die Qualität und Sicherheit stellt und dafür auch bezahlt. Obwohl intensiv getestet, analysiert und nach strengen Regeln verfahren wurde, konnten kritische Schwachpunkte nicht entdeckt werden.

Ursächlich beim Ariane5-Unglück war die Verifikation "durch Analyse". Da man *absolut* sicher war, dass die wieder verwendete Software fehlerfrei ist, hat man auf den experimentellen Nachweis durch Tests verzichtet, durch die allein die Diskrepanz zwischen Annahme und Realität hätte aufgedeckt werden können. Die Fehlentscheidung beruhte auf dem falschen Verständnis, dass allein die frühere Fehlerfreiheit der Software wichtig ist, und die – eventuell veränderten - Einsatzbedingungen irrelevant sind.

Gerade in Bereichen, wo hohe Anforderungen an die Qualitätssicherung gestellt werden, ist die "Verifikation durch Analyse" verbreitet. Die Annahme, dass Prüfung allein ausreicht, führte daher zu dem Unglück, weil die Annahmen, auf denen das positive Ergebnis der Prüfung basierte, nicht zutrafen.

Diese Fälle widerlegen die Annahme, dass mit vielen Entwicklern und Qualitätssicherern, viel Geld und Zeit alle bzw. die kritischsten - Fehler erkannt werden können. Sie nehmen nämlich nicht die Realität direkt war, sondern eine Abbildung. In den Abbildungsprozess fließen Erfahrung und bekannte Information ein, die das Bild verzerren und verfälschen können. Wie bei realen, sichtbaren Objekten hängt es vom Blickwinkel bzw. "Standpunkt" ab, ob wir einen bestimmten Teil des Objektes sehen können oder nicht. Wenn das Bild sehr komplex ist und aus vielen Einzelteilen besteht, wird ein fehlendes oder verändertes Teil kaum wahrgenommen, wie wir von den Bilderrätseln wissen.

Um fehlerfrei Software herstellen zu können, brauchen wir daher "objektive" Beobachter und eindeutige Regeln, so dass entscheidbar ist, ob ein Produkt fehlerfrei oder nicht ist. Im Prinzip entspricht diese Vorgehensweise einem mathematischen Beweisverfahren. Wir werden diese Erkenntnis später bei den "automatischen Produktionsprozesse" anwenden.

Das fehlende Wissen über den zulässigen Einsatzbereich hängt u.E. mit der üblichen "positiven" Teststrategie zusammen: Tests werden durchgeführt, um zu beweisen, dass für die ausgewählten Testfälle die Ergebnisse richtig sind. Nicht geprüft wird aber, wann fehlerhafte Ergebnisse produziert werden, und ob der Anwender darüber informiert wird. Wegen der fehlenden Information kann die Grenze vom zulässigen in einen unzulässigen Betriebsbereich leicht und unabsichtlich überschritten werden.

Die folgende Abb. 3-3 zeigt die Abhängigkeit des Ergebnisses von Programmeingaben, Programmfehlern und Einsatzbedingungen. Nur für Fall 1, also in einem der 8 möglichen Fälle ist das Ergebnis korrekt. Die üblichen Tests haben das Ziel, den Fall 3 auszuschließen. Bei einer komfortablen Benutzerschnittstelle werden falsche Eingaben erkannt, bei kritischen Anwendungen falsche Eingaben und Einsatzbedingungen. Test müssen aber alle Fälle abdecken, für die Fälle 2-8 müssen daher Fehler gezielt eingespeist werden ("Fehlereinspeisung", "fault injection").

Bei der Wiederverwendung von Software sind die neuen Einsatzbedingungen zu überprüfen. Aus der früher nachgewiesenen Korrektheit folgt nicht zwingend ein korrektes Ergebnis bei weiterer Verwendung.

Wir haben diese Fälle geschildert, um zu zeigen, wie sorgfältig man mit den von Rechnern erzielten Ergebnissen umgehen muss. Die Resultate sind nicht schon deswegen korrekt, weil sie ein Rechner produziert hat, der sich nicht irren kann. Die Ergebnisse müssen vielmehr solange angezweifelt werden, bis deren Korrektheit nachgewiesen wurde. Denn der Ursprung aller Ergebnisse liegt beim Menschen, der keineswegs frei von Fehlern ist, wie wir wissen.

Fall	Eingabe	Programmfehler	Einsatzbedingungen	Ergebnis
1	richtig	nein	korrekt	korrekt
2	falsch	nein	korrekt	undefiniert, wenn falsche Eingabe nicht erkannt wird, bei falscher Eingabe darf keine Programmausführung möglich sein
3	richtig	ja	korrekt	undefiniert
4	falsch	ja	korrekt	undefiniert
5	richtig	nein	nicht erfüllt	undefiniert, wenn falsche Einsatzbedingungen nicht erkannt werden, liegen die Einsatzbedingungen außerhalb des zulässigen Bereiches, darf keine Programmausführung möglich sein
6	falsch	nein	nicht erfüllt	undefiniert, dito
7	richtig	ja	nicht erfüllt	undefiniert, dito
8	falsch	ja	nicht erfüllt	undefiniert, dito

Abb. 3-3 Ergebnis vs. Fehlermöglichkeiten

Ob ein Ergebnis korrekt ist, hängt davon ab, ob bestimmte Voraussetzungen erfüllt sind, ob die Ausführung der Rechenoperationen so ablaufen konnte wie erwartet, ob der eingesetzte Algorithmus selbst für den geplanten Anwendungsbereich immer korrekt ist, und ob er korrekt in Befehle für den Rechner umgesetzt wurde.

Softwareentwicklung erfordert somit mehr als nur das Erzeugen von ausführbarem Code. Wie wir gezeigt haben, ist die Ergebniskontrolle ebenso wichtig wie die Überprüfung, ob die für die korrekte Ausführung notwendigen Voraussetzungen und Annahmen zutreffen. Wir stoßen hierbei wieder auf das bereits erwähnte Problem der Visualisierung von Eigenschaften, beispielsweise der Fähigkeit eines Programmes, einem Anwender mitteilen zu können, ob es korrekte oder falsche Ergebnisse liefert.

Diese Fähigkeit muss einem Programm vom Entwickler mitgegeben werden. Unter effizienter Softwareentwicklung verstehen wir nicht nur die Erzeugung eines ausführbaren Programmes zu niedrigen Kosten, sondern auch die Berücksichtigung der Anwenderinteressen hinsichtlich Bedienbarkeit und Korrektheit.

Will man diesen Ansprüchen gerecht werden, dann ist mit den "üblichen" Ansätzen erheblich mehr Aufwand erforderlich als bei einer Entwicklung, die nur auf die Produktion von Ergebnissen ausgerichtet ist. Damit bei einer sorgfältigen Entwicklung der Aufwand nicht unbezahlbar wird, sind daher geeignete Techniken wie der Einsatz von Automation bei der Softwareentwicklung notwendig.

3.3.3 Der Anwender ist nicht König

These 6 Softwareentwicklung ist kein Selbstzweck sondern eine Dienstleistung

Softwareentwicklung ist kein Selbstzweck, sondern eine Dienstleistung. Leider wird dies häufig vergessen. Wir selbst sehen uns nicht nur als Entwickler, sondern auch als Leistungserbringer, und gehen davon aus, dass man nur bei zufriedenen Kunden langfristig eine Chance am Markt hat. Unter dem Aspekt der Wettbewerbsfähigkeit erweitert sich die Rolle eines Entwicklers vom reinen "Programmierer" hin zum Anbieter von Software, der auf Kundenzufriedenheit und ein günstiges Preis-Leistungsverhältnis angewiesen ist. Die Berücksichtigung von Interessen des Kunden wird auch als "Usability" ("Brauchbarkeit") bezeichnet.

Ziel eines Anbieters sollte es sein, die Software so auszuliefern, dass sie für den Benutzer nicht zum Risiko wird.

Entwickler müssen Höchstleistungen erbringen, um ein ausführbares Programm zu erhalten, das dem gesetzten Ziel möglichst nahe kommt. Bei den bisherigen Entwicklungsansätzen ist dann, wenn das Programm seine Eigenschaften zeigt, meistens nicht mehr viel Zeit und Geld vorhanden, um es zu optimieren. Meistens kann dann die Anwenderschnittstelle nicht mehr überarbeitet werden, weil zu spät Mängel erkannt werden.

Durch die extremen Bedingungen während der Entwicklung stehen erst einmal die Bedürfnisse der Entwickler im Vordergrund, nämlich überhaupt zu einer auslieferfähigen Version zu kommen.

Oft fehlt den Entwicklern auch das Verständnis dafür, was der Anwender erwartet, und damit auch der Ansporn, eine leichte Bedienung zu ermöglichen. Denn dafür wird viel Zeit und technisches Geschick benötigt.

Bei einem "effizientern Entwicklungsansatz", wie wir ihn anstreben, sinkt der Verbrauch von Geld und Zeit drastisch, und es steht mehr Zeit zur Optimierung dieser wichtigen Schnittstelle zur Verfügung.

Durch die folgenden Beispiele wollen wir die Problematik erläutern.

3.3.3.1
Zauberei: Ein Fehler ist kein Fehler

Wir haben kürzlich (Winterfahrplan 2003/2004) festgestellt, dass das Internet-Fahrplan-Auskunftsystem einer großen Bahngesellschaft Nachtzüge dann nicht anzeigt, wenn man das Kriterium "Ankunft am Zielort um ..." eingibt. Wir hatten einen bestimmten Zug schon einmal benutzt, wollten aber die aktuellen Zeiten bekommen und auch Alternativen. Leider fanden wir den Zug nicht in der Liste der Ergebnisse, sondern nur andere Verbindungen, bei denen 4-6 Mal in der Nacht umgestiegen werden musste. Verkehrte der Zug nicht mehr? Doch, denn wir fanden (mehr durch Zufall) den Gegenzug und schlossen daraus, dass daher der Zug auch in die andere Richtung fahren muss, so wie von früher bekannt.

Nach einigen weiteren Versuchen wurde uns der Zug doch angezeigt, und dadurch fanden wir auch den Grund heraus, warum die Verbindung zuerst nicht aufgeführt wurde: immer dann, wenn bei einem Nachtzug die Anfrage mit "Ankunft um ... am Zielort" verknüpft wurde. Wenn wir "Abfahrt um ..." wählten, konnten wir diesen Zug sehen.

Wir hielten es für angebracht, den Betreiber über diesen Fehler zu informieren. Doch man antwortete uns, es handele sich keineswegs um einen Fehler. Für bestimmte Bahnhöfe besitzt ein Nachtzug im Fahrplan keine Ankunftszeit, um eine Buchung für normales Mitfahren auf kurzen Strecken zu verhindern. Da keine Ankunftszeit eingetragen sei, sei es kein Fehler, dass der Zug nicht erscheint, denn das Auskunftssystem kann die Ankunft am Abfahrtsbahnhof nicht sehen.

Wir erklärten daraufhin, dass es uns wenig interessiere, warum der Zug nicht angezeigt wird, sondern wir würden erwarten, dass wir alle möglichen Verbindungen zu sehen bekommen. Schließlich handele es sich um ein allgemeines Auskunftssystem, von dem man keine Einschränkungen erwartet. Ein System, bei dem man nicht weiß, ob die Ergebnisse korrekt sind, sei nicht brauchbar. Man wird dann in diesem Fall immer das Gefühl haben, nicht die optimale Verbindung zu bekommen.

Leider konnten wir die fachliche Diskussion nicht mehr fortsetzen, da das anonyme Serviceteam es vorzog, uns auf diesen Einwand hin nicht mehr zu antworten, obwohl wir uns als Softwareexperten zu erkennen gegeben hatten – oder wurde gerade deswegen die Kommunikation abgebrochen? Fazit: wir sollten endlich akzeptieren, dass es sich nicht um einen Fehler handelt. Die Brauchbarkeit scheint in diesem Fall kein Kriterium für die Beurteilung der Software zu sein.

Dieses Beispiel ist aus zwei Gründen interessant: erstens, weil es sehr deutlich zeigt, wie stark die Sicht der Entwickler dominiert, zweitens, weil die Ursache für dieses Fehlverhalten durch unsachgemäße technische Entscheidungen zur Softwarearchitektur verursacht wurde.

Zwei Anforderungen (a) Zuordnung einer Ankunftszeit und (b) das Verhindern von Buchungen zwischen bestimmten Bahnhöfen wurden "trickreich" miteinander verknüpft, anstatt das Merkmal "keine Buchung möglich" durch ein weiteres Datenfeld auszudrücken. Durch diese "Kosten sparende" Entscheidung der Entwickler werden nun Funktionalität und Zuverlässigkeit des Systems beeinträchtigt.

Ein solcher Mangel als Folge einer schlechten Entscheidung während der Entwurfsphase wird zuerst nicht sichtbar sein, sonst würde man sie sicher frühzeitig korrigieren. Aber die "Optimierung" im Sinne der Entwickler rächt sich später, wenn es um Feinheiten und Sonderfälle geht, an die man zuerst nicht gedacht hat.

Wenn Probleme an der Mensch-Maschine-Schnittstelle auftreten, liegt die Ursache meistens in scheinbaren systemtechnischen "Optimierungen", die dann später die Funktionalität, besonders an der Mensch-Maschine-Schnittstelle, beeinträchtigen und kaum zu revidieren sind.

Daher benötigen die Entwickler Methoden, die ihnen frühzeitig Gelegenheit geben, üblicherweise erst in der Praxis erkennbare Probleme schon während der Entwicklung identifizieren und im Sinne der Anwender lösen zu können. Dazu benötigen sie aber auch den unbedingten Willen, die "Usability" zu maximieren.

3.3.3.2 Hellsehen notwendig

Ein Anwender muss mit einem System kommunizieren können, denn die Reaktionen eines Systems können nur durch die (in der Regel) visuell präsentierten Ergebnisse verstanden werden. Trotzdem stellen Anwender immer wieder fest, dass zu wenig Information bereitgestellt wird.

Von einem allgemeinen Standpunkt betrachtet, sollte der Anwender immer ausreichend Information bekommen, um die Qualität der von der Software präsentierten Ergebnisse beurteilen zu können. Ein gutes Beispiel hierfür ist die Prüfung der Rechtschreibung bei Textverarbeitungsprogrammen. Der Anwender bekommt Information über die Qualität seiner Arbeit, das Programm hilft ihm, das Ergebnis zu verbessern, und der Anwender kann sicher sein, dass das Ergebnis korrekt ist.

Schlechter sieht es in der Regel aus, wenn komplexe Algorithmen oder Abläufe verarbeitet werden. Kann der Anwender hier wirklich darauf vertrauen, dass die Ergebnisse korrekt sind? Bekommt er dafür genügend Information? Wir meinen "nein" und wollen das Problem an einigen Beispielen erläutern (ergänzend zur früheren Diskussion in Kap. 3.3.2).

Wenn ein Anwender falsche Information eingibt, kann er dann sicher sein, dass er darauf hingewiesen wird, oder akzeptiert das Programm die falschen Angaben und präsentiert ein Ergebnis, dem man nicht unbedingt ansieht, dass es falsch ist? Aus der Sicht des Anwenders ist es höchst ineffizient, wenn der Programmentwickler sich auf den Standpunkt zurückzieht, die Schuld liegt beim Anwender, weil dessen Eingaben fehlerhaft waren.

Ein Entwickler geht üblicherweise von folgender Position aus: korrektes Ergebnis bei korrekter Eingabe, sonst ist das Ergebnis undefiniert (s.a. Abb. 3-3). Der Anwender dagegen unterstellt, dass seine Eingaben immer korrekt sind, und daher das Ergebnis auch. Ein falsches Ergebnis durch falsche Eingaben kann dann mangels ausreichender Information und Prüfung leicht übersehen werden.

Wird – freundlicherweise – auf Fehler hingewiesen, dann gibt es auch wieder eine große Bandbreite von Möglichkeiten, von wenig hilfreich bis sehr hilfreich.

Die Meldung "ein Fehler ist aufgetreten" ist sicher besser als keine Fehlermeldung, aber was soll der Anwender aufgrund dieser Meldung unternehmen? Er kann nur vermuten, wo der Fehler liegt. Findet er nicht sofort die Ursache, wird er probieren müssen, und das kostet Zeit. Bei schwierigen Problemen kann es sogar Tage bis Wochen dauern, bis der Grund identifiziert ist, falls der Anwender nicht vorher schon demotiviert aufgibt. Aber wenn er auf die Software angewiesen ist, wird er das Problem mühsam lösen müssen.

> *These 43*
> *Kurze Fehlermeldungen implizieren ineffiziente Organisation.*

Fehlermeldungen mit einem Fehlercode sind schon etwas besser, aber noch nicht zufrieden stellend. Leider sind numerische Codes aber immer noch weit verbreitet. Möglicherweise hängt dies damit zusammen, dass Zahlen sprachunabhängig sind, das Programm also nicht für ein bestimmtes Land angepasst werden muss. Das Problem wird dann über das Handbuch gelöst, in dem der Anwender nachsehen muss. Als wesentlicher Fortschritt gilt bereits, wenn er in einer Online-Hilfe nachsehen kann.

In der überwiegenden Zahl der Fälle reicht auch ein Fehlercode nicht aus, um die Ursache zu identifizieren. Ein Anwender ist erst einmal davon überzeugt, dass er fehlerfrei gearbeitet hat, und daher "blind" für die Fehlersuche. Kein Anwender wird bewusst mit fehlerhaften Daten arbeiten, ausgenommen natürlich die Fälle, mit denen er das Verhalten des Programms im Fehlerfall testen will. Aber das sollte eigentlich Aufgabe des Programmentwicklers sein.

Wir hatten gerade selbst ein solches Rätsel zu lösen, mit dem wir die Problematik erläutern wollen. Bei dem Erzeugen eines Fensters in der Umgebung eines sehr weit verbreiteten Betriebssystems wird uns der Fehler "0002" angezeigt. Die Online-Hilfe sagt uns: "ERROR_FILE_NOT_FOUND" und weiter "The system cannot find the file specified". Bemerkenswert hierbei ist, dass wir überhaupt keinen Dateinamen als Parameter übergeben haben und uns nicht bewusst war, dass die aufgerufene Funktion Dateimanipulationen vornehmen sollte, ganz abgesehen davon, dass der falsche Dateiname überhaupt nicht angezeigt wird.

Vermutlich trat der Fehler in einer Funktion auf, die von der von uns benutzen Funktion direkt oder indirekt aufgerufen wurde. Ein Fehler auf dem "top-level" führt also irgendwo zur Benutzung eines falschen Dateinamens. Möglicherweise wurde auch wegen falscher Parameter "unten" eine falsche Funktion aufgerufen.

Effizient für den Benutzer wäre es nun, wenn er für jeden Funktionsaufruf die volle Kontextinformation erhalten würde, er somit die Spur zurückverfolgen könnte, und zwar ohne zeitintensiven Einsatz eines Debuggers, der "freundlicherweise" vom Programm angeboten wird.

Nach einer Fehlermeldung durch einen kurzen, wenig aussagenden Code muss der Benutzer also anfangen zu überlegen, wo die Ursache liegen könnte. Er wird daher seine Daten in Zweifel ziehen und seine Annahmen überprüfen müssen. Dies ist in der Regel zeitaufwändig, selbst wenn er gewisse Datenwerte ausschließen kann.

Häufig kommt es auch vor, dass man gewisse Bereiche ausschließt, weil man absolut sicher ist, sie sind nicht fehlerhaft. Wenn man nach Stunden oder Tagen in den zunächst vermuteten Bereichen den Fehler nicht findet, stellt sich schließlich heraus, dass der Fehler dann dort liegt, wo man ihn vorher absolut ausgeschlossen hat.

Die Fehlerursache über einen einfachen Fehlercode zu bestimmen, kann also immer noch sehr mühsam und kostspielig sein. Viel einfacher ist es dagegen für den Anwender, wenn er Kontextinformation bekommt, die ihm direkte Hinweise auf die Fehlerquelle gibt. Im einfachsten Fall bedeutet Kontextinformation, die Bereitstellung der relevanten Anwenderdaten, damit die Fehlermöglichkeiten eingegrenzt werden können. Äußerst wünschenswert ist, weitere Information auszugeben, beispielsweise über den Programmzustand. Denn der Fehler kann möglicherweise nur in einem bestimmten Fall auftreten.

Um genügend Information über einen Fehler erhalten zu können, müssen in der Software Vorkehrungen getroffen werden, die Geld und Zeit kosten. Womit wir wieder beim Grundproblem sind. Eine gute Implementierung ist heute üblicherweise teuer, und der Anwender ist nicht unbedingt bereit, für gute Leistung einen entsprechenden Preis zu zahlen. Der Kunde will ein "preiswertes" Produkt, aber er bekommt nur ein "billiges" Produkt, weil zu dem für den Kunden akzeptablen Preis der Hersteller die geforderte Qualität und auch Funktionalität nicht liefern kann.

These 7
Effizienz und Qualität schließen sich nicht aus.

These 42
Anwender und Entwickler leiden unter fehlender Klarheit von Fehlermeldungen.

Um diesen Konflikt lösen zu können, muss die Entwicklung effizienter werden. Wenn die notwendigen Arbeiten in dem vorgegebenen Kostenrahmen realisiert werden können, profitieren Entwickler und Anwender davon. Der Entwickler kann sich von Konkurrenten abheben, der Kunde bekommt ein besseres Produkt.

These 41
Unverständliche Fehlermeldungen erfordern manuelle Tests.

Abschließend sei noch angemerkt, dass mehr Information über Fehlerursachen auch dem Entwickler selbst hilft. Denn für die Behebung von eigenen Fehlern benötigt er auch ausreichend Information. Je mehr Information er bereitstellt, desto mehr kann er an Testaufwand sparen. Umgekehrt deutet mangelhafte Information über Fehler auf ineffizientes, weil manuelles Testen während der Entwicklung hin.

These 13
Spärliche Fehlermeldungen identifizieren Einsparungspotenzial.

3.3.3.3
Fallen für den Anwender

Wir stellten bei einem größeren Entwicklungswerkzeug fest, dass verschiedene Definitionen für "Priorität" verwendet werden. Prinzipiell gibt es zwei verschiedene Möglichkeiten zur Darstellung von Prioritäten bei Verwendung eines Bytes: die höchste Priorität wird entweder durch "0" oder "255" dargestellt.

Das Programm verwendete nun beide Konventionen, wahrscheinlich weil Teile von verschiedenen Entwicklern integriert wurden. Bei der Vergabe einer Priorität für das "Stapeln" von Fenstern auf einem Bildschirm wird "0" als höchste (Fenster im Vordergrund), "255" als niedrigste Priorität (Fenster im Hintergrund) verwendet, für die Ausführung von Echtzeitprozessen "7" als höchste, "0" als niedrigste Priorität.

Bei Einsatz dieser Anwendung ist das Risiko hoch, dass die falsche Konvention verwendet wird. Während falsche Prioritäten bei der Anzeige auf dem Bildschirm ziemlich schnell identifiziert werden können, sind Fehler, die auf falsche Prioritäten für die Ausführung von Echtzeitprozessen zurückgehen, schwer zu finden.

Durch die Verwendung beider Konventionen hat man dem Entwickler quasi einen Graben direkt vor seinen Füßen ausgehoben, in den er bald fallen wird. Leicht hätte man diese Inkonsistenz in der

Anwendung lösen können. Doch anscheinend war der Aufwand zu hoch, reichte die Zeit nicht aus, oder – am wahrscheinlichsten – das Problembewusstsein war nicht vorhanden. Statt ein solches Problem einmal grundsätzlich zu lösen, müssen nun alle Anwender ständig daran denken, die richtige Konvention zu verwenden, und jeder Anwender hat wegen der sicher notwendigen Fehlersuche und Fehlerkorrektur einen erhöhten Aufwand.

3.4 Risiken

In diesem Abschnitt identifizieren wir prinzipielle Risiken, wie sie beim heutigen Stand der Technik auftreten können. Wir unterscheiden zwischen "internen Risiken", die der Entwickler – prinzipiell - beeinflussen kann, und externen, vom Entwickler nicht steuerbaren Risiken, die man früh erkennen sollte, um das Risiko ausschalten oder durch Gegenmaßnahmen reduzieren zu können.

3.4.1 Interne Risiken

Interne Risiken entstehen

(a) durch unzureichende Steuerbarkeit des Entwicklungsprozesses,
→ das Ergebnis entspricht nicht den Anforderungen, beispielsweise weil permanente oder sporadische Fehler auftreten, Funktionalität fehlt, oder mangelhafte Performance vorliegt, und

(b) durch unzureichende Planung
→ die Ressourcen reichen nicht aus, um alle Ziele verwirklichen zu können,
das finanzielle Budget ist zu klein, das benötigte Personal ist nicht verfügbar oder der Zeitplan ist zu eng.

Wir diskutieren nun die aus unserer Sicht wichtigsten Ursachen für interne Risiken.

3.4.1.1 Unzureichende Methoden

Eine der Hauptursachen von internen Risiken ist der "Einsatz falscher Methoden", also nicht geeigneter Methoden, zurückzuführen auf fehlende Prüfung auf Brauchbarkeit für den vorgesehenen Einsatz oder wegen fehlender Alternativen. Bei jeder Softwareentwicklung, die bei Null ("from scratch") anfängt, wird "unbekanntes

Land" betreten. Um die Herausforderung zu bestehen, muss man wie die früheren Entdecker gut ausgerüstet sein und über geeignete Erfahrungen und Fähigkeiten verfügen.

Im Bereich der Hardware werden Eigenschaften eines Produktes in mehreren Schritten festgelegt, um das Risiko zu senken und seine Eigenschaften auf Anwenderbedürfnisse optimal abstimmen zu können. Im Automobilbau beginnt man bei der Entwicklung eines neuen Typs mit Simulation, gefolgt von einem einfachen Modell, baut dann Prototypen, testet und verbessert sie bis das Ergebnis zufrieden stellend ist.

Dagegen will man in der Softwareentwicklung üblicherweise den Endzustand in einem Schritt erreichen, obwohl wegen fehlender Visualisierungsmöglichkeiten über eine lange Projektphase die Feststellung der tatsächlichen Produkteigenschaften äußerst problematisch ist. Auch ein phasenweiser Projektverlauf ändert daran nichts, denn alle Phasen beziehen sich auf das "eine" feste Endprodukt, nicht auf veränderbare Zwischenprodukte.

Erst seit einigen Jahren wird die Idee des "incremental refinement", der inkrementellen Erweiterung, diskutiert, aber noch kaum angewendet (s. a. die Anmerkungen zu "incremental refinement" und "agile Methoden" in Kap. 4). Diese Vorgehensweise entspricht mehr dem u. a. aus dem Automobilbau bekannten und bewährten Ansatz.

Maßnahmen wie Simulation, äquivalent zum Bau von Prototypen, sind in der Softwareentwicklung kaum verbreitet, weil zu teuer, und wenn sie durchgeführt werden, ist die Repräsentativität der Ergebnisse zweifelhaft (s. a. die Anmerkungen hierzu in Kap. 3.3.2).

Beim Einsatz ungeeigneter Methoden ist die Entwicklung nicht steuerbar und regelbar. In der Regelungstechnik bedeutet "Steuerbarkeit" die Überführung eines Systems aus einem bekannten Zustand in einen gewünschten Zustand (vgl. Föllinger, S. 303), "Regelbarkeit" die Fähigkeit, einem System ein bestimmtes Verhalten aufzuprägen, und zwar gegen den Einfluss von Störungen (vgl. Föllinger, S.39).

Durch die fehlende Sicht auf die Eigenschaften des spezifizierten Produktes ist der Entwicklungsprozess nicht oder schwer *steuerbar*, das gewünschte Ergebnis wird nicht oder häufig nicht erreicht. Ein Softwareentwicklungsprozess ist dann auch nicht *regelbar*, da ihm das gewünschte Verhalten nicht aufgeprägt werden kann. Denn die Ist-Soll-Abweichung kann auch mangels Sichtbarkeit nicht bestimmt werden.

Ziel muss daher sein, die aus anderen Bereichen bekannten Methoden zur Risikosenkung auf die Softwareentwicklung zu übertragen, um den Entwicklungsprozess steuern und regeln zu können.

3.4.1.2
Von Einbahnstraßen und Sackgassen

"top-down" und "bottom-up" sind Entwicklungsstrategien zur Umsetzung von Anforderungen in ein Produkt. Bei der "top-down"-Strategie geht man von den Anforderungen auf dem "top level" aus, zerlegt das System in immer kleinere Komponenten, entwickelt was identifiziert wird, bis man "am Boden" ankommt.

Bei "bottom-up" wird das Produkt aus bekannten Bausteinen aufgebaut, es wird identifiziert, was bereits vorhanden ist und verwendet werden kann. das Produkt wird von "unten nach oben" zusammengesetzt.

Die "top-down"-Strategie birgt das Risiko, Mängel auf den unteren Ebenen zu spät zu erkennen. Aus der Einbahnstraße von "A" wie Anforderungen nach "Z" wie Ziel kann eine Einbahnstraße und Sackgasse werden.

Erfahrung darüber, wie es "unten" aussieht, mindert dieses Risiko. Bei der Anwendung der "bottom-up" Strategie kann "unten" untersucht werden, ob die "top"-Anforderungen überhaupt realisierbar sind, beispielsweise durch Performancetests mit vorhandenen Komponenten. Jedoch verbleibt bei solchen Analysen immer ein Restrisiko, weil die Repräsentativität der betrachteten Bedingungen möglicherweise nicht gegeben oder nicht genau bekannt ist. Auch besteht die Gefahr, dass die vorhandenen Bausteine zu stark das Produkt prägen und die Anforderungen dadurch nicht getroffen werden.

3.4.1.3
Zu späte Tests

Je später ein System ausführbar ist, desto größer wird das Risiko, etwas zu übersehen. Je später ein technischer Mangel durch Tests entdeckt wird, desto weniger Flexibilität durch Zeit- und Geldmangel ist vorhanden, ihn zu beheben.

Bei der Kombination von "top-down"-Strategie und phasenweisen Projektabwicklung wird jede Phase bis zur Integration "top-down" durchlaufen. Tests sind dann nicht vor Ende der Codierphase möglich, Schnittstellenprobleme können nicht vor den Integrationstests erkannt werden.

3.4.1.4
Zu viel Code, zu wenig Tests

Da ein Softwareprodukt aus Code besteht, genießt üblicherweise die Codeerzeugung die größte Aufmerksamkeit. Je mehr Code generiert werden kann, desto effektiver scheint die Entwicklung zu sein.

Heute bereits können Generatoren große Mengen an Code automatisch erzeugen, d.h. viel Code bei geringem Aufwand. Dadurch entsteht der Eindruck, große Komplexität leicht bewältigen zu können. Vergessen wird, dass dieser Code auch getestet werden muss, und dazu leisten die wenigsten Codegeneratoren einen Beitrag.

Vielmehr muss der automatisch erzeugte Code mit erheblichem (manuellen) Aufwand getestet werden. Auch bei Testautomatisierung wird heute nur ein kleiner Teil wirklich durch Automation abgedeckt. Die Anzahl der immer noch manuell auszuführenden repräsentativen Testfälle ist aber nur schwer zu schätzen, da nicht (be-)greifbar. Das gilt besonders für Code, der automatisch erzeugt wurde, da man den Code nicht (genau) kennt.

Mit der automatischen Erzeugung von Code kann daher das Kosten- und Zeitproblem nicht prinzipiell gelöst werden. Nur ein kleiner Teil des Gesamtaufwandes kann eingespart werden. Wenn dann zu spät entdeckt wird, welch großer Testaufwand wirklich notwendig ist, fehlen Geld und Zeit: Das Projekt überzieht den Zeitplan oder die notwendigen Tests werden nicht ausgeführt.

3.4.1.5
Wiederverwendbarkeit („Reuse")

Wiederverwendung von Software ist ein erstrebenswertes Ziel. Leider ist der Grad der Wiederverwendung von Software nicht sehr hoch, entweder weil die Wiederverwendbarkeit unzureichend ist, oder die Entwickler es vorziehen, eigene Lösungen zu finden. Obwohl wir prinzipiell die Wiederverwendung befürworten, müssen wir auch auf mögliche Risiken hinweisen, die durch falsche Einschätzung entstehen können.

Wie das Ariane5-Unglück gezeigt hat, impliziert Wiederverwendung von erfolgreich getesteter Software keine Fehlerfreiheit in der neuen Umgebung. Vielmehr sind alle Tests für die wieder verwendete Software zu wiederholen (Gerlich94).

Risiken bei der Wiederverwendung entstehen daher durch Unterschätzung des Testaufwandes:

- werden die Tests vergessen oder nicht ausgeführt, dann besteht ein technisches Risiko, Fehler werden nicht entdeckt,
- werden die Tests ausgeführt, waren aber im Vertrauen auf die früheren erfolgreichen Tests nicht eingeplant, so fehlen Ressourcen.

Beim Ariane5-Unglück vertraute man der Codeanalyse und glaubte, Testaufwand und Entwicklungszeit einsparen zu können.

3.4.1.6
Zu wenig technische Ressourcen

Bei der Umsetzung der Spezifikation in Code stehen üblicherweise Funktionalität, Verhalten und Schnittstellen im Vordergrund, weil diese noch eher zu "begreifen" sind als nicht-funktionale Eigenschaften wie Ressourcenverbrauch durch Speicher- und CPU-Nutzung.

Sehr viele Projekte scheitern aber an fehlenden (technischen) Ressourcen (Glass98). Ein bekanntes Beispiel ist das Gepäckabfertigungssystem des Flughafens von Denver, Colorado. Nach Scholz und Schmietendorf (Scholz2000) wurde "bei der Entwicklung nicht erkannt, dass eine Datenmenge und ein Funktionsumfang bewältigt werden musste wie zu diesem Zeitpunkt von noch keinem vergleichbaren System an einem anderen Flughafen der Welt". Die Entwicklungszeit verzögerte sich um 16 Monate, die Entwicklungskosten erhöhten sich um ca. 2 Milliarden US-Dollar, der Verlust betrug ca. 16,000 US-Dollar pro Tag verspäteter Fertigstellung.

Wenn der Mangel an Ressourcen schließlich erkannt wird, sind meistens – s.o. – erhebliche Änderungen notwendig. Bei zu hohen Mehrkosten droht dann sogar die Einstellung des Projektes.

Dieses Risiko kann gesenkt werden durch frühzeitige Performancetests in einer repräsentativen Umgebung, und kontinuierliche Fortführung dieser Tests während der gesamten Entwicklung.

3.4.1.7
Kostenschätzung und Planung

Die bekannten Kostenschätzungsmodelle benötigen Angaben über die Größe des Codes (s. LOC) – wie das COCOMO-Modell von Boehm (Boehm81) und Derivate – oder Angaben über die Funktionalität beispielsweise mittels "Function Points“ (s. FP). Weder die Größe des Quellcodes noch Details der Implementierung sind aber in der Planungsphase eines Projektes schon mit ausreichender Genauigkeit bekannt. Hilfreich ist es, wenn Erfahrungen mit ähnlichen Projekten vorhanden sind, so dass wenigstens die Größenordnung abgeschätzt werden kann.

Bei der Abwicklung von ESA-Projekten werden am Ende der frühen Projektphasen die Kosten für die nächste Phase neu geschätzt, wobei die Ungenauigkeit der Schätzung sich von der Phase 0 (Projektdefinition) bis zur Phase B (Systemdefinition) (s. Kap. 4) verringern sollte. Erst am Ende der Phase B muss ein verbindliches Angebot für die Phasen C/D (Entwurf und Entwicklung) abgegeben werden. Die Erfahrung zeigt, dass am Ende der Phase B immer noch eine große Unsicherheit besteht, wenn es sich um ein technisch anspruchsvolles Vorhaben handelt, insbesondere wenn technisches Neuland betreten wird.

Das COCOMO-Modell benötigt zur Kostenschätzung projektspezifische Werte für Kategorien wie Programmiersprache, Größe, Ressorcenverbrauch, Zuverlässigkeit und Erfahrung. Maxwell et al. (vgl. Maxwell 1997, Maxwell und Eisele, 1997 und Maxwell et al. 1997) haben noch weitere den Aufwand bestimmende Faktoren wie Plattform, Firma, Nationalität, Anwendungsart, Teamgröße, Methodik und Werkzeuge identifiziert. Allein diese weiteren Parameter können bei gleichen COCOMO-Basis-Parametern zu Unterschieden bis zu ca. 70% in der Kostenschätzung führen.

Die Kostenschätzungsmodelle beruhen auf der statistischen Analyse früherer Projekte verschiedener Firmen. Mit den daraus abgeleiteten Kostenschätzungen für eigenen Projekte kann daher höchstens langfristig im Durchschnitt vieler Projekte das Risiko gesenkt werden, da die Kosten der Referenzprojekte und erfahrungsgemäß auch die eigenen Projekte sehr stark um die aus den Modellen abgeleiteten Werte streuen. Die Ergebnisse der Modelle sind daher eher als Richtwerte einzustufen. Die Modellparameter müssen entsprechend eigener Erfahrung beurteilt und ggf. angepasst werden. Sie sollten nicht als Garantie gegen Budgetüberzug verstanden werden. Kurzfristig und wenn die eigenen Projekte vom Profil der ausgewerteten Projekte abweichen bzw. die Modellparameter falsch eingeschätzt werden, bleibt das Risiko bestehen. Denn bereits eine um 5% bis 10% zu niedrige Schätzung kann den üblicherweise in dieser Höhe kalkulierten Gewinn aufzehren.

Das mit der Modellschätzung verbundene Risiko kann näherungsweise über die Standardabweichung der Modellierungsfunktion bzgl. der realen (Referenz-)Daten geschätzt werden. Wir empfehlen, sich die Streuung dieser Daten einmal anzusehen (vgl. Boehm, 1981, S. 471, Demarco, 1982, S. 182), um sich des immer noch verbleibenden Risikos bewusst zu werden.

Um Kosten einigermaßen verlässlich vorhersagen zu können, müssen die Projektparameter ähnlich sein, d.h. Erfahrungen über den speziellen Typ des Projektes müssen schon vorhanden sein. In diesem Fall lassen sich die Kosten aber auch aus der Erfahrung früherer Projekte ohne (fremdes) Modell gut schätzen.

Weitere Unsicherheiten entstehen bei der Anwendung von Kostenmodellen durch unterschiedliche Interpretation von Parametern wie beim Umrechnungsfaktor von einem "Mann-Monat" in "Mann-Stunden" oder von einem "Mann-Jahr" in "Mann-Stunden". Zwischen "produktiven" Stunden wie 130 Stunden pro Monat und den "Soll"-Stunden inkl. Krankheit, Urlaub und sonstige Tätigkeiten wie 160 Stunden im Monat besteht schon eine Differenz von ca. 20%.

Solche unterschiedlichen Interpretationen können sowohl bei der Erfassung der Vergleichsdaten als auch bei der Anwendung der Modelle auftreten. Eine höhere Genauigkeit als 10 .. 20% sollte daher beim Einsatz von Kostenmodellen nicht erwartet werden, wenn nicht eigene organisatorische Maßnahmen getroffen werden, um die Fehlerbandbreite zu verringern.

Die erwähnten Modelle eignen sich daher eher zur Untersuchung der Abhängigkeit der Kosten von Projektparametern im Sinne einer Kostenanalyse. Aber eine nähere Untersuchung zeigt, dass selbst durch die angebotenen Parameter keine Rückschlüsse auf spezielle Kostentreiber im Entwicklungsprozess möglich sind.

Die Parameter beschreiben allgemeine Eigenschaften der Prozesse wie eingesetzte Programmiersprache, Methode, Anwendungsbereich, Teamerfahrung, Teamgröße, Qualitätsanforderungen usw. Eine spezifische Analyse eines Entwicklungsprozesses wie "Aufwand pro Entwicklungsschritt", "kostenintensive Schritte" wird nicht unterstützt, weil auf dieser Ebene die Analyse bereits spezifisch für einen Herstellungsprozess ist. Hinsichtlich einer Kostenanalyse liefern die Modelle nur eine pauschale Beschreibung des aktuellen Zustandes und ermöglichen eventuell einen Vergleich mit ähnlichen Projekten, aber sie geben keine direkten Hinweise auf Einsparungsmöglichkeiten durch eine Optimierung des eigenen Herstellungsprozesses.

Weiteres Risikopotenzial birgt die Absicht, eine zu hohe Kostenschätzung durch Identifizierung von Kostentreibern zu reduzieren, wenn dabei nicht auf Ausgewogenheit der Gesamtschätzung geachtet wird.

These 77
Suche nach zu optimistischen Schätzungen führt zu Verlusten

Ungeeignet zur Senkung der Kosten – beispielsweise um in den vom Kunden vorgegebenen Preisbereich zu kommen – ist die Identifikation von "zu großzügigen" Schätzungen von Entwicklern oder Kostenmodellen, wenn nicht gleichzeitig nach zu niedrigen Schätzungen gesucht wird. Werden nur überhöht geschätzte Kosten reduziert, so entsteht ein erhebliches Risiko (vgl. GerlichDasia04).

Liegen die Kosten über dem vorgegebenen Rahmen, dann ist es nahe liegend, aber riskant, nur nach Kostentreibern zu suchen. Denn die Gesamtschätzung – mit oder ohne Modell erstellt – basiert auf einer Mittelwertbildung von Teilkosten. Wenn ein Entwickler schätzt, dann muss er aus wenig Information ein Budget ableiten. In dieser Situation kann er ein Risiko höher einschätzen, oder er kann Risiken übersehen. Bei vielen Einzelposten ist es wahrscheinlich, dass sich die über- und unterschätzten Risiken bzw. höheren und niedrigeren Kosten ausgleichen.

Werden nur die überhöhten Schätzungen nach unten korrigiert, dann reduziert sich zwar rechnerisch die Gesamtsumme, aber nicht unbedingt der tatsächliche Aufwand. Das Risiko für eine spätere Überziehung steigt dann mit den vermeintlichen Einsparungen an.

In solchen Fällen werden die tatsächlichen Kosten mit hoher Wahrscheinlichkeit die reduzierte Kostenschätzung überschreiten, die ursprünglich höhere Schätzung wieder erreichen, und das Projekt in die Verlustzone bringen. Diskussionen, die allein drauf abzielen, Entwickler von zu hohen Kostenschätzungen abzubringen, sind aus dieser Sicht eher als kontraproduktiv zu bewerten. Nur eine gleichwertige Behandlung von zu hohen und zu niedrigen Schätzungen führt nicht zu einem höheren Risiko.

Zuverlässige Maßnahmen zur Senkung der realen Kosten sind die Reduktion der Anforderungen oder der Einsatz einer Entwicklungsmethode mit höherer Produktivität.

These 76 Kostenreduktion impliziert Reduktion der Funktionalität.

Eine weitere Maßnahme zur Risikoreduktion ist die Identifikation von Inkonsistenzen. Entwickler müssen nicht nur Kosten schätzen, sondern auch technische Budgets wie den Bedarf an CPU-Leistung und Speicher. Die "Füllung" des Speichers mit Code ist – grob betrachtet – bei manueller Entwicklung eine Funktion des Aufwandes, denn der Code muss erzeugt werden. Beide Größen repräsentieren die Anforderungen, sie sollten sich daher ineinander umrechnen lassen. Speicherbedarf und Kosten sind somit voneinander abhängig, ihr Verhältnis sollte sich daher in einem gewissen Bereich bewegen. Starke Abweichungen deuten auf inkonsistente Schätzungen hin. Wodurch können sie entstehen?

These 78 Inkonsistenzen zwischen unabhängigen Schätzungen mit gleicher Wurzel deuten auf Risiken hin.

Bei der Kostenschätzung verhält sich ein Entwickler eher restriktiv, er hat Budgetvorgaben zu beachten. Er wird daher versuchen, die Kosten zu minimieren, und dabei – wahrscheinlich unbewusst – das Risiko erhöhen. Wenn er die technischen Budgets schätzt, versucht er das technische Risiko zu minimieren, fühlt sich dabei aber ungebundener und wird daher den Speicher eher zu hoch schätzen. Eine hohe Abweichung zwischen beiden Größen deutet also auf eine hohe Unsicherheit und damit hohes Risiko hin.

Ende der 80er Jahre erkannten wir bei einem Projekt, das wir zu Beginn der Realisierungsphase beraten haben, dass die technischen Ressourcen nicht ausreichen würden und veranlassten eine Überarbeitung der Hardwarearchitektur mit dem Ziel, die CPU-Leistung um mindestens 200% und den Speicher um mindestens 300% zu erhöhen. Unabhängig davon schätzten wir über Arbeitsabläufe und -pakete die Kosten neu. Wir kamen zu dem Ergebnis, dass die Kosten auch höher sein würden als früher geschätzt, etwa um den Faktor 3.

Das Projekt verbesserte zwar die Hardwarearchitektur wie gefordert, aber berücksichtigte nicht die neue Kostenschätzung. Am Ende wurden die technischen Budgets bis an die zulässigen Grenzen verbraucht – und die Kosten um das ca. 3-fache überzogen. In diesem

Fall haben wir also eine Konsistenz zwischen Kosten und Speicherbudget beobachtet.

Daraus schließen wir, dass eine Inkonsistenz beider Größen entweder auf technisches oder finanzielles Risiko hindeutet. Wenn eines der beiden Budgets sich ändert, muss auch das andere geprüft werden.

3.4.2 Externe Risiken

An einigen Beispielen wollen wir erläutern, wie Risiken für Projekte durch Abhängigkeit von Fremdsoftware entstehen können. Ursache für solche Risiken ist in jedem Fall Informationsmangel, wobei nicht explizit bekannt ist, welche Information tatsächlich fehlt.

Ziel jeder Verwendung von Fremdsoftware ist die Einsparung von Kosten und Zeit. Die Entscheidung für Fremdsoftware wird anhand der über das Produkt vorhandenen Information getroffen, sofern überhaupt eine Auswahl unter verschiedenen Produkten möglich ist.

Die verfügbare Information kann lückenhaft oder fehlerhaft sein. Dann entspricht die tatsächliche Leistung nicht der beschriebenen. Der potenzielle Anwender kann aber auch die Produktinformation falsch interpretieren, weil er sie gemäß seiner Erfahrung anders einordnet.

Wenn beispielsweise die Leistung beschrieben wird mit "die Funktionalität entspricht dem Standard xxx", dann kann dies bedeuten: (a) die Software enthält die gesamte vom Standard geforderte Funktionalität, oder (b) sofern Funktionen des Standards unterstützt werden, entsprechen sie dem Standard (vgl. GerlichDasia01). Im zweiten Fall wird der Anwender ebenso wie bei fehlerhafter oder lückenhafter Beschreibung später ein Problem bekommen und die fehlende Funktionalität selbst hinzufügen müssen. Selbst wenn der Lieferant der Software leistungspflichtig und auch leistungswillig wäre, nutzt dies dem Anwender wenig, weil er meistens nicht die Zeit hat, bis zur Nachbesserung zu warten.

In den meisten Fällen liefert noch nicht einmal die bei Standards übliche Zertifizierung einen Anhaltspunkt. In den meisten Fällen wird bei Softwarestandards diese Zertifizierung durch die Ausführung von Testsuites durchgeführt. Zusätzliche Analysen sind unüblich oder werden nur in geringem Umfang ausgeführt, weil sie Zusatzkosten verursachen.

Eine solche Zertifizierung ist dann – wie bei allen Softwaretests – nur in Bezug auf die ausgeführten Testfälle aussagekräftig.

3.4.2.1
Probleme trotz Standardschnittstellen

In unserem ersten Beispiel geht es um die Darstellung von Videodaten einer Kamera in einem Fenster auf dem Bildschirm und den Zugriff auf die Videodaten von einem eigenen Programm aus. Dazu müssen Softwareprodukte zweier Hersteller (Abb. 3-4) und das eigene Programm über Schnittstellen kommunizieren, weitere Randbedingungen werden durch den benutzten Compiler und das Betriebssystem festgelegt.

Abb. 3-4 Zwei Hersteller, leere Schnittmenge

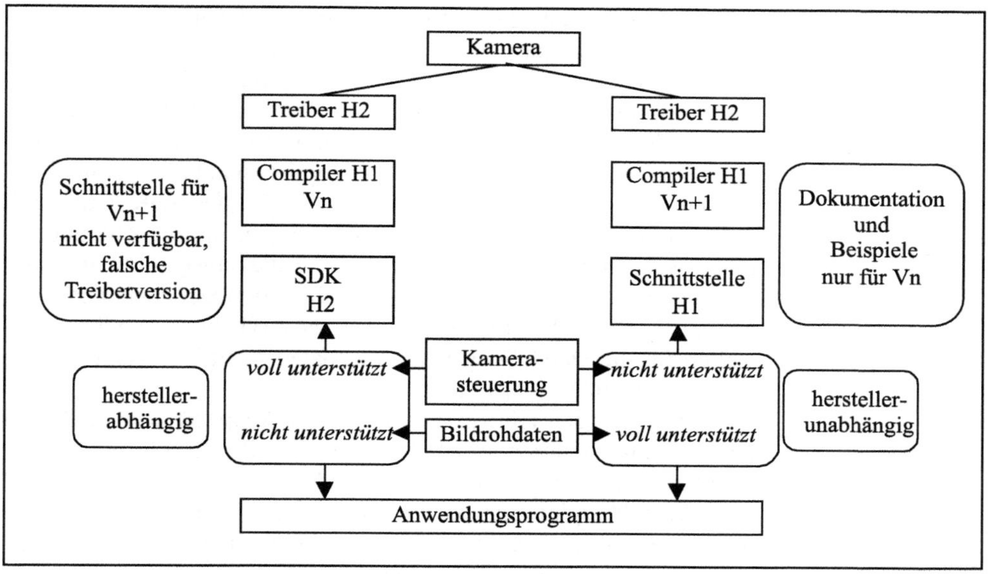

Hersteller 1 (H1) liefert ein Betriebssystem mit Unterstützung für Videokameras und Entwicklungsumgebungen, u. a. für C++.

Hersteller 2 (H2) liefert Peripherie für PC, u. a. auch Kameras und zugehörige Treiber sowie Entwicklungssoftware, einen sog. "Software Development Kit" (SDK) mit Quellcode zur Unterstützung der Kameraansteuerung von einem C++-Programm aus.

Wir benötigen die Rohdaten vom Kamerachip (Pixelgrauwerte) zur Auswertung und müssen die Kameraeinstellungen von unserer Software aus regeln können, um optimale Bildverhältnisse zu bekommen.

H1 bietet – prinzipiell - über eine kameraunabhängige Standardschnittstelle eine vollständige Lösung für unser Problem an. Die Implementierung dieser Schnittstelle ist jedoch von H2 durchzuführen. Nachdem wir diese Schnittstelle von unserer Software aus benutzten, stellten wir fest, dass H2 diese Schnittstelle über die vorgesehenen Standardfunktionen nicht vollständig unterstützt. Wesentliche Eigenschaften wie Belichtungszeit und Empfindlichkeit ließen sich darüber nicht einstellen. Beim Aufruf der vorgesehenen Funktionen bekamen wir nur die Fehlermeldung "wird nicht unterstützt".

Bei einer systematischen und erweiterten Analyse der H1-Schnittstelle fanden wir keine Hinweise, dass die benötigte Funktionalität von H2 über andere Funktionen dieser Schnittstelle unterstützt wird. Daraufhin blieb nur als letzte Möglichkeit, den SDK von H2 einzusetzen, der eine herstellerspezifische Schnittstelle inkl. Unterstützung der Regelparameter anbietet, die aber nicht auf der Standardschnittstelle des Betriebssystems von H1 aufbaut.

Der Quellcode des SDK war für die frühere Compilerversion "Vn" von H1 vorgesehen. Der Versuch, die Beispiele in Verbindung mit der aktuellen Compilerversion "Vn+1" zu benutzen, scheiterte aber. Alle Beispiele von H2 waren mit der Version Vn+1 nicht brauchbar, die alte Version Vn des Compilers nicht mehr erhältlich.

Zunächst prüften wir, ob bei der Installation des SDK Fehler aufgetreten waren oder andere Gründe vorlagen, die die ordnungsgemäße Benutzung verhinderten. Nachdem dies ausgeschlossen werden konnte, wurde mit der Fehlersuche im Quellcode des SDK begonnen. Schnell stellte sich heraus, dass H1 die Compilerschnittstellen für die Darstellung von Videodaten beim Übergang von der Version Vn auf Vn+1 stark verändert hatte.

Wir folgten den Hinweisen von H1 zur Adaption des Quellcodes an die Schnittstellen von Vn+1, leider ohne Erfolg. Für die von H2 benutzten Funktionen konnten wir in den neuen Versionen von H1 auch kein Beispiel finden. Wir hatten also keine funktionsfähige minimale Ausgangsbasis, von der wir allmählich auf das Beispiel von H2 hätten hinarbeiten können.

These 15 Komplexe Probleme in Teilprobleme auflösen

Da sowohl die Schnittstelle zur Darstellung der Kameradaten als auch der Kameratreiber das Problem verursachen konnten, musste der gesamte Quellode des Beispiels von H2 prinzipiell in Frage gestellt werden. Um die beiden Teilprobleme zu entkoppeln, konzentrierten wir uns zuerst auf die Darstellung von Datenströmen, dann auf die Schnittstelle zur Kamera. Dieser Ansatz brachte uns weiter.

Zunächst gelang es, den Inhalt einer Web-Seite mit der neuen Compilerversion ersatzweise für den Videodatenstrom in einem eigenen Fenster darzustellen. Dann fanden wir ein Testwerkzeug des Compilers, mit dem die Darstellung eines Videodatenstroms prinzipiell möglich war. Aus 6 möglichen Treibern von H2 konnten wir nun den richtigen identifizieren. Die weitere Fehlersuche konnte daher auf den SDK beschränkt werden.

Dieses Ergebnis bestätigte unseren früheren Verdacht, dass alle Anwendungen von H2 nicht mit dem vom SDK (ebenfalls von H2) automatisch installierten Treiber kompatibel waren. Nun wurden die Daten des identifizierten Treibers im Quellcode des SDK eingesetzt. Endlich konnte die Verbindung zwischen den Videodaten (von H2) und dem Anzeigefenster (von H1) erfolgreich hergestellt werden. Wir waren aber noch nicht am Ende der Fehlerkette, denn bei der Steuerung der Kamera über diesen Treiber kam es zu einem Speicherzugriffsfehler.

These 40 Abhängigkeiten sollten klar dokumentiert sein.

Die Art des Fehlers wurde aufgrund früherer Erfahrungen als Zugriff auf eine falsche Funktion interpretiert, da der Funktionsaufruf über C++-Pointer erfolgte. Beim Vergleich der vom Treiber bereitgestellten Funktionen mit den durch die SDK-Schnittstelle definierten zeigte sich, dass der geeignete Treiber weniger Funktionen als vom SDK erwartet zur Verfügung stellte. Daher wurden die Funktionspointer falsch zugeordnet, was beim Aufruf zum Programmabsturz führte. Offensichtlich war die Funktionalität der Treiber späterer Kameramodelle verändert und der SDK daran angepasst worden. Aus der von H2 bereitgestellten Dokumentation ging aber nicht hervor, dass der SDK nicht mit allen verfügbaren Modellen bzw. Treibern zusammen arbeiten konnte bzw. wie er an andere Treiber angepasst werden kann.

Nach weiterer Suche fanden wir dann ein Werkzeug von H1, das den korrekten Schnittstellencode für den SDK aus Treiberinformation generieren kann. Somit wäre die korrekte Installation des SDK für das gewünschte Kameramodell möglich, der Fehler also vermeidbar gewesen. Durch die halbautomatische Installation wurden nicht alle Abhängigkeiten des SDK von den möglichen Schnittstellen berücksichtigt. Dies führt unmittelbar zu Fehlern bei einer Änderung der Schnittstellen, für den Anwender tickt insofern immer eine Zeitbombe.

Da die Entwickler offensichtlich der Meinung waren, dass durch die – nach ihrem Verständnis – "automatische" Installation alle Probleme gelöst werden, haben sie keine weitere Unterstützung vorgesehen Ähnlich wie bei dem Columbia- und Ariane5-Unglück konnte die Software veränderte Betriebsbedingungen nicht erkennen und sich nicht anpassen. Die Folgen für den Anwender sind fatal.

An diesem Beispiel sieht man, dass unvollständige Automation eher schadet als nutzt. Wegen der "automatischen" Installation und Auswahl des Kameratreibers, steht dem Anwender keine Detailinformation zur Verfügung, aus der er die erforderlichen Änderungen ableiten kann. Wenn alles wie geplant abläuft, benötigt er sie auch nicht. Tritt aber eine Anomalie auf, weil die Entwickler an bestimmte Fälle nicht gedacht haben, dann ist für den Anwender nur mit sehr hohem Aufwand und guten Kenntnissen eine Problemlösung möglich.

Da ein Anwender nicht zwischen Teilautomation und vollständiger Automation unterscheidet, wird er nach einer solchen Erfahrung den Begriff "Automation" negativ in Erinnerung behalten und nur schwer von ihren Vorteilen überzeugt werden können.

Für einen erfolgreichen Einsatz automatischer Produktionsprozesse ist die vollständige Automation unbedingt notwendig, wenn die Anwender nicht verzweifeln sollen. Diese Anforderung muss bei der Definition und Realisierung beachtet werden.

Trotz der erfolgreichen Fehlerbeseitigung und Inbetriebnahme der Kameraschnittstelle scheiterten wir aber schließlich doch. Denn erst beim Empfang realer Daten konnten wir eine weitere Inkompatibilität feststellen, die zu einem leeren Durchschnitt führte.

Die Rohdaten werden an der Schnittstelle von H2 nicht im benötigten "YUV"-Format – dem Originalformat der Kamera – bereitgestellt wie wir nach der Beschreibung annehmen konnten. Die Pixeldaten waren bereits konvertiert auf RGB-Darstellung, interpoliert von einem Bildseitenverhältnis von 6:5 auf 4:3 und damit für uns unbrauchbar. Eine verlustfreie Rückgewinnung der Rohdaten war nicht mehr möglich.

Damit konnten wir über keine der beiden möglichen Schnittstellen die volle von uns benötigte Funktionalität bekommen. Um weiterzukommen, haben wir vorübergehend für Tests beide Schnittstellen betrieben. Für das spätere Produkt müssen wir auf eine andere Kamera ausweichen, da die Umschaltung zu einer Betriebsunterbrechung von mehreren Sekunden führt.

Je mehr Softwareprodukte integriert werden müssen, desto höher ist das Risiko zu scheitern. Auch wenn die Schnittstellen standardisiert sind, besteht wie im oben geschilderten Fall immer noch ein erhebliches Risiko. Bei wachsender Anzahl der beteiligten Hersteller steigt die Wahrscheinlichkeit, dass der Durchschnitt leer ist. Weitere Beispiele haben wir in (GerlichDasia98) und (GerlichDasia01) beschrieben.

3.4.2.2
Wie findet man die Lösung?

Wegen der grundsätzlichen Bedeutung wollen wir den Ablauf der oben geschilderten Aktivitäten genauer analysieren. Die Phasen und die Aufwandsverteilung auf die Phasen sind nach unserer Erfahrung charakteristisch und auch bei unterschiedlichen Problemen ähnlich.

Der Zusatzaufwand durch dieses Schnittstellenproblem liegt etwa in der Größenordnung von einem Mann-Monat, da eine große und komplexe Menge von Software untersucht werden musste. Für die eigentlichen Arbeiten, der Integration der Kamerasoftware in unsere Anwendung, benötigten wir dagegen nur ca. 1 Mann-Woche, das Verhältnis betragt also ca. 4:1 zwischen nicht geplantem und geplanten Aufwand.

Von der Installation des SDK bis zur Lösung des Problems vergingen 22 Tage. Erst nach 21 Tagen (ca. 95% der gesamten Fehlersuche) konnte der erste Teil des Problems gelöst werden, dann ging es relativ schnell, weil das restliche Problem stark eingegrenzt werden konnte.

These 81 Fehlerlokalisierung kann bis zu 95% des Aufwandes für die Fehlerbeseitigung betragen.

Während der ersten zwei Wochen war hauptsächlich nur eine Person mit dem Problem beschäftigt, um den Aufwand niedrig zu halten, sporadisch unterstützt von Kollegen je nach Diskussionsbedarf. Nach zwei Wochen war der Bereich einigermaßen eingegrenzt, eine zweite Person, die komplementäres Fachwissen hatte, wurde dann häufiger hinzugezogen. Die letzten Tage arbeiteten beide ständig an der Lösung des Problems.

Dieser zeitliche Ablauf ist nach unserer Erfahrung charakteristisch für diese Problemklasse: Fehlersuche in einem komplexen fremden System, ohne Zugang zum relevanten Quellcode, Fehlen eines korrekt ausführbaren Beispiels, unzureichende Information über das fremde System, speziell über Interna der fremden Software.

Zunächst muss man eigene Fehler wie Installationsprobleme, Benutzung falscher Versionen oder fehlerhafte Benutzung der Schnittstelle ausschließen. Dann werden die Bereiche in der Fremdsoftware identifiziert, die den Fehler verursachen könnten. Da man die Ursache(n) nur vermuten kann, ist dieser Bereich anfänglich sehr groß und muss dann allmählich eingeschränkt werden.

Prinzipiell lässt sich der Ablauf von der Installation und Problemerkennung bis zur Lösung in folgende Phasen einteilen:

1. die Erwartungsphase
   einige Minuten bis einige Stunden
   Das Installationsprogramm des Herstellers wird korrekt ausgeführt, es meldet keine Fehler, die Software sollte daher erfolgreich eingesetzt werden können.

2. die Überprüfungsphase
   einige Stunden bis einige Tage
   Das Programm ist trotz erfolgreicher Installation nicht oder nur eingeschränkt benutzbar. Man überprüft, ob alle Schritte bisher wirklich korrekt ausgeführt wurden, ob Anforderungen übersehen wurden, zieht andere Personen hinzu, die unabhängig und unvoreingenommen die Situation analysieren können, setzt sich mit der Hotline in Verbindung, wenn möglich.
   Mit zunehmender Dauer erkennt man, dass das Problem von außen kommen muss.
3. die Suchphase
   einige Stunden bis Tage
   Man beginnt zu suchen, ob jemand schon dieses oder ein ähnliches Problem gelöst hat, führt ggf. eine Suche im Internet durch oder fragt bei der Hotline des Herstellers nach, sofern möglich.
4. die Eingrenzungsphase
   einige Wochen
   Dies ist die längste und aufwändigste Phase. Wenn der Hersteller nicht helfen kann oder will, und das Problem gelöst werden muss, beginnt der schwierigste Teil der Arbeit.
   Jetzt muss man eine geeignete Vorgehensweise planen, Information sammeln, Hypothesen aufstellen und diese durch Tests oder Nachdenken bestätigen oder verwerfen. Je mehr Hypothesen sich als falsch erweisen, desto weiter muss man den Bereich wählen, der untersucht werden muss. Annahmen oder Schlussfolgerungen, die angeblich zu "100%" sicher sind, müssen allmählich angezweifelt werden. Ziel dieser Phase ist die Identifikation eines engen Bereiches, in dem das Problem mit hoher Wahrscheinlichkeit zu finden ist. Eine Aufteilung des Gesamtproblems in Teilprobleme – wie oben beschrieben – erhöht die Chancen, eine Lösung zu finden und minimiert den Aufwand.
5. die Lösungsphase
   einige Stunden bis einige Tage
   Die Suche konzentriert sich jetzt auf einen sehr engen Bereich. Durch weitere Tests und Analysen kann das Problem – meistens sehr schnell - identifiziert werden.

Je mehr die eigene Anwendung vom Profil der "Standardanwendung" abweicht, desto größer ist die Wahrscheinlichkeit, auf ein Problem zu stoßen. Leider ist vorher nicht unbedingt bekannt, wie das Standardprofil aussieht.

In dem oben beschriebenen Fall wurde die Abweichung vom Standardprofil durch beide Hersteller verursacht, weil sie durch neue Versionen Fallen für den Anwender aufstellten. H1 hatte eine neue Version herausgegeben, ohne den Übergang vorhandener Software genügend zu unterstützen. H2 wies nicht daraufhin, dass nicht alle erhältlichen Kameratreiber mit seinem SDK kompatibel sind, war möglicherweise zu überzeugt von der Qualität und Korrektheit seiner Software, und gab daher auch keine Anleitung, wie der SDK an die verschiedenen Treiber hätte angepasst werden können. Hinzu kam, dass die Dokumentation genügend Spielraum für Fehlinterpretation ließ.

3.4.2.3 Ist externe Hilfe möglich?

Die Frage ist nun, ob das Problem schneller und mit weniger Aufwand durch Unterstützung von H1 und H2 hätte gelöst werden können. Aus unserer Erfahrung müssen wir das verneinen, außer wenn direkter Zugriff auf die Entwickler von H1 und H2 möglich gewesen wäre, was aber sehr selten vorkommt.

H1 bietet zwar Unterstützung an, aber nur über FAQs und E-Mail, H2 bietet für seinen SDK überhaupt keine Unterstützung an. Aber wäre das Problem über eine Hotline leichter zu identifizieren gewesen? Unsere Ansicht ist: nein.

In der Regel geht die Hotline bei einem Problem davon aus, dass ein Fehler des Benutzers vorliegt. Daher ist es aus Sicht der Hotline sicher verständlich, wenn erst einmal eine Art "Nachschulung" gegeben wird. Meistens wird dann auf Dokumentation verwiesen. Das Team ist für Beratung geschult, und erwartet daher, dass der Fehler beim Anwender liegt. Unterstützung, um Fehler im Produkt zu finden, kann üblicherweise nicht erwartet werden. Wenn die Nachschulung zu keinem Erfolg führt, bricht meistens der Kontakt ab, weil beide Parteien unzufrieden sind und sich keine Lösung abzeichnet.

Unterstützung durch eine Hotline kann während der Phase 2, der Überprüfungsphase, weiterhelfen, wenn ein persönlicher Kontakt und damit eine zügige Diskussion möglich ist. Anwenderfehler können dann einfacher durch gezielte Fragen eines Außenstehenden identifiziert werden. Viel Glück hat man, wenn das Problem schon bei der Hotline bekannt ist. Wenn es sich aber nicht um einen Anwenderfehler, sondern um einen (im weitesten Sinne) Produktfehler handelt, muss der Anwender selbst den weiteren, bitteren Weg allein gehen. Er trägt dann die Beweislast.

In den meisten und gerade in dem komplexen Fällen, wo tatsächlich ein Fehler in der Fremdsoftware vorliegt, ist es sehr aufwändig, ihn beim Hersteller zu reproduzieren. Daher muss der Anwender selbst, meistens an einem vereinfachten Beispiel, nachweisen, dass und wann der Fehler auftritt, ohne dass ihn ein Verschulden trifft. Dazu muss die Benutzung der Fremdsoftware soweit eingeschränkt werden, dass zwar der Fehler noch auftritt, aber nur noch die wesentlichen Funktionen benutzt werden.

In dem verbleibenden Teil darf nur der Code enthalten sein, der die Reproduktion des Fehlers ermöglicht. Jede weitere Zeile an Code würde die Fehlersuche behindern. Diese Reduzierung des Codes kann bereits sehr aufwändig sein, weil bei der Wegnahme von Code entweder der Fehler verschwindet oder neue Fehler auftreten können, weil der minimierte Codeteil inkonsistent wird.

Wenn der Code auf ein Minimum reduziert wurde, sollten – sofern möglich – die Teile im Code identifiziert werden, die den Fehler verursachen, beispielsweise durch Intervallschachtelung.

In einem früheren Projekt benötigten wir ca. ein halbes Jahr, bis wir zweifelsfrei nachweisen konnten, dass ein sporadisch auftretender Fehler ("kein Neustart von Platte möglich") ein Systemfehler sein musste. Erst dann wurde der Hersteller vor Ort aktiv und konnte nach ca. drei weiteren Monaten den Fehler identifizieren.

Der erste Kommentar des Herstellers war: das kann nur ein Anwenderfehler sein. Der Fehler verhinderte sporadisch in einem Abstand von ca. einer Woche den Neustart. Erst nach aufwändigem Kopieren aller Daten auf eine einwandfreie Systemplatte (Wechselplatte) konnte der Betrieb fortgesetzt werden. Nach einem halben Jahr konnten wir dann endlich glaubwürdig nachweisen, dass der Fehler nicht von uns verursacht wurde. Der Hersteller baute dann einen Monitor ein, durch den schließlich die Ursache identifiziert werden konnte: das Pagingsystem des Betriebssystems verursachte zusammen mit einem Compiler eine Situation, in der Daten im Pagingbereich zerstört wurden, so dass dann der Bootbereich auf der Systemplatte überschrieben wurde.

In einem weiteren Projekt planten wir die Vorführung eines neuen Systems auf einem Laptop. Das System lief bereits fehlerfrei auf einem normalen PC. Wir benötigten eine Ethernet-Verbindung und mussten dazu auf dem Laptop eine PCMCIA-Karte einsetzen. Dafür gab es vom Hersteller des Betriebssystems jedoch nur eine β-Version. Da wir ein Risiko einkalkulierten, begannen wir ca. fünf Monate vor dem geplanten Termin. Wir hatten Zugang zur Hotline und auch zu den Entwicklern. Trotzdem mussten wir den Fehler selbst finden, weil die Konfiguration bei den Entwicklern einwandfrei funktionierte. Etwa zwei Wochen vor dem Termin – "just in time" – war das System auf dem Laptop schließlich funktionsfähig.

Eine Fehlermeldung war in diesem Fall irreführend. Erst nachdem wir die Fehlermeldung in anderer Weise – "freier" – interpretierten, kamen wir der Lösung näher. Schließlich stellte sich heraus, dass ein anderer Chipsatz als bei dem Laptop der Entwickler verwendet wurde und daher ein bestimmter Parameter in einer drei Seiten umfassenden Parameterliste geändert werden musste. Eigentlicher Auslöser des Problems waren somit unzureichende Information über Hardwareabhängigkeit und eine irreführende Fehlermeldung.

3.4.2.4 Missverständliche Dokumentation

Abschließend noch ein Beispiel zum Thema "missverständliche Dokumentation". In der Vorphase zu dem o. g. Projekt hatten wir der Dokumentation entnommen, dass Timer unterstützt werden. Die Werte konnten gemäß POSIX-Standard (s. POSIX) in Nanosekunden angegeben werden. Damit waren unsere Anforderungen erfüllt.

Während der späteren Tests mussten wir dann feststellen, dass die Timer intern als Software-Timer realisiert wurden und die Zeitauflösung vom Systemtakt (ca. 30 Hz) bestimmt wurde, obwohl ein hochauflösender Timer zur Verfügung stand. Da wir aber eine Auflösung von mindestens 100 µs brauchten, mussten wir den Zugriff auf den hochauflösenden Hardware-Timer selbst implementieren.

3.4.2.5 Risikomanagement

Die aufgezählten Beispiele zeigen, dass Probleme, die mit externen Risiken verbunden sind, frühzeitig angegangen werden müssen, weil zu ihrer Lösung in der Regel viel Zeit und Aufwand benötigt werden und ggf. auch Alternativen gefunden werden müssen. Dies setzt eine frühzeitige Integration der Fremdsoftware mit der eigenen Software voraus.

Muss Software von verschiedenen Herstellern integriert werden, dann ist die Wahrscheinlichkeit groß, dass Probleme auftreten, weil beide die Schnittstellen möglicherweise unterschiedlich interpretieren, selbst wenn die Schnittstelle durch Standards klar definiert ist.

Häufig meint ein Hersteller, eine bessere, weil eigene Lösung anbieten zu können, unterstützt dann aber die Schnittstelle nur partiell besser und lässt dafür andere Teile weg. Eventuell verhindert er durch fehlende Dokumentation und Zugriffsmöglichkeiten auf den Code, dass ein Anwender die fehlende Funktionalität ohne großen Aufwand selbst hinzufügen und die nicht abgedeckte Funktionalität selbst rechtzeitig erkennen kann.

Andere Probleme werden durch Wartungsmaßnahmen verursacht. In unserem Beispiel hat H1 die Schnittstelle für die Darstellung der Videodatenströme so verändert, dass Software, die auf den früheren Versionen aufbaute, nicht mehr korrekt ausgeführt werden konnte. Die beschriebenen ergänzenden Maßnahme zur Erhaltung der Kompatibilität führten zu keinem positiven Ergebnis. Daher musste die Software mit erheblichem Aufwand und strukturellen Änderungen an die neue Schnittstelle angepasst werden.

Erschwerend kam hinzu, dass H2 offensichtlich seinen SDK nicht wartet. Er bietet diesen SDK als zusätzliche kostenlose Leistung an, empfiehlt einem Anwender, den SDK wegen der besseren Funktionalität zu nutzen. Leider pflegt er diese Software aber nicht, so dass ein Anwender später auf große Probleme stößt.

Durch inkompatible Versionen und Schnittstellen bei Einsatz von Fremdsoftware entstehen die meisten externen Risiken. Um Kosten und Zeit zu sparen, greift man auf Fremdsoftware zurück. Beim Auftreten von Problemen muss man sich aber doch sehr tief in diesen Bereich einarbeiten, ein – möglicherweise großer – Teil der Kosten und Zeit, die man einsparen wollte, fällt dann doch an.

Um solche Probleme zu minimieren, sollte man nur wenn unbedingt nötig auf neue Versionen von Fremdherstellern umstellen. Leider wird häufig aber extern entschieden, ob und wann man eine neue Version braucht und hat selbst wenig oder überhaupt keinen Handlungsspielraum. Häufig entsteht dann ein "Domino-Effekt", weil für weitere Teile ebenfalls neue Versionen benutzt werden müssen. Plötzlich entsteht dann ein hoher Berg von nicht geplanten Aktivitäten, der zu erheblichem Mehraufwand und Zeitverzug führt.

3.5 Softwareentwicklungswerkzeuge

Softwareentwicklungswerkzeuge sollen die Effizienz erhöhen. Ob diese Erwartung erfüllt wird, hängt von verschiedenen Randbedingungen ab. Wenn Werkzeuge gekauft und nicht selbst entwickelt werden, kann ihr Gebrauch auch mit Risiken ("externes Risiko") verbunden sein.

3.5.1 Anwendungsprofil und Parametrisierbarkeit

Entscheidend für das Einsparungspotenzial bei Einsatz eines Werkzeuges ist die Übereinstimmung zwischen dem für die Anwendungsklasse benötigten Implementierungskonzept und dem Konzept des Werkzeuges.

Zur Erläuterung der Risiken betrachten wir den Einsatz eines Werkzeuges bei der Datenübertragung für ein verteiltes System.

Empfänger und Sender sowie die Übertragungskanäle werden auf einer logischen Ebene definiert, die für die Verteilung der Daten benötigte Software wird plattformspezifisch und automatisch vom Werkzeug generiert, wodurch prinzipiell Aufwand eingespart werden kann.

Das Übertragungskonzept des Werkzeuges unterstützt jedoch keine Synchronisierung zwischen Sender und Empfänger, der Sender erfährt nicht, ob seine Daten schon abgenommen wurden. In unserem Fall ging es um die Übertragung von Steuerungsbefehlen. Da das Werkzeug keine Pufferung der Daten unterstützt, durfte der nächste Befehl erst dann gesendet werden, wenn sicher war, dass der vorherige aus dem Puffer genommen wurde. Das erforderte eine manuelle Erweiterung der Funktionalität und führte zu Performanceverlusten, da die doppelte Menge an Daten übertragen werden musste. Wenn dies nicht akzeptabel ist, muss der vom Werkzeug durch Automatisierung abgedeckte Datenübertragungsteil doch durch eine eigene spezifische Entwicklung abgedeckt werden.

Anzumerken ist hierzu noch, dass die Pufferung unterbleibt, weil der erzeugte Code nicht genügend zwischen logischem und physikalischem Kanal bzw. Übertragungsverhalten trennt. Der Generator unterstützt zwar die transparente Verteilung der Daten, stellt aber kein einheitliches Verhalten für verschiedene Übertragungsmedien zur Verfügung. Das Werkzeug delegiert diese Aufgabe an Dienste des Betriebssystems, die sie unterschiedlich, weil mediumspezifisch implementieren, da sie von der übergeordneten Logik nichts wissen.

Wenn die Daten über Netzwerkdienste wie TCP/IP übertragen werden, übernehmen diese die Pufferung. In unserem Fall liefen alle Prozesse aber auf einem Rechner, und daher wurde "shared memory" benutzt, wobei die vorherigen Datensätze durch neue überschrieben werden, also keine Pufferung besteht. Daher mussten wir die Pufferung selbst organisieren.

Eine ähnliche Problematik finden wir im folgenden Beispiel aus dem Bereich der Fehlertoleranz. Ein Werkzeug oder ein Betriebsystem können Fehlertoleranz unterstützen, aber möglicherweise muss man doch selbst eine eigene Lösung finden, weil die bereitgestellte Funktionalität für den Anwendungsfall nicht brauchbar ist.

Wir wollen eine Datenmenge übertragen, die Daten müssen genau in der gesendeten Reihenfolge ankommen, kein Byte darf verloren gehen oder dupliziert werden, und Daten aus folgenden Paketen dürfen nicht früher ankommen. Solche Anforderungen gelten beispielsweise für Abrechnungsdaten: kein Kunde will mehrmals bezahlen, der Anbieter will alle Dienstleistungen abrechnen können, und die Ereignisse sollen chronologisch dokumentiert werden.

Das angebotene Übertragungsverfahren gibt keine detaillierte Information über den Datenverlust, informiert nur über Übertragungsfehler. Was soll nun der Sender unternehmen, damit er die Anforderungen erfüllen kann? Welche Daten soll er noch einmal über einen redundanten Kanal schicken, falls ein Fehler gemeldet wird? Auch wenn der Empfänger weiß, wie viel Daten angekommen sind, und dies dem Sender mitteilen kann, können noch weitere Daten irgendwo zwischengespeichert sein, die dann später ankommen. Trotzdem kann das Werkzeug in die Klasse "fehlertoleranter Übertragung" eingestuft werden. Warum?

Die Antwort ist: die Strategien bzgl. Fehlertoleranz unterscheiden sich. Das Werkzeug unterstützt eine andere Art als die Anwendung benötigt. Der Empfänger erhält keine Information, weil das Übertragungsverfahren die Integrität der Daten garantiert, aber anders als benötigt. Das eingesetzte Verfahren unterstützt keine Fehlertoleranz in Echtzeit.

Der gestörte Kanal sichert die Daten – für den Sender unsichtbar – und überträgt sie dann, wenn der Kanal – eventuell mit einem anderen physikalischen Übertragungsmedium – wieder nutzbar ist. Das aber kann Stunden dauern. Ist es überhaupt nicht möglich, den Kanal wieder in Betrieb zu nehmen, sind die noch nicht empfangenen Daten trotzdem verloren. Diese Art der Fehlertoleranz wird von TCP/IP unterstützt. Da wir aber Datenintegrität in Echtzeit benötigten, konnten wir die Vorteile, die das Werkzeug bietet, nicht nutzen.

Beim Einsatz von Werkzeugen muss daher rechtzeitig geprüft werden, welche Eigenschaften tatsächlich unterstützt werden, und ob diese sich mit den eigenen Anforderungen decken oder durch Parametrisierung zur Deckung bringen lassen. Das Problem beim Einsatz eines Werkzeuges, das einen gewissen Bereich der Implementierung unterstützt, ist, dass meistens die Sicht auf die Implementierung eingeschränkt ist oder sogar verhindert wird und der Nutzer nicht mehr beurteilen kann, was wirklich abläuft. Wenn das vom Werkzeug unterstützte Konzept nicht die Anforderungen erfüllt, ist meistens eine eigene Implementierung notwendig. Die erhoffte Effizienzsteigerung durch das Werkzeug kann dann kaum erreicht werden.

3.6 Geringeres Risiko durch schnellere Umsetzung?

Wir gehen nun detailliert auf die Definition von Anforderungen und ihrer Umsetzung und der damit verbundenen Probleme ein.

Als wesentliches Hilfsmittel zur Visualisierung des erreichen Entwicklungsstandes wird die Dokumentation von Spezifikation, Entwurf oder Quellcode eingesetzt. Die Hoffnung ist dabei, dass ein Entwickler und weitere Personen wie Qualitätssicherer, denen die Kontrolle der Aktivitäten unterliegt, durch diese Dokumentation erkennen können, ob der Entwickler auf dem richtigen Weg ist oder nicht.

Da aber aus einer solchen Analyse nicht zwangsläufig auch das erwartete, korrekte System entsteht, muss sehr sorgfältig von den Entwicklern dokumentiert und von den Qualitätssicherern analysiert werden. Dies führt zu einem erheblichen Aufwand. Der hohe Aufwand impliziert aber ein hohes finanzielles Risiko. Um dieses Risiko zu verringern, muss noch mehr Sorgfalt angewendet werden, was den Aufwand weiter erhöht und damit auch das Gesamtrisiko.

Aus regelungstechnischer Sicht gibt es bei dieser Vorgehensweise keinen stabilen Arbeitspunkt. Jeder Versuch, das Risiko durch mehr Sorgfalt zu reduzieren, führt zu erhöhtem Risiko. Bei einer technischen Anlage würde der Arbeitspunkt bei einem solchen Regelgesetz an die obere Grenze wandern. In der Softwareentwicklung wandern die Kosten an den höchsten Wert, der aus kaufmännischer Sicht noch vertretbar ist, mit dem Risiko, dass er später während der Ausführung des Projektes überschritten wird.

Dieses prinzipiell unlösbare Problem entsteht, weil das Risiko erst dann gesenkt werden kann, wenn die Software ausführbar und ihre Eigenschaften messbar werden. Je mehr man unternimmt, um frühzeitig, bevor man ausführbare Software hat, ein Problem durch Analyse zu erkennen, desto mehr Aufwand wird erforderlich und umso mehr verzögert sich die "Stunde der Wahrheit", also der Zeitpunkt, an dem man die Eigenschaften tatsächlich messen bzw. beobachten kann. Daher wurde und wird versucht, diesen Zeitpunkt vorzuverlegen.

Methodische Ansätze mit diesem Ziel finden wir bei den iterativen Entwicklungsmodellen wie dem "Spiral-Modell" oder der "Meet-in-the-Middle"-Strategie.

Ausführbare Software erfordert einen bestimmten Mindestaufwand für die Programmierung, zu dem noch der Aufwand für Planungs- und Kontrollmaßnahmen wie Dokumentation und Analyse kommt. Nahe liegend ist, diesen Aufwand zu verringern. Daher gibt es verschiedene Ansätze wie Simulation und in jüngster Zeit beispielsweise "Rapid Prototyping" (eine Definition von "Rapid Prototyping" und eine Diskussion über den Einsatz findet man beispielsweise bei Sorensen95), "eXtreme Programming" (s. XP) oder auch die "use cases" von UML (s. UML).

Diese oder ähnliche Ansätze verringern den Aufwand und verlegen den Zeitpunkt der Ausführbarkeit vor, indem sie das Problem vereinfachen, sich nur auf die wichtigsten Aspekte konzentrieren. Weniger Details führen zu weniger Aufwand und kürzerer Entwicklungszeit. Auf diese Weise erkennt man schneller, was ein Programm leistet. Aber führt dieser Ansatz auch zu einer Verringerung des Risikos?

Das Ergebnis, das man dann sieht, ist repräsentativ für das aktuelle Programm. Aber entspricht es auch der beabsichtigten Endversion? Ohne einen solchen Nachweis ist das Ergebnis der vereinfachten Version wertlos. Übernimmt man es bedenkenlos, erhöht man das Risiko anstatt es zu senken. Das ursprüngliche Ziel, Risiken zu erkennen und auszuschließen, wäre nicht erreicht. Im Gegenteil, latente Risiken, von denen man glaubt, dass sie überhaupt nicht existieren oder man sie beseitigt hat, führen zu einer kritischeren Situation als wenn noch mit Risiken gerechnet wird. Je sicherer man sich wähnt, desto kritischer wird es, wenn man Probleme übersieht.

Entscheidend bei einer Vereinfachung ist der Grad der Repräsentativität im Vergleich zur Endversion. Solange aber die Endversion noch nicht verfügbar ist, kann man aber kaum etwas darüber aussagen. In einigen Anwendungsbereichen, z.B. bei der Gestaltung einer Bildschirmseite für eine Internet- oder Datenbankanwendung, wird die frühe Version der Endversion sehr ähnlich sein, hier ist nicht mit versteckten Risiken zu rechnen. Anhand der frühen Version kann eine baldige Abstimmung mit dem Anforderer erfolgen und somit Risiken ausgeschlossen werden.

Aus solchen Erfolgen aber zu schließen, dass dies allgemein gelten müsse, wäre grob fahrlässig. Wenn bei der Vereinfachung Funktionalität ausgeklammert wird, die Risiken impliziert, dann können solche Risiken auch nicht erkannt werden. Niemand wird natürlich bewusst so vorgehen und Risiken, die er kennt, ausklammern. Das Problem entsteht, weil wir nicht wissen, ob in dem Teil, den wir weglassen, Risiken enthalten sind oder nicht.

These 95
Vereinfachung kann das Risiko erhöhen.

Aus der Absicht, das Risiko durch Vereinfachung zu senken, entsteht möglicherweise ein viel größeres Risiko.

Wir haben seit 1992 für die ESA im Bereich "Echtzeitsysteme" Studien durchgeführt (HRDMS,OMBSIM,DDV) mit dem Ziel, Risiken frühzeitig zu erkennen. Zur Vereinfachung benutzten wir anfangs Simulation und setzten entsprechende Werkzeuge ein. Durch weitere organisatorischen Maßnahmen waren wir dann 1997 in der Lage, einen Prototyp für ein neues Echtzeitsystem mit weniger als 10 Prozessen unter Benutzung der Werkzeuge in etwa zwei Tagen vereinfacht zu realisieren. Wir mussten dann jedoch feststellen, dass ein solcher Prototyp nicht repräsentativ war.

Bei der Simulation auf dem Entwicklungssystem hatten wir keine Probleme wie Deadlocks festgestellt. Auf der Zielsystemplattform traten jedoch sofort Deadlocks auf, die eine Modifikation der Software erforderten. In der Simulationsumgebung konnten wir ebenfalls keine Lasttests durchführen. In der realen Umgebung führte Überlast zu einem Stillstand des Systems, weil wichtige Timer-Signale verloren gingen. Wir mussten daher wesentliche Teile, die vom Werkzeug erzeugt worden waren, durch eigenen, robusteren Code ersetzen.

Oft hängt es von der zeitlichen Reihenfolge von Signalen ab, ob ein Problem auftritt oder nicht (vgl. GerlichSDL97). Bei der Entwicklung eines Prototyps werden solche Details, insbesondere die Abhängigkeit vom zeitlichen Ablauf, in der Regel aber nicht repräsentativ berücksichtigt. Wir haben die Abhängigkeit vom zeitlichen Ablauf in der Simulation nur deshalb frühzeitig erkannt, weil wir das Werkzeug um Performancesimulation erweitert hatten. Eine Reihe ähnlicher Probleme der Verifikation und Validierung werden bei GerlichLNCS2001 diskutiert.

3.7 Durch Tests Fehler erkennen

Tests dienen dazu, Eigenschaften eines Programmes durch Ausführen nachzuweisen. Testziel kann sein, ein korrektes Ergebnis oder Verhalten nachzuweisen. Der Nachweis von Fehlern kann aber auch ein Testziel sein.

Üblicherweise, auch aus Sicht von Kosten und Zeit, ist der Entwickler froh, wenn bei der Programmausführung keine Fehler auftreten, insbesondere während der Abnahme und der Gewährleistungsfrist. Insofern besteht ein Zielkonflikt: je geringer die Wahrscheinlichkeit, dass ein Fehler auftritt, desto besser für die Abnahme. Er verleitet leicht dazu, die (Abnahme-)Tests so zu wählen, dass das System zwar ausgeführt wird, aber keine Fehler auftreten. Dieser "Testansatz" führt natürlich nicht zur Fehlerfreiheit und hoher Qualität, sondern zu fragwürdiger wirtschaftlicher "Effizienz".

Eine solche scheinbar effiziente Vorgehensweise kann aber auch zum Misserfolg werden, wenn die Fehler später beim Anwender auftreten.

Daher sollte man sich freuen, wenn ein Fehler solange auftritt, bis man die Ursache gefunden hat, und beunruhigt sein, wenn er nicht mehr auftritt, ohne die Ursache erkannt und ihn beseitigt zu haben. Beunruhigt sollte man ebenfalls sein, wenn nicht sehr viele Fehler gefunden werden, ausgenommen den Fall, dass die Entwicklungsmethode die geringe Fehlerrate erklärt.

These 8
Ziel ist, Fehler zu finden, nicht die Abwesenheit von Fehlern zu bestätigen.

Aus dieser Sicht muss das Ziel sein, alle Fehler zu finden. Die effektivste Methode ist, keine Fehler zu begehen, also per Konstruktion Fehler auszuschließen, was einen automatischen Ablauf voraussetzt. Die nächste Maßnahme ist, die Anzahl der *möglichen* Testfälle zu reduzieren. dann kann man schneller eine gute Testabdeckung erreichen. Hiermit ist *nicht* gemeint, die Anzahl der notwendigen Tests zu reduzieren, nur um Aufwand zu sparen. Maßgebend ist die Testabdeckung, daran muss sich die Anzahl der auszuführenden Testfälle orientieren.

Die dritte Stufe ist, den manuellen Aufwand für die Tests zu reduzieren. Dazu gehört die Erzeugung, Ausführung und Auswertung von Tests. Der meiste Aufwand entsteht bei der Testerzeugung und Auswertung der Ergebnisse. Wird nur die Testausführung automatisiert – so wie zur Zeit üblich, ist die erzielbare Einsparung bezogen auf den gesamten Testaufwand gering.

Verwendet man einen automatischen und spezifischen Produktionsprozess, so kann man alle Schritte, die zum Testablauf gehören, automatisieren. Die zum Testen notwendige Information kann aus derselben Quelle abgeleitet werden, aus der auch der Code erzeugt wird.

Wir sehen erneut, dass eine Korrelation von Codeerzeugung und Test hinsichtlich Automation notwendig ist. Bisher wird schon mehr Code produziert als getestet werden kann. Wenn Automation nur für die Generierung eingesetzt wird, werden die Probleme zum Nachweis der Korrektheit der Software noch größer, da dann der manuelle Testaufwand proportional zur Menge des automatisch generierten Codes ist – oder sogar noch stärker anwächst.

Um die Synergieeffekte zwischen Generierung und Test zu verstehen, betrachten wir als Beispiel die Konvertierung zwischen "Little Endian" und "Big Endian". Hierbei geht es um die Konvertierung der Bytefolge von Zahlen beim Austausch von Binärdaten zwischen Rechnern mit unterschiedlicher Anordnung der Bytes im Speicher (s. a. die Erklärung von. "Little Endian", "Big Endian"). Wir werden hierfür in Kap. 7.5.1 den Produktionsprozess ausführlich beschreiben.

Wir können mit unserem Ansatz nicht nur Code generieren und testen, sondern auch die Anpassung an jeden Anwendungsfall automatisieren. Der zugehörige Produktionsprozess identifiziert selbst, welche Datentypen konvertiert werden müssen, veranlasst Generierung und Test, und fügt die nötigen Aufrufe in die Software dort automatisch ein, wo sie gebraucht werden.

Die Konvertierung zwischen "Little Endian" und "Big Endian" wird durch zwei einfache Transformationen repräsentiert, und wir wissen, dass die zweite Transformation die Inverse der ersten ist. Wenn wir einen Ausgangswert nehmen, die Hintransformation anwenden, auf das Ergebnis die Rücktransformation, dann muss dieses Endergebnis mit dem Ausgangswert identisch sein. In diesem Fall kann der Rechner durch Vergleich der beiden Werte automatisch entscheiden, ob die beiden Funktionen für die Transformationen korrekt sind. Wir wollen hier den Fall nicht diskutieren, dass die Hintransformation kein korrektes Ergebnis liefert, die Rücktransformation das falsche Ergebnis aber dann doch auf den Ausgangswert abbildet, da wir nur das Prinzip erklären wollen.

Mit diesen automatisch generierten Tests können wir die Korrektheit des Produktionsprozesses bzw. des automatisch und manuell generierten Codes nachweisen.

Der Prozess muss alle Datentypen berücksichtigen, nicht nur die von der Sprache vordefinierten, sondern auch die benutzerdefinierten. Für jeden Datentyp, beispielsweise eine Struktur, brauchen wir eine Initialisierung mit einem Wert aus dem jeweiligen Datenbereich der Strukturelemente, dann müssen wir die Hin- und Rücktransformation ausführen, und Endergebnis und Ausgangswert vergleichen. Wird eine Abweichung festgestellt, dann wird eine Fehlermeldung ausgegeben. Alle dazu notwendigen Funktionen werden automatisch für alle Datentypen vom Prozess erzeugt, wir müssen nur die gewünschte Funktionalität beschreiben.

Im Fall der Programmiersprache C ist es möglich, für jeden benutzerdefinierten Typ und nach einmaliger manueller Codierung einer begrenzten Anzahl von Funktionen für die genannten vier Operationen mit einem einmaligen Aufwand von ca. einer Stunde 10^9 Testfälle innerhalb von 6 Minuten auszuführen ($3x10^7$ Testfälle in ca. 10 s) auf einem PC-800MHz. Dabei wurde eine geschachtelte Struktur bestehend aus "char", "short", "int" und "long" Basistypen 100,000 Mal ausgeführt. Bei der Ausführung wurde geprüft, (a) ob der rücktransformierte Wert mit dem Ausgangswert identisch ist, (b) wie oft der transformierte Wert mit dem Ausgangswert identisch war, (c) wie oft Null als Ausgangswert vorkam. Die Tests (b) und (c) dienten dazu, den Testfallgenerator zu überprüfen und die Anzahl trivialer Operationen, die keine Fehlererkennung erlauben, zu bestimmen.

Diese Tests wurden so angelegt, dass immer eine "ja/nein"-Aussage: „Did we build the system right? yes or no? “ möglich war. Entweder ist die Transformation richtig oder falsch. Alle Prüfungen auf Korrektheit können also auf eine eindeutige Aussage zurückgeführt werden, unabhängig davon, für welchen numerischen Wert wir gerade den Test ausführen. Wenn wir Automatisierung effizient einsetzen wollen, muss dies das Ziel der Testdefinition sein.

Aufgabe der Testauswertung ist auch, den Grad der Testabdeckung zu bestimmen. Wie viel Prozent des Codes wurden ausgeführt, mit welchen Werten wurde getestet, wurden Anomalien wie "division by zero" während der Ausführung beobachtet?

Eine einfache Abdeckung des Codes reicht eigentlich nicht aus, es genügt nicht, jede ausführbare Anweisung mindestens einmal durch Tests angesprochen zu haben.

Von folgenden drei Wahrscheinlichkeiten hängt die Entdeckung eines Fehlers in einer Anweisung ab:

- P_A die Wahrscheinlichkeit der Ausführung
- P_F die Wahrscheinlichkeit, dass der Fehler auftritt
- P_E die Wahrscheinlichkeit, den Fehler auch zu erkennen

P_A gibt an, welche Chance besteht, dass bei einem Test die Zeile oder die Anweisung auch ausgeführt wird. Diese Wahrscheinlichkeit lässt sich grob abschätzen als

1/Anzahl der gesamten ausführbaren Anweisungen.

Wenn ausgeführt wird, muss der Fehler auch auftreten, damit er überhaupt erkannt werden kann. Wenn wir die Funktion f(x)=1/x für ganze Zahlen betrachten, so erhalten wir als Wahrscheinlichkeit für "Division durch Null", wenn x die (ganzzahligen) Werte von –500 bis +500 mit gleicher Wahrscheinlichkeit annehmen kann,

$$P_F = 1/1001 \approx 0.001.$$

In der Praxis ist die Wahrscheinlichkeit, dass ein Fehler bei Ausführung auch auftritt, i.a. wesentlich kleiner, beispielsweise wenn x vom Typ "double" ist.

P_E gibt an, mit welcher Wahrscheinlichkeit wir den Fehler erkennen, wenn er wirklich einmal auftritt. Die Größe von P_E hängt davon ab, welche Prüfmöglichkeiten zur Verfügung stehen. Können wir eine formale Prüfung durchführen und dies sofort dem Tester anzeigen, beispielsweise durch Programmabbruch, dann ist P_E =1. Müssen wir selbst aber seitenlange Zahlenkolonnen durchsehen, dann ist die Chance sehr klein, dass wir den Fehler erkennen, wenn er auftritt.

Möglicherweise kann ein Fehler zwar auftreten, aber nicht erkennbar sein, weil er für den jeweiligen Testfall ein korrektes Ergebnis liefert. Eine Funktion die ein Produkt zweier Zahlen berechnen soll, stattdessen aber die erste Zahl zur Potenz mit der zweiten Zahl erhebt, wird bei der Eingabe (2,2) ein korrektes Ergebnis – nämlich 4 – liefern, weil sowohl 2x2=4 und $2^2=4$ sind. Dennoch ist die Anweisung fehlerhaft, aber der Fehler ist nicht erkennbar für diesen Testfall, die Entdeckungswahrscheinlichkeit ist somit 0.

Das Produkt

$$P=P_A \times P_F \times P_E$$

ist die effektive Wahrscheinlichkeit, dass ein Fehler entdeckt wird, wenn die Programmzeile einmal ausführt wird. Die Wahrscheinlichkeit, dass ein Fehler nach n-maligem Ausführen entdeckt werden wird, ist für großes n näherungsweise:

$$P_n=1 - e^{-n P}$$

Das heißt, selbst wenn nP=1 ist, beträgt die Wahrscheinlichkeit, dass ein Fehler vorliegt und auch entdeckt wird gerade erst einmal etwa 64%. Die Wahrscheinlichkeit P_{korr}, dass kein Fehler vorliegt, weil er bisher noch nicht beobachtet wurde, ist

$$P_{korr} =1-P_n= e^{-n P}.$$

Wenn $P_{korr} <10^{-m}$ sein soll, dann muss die Abdeckung nP > 2.3 m sein. Für m=5 braucht man bereits eine Abdeckung von ca. 12, d.h. in diesem Fall ist die Wahrscheinlichkeit kleiner 10^{-5}, dass ein Fehler nicht erkannt wird. Für P=0.001 muss man die Zeile schon 12,000 Mal mit Zufallswerten ausführen, damit man eine Fehlerrestwahrscheinlichkeit von kleiner als 10^{-5} erhält.

Strategisches Ziel muss daher sein, dass P möglichst in der Nähe von 1 liegt.

P_A hängt von der Programmstruktur ab. Eine lineare Struktur ist gut, aber kaum zu erreichen. Durch Modularisierung des Codes, z.B. in kleinere Funktionen erhöht man die Wahrscheinlichkeit des Zugriffs auf einzelne Zeilen, wenn man auf Funktionsebene testet. Daraus folgt die "bottom-up" Strategie für das Testen: bei kleinen Einheiten auf der untersten Ebene anfangen und dann immer eine Ebene höher testen.

P_F hängt vom von den beteiligten Ausdrücken und Datentypen ab, die auch Wertebereich und kleinste Darstellungsgenauigkeit bestimmen. Je kleiner der Wertebereich und die Darstellungsgenauigkeit – also je größer die Abstände zwischen zwei benachbarten Werten – desto größer ist die Wahrscheinlichkeit, dass der Fehler auch auftritt.

Die Identifizierung von Äquivalenzklassen würde hier weiterhelfen. Dabei wird der mögliche Datenbereich so in Untermengen aufgeteilt, dass ein Wert aus der jeweiligen Untermenge für den Test reicht und jeweils genauso aussagekräftig bezüglich der Fehlerfreiheit ist wie jeder andere Wert aus der Untermenge. Die Struktur der Untermengen hängen von den Ausdrücken ab. Bei f(x)=1/x wären die Untermengen {x==0} und {x!=0}. Dann reicht für den Test aus, entweder 0 oder einen Wert != 0 zu nehmen, anstatt die 1001 Werte betrachten zu müssen. P_F würde dann von 0.001 auf 0.5 ansteigen.

Die Verkleinerung des möglichen Bereiches eines Datentyps wirkt sich positiv auf die Testbarkeit aus. Von einigen Sprachen wie Ada werden Untertypen mit beschränktem Wertebereich unterstützt. Wenn nicht, sollte der Wertebereich durch eigene Maßnahmen reduziert werden.

Zu beachten ist jedoch, dass Operationen auf Datentypen keine Gruppenoperationen sind. Wird ein Bereich [0,5] definiert, dann liegt die Summe von zwei Zahlen dieses Typs, wie 3 und 4, nicht mehr im zulässigen Bereich. Diese Schwäche der arithmetischen Operationen ist bei Typen mit unendlichem Bereich nicht sofort sichtbar. Je öfter man Bereiche einschränkt, desto häufiger wird man mit diesem Problem konfrontiert und desto sorgfältiger muss man die Typen definieren.

These 93
Ausreichende Testabdeckung kann nur durch Automation erzielt werden.

Die obigen Betrachtungen zeigen, dass die Anzahl der Testfälle schnell sehr groß werden kann. Ein Produktionsprozess kann alle Testabläufe automatisieren und durch geeignete Maßnahmen die Wertebereiche reduzieren, auch wenn die benutzte Sprache dies nicht unterstützt.

Mit der Validierung stellen wir fest, ob die Software die erwarteten Eigenschaften hat. Hier geht es nicht um die korrekte Umsetzung der Anwendervorgaben, sondern es soll überprüft werden, ob die Vorgaben des Anwenders korrekt und vollständig sind.

Bisher haben wir nur funktionale Tests betrachtet. Aber die geforderte Performance und die Einhaltung von Ressourcenlimits (Speicher, Ausnutzung von Puffern) müssen ebenfalls durch Tests nachgewiesen werden. Hierzu zählen Fragen wie „reicht die CPU-Leistung aus?“, „wird ein Prozess immer innerhalb des vorgegebenen Zeitfensters gestartet?“, „reicht die Bandbreite der Übertragungskanäle aus?“, „reicht der Speicher aus?“, „reicht der Übertragungspuffer aus?“

Ein Produktionsprozess kann diese Tests auch auf die Standardform "ja/nein?" zurückführen, und damit selbst entscheiden, ob das Test- bzw. Validierungsergebnis positiv oder negativ ist. Die Testberichte können daher komprimiert werden, indem alle Testergebnisse aufgezeichnet werden, für den Entwickler aber zusätzlich eine Liste der negativen Testergebnisse erzeugt wird. Die Wahrscheinlichkeit, dass ein negatives Testergebnis in der Datenflut übersehen wird, verringert sich damit stark.

Ein Produktionsprozess wertet dazu Anforderungen wie "CPU-Last < 60%" aus und sieht im Produktionsablauf eine Prüfmöglichkeit dafür vor. Dann kann eine Aussage wie "im Rahmen der Testbedingungen war die CPU-Last nie höher als" bzw. eine klare "ja/nein"-Entscheidung bzgl. eines vorgegebenen Grenzwertes automatisch abgeleitet werden.

3.8 Qualität

Der Schwerpunkt der Softwareentwicklung liegt gegenwärtig bei der Erzeugung von Code, denn aus Code besteht schließlich das Endprodukt. Ziel ist daher, mit möglichst wenig Aufwand den notwendigen Code zu erzeugen. Problematisch daran ist, dass es schwierig ist, die Eigenschaften und damit die Qualität des so erzeugten Codes auch nachzuweisen.

Kennzeichnend für die Situation des Software Engineering ist, dass beispielsweise häufig Gewährleistungsausschlüsse damit begründet werden, „dass nach dem Stand der Technik es nicht möglich ist, die Software so zu erstellen, dass sie in allen Anwendungen und Kombinationen fehlerfrei arbeitet“ (Auszug aus einem typischen Softwarelizenzvertrag) oder „Eine völlige Fehlerfreiheit lässt sich jedoch nie herstellen und wird wohl auch aus Personal- und Kostengründen nie herzustellen sein“ (ITHAFT).

Qualität von Software kann über verschiedene Kriterien, objektiv oder subjektiv, beurteilt werden. Allgemein kann man als abstraktes Kriterium für Qualität den Grad der Übereinstimmung zwischen dem, was dem Anwender versprochen wurde, und dem, was er tatsächlich erhält, anwenden. Ein Kunde wird also dann von hoher Qualität sprechen, wenn seine Anforderungen voll erfüllt werden. Das impliziert aber nicht, dass alle Kunden voll zufrieden sein werden. Möglicherweise haben einige Kunden andere Erwartungen, die nicht erfüllt werden. Diese werden sich dann über mangelnde Qualität beklagen. Kundenzufriedenheit ist daher in der Regel ein relativer Begriff, er hängt vom jeweiligen Anforderungsprofil des Nutzers ab.

Ein übliches Testverfahren des Software Engineering ist das sog. "Operational Profile Testing" (Musa93). Vereinfachend ausgedrückt zielt es darauf ab, das Auftreten von Fehlern beim Anwender zu minimieren und das Produkt so früh wie möglich ausliefern zu können. Vom wirtschaftlichen Standpunkt des Entwicklers ist das sicher vernünftig, aber auch aus der Sicht des Benutzers?

Dieser Ansatz räumt ein, dass (a) es Programmteile gibt, die eigentlich nicht so wichtig sind, weil sie weniger benutzt werden, und (b) diese oder andere Teile noch Fehler enthalten können. Der Anwender sollte wissen, dass er wahrscheinlich Probleme bekommt, wenn er auf Funktionalität zurückgreift, die üblicherweise nicht benutzt wird. Dieses Phänomen dürfte allen PC-Benutzern bekannt sein. Wäre es nicht vernünftiger, diese Teile dann wegzulassen, oder wenn nicht, dann auch so zu testen, dass man sie ohne Risiko gebrauchen kann?

Die Antwort auf diese Frage ist eindeutig und klar, wenn es sich nicht um Software handelt. Nehmen wir als Beispiel einen PKW. Ein nicht häufig benutztes Teil ist das Reserverad. Nach der Philosophie des "Operational Profile Testing" würde ein Reserverad keiner intensiven Qualitätskontrolle unterzogen.

Wie wäre nun unsere Reaktion, wenn wir es brauchten, es aber nicht vorhanden oder nicht gebrauchsfähig wäre, wenn wir uns beispielsweise nachts in einer einsamen Gegend befinden? Wir hätten wohl kein Verständnis für diese Philosophie der Qualitätskontrolle.

Neben dem Einsatzprofil ist also noch die potenzielle Beeinträchtigung des Anwenders zu berücksichtigen. Die Prioritäten müssten dann mindestens aus dem Produkt von "Wahrscheinlichkeit des Gebrauchs" und der "Einwirkung auf den Anwender" berechnet werden.

In Anwendungsbereichen, wo ein Ausfall von Software besonders kritisch ist, wie in Luft- oder Raumfahrt, werden die Teile, die bei Fehlern das System in einem betriebsbereiten Zustand halten sollen, besonders aufmerksam getestet (vgl. CRISYS, DDV). Denn wenn sie auch noch ausfallen, kommt es zur Katastrophe.

Musa weist zwar daraufhin, dass zu jeder Gefahrenklasse separate Profile betrachtet werden sollen, aber dann bleibt immer noch das Problem der Testfallerzeugung. Wie kann man sicherstellen, dass die kritischen Fälle auch wirklich beim Testen berücksichtigt werden?

Warum bestehen nun in der Softwareentwicklung solche Probleme hinsichtlich Qualitätssicherung bzw. warum ist man bereit, solche Kompromisse einzugehen?

Ein Grund ist, dass wir keine unmittelbaren Sensoren für Softwarequalität haben. „What you can't measure, you can't control“ hat Tom Demarco (Demarco,1982) gesagt, und dies gilt nicht nur für Softwarearchitektur, Code und Produktivität, sondern auch für Qualität. Wir müssen also Qualität messen können, dazu brauchen wir geeignete Hilfsmittel.

Um die jeweiligen Eigenschaften eines Programmes in allen für den Betrieb möglichen Bedingungen überhaupt wahrnehmen zu können, müssen wir das Programm in jeden dieser Zustände bringen, einschließlich Fehlerfälle und Überlast. Dann müssen wir dafür sorgen, dass wir die Ergebnisse in einer verständlichen Form sehen, damit wir erkennen können, ob sie korrekt sind oder nicht.

Wir haben bereits früher gesehen, dass die Anzahl der Testfälle schnell unvorstellbare hohe Werte annehmen kann. Somit ist ein hoher Aufwand erforderlich, um die Software vollständig zu testen. Ein erster Schritt in Richtung des Nachweises von Qualität ist daher die Verringerung der möglichen Testfälle und damit des Aufwandes.

Hohe Qualität zu erreichen, impliziert, Fehler zu vermeiden und möglichst viele zu finden. Jeder Entwickler hat eine messbare Fehlerrate, die von Erfahrung, Komplexität der Aufgabe und Tagesform abhängt. Bei einer bestimmten Menge von Code lässt sich damit ungefähr abschätzen, wie viele Fehler enthalten sein können. Nicht nur durch Erfahrungswerte aus früheren Projekten können solche Schätzdaten abgeleitet werden. Wichtig ist aber vor allem die Erkenntnis, dass Fehler enthalten sind und gesucht werden müssen.

Wir sind froh, wenn wir schon (viele) Fehler gefunden haben. Wenn noch keine Fehler identifiziert wurden, halten wir den Code für unzuverlässig. Dieses Verhalten kann man als "Vertrauens-Anomalie" bezeichnen: je mehr Fehler gefunden und korrigiert worden sind, desto höher die Qualität des Produktes. Im normalen Leben denkt man gerade umgekehrt, und schließt aus dem Finden von Fehlern auf mangelhafte Qualität.

Die einfache Erklärung für den scheinbaren Widerspruch ist: vor der Auslieferung müssen viele Fehler gefunden werden, nach der Auslieferung dürfen es nur möglichst wenige sein. Vor der Auslieferung muss man also jede Möglichkeit wahrnehmen, Fehler zu finden, damit sie danach nicht auftreten können.

Der immaterielle Charakter von Software erleichtert die Bereitstellung geeigneter Hilfsmittel zum Nachweis von Qualität. Während in der materiellen Produktion geeignete Hilfsmittel für die Prüfung gefertigt werden müssen, wie Messwerkzeuge und -einrichtungen, kann im Falle von Software die Produktion von Analysewerkzeugen mit der Codeproduktion zusammengefasst werden.

Diese Möglichkeit folgt aus der Korrelation von Funktionalität und dem zugehörigen Nachweisverfahren. Wann immer man Code erzeugt, lässt sich ein geeignetes Verfahren angeben, mit dem man die Korrektheit des Codes nachweisen kann. Es wird ebenfalls durch Code repräsentiert.

Eine solche Korrelation ist jedoch nicht trivial, sonst wäre eine solche Vorgehensweise schon lange üblich. Erst wenn man diese

Möglichkeit erkennt und als zukünftiges Ziel definiert, wird diese Synergie nutzbar.

Die Realisierung setzt jedoch standardisierte Vorgehensweisen voraus, man muss die notwendige Funktionalität für die Prüfungen praktisch erst in eine "Normalform" bringen, damit man sowohl den funktionalen als auch den Testcode automatisch erzeugen kann.

Ein Produktionsprozess erlaubt die effiziente Kombination von Generieren, Testen und Testauswertung. Fälle, die nur selten auftreten würden, können gezielt erzeugt werden

Der Testaufwand sinkt aber auch, und damit steigt die Chance auf bessere Qualität, wenn die Fehlerrate des Entwicklers besser wird. Ersetzt man ihn durch einen "Codegenerator", dann hat man deterministische Verhältnisse: entweder bekommt man immer die gleichen Fehler oder keine Fehler.

These 9 Wartbare Entwicklungsprozesse erhöhen Produktivität und Qualität.

Bei vielfältiger Verwendung eines Generators steigt die Chance, die Fehler zu erkennen, und sie endgültig zu beseitigen (man sollte bei dieser Aktivität natürlich keine neuen Fehler einbauen). Einen solchen Produktionsprozess kann man also immer weiter optimieren bis er fehlerfrei ist (wenn er es nicht schon zu Beginn war). Hierin unterscheidet sich der Generator von einem Entwickler: die Fehlerrate des Generators konvergiert (bei geeigneter Wartung) gegen Null, die des Entwicklers liegt immer in der gleichen Größenordnung und kann selbst bei guter Ausbildung ein Minimum nicht unterschreiten. Dagegen sind Null-Fehler-Produktionsprozesse bereits Realität.

3.9 Organisation der Automation

These 14 Automation erfordert wiederholbare Abläufe

Automation kann nur dort eingesetzt werden, wo sich Vorgänge wiederholen. Im Allgemeinen gleicht keine Anforderung der anderen, folglich gleicht kein Programm dem anderen. Der wiederholte Einsatz von Software muss also gezielt organisiert werden.

Daher liegen die Anfänge automatischer Codegenerierung in Anwendungsbereichen, wo wiederholbare Aufgaben leicht identifiziert werden können.

Schon Ende der 60er / Anfang der 70er Jahre gab es erste Programmgeneratoren, die Algorithmen in Code umsetzten wie "REDUCE" von Anthony Hearn (REDUCE, Hearn1971). Mit REDUCE können symbolische Formelrechnungen ausgeführt werden, die viele Seiten füllen können. Die Ergebnisse konnte man automatisch in FORTRAN übersetzen lassen. Damit bekam man immer korrekten Code für diese sehr komplexen Ausdrücke. Der Code selbst war noch nicht selbständig ausführbar, man musste ihn noch manuell in eine Umgebung wie ein Hauptprogramm einbetten.

Mitte der 80er Jahre kam z.B. MatrixX für regelungstechnische Anwendungen auf den Markt, gefolgt von Matlab und Scade in den 90erJahren. Scade enthält einen nach DO-178B zertifizierten Generator.

Die Anzahl der Operatoren in der Regelungstechnik sind begrenzt durch die mathematischen und physikalischen Randbedingungen, denn Regelungstechnik baut auf dem Lösen von Differentialgleichungen auf. Beliebige Systeme lassen sich durch eine begrenzte Anzahl von Elementen auf einer abstrakten bzw. grafischen Ebene zusammenbauen. Auf diese Weise kann bei reduzierter Komplexität für den Anwender Code für komplexe Systeme generiert werden.

Die numerische Lösung von Differentialgleichungen erfordert äquidistante zeitliche Stützstellen. Aus der periodischen Verarbeitung von Daten folgt Planbarkeit der Ausführung, die für kritische Systeme wichtig ist, die in der Luft- und Raumfahrt sowie im Automobilbau und bei der Bahn eingesetzt werden. Die Forderung nach Verifizierbarkeit der Software führte zu der Definition "synchroner Systeme", für die spezielle Eigenschaften formal nachgewiesen werden können. Dazu wurden Sprachen wie Lustre (s. Lustre) entwickelt, auf der Scade aufbaut.

Dagegen ist es schwieriger, für asynchrone, d.h. ereignisgesteuerte Systeme Generatoren einzuführen, da ein sehr breiter Anwendungsbereich abgedeckt werden muss und die Anzahl der möglichen Elemente nicht wie in der Regelungstechnik begrenzt sind. Dieses Problem lösen wir durch Spezialisierung, indem wir die Menge der asynchronen Systeme in Teilmengen unterteilen, wobei für jede dieser Teilmengen eine endliche Menge von Elementen definiert werden kann, aus denen sich alle Anwendungen einer solchen "Produktfamilie" erzeugen lassen.

Für die Definition eines Generators ist es also wichtig, eine endliche Anzahl von "Generierungsoperatoren" zu identifizieren und mit ihnen eine Menge von Basiselementen, auf die sie angewendet werden. Im mathematischen Sinn handelt es sich um die "erzeugenden Elemente" einer abgeschlossenen Gruppe. Die "Gruppe aller Anwendungen" wird also in zueinander komplementäre, in sich abgeschlossen Gruppen unterteilt. Die Produkte einer Produktfamilie entstehen also aus Generierungsoperatoren und Basiselementen wie ein mathematischer Raum aus Basisvektoren, reellen Zahlen und den Operatoren zur Verknüpfung von Vektoren und Zahlen.

These 32
Produktionsprozesse können organisiert werden.

These 64
Mit endlichem Aufwand können viele Operationen abgedeckt werden

Seit Ende der 1980er und Anfang der 1990er Jahre unterstützen Werkzeuge wie ObjectGEODE (OG), SDT oder Statemate asynchrone und verteilte Systeme. OG und SDT bauen auf SDL (System

Description Langauge) und MSC (Message Sequence Charts) der ITU auf, Statemate auf den von Harel (s. Harel) definierten "StateCharts". Sowohl SDL als auch die StateCharts erlauben die Definition auf einem hohen abstrakten Niveau, und generieren dann eine ausführbare (Echtzeit-)Umgebung automatisch für verschiedene Sprachen und Betriebssysteme. Hierdurch wird erheblicher Aufwand eingespart.

Die Umsetzung von SDL in Code richtet sich nach den Anforderungen des Telekommunikationsbereiches. Je nach Anwendungsprofil kann dieser Code unverändert übernommen werden, oder er muss modifiziert bzw. adaptiert werden (GerlichExt98).

Mit MSCs können Abläufe beschrieben bzw. Anforderungen definiert werden. Bei der Ausführung des aus SDL generierten Codes werden MSCs generiert, so dass Anforderungen und Ergebnis verglichen werden können. OG und Statemate bieten dazu im Rahmen von "exhaustive simulation" bzw. "exhaustive exploration" automatische Testfallgenerierung an, mit der systematisch die Zustände eines Systems analysiert und ausgeführt werden können.

Diese Verifizierungsmethoden sind in der Praxis jedoch häufig nicht anwendbar, da schnell sehr viele Zustände auftreten können (GerlichSDL97), was als "state explosion" bezeichnet wird. Außerdem unterstützen beide nicht den Verbrauch von Ressourcen wie Speicher (Kommunikationspuffer) und CPU-Belastung und dadurch bedingte Einflüsse (vgl. GerlichSDL97 und GerlichSim98).

Seit dem Erscheinen von UML Mitte der 90er Jahre sind Codegeneratoren auch durch UML-Werkzeuge wie IBM Rational Rose™ oder Rhapsody verfügbar. Da diese Werkzeuge aber einen großen Anwendungsbereich abdecken, muss im Einzelfall noch viel Code manuell erstellt werden (Brammer2003). UML hat die Konzepte der StateCharts und MSC übernommen. Die Generierung von MSCs bei Ausführung und die Testfallgenerierung. wie von SDL-Werkzeugen bzw. Statemate (s. Statemate Magnum) bekannt, ist jedoch nicht. Teil des Standards. OG und SDT wurde inzwischen in die mächtigere Entwicklungsumgebung "TAU" integriert, die auch UML unterstützt.

Im Bereich der grafischen Benutzerschnittstellen (GUI) gibt es ebenfalls Generatoren, mit denen die grafischen Oberflächen erheblich einfacher realisiert werden können. Meist sind diese Generatoren in Compiler (C++, Java) integriert, aber auch als Zusatzwerkzeuge erhältlich. Der Entwickler gestaltet hierbei durch "drag-and-drop" ein Fenster der Anwendung, wobei vorgegebene grafische Elemente wie Fenster, Menü, Dialoge und Bedienungsfelder eingesetzt und mit eigenem Code verknüpft werden. Ein auf die Bereiche Automobilbau und Luftfahrt ausgerichtetes Werkzeug ist VAPS.

3.10 Komplexität

Welchen Einfluss die Komplexität eines Systems auf den Erfolg eines Projekts oder Produkts hat, lässt sich leicht an vielen Softwareprodukten auf dem Markt beobachten.

Der fehlgeschlagene Erstflug der Ariane5 wurde bereits erwähnt. Hierbei wurden unter anderem die Auswirkungen der geänderten Einsatzbedingungen – etwa der höheren Geschwindigkeit der Ariane5 im Vergleich zur Ariane4 – übersehen.

Die VDI-Nachrichten berichteten im Februar 2003 (Jacobi) unter dem Titel "Software ist im Auto ein Knackpunkt" von „Unpräzise[n] Spezifikationen und Umsetzungsfehler[n]" als „Hauptursachen für fehlerhafte Software“, und weiter: „Deren Entwicklung stellt bei zunehmender Komplexität und intensiver Datenkommunikation eine zentrale Herausforderung dar, ... “

Das HANDELSBLATT berichtet in der Ausgabe vom 25.09.2002 unter dem Titel "Warum unsere Autos so oft kaputt gehen" (Gorgs und Schweins), dass sich „die Anzahl der Rückrufaktionen in den letzten fünf Jahren mehr als verdoppelt“ hat und weiter „kein Hersteller hat derzeit die Qualität im Griff“. Grund ist die immer größer werdende Zahl intelligenter Komponenten im Auto.

In einem weiteren Artikel dieser Ausgabe wird über "Apotheken-Inventurenscanner und Wegfahrsperre auf einer Frequenz, Elektronikpannen: Verwirrte Schaltkreise in den Autos" berichtet (Rees, 2002).

Große Betriebssysteme z.B. sind mit den aktuellen Methoden in ihrer Funktion und Struktur von den Entwicklern nicht mehr zu überblicken. Besonderer Beachtung bedürfen nicht-funktionale Eigenschaften wie Performance und Zuverlässigkeit, da sie nur mit erheblichem Testaufwand nachgewiesen bzw. dokumentiert werden können.

Zwei wichtige nicht-funktionale Eigenschaften in einer immer mehr vom Computer abhängigen Welt sind Zuverlässigkeit und Sicherheit. In einer laufenden US-Sammelklage (2004) wird in der Begründung ausgeführt, dass „ ... private und geschäftliche Nutzer [des Internet] immer mehr von Sicherheitslücken ... beeinträchtigt werden, die zu Ausfällen von Computersystemen, Datenverlust und Sach- oder Personenschaden führen können.“ Durch die starke Integration von Betriebssystemen mit betriebssystemnaher Software werde „ ... äußerst komplexer Computercode erzeugt, der zahlreiche [von Angreifern] ausnutzbare Sicherheitslücken enthält.“

3.10.1 Große Mengen, große Komplexität

Das menschliche Gehirn ist nur eingeschränkt zur Erfassung und Verarbeitung von komplexen Vorgängen oder Zusammenhängen fähig. Um neue Information zu speichern oder Fähigkeiten zu erlernen – wie das bei den häufig wechselnden Aufgaben in der Softwareentwicklung notwendig ist – müssen neue Verbindungen im Gehirn geschaffen werden. Erst nach mehreren Wiederholungen in ausreichend kurzen Abständen werden die notwendigen Verknüpfungen hergestellt. Bestehende Verknüpfungen können aber auch wieder gelöst werden, beispielsweise wenn die Kapazität für neue Verknüpfungen benötigt oder nicht häufig genug benutzt wird. (vgl. Spitzer)

Dieser Mechanismus des Vergessens wenig benutzter Information ermöglicht dem Menschen, Kapazitäten im Gehirn so zu nutzen, dass nur (überlebens-)wichtige Informationen gespeichert werden. Würden wir uns alles merken, was wir im Laufe unseres Lebens lernen oder erleben, würden wir nicht nur ob all der Erinnerungen mit der Zeit verrückt, sondern hätten auch bald keinen Platz mehr für neue Eindrücke und Fähigkeiten.

Je mehr neue Information gespeichert wird, desto höher ist die Wahrscheinlichkeit, dass frühere Information gelöscht wird. Leider gibt es dafür kein Warnsignal oder eine Abfrage, ob sie gelöscht werden kann, sie verschwindet einfach, ohne dass wir es merken, oder ist temporär nicht abrufbar, wenn wir sie brauchen. Die Entwickler sind daher aus rein biologischen – und vom Blickpunkt der Evolution gesehen sinnvollen – Gründen unzuverlässig, je komplexer die Zusammenhänge, desto unzuverlässiger.

3.10.2 Unübliche Regeln, hohe Komplexität

Das Problem der Komplexität entsteht aber nicht erst auf einer hohen Abstraktionsebene wie dem Systementwurf, sondern zeigt sich schon bei den kleinsten Elementen der Implementierung.

Jede Programmiersprache und jedes Betriebssystem enthält Fallen für den Entwickler. Als Fallen bezeichnen wir Regeln, die dem menschlichen Wesen oder der üblichen Denkweise (relativ) fremd sind oder leicht übersehen werden können, bei deren Beachtung also eine hohe Ausfallrate zu erwarten ist.

Im Beispiel zur Kameraanwendung ,die wir früher schon ausführlich beschrieben haben (s. Kap. 3.4.2.1), bestand die Falle darin, dass intern Funktionen auf Indizes abgebildet und auf der Gegenseite Indizes wieder zu Funktionen umgeformt wurden. Die jeweils zur Abbildung verwendeten beiden Tabellen sind voneinander entkoppelt und stellen daher eine implizite, für den Anwender nicht sichtbare Abhängigkeit zwischen Anwendung und Treiber dar. Passen die Tabellen – wie im Beispiel beschrieben – nicht zusammen, kann der Entwickler dies im Fehlerfall nur indirekt bemerken, wenn sich das Programm anormal verhält. Eine explizite Fehlermeldung, die auf die Ursache hinweisen würde, gibt es nicht.

Eine weitere Falle besteht darin, mit "0" (wie in C) bei der Indizierung zu beginnen. Das erste Element einer Menge bezeichnen wir üblicherweise mit "1". Die "0" wurde eingeführt, weil die Adresse des ersten Elementes eines Feldes den Offset "0" hat bezüglich der Basisadresse, und daher keine Zwischenrechnung vom Index "i" auf "i-1" notwendig ist

Eine Falle im Bereich der Betriebsysteme stellt beispielsweise die Vergabe von Prioritäten dar. Wie bereits früher erwähnt, gibt es zwei mögliche Arten der Definition: entweder repräsentiert "0" die höchste Priorität oder die niedrigste. Vom Verständnis her würden wir eher "hoch" mit einer hohen Zahl verbinden, also z.B. "255". Wenn "0" als "hoch" gilt, müssen wir umdenken. Das lässt sich lernen. Problematisch wird es aber, wenn wir ein anderes Betriebssystem benutzen, und uns wieder anpassen müssen, weil es die entgegengesetzte Abbildung verwendet. Dann ist die Verwechslungsgefahr groß. Sehr problematisch ist aber, wenn innerhalb desselben Werkzeuges beide Konventionen verwendet werden wie wir es bereits früher beschrieben haben.

Die Sprache C ist für ihre komplizierte Behandlung von Speicherverweisen, so genannten Pointern, bekannt. Bei den vielfältigen Möglichkeiten, die die Sprache für die Manipulation dieser Pointer bietet, können leicht Fehler entstehen. Daten werden an der falschen Stelle im Speicher gelesen. Wesentlich kritischer ist es, wenn an der falschen Stelle geschrieben wird, denn da an jener Stelle nicht die gewünschten Daten liegen, werden dadurch andere Daten unzulässig und unbemerkt verändert.

Dies waren nur einige wenige Beispiele, die bis auf das Beispiel über die Pointer trivial sind. Bei GerlichDasia2001 werden weitere solcher Fallen diskutiert.

Wie die meisten Fehler führen aber auch solche nicht unmittelbar zum Absturz sondern erst dann, wenn die fehlerhaften Daten verwendet werden. Dabei ist ein Absturz während der Testphase noch der beste Fall. Oftmals werden solche Fehler bei Testläufen gar nicht bemerkt und treten dann erst beim Anwender auf, wo sie zu erheblichen Betriebsstörungen führen können.

Wenn solche Fehler nur sporadisch auftreten, ist die Suche nach der Ursache äußerst zeitraubend und kostenintensiv, beispielsweise wenn dadurch Termine und Budgets nicht eingehalten werden können und u. U. Vertragsstrafen folgen.

3.10.3 Gegenmaßnahmen

Das Ziel muss also sein, die Anforderungen erfolgreich in ein System bei minimalem Aufwand und geringer Fehlerquote umzusetzen, ohne Komplexität oder Größe durch menschliche Unzulänglichkeiten zu begrenzen. Benötigt wird ein Ansatz, mit dem hohe Komplexität eines Systems mit dem begrenzten menschlichen Verständnis realisiert werden kann.

Zunächst einmal müssen Entwickler und Entscheidungsträger so viel Übersicht über ihr System haben, dass sie vorhersagen können, welche Konsequenzen ihre Entscheidungen mit sich bringen. Bei den Entscheidungen kann es sich um solche in der Spezifikationsphase handeln, aber auch um Fehlerkorrekturen während der Testphase.

Zum zweiten müssen die am Projekt Beteiligten in der Lage sein, Fehler und kritische Stellen im System zu erkennen, bevor von ihnen ausgehende Störungen eintreten. Sie müssen vorher Gelegenheit haben, sinnvolle Gegenmaßnahmen zu ergreifen. Je später im Projektablauf solche Probleme erkannt werden, um so aufwändiger und teurer wird ihre Behebung.

Als Beispiel für Gegenmaßnahmen, die sich im Rahmen der manuellen Codierung nicht als sonderlich effizient oder sinnvoll erwiesen haben, sei hier das so genannte "defensive programming" genannt. Bei diesem Verfahren wird an allen Stellen explizit Code zur Überprüfung bestimmter Annahmen eingefügt, an denen sich der Entwickler dieser Annahmen nicht ganz sicher ist.

Dies bringt einen erheblichen Aufwand mit sich und wird in den wenigsten Fällen auch bis zu den letzten Änderungen im Rahmen der Fehlerkorrektur durchgehalten. Da durch die Tests außerdem die Performance beeinträchtigt wird, werden sie meist als letzte Handlung vor der Auslieferung ohne Wiederholung der Tests, teilweise durch manuelle Eingriffe, entfernt. Oft stellt sich dann erst während des Betriebs beim Kunden heraus, dass durch diese nach der Testphase eingebrachten Änderungen im System neue Fehler entstanden sind, beispielsweise weil der zeitliche Ablauf sich geändert hat.

Bei besonders komplexen Systemen hat sich daraus ein Verfahren entwickelt, dass sich mit "paranoid programming" bezeichnen lässt.

Hierbei wird entsprechender Prüfcode nahezu überall im System eingeführt, weil die Entwickler aufgrund fehlenden Überblicks überall Seiteneffekte befürchten. Linus Torvalds hat es im Linux-Kernel selbstkritisch so ausgedrückt: „Ich bin nicht paranoid: Es ist nur so, dass alle Welt hinter mir her ist."

In dieser Form und völlig ohne Planung eingesetzt hat "defensive programming" also kaum Einfluss auf die Qualität des Endprodukts. Vielmehr ist es notwendig, den Einsatz dieses Prüfcodes sinnvoll und effizient zu gestalten, damit das Verfahren bis zum Schluss durchgehalten werden kann. Bei manueller Arbeitsweise entsteht hohe Ineffizienz.

Vielmehr lässt sich eine Lösung durch Automation finden. Automatisch erzeugter Code kann auch automatisch mit Prüfcode oder sonstigen Anweisungen zur Testunterstützung – wie etwa Testausschriften als Methode der Ablaufprotokollierung – instrumentiert werden und diese Instrumentierung kann genauso automatisch wieder entfernt werden. Durch die maschinelle und damit immer gleich durchgeführte Instrumentierung und deren Entfernung lässt sich die Konsistenz des Systems gewährleisten. Seiteneffekte für den restlichen Code kann ein Generator völlig ausschließen. Durch vollständige Automatisierung der Tests können auch nach dem Entfernen des Prüfcodes ohne großen Aufwand alle Tests wiederholt werden.

Mit dem Verständnis kritischer Stellen im System können natürlich auch die Tests besser geplant werden. Sobald sich der allgemeine Entwicklungs- und Testaufwand reduziert, kann mehr Aufmerksamkeit auf die möglichen Schwachstellen des Systems gelenkt werden.

Bei Einsatz eines automatisierten Produktionsprozesses werden so der Prozess und die beteiligten Generatoren mit jedem durchgeführten Projekt erneut getestet und überprüft. Mit der Qualität des Prozesses erhöht sich dann natürlich auch die Qualität der Produkte.

Der Produktionsprozess reduziert die Komplexität des Systems für den Entwickler, indem er als "Verstärker" wirkt, sowohl bei der Codeerzeugung als auch beim Testen.

Während die Komplexität der produzierten Systeme steigen kann, wird der Komplexitätsanteil, mit dem sich die Entwickler beschäftigen müssen, erheblich reduziert. Mit einfachen Organisationsregeln können maßgeschneiderte, optimierte und automatisierte Produktionsprozesse definiert und realisiert werden, wie sie aus der Hardwareproduktion bereits bekannt sind.

3.11 Das Potenzial der Automation

Wir wollen abschließend die aufgeführten Beispiele aus dem Blickwinkel automatischer Softwareproduktionsprozesse betrachten und das Potenzial für Verbesserungen identifizieren.

- Risiken durch Informationsmangel
  Mit Codegeneratoren kann die notwendige Information und die zugehörige Auswertesoftware für die Präsentation der Ergebnisse anwendungsabhängig bzw. produktspezifisch erzeugt und der Informationsmangel behoben werden.
- Risiken durch Managementfehler
  Durch die Verteilung ausführbarer Spezifikationen an die Projektpartner wird die Auftraggeber-Auftragnehmer-Schnittstelle entschärft, Risiken können früher erkannt werden, "last-minute changes" sind bei geringen Mehrkosten auch in einer mehrstufigen Projekthierarchie möglich.
- Der Kampf gegen das Chaos
  Die sequentiellen Phasen laufen jetzt automatisch ab, die Ergebnisse sind frühzeitig verfügbar. Der Rechner bewältigt fehlerfrei große Mengen an Komponenten.
- Viel Code, wenig Qualität
  Die automatische Generierung von Code kann mit Test, Verifikation und Validierung verbunden werden. Große Mengen an Tests können ausgeführt werden, die Verifikation der Implementierung entfällt, die Validierung wird durch frühzeitige Verfügbarkeit und bessere Visualisierung der Eigenschaften unterstützt.
  Der Unterschied zwischen "kritischen" und "unkritischen" Anwendungen entfällt, normale Budgets reichen aus, jede Anwendung wie eine kritische Anwendung zu behandeln.

These 45
Synergie zwischen Codegenerierung und Qualitätssicherung ist möglich.

- Zuverlässigkeit der Ergebnisse
  Durch den Einsatz von Generatoren liegt der Schwerpunkt bei der Qualität, nicht bei der Bewältigung großer Mengen an Information. Daher können Prüfungen vorgesehen werden, die falsche Ergebnisse durch falsche Anwendung ausschließen.
- Der Anwender ist nicht König
  Ohne Automation müssen sich die Entwickler auf die Probleme der Implementierung konzentrieren, Automation erlaubt Fokussierung auf die Bedürfnisse der Anwender.
  - Zauberei: Ein Fehler ist kein Fehler
    Komplexität und Aufwand für die Implementierung einer Datenbank und zugehöriger Benutzeroberfläche sin-

  ken, Fehlentscheidungen können sofort korrigiert werden, schlechte Kompromisse, um Komplexität und Aufwand niedrig zu halten, sind nicht mehr notwendig.
  - Hellsehen notwendig
    Der Codegenerator übernimmt die Aufgabe, Fehlerfortpflanzung zu verhindern und dem Anwender ausreichend Information zur Fehleridentifikation zur Verfügung zu stellen.
  - Fallen für den Anwender
    Codegeneratoren und Codeadaptierungswerkzeuge ermöglichen die Vermeidung bzw. effiziente Beseitigung von Inkompatibilitäten.
- Interne Risiken
  Die Definition automatischer Produktionsprozesse erfordert Optimierung des Produktionsablaufs und frühzeitige Information des Entwicklers über die aktuellen Eigenschaften des entstehenden Produktes. Der Prozess berücksichtigt daher die möglichen Entwicklungsrisiken und stellt dem Entwickler geeignete Hilfsmittel zur Prävention zur Verfügung.
  Durch den planbaren Entwicklungsprozess sinkt das Risiko der Kostenschätzung.
- Externe Risiken
  Codegeneratoren und Codeadaptierungswerkzeuge erhöhen die Flexibilität, auf andere Schnittstellen auszuweichen.
  Frühzeitig steht ausführbarer Code mit den realen Schnittstellen zur Verfügung, in den externer Code integriert werden kann. Damit kann von den frühen Projektphasen kontinuierlich bis zum Projektende mit der externen Software getestet werden.
- Softwareentwicklungswerkzeuge
  Ein automatischer Produktionsprozess stellt als Werkzeug, das den gesamten Herstellungsprozess abdeckt, genau das bereit, was benötigt wird. Es besteht kein Risiko mehr, dass die Unterstützung unzureichend ist.
- Frühe Verfügbarkeit der Software
  Die Software ist frühzeitig verfügbar, zu jedem Zeitpunkt können die Eigenschaften beobachtet werden.
- Testunterstützung
  Durch die Synergie zwischen Codeerzeugung und Testfallgenerierung ist die Testunterstützung optimal, und zwar für jedes Produkt.
- Qualität
  Der Produktionsprozess stellt die zur Messung der Qualität notwendigen "Sensoren" zur Verfügung. Durch die Reprodu-

zierbarkeit und Wartbarkeit des Prozesses sinkt die Fehlerrate kontinuierlich, während sie bei einem Entwickler auf gleicher Höhe bleibt bzw. eine gewisse, relativ hohe Grenze nicht unterschreiten kann.

- Automation organisieren
  Die große Menge von Anwendungen kann in Produktfamilien unterteilt werden, für die spezielle Produktionsprozesse definiert werden können. Dieser Ansatz garantiert die Realisierung von Prozessen für jede Anwendungsart.
- Komplexität
  Automatische Produktionsprozesse senken die Komplexität für den Entwickler, erlauben aber die Herstellung von wesentlich höherer Komplexität, weil sie einen Rechner zur Komplexitätsreduktion an der Mensch-Maschine-Schnittstelle einsetzen.

4 Entwicklungsgrundlagen

In diesem Kapitel behandeln wir Entwicklungsgrundlagen, deren Kenntnis aus unserer Sicht notwendig für die Implementierung von Produktionsprozessen ist. Wir geben jedoch keine vollständige Einführung in die heute benutzten Entwicklungsmethoden, Sprachen und Plattformen, sondern nehmen nur eine Analyse und Bewertung hinsichtlich eines effizienten Softwareentwicklungsansatzes vor.

4.1 Manuelle Softwareentwicklung

Die Softwareentwicklung nach Stand der Technik ist geprägt durch den überwiegenden Einsatz von Menschen – Ingenieuren bzw. Entwicklern – die punktuell von rechnergestützten Werkzeugen unterstützt werden.

Für diese Vorgehensweise verwenden wir den Begriff "manuelle Entwicklung", obwohl natürlich sehr viel geistige Leistung damit verbunden ist. Aber die Ideen werden hauptsächlich durch die Hände in Code umgesetzt. Wir benutzen "manuell" auch zur Abgrenzung bzw. als Kontrapunkt zur "automatischen Softwareproduktion", die auf vollständig automatisierten Prozessabläufen beruht.

Beim Einsatz von Rechnern lag der Schwerpunkt in den "frühen Tagen der Programmierung" auf der Umsetzung von Algorithmen in ausführbaren Code. Das Produkt "Software" besteht aus Code und daher liegt es – fälschlicherweise – nahe, sich auf die Erzeugung von Code zu konzentrieren. Daran hat sich bis heute leider nicht viel geändert, obwohl durch die wachsende Größe und Komplexität die Organisation des Softwareentwicklungsprozesses immer wichtiger geworden ist, und die Codeerzeugung nur einen kleinen Teil der anfallenden Aufgaben abdeckt.

Während die im ersten Teil dieses Kapitels beschriebenen Entwicklungsmethoden in den Stand der Technik einführen und eine Abgrenzung gegen automatische Produktionsprozesse ermöglichen, werden die im zweiten Teil erläuterten Verfahren in den automatischen Produktionsprozessen eingesetzt. Ein gutes Verständnis von Stärken und Schwächen von Programmiersprachen, Betriebssystem und Methoden und Werkzeugen zum Nachweis der Korrektheit von Code ist notwendig, um hohe Effizienz und Qualität mit einem automatischen Prozess erreichen zu können.

4.2 Entwicklungsansätze

Durch den Einsatz von Regeln soll vorhandenes Wissen für zukünftige Softwareprojekte nutzbar werden. In den 1960er und 1970er Jahren traten durch chaotischen Projektablauf immer wieder Probleme in Softwareprojekten auf (vgl. Berard2000). Nach einer frühen "freien" Periode folgten dann Perioden der Reglementierung, Trotzdem besteht noch sehr viel individueller Spielraum, so dass die Ergebnisse nicht einheitlich sind, weder von der Menge noch von der Qualität.

Gemeinsames Ziel aller Regeln ist die Verringerung der Komplexität und die Ordnung des Chaos in den Köpfen der Entwickler hinsichtlich Projektablauf und Entwicklungsstrukturen. Im Vordergrund steht daher bei allen Methoden die Unterteilung eines (großen) Systems in kleinere Einheiten. Eine Unterteilung ist sowohl bzgl. des Entwicklungsablaufes als auch des Entwicklungsinhaltes möglich:

1. Funktionalität
   Das System wird in Teile unterschiedlicher, komplementärer Funktionalität zerlegt.
2. Ausprägung
   Ein System wird komplett realisiert, zur Senkung der Komplexität wird mit reduzierter Funktionalität begonnen und schrittweise erhöht (inkrementelle Entwicklung).
3. Realisierungs- bzw. Implementierungsphasen
   Das System wird in mehreren Arbeitsschritten erstellt wie Spezifikation, Entwurf, Kodierung usw.
4. Arbeitsteams
   Das System wird in Arbeitsteilung erstellt, jede Gruppe übernimmt bestimmte Aufgaben, entweder Teile der Funktionalität oder der Realisierungsphasen

Mischform dieser vier elementaren Entwicklungsansätze sind möglich, woraus dann verschiedene Entwicklungsansätze entstehen, mit Vor- und Nachteilen.

Durch die Zerlegung in kleinere Teile wird die Komplexität des zu entwickelnden Teils reduziert, die Gesamtkomplexität kann sich aber trotzdem erhöhen, weil Schnittstellen entstehen, die Austausch von Information erfordern. Daher ist nach der Aufteilung der Gesamtaufwand meistens höher als vorher.

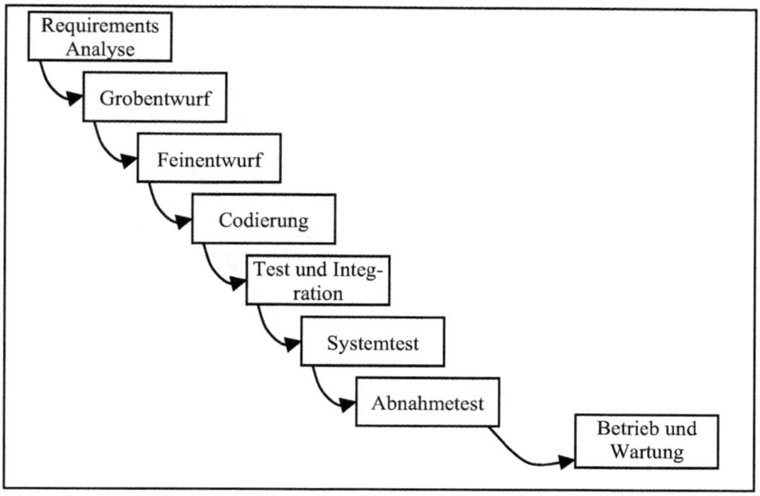

Abb. 4-1 Das Wasserfall-Modell

Das älteste Modell – nach unserer Kenntnis – ist das Wasserfall-Modell nach Boehm (Boehm79), bei dem die Implementierungsphasen sequentiell durchlaufen werden (Abb. 4-1): die Spezifikationsphase (Requirementsanalyse), die Entwurfsphasen (Grob- und Feinentwurf oder Architektur und detaillierte Funktionalität), die Codierungsphase, die Testphase, die Integrationsphase, die Abnahme- oder Übergabephase und die Betriebs- und Wartungsphase. Die einzelnen Phasen "plätschern" wie Wasser eine Treppe hinab, eine Stufe nach der anderen.

Das "V-Model" (s. V-Model) (nicht zum Verwechseln mit dem →"V-Modell") stellt die Anforderungs- und Beschreibungs- bzw. Definitionsphasen (Spezifikation, Grobentwurf, Feinentwurf) den Nachweisphasen (Test, Integration, Abnahme) gegenüber. Durch die vertikale Anordnung der Phasen gegen die horizontale Zeitachse entsteht durch Zuordnung der Erzeugungs- zu den Nachweisphasen auf gleicher Höhe ein "V". Da dem Nachweis der geforderten Eigenschaften hohe Bedeutung zugemessen wird, kann dieses "V" auch als Abkürzung für "Verifikation" (der Implementierung gegenüber den Eigenschaften) und "Validierung" (Prüfung der Anforderungen) interpretiert werden.

Abb. 4-2
Das V-Model

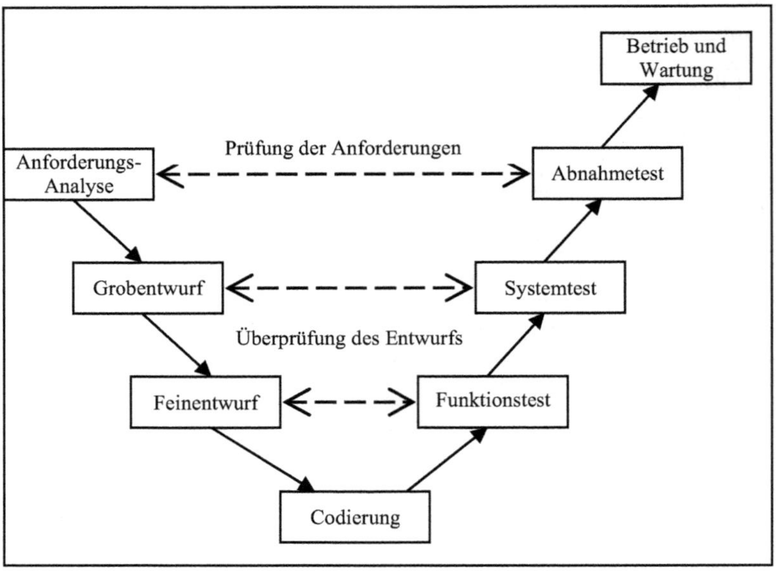

Bei automatischer Codegenerierung wird für die Codierungsphase (fast) keine Zeit verbraucht, so dass in diesem Fall der untere Teil des "V" zu einem senkrechten Strich entartet, aus dem "V" wird ein "Y", wir sprechen daher dann auch vom "Y-Modell".

Die sequentielle Vorgehensweise beim Wasserfall- und V-Modell führen zu einer späten (Er-)Kenntnis der Systemeigenschaften und hohem Risiko. Daher wurde nach Alternativen gesucht, die dieses Entwicklungsrisiko verringern.

Während bei den sequentiellen Modellen unterstellt wird, "alles ist schon beim ersten Mal richtig", und dies durch strikte Kontrollen sichergestellt werden soll (was aber in der Praxis nicht zum Erfolg führt), lässt die "iterative" Vorgehensweise Korrekturen zu. Wenn Korrekturen notwendig sind, geht man einen Schritt oder einige Schritte zurück. Bei der iterativen Vorgehensweise handelt es sich also um eine an die Erfahrungen der Praxis angepasste Version eines sequentiellen Modells. Jedoch ist der erhöhte Aufwand zu beachten, der durch Wiederholung von Entwicklungsabläufen entsteht.

Die Möglichkeit zur Iteration allein verringert aber das Risiko nicht. Wichtig ist, dass ein Risiko frühzeitig erkannt wird. Wenn eine Korrektur zwar möglich ist, trotzdem viel Geld und Zeit verbraucht werden, hilft das den Entwicklern nicht, die ein festes Budget haben und nach einem vorgegebenen Zeitplan arbeiten müssen. Die Entwicklung von Prototypen schien eine Lösung dieses Problems zu bieten.

Beim "Prototyping Model" (Abb. 4-3) soll durch Iterationen und kurze Entwicklungszyklen das Verständnis vom Kunden und Entwickler für das entstehende Produkt kontinuierlich verbessert werden.

Der Kunde formuliert Anforderungen, der Entwickler setzt sie nach seinem Verständnis in einen "Prototypen" um, das Ergebnis wird von beiden analysiert. In der nächsten Iteration werden die Anforderungen gemäß der Beurteilung korrigiert und/oder ergänzt. Die Iterationen werden solange fortgesetzt, bis ein zufriedenstellendes Ergebnis erreicht ist – oder bis Budget und Zeit aufgebraucht sind, je nachdem, was früher eintritt.

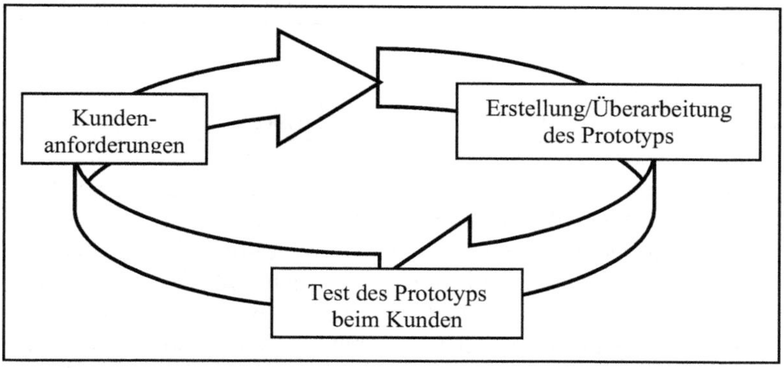

Abb. 4-3
Ein Prototyping Model

Aus den Prototypen muss nicht zwangsläufig das Endprodukt entstehen. Häufig wird Prototyping eingesetzt, um zu einem besseren Verständnis des Problems zu kommen. Wenn dies erreicht ist, wird dann mit der Entwicklung nach dem Wasserfallmodell begonnen. In diesem Fall dient das Prototyping dazu, durch eine Vorphase das Risiko zu minimieren.

Das "Spiral-Modell" von Boehm (Boehm88) basiert auf einem iterativen Ansatz mit stark verkürzten Phasen, die im Sinne von Prototyping häufig durchlaufen werden. Der Radius der Spirale repräsentiert die aktuell aufgelaufenen Gesamtkosten, der Winkel den Projektfortschritt.

Aus den "klassischen" Ansätzen der Iteration und des Prototyping lässt sich der "phasenorientierte" Entwicklungsansatz ableiten (Abb. 4-4), der die Zeit bis zur Auslieferung eines Produktes an den Kunden verkürzen soll, wobei mit jeder neuen Phase das jeweilige Teilergebnis mehr dem gewünschten Endergebnis entsprechen soll. In diesem Fall entsteht also aus den Prototypen das Endprodukt.

Abb. 4-4 Phasenweise Entwicklung

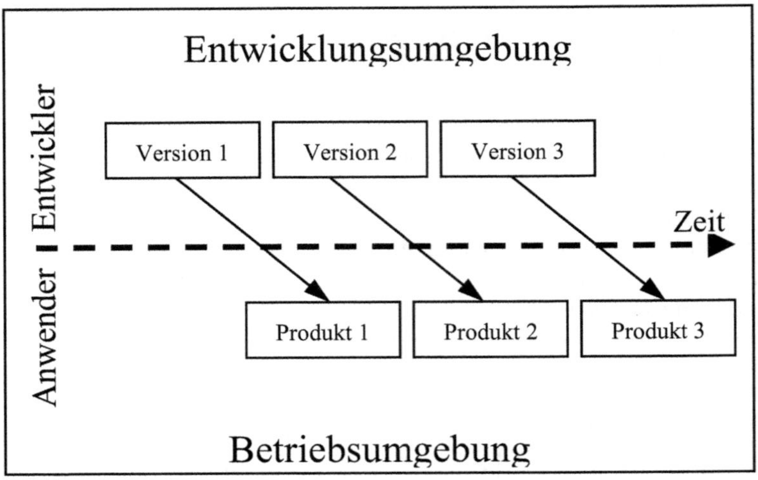

Der Entwicklungsansatz "meet-in-the-middle" (vgl. Nguyen2001, Perrier2003) berücksichtigt die Erfahrung, dass man nicht alles "top-down" entscheiden kann, aber auch "bottom-up" ("ein System aus vorhandenen Teilen zusammensetzen") nicht unbedingt zum Erfolg führt. Durch die "bottom-up"-Vorgehensweise soll die Systemperformance untersucht und sichergestellt werden, während die funktionalen Anforderungen "top-down" definiert werden. Dieser Ansatz ist im Bereich des "Hardware-Software-Co-Design" üblich.

Beim Hardware-Software-Co-Design wird zu Beginn die Funktionalität eines Systems spezifiziert, ohne sich festzulegen, ob sie durch Hardware oder Software realisiert wird. Die Entscheidung für Hardware oder Software kann dann relativ spät getroffen werden, je nachdem, ob Performance (→Hardware) oder Flexibilität (→Software) gefordert ist.

These 36 Abstrakte Schnittstellen ermöglichen paralleles Arbeiten

Eine weitere Variante des iterativen Ansatzes ist die "rekursive, parallele" Vorgehensweise im Sinne von „analyse a little, design a little, program a little, test a little“ (s. Grady Booch), die eng mit dem objekt-orientierten Ansatz (s. OOP) verbunden ist (vgl. Berard, 2000[1]). Er erleichtert paralleles Arbeiten an Systemteilen durch die Einführung definierter Schnittstellen mit hohem Abstraktionsgrad und Kapselung von Funktionalität und Abhängigkeiten.

Die Projektphasen stehen bei dem Phasenmodell der ESA (vgl. ECSS-M-30) im Vordergrund, das auf Raumfahrtprojekte allgemein und nicht nur auf Softwareprojekte angewendet wird. Der Projektablauf wird hierbei in die Phasen 0, A-F eingeteilt:

---

[1] Dieser Artikel gibt eine gute Übersicht über die verschiedenen Arten der Softwareentwicklungszyklen.

0 Definitionsphase des Projektes
  wie Missionsplanung, Definition der Rahmenbedingungen und des Budgets

A Konzeptionsphase
  Untersuchung der (technischen) Möglichkeiten für eine Realisierung, Erstellung von Anforderungen

B Definitionsphase
  Erstellen der vollständigen Systemspezifikation (Hardware und Software)

C Entwurf und Entwicklung
  Entwurf und Fertigung von Prototypen und Untersuchung deren Eigenschaften

D Fertigung und Erprobung
  Die Endversion des Systems wird gebaut und getestet, das spätere Personal geschult. Am Ende dieser Phase wird das System vom Auftraggeber abgenommen.

E Betriebs- und Wartungsphase
  Das System wird eingesetzt und ggf. neuen Bedürfnissen angepasst.

F Stilllegungsphase
  Der Betrieb des Systems wird eingestellt. Alle Maßnahmen, die zur Entfernung des Systems erforderlich sind, werden durchgeführt. In der Raumfahrt ist dies besonders wichtig, da ein stillgelegter Satellit nicht sich selbst überlassen werden kann.

Eine Zuordnung dieser Phasen zu den Phasen der bereits erwähnen Entwicklungsansätze ist grob möglich:

Phase B → Spezifikationsphase
Phase C → Entwurfsphase (Grob- und Feinentwurf)
Phase D → Codierung, Test, Integration, Abnahme

In der Phase E werden die Entwicklungsphasen verkürzt je nach Bedarf durchlaufen. Die Phase F wird üblicherweise in der Softwareentwicklung nicht explizit betrachtet, da Software immateriell ist und von ihr kein Schaden droht, wenn sie nicht benutzt wird. Eventuell sind Maßnahmen zur Deinstallation, Datensicherung oder -vernichtung durchzuführen.

Schließlich soll noch das "V-Modell" (nicht zu verwechseln mit →"V-Model") erwähnt werden, das als Standard bei IT-Projekten der deutschen Behörden angewendet wird und zahlreiche Regeln zur Vorgehensweise enthält. "V" steht hierbei für "Vorgehensmodell".

4.3 Anforderungen an automatische Prozesse

Wenn heute (in 2004) der Begriff "Automation" im Rahmen der Softwareentwicklung erwähnt wird, verbirgt sich dahinter meistens nur eine Teilautomatisierung, die nur einen Bruchteil der während der Entwicklung anfallenden Tätigkeiten abdeckt. Wir verbinden dagegen mit diesem Begriff eine "Vollautomatisierung" aller Entwicklungsabläufe, die Anforderungen in ein Produkt umsetzen.

4.3.1 Grenzen der Teilautomation

Die Automatisierung begann mit den "Codegeneratoren". Häufig gibt man auf einer grafischen Oberfläche den Code ein, der dann praktisch 1:1 in die textuelle Form einer Programmiersprache "automatisch" umgesetzt wird. Bei der Konvertierung oder auch schon bei der Eingabe werden möglicherweise Benutzerfehler erkannt, doch garantiert die Fehlerfreiheit dieser Eingaben nicht semantische oder syntaktische Fehlerfreiheit des erzeugten Codes.

Bei Werkzeugen zur Testautomation werden die Testfälle manuell durch Analyse von Spezifikation, Design und Code abgeleitet und dann in Information für ein Testwerkzeug umgesetzt (vgl. Premalatha), das dann die Tests automatisch ausführt. Bei der Auswertung der Testergebnisse ist dann wieder der Entwickler gefordert.

Eine gute Übersicht über den aktuellen Stand der Technik hinsichtlich "Testautomation" findet man bei Konferenzen über dieses Thema wie "Software Testing 2004" und den dort publizierten Artikeln (SWTest04).

4.3.2 Einfluss auf Korrektheit, Konsistenz und Vollständigkeit

Bei der Umsetzung von Anforderungen in ein ausführbares System können Fehler in den Anforderungen enthalten sein, die dann in das System übertragen werden, oder sie können bei der Implementierung entstehen. Ziel jeder Implementierung muss es sein, Fehler zu verhindern oder sie *frühzeitig* zu beseitigen.

Neben logischen Fehlern, beispielsweise die Benutzung eines falschen Algorithmus' oder einer falschen Variablen, Programmierfehlern wie die fälschliche Zuweisung eines Wertes durch "=" bei einem beabsichtigten Vergleich in C, der aber "==" erfordert, kann der Entwickler auch auf Systemebene falsche Entscheidungen treffen. Beispiele hierfür sind das Senden von Daten an den falschen Empfänger oder die vergessene Behandlung von unerwarteten Ereignissen. Solche Fehler können nicht von Compilern erkannt werden, da sie anwendungsspezifisch sind.

Diese Aufgabe müssen Werkzeuge übernehmen, die einen engeren Anwendungsbereich abdecken und durch zusätzliche Regeln diese Art von Fehler erkennen können. Die Regeln können beispielsweise über ein "Meta-Modell" eingeführt werden (s.a. Kap. 4.4.5.1 und 6.5.5), das die Zusammenhänge für den Anwendungsbereich beschreibt. Je mehr Code automatisch mit Codegeneratoren erzeugt werden kann, desto wichtiger wird die Überprüfung auf anwendungsspezifische Fehler. Hierbei sollte u.a. nachgewiesen werden (die Aufzählungen sind nicht vollständig, es handelt sich nur um Beispiele):

- die Korrektheit
  - Wenn Instanzen eines Prozesstyps auf Prozessoren verteilt werden, darf jede Instanz nur einem Prozessor zugeordnet werden.
  - In einer verteilten Datenbank muss ein Datenelement mindestens einmal vorhanden sein.
- die Vollständigkeit
  - Auch ein unerwartetes Ereignis muss behandelt werden können.
  - Jede Instanz muss mindestens einem Prozessor zugeordnet sein.
- Konsistenz
  - Wenn Nachrichten gesendet werden, muss geprüft werden, ob es einen Empfänger gibt.
  - Wenn eine Datenstruktur in einer Datenbank geändert wird, müssen auch das zugehörige GUI und die Zugriffe angepasst werden.

Die meisten dieser Regeln können bereits vor der Codegenerierung überprüft werden, da es sich um statische Eigenschaften handelt. Eigenschaften, die sich zur Ausführungszeit ändern können, werden zur Laufzeit überprüft durch Code, der automatisch eingefügt wird.

Werden solche automatischen Prüfungen nicht vorgesehen, entsteht hoher Zusatzaufwand, weil ein Fehler vom Entwickler nur schwer identifiziert werden kann. Er kennt die Algorithmen nicht, die der Codegenerator implementiert, und muss sich daher erst in fremden Code einarbeiten.

In einem Fall (s. Kap. 3.5.1) erlaubt ein Werkzeug, zwischen verschiedenen Übertragungsmechanismen (TCP/IP und shared memory) zu wählen. Eine Kombination war nicht erlaubt, dies wurde aber nicht überprüft. Unbeabsichtigt definierten wir aber eine Kombination, ohne uns dessen bewusst zu sein. Wir wunderten uns, dass keine Daten empfangen wurden. Erst nach einer sehr aufwändigen Fehlersuche fanden wir die Ursache.

Ein Meta-Modell muss die Definition beliebiger Mengen zulassen, beispielsweise von Nachrichten, Prozessoren, Prozesse, Datenfeldern. Trotzdem sollten Korrektheit, Vollständigkeit und Konsistenz überprüft werden können.

Wenn beispielsweise die Menge der Nachrichten und ihre Bezeichnung frei definierbar sind, so kann trotzdem überprüft werden, ob jede gesendete Nachricht auch empfangen wird und umgekehrt, ob für jede erwartete Nachricht auch mindestens eine Quelle existiert. Die Erfahrung zeigt, dass durch solche einfachen Prüfungen nicht nur die eigentlichen Fehler, sondern weitere Denkfehler in den Anforderungen leicht gefunden werden können.

Höherer Aufwand entsteht, wenn das Werkzeug mehr Information anfordert als erforderlich ist. Bei einem guten Meta-Modell ist es möglich, Information so zu verwalten, dass sie an verschiedenen Stellen in der benötigten Repräsentation zur Verfügung steht, wenn sie gebraucht wird. Ein Anwender des Produktionsprozesses muss sie nicht selbst mehrfach bereitstellen.

Bei dem oben erwähnten Werkzeug wird die Netzwerkkonfiguration durch drei verschiedene Dateien beschrieben, deren Inhalt voneinander abhängt. Bei Änderung der Netzwerkkonfiguration müssen alle Dateien angepasst werden.

Wird vom Werkzeug eine interne Transformation nicht durchgeführt, dann muss ein Anwender mehrmals die Information in der jeweils benötigten Form liefern. Statt einem Anwender zu helfen, Fehler zu vermeiden, wird er nun gerade dazu angehalten, Fehler zu erzeugen. Ihm wird quasi eine Falle gestellt, es wird geprüft, ob er genügend Überblick hat, dabei sollte ihn das Werkzeug hierbei entlasten.

Die meisten Werkzeuge wissen sogar, dass redundante Information angefordert wird, denn sie melden bei inkonsistenter Information einen Fehler und fordern den Anwender auf, die verschiedenen Informationsquellen abzugleichen. Statt das Problem zentral zu lösen, wird das Problem verschoben und vervielfacht, weil jeder einzelne Anwender des Werkzeuges solche Probleme lösen muss.

4.4 Qualitätssicherung

Jeder glaubt zu wissen, was Qualität ist, aber trotzdem ist sie schwierig zu definieren.

4.4.1 Qualitätsmerkmale

Hier ist eine Liste von Qualitätsmerkmalen nach Sommerville (Sommerville96), die in einem Script der Georgia University of Technology (Atlanta) angegeben sind (vgl. LC1). *Wichtige* Qualitätsmerkmale sind danach (die englischen Ausdrücke, die teilweise präziser sind, sind in Klammern angegeben):

- Wartbarkeit (Maintainability)
- Zuverlässigkeit (Dependability)
- Performance (Efficiency)
- Brauchbarkeit (Usability)

Als weitere Merkmale werden aufgeführt:

- Vollständigkeit (Completeness)
- Kompatibilität (Compatibility)
- Portabilität (Portability)
- Mehrsprachigkeit (Internationalization)
- Verständlichkeit (Understandability)
- Skalierbarkeit (Scalability)
- Robustheit (Robustness)
- Testbarkeit (Testability)
- Adaptierbarkeit (Customizability)
- Wiederverwendbarkeit (Reusability)

DIN 66272 (Oktober 1994) (ISO/IEC 9126:1991) (vgl. Glöe) zählt folgende Qualitätsmerkmale mit Teilmerkmalen auf:

- Funktionalität
  Angemessenheit, Richtigkeit, Schnittstellenkompatibilität, Ordnungsmäßigkeit, IT-Sicherheit
- Zuverlässigkeit
  Reife, Fehlertoleranz, Wiederherstellbarkeit (Recoverability)
- Benutzbarkeit
  Verständlichkeit, Erlernbarkeit, Bedienbarkeit
- Effizienz (Performance)
  Zeitverhalten, Verbrauchsverhalten

- Änderbarkeit
  Analysierbarkeit, Modifizierbarkeit, Stabilität, Prüfbarkeit
- Übertragbarkeit (Portabilität)
  Anpassbarkeit, Installierbarkeit, Konformität, Austauschbarkeit

Auffallend ist, dass die wenigsten Merkmale einer direkten Messung zugänglich sind.

Aus Sicht eines Benutzers wären u. E. die wichtigsten Kriterien:

1. Zuverlässigkeit
2. Performance
3. Robustheit
4. Brauchbarkeit
5. Vollständigkeit
6. Verständlichkeit

Alle anderen Kriterien beziehen sich primär auf Entwicklung und Wartung und nicht auf die Bedürfnisse des Anwenders. Sie drücken die Interessen der Entwickler aus.

Portabilität könnte noch ein relevantes Kriterium für den Kunden sein, wenn er das Produkt auf verschiedenen Plattformen benutzen will. Dann ist es aber kein selbständiges Qualitätskriterium, sondern eher der Brauchbarkeit zuzuordnen. Ähnliches gilt für die Skalierbarkeit: kann der Benutzer davon ausgehen, dass das Programm in seinem Anwendungsfall voll einsetzbar ist, oder ist dies durch mangelnde Performance ausgeschlossen? Die zulässigen Grenzen für einen Einsatz sollten in der Produktspezifikation definiert sein.

Hinzufügen würden wir dagegen noch "Fehlertoleranz" und "Verfügbarkeit".

Die ersten 3 der o. g. 6 Kriterien stehen für die *Nutzung* (Betrieb), es sind mehr dynamische Eigenschaften, die letzten 3 für die *Benutzung* mit eher statischen Eigenschaften. Unter der Voraussetzung, dass die 3 Benutzungskriterien zufriedenstellend erfüllt sind und die Performance ausreicht, wird der Anwender das System nutzen.

Fehler führen zu einer totalen oder partiellen, permanenten oder temporären Beeinträchtigung dieser Merkmale. Der Benutzer wird solche Einschränkung als Verlust an Zuverlässigkeit des Produktes empfinden.

Der Käufer eines Softwareproduktes findet in der Beschreibung kaum Angaben zu diesen Kriterien. Wenn die Möglichkeit besteht, wird er sich bei anderen Anwendern vorher darüber informieren oder sich eine Evaluierungslizenz besorgen. Sonst muss er das Produkt kaufen, in der Hoffnung, dass es für ihn brauchbar ist, und sich dann möglichst schnell einen Überblick über die Qualitätseigenschaften verschaffen.

Was Brauchbarkeit bedeutet, erläutern wir am Beispiel eines Textverarbeitungsprogrammes, das von uns nicht voll kontrollierbar ist. Wenn wir einen Schreibfehler korrigieren wollen, den Cursor an die gewünschte Stelle setzen und den Text ändern, stellen wir nach der Änderung fest, dass vom Programm häufig der Cursor nach der Eingabe neu gesetzt wird, und die Änderungen an einer anderen Stelle wirksam werden, obwohl wir beim Schreiben sie an der richtigen Stelle eingetragen haben. Offensichtlich führt das Programm im Hintergrund eine Reformatierung durch, nach der es den Cursor neu setzt, bevor die gespeicherten Eingaben interpretiert werden. Dieser Fehler ist nicht so schwerwiegend, dass man das Werkzeug nicht benutzen kann, aber er verursacht Mehraufwand und Unzufriedenheit beim Benutzer.

Die anderen hinsichtlich Entwicklung und Wartung genannten Kriterien können am Ende eines Entwicklungsprojektes mit den gegenwärtig verfügbaren Mitteln kaum beurteilt werden. Erst bei der Wartung oder einem Folgeprojekt lässt sich über den anfallenden Bedien- oder Wartungsaufwand indirekt eine Aussage über den Grad ihrer Erfüllung ableiten.

Hinsichtlich Zuverlässigkeit wird ein Nutzer das Produkt über einen Zeitraum beobachten müssen, wobei er alle Anwendungsfälle ausführen sollte, um festzustellen, ob für seinen Bereich das Produkt hinreichend zuverlässig ist. Wenn das Produkt nach dem Testansatz "Operational Profile Testing" (s. Kap. 3.8 und 4.5) getestet wurde, und sein Anwendungsprofil sich vom "Standardprofil" unterscheidet, ist mit Beeinträchtigungen zu rechnen.

4.4.2 Qualitätssicherungsstandards

Standards beziehen sich sowohl auf Industriebranchen wie Luftfahrt, Raumfahrt, Automobilbau, chemische und pharmazeutische Industrie als auch auf Softwarekategorien wie "embedded systems", "Mensch-Maschine-Schnittstellen" usw. Sie werden von Industriefachverbänden, Berufsverbänden, Behörden und internationalen Organisationen definiert. Tab. 4-1 zählt einige Beispiele auf stellvertretend für die große Menge der existierenden Standards. Eine gute Einordnung der Standards findet man beispielsweise bei Glöe, 2002.

Standards repräsentieren Erfahrung, sie geben Wissen weiter und sollen sicherstellen, dass fachgerecht vorgegangen wird. Ihre Anwendung allein führt jedoch nicht zu hoher Qualität oder zu fehlerfreier Software. Sicher ist nur: wenn Standards angewendet werden, ist die Qualität höher.

Tab. 4-1 Qualitätssicherungsstandards

Kategorie	Standard
Qualitätsmanagement	ISO 900x
Software Management	SpiCE
	ISO/IEC TR15504
Software Management	CMM, CMMI
Avionik	RTCA DO-178A
	DO-178B
	ARINC 617
Raumfahrt	ESA PSS
	ESA ECSS
	S4S
Militär	V-Modell
	DoD STD-2167A
Programme, Dokumentation,	DIN V VDE 080
Daten	44300
Entwicklungs- und Wartungszyklus	ISO/IEC 12207
Kompetenz	DIN EN ISO/IEC 17025
Anforderungen	ANSI/IEEE Std 830-1984
Embedded Systems	IEC 61508
Sicherheitskritische Software	IEC 65A

These 106 Die Einhaltung allgemeiner Standards ist schwer kontrollierbar.

Ein großer Teil der Standards bezieht sich auf Dokumentation (wie ANSI/IEEE Std 830), Management und Qualifikation des Personals (SpiCE, S4S, CMMI). Man hofft, dass durch bessere Organisation und Ausbildung die komplexen Zusammenhänge verständlicher dargestellt werden können und somit weniger Fehler entstehen bzw. Fehler häufiger entdeckt werden. In der Praxis müssen die Richtlinien interpretiert und umgesetzt werden. Das erschwert die Kontrolle, denn es ist nicht allgemein definierbar, auf was tatsächlich geprüft werden soll.

These 105 Anwendung von Standards führt nicht zwingend zu fehlerfreier Software.

Daher findet meistens nur eine formelle Prüfung statt. Im Fall von Dokumentationsstandards wird beispielsweise nur geprüft, ob die Struktur des Dokumentes den Richtlinien entspricht, eine Überprüfung kann sich nur auf das Inhaltsverzeichnis beschränken. Dagegen wäre zur Fehlererkennung eine inhaltliche Prüfung notwendig auf Vollständigkeit, Konsistenz, Machbarkeit. Sie ist aber nicht das Ziel, wenn auf Konformität mit Standards geprüft wird.

Aus dieser Perspektive kann die Anwendung der Standards auch zu einer Fehleinschätzung führen: man glaubt, schon durch die Einhaltung der Standards Qualität zu produzieren und das Risiko zu verringern, was aber keinesfalls stimmt. Indem z.B. die Wichtigkeit von Dokumentation betont wird, werden Erfahrungen der Praxis ignoriert wie das Risiko, das vom Mangel an Ressourcen ausgeht (vgl. Glass). Dieses Risiko kann durch gute Dokumentation des Codes nicht verringert werden, eher wird es größer, wenn man sich nur auf die Dokumentation konzentriert.

Die gegenwärtigen Standards wollen durch Ausrichtung auf handwerklich gute Arbeit zu guter Qualität hinführen, wie es Fenton formuliert hat: "good internal structure → good external quality" (Fenton1991).

Da Standards auf Erfahrung aufbauen und ihre Formulierung und Akzeptanz durch die Gremien Zeit benötigt, repräsentieren sie Erfahrung der Vergangenheit und berücksichtigen möglicherweise nicht aktuelle Erfahrung.

Aus wirtschaftlicher Sicht haben Standards den Nachteil, dass sie Kosten produzieren. Indem Standards Qualifikation der Entwickler und die Projektorganisation wesentlich mitbestimmen, werden die Entwicklungsabläufe komplizierter, die Entwicklungszeiten länger, die Kosten höher. Wir hatten schon erwähnt, dass wir heute bei manueller Entwicklung eine angemessene Qualität nicht bezahlen können, ausgenommen sensible Bereiche wie Raumfahrt, Transportwesen und Medizintechnik, die trotz hoher Kosten angehalten werden, die notwendigen Maßnahmen zu ergreifen.

Wir erläutern nun einige dieser Standards im Detail.

SpiCE (Software Process Improvement and Capability dEtermination) (vgl. SpiCE) definiert Vorschriften zur

- Dokumentation für die Beurteilung und Analyse von Softwareprozessen,
- Planung, Management, Überwachung von Prozessen,
- Entwicklung, Betrieb und Wartung von Software.

Sie sind in den folgenden Dokumenten enthalten:

- Part 1: Concepts and Introductory Guide
- Part 2: A model for process management
- Part 3: Rating Processes
- Part 4: Guide to conducting assessment
- Part 5: Construction, selection and use of assessment instruments & tools
- Part 6: Qualification and training of assessors
- Part 7: Guide for use in process improvement
- Part 8: Guide for use in determining supplier process capability
- Part 9: Vocabulary

Das CMMI (Integrated Capability Maturity Model™) der Carnegie-Mellon Universität (vgl. CMM) teilt die Fähigkeiten der Firmen bzw. Projektteams in folgende Kategorien ein (s.a. Kap. 5.7.2):

- Level 1: initial
  keine geordnete Vorgehensweise, wenn überhaupt "chaotisch"
- Level 2: managed
  reine Projektverfolgung
  Management ähnlicher Anwendungen
- Level 3: defined
  Anwendung von Standards
- Level 4: quantitatively managed
  Kontrolle des Entwicklungsprozesses und der Qualität
- Level 5: optimizing
  Feedback von Projekten und kontinuierliche Verbesserung

Wir wollen hier nur kurz anmerken, dass ein automatischer und wartbarer Softwareproduktionsprozess nach unserer Auffassung CMM Level 5 entspricht.

Die meisten Entwicklungsgruppen erreichen nur Level 1 oder 2, Level 3 und 4 wird beispielsweise in der Luft- und Raumfahrt erreicht bzw. überall dort, wo Standards zwingend vorgeschrieben sind. Soweit uns bekannt, liegt die Anzahl der Firmen, die auf Level 5 eingestuft wurden unter 50. In Asien ist 2003 die erste Firma auf Level 5 eingestuft worden.

Die grundsätzliche Schwachstelle hinsichtlich Qualität bildet der Mensch. Durch seine Unvollkommenheit produziert er Fehler, um die Fehler zu finden und zu beseitigen, wird mehr Personal benötigt, um die durch das neue Personal produzierten Fehler zu finden, braucht man noch mehr Personal, usw. Eine Schraube ohne Ende, an deren Anfang – aus unserer Sicht – Standards zur Qualitätssicherung stehen.

These 104
Mehr Personal impliziert nicht bessere Umsetzung

Die Umsetzung der Standards durch mehr Personal, insbesondere durch qualifizierteres Personal, liegt nahe, ist aber nicht zwingend. Wenn man die Entwicklungsabläufe formalisiert, dann kann man sie automatisieren, und damit die Standards einhalten, ohne mehr Personal zu benötigen und die Kosten zu erhöhen.

4.4.3 Zertifizierung

Zertifizierung ist eine Methode der Qualitätssicherung. Durch Zertifizierung bestätigt eine unabhängige Instanz wie z.B. TÜV oder eine Atomaufsichtsbehörde, dass die anzuwendenden Richtlinien eingehalten wurden. Die Einhaltung der Vorschriften befreit den Entwickler von der Haftung für in einem Produkt möglicherweise noch enthaltene Fehler und bewahrt ihn vor nicht abschätzbaren wirtschaftlichen Risiken. Ihm wird mit der Zertifizierung bestätigt, dass er sorgfältig, d.h. gemäß Stand der Technik, vorgegangen ist. Umgekehrt ist es für den Kunden wichtig zu wissen, dass der Entwickler die größtmögliche Sorgfalt angewendet hat. Zertifizierung ist daher für das Vertrauensverhältnis zwischen Entwickler und Anwender wichtig.

Wenn beispielsweise ein Zulieferer in der Raumfahrt Software für eine Teilkomponente liefert mit einem Auftragswert von einigen Millionen € , aber durch seinen Fehler der Verlust einer Rakete oder eines Satelliten mit einem Schaden in der Höhe von einigen Hundert-Millionen € zu beklagen wäre so kann er für diese hohen Folgekosten keine Verantwortung übernehmen, da der Schaden in keinem Verhältnis zu seinem Umsatz oder Gewinn steht. Daher ist es üblich, dass dieses Risiko durch den (Haupt-)Auftraggeber übernommen wird. Zur Minimierung seines Risikos wird dieser daher entsprechende Anforderungen an den Auftragnehmer stellen, beispielsweise Zertifizierung oder einen anderen Nachweis der Qualität fordern.

Zertifizierung kann sich aber nicht nur auf ein Produkt beziehen, sondern auf die Entwickler oder den Herstellungsprozess. In diesem Fall wird bestätigt, dass die Entwickler über genügend Kenntnisse verfügen und zuverlässig sind, die vorgeschriebenen Richtlinien einzuhalten, bzw. der Herstellungsprozess immer zu einem Produkt führt, das den Anforderungen entspricht bzw. die zugesagten Eigenschaften aufweist.

Die Erfahrungen und Vorgehensweisen aus der Hardwareproduktion können aber nicht unbedingt auf Software übertragen werden.

Bei der Herstellung eines PKW entsteht durch die anerkannten Produktionsabläufe immer ein Produkt, das den geltenden Richtlinien entspricht. Dadurch muss nicht jeder neue PKW einzeln beim TÜV vorgeführt werden. Im Bereich der Softwareentwicklung ist dieses Verfahren aber bisher nicht anwendbar, denn es werden keine reproduzierbaren Produktionsprozesse eingesetzt. Richtlinien garantieren nicht, dass jedes Team von Entwicklern auch identisch vorgeht. Insofern kann aus der Befolgung der Entwicklungsrichtlinien nicht daraus geschlossen werden, dass jedes damit erzeugte Endprodukt den Produktrichtlinien entspricht. Eine Musterzulassung, wie es in der Hardwareproduktion üblich ist, kann für die entstehenden Softwareprodukte nicht schon deswegen erteilt werden, weil die Herstellungsabläufe bzw. das Entwicklerteam zertifiziert wurden.

Dies ist nur möglich, wenn wirklich reproduzierbare Softwareproduktionsprozesse eingesetzt werden, beispielsweise durch Automatisierung der Abläufe.

4.4.4 Klassifizierung von Werkzeugen

Aus Sicht der Qualitätssicherung können Werkzeuge in folgende drei Kategorien eingeteilt werden (ACG-SoA, Camus 2002): Produktivitätswerkzeuge, Verifikationswerkzeuge und Entwicklungswerkzeuge (wir nennen unten auch die englischen Bezeichnungen).

- Produktivitätswerkzeuge (Productivity Tools)
  Das Werkzeug wird zur Erzeugung von Code benutzt. Die Verifikationsaktivitäten werden wie bisher manuell durchgeführt.

- Verifikationswerkzeuge (Verification Tools)
  Das Werkzeug wird zur Erzeugung von Code benutzt, aber es unterstützt auch die Verifikation von Richtlinien. Ein Fehler des Werkzeuges bei der Verifikation führt nicht direkt zu einem Fehler des Systems. Alle anderen Maßnahmen zur Fehlererkennung werden weiterhin manuell ausgeführt.
- Entwicklungswerkzeuge (Development Tools)
  Das Werkzeug wurde qualifiziert, d.h. es wurde für die Codeerzeugung und Teile der Verifikation freigegeben, und die meisten Aktivitäten der Verifikation werden unterstützt und müssen nicht mehr manuell durchgeführt werden.

Gemäß der obigen Definitionen leisten Produktivitäts- und Verifikationswerkzeuge keinen wesentlichen Beitrag zur Fehlererkennung und -behebung. Denn der weitaus größte Teil der Verifikation muss immer noch manuell abgedeckt werden

Entwicklungswerkzeuge leisten einen Beitrag, den erheblichen Aufwand für die Fehlererkennung zu reduzieren. Sie müssen aber nicht alle notwendigen Aktivitäten abdecken. Da sie qualifiziert sind, tragen sie zur Senkung des Fehlerpotenzials bei.

4.4.5 Verifikation und Validierung

Verifikation und Validierung sind Maßnahmen, mit denen die Qualität von Software gesichert werden soll.

Bei der Verifikation wird überprüft, ob die erforderliche Sorgfalt angewendet wurde im Sinne von „Do we build the system right?“.

Bei der Validierung wird geprüft, ob das, was erzeugt wurde, wirklich unseren Vorstellungen entspricht: „Did we build the right system? “ Bei der Verifikation wird überprüft, ob die Anforderungen korrekt sind und das Ergebnis den Anforderungen entspricht, bei der Validierung, ob die Anforderungen den Erwartungen entsprechen.

4.4.5.1 Verifikation

Verifiziert werden müssen zunächst die Anforderungen auf Vollständigkeit und Konsistenz. Werden sie durch freien Text formuliert, ist eine Verifikation nur schwer möglich. Je später Fehler entdeckt werden, desto höher sind die Kosten für ihre Beseitigung (s.a. Kap. 5.4.2).

Während der Umsetzung der Anforderungen muss ständig überprüft werden, ob die Implementierung den Anforderungen entspricht und ob die anzuwendenden Regeln tatsächlich eingehalten werden. Verifikation kann nur dann formal durchgeführt werden, wenn die Anforderungen oder Regeln formalisiert werden.

Anforderungen können formalisiert werden, wenn ihre Bestandteile in einen logischen Zusammenhang gebracht werden können. Beispiele für solche Regeln sind: eine Nachricht, die abgeschickt wird, muss auch abgenommen werden, ein Prozess muss einem Rechner zugeordnet werden, einer Taste muss eine Aktion zugeordnet sein.

Um Anforderungen verifizieren zu können, muss die Formalisierung vollständig und konsistent den Anwendungsbereich abdecken, die Bedeutung der Elemente und ihre Beziehungen untereinander müssen klar definiert sein. Die Menge dieser Elemente und ihrer Beziehungen bezeichnen wir als "Meta-Modell". Bevor man durch ein Meta-Modell Anforderungen überprüfen kann, muss also erst einmal das Meta-Modell selbst auf Korrektheit, Vollständigkeit und Konsistenz überprüft werden. Ist ein Meta-Modell verfügbar, dann kann man auch die Umsetzung der Anforderungen automatisieren. Werkzeuge zur Verifikation von Eigenschaften sind meistens sog. "Theorem-Prover" wie Prover (s. Prover).

Umsetzungsregeln können sein: die Parameter einer Schleife müssen Konstanten sein (DO-178B), Division durch Null muss ausgeschlossen sein, Pointer dürfen nicht verwendet werden, Adressrechnung ist unzulässig. Dies sind Beispiele für Codierungsregeln. Ein Compiler kann einen Verstoß gegen diese Regeln aufgrund theoretischer Grenzen auf Sprachebene nicht in allen Fällen prüfen, daher werden Werkzeuge auf einem höherem Niveau benötigt, wenn Fehler automatisch erkannt werden sollen. Eine automatische Erkennung setzt klar formulierte und verifizierte Regeln voraus. Programme wie PolySpace (s. PolySpace) können die Einhaltung solcher Regeln überprüfen.

Der Einsatz formaler Methoden ist jedoch noch nicht weit verbreitet. Daher wird die Verifikation hauptsächlich durch "Sichtkontrollen" durchgeführt wie "Code Inspection", "Code Walk Through" sowie durch Lesen von Anforderungs- und Entwurfsdokumenten und Testberichten. Die Ergebnisse werden dann auf sog. "Reviews" analysiert, dem erreichten Status zugestimmt oder Änderungen veranlasst.

Für die Verifikation von informell, durch freien Text definierter Anforderungen wird ein hoher Aufwand benötigt, und die Prüfer ("Reviewer") müssen Zusammenhänge gut erkennen können. Je größer die Systeme werden, desto mehr wird aufgeteilt, und umso schwieriger wird es, den Überblick über Zusammenhänge zu behalten. Bei dieser Vorgehensweise besteht also die Gefahr, dass bei wachsender Größe der Aufwand erheblich steigt, während die Effizienz sinkt. Im Extremfall führt eine Erhöhung des Aufwandes zu keinem wesentlichem Nutzen.

Bemerkenswert ist auch, dass in allen uns bisher bekannten Prozessmodellen die Verifikation nach der Ausführung einer Aktivität wie der Codeerzeugung durchgeführt wird. In der Mathematik ist es beispielsweise üblich, die Regeln für die Anwendung eines Satzes oder einer Operation vor ihrer Anwendung zu betrachten und ihre Einhaltung zu überprüfen. Wird nämlich bei einem Beweisschritt eine unzulässige Operation angewandt, können alle weiteren Erkenntnisse und sogar der gesamte Beweis ungültig sein.

Übertragen auf die Softwareentwicklung heißt das, dass die Anforderungen, für die Code erzeugt werden soll, erst einmal auf Korrektheit überprüft werden sollten. Liegen die Anforderungen aber nur informell vor, ist dies nicht möglich. Erst durch den Code erhält man dann eine formale Beschreibung der Anforderungen, die überprüft werden kann.

Im Bereich der formalen Spezifikation und Transformation von Programmen (s. z.B. Partsch) werden Programme zunächst in Form der Problembeschreibung spezifiziert. Für einen Sortieralgorithmus könnte etwa die formale Anforderung "Sortiertheit der Menge xyz" lauten. Durch geeignete Transformationsoperationen kann aus einer solchen Spezifikation Code entstehen, der garantiert diese Spezifikation erfüllt. Dabei wird vor jeder Operation geprüft, ob sie überhaupt angewandt werden kann. Eine "Rückwärtsprüfung" nach Anwendung der Operation ist dann nicht mehr notwendig, vorausgesetzt, die Operation wurde vorschriftsgemäß ausgeführt.

Entsprechend kann ein automatischer Produktionsprozess jeweils vor Anwendung der entsprechenden Operationen zur Generierung der Software prüfen, ob die Spezifikation die Anforderungen der jeweiligen Operationen erfüllt. Meist ergeben sich Grundanforderungen für die Spezifikation, bei deren Erfüllung der Generator garantieren kann, dass alle von ihm möglicherweise zur Generierung verwendeten Operatoren zulässig sind.

ISG etwa prüft diese Bedingungen zu Beginn. Sind sie nicht erfüllt, wird die Spezifikation abgelehnt. Ansonsten wird ein korrektes Ergebnis garantiert.

4.4.5.2 Validierung

Bei der Validierung werden die Eigenschaften des Systems überprüft. Dann kann ein Auftraggeber feststellen, ob seine Anforderungen das ausdrücken, was er wollte. Wurde durch die Anforderungen das richtige System spezifiziert? Da ein System meistens sehr komplex ist und der Anforderer kaum überblicken kann, was er tatsächlich angefordert hat, stellt er vielleicht erst nach Vorliegen des Ergebnisses oder der Dokumentation der beobachteten Eigenschaften fest, dass zwischen seinen Anforderungen und seinen Vorstellungen Unterschiede bestehen.

Die Prüfung der Systemeigenschaften setzt ihre Visualisierung voraus, ihre Umsetzung in eine Form, die wir verstehen können. Wegen der Fülle der Daten muss auch eine Kompression der Information möglich sein, damit schrittweise die verschiedenen Systemaspekte geprüft werden können.

Auch hier kann man "informell" oder "formal" vorgehen. Eine formale Validierung setzt eine Formalisierung der Umsetzung von Anforderungen in Code voraus. Daher wird heute in der überwiegenden Zahl der Fälle noch eine informelle Validierung durchgeführt, d.h. die Auswertung der Systemeigenschaften durch Einsatz von Personal.

In diesem Fall wird Schritt für Schritt das System bedient ("stimuliert") und seine Reaktion beobachtet. Die Analyse aller Eigenschaften kann in der Regel wegen des hohen Aufwandes dann nicht vollständig erfolgen. Selbst bei Einsatz von Testautomationswerkzeugen kann höchstens das nominale Systemverhalten untersucht werden, aber kaum der sehr viel größere Raum der Fehlermöglichkeiten.

Im formalen Fall kann Automation eingesetzt werden, insbesondere automatische Instrumentierung und Testfallgenierung. Durch die Generierung nominaler Fälle und von Fehlerfällen verbunden mit Instrumentierung können die Eigenschaften aufgezeichnet, komprimiert und visualisiert werden. Damit können Funktionalität,

Verhalten und Performance erfasst und nach vorgegebenen Kriterien (automatisch) ausgewertet werden.

4.5 Zuverlässigkeit

Die Zuverlässigkeit ist u. E. das wichtigste Kriterium für Qualität, aber sie ist nicht direkt messbar.

Wenn ein Anwender bisher nicht durch Fehler behindert wurde, gilt dies auch für die Zukunft? Was sagt eine Größe beispielsweise ausgedrückt durch die Anzahl der Fehler bezogen auf Einheiten wie LOC oder Betriebsstunden über die zukünftige Zuverlässigkeit aus? Hierüber gibt es (leider) verschiedene Ansichten.

4.5.1 Pragmatische Ansätze zur Bestimmung der Zuverläsigkeit

These 103
Mit wenigen Testszenarien können prinzipiell nicht alle Fehler gefunden werden.

Das "Operational Profile Testing" (Musa93) hatten wir bereits in Kap. 3.8 erwähnt. Bei einem so getesteten Programm besteht eine erhöhte Fehlerwahrscheinlichkeit, wenn das eigene Anwendungsprofil vom Standardprofil abweicht. Sicher hat jeder Entwickler schon beobachtet, dass in einem von ihm getesteten Programm, das er für fehlerfrei hält, wieder Fehler auftreten, wenn es von einem anderen benutzt wird.

Das "Reliability Growth Model" (vgl. Littelwood 1976, Stutzke 2002) nimmt an, dass die Zuverlässigkeit wächst, je länger man testet bzw. ein Programm ausführt. Wir hatten bereits früher diskutiert, dass Softwarefehler immanent sind und nur auftreten, wenn eine fehlerhafte Anweisung ausgeführt wird und dabei die Fehlerbedingung erfüllt ist. Während bei Hardware der Fehler beispielsweise durch Ermüdung plötzlich entstehen kann, ist er bei Software schon von Anfang an vorhanden (abgesehen von Folgefehlern durch Korrumpierung von Speicher). Dies gilt auch für Fehler, die von der Dynamik des Systems wie Ausführungszeiten, zeitlichen Verschiebungen und CPU-Last abhängen.

Die Annahme, dass die Anzahl der erkannten Fehler proportional zur Zeit ist, impliziert daher, dass die Anzahl der verschiedenen Testfälle proportional zur Zeit ist. Dies ist aber nicht zwingend. Wir haben bereits den Fall eines Anwenders mit einem anderen Nutzungsprofil erwähnt. Auch bei Fehlern, die von der Dynamik des Systems abhängen, impliziert eine lange Beobachtungszeit nicht, dass alle kritischen zeitlichen Bedingungen zwangsläufig eintreten.

These 102
Die Anzahl unabhängiger Testfälle ist nicht zwingend proportional zur Zeit.

Hinsichtlich zeitunabhängiger Fehler kennt man einigermaßen das Profil bzw. die bisher aufgetretenen Fehler und die benutzten Datenbereiche. Bei zeitabhängigen Fehlern liegt üblicherweise keine Information über die operationellen Bedingungen vor. Selbst wenn sie vorhanden wäre, kann man daraus nur schwer schließen, dass die Häufigkeit der Fehler in Zukunft abnehmen würde.

Aus dieser Sicht kann man nicht aus großen Abständen zwischen Fehlern schließen, dass dies auch in Zukunft so sein wird. Man kann höchstens erwarten, dass unter ähnlichen Betriebsbedingungen wie in der Vergangenheit in der Zukunft die Fehlerhäufigkeit auch ähnlich sein wird oder möglicherweise auch besser, wenn Fehler beseitigt und keine neuen erzeugt wurden. In diesem Fall kann man von einem "Gefühl der Zuverlässigkeit" sprechen. Eine sichere Aussage kann aber nicht abgeleitet werden.

Bei einem Textverarbeitungsprogramm mag ein "Gefühl" ausreichen. Wenn das Programm abstürzt und die Eingaben verloren sind, ist das zwar ärgerlich, wird aber toleriert oder muss toleriert werden, wenn man keine Alternative hat.

Erstellt ein Programm Rechnungen oder handelt es sich um ein technisches System in einem Flugzeug, dann wird eine genauere Aussage über die Zuverlässigkeit erwartet. Keine Leistung soll vergessen werden, aber auch nicht mehrmals berechnet werden. Bei sicherheitsrelevanter Software tritt neben hoher und messbarer Zuverlässigkeit auch die Forderung nach Erkennung und Behandlung von Fehlern während der Nutzung.

Die bisher erwähnten Testmethoden "Operational Profile Testing" und "Reliability Growth" sind also höchstens dann tolerierbar, wenn ein "Gefühl" für die Zuverlässigkeit ausreicht, obwohl ein systematischerer Ansatz zum Nachweis der Zuverlässigkeit auch in diesem Fall sehr wünschenswert wäre.

Der Einsatz heuristischer Testmethoden wird also akzeptiert, weil ein genauerer Nachweis wegen hoher Personalkosten sehr teuer wäre. Übliche Techniken zur Vermeidung, Erkennung und Behandlung von Fehlern sind für die meisten Softwareprodukte nicht bezahlbar. Angemessener Preis und Zuverlässigkeit stehen zueinander in Konflikt, beim Stand der Technik muss ein Kompromiss zwischen Preis und Qualität gefunden werden, in den meisten Fällen zum Nachteil der Qualität.

Durch ein formales Vorgehen kann dagegen bei entsprechender Organisation hohe Qualität bei geringem Aufwand erreicht werden.

4.5.2 Aktive Qualitätssicherung: Maßnahmen gegen Fehler

Fehler beeinträchtigen die Qualität und Zuverlässigkeit eines Produktes. Ziel jeder Qualitätssicherungsmaßnahme ist daher, Fehler zu vermeiden oder zu beseitigen, oder – wenn sie dennoch auftreten – ihre Auswirkungen zu begrenzen.

Während der Entwicklung können Fehler entstehen. Durch *Fehlerprävention* soll die Anzahl solcher Fehler minimiert werden, Fehler, die trotzdem entstehen, müssen erkannt und beseitigt werden. Bei ihrer Beseitigung muss darauf geachtet werden, dass keine neuen Fehler entstehen. Das ist die Aufgabe der *Fehlerkennung und -beseitigung.*

Selbst wenn keine Entwicklungsfehler mehr vorhanden sind, können während des Betriebes noch Fehler durch äußere Einflüsse auftreten: Bedienungsfehler, Fehler durch Hardwareausfall, zu wenig Ressourcen (z.B. bei vom Anwender induzierter hoher Last). Dann muss das Ziel sein, die Auswirkungen dieser Fehler zu begrenzen. Wenn der Betrieb auch beim Auftreten des n-ten Fehlers noch uneingeschränkt möglich ist, nennt man das System "n-Fehlertolerant". Wenn auch nach einem Fehler noch uneingeschränkter Betrieb möglich ist, nennt man diese Fähigkeit "fail-operational".

Abb. 4-5 gibt einen Überblick über Qualitätssicherungsmaßnahmen zur Vermeidung, Erkennung und Behandlung von Fehlern.

Fehlerprävention, -erkennung und -beseitigung sind neben der Zuverlässigkeitsabschätzung Aufgaben während Entwicklung und Wartung. Fehlertoleranz ist *die* Herausforderung während des Betriebs, eine Fähigkeit, die schon bei der Entwicklung berücksichtigt werden muss.

4.5.2.1 Fehlerarten

Bevor wir auf die Fehlererkennung und -beseitigung eingehen, wollen wir die Fehlerarten und Unterschiede zwischen Hardware und Software hinsichtlich Fehlern besprechen.

Abb. 4-5
Fehlerarten und Gegenmaßnahmen

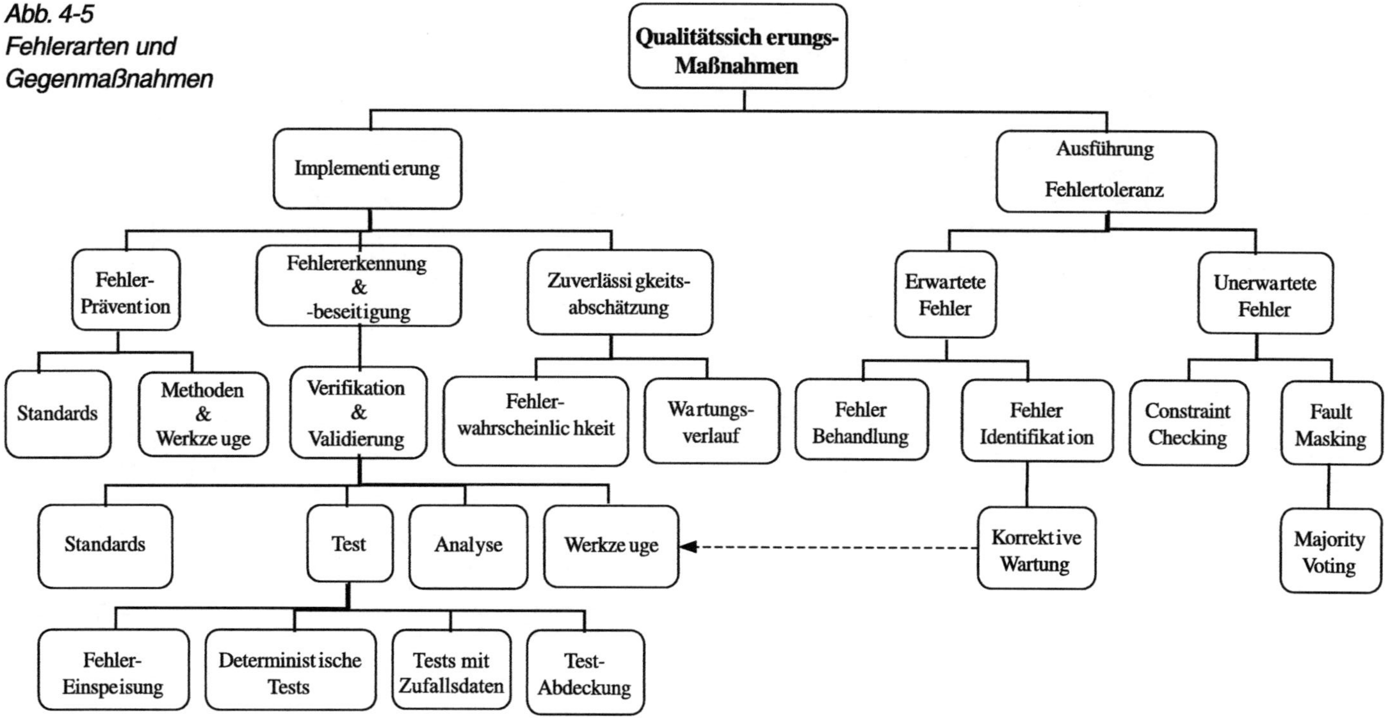

Bei Hardware führen Abnutzung, Ermüdung oder Überbeanspruchung zum Ausfall oder zur Betriebseinschränkung eines Systems. Materialfehler führen zu denselben Symptomen und sind daher durch eine dieser Kategorien abgedeckt. Die Ursache für Fehler durch Abnutzung und Ermüdung wird als "Degradierung" bezeichnet, sie ist eine unvermeidbare Folge der Benutzung oder der Alterung des Systems.

Software dagegen kann nicht verschleißen oder ermüden, aber sie kann außerhalb der zulässigen Betriebsbedingungen benutzt werden.

Während in der Hardware Überlast meistens zu permanenten Schäden führt, wie den Bruch von Trägern oder Verschmoren von Motorwicklungen, übersteht Software eine solche Überbeanspruchung, nur der Betrieb ist eingeschränkt, wenn die Überlast besteht, d.h. Eigenschaften wie "die Reaktionszeit ist kleiner als 1 s" können dann nicht mehr erwartet werden.

Durch Konstruktionsfehler können Abnutzung und Ermüdung der Hardware oder mechanischer Teile erhöht sowie Überlast hervorgerufen werden. Dies führt dann zu früheren und häufigeren Ausfällen, aber der Gebrauch eines Teils ist über eine gewisse Zeit trotzdem uneingeschränkt möglich. Beispiele hierfür sind das Durchscheuern von Bremsleitungen eines Autos, weil die Leitung über eine scharfe, vibrierende Kante geführt wird, oder die thermische Überbeanspruchung von Kunststoffteilen.

Konstruktionsfehler können aber den ordnungsgemäßen Gebrauch vollständig verhindern, beispielsweise wenn zu spät festgestellt wird, dass der Tank vergessen wurde (ein solcher Mangel kann natürlich schnell erkannt werden, ähnliche schwere Mängel bei der Software jedoch nicht).

Softwarefehler sind immer Konstruktionsfehler (Entwurfsfehler, Designfehler). Hinzu kommen bei der Fehlererkennung und -behandlung während des Betriebes weitere Fehler, die von der Hardware ausgelöst werden können, aber von der Software behandelt werden müssen, wie der Ausfall eines Massenspeichers oder eines Sensors.

Somit gibt es folgende Fehlertypen, die zu Betriebsstörungen führen können:

1. Fehler durch Degradierung von Hardware,
2. Fehler durch unzulässige Betriebsbedingungen, und
3. Entwurfsfehler.

Fehlertyp 1 sieht die Software nur mittelbar, sie kann nur falsche bzw. nicht erwartete Daten oder Datenverlust feststellen. Das gilt beim Ausfall von Sensoren und Aktoren. Ist die Behandlung solcher Fehler zur Ausführungszeit nicht vorgesehen, handelt es sich um einen Entwurfsfehler.

Fehlertyp 2 wird vom Benutzer durch unsachgemäße Bedienung wie Anforderung von zu viel Speicherplatz, falsche Eingabedaten oder durch zu viele Benutzer verursacht. Insofern trägt hier der Benutzer die Schuld. Wir hatten aber auch als Qualitätsmerkmal die Robustheit erwähnt. In diesem Sinne soll die Software nicht den Benutzer hart bestrafen, beispielsweise durch Datenverlust, sondern ihn vor seinen Fehlern schützen.

Die Software muss daher auch bei unzulässigen Betriebsbedingungen mindestens noch so handlungsfähig sein, dass sie den Schaden begrenzen kann. Dies wird auch als "smooth degradation" des Betriebszustandes bezeichnet. Fehlt diese Fähigkeit, handelt es sich ebenfalls um einen Entwurfsfehler.

Softwarefehler lassen sich also immer auf Entwurfsfehler (Fehlertyp 3) zurückführen. Für die Fehlererkennung und die einzusetzenden Test-, Verifikations- und Validierungsverfahren ist es nun wichtig, wann ein Fehler auftritt und wie und ob er erkannt werden kann. Entwurfsfehler in der Software sind immer permanent, aber auch u.U. latent, d.h. nicht immer sichtbar. Fehler, die durch formale Verifikation identifiziert werden können, können immer und ohne Test erkannt werden. Dagegen kann durch Tests ein Fehler nicht sicher nachgewiesen werden, weil der Code während eines Tests nicht immer ausgeführt wird, die Fehlerbedingung nicht auftritt oder der Fehler auftritt, aber nicht erkannt wird, wie wir bereits früher in Kap. 3.7 erwähnt haben.

Wir unterscheiden hinsichtlich ihres Auftretens folgende Fehlerfälle:

1. permanent
   tritt immer auf, kann daher bald behoben werden
2. sporadisch
   Fehler wurde erkannt, ist aber nicht oder nur schwer reproduzierbar, daher nicht oder nur schwer behebbar
3. schlafend
   Fehler ist noch nicht aufgetreten, konnte daher noch nicht behoben werden
4. verborgen
   Fehler ist bereits aufgetreten, aber Fehler wurde nicht erkannt, daher konnte er auch noch nicht behoben werden.

Wir wollen Fehler so schnell wie möglich erkennen und beseitigen[2]. Aus dieser Sicht ist der Fall 1 der beste. Da der Fehler reproduzierbar ist, kann zuverlässig Ursachenforschung betrieben und der Fehler dann innerhalb eines überschaubaren Zeitraumes beseitigt wer-

[2] Andere mögen hoffen, dass die Fehler bis zur Abnahme nicht auftreten.

den. Für die restlichen Fälle lassen sich Aufwand und Zeit, die zur Fehlerbeseitigung benötigt werden, kaum abschätzen.

Hinsichtlich Gewinnoptimierung könnten die Fälle 2-5 ideal sein. Wenn die Systemabnahme und die Garantiezeit überstanden werden, ohne dass die Fehler auftreten, bekommt man schnell das Geld für die Entwicklung, und kann sogar noch einmal Geld für die Fehlerbeseitigung verlangen. Ob diese Strategie langfristig zu Gewinnen führt, dürfte jedoch zweifelhaft sein. Wir gehen daher davon aus, dass es auch im Interesse des Entwicklers ist, Fehler vor der Inbetriebnahme zu finden und zu beseitigen.

4.5.2.2
Fehlerprävention

Fehlerprävention erfordert Erfahrung, die in Maßnahmen zur Fehlervermeidung umgesetzt wird. Erfahrung kann in Richtlinien und Standards beispielsweise für Codierung und Test festgehalten werden. Durch Formalisierung lassen sich Methoden ableiten und Werkzeuge erstellen, mit denen die Einhaltung der Richtlinien überprüft werden kann. Jeder Entwickler sollte angehalten werden, eigene Erfahrung einzubringen und vorhandene Richtlinien zu ergänzen

Beispiele für solche Maßnahmen wurden bereits in früheren Kapiteln erwähnt. Weitere Beispiele findet man in Gerlich, 2001 (GerlichDasia2001).

Fehler entstehen durch mangelnden Überblick, mangelnde Kenntnisse und Erfahrung und riskante Programmierung. Methoden und Werkzeuge können den Überblick verbessern und Inkonsistenzen anzeigen. Entwicklungs- und Betriebsumgebungen wie Programmiersprachen oder Betriebssysteme können aber auch gegen diese Ziele arbeiten und verhindern, dass ein Entwickler den vollen Überblick bekommt. Aus dieser Sicht stellen solche Hilfsmittel Fallen dar. Wenn keine Möglichkeit besteht, sie zu meiden, müssen geeignete Gegenmaßnahmen ergriffen werden.

Riskante Programmierung bedeutet, trotz Kenntnis der hohen Fehlerwahrscheinlichkeit bestimmte Möglichkeiten einer Sprache oder eines Betriebssystems zur Implementierung zu nutzen.

These 36 Entkoppelung erfordert abstrakte Schnittstellen

Entwickler können den Überblick verlieren, wenn sie zu viele Elemente bearbeiten müssen. Dabei kommt es nicht auf die Gesamtzahl an, sondern auf die für eine bestimmte Aufgabe relevanten Elemente. Durch Hierarchisierung der Aufgabenverteilung wird es möglich, Abhängigkeiten schrittweise einzukapseln (vgl. Object-Oriented Programming OOP), so dass zur Lösung einer Teilaufgabe wesentlich weniger Elemente betrachtet werden müssen. Um eine gute Entkoppelung zu erreichen, müssen gute, stabile Schnittstellen definiert werden, die auch zukünftige Erweiterungen zulassen.

Das ISO/OSI-Schichtenmodell (OSI) ist ein gutes Beispiel für die Entkoppelung von Aufgaben und Stabilisierung der Schnittstellen. Bei verteilten Systemen ist die Unabhängigkeit der höheren Ebenen von der aktuellen Verteilung der Software über das Netzwerk wichtig. Für das Versenden von Nachrichten sollten daher logische Bezeichnungen eingeführt werden, beispielsweise für Sender und Empfänger, die dann auf die aktuellen Bezeichnungen abgebildet werden.

Mangelnde Kenntnisse und Erfahrung führen beim Entwurf des Systems schnell zu erhöhter Komplexität und einer Vergrößerung der Fehlerwahrscheinlichkeit. Sie können durch Richtlinien ausgeglichen werden, wobei die Richtlinien quasi eine (Nach-)Schulung des Personals ermöglichen. Ihre Einhaltung muss aber überwacht werden können. Ohne Formalisierung entsteht für die Überwachung hoher Aufwand, so dass u.U. darauf teilweise oder vollständig verzichtet wird.

Die Bedeutung von Maßnahmen zur Fehlerprävention erläutern wir nun an einigen Beispielen aus der Programmierung in C. Ein Schwachpunkt bei C sind Pointer und Strings (die dort als Array von Character dargestellt werden). Strings nehmen in C eine Sonderstellung ein, weil ihr Ende durch eine Null in dem Character-Feld gekennzeichnet wird. Bei der Analyse eines Strings muss auf "==0" abgefragt werden, um das Ende zu erkennen. Ist der Algorithmus fehlerhaft, kann der zugehörige Pointer über dieses Ende hinaus zeigen. Dann wird Information aus einem unzulässigen Speicherbereich gelesen, und eventuell wird dieser Bereich sogar überschrieben.

Ein erfahrener Programmierer wird hier nicht nur eine Schleife über das Feld mit

```
for (str=...;*str;str++){ ..... }
```

erzeugen, sondern zur Sicherheit auch noch auf die Länge des Feldes prüfen und auch gleich den möglichen Fehler behandeln:

```
len=strlen(str); i=0;
while (*str && i<len)
{
    ..... ;
    str++; i++;
}
if (i==len)
{
  Fehlerbehandlung und Fehlermeldung
}
```

Damit wird nicht nur der Zugriff auf unzulässigen Speicher ausgeschlossen, sondern auch der Fehler angezeigt. Ohne Meldung bliebe der Fehler mit hoher Wahrscheinlichkeit verborgen. Diese Lösung erhöht zwar geringfügig die Rechenzeit und den Speicherbedarf durch die zusätzlichen Variablen und Prüfungen, aber der Gewinn an Zuverlässigkeit ist erheblich.

Eine weitere Falle, die C für unerfahrene Programmierer bereit hält, ist die Ausgabe von Information mit "`sprintf`". Die Syntax von `sprintf` ist:

```
sprintf(<Ziel-String>,<,Format-String>,<Liste der Parameter>)
```

Meistens (wenn nicht sogar immer) ist unbekannt, wie lang der Ziel-String sein wird. Der Programmierer muss eine obere Grenze abschätzen und die Länge des Ziel-Strings entsprechend wählen. Er kann zwar nach der Ausgabe die Länge des Ziel-Strings überprüfen, aber dann wurde schon außerhalb des erlaubten Bereiches überschrieben, wenn der ausgegebene Text länger als erlaubt ist.

Neuere Bibliotheken unterstützen "`snprintf`", eine Funktion, der man die erlaubte Länge übergeben kann. Die Benutzung dieser Funktion kann jedoch zu Problemen bei der Portabilität führen, weil die Bedeutung des Rückgabewertes verschieden ist, und nicht alle Compiler sie unterstützen (um das Problem der Portabilität dieser Funktion zu verstehen, braucht man auf einer Suchmaschine nur das Stichwort "`snprintf`" anzugeben und hat dann Zugriff auf eine Menge von Beiträgen zu diesem Thema). Implementiert man die Funktion selbst, um portabel zu sein, bekommt man möglicherweise Performanceprobleme.

Man könnte die Benutzung von "`sprintf`" auch als riskanten Programmierstil einstufen, aber in diesem Fall entsteht das Problem durch die Programmiersprache, nicht durch den Programmierer.

Aufgabe von Richtlinien ist in diesem Fall, den Programmierer anzuhalten, eine sichere Lösung zu finden, anstatt sich mit den Möglichkeiten der Sprache bzw. des Compilers zufrieden zu geben.

Ein Programmierstil, der hilft, Fehler zu vermeiden, erfordert somit Erfahrung und Voraussicht, um nicht ein Problem zu lösen und das nächste zu bekommen.

Die nächste mögliche Falle bietet C bei der Ausgabe von Strings aus den o. g. Gründen. Wird versehentlich statt eines (Null-terminierten) Strings eine andere Variable, wie eine "`int`"-Variable (Typ Integer, ganzzahlig) mit "`%s`" ausgegeben, dann führt dies meistens zum Programmabbruch wegen Speicherschutzverletzung. Im Normalfall (wir beziehen uns hier auf den GNU C-Compiler) wird bei der Übersetzung kein Fehler ausgegeben, obwohl es sich definitiv um einen schwerwiegenden Fehler handelt. Solche Fehler können dann erst zur Laufzeit erkannt werden, was mühsam und auch unzuverlässig ist.

Sicherheit bringt die Aktivierung der Compiler-Option "`-Wall`" ("zeige alle Warnungen an") bei GNU C-Compiler, die die Ausgabe einer Warnung veranlasst, wenn der Typ einer Ausgabevariablen nicht zum Ausgabeformat passt. Offensichtlich entspricht die Schwere des Fehlers nicht seiner Klassifizierung durch den Compiler. Ähnliches ist bei anderen C-Compilern zu beobachten.

Riskant sind schon Unterlassungen, die in vielen Fällen als eleganter und kompakter Programmierstil interpretiert werden. Beliebt ist beispielsweise folgender Ausdruck:

```
return myFunction(x,y,z);
```

Was ist hier riskant? Es ist die fehlende Fehlerbehandlung. Wenn "myFunction" der üblichen Konvention folgt und bei Fehler "-1" zurückgibt, kann zwar die rufende Funktion das Auftreten eines Fehlers erkennen, aber ihn nicht behandeln, da sie nicht weiß, von wem und warum der Fehler verursacht wurde. Sie kann also nur das Programm beenden, was unerwünscht sein könnte, oder den Fehler ignorieren und die Ausführung fortsetzen, bis vielleicht ein Folgefehler auftritt. Damit ist Fehlerausbreitung möglich und eine genaue Fehlerlokalisierung – wenn überhaupt – nur mit hohem Aufwand möglich.

Sicher und effizient wäre folgende Lösung:

```
int ret=0;
ret=myFunction(x,y,z);
if (ret<0)
{
   Fehlerbehandlung
}
return ret;
```

Die Funktion, die die Bedeutung des Fehlers kennt, kann entscheiden, was zu tun ist: sie kann abbrechen, die Fehlerbehandlung durchführen – mindestens eine Meldung veranlassen – oder den Rückgabewert auf 0 setzen.

Weitere riskante Ansätze folgen dem Prinzip "Hoffnung" nach dem Motto "wird schon nicht eintreten". Ein Beispiel hierfür ist:

```
myArray=(int*)malloc(mySize);
myArray[0]=2;
```

Hier wird erwartet, dass immer Speicher zugeteilt werden kann, weil die Rechner heute mit sehr viel Speicher ausgestattet werden. Wenn aber – aus welchem Grund auch immer – kein Speicher mehr zur Verfügung steht, kommt es zum Abbruch wegen Speicherschutzverletzung, da die Adresse `NULL` zurückgegeben wird, aber auch nur dann, wenn das Betriebssystem den Zugriff auf die Speicheradresse `NULL` nicht zulässt.

Trotz fast unbegrenztem Speicher gibt es viele Gründe, dass kein Speicher zugeteilt werden kann, wie

1. andere Programme verbrauchen zu viel Speicher, vielleicht wegen eines Programmfehlers,
2. dynamisch zugeteilter Speicher wird nicht freigegeben wegen eines Programmfehlers, und
3. der Wert der Variablen "mySize" ist zu groß, wegen eines Programmfehlers.

Daher sollte immer der von "`malloc`" zurückgegebene Wert überprüft werden.

Solche Prüfungen sind gerade während der Testphase sehr wichtig, weil sie das Erkennen von Fehlern erlauben. Werden keine Fehlerabfragen vorgesehen, bleibt der Fehler unentdeckt, und führt dann beim Kunden mit hoher Wahrscheinlichkeit zu Betriebsstörungen.

Riskante Programmierung führt daher nicht nur zu erhöhter Fehlerwahrscheinlichkeit, sondern auch durch die Korrelation mit fehlender Fehlerbehandlung zur Verschleppung der Fehler in die Betriebsphase.

These 98
Für jede Aktion muss auch der Fehlerfall betrachtet werden.

Komplementär zur "riskanten" Programmierung ist die "defensive" Programmierung. Hier wird grundsätzlich damit gerechnet, dass eine Aktion nicht erfolgreich verlaufen kann. Bei dem Rückgabewert von malloc wird daher immer auf den Rückgabewert 0 abgefragt. Ebenso wird davon ausgegangen, dass im Code für jede auszuführende Aktion der Fehlerfall mitbehandelt wird, und auch Tests dafür generiert werden. Diese Aufgaben kann ein Produktionsprozess in idealer Weise übernehmen.

4.5.2.3
Fehlererkennung und -beseitigung

Fehlererkennung ist das Hauptziel der Verifikation und der Testphase, die Beseitigung von Fehlern – ohne neue Fehler zu erzeugen – eine logische Folge.

Je mehr Fehler vor der Auslieferung an den Kunden erkannt werden, desto besser für den Entwickler und den Kunden. Dies scheint eine paradoxe Aussage zu sein. Denn ein "normaler" Mensch wird umso misstrauischer, je mehr Fehler in einem Produkt gefunden wurden.

These 80
Fehler müssen vor der Auslieferung erkannt werden.

Die Auflösung dieses Widerspruches besteht darin, dass man die Fehler vor der Auslieferung erkennen muss, damit sie nicht beim Kunden auftreten. Da jeder Entwickler Fehler produziert, deren Rate u.a. von seiner Qualifikation und Tagesform abhängt, bleiben umso weniger Fehler zurück, desto mehr Fehler gefunden werden. Leider ist dies nur eine relative Feststellung, da man die absolute Anzahl der tatsächlichen Fehler nicht kennt.

These 94
Je mehr Fehler erkannt wurden, desto besser die Qualität.

Fehlererkennung kann entweder durch Test oder Analyse erfolgen.

Wir haben bereits früher beschrieben, dass die Wahrscheinlichkeit P, einen Fehler durch Test zu erkennen, sich aus drei Teilwahrscheinlichkeiten zusammensetzt:

$$P=P_A \times P_F \times P_E$$

wobei

P_A die Wahrscheinlichkeit der Ausführung bei einem Test ist,

P_F die Wahrscheinlichkeit ist, dass der Fehler auftritt, und

P_E die Wahrscheinlichkeit ist, den Fehler zu erkennen.

Hauptziel der Fehlererkennung ist, P zu maximieren (natürlich bleibt P immer kleiner als 1). Ihr zweites Ziel ist, die Anzahl der Testfälle zu maximieren. Diese Anzahl hängt von der Erzeugung der Testfälle und ihrer Ausführung ab und wird durch den verfügbaren Aufwand einschließlich Testauswertung begrenzt. Durch Automation kann diese Anzahl drastisch gesteigert werden.

Die Testfallgenerierung kann sehr komplex sein, meistens ist ein Mensch nicht in der Lage, alle kritischen Fälle zu erfassen. Nehmen wir als Beispiel die Ausgabe eines Datums in einen String mit einer der Funktionen `sprintf` oder `snprintf`, die bereits früher erwähnt wurden. Wir testen in der Zeit von März bis Juli und stellen keinen Fehler Ende Juli fest. Wir liefern die Software an den Kunden aus, und dieser meldet sofort am 1.August einen Fehler. Was ist passiert? Sehen wir uns den folgenden Code für die Konvertierung des numerischen Wert eines Monats in einen Text an, wobei wir uns nur auf die wesentlichen Teile beschränken.

```
char *convertMonthToString(int month, char *str)
{
   switch (month)
   {
     ...
     case 7:
           strcpy(str,"Juli");
           break;
     case 8:
           strcpy(str,"August");
           break;
     ...
     default:
           break;
   }
   return str;
}
```

In dieser Funktion kann man keinen Fehler entdecken. Erst wenn man sich den Aufruf ansieht, kann man die Ursache finden: der String `str` ist zu klein, im August wird außerhalb des gültigen Speichers geschrieben (und auch in den folgenden Monaten bis Februar).

```
char monthStr[6];
int i;
for (i=0;i<12;i++)
      printf("Monat=%s\n",
                 convertMonthToString(i+1,monthStr);
```

An diesem kurzen Beispiel können wir mehrere "Sünden" des Programmierers erörtern:

1. er hat zu wenig Speicher für den String vorgesehen,
2. die Funktion convertMonthToString hat keine Möglichkeit den Fehler zu erkennen, weil sie keine Information über die Länge des übergebenen Strings enthält, sie kann daher nicht "`strncpy`" oder "`snprintf`" benutzen,
3. die Funktion hätte auch keine Möglichkeit, einen Fehler sicher zurückzugeben, denn Rückgabe von "`NULL`" oder "`-1`" führt wahrscheinlich (hier bestimmt) zum Abbruch wegen Speicherschutzverletzung,
4. die aufrufende Funktion kann daher den Fehler nicht erkennen, und

5. die aufrufende Funktion wäre auch nicht bereit für eine Fehlerbehandlung, da sie den String als Rückgabewert direkt nutzt.

Zur zukünftigen Vermeidung des Problems sind daher die folgenden Richtlinien notwendig:

- die Länge eines Strings muss grundsätzlich als Parameter übergeben werden,
- wenn in einen String geschrieben wird, muss geprüft werden, ob er den Text aufnehmen kann,
- eine Funktion muss die Möglichkeit haben, einen Fehler anzuzeigen,
- Ergebnisse dürfen nicht ohne vorherige Prüfung auf Fehler verwendet werden.

Diesen Richtlinien würde der folgende Code entsprechen:

```
char *convertMonthToString(int    month, char *str,
                           size_t len,   int  *err)
{
  switch (month)
  {
      ...
      case 7:
             *err=snprintf(str,len,"Juli");
             break;
      case 8:
             *err=snprintf(str,len,"August");
             break;
      ...
      default:
             *err=0;
             break;
   }
   return str;
}
#define MAXLEN      10
char    monthStr[MAXLEN];
int      i,err;
for (i=0;i<12;i++)
{
   convertMonthToString(i+1,monthStr,MAXLEN,&err);
   if (err)
     printf("*** ERROR convertMonthToString""Monat=%d\n",i+1);
   else
     printf("Monat=%s\n", monthStr);
}
```

Wir haben hier zur Wahrung der Konsistenz die Konstante `MAXLEN` eingeführt, da dieser Wert an zwei Stellen benötigt wird: zur Deklarierung der String-Variablen und beim Funktionsaufruf zur Übergabe der Länge. Hätten wir hier an beiden Stellen "20" eingesetzt, bestände die Gefahr, dass später nur an einer Stelle der Wert geändert wird. Diesen Ansatz bezeichnen wir als "inhärente Konsistenz", da keine Inkonsistenz auftreten kann, solange `MAXLEN` in dieser Weise durchgängig benutzt wird.

An diesem Beispiel sehen wir auch die Korrelation von Richtlinien und Standards zur Fehlererkennung, die die entsprechenden Maßnahmen zur Fehlerprävention ergänzen.

Fehler können nicht nur durch Tests nachgewiesen werden, sondern auch durch Analyse von Anforderungen, Entwurf und Code. Dies ist jedoch mit sehr hohem Aufwand verbunden, so dass bei manueller Codierung neben Werkzeugen zur Testautomatisierung auch solche zur Analyse eingesetzt werden sollten für "Code Inspection", "Requirements Review", "Design Review".

Für die Testfallgenerierung bestehen die folgenden Möglichkeiten:

1. deterministisches Testen,
2. statistisches Testen mit Zufallsdaten, "random testing", und
3. Fehlereinspeisung.

Diese Testmethoden sind nicht orthogonal zueinander, sondern sie stellen verschiedene Ansätze der Testfallgenerierung dar.

Beim deterministischen Testen werden gezielt aus der Kenntnis des Codes bzw. der Anforderungen Testfälle abgeleitet. Entweder werden die Testergebnisse vorgegeben oder sie lassen sich automatisch aus vorhandener Information ableiten.

Ein Beispiel für die automatische Ableitung der erwarteten Ergebnisse aus vorhandenem Wissen ist eine Abbildung der Eingabe auf die Ausgabedaten, bei der die inverse Rücktransformation bekannt ist. Dann muss die Rücktransformation angewendet auf das Ergebnis der Hintransformation die Eingabedaten liefern. Wenn die Hintransformation $f(x)=x^2$ ist, dann ist die Rücktransformation bekannt: $g(x)=sqrt(x)$ und $g(f(x))=x$ für $x \geq 0$.

Aus der Übereinstimmung kann dann mit hoher Wahrscheinlichkeit auf die korrekte Implementierung der beiden Transformationen f(x) und g(x) geschlossen werden. Auf Einzelheiten dieser Beweisführung wollen wir hier nicht weiter eingehen.

Die automatische Ableitung eines Ergebnisses für einen automatisch generierten Testfall führt zu hoher Effizienz beim Testen. Leider kann das Ergebnis nicht immer automatisch berechnet werden., Aber durch geeignete Organisation kann der Anteil der Testfälle, für die das Ergebnis vorhergesagt werden kann, gezielt gesteigert werden.

Mit den übrigen Testfällen, für die man das Ergebnis nicht automatisch auf Korrektheit überprüfen kann, wird die Robustheit des Systems analysiert. Insbesondere kann das Auftreten von Ausnahmefehlern ("exceptions") wie "numeric overflow", "division by zero", "segmentation fault" erkannt und aufgezeichnet werden.

Fehlereinspeisung ("fault injection") testet gezielt die Fehlerbehandlung, und kann manuell / deterministisch oder auch zufallsartig erfolgen. Da die Anzahl der Fehlerfälle meistens sehr viel größer ist als die Anzahl der regulären Testfälle, spart die automatische Generierung von Testfällen besonders viel Aufwand. Die Information für die Einspeisung von Fehlern kann bei formaler Vorgehensweise automatisch abgeleitet werden. Wenn man die erlaubten Fälle kennt, kennt man auch die Fehlerfälle.

These 97 Kenntnis der erlaubten Fälle impliziert auch Kenntnis der Fehlerfälle.

Wenn eine Ergebnisvorhersage bei automatischer Testfallgenerierung nicht möglich ist, müssen die Testergebnisse so aufbereitet werden, dass ihr Inhalt verständlich und leicht lesbar ist. Die Datenmenge kann beispielsweise automatisch vorverarbeitet werden, so dass Eigenschaften klar erkennbar werden, beispielsweise auch durch grafische Anzeige. Die automatische Auswertung kann durch geeignete Instrumentierung des Codes optimiert werden.

Abschließend wollen wir noch auf eine sehr effektive Art der Fehlerbeseitigung hinweisen. Wenn ein Fehler erkannt wurde, muss untersucht werden, ob diese Fehlerart vielleicht noch an anderen Stellen auftritt, d.h. jeder Entwickler muss prüfen, ob er ähnliche Ansätze verwendet hat. Meistens können dann andere Fehler ebenfalls beseitigt werden, obwohl sie noch nicht lokalisiert und identifiziert wurden.

Werden Fehler trotzdem erst während des normalen Betriebes und nicht durch Tests erkannt, dann erfolgt die Fehlerbeseitigung im Rahmen der Wartung, die in diesem Fall als "corrective maintenance" bezeichnet wird.

4.5.2.4 Zuverlässigkeitsabschätzung

Das Auftreten von Fehlern kann Hinweise auf die Zuverlässigkeit der Software geben.

So kann die Auswertung der Testergebnisse benutzt werden, um kritische Stellen im Entwurf oder Code zu identifizieren. Verbreitet ist die Meinung: „Wo ein Fehler gefunden wurde, kann man auch noch mehr finden". Dies trifft bei "charakteristischem" Programmierstil und großer Komplexität, beispielsweise einer Funktion oder Schnittstelle, zu. Die Praxis zeigt, dass bei hoher Komplexität ein erkannter Fehler zu einer kompletten Überarbeitung der Logik führen kann, weil erst durch die Fehleranalyse logische Fehler sichtbar werden. Fehler können daher auch Unzuverlässigkeit in Konzepten anzeigen. In beiden Fällen lohnt es sich, die betroffenen Teile einer besonderen Prüfung zu unterziehen. Da die Beseitigung von Fehlern mit Wartung verbunden ist (im weitesten Sinne kann man auch von Wartung während der Entwicklung sprechen), kann man die "maintenance history" zur Beurteilung der relativen Zuverlässigkeit von Programmteilen untereinander heranziehen, und daraus Schlüsse für die Fehleranfälligkeit bestimmter Codeteile ziehen.

Beachtet werden sollte dabei aber, dass die Abwesenheit von Fehlern nicht bedeutet, dass diese Teile besonders zuverlässig sind. Vielleicht reicht die Anzahl der Testfälle nicht aus, um vorhandene Fehler erkennen zu können. Für die Abschätzung der Zuverlässigkeit ist daher wichtig zu wissen, wie repräsentativ die Testfälle waren.

These 102
Die Anzahl der ausgeführten unabhängigen Testfälle ist keine Funktion der zeit.

Verbreitet ist auch die Beurteilung der Zuverlässigkeit nach der aktuell beobachteten Fehlerhäufigkeit wie durch das schon erwähnte "Reliability Growth Model". Wir möchten aber hier erneut anmerken, dass die Fehlerhäufigkeit nicht von der Zeit abhängt, sondern von der Art und der Anzahl der ausgeführten Testfälle. Nur eine Aussage über die Zuverlässigkeit relativ zu den Testfällen ist sinnvoll.

Eine Vorhersage ist u. E. nur über das Verhältnis von ausgeführten Testfällen zu der Anzahl der möglichen Testfälle möglich. Diese beiden Größen können aber kaum berechnet oder abgeschätzt werden. Es ist aber leicht verständlich, dass die Fehlerrate mit wachsender Anzahl von Testfällen zurückgeht. Je mehr Testfälle ausgeführt wurden, desto größer die Wahrscheinlichkeit, dass kein Fehler auftritt, weil die nicht getestete Restmenge abnimmt. Nur wenn ein Zusammenhang zwischen Test- oder Betriebszeit und der Anzahl unabhängiger Testfälle bewiesen ist, kann man schließen, dass mit zunehmender Zeit die Zuverlässigkeit steigt.

These 100
Je höher der Testaufwand für die Fehlererkennung desto weniger unentdeckte Fehler.

These 101
Tritt kein Fehler auf, impliziert dies keine Fehlerfreiheit.

Die Erfahrung zeigt, dass der Aufwand, der für die Identifizierung der Fehlerursache benötigt wird, steigt, je mehr Fehler gefunden wurden. Während die Fehlererkennung nur von der bereits erwähnten Fehlerwahrscheinlichkeit P abhängt, erfordert die Identifizierung der Ursache variablen Aufwand. Denn zuerst werden die Fehler gefunden, für die P groß ist. Zurück bleiben dann Fehler mit kleinem P, und das sind meistens die sporadischen Fehler.

Wenn die Fehlerbedingung nicht bekannt ist, wenn also kein Bezug zum Testfall direkt hergestellt werden kann, wie es bei sporadischen Fehlern häufig vorkommt, muss man erst herausfinden, wie der Fehler reproduziert werden kann. Für die Reproduktion des Fehlers können bis zu 90% des gesamten Aufwandes zur Fehlerbeseitigung benötigt werden.

Der Begriff "sporadisch" ist aber auch relativ. Wir haben schon oft "sporadische" Fehler während der Tests gefunden, aber nach

Identifizierung der Ursache uns fragen müssen, warum sie so selten aufgetreten sind.

Häufig wird eine nach dem "Reliability Growth Model" abgeleitete Zuverlässigkeitsabschätzung verwendet, um eine Entscheidung über den Abbruch der Tests herzuleiten. Wenn die (scheinbare) Zuverlässigkeit hoch genug ist, die Fehlerrate also klein genug, dann ist es wirtschaftlich sinnvoll, die Tests abzubrechen. Eine solche Entscheidung ist aber nur zulässig, wenn sicher noch vorhandene Fehler keine kritische Situation erzeugen können.

Abschließend soll noch das Problem mangelnder Unterstützung bei der Fehlererkennung durch die Plattform diskutiert werden. Um Fehler erkennen zu können, ist dann teilweise beträchtlicher Zusatzaufwand erforderlich, um die Mängel der Plattform auszugleichen.

Bei C wird im Gegensatz zu Ada durch den Compiler keine Überprüfung von Pointern oder Indizes durchgeführt. Daher können Datenbereiche überschrieben werden, ohne dass dies sofort bemerkt wird. Wenn dann ein Fehler auftritt, ist die Ursache kaum noch festzustellen und aufwändige Instrumentierung des Codes ist notwendig.

Ein typisches Beispiel ist das Überschreiben von Speicherbereichen, die von `malloc` (memory allocation) zugeteilt wurden. Dabei wird in der Regel Verwaltungsinformation zerstört, aber die Auswirkungen werden nicht sofort sichtbar. Wenn `malloc` diese Information später braucht, wird die Dateninkonsistenz festgestellt. Dann aber fehlt die Korrelation mit der Fehlerursache. Potenzieller Verursacher ist erst einmal Code, der auf die angrenzenden Bereiche zugreift. Da `malloc` hierzu keine Unterstützung anbietet, muss diese Information durch Instrumentierung des Codes beschafft werden. Eine weitere Möglichkeit zur Eingrenzung des Fehlers besteht darin, `malloc` häufiger aufzurufen, um zeitlich näher an den Verursacher heranzukommen.

Auf Un*x-Plattformen steht z.B. Electric Fence (`libefence`) zur Verfügung. Diese Bibliothek bietet eine veränderte malloc-Funktion an, die mit Hilfe des Betriebssystems "Sicherheitspuffer" um den allokierten Speicher sicherstellt. Ein Zugriff in diesen Sicherheitspuffer löst dann einen Zugriffsfehler aus und das Programm wird abgebrochen. Mit Hilfe der Speicherabschrift – dem sogenannten "Core-Dump" – und einem Debugger kann dann der genaue Ort des Fehlers bestimmt werden. Leider können bei den meisten Betriebssystemen Zugriffschutzoptionen nur jeweils für Blöcke einer festgelegten Größe eingestellt werden. Ist die Differenz zwischen der Grenze des allokierten Speichers und der Zugriffsstelle sehr klein oder sehr groß, kann keine Zugriffsverletzung ausgelöst werden. Immerhin erhöht sich aber die Wahrscheinlichkeit deutlich, so dass die Fehlerursache direkt erkannt werden kann. Außer Electric

Fence gibt es noch weitere sogenannte "malloc-Tracker", die nach einem ähnlichen Prinzip arbeiten. In einer unserer Anwendungen trat ein Fehler auf, der zum Abbruch des Programmes beim Öffnen einer Datei mit "fopen" (file open) führte, ohne dass ein Core-Dump produziert wurde. Das Programm muss sich also über "exit" normal beendet haben. Nachdem erkannt wurde, dass fopen den Abbruch verursacht, und alle Fehlermöglichkeiten an dieser Stelle ausgeschlossen werden konnten, identifizierten wir Speicherüberschreibung als mögliche Ursache. Electric Fence wurde aktiviert und zeigte sofort die kritische Stelle an.

Nach der Identifizierung stellten wir fest, dass der Fehler schon lange vorhanden, aber nicht erkennbar war. malloc wurde in einer Funktion aufgerufen, und die Funktion gab auch den Speicher wieder frei. Da Speicher am Ende der malloc-Kette – eine Kette, die die freien und belegten Speicherbereiche jeweils miteinander verbindet – überschrieben wurde, wo keine Verwaltungsinformation stand, wurde der Fehler nicht sichtbar. Als zur Verringerung der Dynamik der Speicher außerhalb der Funktion angelegt wurde, wurde er in innere Bereiche der malloc-Kette verschoben, und die Verwaltungsinformation wurde überschrieben, so dass dann ein Fehlersymptom auftrat.

Dieses Beispiel zeigt erneut, wie schwierig es sein kann, Fehler zu erkennen. Die bei der Fehlererkennung gewonnene Erfahrung kann man für eine zukünftig effektivere Fehlererkennung einsetzen. Wir haben gesehen, dass durch malloc verwaltete Speicherbereiche sehr sensitiv auf Bereichsüberschreitung reagieren, wenn diese Bereiche innerhalb der Verwaltungskette liegen. Wenn ein malloc-Tracker zur Verfügung steht, kann man gezielt folgende Strategie einsetzen:

- Immer dafür sorgen, dass die genutzten Bereiche innerhalb der Kette liegen, also immer noch einen zusätzlichen nicht genutzten Bereich anhängen.
- Speicher bevorzugt mit malloc anlegen statt durch statische Deklarationen.

Dann hat man eine gute Chance, eine Bereichsüberschreitung schnell zu finden.

Wie geht man nun vor, falls für eine Plattform kein malloc-Tracker zur Verfügung steht? Dann muss man die Software auf eine geeignete Plattform portieren. Portierbarkeit trägt somit wesentlich zur Fehlererkennung bei, weil man dann Schwächen einer Plattform mit Stärken einer anderen ausgleichen kann.

Wir haben in den letzten Jahren darauf geachtet, dass wir Software sowohl auf Un*x- als auch auf MS-Windows™-Plattformen übersetzen und ausführen können. Das erfordert am Anfang etwas mehr Aufwand und auch Erfahrung, wie man Plattformabhängigkeiten effektiv behandeln kann, zahlt sich dann aber aus.

Portierung bringt noch weitere Vorteile. Compiler erzeugen unterschiedliche Fehlermeldungen, ein Compiler erzeugt für einen Fall eine Fehlermeldung, der andere keine. Verwendet man unterschiedliche Compiler, dann kann man sehr effektiv Fehler erkennen. Das gilt natürlich auch für Compiler verschiedener Hersteller, die für dieselbe Plattform verfügbar sind.

Die Compiler gcc und g++ der GNU-Software melden (auch bei Benutzung der Compileroption "`-Wall`") in einigen Fällen nicht, wenn Variablen vor Benutzung ihres Wertes nicht initialisiert wurden. Visual C++ (VC++) von Microsoft™ dagegen gibt dann Warnungen aus. Umgekehrt zeigt VC++ nicht an, wenn Stack-Variable nicht benutzt werden, gcc und g++ dagegen schon.

Andere Unterschiede treten bei der Programmausführung auf. Dies können Prüfungen sein oder auch spezielle Eigenschaften der Hardware oder von Hardware und Software, speziell Betriebssysteme (vgl. GerlichDasia2000).

Häufig wird in C auf die Adresse `NULL` zugegriffen, wenn Pointer nicht mit einer gültigen Adresse initialisiert wurden oder `malloc` die Adresse `NULL` zurückgibt, weil kein Speicher verfügbar ist, und dies nicht überprüft wird. Auf einem PC mit VxWorks bekommt man keine Fehlermeldung, dagegen eine auf einem Sparc-Rechner mit VxWorks. Durch Ausführung eines C-Programms unter VxWorks auf einer Sparc-Plattform kann man sehr effizient Fehler finden, die man auf der PC-Plattform nur mühsam oder vor dem Betrieb überhaupt nicht findet.

In der Test-, Verifikations- und Validierungsphase muss die Fehlererkennung unbedingtes Ziel sein. Man kann daher nicht froh sein, wenn ein Fehler nicht mehr auftritt, ohne dass man weiß, warum er nicht mehr auftritt.

Wurde ein Fehler beobachtet, müssen alle Anstrengungen auf die Reproduzierbarkeit des Fehlers ausgerichtet sein. Tritt ein Fehler permanent auf, ist dies der beste Fall. Bei einem sporadischen Fehler muss man erst herausfinden, wie man ihn reproduzieren kann – woraus sich dann aber meist schon eine Ahnung über die Ursache ergibt.

Wir haben einmal beobachtet, dass einige Bytes (Zeichen) auf dem Bildschirm innerhalb eines Datenstromes in der Größenordnung von einigen Zehntausend Bytes korrumpiert waren, was eigentlich nicht besonders auffiel. Für die Fehlerreproduktion und -identifizierung benötigten wir etwa 2 Tage, für die Beseitigung maximal 1 Stunde. Nach der Identifizierung des Fehlers stellte sich heraus, dass ein Pointer überschrieben worden war, und das Risikopotenzial dieses Fehlers sehr hoch war. Die Auswirkungen hätten zum Programmabbruch während des Betriebs einer kritischen Anwendung führen können. Daher war es eine gute Entscheidung, die "paar falschen Zeichen" nicht zu ignorieren.

Fehler müssen sich auch nicht immer klar im Sinne einer "ja/nein"-Entscheidung zeigen, das gilt besonders für Fehler in einem Algorithmus. Hier kann der Algorithmus oder sein Implementierung fehlerhaft sein. Wesentlich ist, dass man das Ergebnis verstehen muss. Um es verstehen zu können, muss man es in einer geeigneten Form sehen können.

Beispielsweise kann die Genauigkeit Hinweise auf Fehler geben. Um die Genauigkeit bestimmen zu können, braucht man Ausgangswerte, die zufallsartig streuen und mit den Ergebnissen verglichen werden können. Dazu muss das System stimuliert, die Ergebnisse müssen geeignet aufbereitet werden. Diesen Ansatz nennen wir "Simulation".

Bei einem Projekt haben wir Schwankungen der Ergebnisse festgestellt, die nicht mit den systembedingten Fehlern und Fehlerfortpflanzung von numerischen Rechenungenauigkeiten erklärt werden konnten. Eine genauere Prüfung führte dann zu einem Fehler im Algorithmus.

4.5.2.5
Fehlerbehandlung

Fehler während des Betriebes treten auf, wenn nicht alle Fehler während der Tests beseitigt wurden, oder äußere Einflüsse zu unvermeidlichen Betriebsstörungen führen. Grundsätzlich können wir solche Fehler in zwei Klassen einteilen: erwartete ("anticipated") und unerwartete ("non-anticipated") Fehler.

Ein erwarteter Fehler kann ein Bedienungsfehler sein wie die Eingabe eines Buchstabens statt einer Zahl, der Ausfall eines Sensors oder Datenübertragungskanals, der Ausfall eines Rechners in einem Netzwerk. Erwartete Fehler sollten auch behandelt und ihre Auswirkung damit begrenzt werden. Behandlung setzt Erkennung voraus. Werden Fehler nicht erkannt bzw. behandelt, dann breiten sie sich aus, produzieren wahrscheinlich Folgefehler.

Von einem Folgefehler auf die eigentliche Ursache zu schließen, ist meistens sehr schwierig und aufwändig. Für einen möglichst störungsfreien Ablauf sollten Fehler den Bereich, in dem sie auftreten, nicht verlassen. Man spricht von sog. "fault containment regions" (vgl. Karlsson 2003). Innerhalb eines solchen Bereiches wird versucht, das Problem zu lösen, damit der Fehler sich nicht zu einer Fehlerlawine entwickeln kann, die möglicherweise zum Totalausfall der Anwendung führt.

Nicht immer kann die Fehlerausbreitung verhindert werden. Wenn eine "fault containment region" über 1-fache Redundanz verfügt, also die Komponenten zweifach vorhanden sind, von denen eine die vorgesehene Aufgabe übernimmt, dann wird der Ausfall einer dieser Komponenten toleriert. Beim Ausfall der zweiten Komponente wird der Fehler nach außen wirksam. Dann kann man nur hoffen, dass der übergeordnete Bereich das Problem lösen kann.

Die Fähigkeit, die Auswirkungen eines Fehlers zu begrenzen oder zu kompensieren, bezeichnet man als "Fehlertoleranz". Durch Fehlertoleranz kann die Fehlerursache vollständig beseitigt werden, beispielsweise durch Umschalten auf einen zweiten Sensor, wenn der erste Sensor ausgefallen ist. In diesem Fall impliziert Fehlertoleranz eine korrigierende Maßnahme. In anderen Fällen wie bei einer falschen Eingabe können nur die Fehlerfortpflanzung und die Auswirkungen begrenzt werden. Die Übergabe eines Textes anstatt eines numerischen Wertes könnte zu einem Programmabbruch führen. Die Weiterleitung des Textes kann zwar verhindert werden, der Fehler wird toleriert. Unbekannt bleibt, welcher Wert eingegeben werden sollte, der Fehler kann also nicht behoben werden.

Durch Fehlertoleranz wird die Verfügbarkeit eines Systems erhöht. Von hoher Zuverlässigkeit allein kann nicht unbedingt auf hohe Verfügbarkeit geschlossen werden. Tritt trotz eines hohen Grades an Fehlertoleranz ein seltener Fehler einmal auf, kann der zu empfindlichen und langfristigen Störungen führen, die die Verfügbarkeit signifikant reduzieren.

Unerwartete ("non-anticipated") Fehler sind Fehler, die nicht erwartet werden: es wurde vergessen oder nicht erkannt, dass sie auftreten können. Sie werden daher auch nicht behandelt, können sich fortpflanzen und den Betrieb empfindlich stören. Wir gehen hier davon aus, dass erwartete Fehler auch behandelt werden. Erwartete, aber nicht behandelte Fehler sind unerwarteten Fehlern gleich zu setzen.

Die Behandlung erwarteter Fehler erhöht die Qualität, unerwartete Fehler reduzieren sie. Zur Maximierung der Qualität sollten keine unerwarteten Fehler nach der Implementierung und den Tests zurückbleiben. Wie kann man das erreichen?

Zunächst kann man durch eine Richtlinie fordern, dass alle Fehler erkannt und behandelt werden müssen. Aber es ist schwierig, dies zu 100% im Code nachzuweisen. Ein systematischer Ansatz hilft uns hier aber weiter.

Betrachten wir zunächst die früher erwähnten Fehlerquellen wie Ausfall eines Sensors oder Datenkanals, wobei wir jetzt keine Redundanz für diese Komponenten annehmen, weil wir die Fehlererkennung und -behandlung erklären wollen.

Für die Datenverarbeitung ist es nicht wesentlich, ob Datenverlust durch Ausfall des Sensors oder des Kanals eintritt. Relevant ist nur der Datenverlust. Um nun den Fehler zu erkennen und zu behandeln, müssen wir überhaupt nicht wissen, welche Komponente fehlerhaft arbeitet. Wir müssen nur erkennen, dass Datenverlust eintritt.

Ein Datenverlust hängt aber eng mit der Datenverarbeitung zusammen, und hier müssen wir ansetzen. Wenn wir Daten verarbeiten wollen, benötigen wir Daten, d.h. wir müssen wissen, ob Daten vorhanden sind und anzeigen, dass sie verarbeitet wurden. Auf diese Weise können wir erkennen, ob neue Daten eingetroffen sind oder nicht. Wenn nicht, dann liegt ein Fehler vor. Auch wenn wir einen Fehler in der Hardware vergessen haben, können wir ihn erkennen, wenn er auftritt.

Wesentlich für die Erkennung ist, dass wir aus der Verfügbarkeit von Daten schließen, dass der Datenstrom auch versiegen kann. Aus dieser Sicht kennt die Software keine unerwarteten Fehler, nur die Fehlerursachen können unerwartet auftreten. Mit einem solchen systematischen Ansatz kann Software sehr viel robuster werden.

Ebenso müssen wir prüfen, wenn wir einen numerischen Wert erwarten, ob wir ihn auch tatsächlich erhalten. Die ungeprüfte Verarbeitung ist ein Verstoß gegen die Sorgfaltspflicht.

Wir können daraus folgende Regel ableiten: immer wenn wir eine Aufgabe bearbeiten müssen – das ist der "positive" Aspekt – müssen wir damit rechnen, dass die Voraussetzungen für ihre erfolgreiche Ausführung nicht erfüllt sind. Diesen Zustand müssen wir als Fehler ansehen. Aus dieser Perspektive gibt es keine unerwarteten Fehler mehr, nur noch unzureichende Programmierung.

Die Software stellt also bezüglich Fehlererkennung ein abgeschlossenes System dar. Wir müssen nicht unbedingt wissen, woher die Daten kommen, die die Software verarbeiten soll, ob ein Mensch Daten eingibt, ob sie von einem Sensor oder aus einer Datei kommen. Ohne die Außenwelt zu kennen, können wir Fehler *systematisch* erkennen.

Für die Fehlerbehandlung (auch als "recovery" bezeichnet) dagegen wird mehr Information benötigt: wenn wir den zweiten Sensor aktivieren wollen, müssen wir wissen, dass ein Sensor ausgefallen und ein weiterer Sensor vorhanden ist. Wir müssen auch herausfinden, dass der Fehler beim Sensor und nicht beim Übertragungskanal liegt usw.

Trotz eines sehr systematischen Ansatzes werden trotzdem noch unerwartete Fehler im System auftreten, weil Programmierer nicht perfekt sind und Werkzeuge für eine vollständige Kontrolle der (noch) manuellen Implementierung nicht zur Verfügung stehen.

Solche menschlichen Schwächen können durch einen automatischen und wartbaren Produktionsprozess kompensiert werden.

Zur Behandlung etwaiger noch auftretender unerwarteter Fehler müssen wir auch Maßnahmen zur Fehlererkennung treffen. Wenn wir den Fehler nicht erkennen, können wir auch keine konkrete Behandlung vorsehen.

In der Praxis wird dieses Problem gelöst, indem angenommen wird, dass unabhängige Programme nicht den denselben Fehler enthalten. Eine Annahme, die plausibel erscheint, aber i.a. nicht bewiesen werden kann. Von einem Fehler wird dann ausgegangen, wenn zwei Programme, die dasselbe Ergebnis liefern sollen, zu verschiedenen Resultaten kommen. Um entscheiden zu können, welches Programm fehlerhaft ist, braucht man mindestens drei unabhängige Programme unter der Annahme, dass höchstens ein Programm einen Fehler verursacht. Dieses Verfahren wird als "majority voting" bezeichnet, die Erstellung von n unabhängigen Programmen als "n-version programming". Die Beseitigung des Fehlers ohne spezifische Fehlerbehandlung wird als "fault masking" bezeichnet. Wenn drei Ergebnisse vorliegen, von denen mindestens zwei übereinstimmen, geht man davon aus, dass die "Mehrheit" den richtigen Wert liefert.

"Fault masking" bedeutet nicht, die Auswirkungen eines Fehlers zu begrenzen oder zu maskieren, also zu verbergen, ohne ihn zu erkennen. Zur Steigerung der Zuverlässigkeit und der Qualität muss die Fehlerursache unbedingt identifiziert werden.

Um falsch verstandenes "fault masking" handelt es sich beispielsweise, wenn ein Feld von Strukturen konstanter Länge nur vergrößert wird, damit Fehler in der Indexrechnung nicht zum Überschreiben anderer Daten führen. Erstens wird dadurch verhindert, dass der Fehler in der Testphase erkannt werden kann. Zweitens ist das Schreiben von Daten zur Ausführungszeit in einen nicht vorgesehenen Bereich als Datenverlust zu betrachten, der Fehler kann sich dadurch ausbreiten. Durch eine solche Maßnahme wird nur verhindert, dass weitere Daten korrumpiert werden, die Fehlerfortpflanzung wird unterbunden.

Das "n-version programming" ist sehr aufwändig und sein Nutzen umstritten. Das Hauptproblem stellt die Unabhängigkeit der Programme dar. Wenn ein Fehler schon in den Anforderungen liegt, aus denen die Programme erstellt werden, liefern alle Programme dasselbe Ergebnis, und der Fehler bleibt trotz des hohen Aufwandes unerkannt. Mehr Programme können auch zu falschen Fehlermeldungen führen, sog. "false alarms", die auch den Betrieb stören können.

Beim Jungfernflug des ersten NASA-Shuttles wurde ein nicht e-xistierendes Timing-Problem zwischen den fünf Bordrechnern gemeldet, was zu einer Startverzögerung von mehreren Tagen führte.

Aus dieser Sicht ist es am effektivsten, nur eine Version zu erstellen, und den Aufwand voll auf die Fehlerprävention und -beseitigung bei dieser einen Version zu konzentrieren, und einen Entwicklungsansatz zu verwenden, bei dem die Fehler mit der Zeit definitiv abnehmen.

Wir werden aber später in Kap. 7.3.1 sehen, dass Automation Kosten und Aufwand für die Diversifikation erheblich senken kann, und dadurch die Fehlererkennung durch Vergleich der Ergebnisse verschiedener Plattformen preiswert und schnell möglich ist.

4.6 Betriebssysteme – Effizienz und Risiken

Betriebssysteme sind wichtige Komponenten eines Softwaresystems. Kaum ein Entwickler wird es sich aus Kosten- und Zeitgründen leisten können, sein eigenes Betriebssystem zu schaffen. Er ist daher auf Fremdsoftware angewiesen, die sein Projekt erheblich beeinflussen kann. Daher gehen wir auf die Eigenschaften von Betriebssystemen näher ein, beschränken uns aber auf einige, die weit verbreitet und repräsentativ für die verschiedenen Arten sind.

Automatische Produktionsprozesse haben eine direkte Schnittstelle zu Betriebssystemen. Daher sind gute Kenntnisse über deren Eigenschaften notwendig, besonders wenn Portabilität zwischen verschiedenen Plattformen erreicht werden soll.

Für den Erfolg eines Produkts spielen Leistung und Robustheit des Systems eine erhebliche Rolle. Dies gilt für kritische wie für unkritische Anwendungen. Während allerdings in unkritischen Bereichen wie etwa Desktop-Anwendungen ein langsames und instabiles Programm lediglich frustriert, verhindern fehlende Leistung und Stabilität bei kritischen Anwendungen die Abnahme und den erfolgreichen Projektabschluss.

Die Wahl des Betriebssystems hat erheblichen Einfluss auf Geschwindigkeit und Robustheit eines Systems. Dieser Einfluss kann sowohl positiv als auch negativ ausfallen. In diesem Teil beschreiben wir einige der relevanten Aspekte von Betriebssystemen und deren Auswirkungen auf das Gesamtprodukt.

4.6.1 Softwarequalität hängt vom Betriebssystem ab

Ein Betriebssystem nimmt eine zentrale Stellung im Gesamtsystem ein. Was das Betriebssystem nicht abdeckt, muss selbst entwickelt werden. Die bereitgestellten Funktionen werden häufig verwendet und müssen daher effizient arbeiten. Ihre Fehler- bzw. Ausfallrate sollte äußerst gering sein, und sie sollten extreme Zustände wie hohe Last robust überstehen können.

Viele Betriebssysteme erfüllen nicht alle Anforderungen, sie sehen beispielsweise einen Konflikt zwischen hoher Performance wie schnellen Reaktionszeiten und hoher Robustheit. Wir werden diesen potenziellen Konflikt genauer analysieren und Hinweise geben auf Probleme, die dadurch entstehen können. Bisher wird meistens der besseren Performance höhere Priorität eingeräumt, worunter die Robustheit leidet, beispielsweise durch Fehlerfortpflanzung wegen fehlender Prüfungen.

Bei unzureichender Unterstützung des Betriebssystems für robuste Systeme müssen entsprechende Maßnahmen durch den Entwickler ergriffen werden, etwa indem er selbst Konsistenzprüfungen einführt, wodurch sowohl die Gesamtgeschwindigkeit des Systems verschlechtert als auch Aufwand und Komplexität erhöht werden verglichen mit einer äquivalenten Lösung durch das Betriebssystem.

Bestimmte Informationen, die für die Konsistenzprüfungen benötigt werden, stehen auf höherer Ebene oft nicht oder nur indirekt durch Systemaufrufe zur Verfügung. Eine Implementierung auf Betriebssystemebene ist in den meisten Fällen effizienter und verlässlicher, das Risiko also kleiner.

Fehlen außerdem Möglichkeiten der Fehlerortung, etwa ausführliche Ausgaben von Registerinhalten und aktuellem Programmzähler bei Speicherzugriffen, oder können sich Fehler im Betriebssystem so weit fortpflanzen, dass Fehler oft zum Neustart des Systems inklusive Informationsverlust führen, so muss ein Entwickler selbst aufwändige Vorsorgemaßnahmen treffen.

Im Falle von durch Fehler ausgelösten Neustarts müssen oftmals komplizierte und aufwändige Mechanismen zur Datensicherung – etwa durch Übertragung auf einen Hostrechner oder auf Platte – implementiert werden. Bei sporadischen Fehlern ist die Wahrscheinlichkeit groß, dass nach solchen erheblichen Eingriffen in die Abläufe der gesuchte Fehler erst einmal nicht mehr auftritt, ohne wirklich beseitigt zu sein.

4.6.2 Klassifikationskriterien

Nach unserer Erfahrung beeinflussen die folgenden drei Kriterien Robustheit und Performance von Betriebssystemen wesentlich:

- Speicherorganisation
  gemeinsamer oder getrennter Adressraum
- Scheduling
  kooperativ oder preemptiv
- Konsistenzprüfung
  Prüfung von Systemaufrufparametern, Adressen

Ihr Einfluss auf Geschwindigkeit, Robustheit, Risiko und Komplexität soll in den folgenden Abschnitten diskutiert werden.

4.6.2.1 Speicherorganisation

Die meisten Betriebssysteme lassen sich in zwei Kategorien der Speicherorganisation einteilen: getrennter oder gemeinsamer Adressraum

Bei getrenntem Adressraum erhält jeder Prozess einen eigenen Adressraum. Es ist nicht möglich, dass ein Prozess auf Daten im Adressraum eines anderen Prozesses zugreift. Bei einem gemeinsamen Adressraum hingegen ist es möglich, dass die Prozesse auf die Daten anderer Prozesse zugreifen.

Inzwischen unterstützen einige Betriebssysteme auch eine Mischung der beiden Mechanismen. So kann ein gemeinsamer Adressraum von mehreren sogenannten Threads innerhalb von Prozessen verwendet werden, auf den aber von den anderen Prozessen auf demselben Rechner nicht zugegriffen werden kann. Außerdem ist es in vielen Fällen möglich, dass mehrere Prozesse in getrennten Adressräumen sich Speicherbereiche teilen, die dann in die jeweiligen Adressräume der Prozesse eingeblendet werden.

Vom Leistungsaspekt her bietet der gemeinsame Adressraum Zeitvorteile bei den Datenzugriffen. Daten können direkt zwischen Anwendungen ausgetauscht werden und globale Daten stehen allen zur Verfügung. Bei einem getrennten Adressraum ist für die Kommunikation die Einrichtung nachrichtenbasierter Übertragungskanäle oder begrenzter gemeinsamer Adressräume notwendig.

Für Sicherheit und Verlässlichkeit des Systems ist ein gemeinsamer Adressraum allerdings von Nachteil. So lassen sich fehlerhafte Zugriffe auf globale Daten nicht erkennen und die Ausbreitung von Folgefehlern nicht verhindern. Teilen sich die Anwendungen den

Adressraum sogar mit dem Betriebssystemkern, so können zentrale Betriebssystemdaten korrumpiert werden.

Entweder stürzt das System dann ab oder es arbeitet mit fehlerhaften Daten weiter, wobei natürlich nicht mehr von einer korrekten Funktionsweise ausgegangen werden kann. In der Testphase ist ein folgender Absturz ein "Glücksfall", da der Fehler dann bemerkt wird. Je nach Art des Absturzes kann aber Information über die Fehlerursache zerstört werden. Dann ist es nicht mehr möglich zu erfahren, wo er ausgelöst wurde und wodurch – etwa Zugriff in nichtexistenten Speicher oder einen unzulässigen Schreibzugriff.

Nach unseren Erfahrungen ist es sogar möglich und wahrscheinlich, dass nicht einmal Testausschriften hier weiterhelfen, da das System sich nach bestimmten Abstürzen selbst zurücksetzt und die Testausschriften dann gelöscht werden. Dies erfordert aufwändige Instrumentierung des Programmcodes – etwa durch die Übertragung der Information zu einem Hostrechner – und erhöht bei manueller Arbeit sowohl den Aufwand als auch das Risiko für das Projekt.

Handelt es sich um einen sporadischen Fehler, so kann bereits der kleinste Eingriff in den Programmablauf – also auch das Hinzufügen von Testausschriften – dazu führen, dass der Fehler nicht mehr beobachtbar, aber nicht beseitigt ist. Solche Fehler werden von geplagten Programmierern oft "Heisen-Bugs" genannt, in Anspielung an die von Werner Heisenberg geprägte Unschärferelation, nach der ein zu messendes System durch die Messung allein schon verändert wird.

Leider sind die Compiler nicht in der Lage, solche Fehler schon zur Übersetzungszeit zu erkennen. Selbst bei einigen Sprachen wie z.B. Oberon, die sehr restriktiv mit Speicherzugriffen umgehen, sind solche Fehler nicht zu verhindern und müssen daher während der Testphase identifiziert werden.

Die Wahrscheinlichkeit des Auftretens von Zugriffsfehlern während der Tests wird bei einem getrennten Adressraums erheblich erhöht. Der einzelne Adressraum ist viel spärlicher mit legalen Zugriffsadressen besetzt, wodurch bei einem fehlerhaften Zugriff die Erkennung durch die Speicherverwaltung wahrscheinlicher wird. Durch den kontrollierten Abbruch kann das Betriebssystem nun noch weitere Informationen über Ort und Art des Fehlers sowie die Adresse des auslösenden Zugriffs liefern.

Ist zudem der Adressraum des Betriebssystemkerns von den Adressräumen der Anwendungen getrennt, so können sich Fehler von einer Anwendung nicht in den Betriebssystemkern fortpflanzen und der Rest des Systems bleibt nach Absturz eines Prozesses stabil. Eine autonome Restabilisierung – etwa durch einen kontrollierten Neustart des abgestürzten Prozesses – ist nur so möglich.

Ein gemeinsamer Adressraum kann sogar negativen Einfluss auf die Geschwindigkeit haben. Können z.B. mehrere Instanzen eines Programms zur gleichen Zeit aktiv sein, so verwenden diese gezwungenermaßen gleiche Adressen für ihre nicht notwendigerweise gemeinsam verwendeten Daten im gemeinsamen Adressraum, was zu Datenkonflikten führt.

Eine mögliche Lösung hierfür ist eine Transformation einzelner globaler Variablen in Variablenfelder, in denen für jede Instanz ein Index vorgesehen ist. Indizierter und indirekter Zugriff ist jedoch bei weitem ineffizienter als direkter Zugriff. Die Instruktionen für den Zugriff werden sowohl in der Implementierungssprache als auch in der Maschinensprache komplexer.

Eine andere Lösung ist das Überladen solcher Datenbereiche. Dafür wird in den Prozessverwaltungsstrukturen zusätzlicher Speicher benötigt. Beim Prozesswechsel werden die Datenstrukturen des aktuellen Prozesses in die Prozessverwaltungsstruktur gesichert und die Datenstrukturen des nächsten Prozesses in den Datenbereich kopiert. Dies verlangsamt den Prozesswechsel erheblich und verschlechtert damit sowohl die Systemperformance als auch die Reaktionszeit der Prozesse.

Während unserer Arbeit haben wir einen 2-5 mal höheren Aufwand für Systeme auf Basis eines gemeinsamen Adressraums beobachtet als für solche auf Basis von getrennten Adressräumen. Dank des Einsatzes automatisierter Methoden und damit automatischer Portierung war es uns oftmals möglich, Fehler in Systemen mit gemeinsamem Adressraum durch die Portierung auf eine Plattform mit getrennten Adressraum zu finden und zu eliminieren. Der Aufwand hierfür war spürbar kleiner als für die Fehlersuche im gemeinsamen Adressraum.

Abschließend wollen wir noch erwähnen, dass auf bestimmten Plattformen aufgrund fehlender Hardwareunterstützung die Möglichkeit für den Einsatz von getrennten Adressräumen gar nicht besteht, so etwa beim Standard Payload Computer (SPLC) der ESA, der einen vereinfachten Sparc-Prozessor ohne Memory-Management-Unit enthält. Genauso verhält es sich in vielen eingebetteten Anwendungen ("embedded systems"). Auch aus Kostengründen oder beschränkter Ressourcen kann ein gemeinsamer Adressraum bevorzugt werden. Denn für die Verwaltung getrennter Adressräume wird zusätzliche Hardware benötigt, die Zusatzkosten verursacht, aber auch zu höherem Gewicht und Stromverbrauch führt.

In diesen Fällen ist es äußerst vorteilhaft, zu Testzwecken schnell zwischen dem Zielsystem mit gemeinsamen und einem System mit getrenntem Adressraum wechseln zu können, um den Entwicklungs- und Testaufwand minimieren zu können.

4.6.2.2 Scheduling

Unter Scheduling wird allgemein die Planung der Ressourcenverteilung für Prozesse verstanden. Beispiele für Scheduling sind etwa die Zuteilung von Prozessorzeit oder die kontrollierte Bearbeitung von Lese- und Schreibaufträgen für Datenmedien wie z.B. Festplatten. Wir werden uns auf die Verteilung der Prozessorzeit beschränken.

Hierfür gibt es zwei zueinander komplementäre Konzepte: kooperatives und preemptives Scheduling. Beim kooperativen Scheduling kann der jeweils aktive Prozess entscheiden, wann er den Prozessor an den nächsten wartenden Prozess weitergibt, während beim preemptiven (preemptive, engl.: "bevorzugt", "zuvorkommend", "präventiv") Scheduling eine höhere Kontrollinstanz – etwa das Betriebssystem – dem aktiven Prozess den Prozessor beliebig entziehen kann.

Es ist zu beachten, dass sich die Einteilung in kooperatives und preemptives Scheduling nicht auf die konkrete Auswahl des Nachfolgerprozesses bezieht, sondern lediglich darauf, wieviel Einfluss der aktive Prozess auf die Weitergabe des Prozessors hat. Für die Auswahl des Nachfolgerprozesses sind Planungsalgorithmen verantwortlich, die fast beliebig jeweils mit preemptivem oder kooperativem Scheduling kombiniert werden können.

Da bei kooperativem Scheduling der einzelne Prozess über die Weitergabe des Prozessors entscheiden kann, entfallen Synchronisationsmechanismen und verringern so Aufwand und Risiko.

Auf der anderen Seite entstehen durch kooperatives Scheduling auch Nachteile sowohl für die Reaktionszeiten als auch für die Zuverlässigkeit. So kann ein Prozess für längere Zeit blockieren, was zu unvorhersehbaren und meist schlechten Antwortzeiten führt. Im schlimmsten Fall blockiert der Prozess den Prozessor endlos, was einen Neustart des Systems durch einen externen Eingriff erfordert, denn das System kann dann eine Blockade nicht selbst beseitigen.

Um die Reaktionszeit zu verbessern, wird oftmals eine zentrale Schleife benutzt, die Ereignisse verarbeitet und regelmäßig den Prozessor an die Anwendungen abgibt. Dabei müssen lange Operationen und Berechnungen in kleinere Pakete zerteilt werden, die dann aus der Ereignisschleife aufgerufen werden. Die zwangsweise Trennung von Programmteilen erhöht aber die Komplexität und damit das Fehlerrisiko.

Beim preemptiven Scheduling hat das einzelne Programm weniger Kontrolle über den Prozesswechsel, dafür kann auf Ereignisse sofort reagiert werden. Auch bleibt das System kontrollierbar, selbst wenn ein Prozess alle ihm zugewiesene Prozessorzeit aufgrund eines Programmfehlers ausnutzt. Eine überwachende Instanz kann den blockierenden Prozess entfernen und neu starten oder ähnliche Korrekturmaßnahmen vornehmen.

Die reduzierte Kontrolle eines Prozesses über den Prozesswechsel erfordert aufwändigere Algorithmen und damit intensivere Tests. Konflikte und gegenseitige Blockierung beim Zugriff auf gemeinsame Ressourcen müssen verhindert werden. Die allgemein bekannte Methode des gegenseitigen Ausschlusses verhindert recht einfach Konflikte, kann aber bei unvorsichtigem Einsatz zu Blockaden, sogenannten "Deadlocks", führen.

Solche Blockaden entstehen, wenn Prozesse zyklisch aufeinander warten. Fordert etwa Prozess A die von Prozess B gehaltene Ressource R an, während Prozess B die von Prozess A gehaltene Ressource Q anfordert, so kann keiner der beiden weiterarbeiten. Solche Deadlocks können aufgrund prinzipieller Fehler in den Algorithmen entstehen, aber auch durch Implementierungsfehler, etwa vergessene Ressourcenfreigaben oder inkonsistente Reihenfolge bei der Ressourcenanforderung. Fordern z.B. die Prozesse A und B gleichzeitig die Ressourcen R und Q an, wobei A zunächst R und B zunächst Q anfordert, so entsteht die oben beschriebene Situation beim Anfordern der jeweils zweiten Ressource.

Diese Blockadesituationen sind i.A. analytisch nicht aus dem Programmcode selbst erkennbar und können daher nur durch Tests entdeckt werden. Zudem ist ihr konkretes Auftreten stark abhängig vom zeitlichen Ablauf und Ineinandergreifen der Aktionen der einzelnen beteiligten Prozesse. Sie treten deshalb fast immer nur sporadisch auf, sind schwer aufzuspüren und zum Ursprung zurückzuverfolgen.

Die Auswahl des Scheduling-Verfahrens ist somit ein kritischer Bestandteil des Systementwurfs, besonders bei fehlertoleranten Echtzeitsystemen. Hier bietet preemptives Scheduling bessere Chancen, dass vorgegebene Reaktionszeiten eingehalten werden können.

Die Komplexität der notwendigen Synchronisationsmechanismen erhöht jedoch wieder das Risiko, dass wegen der erhöhten Fehlerrate Reaktionszeiten in der Praxis nicht eingehalten werden können.

So tauchten bei der Mars-Pathfinder-Mission der NASA im Jahre 1997 kurz nach der Landung der Sonde Auto-Resets auf, jedesmal mit Datenverlust verbunden. Die Medien berichteten von "Softwarestörungen" und dem Versuch des Computers, „zu viele Dinge auf einmal zu tun.“ (vgl. Pathfinder)

Das Pathfinder-System verwendete einen gemeinsamen Adressbereich, der als Informationsbus diente. Ein Verwaltungsprozess mit hoher Priorität schrieb regelmäßig Daten in diesen Bus und las Daten. Der Zugriff auf den Bus wurde durch Semaphoren geregelt.

Ein Prozess mit niedriger Priorität verwendete den Bus, um meteorologische Daten zu transferieren. Jedesmal beanspruchte er dabei den Bus für sich, legte die Daten ab und gab den Bus wieder frei. Wenn dem Verwaltungsprozess preemptiv der Prozessor zugeteilt wurde, beanspruchte dieser den Bus und musste warten, bis der niederpriorisierte Prozess den Bus wieder freigab.

Wurde genau in dieser Situation ein ebenfalls vorhandener Kommunikationsprozess mittlerer Priorität zur Ausführung durch einen Timer freigegeben, so löste dieser den niederprioren Prozess ab und blockierte damit auch den Verwaltungsprozess, denn dieser wartete ja auf den niederpriorisierten.

Da der Kommunikationsprozess viel Zeit benötigte, hinderte er damit den Verwaltungsprozess daran, seinen Zeitplan einzuhalten. Ein Kontrollprozess – ein sogenannter Watchdog – erkannte, dass der Verwaltungsprozess längere Zeit seine Arbeit nicht getan hatte und erzwang daraufhin einen Neustart des gesamten Systems.

Dieses Phänomen nennt sich Prioritätsinversion und ist spätestens seit den 70er Jahren im Bereich der eingebetteten Echtzeitsysteme bekannt. Dass es den Entwicklern auch fast 30 Jahre später noch nicht gelungen ist, das Problem durch Änderungen der Entwicklungsmethodik zu beseitigen, zeigt, wie wenig hilfreich allgemeines Wissen um Probleme ist, wenn die Probleme nicht direkt von den Entwicklern erkannt werden können, weil geeignete Hilfsmittel fehlen.

4.6.2.3 Fehlererkennung / Adressverifikation

Die Schnittstelle zwischen Anwendung und Betriebssystem sollte ein Brandmauer gegen die Fortpflanzung von Fehlern darstellen, besonders in Richtung der Betriebssystemebene. Die Korrumpierung der dort verwalteten Daten beeinträchtigt sowohl die Stabilität und Robustheit als auch die Zugriffssicherheit des Systems. Da aber Prüfungen Zusatzlast auf der CPU erzeugen, werden sie nicht immer konsequent implementiert. Wir beschreiben nun einige wichtige Prüfmechanismen und Arten ihrer Implementierung, speziell hinsichtlich Minimierung der Last.

Einem Angreifer könnte es durch eine unzureichende Sicherung des Betriebssystems gelingen, Autorisierungsinformationen auszuspionieren. Ebenso können durch die ungeprüfte Übernahme fehlerhafter Anwendungsdaten in den Betriebssystemkern wichtige Verwaltungsdaten wie z.B. der Speicherverwaltung korrumpiert werden. So kann sich ein solcher Fehler selbst im Fall getrennter Adressräume u.U. auch auf andere Prozesse ausbreiten.

Die meisten Betriebssysteme – soweit uns bekannt ist – führen lediglich einfache Adressenverifikation durch, wobei der Begriff der Adresse hier erweitert zu verstehen ist. Eine Adresse kann nicht nur eine Referenz auf eine Speicherstelle sein sondern auch in Form einer Nummerierung Betriebssystemobjekte wie z.B. Semaphoren für die Synchronisation zur Nutzung von Ressourcen, Nachrichtenfächer, Dateien oder Prozesse bezeichnen.

Zur Verifikation werden einer solchen Adresse Zugriffsrechte eingeräumt und überprüft, und mit einem dem Betriebssystem bekannten Objekt verknüpft. So können z.B. Anfragen für nicht existierende Dateien zurückgewiesen werden. Will ein normaler Nutzer auf die globale Passwortdatei des Systems zugreifen, müssen seine Rechte überprüft werden.

Diese Form der Verifikation prüft aber nur die notwendigen Kriterien: Ist die Adresse korrekt, so kann kein Fehler erkannt werden. Der Umkehrschluss ist allerdings i.A. falsch. Wird nämlich kein Fehler erkannt, so kann die Adresse auch durch Zufall auf ein legales Objekt – nicht notwendigerweise auf das richtige Objekt – zeigen. Trotzdem kann mit dieser einfachen Methode bereits die Wahrscheinlichkeit der Fehlerentdeckung während des Tests wesentlich erhöht und die Fehlerausbreitung zumindest teilweise eingedämmt werden.

Einige der Methoden zur Fehlererkennung können nur bei getrennten Adressräumen oder entsprechender Unterstützung durch Hardware eingesetzt werden. Eine weit verbreitete Methode für die Überprüfung gültiger Adressen ist der `NULL`-Pointer-Check. Dabei werden alle Zeiger ("Pointer") auf Datenbereiche zunächst mit der Adresse 0 ("`NULL`") initialisiert. Bei einem Zugriff auf einen Zeiger, der zwischenzeitlich keinen anderen Wert zugewiesen bekam, wird also auf die Adresse 0 zugegriffen.

Viele Betriebssysteme schließen den bei der Adresse 0 beginnenden Bereich mit einer Größe, die durch Eigenschaften der Hardware definiert wird, aus dem legalen Adressraum aus. Wird nun auf die Adresse 0 zugegriffen, löst die Speicherverwaltungseinheit des Prozessors eine Fehlerbehandlung aus. Das Betriebssystem kann nun Informationen über den Ort des Zugriffs geben und im Testfall anhalten. So stehen sofort Informationen für die Fehlersuche zur Verfügung.

Im Idealfall überprüft das Betriebssystem Zeiger, die an Systemrufe übergeben werden, direkt auf `NULL`, so dass ein Fehler sofort an den Aufrufer gemeldet werden kann und das System nicht angehalten werden muss. Auch dies ist eine Form der "Deeskalation" zur Erhöhung der Robustheit.

Die Überprüfung von Speicheradressen hat keinen oder nur äußerst geringen Einfluss auf die Systemperformance, wenn sie auf die Hardware ausgelagert werden kann. Wertet die Software die Fehlermeldungen, die durch diese Prüfmechanismen ausgelöst werden, aber nicht aus, wird unnötigerweise auf Möglichkeiten zur Stabilisierung eines Systems im Fehlerfall verzichtet.

Andere Prüfungen lassen sich oftmals durch einfache Bereichsüberprüfungen umsetzen oder sich leicht in ohnehin für die Funktion notwendigen Code integrieren. So muss beim Öffnen einer Datei ohnehin der angegebene Pfad in der Verzeichnisstruktur durchlaufen werden, um zu Dateiinformationen zu gelangen, die für den Dateizugriff zwingend erforderlich ist. Fehlen während dieses Durchlaufs bei irgendeinem Schritt Zugriffsrechte oder ein zu suchendes Verzeichnis, so kann einfach mit einem Fehler abgebrochen werden. Die Modifikationen am ursprünglichen Code sind minimal und haben kaum Einfluss auf die Geschwindigkeit, dafür erheblichen Einfluss auf die Stabilität des Systems und den Aufwand für die Fehlersuche.

4.7 Hilfen für die Softwareentwicklung

Zur Beherrschung der bei der Softwareentwicklung auftretenden Komplexität, wurde schon in den 1960er Jahren das sog. "Software Engineering" eingeführt. Unter "Engineering" verstehen wir eine zielgerichtete, planbare Vorgehensweise, die die Entwicklung eines Produktes unter deterministischen Bedingungen und bei vorhersagbarem Ergebnis ermöglicht und zu Kundenzufriedenheit führt. Wie wir aus den bisherigen Diskussionen erkennen können, trifft diese Definition bisher nicht unbedingt auf das "Software Engineering" zu.

Zur Reduktion der Komplexität wird üblicherweise ein Vorhaben oder ein zu realisierendes Problem (im folgenden allgemein als das angeforderte "System" bezeichnet) in kleinere und übersichtlichere Teilprobleme zerlegt. Methoden und Werkzeuge unterstützen die Entwickler bei der Unterteilung, der Formulierung der Aufgabenstellung für ein Teilproblem und seine weitere Verfeinerung (s.a. Kap. 4.2).

Schon seit den frühen Tagen des Computerzeitalters haben sich Wissenschaftler und Programmierer mit dem Problem beschäftigt, wie die Entwicklung von Programmen und Softwaresystemen vereinfacht werden könnte.

Die Pioniere der Softwaretechnik konnten mit der ihnen zur Verfügung stehenden Hardware – Zimmer füllenden Großrechnern mit einer geringeren Leistung als sie heute ein Laptop besitzt – von den Möglichkeiten, die heute zur Verfügung stehen, nur träumen.

Am Anfang des Computerzeitalters übernahmen die Entwickler die Rolle eines Compilers bzw. Assemblers, indem sie die Programmabläufe schrittweise und manuell in binären Code aus Einsen und Nullen übersetzten. Die meisten der damaligen Entwickler konnten aus einer solchen Zahlenkolonne tatsächlich noch den ursprünglichen Inhalt des Programms in Form der einzelnen Befehle herauslesen. Eine Fähigkeit, die heute nur noch "Freaks" zugeschrieben wird. Für die Entwickler der damaligen Zeit war es eine notwendige Qualifikation für die Ausübung ihres Berufs.

In der Zwischenzeit haben sich diese Arbeitsbedingungen erheblich verbessert. Es wurden sogenannte Assembler entwickelt, die eine sprachliche Darstellung in binäre Befehle umsetzen. So repräsentiert zum Beispiel die Binärfolge 01010101 den verständlicheren memnonischen Befehl `PUSH EBP` beim Prozessor Intel 80386.

Der nächste Schritt war die Entwicklung von Compilern, die die Formulierung der Probleme in einer Hochsprache wie Fortran ermöglichte und diese Anweisungen dann in Assembler oder direkt in Maschinensprache übersetzten. Den ersten Compiler entwickelte zu Beginn der fünfziger Jahre Grace M. Hopper, dieselbe Pionierin, die auch die Begriffe "Bug" und "Debuggen" eingeführt hat.

4.7.1 Methoden

Seitdem hat sich methodisch auf dem Gebiet der Softwareentwicklung prinzipiell nicht viel getan. Zwar sind neue Methoden entwickelt worden (s.a. Kap. 2.7), sie unterscheiden sich aber im Grad der Abstraktion und der Generierung von binärem Code nur unwesentlich von denen der fünfziger Jahre. Hinzugekommen ist die Möglichkeit der grafischen Darstellung von Zusammenhängen und Empfehlungen zur Strukturierung der Software, um die Verständlichkeit zu erhöhen und die Fehlerrate zu senken.

Eine der jüngsten Methoden ist "Object-Oriented Design" (OOD). Da der Mensch seine Umgebung in Form von einzelnen Objekten wahrnimmt, die er manipulieren kann, stehen "Softwareobjekte" im Mittelpunkt. Dabei werden bestimmten Gruppen von Objekten gleiche Eigenschaften zugeordnet. Neue Objekte können aus vorhandenen Objekten abgeleitet werden, indem sie Eigenschaften übernehmen.

Ein Fernsehgerät muss eine Möglichkeit zum Ein- und Ausschalten, zum Senderwechsel und der Lautstärkeregelung besitzen. Eine Radio-Fernseh-Kombination baut auf den Objekten "Fernsehgerät" und "Radiogerät" auf. Entsprechend sind die Grundelemente der objektorientierten Softwareentwicklung Klassen und Objekte, vergleichbar mit Fernsehgerätetypen und Fernsehgeräten, also Objekte, deren Funktionalität und Verhalten man einfach verstehen kann. So wie Fernsehgeräte durch ihre Außenwand die Funktionalität im Innern verbergen, verbergen Objekte auch Funktionalität und reduzieren damit die sichtbare Komplexität.

Da sich z.B. alle motorgetriebenen Fahrzeuge – Lkws, Pkws, Motorräder usw. – zwar bestimmte Eigenschaften teilen, sich an anderen Stellen – etwa der maximalen Zuladung oder der Passagierzahl – aber grundlegend unterscheiden, führt OOD noch das Konzept der Vererbung ein. So sagt man, dass ein Lkw ein motorgetriebenes Fahrzeug ist, das bestimmte Zusatzeigenschaften und Manipulationsmöglichkeiten bietet. Die Klasse "Fahrzeug" gilt also als Basisklasse und die Klasse "Lkw" erbt deren Eigenschaften und fügt weitere spezielle Eigenschaften hinzu.

So wird ein gewisser Grad an Wiederverwendbarkeit von Programmcode durch den Aufbau einer Klassenhierarchie ermöglicht. Die Basisklassen und ihr Code können durch Vererbung weiter verwendet werden, gleichzeitig können spezifischere Klassen und Objekte auf den Vorarbeiten aufbauen.

Die Spezialisierung der Klassen muss aber manuell durchgeführt werden, was mit entsprechendem Aufwand verbunden ist und die Effizienz verringert.

Als eine Erweiterung von OOD gilt das "Aspect-Oriented Design" (AOD), der "aspektorientierte Entwurf". Er berücksichtigt, dass bestimmte Aspekte von Systemen sich nicht auf einzelne Objekte beschränken, sondern Objektgrenzen überschreiten. Inzwischen hat sich AOD aber auch auf nicht-objektorientierte Entwicklungsparadigmen ausgeweitet und man spricht allgemein von der Umsetzung sogenannte "crosscutting concerns", Aufgaben also, die über Modulgrenzen hinweg implementiert werden müssen.

Nach den Entwicklungen der letzten Jahre sind in den meisten Betriebssystemen Mechanismen zur Identifikation und Autorisierung eingebaut. Bei der Identifizierung wird die Identität eines Nutzers festgestellt. Mit Hilfe dieser Identität kann nun festgelegt werden, zu welchen Aktionen er autorisiert ist.

Beispielsweise dürfen normale Benutzer nur Dateien in ihrem eigenen Datenbereich oder in Datenbereichen von Projekten, an denen sie beteiligt sind, erstellen, modifizieren oder löschen.

Für die Umsetzung dieser Autorisierungsmechanismen ist bei jeder Aktion, die eine Autorisierung erfordert – z.B. dem Beschreiben von Dateien, eine Prüfung erforderlich, ob der Nutzer die entsprechende Autorisierung besitzt.

Während die Verwaltung von Identifizierungsinformationen – etwa Nutzernamen und Passwörter – sowie von Autorisierungsinformationen – etwa Projektzugehörigkeiten – zentral in eigenen Modulen umgesetzt werden können, verteilt sich die Implementierung der entsprechenden Prüfungen meist über den gesamten Code eines Betriebssystems.

Vielfach vorkommender Code lässt sich aber schlecht warten, da bei Änderungen Teile übersehen werden können. Auch der Aufwand ist hoch, da viele Teile geändert werden müssen.

Ziel der aspektorientierten Programmierung ist, solche dezentralen "Aspekte" zentral zu verwalten. Bei den beschriebenen Sicherheitsmechanismen wird etwa von "Identifizierungsaspekt" oder "Autorisationsaspekt" gesprochen.

Bestandteil eines Autorisationsaspektes kann z.B. die Anweisung sein, vor jedem Öffnen einer Datei Code einzufügen, der die Berechtigungen des Nutzers für diese Aktion prüft und ggf. bei fehlender Autorisierung die Aktion abbricht.

Mit Hilfe dieser in den Aspekten enthaltenen Anweisungen modifiziert vor der Übersetzung ein sogenannter "Weaver" den Programmcode. Damit die Codesequenzen eingefügt werden können, müssen sogenannte "cut-points" definiert werden. In den meisten Fällen sind dies die Stellen vor oder nach Aufrufen ausgewählter Funktionen oder Beginn oder Ende solcher Funktionen.

Prinzipiell versuchen alle Methoden, die Komplexität von Systemen dadurch zu reduzieren, dass einzelne Teilsysteme und -module konstruiert werden, die man dann getrennt betrachtet und entwickelt. Dabei wird die an den Schnittstellen neu entstehende Komplexität oft unterschätzt.

Gerade bei der aspektorientierten Programmierung ist es notwendig, die Anordnungen von Funktionen so zu gestalten, dass an den Stellen, an denen Aspektcode einzufügen ist, cut-points entstehen. Führt man aber neben den Funktions- und Aufrufgrenzen weitere Möglichkeiten ein, cut-points zu erzeugen, etwa durch ein Schlüsselwort, so verschwindet der Unterschied gegenüber der objektorientierten Programmierung. Denn man könnte ein zentrales Objekt anstatt des Aspekts einführen und anstelle der cut-point-Markierung eine Funktion des Objekts rufen, die dann die entsprechenden Aufgaben erledigt.

Bei vielfältiger Anwendung der Idee werden aber auch Grenzen sichtbar. So ist unklar, welcher Aspekt dominiert, wenn an einem cut-point Codesequenzen für verschiedene Aspekte eingefügt werden. Welcher Aspekt soll nach dem Einfügen zuerst oder zuletzt ausgeführt werden?

Die Funktionalität, die eine bestimmte Objektmethode implementiert, wird zerrissen in mehrere Aspekte, die zwar unabhängig voneinander dargestellt werden, im Endeffekt aber nicht unabhängig sind, da sie gemeinsam die Funktion bestimmter Codeteile beeinflussen. Wir sind der Meinung, dass der Einsatz von AOD/AOP nur dann sinnvoll ist, wenn durch die Aspekte nicht die spezifische Funktionalität des Systems beeinflusst wird, etwa wenn sie zur Einhaltung von Schnittstellendefinitionen oder zum Verfolgen des Programmablaufs mit Testausschriften verwendet werden.

UML™ (Unified Modeling Language) unterstützt die Spezifikation, Visualisierung und Dokumentation von Modellen von Softwaresystemen, einschließlich Struktur und Entwurf auf der Basis von OOD. UML definiert ferner ein standardisiertes Format zum Austausch der Daten zwischen verschiedenen UML-Werkzeugen.

Zur Modellierung stehen bis zu 12 verschiedene Typen von Diagrammen zur Verfügung. In die Werkzeuge integrierte Generatoren können Code für verschiedene Plattformen erzeugen (aber nicht alle Werkzeuge unterstützen alle Diagrammtypen und alle Plattformen). Hierdurch können die Modelle plattform-unabhängig gestaltet werden (Platform Independent Model, PIM), was als "Model-Driven Architecture" (MDA) bezeichnet wird. Die UML-Werkzeuge können sog. PSMs (Platform-Specific Models) bereitstellen, die der Entwickler an seine Bedürfnisse anpassen kann.

Die 12 Diagrammtypen decken die Kategorien "statische Strukturen" (4 Typen), "dynamisches Verhalten" (5 Typen) und "Organisation der Software" (3 Typen) ab. Automatische Testgenerierung, Verifikation und Validierung werden nicht unterstützt, sie sind manuell oder mit ergänzenden Werkzeugen durchzuführen.

4.7.2 Generatoren

Das Konzept von AOP lässt sich eventuell auch mit einer bereits existierenden Sprache umsetzen. C++ unterstützt einen generativen Ansatz, ermöglicht also innerhalb der Sprache Codegenerierung.

Das Template-Konzept ermöglicht ggf. unendlich große Scharen von Klassen mit einem einzigen Template definieren zu können.

Die Templates sind Schablonenklassen, die mit Parametern in Form von Konstanten und Typen versehen zu Klassen werden. Die Schablonen können dabei für bestimmte Parametermuster spezialisiert werden. So kann eine Schablone für Matrizen definiert und für quadratische, z.B. 3x3-Formate, spezialisiert werden, für die etwa die Berechnung einer Determinante möglich oder besonders einfach ist. Mit Hilfe bestimmter Entwurfsverfahren (s. Alexandrescu) können auch Aspekte durch Templates implementiert werden.

So ausdrucksstark dieses Template-Konzept auch ist, seine Einsatzmöglichkeiten sind begrenzt. Die Parametermuster ermöglichen beispielsweise nicht die schablonenbasierte Erzeugung von Operationen auf beliebigen Strukturen, wie wir sie mit Hilfe eines speziellen Codegenerators umgesetzt haben, wie das Beispiel der Konvertierung von Little Endian nach Big Endian und umgekehrt zeigt (s. Kap 7.5.1).

In verteilten Systemen werden Datenstrukturen über das Netzwerk ausgetauscht. Leider werden die Daten je nach Rechnerarchitektur unterschiedlich binär repräsentiert.

Bei einzelnen Werten ist das nicht sonderlich aufwändig. Man kann einfache Hilfsfunktionen definieren, die diese Aufgabe für die Basisdatentypen wie Ganzzahlen oder Fliesskommazahlen erledigen.

Müssen Datenstrukturen übertragen werden, so muss man für jede Datenstruktur ebenfalls eine solche Funktion definieren. Im Gegensatz zu den Basistypen können und werden sich solche Strukturtypen während der Entwicklung stetig ändern, womit die Hilfsfunktionen ständig angepasst werden müssen. Da in der Regel sehr viele solcher Datenstrukturen verwendet werden, ist der Aufwand der Erstimplementierung dieser Funktionen bereits hoch. Er kann sich sehr schnell im Bereich von Mann-Wochen bewegen. Das Ergebnis ist eine aufwändig zu wartende Funktionssammlung.

Wir haben für die Sprache C einen Generator geschrieben, für den lediglich Konvertierungsfunktionen für die Basistypen implementiert werden müssen. Der Generator erzeugt dann für jede Strukturdefinition automatisch entsprechende Funktionen und das innerhalb weniger Sekunden. Änderungen sowohl an den Strukturen als auch an dem prinzipiellen Aufbau der Funktionen können also schnell auf die gesamte Menge der Funktionen angewendet werden.

Die Templates von C++ sind zu dieser Form der Generierung nicht fähig. Ihnen fehlt ein Mustererkennungssystem, das Strukturen nicht einfach als Typen sieht, sondern auch ihren Inhalt in Form der definierten Felder in die Muster mit einbezieht.

Durch das Fehlen generativer Möglichkeiten in den bisherigen Entwicklungsparadigmen entstand eine Lücke, die Entwickler schon verschiedentlich zu schließen versucht haben. So entstanden etwa Codegeneratoren, die die Entwicklung von Compilern vereinfachen, darunter so bekannte wie Lex/Flex und YACC/Bison (s. COMPILERTOOLS).

Diese beiden Werkzeuge decken aber nur einzelne Phasen der Compilerentwicklung ab – hier den Aufbau der sogenannten lexikalischen und der syntaktischen Analyse. YACC ist das Akronym für "Yet Another Compiler-Compiler", weil er zur Erstellung von Compilern verwendet wird wie ein Compiler zur Erstellung von Softwaresystemen. Die Fähigkeiten von YACC beschränken sich allerdings auf die automatische Erzeugung von Syntaxanalysatoren.

Das System ELI deckt sogar den gesamten Systemumfang von der lexikalischen Analyse über syntaktische und semantische Analyse bis hin zur Optimierung und der Codeerzeugung für das Zielsystem ab.

Es existieren auch verschiedene Generatoren, die kleine Einzelaufgaben vereinfachen sollen. GPERF etwa erzeugt aus einer Eingabetabelle mit Zuordnungen zwischen Zeichenketten und Datenstrukturen eine Funktion, die bei Angabe einer der Zeichenketten aus der Tabelle die zugehörige Datenstruktur zurückliefert. Solche Funktionen werden beispielsweise bei der Erkennung von Schlüsselwörtern in lexikalischen Analysatoren benutzt.

Diese lesen meist die Zeichen der Eingabe einzeln und erkennen anhand von vordefinierten Mustern – meist in Form sogenannter regulärer Ausdrücke – Symbolklassen wie Zahlen, Bezeichner (vom Entwickler definierte Namen), usw. Sollen konkurrierende Muster für Bezeichner und Schlüsselwörter wie "if", "then", "function" gemeinsam erkannt werden, sinkt die Performance des Analysators, während seine Komplexität steigt.

Meist wird nur ein Muster für Bezeichner definiert, das Schlüsselwörter einschließt. Erst nachdem ein Bezeichner als solcher erkannt wurde, wird geprüft, ob es sich nicht doch um ein Schlüsselwort handelt.

Diesen Schlüsselwörtern müssen nun Nummern zugeordnet werden, damit sie vom Syntaxanalysator einfach verarbeitet werden können, beispielsweise jedem "if" die 1, jedem "then" die 2 usw.. Für die Implementierung könnte man eine " if-elseif"-Kaskade verwenden, die einen Bezeichner mit jedem möglichen Schlüsselwort vergleicht. Die zum Vergleich benötigte Rechenzeit ist jedoch proportional zur Länge der Zeichenketten und der Anzahl der Schlüsselwörter. Im Mittel muss die Hälfte der Kaskade durchsucht werden.

Statt dessen erstellt GPERF eine sogenannte perfekte "Hash-Tabelle". Dieser Algorithmus benötigt in der Regel nur einen einzigen Vergleich, um die gesuchte Abbildung zu finden. Der Generator ermittelt hierbei charakteristische Merkmale in Form einzelner Zeichen, anhand derer die Bezeichner unterschieden werden können und konvertiert diese direkt, d.h. ohne Konditionalanweisungen, zu einem numerischen Index in die Tabelle.

Allen hier vorgestellten Generatoren gemeinsam ist, dass Automatisierung nur als reine Produktivitätsmaßnahme angesehen wird. Zwar wird in einigen Fällen das gesamte System implementiert, d.h. der gesamte Code erzeugt, nicht aber der gesamte Entwicklungszyklus ("Lifecycle") für das Produkt abgedeckt. Die Verifikation wird ungenügend, Tests werden meistens gar nicht unterstützt.

Qualitätssicherungsmaßnahmen müssen auch dann fast ausschließlich noch manuell durch Überprüfung des Codes und Tests von den Entwicklern durchgeführt werden. Dafür steht nach Einsatz dieser Generatoren zwar etwas mehr Zeit zur Verfügung, aber der Code solcher rein produktiv eingesetzter Generatoren ist schwerer zu verstehen. Denn die meisten Entwickler solcher Generatoren konzentrieren sich mehr auf die Implementierung und weniger auf die Lesbarkeit des erzeugten Codes.

4.7.3 Sprachen

Wir haben in den früheren Diskussionen gesehen, dass Sprachen helfen, die gewünschte Funktionalität zu implementieren. Durch die Benutzung von Sprachen kann der Rechner als "Verstärker" der menschlichen Leistung eingesetzt werden, so wie wir es von anderen Maschinen schon kennen. Neben den maschinennahen Assembler-Sprachen, die eng mit der Befehlsarchitektur des Prozessors verknüpft sind, gibt es die "höheren Programmiersprachen" (Higher Level Language, HLL), die die Programmierung auf einer abstrakteren, problem-orientierten Ebene zulassen. Wir werden uns hier auf HLLs beschränken, da die Anwendungen, die Gegenstand unserer Betrachtung sind, hauptsächlich durch solche Sprachen implementiert werden. Nur in Ausnahmefällen wird Assembler benötigt, um spezielle Aspekte abzudecken, die durch eine HLL nicht unterstützt werden.

HLLs bieten enorme Vorteile hinsichtlich Produktivität und Fehlerrate im Vergleich zu Assemblern oder gar zu binärer Codierung, aber sie stellen auch Fallen, wie wir bereits gesehen haben. Damit man nicht hinein fällt, müssen Gegenmaßnahmen ergriffen werden.

Sprachen werden immer in Bezug auf ein bestimmtes Anwendungsprofil definiert. Die Auswahl einer Sprache wird daher erst einmal von der Anwendungsart bestimmt. Kann man unter mehreren Sprachen auswählen, dann werden die erreichbare Produktivität, mögliche Fehlerquellen (Fallen), Unterstützung von Test, Verifikation und Validierung, ihre Verfügbarkeit für die benötigte Plattform und ggf. auch noch der Preis die Auswahl bestimmen.

Die Kombination von mehreren Sprachen kann den Entwicklungs- und Wartungsaufwand erheblich erhöhen, wenn sie über Schnittstellen im Code stark gekoppelt werden. Der Grad solcher Abhängigkeiten wird hauptsächlich durch die Compiler bestimmt.

Einen Teil dieses Mehraufwandes kann man durch (automatische) Organisation abfangen, aber leider nicht alles. So haben die Compiler meistens unterschiedliche Wartungszyklen, d.h. bei 2 Compilern muss man im Mittel doppelt so häufig auf Änderungen reagieren. Änderungen sind u.U. nicht abwärtskompatibel, so dass Code geändert werden muss, oder Maßnahmen getroffen werden müssen, um versionskompatibel zu bleiben.

Sprachen, die zueinander "orthogonal" bzw. "komplementär" sind, wie C und SQL, harmonieren besser als beispielsweise C und Ada, die denselben Anwendungsbereich abdecken.

Wir wollen nun kurz einige Sprachen charakterisieren und auf Vor- und Nachteile hinweisen.

4.7.3.1 Ada

Ada ist eine hauptsächlich auf technische Anwendungen ausgerichtete HLL. Ihre Entwicklung wurde vom amerikanischen Verteidigungsministerium (DoD) veranlasst. Bei der Entwicklung von Ada wurde bewusst auf Zuverlässigkeit, Portierbarkeit, Standardisierung und Verifikation innerhalb der Sprache geachtet. Sie wird hauptsächlich vom Militär und in der Luft- und Raumfahrtindustrie eingesetzt.

Da Ada außerhalb dieser Anwendungsgebiete kaum verbreitet ist, sind Entwicklungen mit Ada nur schwer bei Kunden in anderen Anwendungsbereichen trotz der anerkannten Vorteile durchzusetzen, da der Aufwand für die Pflege der Softwareplattform durch eine weitere Sprache steigen würde. Eventuell entstehen auch Schnittstellenprobleme zu Compilern anderer Sprachen und Hersteller, weil Ada trotz Standardisierung Variationen an den Schnittstellen zu anderen Sprachen zulässt. Hierbei fällt auf, dass diese Variationen durch die Standardisierung erst möglich werden, weil die Standardisierung der Sprachschnittstellen darin besteht, die Variationen zuzulassen.

Typische Fallen anderer Sprachen, wie die problematische Adressrechnung bei C und damit verbundene sporadische Fehler, vermeidet Ada. Programmteile lassen sich leicht integrieren. Verglichen mit anderen Sprachen wird mehr Zeit benötigt, bis ein Ada-Programm fehlerfrei übersetzt werden kann. Dieser höhere Anfangsaufwand wird jedoch vielfältig kompensiert durch die Einsparung von Testaufwand. Fehler, die in anderen Sprachen nur mühsam – wenn überhaupt – durch Tests gefunden werden können, findet ein Ada-Compiler sofort.

4.7.3.2
C

C ist eine hauptsächlich auf systemtechnische Anwendungen ausgerichtete Sprache. Mit ihr kann auf einer höheren Ebene, aber auch hardwarenah programmiert werden. Sie ist Nachfolger der Sprache, die für die Entwicklung von AT&T UNIX™ verwendet wurde. Daher werden auch heute die meisten Un*x-Betriebssysteme und die zugehörigen Programme in C geschrieben. C-Compiler unterstützen alle bei der Softwareentwicklungen benötigten Schnittstellen, zu Betriebssystemen und Hardware. Viele Anwendungen werden heute in C (oder C++) geschrieben und man kann auf eine Vielfalt von Fremdsoftware zurückgreifen.

Die Vielseitigkeit von C hat aber auch ihren Preis. Einige der Probleme, wie die Handhabung von Adressen, wurden bereits ausführlich diskutiert. C ist hauptsächlich auf die Softwareproduktion ausgerichtet, nicht aber auf Verifikation und Schutz vor Fehlern zur Laufzeit. Dies kann erheblichen Aufwand hinsichtlich Fehlerlokalisierung und -beseitigung erfordern.

C bietet aber auch eine Reihe von Hilfsmitteln, die die Entwicklung erleichtern und den Aufwand reduzieren können. Hier ist vor allem der Präprozessor (Pre-Processor) zu nennen. Durch sog. Macros und bedingte Übersetzungsanweisungen können beispielsweise Plattformabhängigkeit und hohe Flexibilität bzgl. Kundenanforderungen erreicht werden.

4.7.3.3
C++

C++ ist wie bereits erwähnt eine Erweiterung von C. Bjarne Stroustrup entwickelte die Sprache Anfang der 1980er Jahre bei den Bell Labs als objektorientierte Erweiterung von C, die zuerst mit Hilfe eines "Vor-Compilers" in reines C übersetzt wurde. Inzwischen ist C++ eine eigenständige Sprache.

C++ unterstützt die objektorientierte Entwicklung mit abstrakten und konkreten Klassen, Mehrfachvererbung und Überschreiben und

Überladen von Methoden und Operatoren. Außerdem können mit Hilfe sogenannter Templates Scharen von Funktionen, Klassen und Methoden definiert werden. Die Templates sind Schablonen für die jeweiligen Klassen, die mit formalen Parametern in Form von Typen oder numerischen Werten versehen werden können.

Für jedes Template können verschiedene Implementierungen angegeben werden. Bei der Instantiierung eines Templates wird die jeweilige Implementierung durch einen Mustervergleich von formalen Parametern der verschiedenen Implementierungen mit den aktuellen Parametern der Instantiierung ausgewählt. So können etwa spezielle Implementierungen einer Matrixklasse für quadratische Matrizen bereitgestellt werden. Durch diesen Mustererkenner sind die Templates fast wie eine eigene Programmiersprache einsetzbar (s. Alexandrescu).

Die Standard Template Library (STL) bietet eine Vielzahl an Templates für oft benötigte Anwendungen, etwa Indizierung von Datenstrukturen durch nicht-numerische Schlüssel (Maps, Bäume, Hashes) oder Sortieralgorithmen. Die Templates können auf beliebige Typen angewandt werden, wobei Nebenbedingungen ("Constraints") definiert werden können. Ein Beispiel für eine Nebenbedingung ist die Verfügbarkeit einer Vergleichsfunktion für einen Typ. Diese Voraussetzungen werden mit Hilfe von speziell konstruierten Constraint-Templates während der Übersetzungszeit geprüft.

Das Typenmodell von C++ ist strikter als das von C, jedoch nur im Hinblick auf implizite Typkonversionen. Explizite Konversionen sind genau wie in C zwischen fast allen Typen möglich.

Die Templates können zur Verstärkung der Typsicherheit eingesetzt werden, indem einzelne Templates nur für bestimmte Typen oder Typkombinationen definiert werden. Mit komplexeren Konstrukten kann Code entwickelt werden, der in sich konsistent ist. All das erfordert allerdings den aktiven Einsatz des Entwicklers für solche Sicherheitsaspekte und entsprechende Erfahrung im Umgang mit Templates.

Weitreichende Möglichkeiten für die Behandlung von Laufzeitfehlern sind durch Exception-Handling gegeben. Dabei können Exceptions beliebige Datenobjekte sein, also neben Objekten auch Instanzen von Basistypen oder Zeigern.

4.7.3.4 Java

Java ist wie C++ eine objektorientierte Sprache und basiert auch größtenteils auf der Syntax und Semantik von C++. Dabei werden jedoch keine Mehrfachvererbung unterstützt. Ansätze generischer

Klassen sind seit der Version 5 des Java Development Kit zu finden. Ihnen fehlt jedoch noch die Musterfunktion, die aus C++ bekannt ist.

Java war ursprünglich als Implementierungssprache für eingebettete Anwendungen gedacht. Aufgrund der Vielzahl von Prozessoren für eingebettete Anwendungen musste sie daher beliebig portabel sein. Die Spezifikation definiert die Sprachsemantik über die Übersetzung in eine virtuelle Maschinensprache. Die gängigen Java-Compiler übersetzen Java-Code in den Code der Java Virtual Machine (JVM). Java-Code wird meistens in dieser Form vertrieben und erst auf der Zielmaschine interpretiert oder je nach Anforderung durch Just-In-Time-Compiler (JIT) übersetzt. Diese Compiler sind dabei in der Lage, während der Laufzeit gesammelte Ablaufinformationen zur gezielten Übersetzung von Codeteilen zu verwenden, deren Performance kritisch für die Systemleistung ist.

Java wird heute hauptsächlich im Bereich von Internetanwendungen eingesetzt, aber auch in Bereichen, in denen Portabilität von Vorteil ist.

4.7.3.5 COBOL

COBOL ist eine auf kaufmännische Anwendungen ausgerichtete höhere Sprache (HLL). Sie wird hauptsächlich im "klassischen" IT-Bereich (Organisationssysteme) eingesetzt, also beispielsweise im Finanzbereich oder für Managementanwendungen.

COBOL unterstützt die in diesen Bereichen eingesetzten Methoden wie die Erstellung von Listen (spezifische Unterstützung von Ausgabeformaten) und zur Ableitung von Entscheidungen (Entscheidungstabellen). Ebenso wird die Datenverwaltung gut unterstützt, auch durch geeignete Schnittstellen zu Datenbanken.

Auch in COBOL können Speicherbereiche überschrieben werden, Verifikation des Codes wird nicht besonders unterstützt.

Seit langer Zeit gibt es bereits eine Reihe von Programmgeneratoren wie beispielsweise zum Erzeugen von Listen.

4.7.3.6 SQL

Die Structured Query Language (SQL) ist eine Sprache zur Definition, Pflege und Abfrage von relationalen Datenbanken. Sie wird in den wenigsten Fällen als reine Programmiersprache eingesetzt. Vielmehr unterstützen die meisten Programmiersprachen ein Programmierinterface, mit dem SQL-Anweisungen ausgeführt und deren Ergebnisse ausgewertet werden können, z.B. JDBC (Java Database Connectivity) oder ODBC (Open Database Connectivity).

SQL wird meist im Zusammenhang mit zentralisierter Datenhaltung und zugehörigen Datenbankservern verwendet. Dabei benutzt die Sprache einen entsprechenden Dienst des Servers. Aus diesem Grund ist sie nur schwer in eingebetteten Systemen einsetzbar.

Durch den hohen Abstraktionsgrad kann der Server die Datenhaltung und die Ausführung von Abfragen je nach Abfragetyp optimieren. Spezielle beschleunigende Konstrukte wie etwa Indextabellen können auch explizit in der Datenbankdefinition angelegt werden. Innerhalb der Datenbankdefinition können auch Konsistenzbedingungen definiert werden. So kann angegeben werden, dass Tabellenzeilen nicht gelöscht werden dürfen, wenn auf sie anderswo noch Bezug genommen wird. Komplementär dazu kann die Datenbank auch angewiesen werden, solche referenzierenden Zeilen zu löschen, wenn die referenzierte Zeile gelöscht werden soll (starke Aggregation). Konsistenzbedingungen für einzelne Spalten und für ganze Tabellen können beliebig über Funktionen definiert werden, die dann bei den entsprechenden Aktionen (Einfügen, Ändern, Entfernen) aufgerufen werden. Konsistenzprüfungen können jedoch nur zur Laufzeit ausgeführt werden.

Die Darstellung in Tabellen ist gewöhnungsbedürftig, lässt sich aber aus Klassenbeschreibungen inklusive Assoziationen und Aggregationen wie z.B. in UML gebräuchlich sogar automatisch ableiten (s.a. die Beispiele in Kapitel 7.8).

4.7.3.7 Speicher-programmierbare Steuerungen (SPS)

Sprachen zur speicher-programmierbaren Steuerungen (SPS) werden in der Automatisierungstechnik, also zum Einsatz von Robotern, verwendet. Hier wird beispielsweise der Standard IEC 11321 eingesetzt, wobei es dann ggf. wieder spezifische Interpretationen oder Umsetzungen dieses Standards durch Hersteller gibt.

Bei STEP7 von Siemens wird eine Programmierung in

- AWL Anweisungsliste
- KOP Kontaktplan
- FUP Funktionsplan
- SCL Structured Control Language

unterstützt, ergänzt durch grafische Darstellungsmöglichkeiten. Bei AWL handelt es sich um eine Assembler-ähnliche Programmiersprache, die sich an der Hardwarestruktur orientiert, speziell am Empfang und Senden von Signalen. Ferner werden Kontrollstrukturen unterstützt wie bedingte Anweisungen und Sprünge sowie die Bearbeitung und Verwaltung von Daten.

Die Anweisungen werden bei STEP7 interpretiert. Meist wird interaktiv programmiert und getestet. Die Abläufe werden schrittweise an der Hardware ausgeführt. Dabei wird das Verhalten des Roboters oder des zu steuernden Automaten beobachtet und mit den Anforderungen verglichen, und die Anweisungen korrigiert, falls notwendig.

SCL erlaubt eine PASCAL-ähnliche Programmierung auf einer höheren Ebene. Über die Kontaktpläne werden die Schnittstellen zur Hardware beschrieben.

Die Betriebssysteme sind auf synchrone Datenerfassung ausgerichtet, d.h. die Anwendungsprogramme werden zyklisch aufgerufen und mit Daten versorgt, die zum Beginn jedes Zyklus‘ erfasst werden. Damit wird ein Prozessabbild für den nächsten Zyklus angelegt.

Ein Programm wird in Organisationsbausteine und Funktionsbausteine aufgeteilt. Ein Organisationsbaustein wird zyklisch vom Betriebssystem aufgerufen. Durch Benutzung mehrerer Organisationsbausteine können verschiedene Ausführungsperioden realisiert werden. Über einen Organisationsbaustein kann ein Entwickler sein Programm "organisieren", also entscheiden, welche Funktionsbausteine aufgerufen werden, die selbst wieder zur Ausführung Bibliotheksfunktionen, beispielsweise von STEP7, aufrufen.

4.7.4 Unterstützung der Fehlerprävention und Fehlererkennung durch Sprachen

Wir gehen nun detailliert auf Möglichkeiten ein, die in Sprachen für Qualitätssicherungsmaßnahmen angewendet werden können.

4.7.4.1 Schnittstellen in und zwischen Programmen

Über Schnittstellen arbeiten die verschiedenen Komponenten eines Systems zusammen. Dies können Hardwaresignale sein oder Daten, die zwischen Softwarekomponenten ausgetauscht werden. Im Falle von Hardwareschnittstellen werden die Signale in Daten oder Daten in Signale umgewandelt, die Software sieht immer aber nur die Daten. Insofern gibt es aus Sicht der Software nur Datenschnittstellen.

Änderungen an Schnittstellen wirken sich auf alle beteiligten Komponenten aus, also mindestens auf zwei. Meistens sind aber eine Fülle von Komponenten betroffen, und es entsteht erheblicher Aufwand bei Änderungen an Schnittstellen.

Wird beispielsweise die Parameterliste einer Funktion geändert, dann müssen alle Aufrufe dieser Funktion ebenfalls geändert werden. Diese Modifikationen können sich über viele Dateien mit

Quellcode erstrecken. Daher besteht erhöhte Gefahr, dass Aufruf und Deklaration einer Funktion nicht übereinstimmen, weil einige Aufrufe vergessen werden.

Compiler können zwar Diskrepanzen erkennen, aber nicht alle. Wenn in C am Ende der Parameterliste beim Aufruf einer Funktion Parameter weggelassen werden, gab beispielsweise eine frühere Version des GNU-C-Compilers weder eine Fehlermeldung noch eine Warnung aus. In Ada ist dies ähnlich, hier werden aber für die fehlenden Parameter vordefinierte Werte verwendet.

Ein möglicher Ansatz zur Minimierung des Aufwandes wäre die Einführung einer Struktur als einziger Parameter, die alle einzelnen Parameter als Elemente enthält. Wird ein weiterer Parameter eingefügt, genügt es, die Struktur zu erweitern. Abgesehen von der verringerten Sichtbarkeit der aktuellen Parameter wird aber so das Risiko nicht verringert. Während im ersten Fall – der Änderung der Parameterliste – der Compiler immerhin noch Inkonsistenzen anzeigen kann, unterbleibt dies im letzteren Fall.

Wenn man vergisst, die Struktur vor dem Aufruf mit dem Parameter zu versorgen, wird dies erst einmal nicht erkannt. Zur Erkennung solcher Fehler muss die Funktion intern den Parameter überprüfen, und der aktuelle, undefinierte Wert muss außerhalb des gültigen Bereiches liegen. Dazu muss die Struktur vorher initialisiert werden. Da solche Maßnahmen ohnehin getroffen werden sollten, wäre die Wahrscheinlichkeit hoch, dass eine fehlende Wertzuweisung erkannt wird. Aber dies kann erst zur Ausführungszeit während der Tests geschehen. Insofern ist die Fehlererkennung über den Compiler effektiver.

Der Änderungsaufwand wird reduziert, wenn das System aus wieder verwendbaren Teilen ("Templates") aufgebaut wird, beispielsweise über einen Produktionsprozess Dann braucht man nur noch an einer Stelle statt an vielen zu ändern.

Um den Grad der Abhängigkeit zu reduzieren, wurden im Rahmen der objektorientierten Programmierung (OOP) Anforderungen an die Gestaltung der Schnittstellen definiert:

- Abstraktion (abstraction)
- Kapselung (encapsulation)
- Vollständigkeit (completeness)

Durch Abstraktion soll die Schnittstelle allgemein gestaltet werden. Wir übertragen dies nun auf die Definition einer Schnittstelle in C. Betrachten wir als Beispiel die Ausgabe von Daten. Wir nennen die Funktion "sendMsg" (send message, Nachricht versenden). Das Ziel kann eine Datei, ein Bus, ein Kanals eines Netzwerkes oder Speicher sein. Beginnen wir mit der Datei, so liegt es nahe, den Filedeskriptor als Parameter einzuführen. In C hat er den Typ "FILE *". Wollen wir auf ein Netzwerk ausgeben, so müssen wir einen Socket angeben. In C brauchen wir dann den Typ "int". Im Falle des Speichers kann es ein Pointer auf einen vom Benutzer definierten Typ sein.

Da wir nur Daten ausgeben wollen, würde die Angabe des logischen Ziels und die Übergabe der Daten und ihrer Länge reichen sowie ein Parameter zur Aufnahme einer Fehlermeldung. Der Empfänger wird aber auch wissen wollen, von wem die Daten kommen, wenn sie über das Netzwerk übertragen werden, damit er ggf. eine Antwort an den Sender zurückschicken kann. Daher muss noch der Absender hinzugefügt werden.

Ohne an Abstraktion zu denken, hätten wir mit dem Filedeskriptor begonnen, und dann Schritt für Schritt die Parameter angepasst und die Liste erweitert, vielleicht auch verschiedene Funktionen definiert, um alle Übertragungstypen behandeln zu können. OOP hält uns dazu an, weiter zu denken, was vielleicht sonst noch gebraucht werden könnte, und dies frühzeitig zu berücksichtigen.

Daher werden wir den Code vom physikalischen Medium entkoppeln, indem wir einen "Enumeration Typ" für die Empfänger einführen mit den Literalen "DateiX", "KnotenY", "DatenportZ". Die Umsetzung auf das physikalische Medium erfolgt jetzt innerhalb der Funktion "sendMsg", der Benutzer der Funktion sieht nicht mehr, was sich unter "KnotenY" verbirgt. SendMsg könnte auch darunter eine Datei verstehen, wenn das erforderlich wäre. Die Abhängigkeit vom Medium wurde damit gleichzeitig in der Funktion eingekapselt, wir haben also damit auch eine Kapselung erreicht. Änderung an einer Schnittstelle zu einem bestimmten Medium werden isoliert, Auswirkungen auf das übrige System werden verhindert.

Wir haben außerdem die Parameterliste vervollständigt, indem wir an die Angabe des Senders und an den Fehlerparameter gedacht haben. Vollständigkeit betrifft aber auch Funktionen. Wenn wir senden wollen, müssen wir das Medium (Datei, Kanal) öffnen bzw. den zum Datenport gehörenden Speicher anlegen. Wir brauchen daher eine Initialisierungsfunktion, und auch die inverse Funktion zum Beenden der Übertragung (Schließen der Datei oder des Kanals, Freigabe des Speichers). Wenn wir senden wollen, müssen wir auch wieder eine inverse Funktion zum Empfangen bereitstellen.

Wir haben zuerst nur an eine Funktion gedacht, und haben dann vier identifiziert, um eine vollständige Menge an Funktionen zu erhalten Hilfreich ist die Regel, dass zu einer Operation immer auch die inverse Operation hinzugefügt werden sollte.

Das scheint einfach zu sein, aber es gehört schon Erfahrung dazu, einer Schnittstelle ohne Iteration die nötige Abstraktion, Kapselung und Vollständigkeit zu geben. Wie gut das Problem gelöst wurde, merkt man dann, wenn wie im obigen Beispiel ein weiteres Medium hinzu genommen wird.

Bei Benutzung von Fremdsoftware sollte man die angebotenen Schnittstellen auf diese Kriterien überprüfen. Wenn sie nicht gut genug erfüllt werden, sollte eine eigene Funktion oder ein Satz von Funktionen definiert werden, die die identifizierten Kriterien erfüllen, um sein eigenes System gegen Änderungen, die von außen kommen, zu schützen, beispielsweise wenn man später zu einem anderen Hersteller wechselt.

These 36
Eigene abstrakte Schnittstellen schützen gegen Änderungen.

In dem Beispiel im vorigen Kapitel hat H1 die Schnittstelle sehr gut definiert, während die Implementierung von H2 Probleme bereitete. Für die Kameraeinstellungen bietet H1 folgende Funktionen an:

- Setzen des Wertes (z.B. Helligkeit oder Kontrast) in logischen Einheiten
- Auslesen des Wertes in logischen Einheiten
- Auslesen des logischen Bereiches (von – bis)
- Auslesen der Standardeinstellung ("Default")
- Auslesen der (Mindest-)Schrittweite

Damit sind alle Angaben bekannt, die für eine Ansteuerung benötigt werden. Da man die Kamerawerte vollständig kennt, kann ein eigener Bereich problemlos in die Kamerawerte des Herstellers umgerechnet werden.

H2 stellt nur folgende Funktionalität und Information bereit:

- Setzen des Wertes im Bereich 0 .. 255
- Auslesen des Wertes im Bereich 0 .. 255

Zur Umsetzung in den vom Hersteller benutzten Bereich muss man somit erst einmal die Dokumentation lesen und dann die Werte manuell in den Code eingeben, während im Fall H1 dies automatisch erledigt werden kann. Außerdem muss man selbst die Standardeinstellungen und Schrittweiten herausfinden und auch wieder manuell eingeben. Der Abstraktionsgrad, d.h. die Entkopplung von der aktuellen Implementierung oder Hardware, ist also im Fall von H2 nicht genügend hoch.

Bei allen Schnittstellen dieser Art besteht ein Fehlerpotenzial und es fällt Aufwand bei der Wartung an, während man bei den Schnittstellen von H1 keine Anpassung vornehmen muss, das Problem kann leicht für immer vollständig gelöst werden.

Durch die fehlenden Angaben von H2 über die Schnittstelle trat folgendes Problem auf, für dessen Lösung etwa ein Mann-Tag zusätzlich benötigt wurde. Die Kamera sollte auf gute Belichtung geregelt werden. Dazu wurde die Helligkeitsverteilung der Pixel bestimmt und ein Regelsignal zur Einstellung der Belichtungszeit abgeleitet.

Da keine Angaben über die Mindestschrittweite vorhanden waren, musste sie experimentell ermittelt werden. Dieser Wert ist kritisch, weil (1) ein zu niedriger Wert keine Veränderung bewirkt und zu einer Endlos-Schleife führt, (2) ein zu hoher Wert eventuell zu einer Veränderung um zwei Stufen und damit zu Unter- oder Überbelichtung führt.

Nachdem die Regelung zufriedenstellend funktionierte, stellten wir dann fest, dass eine Regelung vom höchsten Wert 255 (größte Belichtungszeit) zu kürzeren Zeiten nicht möglich war. Nachforschungen ergaben als Ursache, dass 255 nicht durch die Mindestschrittweite 21 teilbar ist. Daher überdeckt der oberste Bereich nicht 21 Einheiten, sondern 25 von 231 bis 255. Wird als aktuelle Einstellung 255 zurückgegeben, davon dann 21 abgezogen, dann erhält man 234, ist damit immer noch in der höchsten Belichtungsstufe, und erhält dann beim nächsten Mal wieder 255, da offenbar immer der höchste Wert des jeweiligen Bereiches die Einstellung charakterisiert. Wir mussten daher den obersten Bereich als Sonderfall behandeln, und einen Wert größer als 251 auf 251 setzen. Dadurch konnten wir durch Dekrementierung um 21 die nächste niedrige Stufe wieder erreichen.

Aus dieser Sicht beurteilen wir die Gestaltung dieser Schnittstelle als äußerst unfachmännisch. Erstens ist die Information lückenhaft (keine Angaben zur Schrittweite), zweitens wird dem Anwender eine Falle gestellt (erweiterter oberer Bereich). Anscheinend war die Schnittstelle nur darauf ausgelegt, von einem Nutzer im Rahmen eines Einstellungsdialog verwendet zu werden. Der Nutzer hätte das Problem bezüglich der Schrittweite kaum wahrgenommen, sondern fast automatisch beim Ziehen des Stellreglers korrigiert. Leider ist dies kein Einzelfall, wir haben nur ein Beispiel genommen, das uns gerade beschäftigt hat. Da solche "kleinen Schwächen", die offensichtlich vom Entwickler nicht als Fehler verstanden werden, häufig vorkommen, summieren sie sich am Ende zu erheblichem Mehraufwand auf.

4.7.4.2 Schnittstellen zu Werkzeugen

Werkzeuge wie Compiler oder Betriebssysteme der Entwicklungsumgebungen (z.B. Un*x) und deren Elemente sowie spezielle Softwareentwicklungswerkzeuge erwarten implizit, dass ein Mensch sie bedient bzw. die von ihnen ausgeführten Schritte überwacht. Obwohl Hilfsmittel zur Automatisierung zur Verfügung stehen wie

"Batch-Files" und "Scripts" bei MS-DOS™ und MS-Windows™ oder "shell scripts" bei Un*x, (diese Verarbeitungsart nennen wir nun allgemein "Stapelverarbeitung") ist es schwer einen vollautomatischen Produktionsprozess damit zu realisieren.

Erstens sind alle heutigen Werkzeuge auf "positive" Bedienung ausgerichtet, d.h. solange das Ergebnis korrekt ist, hat man meistens keine Probleme, wenn man solche Werkzeuge in der Stapelverarbeitung einsetzt. Probleme treten dagegen schon dann auf, wenn überprüft werden soll, ob die Werkzeuge korrekte Ergebnisse liefern.

Man kann zwar den Fehlercode abfragen, den die Werkzeuge zurück geben, aber man hat keine Gewähr, dass damit alle Abweichungen vom "Soll" erkannt werden können. Da die Programme auf interaktive Bedienung ausgelegt sind, werden Fehlermeldungen ausgegeben, die notwendig sind, um den kurzen Fehlercode zu verstehen. Während der Stapelverarbeitung muss man versuchen, diese Fehlermeldungen auf eine Datei umzuleiten, sofern dies überhaupt möglich ist, und deren Inhalt zu analysieren. Um zuverlässig korrekte Ergebnisse bei automatischen Abläufen garantieren zu können, müssen daher viele zusätzliche Vorkehrungen getroffen werden.

Zweitens kann es von Programmen, beispielsweise von Teilen von Betriebssystemen, verschiedene Versionen geben, von denen einige korrekt, andere fehlerhaft arbeiten. Für die Extraktion von Information aus einer Datei wird unter Un*x "grep" verwendet. grep filtert alle Zeilen aus einer Datei heraus, in denen eine vorgegebene Zeichenfolge steht. Leider ist eine Version verbreitet, die in einem bestimmten Fall, nicht korrekt arbeitet. Daher erhält man als Ergebnis undefinierte Information, die dann in späteren Verarbeitungsschritten zu Folgefehlern führt. Die Rückverfolgung ist wegen der Fehlerausbreitung sehr schwierig und aufwändig. Präventativ muss man daher die Anwender anweisen, die Version zu benutzen, die korrekt arbeitet.

Drittens werden Schnittstellen u. E. sehr leichtfertig geändert. Wenn man Information über Dateien braucht, z.B. die Länge einer Datei, kann man sie in Un*x mit "ls –a" ausgeben. Die Längeninformation steht dann in einer bestimmten Spalte. Man kann somit die Dateilänge durch Auswertung der betreffenden Spalte bekommen, und eine entsprechende Prozedur in der Stapelverarbeitung vorsehen. Leider handelt es sich dabei nicht um eine garantierte Schnittstelle, und wir mussten feststellen, dass sich die betreffende Spalte mit einer neuen Version des Betriebssystems verschieben kann.

Diese Erfahrungen zeigen, dass die Bedeutung von Schnittstellen, ihre Stabilität und ihr Einfluss auf den Entwicklungsaufwand noch nicht allgemein erkannt wurde. Auch wenn Schnittstellen nicht offiziell standardisiert sind, sollten sie trotzdem nicht ohne wichtigen Grund geändert werden, das gilt auch für Mensch-Maschine-Schnittstellen.

In dem o. g. Fall wird davon ausgegangen, dass ein Mensch die Werkzeuge bedient, mögliche Änderungen erkennt und sich anpasst. Während das für einen Menschen leicht möglich ist, beispielsweise wenn die Dateilänge nicht in Spalte 7 sondern in Spalte 8 steht, muss die Stapelverarbeitung dafür vorbereitet werden. Solche u. E. teilweise leichtfertigen Änderungen der Schnittstelle führen bei automatischen Abläufen zu erheblichen Problemen.

Daher muss auf jeder Rechnerumgebung erst einmal geprüft werden, welche Voraussetzungen vorliegen. Die Stapelverarbeitung muss dann automatisch an die jeweiligen Bedingungen angepasst werden. Diese zusätzlichen Aktivitäten könnten entfallen, wenn geordneter vorgegangen würde.

Viertens werden in der Stapelverarbeitung die Prozeduren meistens bei der Ausführung interpretiert. Syntaxfehler werden erst erkannt, wenn die Zeile ausgeführt wird. Die Erkennung aller Fehler dauert daher lange bzw. ist sehr aufwändig. Wenn z.B. für die C-shell in Un*x bei einem "if" das zugehörige "endif" fehlt, wird dies erst erkannt, wenn die Bedingung zur Ausführung erfüllt ist, oder es wird überhaupt keine Fehlermeldung ausgegeben. Möglicherweise wird dann das Ende einer Schleife als Ende des "if" benutzt, so dass es zu einem vollkommen unerwarteten und unbemerkten Ablauf kommt.

Fünftens wird für die manuelle / interaktive Bedienung mehr Unterstützung angeboten als für die Stapelverarbeitung. Heutige Compiler sind auf interaktive Bedienung ausgerichtet. Durch eine grafische Oberfläche wird die Verwaltung von Projekten gut unterstützt. Aber die meisten und wichtigsten Einstellungen müssen interaktiv durchgeführt werden. Eine Einbindung dieser Oberfläche in einen automatischen Produktionsprozess ist nicht möglich.

Daher treten weitere Probleme auf, wenn Compiler während der Stapelverarbeitung aufgerufen werden, beispielsweise von einem automatischen Produktionsprozess. Die Parameter zur Steuerung sind meistens schlecht oder überhaupt nicht dokumentiert und müssen mühsam gesucht oder identifiziert werden. Die "ultimative" Lösung ist, das Projekt erst interaktiv aufzusetzen, dann nachzusehen, welche Einstellungen generiert werden, und diese auf die Stapelverarbeitung zu übertragen.

Um Werkzeuge zuverlässig in automatischen Prozeduren benutzen zu können, ist beim heutigen Stand der Technik ziemlich viel Erfahrung nötig, und man braucht zusätzliche Hilfsmittel, mit denen durch eigene Entwicklung die vorhandenen Umgebungen ergänzt werden müssen. Zwar verringert sich der Aufwand für solche Erweiterungen mit der Anzahl der implementierten Produktionsprozesse, da der Grad der Wiederverwendbarkeit nahe bei 100% liegt, aber ein allgemeiner Konsens über eine geordnetere Vorgehensweise wäre äußerst wünschenswert.

5 Managementaspekte

In den früheren Kapiteln haben wir die technischen Aspekte der Softwareentwicklung behandelt. Wir haben eine Reihe von Gründen angesprochen, die zu Fehlern, Mehrkosten und Zeitverzug führen, und Gegenmaßnahmen erörtert.

Die Kosten- und Terminverantwortlichen wie Projektleiter, Abteilungsleiter, Bereichsleiter, Controller, Geschäftsführer (die Personen, die solche Positionen einnehmen, bezeichnen wir jetzt allgemein als "Manager") sind dagegen weniger an einer Begründung für solche Überzüge interessiert als an einer kosten- und termintreuen Realisierung.

Nach Angaben von 24 führenden Firmen der Softwarebranche (vgl. Duncan, 2004, Seite 11) überziehen 55% der Projekte ihren Kostenrahmen, 68% den Zeitplan und bei 88% muss der ursprüngliche Entwurf signifikant geändert werden. Im Durchschnitt überzieht jedes Softwareprojekt den Zeitplan um die Hälfte (bei entsprechenden Mehrkosten), 75% der Softwareprodukte erfüllen die Anforderungen nicht oder gehen nicht in Betrieb.

Dieses Kapitel soll Managern helfen, in ihrer Umgebung Potenzial für Einsparung und Risikominimierung zu identifizieren. Die Schlüsselwörter sind "Rationalisierung", "Organisation" und "Automation". Entwickler, die dieses Kapitel lesen, sollten ihr Arbeitsumfeld prüfen, und dann feststellen können, ob sie optimal arbeiten oder etwas verbessern können.

5.1 Das Rationalisierungspotenzial

Wie in anderen Bereichen auch liegt das größte Rationalisierungspotenzial in den einzelnen Entwicklungsabläufen. Die Unterschiede in der Produktivität zwischen verschiedenen Sprachen und Methoden sind nicht groß, sie liegen bei maximal 25% für die wichtigsten Sprachen (vgl. Maxwell und Eisele, 1997). Dagegen wurden große

Unterschiede in der Produktivität zwischen Firmen, Ländern und Anwendungsbereichen identifiziert.

Bei der Produktion von Fahrzeugen, Lebensmitteln, chemischen und pharmazeutischen Erzeugnissen, "weißer" und "brauner" Ware wird genau gemessen und analysiert, wo und warum welche Zeiten benötigt werden, und wo optimiert werden kann. In diesen Bereichen ist es auch üblich, Zielvorgaben hinsichtlich Produktivität oder Kosten zu definieren wie etwa "5% Kosteneinsparung im nächsten Jahr" oder sogar "für die nächsten Jahre". Dagegen ist man bei der Entwicklung von Software schon froh, wenn statt 50% Überzug nur 20% anfallen.

Bei der Softwareentwicklung wird meistens nicht gemessen, und wenn doch, dann nicht im Detail der Arbeitsabläufe sondern – wie oben erwähnt – nur hinsichtlich Methoden, Sprachen, Nationalität, Firmengruppen usw. Daher bleibt das im Softwareproduktionsprozess vorhandene Potenzial verborgen. Wir räumen gerne ein, dass es abenteuerlich klingt, die Produktion von Software mit der Produktion von Massenware zu vergleichen. Ist nicht jedes Programm ein Unikat? Dies ist richtig, aber es schließt nicht aus, dass sich Produktionsabläufe wiederholen und sich daher eine Optimierung lohnt. Statt diese Möglichkeit anzuzweifeln, sollten alle Anstrengungen auf dieses Ziel gerichtet sein.

Die reine Feststellung "in der Softwareentwicklung wiederholt sich nichts", ist daher nicht konstruktiv, weil sie verhindert, dass das vorhandene Potenzial ausgeschöpft werden kann. Um die geschilderten Probleme der Softwareentwicklung lösen zu können, müssen Denkblockaden beseitigt werden.

Ideen und Ansätze in diese Richtung gibt es bereits, beispielsweise: Object-Oriented Analysis (OOA), Object-Oriented Programming (OOP), Aspect-Oriented Programming (AOP) und Design Patterns (s. Gamma et al.). Sie gehen das Problem aber nur partiell und allgemein an, indem sie nur bestimmte Teilaspekte des Entwicklungszyklus isoliert betrachten, ohne die Vorteile einer übergeordneten Organisation zu nutzen, die die verschiedenen Entwicklungsphasen wie Spezifikation, Entwurf, Codierung, Test und Integration effizient miteinander verbindet.

Muss man zur Optimierung vielmehr nicht umgekehrt vorgehen und fragen: wenn durch Wiederholung von Produktionsabläufen Einsparungen möglich sind, was muss unternommen werden, dass möglichst viele Abläufe wiederholt benutzt werden können und deren Optimierung damit sinnvoll wird?

Wenn beispielsweise zeitintensive Tätigkeiten wie "Debuggen" ausgeübt werden, die bei jeder kleinen Änderung erneut anfallen, muss die Frage erlaubt sein, warum nicht über effizientere Alternativen nachgedacht wird.

Um ein "embedded system" mittlerer Komplexität, das wir in Kapitel 7 besprechen, vollständig – im Detail und im Überblick – zu beschreiben, werden ca. 1500 Grafiken benötigt. Rechnet man für das Zeichnen – unterstützt durch ein Werkzeug – pro Grafik im Mittel mit ca. 20 Minuten, was sicher nicht ausreicht, dann würde eine Arbeitszeit von 500 Mann-Stunden nur für die erstmalige Erstellung dieser Grafiken benötigt, das sind ca. 3 Mann-Monate.

In der Praxis stehen so viel Zeit und Geld nicht zur Verfügung, daher werden nur die nötigsten Grafiken erstellt. Das impliziert, dass die Entwurfs- oder Enddokumentation nicht die notwendige Information über das System enthält. Bei den bisherigen Entwicklungsansätzen bildet aber gerade die Dokumentation die Grundlage der Verifikation. Insbesondere die grafischen Darstellungen sollen den Überblick erleichtern.

Wenn aber die notwendige Information fehlt, kann doch nicht endgültig über die Vollständigkeit und Korrektheit eines Entwurfs geurteilt werden. Aus dieser Sicht wird verständlich, warum viele Softwareprojekte in Schwierigkeiten geraten, wenn sie bei der Analyse auf die Dokumentation vertrauen.

Umgekehrt muss man aber auch fragen, könnten wirklich Fehler in einer Dokumentation erkannt werden, die bereits bei einem System mittlerer Komplexität 1500 Grafiken umfasst, zu denen noch Text hinzugerechnet werden muss?

Was wäre eine Alternative? Wird dem Entwickler eine kompakte und verständliche Notation und ein effizientes Werkzeug angeboten, mit denen er sein Problem formulieren kann, und die ihn bei der Fehlererkennung unterstützen, so kann er in maximal 4 Wochen das System nicht nur komplett dokumentieren, sondern auch korrekt implementieren – wenn er am Anfang mindestens eine vage Vorstellung über die Systemeigenschaften hat. Die 1500 Grafiken können dann in ca. 30 Minuten von einem Rechner erzeugt werden – zu jeder aktuellen Version bzw. Iteration. Dies ist bereits für das in Kap. 7 beschriebene Beispiel Realität, wobei die 4 Wochen nicht für die Umsetzung der Anforderungen in Software benötigt werden sondern für deren Definition und die Validierung des automatisch erzeugten Systems.

Die Dokumentationsarbeit für die erwähnten 1500 Grafiken fällt am Anfang eines Projekts an, Änderungen sind daher bei zunehmender Konkretisierung sehr wahrscheinlich. Der Aufwand zur Wartung der Grafiken wird daher sehr hoch sein, wenn die Dokumentation mit dem Arbeitsfortschritt übereinstimmen soll.

Da heute eine Präferenz zur grafischen Darstellung besteht, ist es schwierig, die Entwickler davon zu überzeugen, sich die Grafiken vom Rechner erstellen zu lassen, und selbst nur die Ideen zu liefern. Sollen die bestehenden Probleme gelöst werden, muss auch über den Bruch solcher "Tabus" gesprochen werden: die Verwendung einer verständlichen und auf Konsistenz überprüfbaren, kompakten und verständlichen Notation anstelle einer zwar grafischen, aber trotzdem unübersichtlichen und kaum formal überprüfbaren Notation.

5.2 Was lässt sich ändern?

In vielen Gesprächen, die wir in der Vergangenheit mit Entwicklern und Managern geführt haben, haben wir die folgenden Verhaltensmuster immer wieder angetroffen:

- "keine Zeit"
  Manager und Techniker
  Da man Probleme hat, hat man keine Zeit, diese Probleme zu lösen.
- "besser geht es nicht"
  Entwickler
  Die Entwickler sind überzeugt, optimal zu arbeiten, Alternativen gibt es daher nicht, denn das würde implizit bedeuten, dass man nicht optimal arbeitet.
- "für technische Details bin ich nicht zuständig"
  Manager
  Der Manager fühlt sich auf technischer Ebene nicht kompetent genug, um Entscheidungen treffen zu können.

Daraus ergibt sich ein Konfliktpotenzial, das eine konstruktive Lösung verhindert. Verschärft wird diese Situation, weil

- die Entwickler meist wenig Verständnis für Kosten und Termine haben. Sie werden ständig mit den Widrigkeiten der Entwicklungsumgebung konfrontiert und reagieren mehr als sie agieren. Ihr Ziel ist die Implementierung, da verbleibt keine Zeit, über Optimierung des Entwicklungsablaufs nachzudenken.
- die Manager keinen Einblick in die Details der Softwareentwicklung haben und daher nicht selbst Risiko- oder Einsparungspotenzial identifizieren können. Daher können sie die Folgen einer Entscheidung selbst nicht abschätzen und unterlassen sie.

In Folge kommt es zu einem "Deadlock" oder einer "Patt-Situation": die Manager verzweifeln wegen Kosten- und Terminüberzügen, die Entwickler wegen der vielen Probleme und Termindruck, aber keine der Parteien kann an der Gesamtsituation entscheidend etwas ändern.

Im Gegensatz zu dieser durch Stillstand geprägten Haltung ist die entscheidungs- und investitionsfreudige Einstellung geprägt durch:

- "das Neue ist auf jeden Fall besser als das Alte"

  Neue Methoden oder Werkzeuge, die Besserung versprechen, werden ausprobiert, ohne abschätzen zu können, ob eine Besserung auch tatsächlich eintreten wird..

- "je mehr es benutzen, desto besser"

  Was viele benutzen, kann nicht falsch sein. Wenn doch, ist man in guter Gesellschaft.

- "je mehr Möglichkeiten, desto besser"

  Je größer die Vielfalt für die (grafische) Darstellung der Systemeigenschaften, desto besser. Ignoriert wird, dass Vielfalt auch Kosten verursacht – sowohl bei der Einarbeitung in neue Darstellungsformen als auch bei der Umsetzung – und die Aussagekraft der Darstellung effektiv verringert.

Das Sprichwort "Ein Bild sagt mehr als tausend Worte" gilt nur dann, wenn das Bild nicht auch aus vielen graphischen "Worten" besteht.

Das grundsätzliche Problem ist, dass mit den bisherigen Methoden Erfolg kaum in Zahlen, sondern nur als Gefühl messbar ist. Die einzigen Zahlen, die verfügbar sind, sind die meist roten Zahlen am Ende des Projektes. Die wenigsten Softwareprojekte zeichnen auf, was in welcher Zeit erzeugt wird. Selbst wenn einmal damit angefangen wird, liegen keine Vergleichszahlen für die Vergangenheit vor. Erst wenn detailliert bekannt ist, wo Risiken und Kosten entstehen, kann etwas geändert werden. Schon 1982 sagte Demarco (s. Demarco 1982) sinngemäß: "what you don't measure, you can't control". Aber in den letzen 20 Jahren hat sich trotzdem nicht viel geändert.

Entscheidungen müssen zu wirtschaftlichem Erfolg führen, nur dann kann eine Firma im Konkurrenzkampf überleben. In abgeschwächter Form wäre auch noch tolerierbar, dass Entscheidungen nicht zu Verlusten führen. Wenn aber Entscheidungen zu keinem Vorteil führen, dann wären sie auch nicht notwendig gewesen. Insofern sollte eine Entscheidung immer eine positive – und zwar messbare – Änderung herbeiführen.

Wie soll aber ein Manager beurteilen können, was sinnvoll ist, wenn er mit Details und insbesondere den Risiken nicht vertraut ist? Wir wollen daher Entscheidungshilfen geben und Kriterien ableiten. Zunächst setzen wir uns aber detailliert mit den o. g. Argumenten auseinander. Danach betrachten wir, wo und wann es sich lohnt, etwas zu verändern. Schließlich werden wir beschreiben, wie Kosten- und Zeitverschwendung sowie risikoreiches Arbeiten erkannt werden können.

5.3 Argumente und Gegenargumente

Entscheidungen implizieren immer Risiken, auch Entscheidungen, die nicht getroffen werden.

5.3.1 Der indifferente Ansatz

Man kann immer Gründe finden, etwas nicht zu ändern, wenn man es nicht ändern will.

5.3.1.1 Keine Zeit

Zeitnot ist eines der größten Probleme. Hat man erst ein Problem, so hat man wegen des Termin- und Kostendruckes im laufenden Projekt keine Zeit mehr, etwas zu ändern. Man scheut auch das Risiko, das eine Änderung in das Projekt tragen könnte.

Am Ende eines Projektes steht schon wieder das nächste Projekt an. Ressourcen, um parallel zu laufenden Projekten neue Ansätze probieren zu können, sind meistens auch nicht vorhanden, oder um die Erfahrungen des vorherigen Projekts auszuwerten und daraus Konsequenzen zu ziehen. So bleibt alles wie es ist. Das nächste Problem wird wieder kommen.

5.3.1.2 Besser geht es nicht

Jeder Entwickler wird aus seiner Sicht das Beste geben. Jeder, der meint, es ginge noch besser, zweifelt seine Kompetenz an. Damit entsteht zwangsläufig ein Konflikt. Ein Manager, der nicht selbst praktisch in der Softwareentwicklung gearbeitet und dabei kritisch die Organisation analysiert hat, wird kaum in der Lage sein, Gegenargumente finden. In dieser Situation kann ein Manager keine Besserung bewirken.

5.3.1.3 Technik ist nicht meine Aufgabe

Der Manager weiß, dass er nicht kompetent genug ist, technische Entscheidungen zu treffen. Er beschränkt sich auf Personalführung und vertraut seinen Entwicklern. Aber die entscheiden selten auf der Basis von Projektzwängen und Kosten.

In diesem Fall kann ein Manager höchstens als Moderator wirken, der Argumente sammelt und die Mehrheitsmeinung der Entwickler vertritt, er kann aber nicht aktiv für einen optimierten Projektablauf sorgen und geeignete strategische Maßnahmen, auch entwicklungsmethodischer Art, ergreifen.

5.3.2 Der "Mengen"-Ansatz

Man kann versuchen, das Risiko von Entscheidungen zu minimieren, indem man das anwendet, was die meisten anwenden. Haben sie Erfolg, hat man auch Erfolg, scheitern sie, scheitert man auch. Da man immer so gut oder so schlecht ist wie die anderen, sind die Konsequenzen nicht so hart als wenn man allein steht, aber auch der Erfolg ist nicht so überragend, wenn er wirklich eintritt.

These 11
Anzuwenden, was alle anwenden, führt nicht unbedingt zum Erfolg.

5.3.2.1 Besser neu als alt

Wenn die bisherigen Ansätze bzw. Werkzeuge zu erheblichen Misserfolgen führten, können neue Methoden und Produkte wohl nur besser sein. Ohne Zahlen über die Vergangenheit und die Zukunft zu haben, ist aber schwer abzuschätzen, ob sich die Situation verbessern wird. Man kann dann nur fremden Aussagen vertrauen, und die kommen meistens vom Verkäufer. Wichtig ist daher, die Argumentation nachvollziehen zu können, insbesondere prüfen zu können, ob die Rahmenbedingungen auf die eigene Umgebung zutreffen, und ob der erwartete Kostenvorteil wirklich realisierbar ist.

5.3.2.2 Je mehr (Anwender), desto besser

Die Höhe der erreichbaren Vorteile hängt nicht von der Anzahl der Anwender ab, die eine Methode einsetzen. Wenn man das verwendet, was viele benutzen, dann ist man auch so gut oder schlecht wie alle. Außerhalb der Softwareentwicklung werden Wettbewerbsvorteile erzielt, indem in Firmen spezifische Verbesserungen eingeführt werden. Anscheinend ist dort auch genügend Druck vom Markt vorhanden, selbst über Verbesserungen nachzudenken und sie in die Praxis umzusetzen.

These 21
Kompetente strategische Entscheidungen anstelle von Zufallsentscheidungen mindern das Risiko

Die Anwendung einer neuen Methode ist natürlich mit einem gewissem (persönlichem) Risiko verbunden, das man durch Kompetenz aber minimieren kann: bei fundiertem eigenen Wissen kann das Risiko besser abgeschätzt werden und durch strategische Maßnahmen auch minimiert werden. Hat man die Kompetenz nicht, muss man fürchten zu scheitern, und trifft dann eher keine Entscheidung oder eine, die sich an der anderer orientiert.

Wenn man das anwendet, was viele anwenden, kann man sich zwar darauf berufen, dass es wohl nicht besser geht. Dies führt dann zu einer Blockade der Innovation und mittel- bis langfristig zu Wettbewerbsnachteilen. Am Markt gelten die gleichen Gesetze wie in der Biologie: wer Vorteile nicht nutzt, wird von denen verdrängt, die sie nutzen, und je mehr Individuen dieselben "Nischen" besetzen, umso härter und verlustreicher ist der Konkurrenzkampf zwischen ihnen. Die Entdeckung neuer Nischen durch bessere Kompetenz ist daher Grundlage jedes Erfolges.

5.3.2.3
Je vielfältiger, desto besser

Bringt eine große Auswahl Vorteile? Ist es effektiver, wenn ein Werkzeug verschiedene Methoden oder grafische Darstellungen unterstützt?

Aus der Sicht der Risikominimierung scheint dies vernünftig zu sein. Wenn man mit einer Methode keinen Erfolg hat, kann man eine andere einsetzen, die auch verfügbar ist. Man übersieht aber dabei:

- Die Benutzung einer weiteren Methode bedeutet Mehraufwand. Das, was mit der ersten / den früheren Methode(n) erarbeitet wurde, ist meistens nicht wieder verwendbar.
- Das Anbieten verschiedener Methoden impliziert, dass es keine "ausgezeichnete" gibt. Denn wenn es sie gäbe, sollte nur sie wegen ihrer Vorteile eingesetzt werden. Vielmehr liegt die Verantwortung allein beim Anwender, diejenige Methode auszuwählen, von der er meint, dass sie ihm die größten Vorteile bringt.

  Dem Anwender wird somit keine Verantwortung abgenommen, sondern sie wird ihm zugeschoben.
- Je mehr Vorgänge zu bearbeiten sind, desto höher sind Aufwand und Kosten. Ein vielfältiges Angebot z.B. zum Zeichnen, impliziert meistens, dass viele manuelle Tätigkeiten anfallen.

5.4
Wo lohnt es sich?

Wenn Einsparungen erzielt werden sollen, muss abgeschätzt werden, was potenzielle Änderungen wirklich erbringen können. Eine Reorganisation eines Ablaufs, der nur 10% des Gesamtaufwandes ausmacht, kann auch nur maximal 10% an Einsparung erbringen. Meistens wird der Einspareffekt reduziert, weil zur Einbindung des neuen Ablaufes zusätzliche Schritte notwendig werden, in anderen Stufen oder in der optimierten Stufe. Hierdurch entsteht zusätzlicher Aufwand, der den maximal möglichen Nutzen reduziert.

Eine Optimierungsmaßnahme lohnt sich nur dann, wenn insgesamt erhebliche Einsparungseffekte erzielt werden können. Nehmen wir zur genaueren Betrachtung das Beispiel eines Teilprozesses, der nur 10% des Gesamtprozesses an Aufwand erfordert. Wenn durch Optimierung 50% davon eingespart werden können, gewinnt man insgesamt 5%. Fällt bei den anderen Teilprozessen ein Zusatzaufwand von nur 5% an, beispielsweise um die Schnittstellen anzupassen, ergibt das eine Reduktion von nur

$$10\% \times 50\% - 90\% \times 5\% = 0.5\%$$

und die Gesamteinsparung ist praktisch Null.

Wird beispielsweise ein üblicher Codegenerator eingesetzt, dann deckt er in der Regel nicht den vollen Bereich ab. Der automatisch generierte Code muss daher mit manuell erzeugtem Code integriert werden. Dabei muss z.B. auch beachtet werden, dass der "manuelle" Code nicht bei erneuter automatischer Generierung überschrieben wird. Dies ist nur ein Problem, das es zu lösen gilt. Werden Probleme wie die Integration unterschiedlicher Software nicht in die Automation mit einbezogen, ist der Einsparungseffekt gering. Zusätzliche manuelle, fehleranfällige Tätigkeiten sind erforderlich.

Organisatorische Maßnahmen sind somit notwendig: erstens, einmalig, um den neuen Entwicklungsablauf zu definieren und ggf. mit eigener Software zu unterstützen, zweitens, bei jeder Entwicklung, um beispielsweise den Code zu integrieren, weil beispielsweise der Codegenerator andere Datentypen oder Aufrufkonventionen benutzt. Während die Teilautomation also die Produktivität an einer Stelle erhöht, führt sie an anderer Stelle neue Probleme ein. Um solche Probleme effektiv zu lösen, ist es natürlich naheliegend, auch die Integration mit zu automatisieren.

Werden viele "Insellösungen" eingesetzt, also Methoden und Werkzeuge, die sich nur auf eine bestimmte Entwicklungsphase oder einen Teil davon beziehen, dann wird wegen des zusätzlichen

Aufwandes, beispielsweise für manuelle Integration, das erzielbare Einsparungspotenzial gering sein.

Um beurteilen zu können, wo und wann sich eine Änderung lohnt, wollen wir nun die Entstehung und Verteilung der Kosten im Entwicklungszyklus analysieren.

5.4.1 Kosten vs. Entwicklungsphasen

Für die Analyse der Kosten nach Entwicklungsphasen nehmen wir die "klassischen" Phasen des Wasserfall-Modells und des V-Models:

- Kundenanforderungen
  und deren Umsetzung durch Analyse in eine Spezifikation
- Grobentwurf
- Feinentwurf
- Codierung
- Modultest
- Integrationstest
- Abnahmetest

Diese klassischen Phasen sind auch für die iterativen Modelle wie "Prototyping Model" und "Phased Development Model" relevant, da die Arbeiten, die durch diese Phasen definiert werden, immer durchzuführen sind, nur die Zuordnung und der zeitliche Ablauf sind verschieden. Die prozentuale Verteilung des Aufwandes auf der Basis der "klassischen" Phasen bei manueller Entwicklung ist daher näherungsweise unabhängig von den Entwicklungsansätzen.

Wir präsentieren fremdes und eigenes Zahlenmaterial, um zu zeigen, dass verschiedene Quellen zu einem ähnlichen Ergebnis kommen. Die ersten vier Diagramme (Abb. 5-1 - Abb. 5-4) basieren auf Zahlen, die wir einem Vorlesungsskript der Universität Toronto entnommen haben (Mylopoulos, 2004). Die Aufwandsverteilung wird für "kleinere" (<5 KLOC) und "größere" (>10 KLOC) Projekte angegeben. Die Bezeichnung der Phasen weicht teilweise von unserer Notation ab, wir haben die Originalbegriffe übernommen. Unsere Zahlen basieren auf Erfahrungen mit Raumfahrtprojekten in der Größenordnung von 100 KLOC oder mehr (Abb. 5-6 - Abb. 5-7).

Die Diagramme geben die prozentuale Aufteilung des Gesamtaufwandes pro Phase und den "kumulierten relativen Aufwand" an. Der "kumulierte relative Aufwand" ist der Aufwand, der bis zum Ende der jeweiligen Phase anfällt, bezogen auf den Gesamtaufwand.

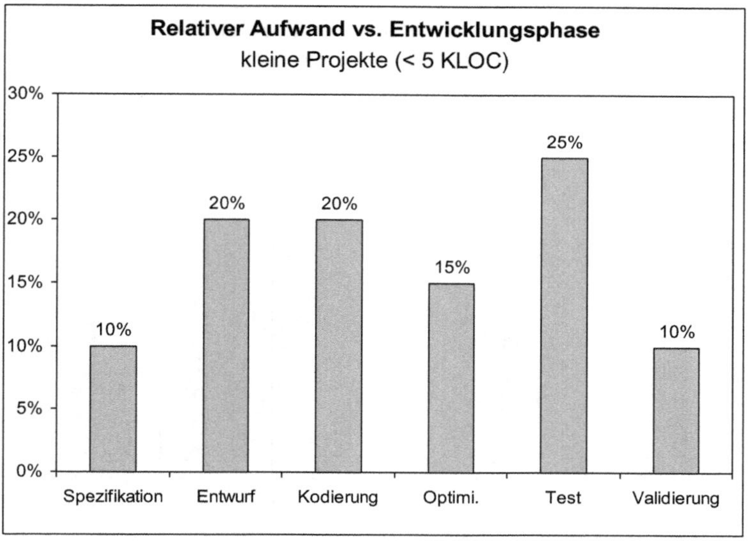

Abb. 5-1 Aufwandsverteilung für kleine Projekte

Aus Abb. 5-1 sehen wir, dass es keine Phase gibt, die klar dominiert. Der Einsparungseffekt pro Phase bezogen auf den Gesamtaufwand ist minimal, selbst wenn der für die Phase anfallende Aufwand vollständig entfiele. Wird noch Zusatzaufwand berücksichtigt, der durch die Reorganisation des Ablaufes erst entsteht, wie für die Integration von manuell und automatisch erzeugtem Code, dann liegt das Einsparungspotenzial einer Phase *maximal* bei 10 .. 15%.

Abb. 5-2 zeigt den kumulierten Aufwand. Betrachten wir nun die spezifische Verteilung für die beiden Seiten des "V". Die linke Seite "\" erstreckt sich von Spezifikation bis Codierung, die rechte Seite "/" von Optimierung bis Validierung. Dann entfallen auf die linke und rechte Seite je 50%.

In Abb. 5-3 wurde noch der Aufwand für Wartung und kontinuierliche Erweiterung (evolutive maintenance) hinzugenommen. Unsere Interpretation ist, dass damit nicht nur die Wartung nach Auslieferung gemeint ist, sondern auch die Änderungen von der Integration bis zur Auslieferung. Dann ist das Verhältnis der beiden Seiten des "V" 30% zu 70% (vgl. Abb. 5-4), d.h. bei größeren Projekten erhöht sich der Aufwand für Test, Verifikation und Validierung (V&V) im Vergleich zu dem bis zur Codegenerierung notwendigen Aufwand.

Abb. 5-2 Kumulierter Aufwand für kleine Projekte

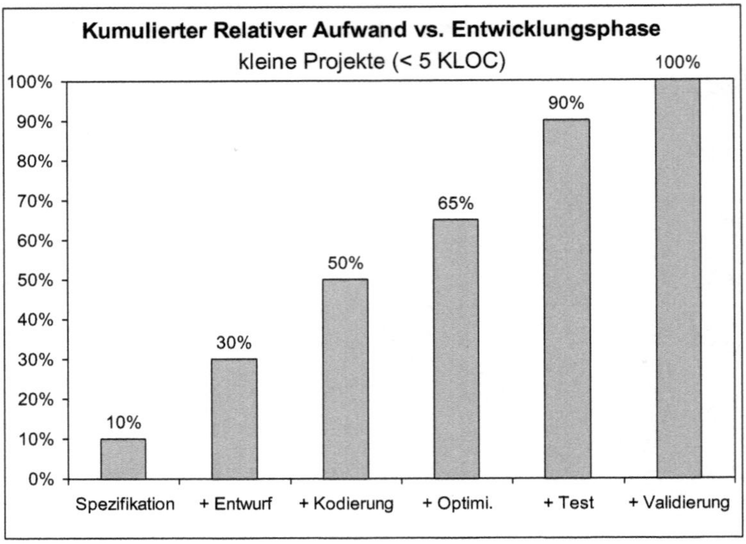

Abb. 5-3 Aufwandsverteilung für größere Projekte

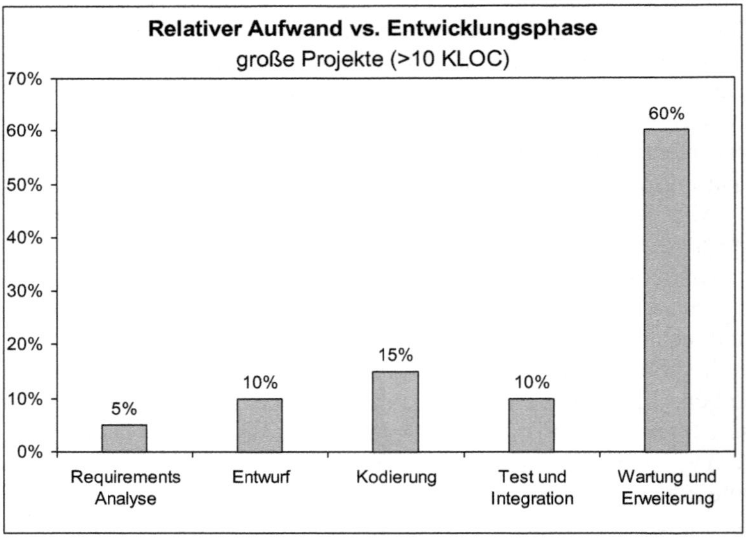

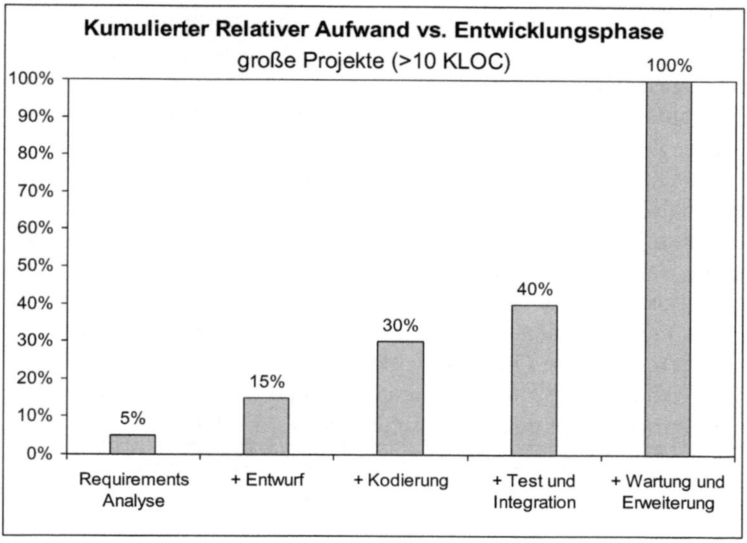

Abb. 5-4 Kumulierter Aufwand für größere Projekte

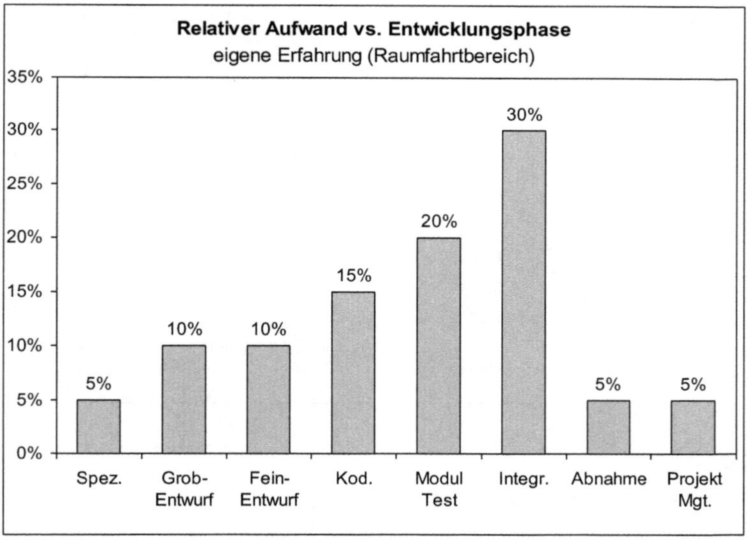

Abb. 5-5 Aufwandsverteilung für große Projekte (Raumfahrt)

These 58 Automatische Codegenerierung hat ein Einsparungspotenzial von max. ca. 20%

Bei großen Projekten der Raumfahrt dominiert die Integration (Abb. 5-5). Für Test und Integration werden ca. 50% des Gesamtaufwandes benötigt, während für die Codegenerierung nur ca. 15% anfallen. Das Verhältnis der beiden Hälften des "V" beträgt 40% zu 60% (Abb. 5-6).

Die hier präsentierten Werte beziehen sich zwar nur auf Projekte in der Größenordnung von einigen Hundert KLOC, doch sollten sie auch für größere Projekte im Bereich von Tausenden von KLOC repräsentativ sein, einer Größenordnung, die von Projekten im klassischen IT-Bereich erreicht wird und eine ähnliche Strategie zur Qualitätssicherung vorausgesetzt. Von kleineren zu größeren Projekten nimmt der für V&V anfallende Aufwand zu, bedingt durch die größere Zahl der Abhängigkeiten im System.

Wesentlich für die Vergleichbarkeit der Zahlen ist die Strategie zur Qualitätssicherung. Wir setzen hohe Standards voraus wie sie in der Raumfahrt üblich sind. Wird weniger Wert auf Test und V&V gelegt, so ändert sich das Verhältnis, die linke Seite des "V" bekommt mehr Gewicht.

Aus einer Dominanz der ersten Phasen lässt sich umgekehrt aber schließen, dass die Qualitätssicherung weniger ausgeprägt ist. Wir haben schon von 80% Anteil bis zur Codierung gehört, woraus auf sehr geringe Testaktivitäten geschlossen werden kann.

Abb. 5-6 Kumulierter Aufwand für große Projekte (Raumfahrt)

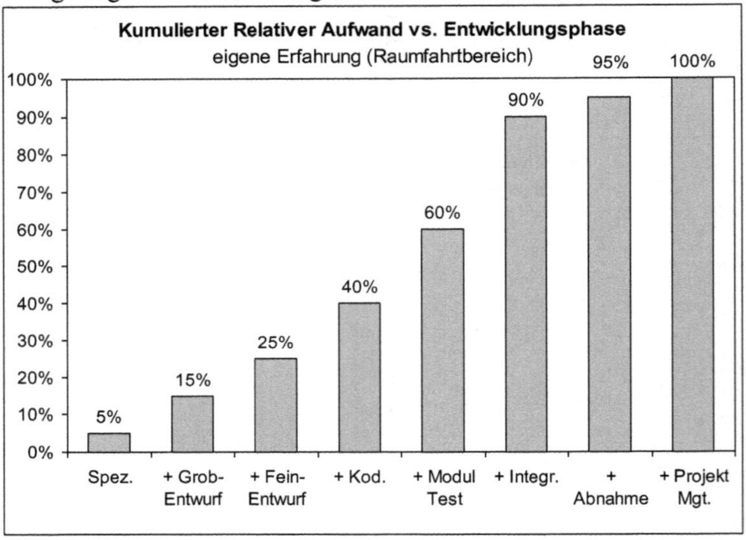

5.4.2 Kosten der Fehlerbeseitigung

Da die Kosten für Test, Integration, Verifikation und Validierung dominieren, führt die Senkung des in diesen Phasen auftretenden Aufwandes zu einer erheblichen Ersparnis. Ziel dieser Aktivitäten ist es, Fehler zu erkennen und zu beseitigen.

Die geringsten Kosten verursachen Fehler, die durch geeignete Hilfsmittel vermieden werden können. Wenn beispielsweise Namen aus einem Menü ausgewählt werden, kann man sich nicht vertippen. Solche Fehler braucht man auch nicht zu erkennen und beseitigen, und die dafür erforderliche Testsoftware kann entfallen. Investitionen in Fehlerprävention sind daher sehr lohnend.

Wenn Fehler – aus welchen Gründen auch immer – nicht verhindert werden können, dann müssen die Kosten für ihre Beseitigung minimiert werden, bei gleichzeitiger Maximierung der Fehlererkennungswahrscheinlichkeit.

Wir wollen uns daher näher mit den Kosten beschäftigen, die bei der Fehlerbeseitigung anfallen. Gilb und Graham (s. Gilb und Graham 1993) geben diesen Aufwand für die einzelnen Phasen relativ zur Spezifikationsphase an (Abb. 5-7). Danach steigt der Aufwand von Phase zu Phase ständig und erheblich an. Fehler, die erst während des Betriebes erkannt werden, erfordern möglicherweise den 1000-fachen Aufwand. Aber auch im günstigsten angegebenen Fall würde man den ca. 40-fachen Aufwand benötigen, also beispielsweise statt einer Stunde eine Woche.

Die Kosten steigen exponentiell mit dem zeitlichen Abstand zwischen Entstehung und Behebung an, da jede Anforderung in mehrere Teile des Entwurfs eingeht, jeder Teil des Entwurfs in mehrere Teile des Quellcodes, in Test und Integration.

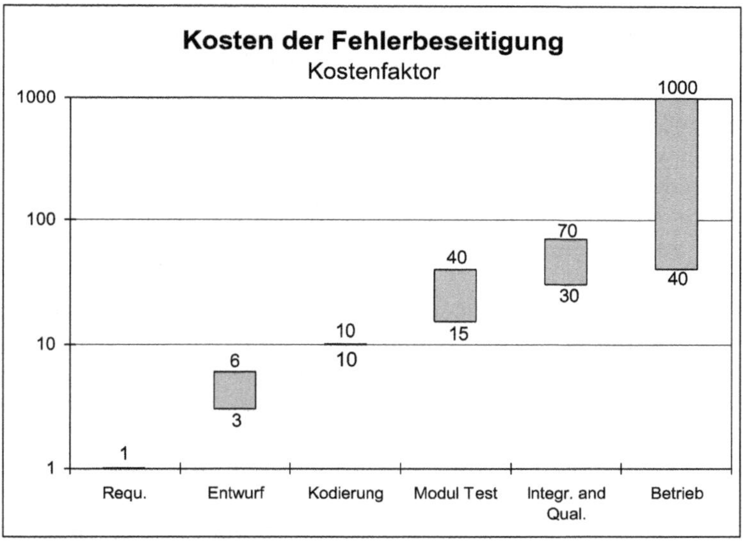

Abb. 5-7 Kosten der Fehlerbeseitigung vs. Phasen

These 72 Je früher ein Fehler erkannt wird, desto mehr spart man.

Je früher ein Fehler erkannt wird, um so niedriger sind die Kosten für die Beseitigung. Besonders viel spart man, wenn ein Fehler schon in der Spezifikationsphase erkannt wird. Dieses Wissen sollte aber bei manueller Entwicklung nicht dazu verleiten, die Spezifikationsphase aus Gründen der Fehlererkennung extrem auszudehnen, weil sonst das Risiko auch ansteigt.

Prinzipiell erkennbar sind in der Spezifikationsphase nur inkonsistente und unvollständige Anforderungen, nicht aber Anforderungen, die von ihrem Inhalt zwar richtig sind, aber den Absichten des Anforderers widersprechen, ohne dass er es bemerkt. Solche Widersprüche können erst sicher aufgedeckt werden, wenn die spezifizierte Software ihre Eigenschaften bei der Ausführung offenbart. Jeder Ansatz, solche Fehler durch "manuelle" Analyse frühzeitig herauszufinden, erfordert hohen Zusatzaufwand und streckt die Spezifikationsphase, ohne sicher sein zu können, dass alle kritischen Fehler auch wirklich erkannt werden.

Daher müssen die Aussagen der Abb. 5-7 relativiert werden: das gezeigte Verhältnis berücksichtigt nur den "normalen", bisher (geringen) üblichen Aufwand für die Test- und Integrationsphase. Jede Erhöhung dieses Aufwandes, um mehr Fehler finden und beseitigen zu können, führt daher immer zu höheren Faktoren bezogen auf den Basisaufwand, und somit zu einem ungünstigerem Verhältnis. Jede Erhöhung des manuellen Aufwands in einer Phase geht aufgrund des höheren Fehlerrisikos exponentiell in den Aufwand der nächsten Phase ein.

These 79
Die Anzahl der Fehler steigt von der Spezifikation bis zur Codierung an.

Nicht alle Fehler entstehen während der Spezifikationsphase. Die Anzahl der Fehler, die während einer Phase entstehen, wächst – nach unserer Erfahrung – ebenfalls von der Spezifikations- zur Codierungsphase kontinuierlich an (vgl. auch Abb. 5-8 und Abb. 5-9). Bei erhöhtem Aufwand für die Spezifikation würde man daher nicht viel gewinnen, weil damit nicht die Fehler der folgenden Phasen vermieden werden können. Um die Kosten für Fehler wesentlich zu senken, die während Entwurf und Codierung entstehen, muss daher mehr auf Fehlerprävention während aller dieser Phasen geachtet werden.

These 73
Fehlerprävention in frühen Phasen senkt die Kosten der späteren Phasen.

These 83
Bei spät erkannten Fehlern müssen alle früheren Aktivitäten erneut ausgeführt werden.

Spezifikationsfehler, aber auch Entwurfsfehler können möglicherweise überhaupt erst während einer späten Phase erkannt werden: nach der Codierung. Wenn eine Anforderung vergessen wird, dies dem Kunden aber erst bei der Validierung, Abnahme oder sogar erst im Betrieb bewusst wird, entsteht erheblicher Mehraufwand, weil dann vom Entwurf bis zur Integration und Abnahme alle Aktivitäten neu durchlaufen werden müssen.

Zur Jahrtausendwende wurde vielen Benutzern bewusst, dass sie vergessen hatten, eine "ewige" Darstellung des Datums zu spezifizieren. Erst als die Folgen Mitte der 90er Jahre erkannt wurden, wurde in neuen Spezifikationen die Forderung "Y2K (year 2000) kompatibel zu sein" aufgenommen. Der hohe Aufwand zur Umstellung wurde auch einer breiten Öffentlichkeit bekannt. Das nächste Ereignis dieser Art steht bereits am 19. Januar 2038 an. Um 4:14 Uhr und 8 Sekunden MEZ werden die Uhren vieler Systeme auf den

1.1.1970 zurückspringen. Diese Uhren basieren auf der Zählung der Sekunden seit Mitternacht GMT dieses Tages. Dafür sind nur 31 Bits vorgesehen (vorzeichenbehaftetes Long). Bei Nutzung von 32 Bits (vorzeichenloses Long) – wie bei einigen Systemen bereits üblich – verschiebt sich der Termin auf den Anfang des 22. Jahrhunderts.

Humbert et al. (Humbert 1995) berichten über einen Entwurfsfehler, der üblicherweise erst während der Integration hätte erkannt werden können. Dann hätte die Behebung Kosten in Höhe von ca. €500,000 verursacht. Durch formale Validierung des Entwurfs war es möglich, ihn bereits in der Entwurfsphase zu erkennen. Die Kosten für den erstmaligen Einsatz der neuen Methode einschließlich Anschaffung des Werkzeuges und Training betrugen dagegen nur ca. € 100,000. Dies zeigt, dass durch fortschrittliche Methoden auch die Gesamtkosten gesenkt werden können.

These 74 Frühzeitige Validierung des Entwurfs zahlt sich aus.

Battini (Battini 1998) hat analysiert, wann Softwarefehler in einem "embedded system" erkannt werden (Abb. 5-8 und Abb. 5-9). Hierbei hat er sich auf die Codierungsphase und die sich anschließenden Phasen konzentriert. Leider gibt er nur den Zeitpunkt der Erkennung an, aber nicht, in welcher Phase die Fehler entstanden sind. Da es sich um ein "embedded system" handelt, teilt er die Test- und Integrationsphasen auf, und unterschiedet zwischen einzelner Integration von Hardware und Software und gemeinsamer Integration. Die Reihenfolge dieser Phasen gibt von links nach rechts etwa den zeitlichen Ablauf im Projekt an. Die Anzahl der erkannten Fehler beträgt insgesamt 153. Die Größe der Software wird mit ca. 250 Function Value Points (FVP) angegeben, der Testaufwand mit ca. 80 Tagen.

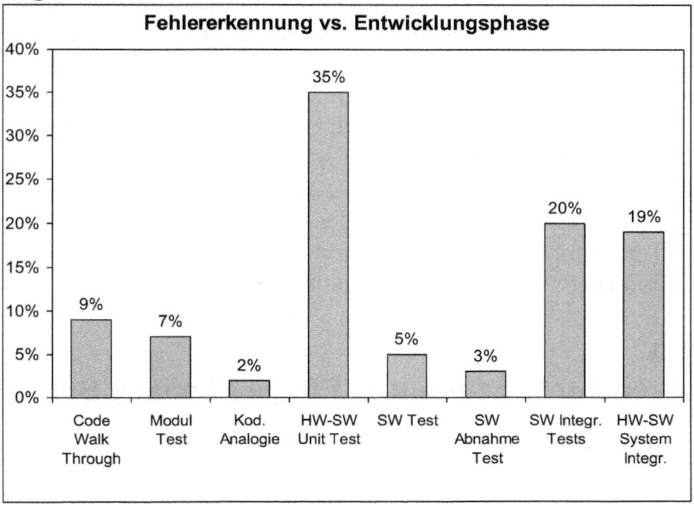

Abb. 5-8 Fehlererkennung vs. Phase

Durch Analyse des Codes ("Code Walk Through") wurden ca. 15 Fehler gefunden und durch Einzeltests der Software ("Modultests") ca. 10. Über die gefundenen Fehler ("Code Analogy") konnten weitere 3 (ähnliche) Fehler erkannt werden. Ein Drittel der Fehler wurde bei ersten Schnittstellentests zwischen Hardware und Software ("HW-SW Unit Tests") identifiziert, je weitere 20% bei späteren Softwaretests und Hardware-Software-Integrationstests, obwohl die Software bereits früher getestet und abgenommen wurde ("SW Test"und "SW Abnahmetest").

Abb. 5-9 Kumulierte Fehlererkennung vs. Phase

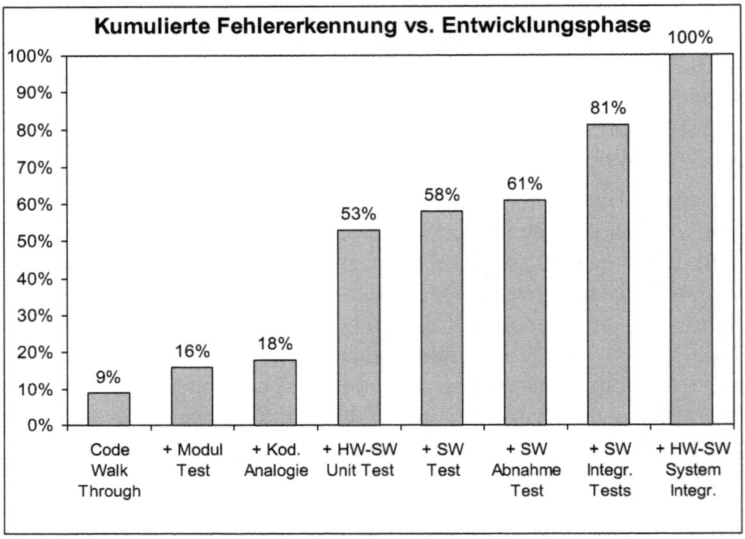

In Abb. 5-8 und Abb. 5-9 ist die kumulierte Verteilung aufgetragen. Bei Abnahme der Software sind danach erst ca. 60% der Fehler erkannt worden. 40% der Fehler wurden in der letzten Integrationsphase des gesamten Systems identifiziert.

Diese Analyse zeigt, dass es mit Standardmitteln überhaupt nicht möglich ist, frühzeitig Fehler zu finden. Wenn die Kosten zur Fehlererkennung und -beseitigung wesentlich gesenkt werden sollen, sind andere Hilfsmittel (Methoden und Werkzeuge) notwendig. Damit gewinnt die Fehlerprävention und die frühzeitige Erkennung bei minimalem Aufwand an Bedeutung.

5.4.3 Sparen bei Wartung und Pflege / Legacy Software

Wie Hardwareprodukte erfordert Software während des Betriebes Wartung und Pflege. Während bei der Hardware Wartung notwendig ist, um Verschleiß zu erkennen, zu vermeiden oder zu beseitigen, wird Software durch Wartung an neue Anforderungen angepasst. Wartung ist somit äquivalent zu nachträglichen Änderungen, die meistens teuer sind. Bei langer Lebenszeit können die Wartungskosten die Höhe der Entwicklungskosten erreichen oder sogar überschreiten. Die Wartung bietet somit ein sehr großes Einsparungspotenzial.

Besonders hoher Aufwand fällt an, wenn Komponenten wie Rechner oder Betriebsysteme, auf denen die Software aufbaut, nicht mehr verfügbar sind. So gibt es heute immer noch Systeme ("Legacy Systems"), die auf PDP/11-Hardware von DEC laufen und demnächst sicher portiert oder ersetzt werden müssen. Nach dem Stand der Technik wäre eine vollständige Neuentwicklung auf manueller Basis notwendig. Ein anderes Beispiel für "Altlasten" sind die Programme, die von der Millennium-Umstellung betroffen waren. Auch hier fiel hoher Wartungsaufwand an.

Wir werden aber später beschreiben, wie auch hier große Einsparungen durch automatische Portierung möglich sind.

5.4.4 Strategie zur Kostensenkung

Die bisherigen Ergebnisse lassen sich folgendermaßen zusammen:

- Keine der "klassischen" Entwicklungsphasen dominiert, daher sind keine wesentlichen Einsparungen bei Wegfall der manuellen Tätigkeiten von nur einer Phase zu erwarten,
- Der Anteil für Test, Integration und V&V ist größer als der Anteil der generativen Phasen von Spezifikation bis Codierung. Somit kann durch automatische Codegenerierung nur ein kleiner Teil des Gesamtaufwandes eingespart werden.
- Ein großer Teil der Kosten entfällt auf die Wartung, die daher in einen Optimierungsprozess miteinbezogen werden muss.
- Fehler werden meistens spät erkannt, eine frühe Erkennung wäre zwar wünschenswert, ist aber bisher nur beschränkt möglich.
- Je später ein Fehler erkannt wird, desto höher sind die Kosten bis zur Beseitigung.

Das Ziel von Maßnahmen zur Kostensenkung muss daher sein,

- möglichst große Teile des Entwicklungszyklus ganzheitlich abzudecken,
- durch eine geeignete Strategie Fehler zu vermeiden bzw. sie früh zu erkennen.

Neben dem Rationalisierungspotenzial der Codegenerierung, die vorrangig als Ziel der Automation angesehen wird, muss daher auch das Potenzial der anderen Phasen unbedingt ausgeschöpft werden. Humbert et al. (1995) haben gezeigt, dass durch Einsatz neuerer Methoden Fehler frühzeitig vermieden werden können. Damit reduziert sich sofort der Aufwand zur Fehleridentifikation in späten Phasen, denn Fehler, die nicht entstanden sind, brauchen auch nicht gesucht und behoben werden.

Welche Phasen haben prinzipiell ein großes Einsparungspotenzial? Beginnen wir damit, die Phasen zu finden, bei denen auf Mitwirkung von Ingenieuren kaum verzichtet werden kann. Das sind die Spezifikations- und Entwurfsphase sowie die Abnahmephase. Hier sind Kreativität und Kritikfähigkeit notwendig. Die Aktivitäten der übrigen Phasen ergibt sich aus den Anforderungen und den prinzipiell bekannten Abläufen zu deren Umsetzung in Code einschließlich Instrumentierung des Codes zum Nachweis der Systemeigenschaften.

Unter "kreativen Aktivitäten" verstehen wir in diesem Zusammenhang die Gestaltung eines Systems: von der ersten Idee bis zur Formulierung der Anforderungen. Kritikfähigkeit wird benötigt, um das Ergebnis der Implementierung auszuwerten, mit den Erwartungen zu vergleichen und ggf. die Anforderungen so anzupassen, dass durch Iteration schließlich das erwartete Ergebnis erreicht wird.

Die Anpassung von Anforderungen mag überraschen, denn üblicherweise wird davon ausgegangen, dass die Implementierung an die Anforderungen anzupassen ist, wenn Diskrepanzen auftreten. Unter dem Aspekt der Reproduzierbarkeit von Implementierungsabläufen eröffnet sich aber neue Möglichkeiten zur Optimierung.

Bei der individuellen Umsetzung ("manuell") von Anforderungen ist es notwendig, deren Umsetzung auch zu überprüfen. Bei der Umsetzung durch reproduzierbare, automatische Abläufe entfällt dieses Problem. Was bleibt, sind Fehler in den Anforderungen, die erst bei Betrieb des Systems als Unterschied zwischen Theorie und Praxis sichtbar werden.

Entweder lassen sich Anforderungen nicht umsetzen, weil sie unrealistisch sind, z.B wegen mangelnder Performance der Zielplattform, oder die Anforderungen sind falsch formuliert. Solche fehlerhaften Anforderungen gehen nicht mehr in der Menge der Fehler unter, die mit der manuellen Implementierung verbunden sind, sondern sie bleiben als einzige zurück, wenn die Umsetzung von Anforderungen in (ausführbaren, integrierten) Code automatisiert wird.

Bei manueller Implementierung ist die Korrektur fehlerhafter oder die nachträgliche Berücksichtigung fehlender Anforderungen viel aufwändiger. Da durch den hohen Aufwand bereits für die erste

Implementierung das verfügbare Budget schnell erreicht oder überschritten wird, müssen die notwendigen Änderungen dann auf ein Minimum reduziert werden, ggf. auch durch Verhandlungen mit dem Auftraggeber, um vertraglichen Freiraum für das Tolerieren von Abweichungen zu schaffen. Bei Einsatz automatischer und bewährter, weil reproduzierbarer Produktionsabläufe ist dies nicht notwendig, man kann sich voll auf die Optimierung der Anforderungen konzentrieren, da das ausführbare System ist schnell verfügbar ist.

Bei den gegenwärtigen Entwicklungsansätzen sind die kreativen Tätigkeiten über die verschiedenen Entwicklungsphasen verteilt. In der Spezifikationsphase werden zunächst die gewünschten Eigenschaften formuliert, die dann während der Entwurfsphase als Eigenschaften von konkreten Systemelementen ausgedrückt werden. In der Codierungsphase wird festgelegt, auf welche Weise / durch welche Algorithmen diese Eigenschaften realisiert werden. Schließlich wird in der Abnahmephase überprüft, ob das realisierte System die geforderten Eigenschaften aufweist.

Somit sind die kreativen Tätigkeiten

- in der Spezifikationsphase die Festlegung der Eigenschaften,
- in der Entwurfsphase die Definition der Elemente,
- in der Codierungsphase die Definition der Algorithmen,
- in der Abnahmephase die Prüfung der Eigenschaften.

Eine derart verteilte kreative Mitwirkung ist bei durchgängig organisierten Abläufen von Nachteil. Jeder kreativer Eingriff verzögert den Gesamtablauf, weil zu jedem solchen Zeitpunkt erst der aktuelle Stand des Prozesses aufgenommen werden muss, ehe die kreative Tätigkeit beginnen kann.

Daher sollten die kreativen Aktivitäten in einem Minimum an Blöcken zusammengefasst werden: die der Spezifikation, des Entwurfs und der Codierung in einem Block am Anfang, die der Abnahme in einem Block am Ende der Entwicklungskette.

Dieser Ansatz impliziert eine Parametrisierung der Eigenschaften und Formalisierung der Wiederverwendbarkeit ("Software Reuse"). Die Systemeigenschaften werden auf einem (hohen) abstrakten Niveau festgelegt, und durch bewährte Entwurfs- und Codierungstechniken ("Bausteine") korrekt umgesetzt. Durch die Formalisierung und Abstraktion wird der manuelle Anteil reduziert. Das gilt auch für die Abnahmephase. Konkret werden wir später auf diese Technik eingehen.

Die dann der Anfangsphase (Spezifikation, Entwurf, Codierung) und der Endphase (Abnahme) zugeordneten kreativen Tätigkeiten bilden einen festen Anteil, der durch Rationalisierungsmaßnahmen nicht mehr reduziert werden kann. Nach *Abb. 5-1* - Abb. 5-6 liegt der Anteil dieser Phasen an den Gesamtkosten bei ca. 10% .. 15%. Durch Optimierung lässt sich dieser Anteil eventuell noch auf 5% .. 10% reduzieren je nach Projekt und Komplexität. Damit können wir das Potenzial für Kostensenkungsmaßnahmen ungefähr abschätzen und zum Ziel von zu ergreifenden strategischen Maßnahmen erklären.

These 75 Einsparungen im Bereich 85% .. 95% sind möglich.

Wird der Anteil der nicht-kreativen Aktivitäten komplett durch automatische Abläufe abgedeckt, dann ergibt sich somit ein Einsparungspotenzial von maximal etwa 85% .. 95%. Eine Senkung der Kosten und der Entwicklungszeit auf 1/6 bis 1/20 der heutigen Werte wäre danach möglich. Wie dieses Ziel Realität werden kann, werden wir Schritt für Schritt später beschreiben.

Durch die Möglichkeit, die Anforderungen leicht anpassen zu können, wird sich wahrscheinlich auch die Anzahl der Optimierungsschritte bzw. Iterationen erhöhen. Während früher diese Option nicht bestand, kann bei Automation kostengünstig "nachgebessert" werden. Daher ist zu erwarten, dass sich der Anteil, der auf die Anforderungen, speziell auf ihre "Wartung", entfällt, leicht erhöht im Vergleich zum manuellen Ansatz. Aber die daraus resultierende Qualitätserhöhung rechtfertigt sicher die geringen Mehrkosten.

Hinsichtlich Wartung besteht für Software, die mit automatischen Produktionsprozessen erstellt wurde, das gleiche Einsparungspotenzial wie für die eigentliche Entwicklung. Bei einem inkrementellen und iterativen Ansatz wird durch kontinuierliche Wartung entwickelt, der Unterschied zwischen Entwicklung und Wartung verschwindet.

5.5 Organisatorische Maßnahmen

Damit eine Reduktion um eine Größenordnung hinsichtlich Kosten und Zeit möglich wird, darf kein manueller Eingriff während der Zwischenphasen erforderlich werden. Als "Zwischenphasen" bezeichnen wir die Phasen Entwurf, Codierung, Test und Integration. Jeder manuelle Eingriff erhöht erheblich Aufwand, Zeit und das Fehlerrisiko. Nur durch (nahezu) vollständige Automatisierung konnten in anderen Bereichen so stark Kosten gesenkt und Qualität erhöht werden.

Wenn nur ein Teil der zu erstellenden Software durch einen automatischen Produktionsprozess abgedeckt werden kann, weil noch nicht für alle Bereiche solche Prozesse zur Verfügung stehen, dann muss dieser Bereich auf jeden Fall vollautomatisiert werden, und der Prozess muss die vollautomatische Integration der restlichen Software abdecken. Die hohe Kosteneinsparung ist dann nur für den automatisierbaren Anteil möglich. Aus dieser Sicht muss ein hoher Automatisierungsgrad das langfristige Ziel sein.

Ein solcher *rigoroser* Ansatz in Richtung Automatisierung ist bei den in der Vergangenheit eingesetzten Methoden und Werkzeugen völlig unbekannt. Sie setzen immer auf Mitwirkung der Ingenieure. Somit sind neue Ansätze notwendig, aber auch integrierende Werkzeuge, die die bisherigen Werkzeuge so miteinander verbinden, dass kein manueller Eingriff mehr notwendig ist. Können bisherige Werkzeuge bestimmte Anforderungen wie beispielsweise Testfallerzeugung oder Performanceanalyse nicht abdecken, dann sind geeignete Werkzeuge hinzuzufügen und zu integrieren.

Die reine Integration von Werkzeugen allein reicht aber noch nicht aus. Um ein fehlerfreies Produkt zu erhalten, muss der Produktionsprozess ständig überwacht werden. Mehr noch, es muss sichergestellt werden, dass durch die menschliche Mitwirkung bei Spezifikation und Abnahme keine Fehler übernommen bzw. übersehen werden.

Wir werden nun auf die wichtigsten Aspekte eingehen.

5.5.1 Das Baukastensystem

Wenn die Generierung eines Systems ohne Einwirkung von außen möglich sein soll, dann muss ein Prinzip für die Konstruktion eines Systems definiert sein. Dazu sind Konstruktionsregeln, Schnittstellen und Grundelemente notwendig, aus denen eine Vielfalt von Systemen zusammengesetzt werden kann. Wir kennen dieses Prinzip schon aus der Welt des Spielzeuges: dem Lego™-Baukastensystem, dem Fischer™- oder Märklin™-Baukasten.

Beim Baukastensystem verwenden wir sowohl die Konstruktionsregeln als auch die Grundelemente wieder, wir erreichen damit eine Wiederverwendbarkeit (Reuse) des Prozesses von 100%. Um negative Effekte bei der Wiederverwendung auszuschließen, wie wir sie in Zusammenhang mit dem Ariane5-Unglück diskutiert haben, muss dabei auch eine entsprechende Prüfung der Voraussetzungen durchgeführt werden, wenn ein System nach Angaben eines Ingenieurs automatisch zusammengesetzt werden soll.

Solche "Bauvorschriften" können nicht universell gelten. Erst durch Beschränkung auf einen gewissen Bereich lassen sich Regeln definieren und das Rationalisierungspotenzial maximieren. So kennen wir Produktionsprozesse für Fahrzeuge, Nahrungsmittel und elektronische Geräte. Produktionsprozesse finden wir aber nicht für die Gesamtheit einer Gruppe, sondern für Untergruppen wie Fernsehgeräte, Videorecorder und CD-Player.

In diesen Bereichen wurde durch Spezialisierung bereits erfolgreich ein großes Rationalisierungspotenzial erschlossen, das es uns heute erlaubt, komplexe Funktionalität zu niedrigem Preis zu erwerben. Ende der 50er Jahre kostete ein Fernsehapparat ca. DM 800, was damals 200 .. 300 Arbeitsstunden eines Facharbeiters entsprach. Heute können wir mehr Funktionalität und Qualität bereits für € 200 kaufen, ein überragendes Produkt für € 500, was ca. 10 .. 25 Arbeitsstunden oder sogar weniger entspricht. Durch bessere und effektivere Produktionsprozesse sind Produktivität und Qualität um über eine Größenordnung angestiegen.

Wenn man einen "Baukasten" definiert, muss eine hinreichend große Anzahl von möglichen Anwendungen abgedeckt werden können, damit der Aufwand für die Bereitstellung des Baukastens sich lohnt. Bei der Produktion von "Hardware" (im weitesten Sinn) werden die Kosten für die Einrichtung des Produktionsprozesses auf die Stückzahlen umgelegt.

Bei Softwareproduktionsprozessen gilt das auch. Nur sind hier die Produkte neue Programme, die sich wesentlich in ihren Eigenschaften unterscheiden können. Übertragen auf die Welt der Hardware würde das bedeuten, dass wir einen Roboter hätten, der die Fertigungsstraßen für die Produktion von PKW, LKW oder Motorrädern aus einem gemeinsamen Schema nur nach wenigen Angaben eines Ingenieurs automatisch aufbauen könnte.

These 19
Trotz Spezialisierung des Produktionsprozesses kann eine unendliche Anzahl von Anwendungen abgedeckt werden.

Wir werden später an konkreten Beispielen sehen, dass dies durchaus möglich ist. Trotz Spezialisierung auf einen Bereich wie "verteilte Echtzeitsysteme" oder "Datenbanken" wird immer noch eine unendliche große Anzahl von Anwendungen abgedeckt. Da Software immateriell ist, kann Software selbst weitere Software in beliebiger Zahl und Variation erzeugen, aufbauen und integrieren. Was für die Welt der Hardware unmöglich erscheint, ist für Software möglich: je nach Bedarf für eine konkrete Anwendung weitere Hilfsmittel zu erstellen.

Das strategische Ziel ist somit klar definiert: mit endlichem, d.h. begrenztem manuellen Aufwand eine große bzw. unendliche Anzahl von Anwendungen abzudecken. Hierbei lassen sich zwei prinzipielle Fälle unterscheiden: (1) die Anforderungen müssen vollständig neu formuliert werden, (2) die Anforderungen sind bereits generisch bekannt, und die konkreten Anforderungen lassen sich aus bereits vorhandener Information ableiten.

Wenn ein vollkommen neues System erzeugt werden soll, dann müssen die Anforderungen einzeln neu definiert werden. Diesen Vorgang kann man in zwei Teile zerlegen: (a) die Definition der Zielvorgabe "baue System XYZ" und (b) die dann folgende inhaltlichen Gestaltung der Anforderungen. Für (a) wird praktisch kein Aufwand benötigt, man drückt nur die globale Forderung aus. Dagegen fällt für (b) Aufwand an, auch wenn die Anforderungen selbst automatisch, d.h. ohne Personal umgesetzt werden können. Dieser Aufwand ist aber wesentlich geringer als bei manueller Umsetzung. Begrenzt wird der manuelle Aufwand in Bezug auf den Gesamtaufwand, die Begrenzung ist in diesem Fall relativ. Jedes neue System wird mit sehr geringem Aufwand definiert.

Für Fall (2) entfällt dagegen der Anteil (b), weil die inhaltlichen Anforderungen bereits bekannt sind, und nur noch die Entscheidung (a) getroffen werden muss, beispielsweise bei der Erweiterung eines Programmes. Betrachten wir den Fall, dass ein Programm zusätzlich zu der vorhandenen Funktionalität Daten von "Repräsentation 1" in "Repräsentation 2" konvertieren soll. Der Aktivität (a) entspricht die Entscheidung "konvertiere die Daten uvw", aber (b) (die inhaltliche Gestaltung) braucht nicht mehr ausgeführt zu werden, denn wenn die Entscheidung getroffen ist, können die weiteren Aktivitäten automatisch ausgeführt werden.

Warum fällt nun kein Aufwand mehr an? Mit der Angabe der Quelldaten "uvw" sowie der Ausgangs- und Zielrepräsentation, die bereits vorhanden sein müssen, ist die Aufgabe vollständig formuliert. Man muss nur noch die Entscheidung treffen und die Daten- oder Informationsmenge definieren, alles andere läuft automatisch ab. Das Beispiel zur Erzeugung von Funktionen zu beliebigen Datentypen in Kapitel 7 beschreibt konkret einen solchen Anwendungsfall. Dort liegt die Information für Teil (b) in Form der Datenstrukturen schon vor. Die Datenstrukturen sind Teil des bereits existierenden Systems und können von einem automatischen Softwareproduktionsprozess als Anforderungsdefinition verwendet werden.

These 64
Mit endlichem Aufwand können unendlich viele Anwendungsfälle abgedeckt werden.

Da die gesamte Information für alle folgenden Aktivitäten bereits vorhanden ist und automatisch verarbeitet werden kann, ergibt sich ein sehr hohes Einsparungspotenzial. Der einmalige (endliche) Aufwand für die Erstellung des Baukastens reicht aus, um eine unendliche Menge von Anwendungen abdecken zu können, für die unendlich viel Aufwand notwendig wäre.

Ziel jeder Rationalisierungsmaßnahme muss daher der Aufbau eines Produktionsprozesses sein, der neben dem "Baukastensystem" gezielt solche Konzepte benutzt, die minimalen manuellen Aufwand erfordern, insbesondere die Abdeckung einer unendlichen Menge mit endlichem Aufwand.

5.5.2 Spezifikation

Bis zum Anfang der 90er Jahre war es üblich, die Phasen wie Spezifikation und Entwurf strikt zu trennen. Die Ergebnisse der Spezifikation – in Papierform – wurden interpretiert und in einen Entwurf umgesetzt. Dann wurde der Entwurf codiert. Daher unterstützten die Werkzeuge keinen Übergang zwischen den Phasen und unterstützen ihn auch bis heute nicht. Der Einsatz dieser Werkzeuge erfordert wegen der Trennung der Phasen mit manuellem Übergang daher sehr viel Aufwand. Durch die fehlende automatische Transformation von einer Phase in die nächste war und ist daher die erzielbare Einsparung sehr gering.

Wie kann nun die Spezifikation eines Systems optimal an einen Produktionsprozess angebunden werden? Dazu untersuchen wir zunächst den bisherigen Ansatz und beschreiben dann die Optimierung.

5.5.2.1 Schwerpunkt Spezifikation

Die Spezifikation bildet die Basis für die Erstellung eines Softwaresystems. Eine Leistung, die nicht spezifiziert ist, muss nicht erbracht werden. Eine Eigenschaft, die nicht definiert ist, muss nicht unterstützt werden. Eine Leistung, die angefordert wurde, aber dann nicht gebraucht wird, muss bezahlt werden.

Um ein System trotz fehlerhafter Anforderungen in den gewünschten Endzustand zu bringen, sind teure Änderungen der Spezifikation notwendig.

Eine Spezifikation kann korrekt und vollständig sein, aber trotzdem spezifiziert sie nicht das, was man eigentlich will. Oder sie ist fehlerhaft und unvollständig. Ob der Inhalt dann tatsächlich das spezifiziert, was man will, ist schwer zu entscheiden. Eine Spezifikation kann alle vorgesehenen Prüfungen überstehen, aber trotzdem nicht zum gewünschten Ergebnis führen. Menschliches Unvermögen, aus abstrakten Vorgaben nicht das Ergebnis korrekt ableiten zu können, und hohe Komplexität verhindern, frühzeitig und nur aus der Dokumentation Unterschiede zwischen Wunsch und Wirklichkeit zu erkennen.

Eine unzureichende Spezifikation impliziert ein Risiko, möglicherweise ein sehr hohes. Um dieses Risiko zu reduzieren, wird zunehmend größere Sorgfalt bei der Erstellung der Spezifikation gefordert. Umfangreiche Literatur zu diesem Thema ist vorhanden, die – je nach Erfahrung des jeweiligen Autors – den Anforderer anleitet, was zu beachten ist. Dies führt zur Ausdehnung der Spezifikationsphase, und verzögert – aus unserer Sicht – die Erstellung des ausführbaren Systems, das allein Antwort auf die Frage geben kann, ob das System die Erwartungen erfüllt.

These 96
Fehlende Information über die Korrektheit einer Spezifikation erhöht das Risiko.

Auch die Analyse von Szenarien – wie z.B. durch "use cases" in UML™ - senkt das Risiko nicht notwendigerweise. Um bei manueller Vorgehensweise realisierbar zu sein, darf für solche Aktivitäten nicht viel Aufwand anfallen, so dass Vereinfachungen notwendig werden. Denn würde man nicht vereinfachen, würde man wie gewohnt implementieren, und – wie sonst auch - erst spät und unter hohem Aufwand das Ergebnis erhalten. Schnell heißt meistens "vereinfachen".

Durch die notwendigen Vereinfachungen bleiben aber möglicherweise Risiken verborgen, während man sich selbst in Sicherheit wähnt. Experten wissen aus Erfahrung, dass ein großer Unterschied bestehen kann zwischen einem Gefühl, die Aufgabe korrekt formuliert zu haben, und der Gewissheit, dies auch getan zu haben.

Mehr Sorgfalt bei der Erstellung der Spezifikation anzuwenden ist gut, aber dieses Vorgehen muss auch die Wahrscheinlichkeit für den Erfolg erhöhen.

5.5.2.2 Phasenweise Umsetzung der Spezifikation

Durch die Einführung der getrennten Phasen "Spezifikation" und "Entwurf" soll vermieden werden, dass durch zu weitgehende Anforderungen eine Systemoptimierung ausgeschlossen wird. Durch die Spezifikation wird definiert, "was" gefordert wird, durch den Entwurf, "wie" es umgesetzt wird. Unter verschiedenen Realisierungsmöglichkeiten soll die beste erst während des Entwurfs ausgewählt werden können.

Über "was" und "wie" wird häufig diskutiert. Akzeptiert ist, das zu jedem "was" auch ein "wie" gehört. Strittig ist aber, dass jedes "wie" (Element des Entwurfs) auf ein "was" (Element der Spezifikation) zurückgeführt werden kann, bzw. Attribute des Entwurfs sich auf ein konkretes Objekt der Spezifikation beziehen können.

Offensichtlich ist, dass jedes Objekt der Spezifikation in mehrere Entwurfselemente zerfallen kann. Aber es ist wichtig, dass jedes dieser Elemente eine Wurzel in der Spezifikation besitzt. Insofern existiert eine 1:n-Relation zwischen Spezifikation und Entwurf, die benötigt wird, wenn man inkrementell von der Spezifikation zum Entwurf übergehen will: jedes Element des Entwurfs muss eine Wurzel in der Spezifikation haben. Sonst würde der Entwurf etwas enthalten, was nicht gefordert ist.

Bei der Verifikation Spezifikation vs. Entwurf verfährt man entgegengesetzt. die "Traceability Matrix" (Abbildungsmatrix) zwischen Spezifikation und Entwurf gibt nur an, dass eine Anforderung auch im Entwurf repräsentiert ist. für jedes Element der Spezifikation lässt sich mindestens ein Entwurfselement finden.

Verwirrung entsteht dann, wenn man bei der Spezifikation Elemente dem Entwurf zuordnet, und sie daher aus der Spezifikation ausschließt, obwohl sie prinzipiell zur Spezifikation gehören, und vielleicht nur wegen zu geringer Abstraktion als Entwurfselemente angesehen werden, obwohl ein höherer Abstraktionsgrad möglich wäre.

So ist es beispielsweise üblich, alles, was Performance oder Übertragungskanäle betrifft, dem Entwurf zuzuordnen. Die Ursache liegt darin, dass man mit diesen Begriffen bereits konkrete Entwurfselemente verbindet wie einen bestimmten Daten-Bus (geringer Abstraktionsgrad, besser wäre "Übertragungskanal"). Das ist aber nicht zwingend. Man kann Eigenschaften von Übertragungsmedien auch allgemein als "was" formulieren, beispielsweise durch eine Übertragungsrate, und sie in die Spezifikation aufnehmen.

Ähnliches gilt für Zahlenangaben, die der Performance zuzuordnen sind. Die Angabe einer maximalen Antwortzeit ist eine Anforderung, keine Entwurfsentscheidung, und sie gehört daher in die Spezifikation.

Inzwischen haben wir auch schon "kombinierte" Spezifikations- und Entwurfsdokumente gesehen, die sowohl die später zu verifizierenden Anforderungen als auch den Entwurf enthalten, um eine vollständige Beschreibung des Systems durch ein einziges Dokument zu ermöglichen. In Kap. 7 zeigen wir, wie man von einer allgemeinen Spezifikation durch inkrementelle Verfeinerung zu einer speziellen Spezifikation für ein bestimmtes System kommen kann.

Besteht keine Möglichkeit für automatische Übergänge zwischen den Phasen, beispielsweise wenn keine 1:n-Relationen zwischen Spezifikations- und Entwurfselementen existieren, dann fällt manueller Aufwand an, um die Ergebnisse einer folgenden Phase auf Konsistenz mit den Ergebnissen der vorhergehenden Phase zu untersuchen. Heute werden spezielle Werkzeuge zum "Requirements Tracking" eingesetzt, um zu prüfen, ob der Entwurf der Spezifikation entspricht. Die Aufgabe dieser Werkzeuge ist, die Anforderungen zu verwalten und zu dokumentieren, und sie den Elementen des Entwurfes zuzuordnen. Die Referenz zwischen Entwurfselementen und Spezifikation muss aber manuell hergestellt werden, ein Verfahren, das Fehler oder sogar Missbrauch nicht ausschließt.

Ähnliches gilt für die folgenden Phasen "Codierung" und "Test". In jeder Phase wird auf die Anforderungen verwiesen, und schließlich wird geprüft, ob jede Phase alle Anforderungen korrekt abdeckt. Dies erfordert sehr viel Aufwand, garantiert jedoch nicht Fehlerfreiheit. Durch den anfallenden Zusatzaufwand wird die "Stunde der Wahrheit" – die Antwort des ausführbaren Systems – hinausgeschoben.

5.5.2.3 Automatische Umsetzung der Spezifikation

Wird die Spezifikation automatisch umgesetzt und die folgenden Phasen bis zur Abnahme automatisch durchlaufen, dann entfallen die Konsistenzprüfungen. Die automatischen Transformationen (sofern sie korrekt sind, was natürlich nachgewiesen werden muss) sichern die Übereinstimmung mit der Spezifikation inhärent, denn die vordefinierten Regeln werden exakt eingehalten.

These 84
Durch automatische Übergänge entfallen sonst notwendige manuelle Prüfungen auf Konsistenz der Ergebnisse.

Der Anforderer muss jetzt (nur) noch prüfen, ob seine Anforderungen seinen Erwartungen entsprechen. Schließlich kann er etwas spezifiziert haben, was er so nicht wollte. Durch die automatische Umsetzung kann er aber schnell mögliche Diskrepanzen feststellen und korrigieren.

5.5.2.4 Ausführbare Spezifikationen

Die Umsetzung einer Spezifikation in ein ausführbares System kann entfallen, wenn die Spezifikation selbst schon ausführbar ist. Insofern bieten "ausführbare Spezifikationen" ("executable specifications") einen idealen Ansatz, ein System zu spezifizieren. Da es über "ausführbare Spezifikationen" viel Literatur (auch im Internet) gibt, verzichten wir hier darauf, bestimmte Artikel herauszugreifen.

Meistens werden "ausführbare Spezifikationen" im Sinne von "Rapid Prototyping" bzw. Simulation und Animation verwendet, um ein System grob zu modellieren und zu verstehen. Eine automatische Transformation der Information in die folgenden Phasen ist in diesem Fall nicht vorgesehen.

Bei formalen Methoden wie B, Z oder Lotos wird eine mathematische Notation verwendet, um ein Problem zu formulieren und dann in Code umzusetzen. Die Notationen erfordern jedoch Spezialkenntnisse, ihre Anwendung ist auf algorithmische Probleme beschränkt. Semiformale Methoden wie SDL, mit der ereignisgesteuerte Systeme spezifiziert werden können, decken nicht alle Aspekte ab, beispielsweise Performanceanforderungen.

Werkzeuge für "ausführbare Spezifikationen" unterstützten bisher nicht "vollständige Spezifikationen", also die gleichzeitige Spezifikation von Funktionalität, Verhalten und Performance, und damit auch nicht eine automatischen Transformation einer vollständigen Spezifikation in auf dem Zielsystem ausführbare Software. Bisherige Werkzeuge müssen daher entweder ergänzt oder ersetzt werden.

Repräsentiert aber eine "ausführbare Spezifikation" die vollständige Spezifikation, und ist sie verständlich und vom Anforderer einsetzbar, ohne Spezialkenntnisse erlernen zu müssen, dann kann damit eine effiziente Umsetzung der Anforderungen erreicht werden. Zu jedem Zeitpunkt kann ein ausführbares System erzeugt und getestet werden, seine Eigenschaften können in der Realität beobachtet werden.

Ein Anforderer kann sofort erste Ideen umsetzen und erfahren, wie sie sich in der Praxis bewähren. Schrittweise kann er die Anforderungen ausbauen und immer prüfen, ob er auf dem richtigen Weg ist. Er ist nicht gezwungen, einen langen Weg zu gehen, ohne zu wissen wo er endet. Irrwege werden frühzeitig erkannt. Eine inkrementelle und iterative Entwicklung ist ohne hohen Aufwand möglich. Durch das schrittweise Vorgehen bleibt die Komplexität an der Schnittstelle zum Anwender überschaubar.

Um dieses Konzept erfolgreich in der Praxis einsetzen zu können, muss eine ausführbare Spezifikation auf den jeweiligen Anwendungsbereich abgestimmt werden. Unser Automatisierungsansatz beruht auf ausführbaren Spezifikationen.

5.5.3 Test, Verifikation und Validierung

Für den Nachweis, dass das Endprodukt den Anforderungen *und* Erwartungen entspricht, wird Information benötigt. Diese Information muss ebenfalls – neben der Generierung des eigentlichen Produktes – erzeugt werden. Dazu muss der Prozess das entstehende Produkt so instrumentieren, dass es bei seiner Ausführung diese Information liefern kann.

Ein Produktionsprozess setzt die Anforderungen bzw. die (ausführbare) Spezifikation nach festen Regeln um. Die Korrektheit des Produktionsprozesses kann zur Zeit formal nicht zu 100% bewiesen werden. Wir werden später hierauf näher eingehen. Daher verbleibt ein kleines Restrisiko und die korrekte Umsetzung muss im Einzelfall durch Tests nachgewiesen werden. Durch kontinuierliche Wartung des Produktionsprozesses kann aber eine sehr hohe Zuverlässigkeit erreicht und das Restrisiko kontinuierlich verringert werden.

Bei manueller Umsetzung wäre das Fehlerrisiko dagegen immer gleich und wesentlich höher.

Der Produktionsprozess muss daher zum Nachweis der korrekten Umsetzung der Anforderungen (a) ständig Prüfungen während der Produktion vornehmen (Plausibilitätsprüfungen), und (b) temporär das Produkt befähigen, die dafür notwendige Information zu liefern.

Da meistens sehr viel Information anfällt, muss sie dem Anwender komprimiert präsentiert werden, damit er sich auf die wichtigen Punkte konzentrieren kann, und nur bei Bedarf Details untersuchen muss. Meldungen sind beispielsweise nur dann erforderlich, wenn Fehler erkannt wurden. Dagegen muss die Information dem Anwender vollständig zugänglich sein, die er zur Validierung benötigt, d.h. durch die er erkennen kann, ob das entstandene Produkt tatsächlich seine Erwartungen – und nicht nur seinen Anforderungen – entspricht. Wichtig ist, dass er sofort erkennen kann, ob die Eigenschaften des Produktes akzeptabel sind. Dazu müssen die Daten automatisch in eine Form transformiert werden, die ihm direkt eine Beurteilung erlaubt. Wenn er selbst die Daten umsetzen muss, kostet das Zeit und birgt die Gefahr, dass Abweichungen übersehen werden.

5.5.4 Die Abnahme

Die Abnahme ist die zweite kreative Tätigkeit – am Ende der Entwicklungskette, die nicht durch Rationalisierung entfallen kann. Durch die Abnahme bestätigt der Anforderer (Kunde, Auftraggeber), dass das Produkt seinen Anforderungen entspricht. Da während der Abnahme bisher nur die wesentlichsten Funktionen überprüft werden können, folgt üblicherweise eine Garantie- oder Gewährleistungsfrist, während der später erkannte Mängel vom Entwickler beseitigt werden müssen. Besonders bei Software können bisher kaum alle möglichen Kombinationen der Ein- und Ausgabe und der Verarbeitung überprüft werden, dies gilt vor allem für Fehlerfälle wie fehlerhafte Eingaben oder andere unerwartete Ereignisse.

Wie kann nun ein Anwender von Software von der Korrektheit und Qualität eines (Software-)Systems überzeugt werden? Wenn Gelegenheit zur Nachbesserung oder zur Rückgabe besteht, gibt dieses Recht zwar dem Benutzer eine gewisse Sicherheit, aber trotzdem kann durch Mängel eine erhebliche Betriebsbeeinträchtigung entstehen.

Üblicherweise wird das System währen der Abnahme durch Eingaben oder Ereignisse stimuliert, seine Reaktion beobachtet, beurteilt und in einem Prüfbericht dokumentiert. Diese Schritte werden von Menschen ausgeführt und erfordern daher Aufwand und Zeit. Eine Zeit von ca. 10 Minuten pro Testfall für Vorbereitung, Ausführung, Auswertung und Dokumentation dürfte mindestens erforderlich sein. Meistens sind jedoch intensive Vorbereitungen notwendig, um die Randbedingungen für die Tests herzustellen, so dass unter realistischen Bedingungen wesentlich mehr Zeit benötigt werden dürfte.

Schon bei 100 Testfällen, einer äußerst geringen Zahl, würden ca. 2 Tage benötigt, eher vielleicht eine Woche. Daher stellt ein Probebetrieb eine realistische Alternative dar, da der Aufwand zur Erzeugung, Ausführung und Dokumentation von vielen Testfällen für die Abnahme dann quasi entfällt. Unbefriedigend ist aber in diesem Fall, dass von dem Verhalten während der Probephase nicht unbedingt auf das Verhalten allgemein geschlossen werden kann. Die Vorgehensweise ist nicht systematisch, welche Testfälle während des Testbetriebes wirklich ausgeführt werden, bleibt unbekannt. Der Ansatz weist Ähnlichkeiten mit dem "operational profile testing" auf.

Die kreative Tätigkeit bei der Abnahme besteht aus der Prüfung, ob die Anforderungen tatsächlich erfüllt werden, d.h. der Identifikation des Testfalls und der Beurteilung des Testergebnisses. Kann man hier noch etwas optimieren? Man kann!

Wenn Tests automatisiert werden können, kann auch die Abnahme entsprechend unterstützt werden. Die Entwicklungstests entsprechen den Abnahmetests. In der Zielsetzung unterscheiden sie sich jedoch: die Entwicklungstests sollen Fehler aufdecken, die Abnahmetests von der Fehlerfreiheit überzeugen. Trotzdem kann man auf dieselbe Menge von Testfällen zurückgreifen. Wird der Produktionsprozess entsprechend ausgelegt, kann ein Bericht aus der verfügbaren Information generiert werden.

Ziel muss es sein, die Information auf das Wesentliche zu beschränken, d.h. viele Teile von Information zu verständlicher Gesamtinformation zu verdichten. Wenn Teilinformation nicht auf Fehler hinweist, braucht sie nicht gelesen zu werden. Somit besteht die Möglichkeit, große Mengen von Tests durchzuführen und – vom Produktionsprozess unterstützt – auszuwerten, ohne viel Zeit dafür aufwenden zu müssen.

Um diese Vorteile ausnützen zu können, wird eine entsprechende Organisation benötigt:

- aus den Anforderungen müssen Tests abgeleitet werden,
- ihre Ausführung muss überwacht werden, und
- die Ergebnisse müssen dokumentiert werden.

Um Ergebnisse automatisch auswerten zu können, muss die Frage "entspricht das Testergebnis den Erwartungen?" auf eine "ja/nein"-Aussage "normalisiert" werden können, die eindeutig von Software selbst beantwortet werden kann. Dazu ist eine geeignete Formulierung der Anforderungen notwendig. Hierzu einige einfache Beispiele, die die Bedeutung der Organisation erläutern sollen:

Die Beantwortung der Frage "liegt die CPU-Last unter 70%?" erfordert, dass der Entwickler die Anforderung selbst formulieren muss. Wird dieser Zwang nicht ausgeübt, kann auch die Antwort nicht automatisch gegeben werden.

"Sind unerwartete Ereignisse aufgetreten?" kann nur beantwortet werden, wenn solche Ereignisse von dem generierten Code erkannt und registriert werden.

Dagegen ist die Frage "ist die Funktionalität xyz vorhanden?" nicht sinnvoll, wenn ein Produktionsprozess eingesetzt wird. Entweder sie wird angefordert, dann ist sie auch vorhanden, oder nicht, dann wird sie auch nicht generiert. Wesentlich ist, dass die für die Spezifikation verwendete Notation eine geeignete Formulierung der gewünschten Funktionalität zulässt.

Die beschriebene Komprimierung der Abnahme bei Einsatz eines automatischen Produktionsprozesses mag utopisch klingen, ist aber durch konsequenten Einsatz von Berichtsgeneratoren erreichbar. Natürlich kann man zur Zeit noch nicht alle Anforderungen auf diese Weise bestätigen lassen, aber der Weg ist durch die bereits erzielten Ergebnisse vorgezeichnet.

Wesentlich ist aber auch, dass der Auftraggeber die automatisch erstellten Berichte akzeptiert, was zum jetzigen Zeitpunkt – geringe Kenntnis über und Erfahrung mit solchen Möglichkeiten – nicht selbstverständlich ist. Ein gewisser Druck zur Vereinfachung wird aber immer vorhanden sein, weil Kosten und Termine optimiert werden müssen, und so besteht eine realistische Chance, dass der Kunde das Verfahren akzeptieren wird.

5.5.5 Wartung und Legacy Systeme

Ein automatischer Produktionsprozess ermöglicht inkrementelle und iterative Entwicklung. Die aktuelle Version wird ständig erweitert und verbessert, der Unterschied zwischen Entwicklung und Wartung verschwindet.

Software, die nicht durch einen Produktionsprozess hergestellt wurde, kann aber auch durch automatische Prozesse gewartet werden. Die Information, die einem Produktionsprozess aus der Spezifikation zur Verfügung steht, muss dann aus der vorhandenen Software extrahiert werden, sie selbst ist die Spezifikation bzw. ersetzt sie.

Die Extraktion der benötigten Information kann und sollte automatisiert werden, um Kosten zu sparen. So können Testfälle für Funktionen aus den Funktionsdefinitionen abgeleitet werden, die Systemstruktur aus der Analyse der Abhängigkeiten, beispielsweise von Funktionen oder Daten. Ein solcher Extraktionsprozess ist wieder verwendbar bezüglich einer bestimmten Klasse von Anwendungen wie Echtzeitsysteme oder Datenbankanwendungen.

Statt Anforderungen auszuwerten und umzusetzen, analysiert ein automatischer Wartungsprozess das vorhandene System, und setzt die gewonnene Information über vorgegebene Regeln in Änderungen um oder generiert automatisch ein neues System für eine neue Plattform. Der Produktionsprozess wird zum Wartungsprozess, die Konstruktionsregeln zu Wartungsregeln bzw. Portierungsregeln.

Wie für den Produktionsprozess gilt auch für den Wartungsprozess: die Anzahl der möglichen Anwendungsfälle sollte möglichst groß sein. Meistens können Teile des Produktionsprozesses in einen Wartungsprozess für manuell erstellte Software übernommen werden. Ein einfacher Ansatz ist, den Produktionsprozess zu übernehmen, und die Anforderungen aus der vorhandenen Software zu generieren.

Was wie Utopie klingt, ist trotzdem möglich: alte Systeme wie die erwähnten Prozessrechner vom Typ PDP/11 können auf neue Plattformen wie beispielsweise einen PC automatisch portiert werden. Auch die Änderungen für das Y2K-Problem hätten auf diese Weise ausgeführt werden können, wenn damals die Technologie schon verfügbar gewesen wäre. Um solche Aufgaben ausführen zu können, ist natürlich Erfahrung notwendig.

5.5.6 Vertragliche Aspekte und Projektorganisation

These 36 Abstrakte Schnittstellen helfen bei der Entwicklung.

Die Zusammenarbeit in einem Projekt erfordert Aufgabenteilung, wie eine klare Beschreibung der Aufgaben und Schnittstellen, beispielsweise durch eine Spezifikation. Müssen Schnittstellen geändert werden, führt das zu Mehrkosten und Terminverzug.

Zur Reduzierung des Kostenrisikos könnten Auftraggeber und -nehmer versuchen, eine Spezifikation bewusst unklar zu halten, um entweder als Auftraggeber mehr Leistung verlangen oder als Auftraggeber Leistung verweigern zu können. Dies führt aber meistens nicht zum Erfolg, wie Demarco und Lister (1998) dargelegt haben.

Eine klare Spezifikation ist daher für gute Zusammenarbeit und einen erfolgreichen Projektabschluss notwendig.

Bei größeren Projekten muss eine Spezifikation aufgeteilt und an die (Unter-)Auftragnehmer verteilt werden. Die Teilspezifikationen werden weiter verfeinert und eventuell wieder aufgeteilt. Die Ergebnisse, die ein Unterauftragnehmer zurückliefert, müssen auf jeder (höheren) Auftragnehmerebene schrittweise integriert werden. Dies führt zu hohem organisatorischem Aufwand.

Eine ausführbare Spezifikation – nach unserer Definition – vermindert den organisatorischen Aufwand für die Verteilung innerhalb einer solchen Hierarchie.

Eine ausführbare Spezifikation kann an jeden Beteiligten verteilt werden. Sie ist vollständig, korrekt und durch Ausführung überprüfbar. Somit kann keine Erhöhung des Aufwandes wegen Verteilung von fehlerhafter Software entstehen.

Bereits auf der obersten Ebene der Projekthierarchie definiert eine ausführbare Spezifikation das Gesamtsystem. Jeder erweitert (verfeinert) das System – repräsentiert durch die ausführbare Spezifikation – gemäß seiner Aufgabe und gibt sein Ergebnis integriert in das Gesamtsystem zurück. Integration ist somit von Anfang an möglich, auch Integration von externer Software oder Hardware. Während bei manueller Vorgehensweise, beispielsweise nach dem V-Model, die Integration erst in der zweiten Hälfte des Projektes durchgeführt werden kann, wodurch Risiken relativ spät erkannt werden, ist dies bei ausführbaren Spezifikationen sehr früh möglich.

Die Aufteilung eines Projektes wird bei Einsatz von Automation vorwiegend durch die Unterteilung des Gesamtproduktionsprozesses in Unterprozesse bestimmt werden. Die Unterauftragnehmer sind dann Spezialisten für bestimmte Produktionsprozesse und/oder entwickeln auch eventuell noch manuell spezielle Software. Durch den Einsatz von Produktionsprozessen nimmt aber die Wahrscheinlichkeit zu, dass ein einzelner Entwickler oder ein kleines Team große Aufgaben bewältigen kann. Somit kann Aufwand für Projektmanagement eingespart werden.

Sobald ein Resultat von einem Beteiligten zurückgeliefert und auf der nächst höheren Ebene integriert (und getestet) worden ist, kann es an alle anderen Beteiligten auf den höheren und niedrigeren Ebenen verteilt werden. Damit hat jeder immer Zugriff auf die aktuelle Version, immer existiert eine integrierte Gesamtversion, die jeder bei Bedarf übernehmen kann.

Üblicherweise entsteht bei großen Projekten hoher Aufwand für die Kommunikation der Mitglieder untereinander. Für die Koordination innerhalb eines Teams wächst der Aufwand quadratisch mit der Anzahl der Mitglieder, für die zwischen Teams quadratisch mit der

Anzahl der Teams und zusätzlich mit der Anzahl der Kontakte zwischen den Teams. Das Ziel ist also, ein Team und die Anzahl der Teams so klein wie möglich zu halten. Bestimmte Projekte sind aber nur mit einer größeren Zahl von Mitarbeitern und Teams in angemessener Zeit zu erledigen.

Brooks (s. Brooks) beschreibt ein Konzept von Mills (s. Mills), nach dem auch größere Teams mit reduziertem Koordinationsaufwand organisiert werden können. Der Vorschlag besteht darin, kleine Teams aus ca. 10 Mitarbeitern zu formen, nach dem Prinzip eines Operationsteams in einer Klinik. Geführt von einer Person – dem "Chirurgen" – arbeitet der Rest des Teams diesem Chirurgen in verschiedenen Funktionen zu. So hat jedes Team etwa einen "Herausgeber", der grobe Vorgaben für die Dokumentation vom Chirurgen erhält und diese ausarbeitet. Ein Administrator ist dafür zuständig, die Werkzeuge der Arbeitsumgebung an die Anforderungen des Chirurgen anzupassen. Ein "Sprachen-Anwalt" arbeitet Methoden aus, wie bestimmte Konzepte elegant mit den Mitteln der Programmiersprache umgesetzt werden können. Die eigentliche Codierung übernehmen Chirurg und sein "Copilot", wobei zwar beide den Code genau kennen sollen und auch implementieren, aber nur der Chirurg Verantwortung für dessen Inhalt übernimmt.

So kann etwa ein Team von 200 Leuten in 20 kleinere Teams á 10 Leuten unterteilt werden und der Kommunikationsaufwand reduziert sich etwa um Faktor 100, da nur die Chirurgen miteinander kommunizieren müssen.

Ein solches Konzept kann natürlich nur funktionieren, wenn ein Projekt auch 20 klar voneinander abgegrenzte Module hervorbringt, an denen jeweils größtenteils unabhängig gearbeitet werden kann. Globale Entscheidungen beeinflussen aber bei der klassischen manuellen Vorgehensweise nach wie vor die Arbeit aller Teams.

Mit Hilfe der beschriebenen automatischen Softwareproduktionsprozesse werden durch die spezifische Organisation die Module klar voneinander entkoppelt und die Kommunikation innerhalb eines Teams, einem Prozess, automatisiert, so dass globale Entscheidungen nur auf oberster Ebene getroffen und festgelegt werden müssen, und Produktionswerkzeuge automatisch die Integration dieser Entscheidungen mit den von den Unterauftragnehmern oder Teams abgelieferten Ergebnissen übernehmen.

Weiterhin ist durch die Orthogonalisierung der Konfigurationsparameter bei automatischen Produktionsprozessen eine viel klarere Unterteilung in Module möglich als bisher. Bei Echtzeitsystemen etwa ist es meistens äußerst schwierig, eine größere Anzahl von tatsächlich unabhängigen Modulen zu identifizieren, da etwa Performancegrenzen für einen Prozess von dem Verbrauch anderer

Prozesse abhängen. Mit automatischen Produktionsprozessen werden solche Probleme "entschärft", da die Teams die Ergebnisse der Anderen sofort erfahren und mit wenig Aufwand über die Konfigurationsparameter integrieren und testen können.

Abgesehen davon sind keine 10 Mitarbeiter pro Team mehr notwendig, da auch eine einzelne Person mit Hilfe der automatischen Produktionsprozesse alle notwendigen Aufgaben alleine erledigen kann.

Aus vertraglicher Sicht übergibt ein Auftraggeber seinem Auftragnehmer eine ausführbare Spezifikation des Gesamtsystems. Damit ist für den Auftragnehmer der Rahmen vorgegeben, in dem er sich bewegen kann und soll.

Durch die automatisch erzeugte Testumgebung kann sofort und jederzeit überprüft werden, ob die Anforderungen aus Sicht des Gesamtsystems erfüllt werden. Denn auch in einer frühen Phase sind die Bedingungen, die normalerweise erst später auftreten können, realisierbar. Beispielsweise kann die Systemlast, die erst bei Integration aller vollständig entwickelten Komponenten auftreten würde, durch gezielten Verbrauch von Ressourcen innerhalb unvollständig vorliegender Komponenten realitätsnah repräsentiert werden. Somit kann in jedem Stadium immer das voll repräsentierte System getestet werden.

Eine ausführbare Spezifikation bietet somit große Vorteile: klare Vorgaben, sofortige Überprüfbarkeit der Ergebnisse, sofortige Integrationsmöglichkeit, Risikoreduktion, die Reibungsverluste innerhalb des Projektes sinken.

5.5.7 Hindernisse wegräumen

In der Vergangenheit sind Abläufe entstanden, die auf die manuelle Abwicklung zugeschnitten sind oder mit ihr unmittelbar zusammenhängen. Als Beispiele seien hier UML™, SA/SD, SA/RT genannt, die ursprünglich alle das Ziel einer verständlichen und einheitlichen grafischen Notation verfolgten, und erst in jüngster Zeit teilweise um die Möglichkeit der Codegenerierung ergänzt wurden. Diese Notationen sind daher auf manuelle Vorgehensweise abgestimmt und nicht auf Automation. Viele der bei diesen Methoden eingesetzten Abläufe sind für die Automation eher hinderlich. Wir können hier nicht auf alle Hindernisse eingehen, sondern nur einige Beispiele bringen.

5.5.7.1 Vorschriften

Ein wesentlicher Punkt bei der Entwicklung von Software ist die Bewältigung der Komplexität. Daher gibt es viele Vorschriften, die den Umgang mit großer Komplexität erleichtern sollen. Ein Produktionsprozess kann durch seine Skalierbarkeit hohe Komplexität meistern bei niedriger Komplexität an der Mensch-Maschine-Schnittstelle. Was manuell sehr aufwändig ist und gut organisiert werden muss, ist nicht mehr notwendig.

Als Beispiel seien hier genannt: die ausführliche Dokumentation, Begutachtung der Dokumentation, der Abgleich der Anforderungen mit Entwurf, Code und Testergebnissen, die Konfigurationskontrolle der zugehörigen Dokumente, Konsistenzprüfungen der Schnittstellen.

Um die Einhaltung von Vorschriften zu gewährleisten, wurden und werden sie als verbindlich erklärt. Kunden fordern von Auftragnehmern kompromisslos die Konformität zu "etablierten" Standards – selbst dann, wenn die Vorteile des Standards fraglich sind. Leider wird oft vergessen, dass erst einmal die Nützlichkeit eines Standards erwiesen sein sollte, bevor man ihn als etabliert ansieht. An dieser Überprüfung haben aber die, die mit den Standards ihr Geschäft machen, meist kein Interesse.

Die Abschaffung solcher Standards ist daher nicht einfach, selbst wenn sie nicht mehr benötigt werden. Die Einführung eines neuen Ansatzes erfordert in solchen Fällen nicht nur organisatorische Maßnahmen zur Umstellung auf Automation, sondern auch Argumente zur Abschaffung überholter Vorschriften. Im schlimmsten Fall verhindern solche Vorschriften sogar eine Umstellung oder sie müssen parallel zum automatischen Produktionsprozess immer noch angewendet werden.

Wenn eine kurzfristige Beseitigung solcher Hemmnisse nicht möglich ist, dann kann ein Übergangsverfahren weiterhelfen: der Produktionsprozess erzeugt die geforderte, aber eigentlich nicht benötigte Information wie Dokumentation für die Zuordnung von Anforderungen zum Code, so dass formal die Vorschriften erfüllt werden können.

5.5.7.2 Standardisierung vs. Fortschritt

Standards erleichtern die Arbeit, indem sie Regeln vorgeben, die auf Erfahrung beruhen. Diese Erfahrung kann jeder sofort nutzen. Standards bringen aber meistens keine Innovation, weil nur das in Standards umgesetzt werden kann, was sich bewährt hat. Zwischen dem ersten Einsatz einer neuen Technologie und daran angepassten Standards liegt üblicherweise ein größerer Zeitraum.

Kunden fordern häufig die Einhaltung von Standards, um Qualität zu bekommen. Für sie besteht ein direkter Zusammenhang zwischen Einhaltung von Standards und Qualität, obwohl er nicht zwingend ist. Zwar werden Abnahmetests durchgeführt, aber da bekannt ist, dass die Testabdeckung bei weitem nicht vollständig sein kann, stellt die Einhaltung der Standards für sie die einzige Möglichkeit dar, sich auf das Produkt verlassen zu können. Die Einhaltung der Standards sichert eine fachmännische Vorgehensweise.

Standards können sehr allgemein gehalten sein, um dem Anwender größere Flexibilität zu geben. Das verführt aber zur Umgehung der Standards. Um das zu vermeiden, müssen genauere Anweisungen gegeben werden. Dies führt aber zu einem ähnlichen Konflikt, wie wir ihn bereits für Spezifikation und Entwurf erkannt haben: die Optimierung des Entwicklungsablaufs wird verhindert, weil die Standards den Einsatz effizienterer Methoden (möglicherweise) verbieten. Eine gangbarer Weg wäre das Anpassen von allgemein gehaltenen Standards ("Tailoring") durch das jeweilige Projekt. Hierbei wäre sichergestellt, dass konkrete Standards eingehalten werden, und sie die Bedürfnisse des Projektes berücksichtigen. Diesen Weg geht zur Zeit die ESA im Rahmen ihrer ECSS Standards.

These 50
Automation erhöht die Qualität

Im Fall eines automatischen Produktionsprozesses kann die Qualität kontrolliert und gemessen werden. Viele der Regeln, deren Einhaltung die Standards fordern, werden inhärent erfüllt. Beispielsweise wird die Konsistenz der verschiedenen Systemteile garantiert, da sie aus derselben Information abgeleitet werden, ebenso die Konsistenz zwischen ausführbarer Spezifikation und Code. Die Testbarkeit ist gesichert, da Tests generiert und die Ergebnisse automatisch ausgewertet oder für die Auswertung aufbereitet werden. Da der Ablauf beim automatischen Produktionsprozess sich aber sehr wahrscheinlich von dem Standardablauf unterscheidet, kann er trotz seiner Vorteile nicht eingesetzt werden, wenn der Kunde nicht beurteilen kann, dass höhere Qualität auf andere Weise produziert wird, und daher auf weiterer Anwendung der Standards besteht und damit Automation ausschließt.

These 87
Durch Vorgaben des Auftraggebers können beim Auftragnehmer Risiken und Mehraufwand entstehen.

Durch die Vorgaben des Auftraggebers entstehen somit möglicherweise beim Auftragnehmer Risiken und Mehraufwand. Wenn der Auftraggeber nicht bereit ist, diese zu teilen, beispielsweise durch Abrechnung nach Aufwand statt nach Festkostenpreis, hat der Auftragnehmer ein Problem. Er kann die Projektorganisation nicht optimieren und muss die ihm auferlegten Risiken tragen, oder er muss die Annahme des Auftrages ablehnen.

Die Entscheidung für eine neue Technologie kann daher nicht immer allein vom Auftragnehmer getroffen werden. Eventuell muss der Kunde in den Änderungsprozess einbezogen und von den Vorteilen überzeugt werden

5.5.8 Qualitätssicherung durch Standards

These 107 Zertifizierung garantiert keine Fehlerfreiheit.

Die Einhaltung von Richtlinien kann durch Zertifizierung von einer unabhängigen Instanz bestätigt werden. Die Zertifizierung selbst garantiert noch keine Fehlerfreiheit. Man geht nur davon aus, dass durch die Anwendung der Standards die Qualität steigt und weniger Fehler entstehen bzw. zurückbleiben. Der Zertifizierer selbst übernimmt keine Verantwortung für das Produkt, sondern nur für die Bestätigung der Konformität mit den Standards. Vereinfacht ausgedrückt gibt die Zertifizierung ein gutes Gefühl über die ausgeführte Arbeit, ohne konkret sagen zu können, dass das Ergebnis akzeptabel ist.

Bei Einsatz eines automatischen Produktionsprozesses kann die Zertifizierung jedes Produktes entfallen, da nach festen Regeln verfahren wird[1]. Während bei manueller Erstellung der Software nicht gesichert ist, dass ein Ingenieur trotz Ausbildung nicht gegen die Regeln verstößt, hält sich der Produktionsprozess strikt daran. Dies ist vergleichbar mit der Typenzulassung von PKW. Nach der Fertigung muss nicht jeder PKW dem TÜV vorgeführt werden. Eine Zertifizierung des Prozesses ist vollkommen ausreichend.

Über die tatsächliche Qualität sagt die Zertifizierung nichts aus. Verifikation und Validierung müssen trotzdem ausgeführt werden. Ein automatischer Produktionsprozess übernimmt diese Arbeit und geht somit über die Zertifizierung weit hinaus.

5.6 Wettbewerbsvorteile

Preis, Funktionalität und Qualität sind sicher die Hauptkriterien im Wettbewerb. Der hohe Personaleinsatz bei den vorherrschenden Softwareentwicklungsmethoden führt zu hohen Preisen bei mäßiger Qualität, oder zu noch höheren Kosten bei guter Qualität. Ein automatischer Produktionsprozess senkt die Personalkosten drastisch und erhöht die Qualität in gleichem Maße.

---

[1] In Kap. 6 werden wir ausführlich auf diese Thematik eingehen.

Ein Kunde möchte aber auch möglichst schnell nach einer Bestellung ein Produkt bekommen, auch die Lieferzeit kann neben Preis und Qualität ein Vergabekriterium sein. In jedem Fall soll der Verkauf eines Produktes bald beginnen, damit die Entwicklungskosten zügig getilgt werden können. Kurze Entwicklungszeiten führen daher zu einem Wettbewerbs- und Liquiditätsvorteil.

Personalkosten können durch niedrigere Löhne gesenkt werden, nicht aber die Entwicklungszeit. Aber ein automatischer Produktionsprozess senkt beides, Kosten und Entwicklungszeit. Der Produktionsprozess ist stets maximal optimiert.

Die Funktionalität eines Produktes beruht auf Erfahrung, über die die Entwickler verfügen, nicht nur Entwicklungserfahrung, sondern auch Erfahrung, ein System mit den gewünschten Eigenschaften zu spezifizieren und umzusetzen. Scheidet ein Entwickler aus, so geht Know-how verloren.

Bei einem Produktionsprozess wird die Erfahrung durch die Produktionsregeln fixiert. Sie sind damit immer verfügbar, auch wenn Entwickler ausscheiden. Bei Fortschritt auf der technischen Ebene wird der Produktionsprozess angepasst und gewartet. Neue Kundenanforderungen lassen sich schneller durch Modifikation des vorhandenen Prozesses realisieren, es entsteht größere Flexibilität.

Wird ein automatischer Produktionsprozess von einem Mitbewerber eingesetzt, so hat er sofort erhebliche Wettbewerbsvorteile. Wer zuerst die neue Technologie einsetzt, ist Mitbewerbern erheblich überlegen.

These 3
Wer als erster eine neue Technologie einsetzt, ist anderen überlegen.

5.7 Managementaufgaben

Das Management überwacht die Entwicklung der Einnahmen und Ausgaben, die Einhaltung von Termin- und Kostenrahmen bei Projekten. In der Softwareentwicklung gilt es bisher schon als Erfolg, wenn der Überzug gering ist, und das Produkt sonst die Erwartungen erfüllt. Eine gezielte Senkung der Kosten beispielsweise mit einer Rate von 5% p. a. gilt als Utopie. Eine Verbesserung dieses Zustandes kann nur erreicht werden, wenn konsequent Metriken eingesetzt werden, die eine Schwachstellenanalyse ermöglichen. Dann können die Auswirkungen von organisatorischen Änderungen beobachtet werden. Wir werden nun verschiedene Maßnahmen erläutern, durch die schrittweise eine Optimierung möglich erreicht werden kann.

5.7.1
Kostenanalyse

Voraussetzung für eine Kostenanalyse ist die Erfassung von Mengen wie Mann-Stunden, Programmgröße (beispielsweise in LOC) und anderen Kosten wie Rechenzeit soweit relevant. Werden die Mengen und Kosten pro Aktivität erfasst, dann können auch Kostentreiber im Projektablauf erkannt werden.

Für die Schwachstellenanalyse und die Erkennung von Fortschritten ist eine grobe Berechnung der Produktivität völlig ausreichend. Sehr viele Faktoren bestimmen Kosten und Produktivität, eine Genauigkeit auf Nachkommastellen sollte nicht erwartet und angestrebt werden. Kostentreiber können nach unserer Erfahrung sehr schnell mit einfachen Mitteln erkannt werden.

Die Kostenanalyse selbst kann entweder in "relativen" oder "absoluten" Einheiten durchgeführt werden. Unter "relativ" verstehen wir eine betriebsinterne Analyse, deren Ergebnisse nicht mit externen Analysen vergleichbar sein muss. In diesem Fall sollen nur Vergleichsdaten für interne Zwecke abgeleitet werden, beispielsweise um die Kosten verschiedener Aktivitäten oder mehrere Projekte vergleichen zu können.

Um die eigene Produktivität mit der anderer vergleichen zu können, sollten die Einheiten gewählt werden, die von Institutionen wie beispielsweise INSEAD (INSEAD:ESA) verwendet werden, die Produktivitätsdaten in einer anonymen Datenbank, sammeln. Kosten werden für Anfragen nicht erhoben, wenn man selbst Daten liefert. Von INSEAD erhält man dann Grafiken, in denen die eigenen Werte gekennzeichnet sind, so dass man sehen kann, wie gut oder schlecht man im Vergleich zu anderen Entwicklergruppen ist.

Kennwerte für Produktivität, Kosten- und Termintreue sollten nach Abschluss eines Projektes abgeleitet werden. Die Produktivität wird in Größe der Software pro Gesamtaufwand angegeben. Üblich ist es, die Größe der Software über die Anzahl der Zeilen des Quellcodes oder über "Function Points" auszudrücken, den Aufwand in Mann-Stunden. Die Produktivität als Quotient aus "Menge" und "Aufwand" wird beispielsweise als "Anzahl LOC" (Lines Of Code, ähnlich kann man auch für Function Points vorgehen) pro Mann-Stunde üblicherweise angegeben. Als "LOC" nicht gezählt werden Leerzeilen und Kommentarzeilen. Die wichtigsten Eigenschaften eines Projektes wie Teamgröße, Dauer, Anwendungsbereich, geforderte Zuverlässigkeit, Plattform sollten ebenfalls erfasst werden. Möglichst viele abgeschlossenen Projekte sollten analysiert werden..

Da die manuelle Zählung der LOC aufwändig ist, sollte auf geeignete Hilfsmittel zurückgegriffen werden. Meistens geben Compiler an, wie viel LOC übersetzt wurden, so dass in einem ersten Schritt mit diesen Zahlen begonnen werden kann. Bei automatischen Produktionsprozessen sind diese Angaben Teile ihres Berichts über die Eigenschaften, oder sollten es sein.

Während eines Softwareprojektes wird aber nicht nur Quellcode für Compiler erzeugt, sondern auch beispielsweise auch eine Menge von Daten. Sie repräsentieren ebenfalls Aufwand und müssen zusätzlich erfasst werden. Die Daten müssen im Vergleich zu den LOCs gewichtet werden, um unterschiedlichen Aufwand für Quellcode und Daten berücksichtigen zu können. Als Ergebnis erhält man dann die effektive Größe der Software ausgedrückt in LOC.

Der Umfang des Codes, der Daten oder weiterer Ergebnismengen kann entweder grob durch die Anzahl der Zeilen einer Datei vermindert um einen geschätzten Prozentsatz an Kommentaren und Leerzeilen geschätzt werden oder über spezielle Programme bestimmt werden.

Wichtig ist, dass nur die Zeilen des Endproduktes gezählt werden. Testsoftware und andere Hilfssoftware werden nicht dazu gerechnet.

Da sich die Auswertung für verschiedene Projekte wiederholt, sollte sie auch automatisiert werden. Bei automatischen Produktionsprozessen kann und sollte sie in den Prozess integriert werden.

Hier einige Anhaltspunkte für Produktivitäten:

- >10 LOC/mh (man hour)
  Rapid Prototyping, eXtreme Programming, Erstellung von GUIs oder anderer Software mit Generatoren

- 1 .. 10 LOC/mh
  Embedded Systems, zuverlässige Software,
  nicht sicherheitskritische Software für Luft- und Raumfahrtfahrt, Automobilbau, Nuklearbereich

- <1 LOC/mh
  hochzuverlässige Software,
  Software für sicherheitskritische Systemkomponenten in Luft- und Raumfahrtfahrt, Automobilbau, Nuklearbereich

Je mehr Aufwand für Test, Verifikation und Validierung notwendig ist, desto niedriger ist die Produktivität. Umgekehrt weist eine hohe Produktivität bei manuell-orientierter Vorgehensweise auf geringen Aufwand für Test, Verifikation und Validierung hin.

Bei einer kürzlich durchgeführten Erhebung (s. ACG-SoA) haben wir für eine synchrone Anwendung im Bereich "embedded systems" eine mittlere Produktivität von 5 LOC/mh gefunden. Als ca. 50% des Codes automatisch generiert wurden, stieg die Produktivität (bezogen auf die gesamte Entwicklung) um ca. 15%. Das entspricht einem Anteil der Codierung von ca. 30%.

5.7.2 Erfolgsanalyse

Im Bereich der Softwareentwicklung kann man auf verschiedenen Gebieten erfolgreich sein:

- Projektdurchführung,
- Investitionen
  beispielsweise in Infrastruktur und Ausbildung, oder
- strategischen Entscheidungen.

Als erfolgreich bezeichnen wir hier ein Projekt, das Kosten und Termine einhalten konnte, vom Auftragnehmer abgenommen wurde, während des Betriebes keine Qualitätsmängel zeigt, und das eine der Aufgabenstellung entsprechende Produktivität der Entwicklung erreichte. Alle Kriterien sind objektiv messbar. Aus den Werten für jedes Kriterium kann eine Gesamtbewertung abgeleitet werden, so dass sich Projekte vergleichen lassen. Insbesondere lässt sich damit ein möglicher Fortschritt messen.

In ähnlicher Weise kann man auch den Erfolg von Investitionen und strategischen Entscheidungen messen. Ebenso können die Erfolgszahlen für den Gesamtbereich aus der Bewertung von Teilbereichen abgeleitet werden.

Die Algorithmen, die eine Bewertung erlauben, werden als "Metriken" bezeichnet, der Vorgang der Analyse und des Vergleichs als "Benchmarking".

Zur Beurteilung der Durchführung von Softwareentwicklungsprojekten hat die Carnegie-Mellon Universität das "Capability Maturity Model" (CMM®) mit 5 Stufen definiert. Wir geben die aktuellen Bezeichnungen für das aktuelle CMMI® ("Integrated CMM") und in Klammern die früheren Bezeichnungen für das frühere CMM®.

- Level 1: initial (initial)
  "chaotisch"
- Level 2: managed (repeatable)
  Management ähnlicher Anwendungen
- Level 3: defined (defined)
  Anwendung von Standards
- Level 4: quantitatively managed (managed)
  Kontrolle des Entwicklungsprozesses und der Qualität
- Level 5: optimizing (optimizing)
  Feedback von Projekten und kontinuierliche Verbesserung

Um erfolgreich Projekte durchführen zu können, wäre Level 4 oder 5 notwendig.

Investitionsentscheidungen können als erfolgreich bezeichnet werden, wenn sie eine positive Auswirkung auf die Entwicklung von Software haben, beispielsweise die Anzahl erfolgreicher Projekte erhöhen, und die Ausgaben durch Einsparungen der Projekte oder erhöhte Einnahmen ausgeglichen werden.

These 67
Um Erfolg messen zu können, braucht man Metriken.

Voraussetzung für eine Beurteilung, ob eine Investition zu einem messbaren Erfolg geführt hat, ist die Einführung von Metriken und "Benchmarking" der Projekte. Durch einen Vergleich "vorher-nachher" lässt sich feststellen, welche Wirkung eingetreten ist. Dies gilt auch für die Beurteilung des Erfolges von strategischen Entscheidungen.

Der Einsatz von Metriken und Benchmarking ist heute wenig verbreitet. Daher lässt sich meistens kaum objektiv beurteilen, ob Investitionen oder strategische Entscheidungen eine positive Wirkung haben, und falls doch, wie hoch der Erfolg ist.

Vorsicht ist geboten hinsichtlich Scheinerfolgen. Hierzu folgendes Beispiel aus der Praxis für den Teilbereich Fehlererkennung:

Ein Werkzeug zählt sehr viele Fehler auf, die es erkennen kann. Bei genauerer Analyse stellt sich heraus, dass ca. 80% der Fehler unmittelbar mit der Bedienung oder der Methodik des Werkzeuges zusammenhängen, d.h. ohne das Werkzeug könnten diese Fehler überhaupt nicht entstehen. Obwohl das Werkzeug hilft, diese Fehler zu erkennen, ist mit hohem Zusatzaufwand zu rechnen, denn die Fehler müssen beseitigt werden, selbst wenn das Werkzeug sie erkennt.

5.7.3 Risikoanalyse und Risikominimierung

Die Analyse von Risiken muss die aktuelle Situation und die zukünftige Ausrichtung abdecken. Aus der Identifikation aktueller Risiken müssen strategische Entscheidungen abgeleitet werden, um sie zukünftig ausschließen zu können. Durch die beabsichtigte strategische Ausrichtung dürfen keine neue Risiken entstehen.

Kosten- und Terminüberzüge weisen auf erhebliche bestehende Risiken hin. Unerwartete Kosten oder Zeitverzug entstehen entweder durch falsche Einschätzung der Komplexität oder durch äußere Ereignisse wie Problemen mit Fremdsoftware. Eine genauere Analyse des Projektablaufes muss dann zeigen, wie ein Risiko entstanden ist und wie es behoben werden kann

These 85
Ein Mitarbeiter, der bereits ein Problem hatte, kann zukünftige Probleme besser vermeiden.

Wenn unzureichende Erfahrung oder Ausbildung zu dem Risiko führten, kann es mit hoher Wahrscheinlichkeit in Zukunft vermieden werden. Ein Ingenieur, der ein Problem verursacht hat, lernt in der Regel durch dieses Problem so viel an Erfahrung hinzu (vorausgesetzt er ist lernfähig), dass er bei Folgeprojekten ein solches Risiko frühzeitig erkennen und ausschließen wird. Er erhält durch die Konfrontation mit einem Problem quasi die notwendige Reife. Das ist vergleichbar mit der Erfahrung, die ein Kapitän im Sturm gewinnt. Es ist risikoreicher mit einem Kapitän zu fahren, der noch nicht in einen Sturm gekommen ist als mit einem, der sturmerprobt ist, vielleicht auch schon einen Schiffbruch erlitten hat, aber daraus gelernt hat.

Ein durch Probleme gereifter Mitarbeiter trägt zur Risikoreduktion bei. In der Praxis wird er aber meistens von weiteren äquivalenten Tätigkeiten wegen seines Misserfolges entbunden. Die Personal- bzw. Projektverantwortlichen sollten bei ihrer Entscheidung aber berücksichtigen, dass ein solcher Mitarbeiter (wahrscheinlich) denselben Fehler nicht noch einmal begehen wird. Aus Firmensicht wäre es natürlich wesentlich günstiger, wenn ein Problem grundsätzlich vermieden werden kann, ein "training-on-the-job" hinsichtlich Problemlösung überhaupt nicht notwendig wäre. Dies ist aber nur durch bessere Ausbildung oder durch erfahrenes Personal zu erreichen.

Wenn es sich um wiederkehrende Risiken handelt, beispielsweise verursacht durch Fremdsoftware, hohe Komplexität, unzulängliche Methoden und Werkzeuge, müssen präventive Maßnahmen ergriffen werden. Kann die Abhängigkeit von externen Produkten verringert werden, z.B. durch Wechsel zu einem anderen Hersteller? Werden Hilfsmittel bzw. neue Methoden benötigt, um Risiken frühzeitig erkennen zu können, beispielsweise Inkonsistenzen an Schnittstellen durch frühzeitige Integration? Kann die Komplexität verringert werden, wie durch skalierbare automatische Produktionsprozesse?

Hohe Risiken ergeben sich aus der Dynamik der Software. Fehler, die nur unter bestimmten Lastverhältnissen auftreten oder nur, wenn Aktionen in einer bestimmten Reihenfolge ausgeführt werden, treten relativ selten auf. Wenn nicht gezielt Tests zur Erkennung solcher Fehler durchgeführt werden, treten sie dann eventuell erst beim Kunden auf.

Zur Fehlerbehebung muss die Ursache erkannt werden, was schwer möglich ist, wenn der Fehler nicht reproduzierbar ist. Die Reproduktion eines Fehlers ist beim Kunden meist sehr schwierig, weil erstens die Entwicklungsumgebung nicht zur Verfügung steht, und zweitens während der Tests das System für den Kunden nicht oder nur sehr eingeschränkt nutzbar ist. Nur wenn eine Vielzahl von

Testbedingungen bereits in der Entwicklungsumgebung ausgeführt werden kann, lassen sich solche Fehler vor der Auslieferung finden.

Ein sehr großes Risiko entsteht, wenn man überzeugt ist, ein Problem gelöst zu haben, es aber tatsächlich noch besteht, beispielsweise wenn Ergebnisse einer Analyse falsch interpretiert werden oder das Analysewerkzeug unter falschen Randbedingungen ein Ergebnis liefert, der Entwickler die Diskrepanz nicht erkennt und an das Ergebnis glaubt.

Ein ähnlich hohes Risiko kann durch falsche Einschätzung des Ressourcenverbrauchs (CPU, Speicher) verursacht werden. Wird eine lineare Abhängigkeit der Rechnerlast von der Menge der zu bearbeitenden Daten angenommen, während tatsächlich die Last mit einer höheren Potenz wächst, so wird mit hoher Wahrscheinlichkeit im späteren Betrieb ein Problem entstehen, das dann kaum mehr zu beseitigen ist.

Aufgabe des Managements ist es, die Entwickler anzuhalten, die notwendigen Analysen frühzeitig durchzuführen und korrekt zu bewerten, und deren Schlüsse einer Plausibilitätsprüfung zu unterziehen. Für eine solche Prüfung sind nicht unbedingt detaillierte Fachkenntnisse notwendig. Meistens können größere Probleme durch Inkonsistenzen zwischen verschiedenen Ergebnissen oder Fehlen von Ergebnissen schnell erkannt werden. Je früher Gegenmaßnahmen eingeleitet werden, desto schneller und kostengünstiger kann das Problem gelöst werden.

These 90
Das Management sollte nicht ungeprüft Vorschläge der Entwickler übernehmen.

Die Übernahme der gesamten Verantwortung durch die Entwickler ohne wirkungsvolle inhaltliche Kontrolle der Arbeiten und Ergebnisse durch das Management ist meistens die Ursache für das Scheitern komplexer Projekte. Die reine Termin- und Kostenkontrolle durch das Management reicht nicht aus.

These 91
Im Management muss die Kompetenz vorhanden sein, technische Maßnahmen zu bewerten.

Aber auch das Management muss seine Investitions- und Strategieentscheidungen einer quantitativen Erfolgskontrolle unterziehen.

5.7.4 Fehleranalysen

Fehlerprävention ist eine effektive Art, Aufwand einzusparen und die Qualität zu erhöhen. Neben guter Ausbildung und einer sorgfältigen Vorgehensweise bei der manuellen Erzeugung von Quellcode, beispielsweise durch Anwendung von Richtlinien, gehört auch die Fehleranalyse zur Fehlerprävention.

Durch Fehleranalyse wird festgestellt, wodurch Fehler trotz vorbeugender Maßnahmen entstehen, so dass weitere Schritte zur zukünftigen Vermeidung dieser Fehler getroffen werden können. Fehler können aus individuellen Gründen verursacht werden wie schlechter Tagesform, fehlende Kenntnisse oder aus Gründen, die eng mit der Entwicklungsumgebung zusammenhängen, weil die Komplexität zu hoch und die Unterstützung zu gering ist.

Auch wenn bereits präventive Maßnahmen getroffen wurden und immer noch Fehler auftreten oder sich bestimmte Fehler häufen, muss geklärt werden, warum die bisherigen Maßnahmen nicht ausreichen. Wenn bestimmte Fehler nicht vermeidbar sind, müssen sie frühzeitig erkannt werden. Meistens erfordert dies die Erweiterung der Entwicklungsumgebung, entweder mit bereits vorhandenen Mitteln, etwa des Betriebssystems, oder durch eigene, meistens kleine Programme.

5.7.5 Empfehlungen zur Optimierung

Voraussetzung für die Optimierung betrieblicher Abläufe ist eine bereits durchgeführte Kosten- und Schwachstellenanalyse. Danach erfolgt die Identifikation des Rationalisierungspotenzials durch Bewertung der Aktivitäten nach einmaligem oder mehrmaligem Anfall von Kosten, entweder pro Projekt oder global für ein Anwendungsgebiet bzw. den Betrieb. Ziel muss sein, wiederholt anfallenden Aufwand zu reduzieren oder in einmaligen Aufwand durch organisatorische Maßnahmen umzuwandeln. Typisches Beispiel hierfür ist der Einsatz eines Produktionsprozesses, durch den der Gesamtaufwand pro Projekt gesenkt wird, wie durch die automatische Generierung von Software, die Beschränkung der manuellen Aktivitäten auf höchstens lineare Abhängigkeit von der Systemgröße.

Das größte Einsparungspotenzial liegt im global wiederkehrendem Aufwand, d.h. Aufwand für Tätigkeiten, die sich von Projekt zu Projekt wiederholen. Hierzu gehört der Testaufwand, und als spezielle, aber häufig auftretende Tätigkeit das sog. "Debuggen".

Unter "Debuggen" verstehen wir hier nicht nur den Gebrauch des Debuggers, um einen aufgetretenen Fehler zu lokalisieren, sondern die schrittweise Ausführung von Programmen mit einem Debugger oder einem ähnlichen Hilfsmittel, unter ständiger Beobachtung des Programmstatus und der Daten zu Testzwecken.

Debuggen (in unserer erweiterten Definition) ist extrem arbeitsintensiv, wird häufig innerhalb eines Projektes wiederholt und von Projekt zu Projekt. Sitzen Entwickler stunden-, tage- oder sogar wochenlang am System, um zu Debuggen, ist dies ein Zeichen hoher Ineffizienz, entweder veranlasst durch den Entwickler selbst oder die Entwicklungsumgebung.

Bei dieser Tätigkeit werden keine Ergebnisse geschaffen, die später wiederverwendet werden können. Ist eine Wiederholung von Tests notwendig, müssen alle Schritte erneut ausgeführt werden. Im Fall von "embedded systems" oder Systemen, die spezifische Peripherie benutzen, werden solche Tätigkeiten üblicherweise am Zielsystem durchgeführt, das meistens nur einmal vorhanden ist. In Folge entsteht ein Engpass an Testressourcen.

Wenn solcher hoher, wiederkehrender Aufwand und/oder ein Mangel an Ressourcen beobachtet wird, sollte unbedingt über Verbesserungsmaßnahmen nachgedacht werden. In einem ersten Schritt wird der Testablauf automatisiert, d.h. die Eingaben werden nicht manuell eingespeist sondern über einen zeit- oder ereignisgesteuerten Datenstrom. Ebenso werden die Ergebnisse automatisch erfasst und überprüft. Die vorhandene Umgebung ist zu erweitern. Die "manuellen" Schnittstellen müssen dann umgestellt werden.

Wenn die Testressourcen wie die Verfügbarkeit des Zielsystems knapp sind, kann es auch lohnen, sich auf einer Standardumgebung wie einem PC weitere Ressourcen zu erschließen, indem die Software automatisch auf diese Umgebung portiert wird. Meistens stehen in dieser Umgebung auch wesentlich mehr Hilfsmittel zur Testdurchführung, -überwachung und -auswertung zur Verfügung.

Obwohl eine solche Umstellung auch Aufwand erfordert, lohnt er sich, wenn solche Tests häufig im Betriebs- oder Projektablauf durchgeführt werden.

Weitere Schritte zur Kosteneinsparung sind der Einsatz von Bibliotheken und die Standardisierung von funktionalen Schnittstellen, sowie die Reduktion der Komplexität. Eine sehr effektive Art der Fehlerbeseitigung ist die Suche ähnlicher Fehler, nachdem ein Fehler gefunden wurde. Da in der Software sich gewisse Codestrukturen wiederholen, ist die Wahrscheinlichkeit hoch, dass noch mehr Fehler eines gewissen Typs vorhanden sind. Durch geeignete Suchstrategien lassen sie sich mit geringem Aufwand beseitigen.

Hierfür ist die falsche Berechnung des für einen C-String benötigten Speichers ein typisches Beispiel, wenn die abschließende Null nicht mitgezählt wird. Das Fehlersymptom tritt meistens nur sporadisch auf. Aber wenn der Fehler auftritt, können die Folgen schwerwiegend sein. Um alle Fehler dieses Typs zu finden, wird sehr viel Aufwand benötigt, und eine lange Testdauer. Die Suche nach "`malloc`" im Quellcode führt dagegen schnell zur sicheren Beseitigung der Fehler in den Fällen, bei denen Speicher über malloc angelegt wird.

Wir können an dieser Stelle nur eine kleine Auswahl potenzieller Optimierungsmöglichkeiten beschreiben. die Ausgestaltung dieser Möglichkeiten hängt vom Einzelfall ab. Unsere Aufzählung kann nur Anregungen geben, wie Schwachstellen und Kostentreiber identifiziert werden können und welche Maßnahmen sinnvoll und möglich sind.

5.8 Checkliste

Mit der folgenden Checkliste wollen wir die Identifikation des Rationalisierungspotenzials erleichtern. Sie fasst in Kurzform die wichtigsten Aussagen dieses Kapitels zusammen und ist untergliedert in:

- Führung und Organisation
- Vertragsverhältnisse
- Risikomanagement
- Controlling
- Benchmarking
- Fähigkeiten der Mitarbeiter
- Entwicklungszyklus
- Fehleranalysen
- Testen
- Verifikation und Validierung
- Qualitätssicherung

Manager können mit ihren Softwareexperten die Fragen und Erläuterungen durchgehen. Danach sollten sie einen Überblick über den aktuellen Reifegrad der Softwareentwicklung in ihrem Umfeld haben und notwendige Entscheidungen treffen können.

Id	Prüfkriterien	Kommentar
1	**Führung und Organisation**	
1.1	Werden die Ziele strategischer Entscheidungen klar definiert?	Ziele müssen definiert werden bei: Einführung von Standards, Eingehen strategischer Kooperationen, Auslagerung von Arbeit, Verwenden eines bestimmten Produktes mit dem Ziel der Kosten- und Risikosenkung → Verkürzung der Entwicklungszeit, höhere Flexibilität, bessere Wettbewerbsfähigkeit
1.2	Wird schon vor der Umsetzung versucht, die Chancen für einen Erfolg abzuschätzen?	Einer Entscheidung sollte eine Analyse vorausgehen, sie sollte daher später nachvollziehbar sein.
1.3	Wird schon vor der Umsetzung versucht, das Risiko für einen Misserfolg abzuschätzen?	Mit der Entscheidung können auch (neue) Risiken verbunden sein, die übersehen werden können.
1.4	Orientiert sich die Entscheidung an ähnlichen Entscheidungen anderer Organisationen?	Die Übernahme bewährter Entscheidungen kann sinnvoll sein, aber die Voraussetzungen müssen geprüft werden. Übernahme ohne Prüfung ist nicht sinnvoll.
1.5	Wenn ja, war der Erfolg dort messbar?	Ein bereits gemessener Erfolg kann die Chancen erhöhen.
1.6	Gibt es Gründe, die einen ähnlichen Erfolg rechtfertigen?	Der Erfolg muss sich aber nicht zwangsläufig einstellen, die Randbedingungen können verschieden sein.
1.7	Wird die Auswirkung strategischer Entscheidungen überprüft?	Strategische Entscheidungen müssen überprüfbar sein, der Erfolg quantitativ messbar.
1.8	Wenn ja, werden die Änderungen analysiert (bei Erfolg und bei Misserfolg), ist das Ergebnis nachvollziehbar?	Die Analyse von Erfolgen und Misserfolgen hilft, die Risiken zukünftiger Entscheidungen zu minimieren.
1.9	Wenn nein, warum nicht?	Wenn Auswirkungen nicht messbar sind, warum wurde die Entscheidung dann getroffen? Wenn sie messbar sind, warum wird das Ergebnis nicht analysiert?
1.10	Führen die Entscheidungen kurz-, mittel- oder langfristig zu einer Verbesserung?	Änderungen in der betrieblichen Organisation verursachen Kosten und binden Ressourcen. Sie sind daher nur sinnvoll, wenn sie tatsächlich zu einem positiven Ergebnis führen.
1.11	Kann in begründeten Fällen von globalen strategischen Entscheidungen abgewichen werden?	In Einzelfällen können die Effizienz höher und das Risiko geringer sein, wenn spezifische Strategien eingesetzt werden, beispielsweise jeweils definiert durch Projekte.

Id	Prüfkriterien	Kommentar
2	**Vertragsverhältnisse**	
2.1	**Auftraggebersicht**	
2.1.1	Wurden Kosten und Termine von Projekten überzogen oder scheiterten Projekte wegen ungenau definierter Leistungen von Auftragnehmern?	Werden die vom AN zu erbringenden Leistungen ungenau definiert, muss der AG selbst die fehlenden oder mangelhaften Leistungen erbringen.
2.1.2	Wenn ja: Wurden Gegenmaßnahmen eingeleitet?	Probleme an dieser vertraglichen Schnittstelle sollten behoben werden.
2.1.3	Wenn ja: Sind Verbesserungen nachweisbar?	Die Maßnahmen sollten nachweisbar zu einem Erfolg führen.
2.1.4	Erhöht sich das Risiko durch die Auftragsvergabe?	Bei Problemen des AN erhöht sich das eigene Risiko.
2.2	**Auftragnehmersicht**	
2.2.1	Wurden Kosten und Termine von Projekten überzogen oder scheiterten Projekte wegen unterschätzter Anforderungen von Auftraggebern?	Werden Anforderungen vom AG ungenau definiert, muss der AN möglicherweise mehr Leistung erbringen als er kalkuliert hat.
2.2.2	Wenn ja: Hat der Auftraggeber einer Verbesserung der Situation zugestimmt?	Eine Änderung ist nur im Einvernehmen mit dem AG möglich.
2.2.3	Wenn ja: Sind Verbesserungen nachweisbar?	Die Maßnahmen sollten nachweisbar zu einem Erfolg führen.
2.2.4	Wenn der Auftraggeber nicht zustimmt: Wurden eigene Maßnahmen eingeleitet?	Der AN kann durch frühzeitige Konkretisierung des Vertragsinhaltes, beispielsweise durch frühzeitig ausführbare Versionen, sein Risiko minimieren.

Id	Prüfkriterien	Kommentar
3	**Risikomanagement**	
3.1	Wie viel an Code bzw. Erfahrung kann von einem früheren auf ein folgendes Projekt übernommen werden?	Je ähnlicher ein Folgeprojekt einem erfolgreich abgeschlossenen Projekt ist, desto geringer ist das Risiko.
3.2	Wie viel wird tatsächlich übernommen?	Es sollte auf möglichst viel Erfahrung zurückgegriffen werden. Die Verantwortung hierfür liegt beim Projektleiter, möglicherweise bevorzugt er Herausforderungen statt Risikominimierung.
3.3	Verringert sich das Risiko dadurch messbar?	Bei Rückgriff auf Erfahrung und vorhandenem Code sollte das Risiko sinken. Das Risiko kann aber auch steigen, wenn die Randbedingungen nicht stimmen.
3.4	Ist das Potenzial automatischer Produktionsprozesse zur Risikominimierung bekannt?	Solche Prozesse erhöhen die Wiederverwendbarkeit.
3.5	Werden die Schnittstellen zu fremder (externer) Software beherrscht?	Wenn bereits Erfahrung durch frühere Nutzung vorliegt, sinkt das Risiko.
3.6	Wenn nein, wird versucht, frühzeitig die Fremdsoftware zu benutzen, um die Risiken zu erkennen?	Je früher solche Software unter typischen Bedingungen benutzt wird, desto kleiner das Risiko für das Projekt.
3.7	Sind diese Schnittstellen auf Dauer stabil oder ändern sie sich häufig?	Durch Änderung der Schnittstelle (möglicherweise nicht erkennbar), können (unbemerkt) neue Risiken entstehen.
3.8	Wird Fremdsoftware frühzeitig auf mögliche Änderungen untersucht, auch wenn die Schnittstelle bereits bekannt ist?	Wer auf veraltete Information vertraut, geht ein hohes Risiko ein.
3.9	Gibt es hierfür effiziente Standardverfahren?	Da es sich möglicherweise um wiederkehrenden Aufwand handelt, ist eine Automatisierung dieser Analyseverfahren sinnvoll.
3.10	Werden Maßnahmen getroffen, um die Einflüsse solcher Schnittstellen zu begrenzen?	Wenn eine abstrakte Schnittstelle zur eigenen Software existiert, die die fremde Schnittstelle einkapselt, können Defizite in der Fremdsoftware leichter behoben werden.
3.11	Werden alternative Lösungen frühzeitig identifiziert, um bei einem Problem ggf. ausweichen zu können?	Wenn es äquivalente Software gibt, kann diese über die eigene abstrakte Schnittstelle integriert werden und das Problem lösen.
3.12	Können Risiken im eigenen Bereich frühzeitig erkannt werden?	Wenn Anforderungen stark von früheren abweichen, besteht ein latentes Risiko, das schnell erkannt und beseitigt werden sollte. Solche Risiken treten besonders bei hoher Komplexität und bei der Bearbeitung großer Mengen auf.

Id	Prüfkriterien	Kommentar
4	**Controlling**	
4.1	Werden Kosten, Aufwand und Entwicklungsdauer von Projekten erfasst?	Nach Demarco: nur was gemessen wird, kann kontrolliert werden!
4.2	Werden die tatsächlichen Daten mit den geschätzten verglichen?	Nur durch Vergleich der Planung mit der Realität kann die Planung verbessert werden.
4.3	Wird versucht, die Abweichungen zu erklären?	Nur wenn die Abweichungen erklärt werden können, kann die Planung verbessert werden.
4.4	Werden Daten für Teilaktivitäten erfasst?	Die Aufschlüsselung der Kosten bzw. des Aufwandes ist notwendig, um eine Strategie für Verbesserungsmaßnahmen definieren zu können.
4.5	Können Kostentreiber identifiziert werden?	Teilaktivitäten, die einen hohen Anteil an den Kosten haben, bieten meistens ein hohes Einsparungspotenzial. Daher ist es sinnvoll, solche Kostentreiber zu identifizieren und genauer zu analysieren.
4.6	Kann einmaliger und wiederkehrender Aufwand identifiziert werden?	Wiederkehrender Aufwand verursacht ständig Kosten und verlängert die Entwicklungszeit. Die Senkung solchen Aufwandes lohnt daher. Ziel sollte sein, wiederkehrenden Aufwand in einmaligen (geringen) Aufwand umzuwandeln. Beispiel: Funktionsbibliothek.
4.7	Können Unterschiede in der Kosten- und Termintreue von Projekten erklärt werden?	Erklären heißt Verstehen, Verstehen ist die Voraussetzung für die Kontrolle.

Id	Prüfkriterien	Kommentar
5	**Benchmarking**	
5.1	Werden Maßnahmen getroffen, um die Produktivität zu messen?	Die Einstiegsschwelle hierfür ist nicht hoch. Aufwand und produzierte Mengen werden erfasst.
5.2	Wenn ja, welche Metriken werden dazu eingesetzt?	Üblicherweise werden LOC oder FP erfasst, je nach Programmiersprache auch ";".
5.3	Ist bekannt, welche Bezugsgrößen sich für Messungen eignen?	Erfasst wird nur der "produktive" Code, also kein Code für Tests o.ä.
5.4	Werden die Ergebnisse mit denen anderer Teams verglichen?	Ohne Vergleich keine Verbesserung.
5.5	Innerbetrieblich zwischen Projekten?	Innerbetrieblicher Vergleich ist notwendig
5.6	Wenn ja, mit den Ergebnissen anderer Betriebe bzw. Entwickler?	Die eigene Leistungsfähigkeit wird erst durch einen breiten Vergleich sichtbar.
5.7	Werden die Ergebnisse mit den Teams besprochen?	Ohne Kritik kein Anreiz, ohne Lob keine Motivation.
5.8	Können die Unterschiede erklärt werden?	Zur Vorgabe der Richtung muss man Position und Ziel kennen.
5.9	Werden die Ergebnisse als Grundlage weiterer Entscheidungen verwendet?	Benchmarking ohne Nutzung der Ergebnisse ist wertlos.
5.10	Gibt es Anreize für die Entwickler, ihre Produktivität zu erhöhen?	Vergleiche spornen den Schwächeren an, motivieren den Besseren die Spitze zu halten.
5.11	Werden die Ergebnisse über längere Zeit verfolgt und ausgewertet?	Die Produktivität sollte kontinuierlich wachsen und erst bei hohen Spitzenwerten in die Sättigung gehen.
5.12	Werden Maßnahmen getroffen, um die Effizienz der eingesetzten Werkzeuge messen zu können?	Werkzeuge können stark die Produktivität beeinflussen, wenn nicht positiv, sind sie nutzlos.
5.13	Welche Metriken werden eingesetzt?	s. 5.2, die Produktivität sollte steigen.
5.14	Werden Maßnahmen getroffen, um die Effizienz der gekauften/vorhandenen Werkzeuge durch eigene Entwicklungen zu verbessern?	Durch Anpassung an eigene Bedürfnisse kann die Effizienz wesentlich erhöht werden.
5.15	Wenn ja, mit welchem Erfolg?	Ein Erfolg sollte messbar sein.
5.16	Wenn nein, warum nicht?	Sind die Werkzeuge nicht gut, nicht für Anpassung geeignet oder reicht die eigene Erfahrung nicht aus?
5.17	Ist bekannt, bis zu welcher Größe bzw. Komplexität die Werkzeuge effizient eingesetzt werden können?	Wenn ungeeignet für die Komplexität, können Werkzeuge den Aufwand erhöhen.
5.18	Wenn ja, wird von Projekten geprüft, ob die Werkzeuge geeignet sind?	Nur eine zu erwartende Effizienzsteigerung rechtfertigt den Einsatz.
5.19	Innerhalb welchen Zeitraumes sollen sich die Investitionen in Werkzeuge amortisieren?	Der Einsatz von Werkzeugen sollte kein Selbstzweck sein.

Id	Prüfkriterien	Kommentar
6	**Mitarbeiterfähigkeiten**	
6.1	Besitzen die Mitarbeiter (Grund-) Kenntnisse auf dem Gebiet des Software Engineering ("Softwaretechnik")?	Software entwickeln ist mehr als Programmierung.
6.2	Ist das Capability Maturity Model (CMM) bekannt, oder andere Modelle?	Das CMM gibt erstrebenswerte Ziele vor.
6.3	Wenn ja, wie sieht die prozentuale Verteilung der Softwareingenieure über die CMM Level aus?	Eine (objektive) Selbsteinschätzung reicht hierfür schon aus.
6.4	Ist Ihnen bekannt, welches CMM Level andere Betriebe, insbesondere Konkurrenten, erreichen?	Der Durchschnitt liegt eher bei Level 2 als bei 3. Sie sollten aber unbedingt ein höheres Niveau anstreben.
6.5	Wenn ja, welches CMM Level erreicht Ihr Betrieb im Mittel und maximal?	Sie sollten über Level 1 liegen, das Maximum mindestens bei 3.
6.6	Wird angestrebt, ein höheres Level zu erreichen?	Gibt es wirklich Gründe die dagegen sprechen?
6.7	Wenn ja, durch welche Maßnahmen?	Entwickeln Sie ein Strategie. Der Einsatz von ASaP entspricht Level 5.
6.8	Ist eine Korrelation zwischen höherem CMM Level und Produktivität messbar?	Wenn nicht, wurde das Level richtig bestimmt, wird eine geeignete Methode eingesetzt?
6.9	Ist eine Korrelation zwischen höherem CMM Level und geringerem Risiko messbar?	s. 6.8
6.10	Sind die Softwareingenieure bereit, höherwertige Tätigkeiten zu übernehmen?	Mitarbeiter, die bei ihrer jetzigen Tätigkeit bleiben wollen, verhindern eine Effizienzsteigerung.
6.11	Sind die Softwareingenieure bereit, sich für höherwertige Tätigkeiten weiter zu qualifizieren?	Die Mitarbeiter sollten nicht nur dafür bereit sein, sondern auch eigenes Interesse zeigen.
6.12	Wie viel Prozent der Softwareingenieure sind austauschbar, weil sie über keine spezifischen Fähigkeiten verfügen?	Ihr Betrieb könnte leicht im Wettbewerb unterliegen. Um das zu verhindern, ist eine gezielte Qualifikation der Mitarbeiter notwendig, um die Kosten zu senken.
6.13	Wie viel Prozent der Softwareingenieure können durch äquivalente, preiswertere Arbeitskräfte ersetzt werden?	Automatische Produktionsprozesse bieten eine Alternative, um die Produktivität dieser Mitarbeiter zu erhöhen und das Know-how zu erhalten.
6.14	Wie viel Prozent der Softwareingenieure bilden sich ständig weiter?	Eigene Motivation zur Weiterbildung qualifiziert für höherwertige Tätigkeiten.
6.15	Wie viel Prozent der Softwareingenieure stellen ihre Arbeit als komplex und umfangreich dar, ohne Lösungen anzubieten?	Sie sollten prüfen, warum die Probleme bestehen. Komplexität und Probleme sollten nicht gepflegt sondern gelöst werden.

Id	Prüfkriterien	Kommentar
7	**Entwicklungszyklus**	
7.1	Verwenden Sie einen bestimmten Entwicklungsansatz wie das Wasserfallmodell oder andere Modelle?	Eine geordnete Vorgehensweise erfordert Planung und daher ein Modell für den Ablauf.
7.2	Ist belegt, dass der verwendete Ansatz für Ihren Anwendungsbereich am besten geeignet ist?	Sie sollten das geplante oder bereits eingesetzte Modell auf Brauchbarkeit für Ihren Bedarf analysieren, Gründe dafür finden, und nicht einfach benutzen, was andere auch benutzen.
7.3	Ist die erreichte Entwicklungszeit zufriedenstellend?	Sie sollten ein neues Produkt rechtzeitig auf den Markt bringen können.
7.4	Werden weitere Richtlinien für die Entwicklung eingesetzt?	Richtlinien und Standards können helfen, ...
7.5	Wenn ja, ist ein Erfolg messbar?	... aber sie sollten etwas Positives bewirken.
7.6	Werden Zwischenergebnisse kontrolliert?	Zwischenkontrollen in der Entwicklung ermöglichen die frühzeitige Entdeckung von Problemen.
7.7	Ist die Verteilung der Fehlerentstehung über die Entwicklungszeit bekannt?	Dort, wo die meisten Fehler entstehen, sollte zuerst etwas geändert werden.
7.8	Ist die Verteilung der Fehlererkennung über die Entwicklungszeit bzw. Betriebsdauer bekannt?	Je später ein Fehler erkannt wird, desto höher sind die Kosten.
7.9	Ist die Verteilung der Kosten über Entwicklung und Wartung bekannt?	Die Wartungskosten können beträchtlich sein, eventuell höher als die Entwicklungskosten.
7.10	Wird die Wartung gegenüber der Entwicklung vernachlässigt?	Nicht nur bei der Entwicklung, sondern auch bei der Wartung kann gespart werden.
7.11	Wie viel Prozent der Software sind im Mittel bzw. maximal von einer Änderung betroffen?	Bereits kleine Änderungen können hohe Kosen verursachen.
7.12	Wie lange dauert die Implementierung einer Änderung während der Wartung?	Eine Änderung sollte schnell und ohne große Betriebsunterbrechung implementiert werden können.
7.13	Wird die Software während der Wartung instabil?	Während der Wartung können Fehler entstehen, die zu einer Funktionsbeeinträchtigung führen.
7.14	Wenden Sie Konfigurations- bzw. Versionskontrolle an?	Änderungen sollten nachvollziehbar sein.
7.15	Ist Ihnen der Einfluss der eingesetzten Methoden und Werkzeuge auf die Produktivität bekannt?	Methoden und Werkzeuge können die Produktivität positiv und negativ beeinflussen.

Id	Prüfkriterien	Kommentar
8	**Fehleranalysen**	
8.1	Analysieren Sie die Gründe für die Fehlerentstehung?	Kenntnis über die Ursachen der Fehlerentstehung ist Voraussetzung für Verbesserung.
8.2	Verteilen Sie regelmäßig Information über Fehlerursachen?	Der Austausch von Information über Fehlerursachen ist eine der effektivsten Maßnahmen zur Fehlerprävention ...
8.3	Nutzen Entwickler diese Information?	... wenn sie genutzt wird.
8.4	Werden Häufigkeitsverteilungen für die Fehlertypen hinsichtlich der benutzten Entwicklungsplattformen erstellt?	Die Schwächen der Plattformen inkl. Sprachen sollten bekannt sein bzw. durch Aufzeichnungen sichtbar werden.
8.5	Leiten Sie für Ihre Produkte bzw. Entwicklungen Fehlerraten ab?	Nur die Kenntnis der Fehlerrate ermöglicht den Nachweis eines Erfolges.
8.6	Werden Häufigkeitsverteilungen für die Fehlertypen erstellt?	Durch diese Information können Entwickler individuell geschult werden.
8.7	Werden Maßnahmen zur Fehlerprävention getroffen?	Sie sollten die gesammelten Erkenntnisse nutzen, um aktiv die Fehlerursachen zu bekämpfen bzw. um Entwicklerfehler sofort identifizieren zu können.
8.8	Wird nach Identifikation eines Fehlers nach ähnlichen Fehlern gesucht?	Dies ist eine der effektivsten Arten Fehler zu finden, s.a. 8.2.
8.9	Sind Ihren Entwicklern die Kosten der Fehlerbeseitigung bekannt?	Diese Information sollte Entwickler motivieren, Fehlerprävention zu betreiben, bzw. die Wahrscheinlichkeit für die Erkennung zu erhöhen.
8.10	Treffen Ihre Entwickler Maßnahmen, um eine möglichst hohe Fehlererkennungsrate zu bekommen?	Solche Maßnahmen senken die Kosten der Fehlererkennung und -beseitigung erheblich.
8.11	Ist der Erfolg nachweisbar?	Verringern sich die Fehler beim Kunden?
8.12	Kennen Sie die typischen Fehlerraten für Ihren Anwendungsbereich?	Sie sollten die eigene (mittlere) Fehlerrate mit denen der Konkurrenten vergleichen können.
8.13	Wird ein Fehler sofort beim Entstehen erkannt?	Zeigt sich das Fehlersymptom nicht sofort, beispielsweise durch eingebaute Prüfmechanismen, sondern sehr viel später, wird die Identifizierung der Fehlerursache sehr teuer.
8.14	Bekommen Sie mehr Vertrauen in die Software, je mehr Fehler gefunden werden?	Sie müssen von einer typischen Fehlerrate ausgehen, eine bestimmte Anzahl von Fehlern ist anfangs immer in der Software vorhanden. Je mehr entfernt werden, desto höher ist die Qualität der Software.

Id	Prüfkriterien	Kommentar
9	**Testen (1/3)**	
9.1	Wie hoch ist der Anteil für manuelles Testen in € und prozentual bezogen auf die Entwicklungskosten und den gesamten Testaufwand?	Manueller Testaufwand ist wiederkehrender Aufwand, seine Reduktion – ohne Reduktion der Testfälle - daher äußerst wünschenswert.
9.2	Wie lange dauert eine einzelne Testsitzung üblicherweise?	Eine hohe "Verweildauer" deutet hohes Einsparungspotenzial durch Rationalisierung an.
9.3	Wie lange dauern alle Tests?	Hoher Testaufwand = hohes Rationalisierungspotenzial
9.4	Wie viel Prozent bezogen auf die gesamte Entwicklung wird für Testen benötigt?	Weniger als 40% bei manuellem Testen weisen auf unzureichende Tests hin. Nur wenn bereits rationalisiert wurde, sollte der Anteil wesentlich geringer sein.
9.5	Steht genügend Testzeit auf dem Zielsystem zur Verfügung?	Zu wenig Testzeit auf dem Zielsystem und zu hoher Testaufwand führen zu Verzögerungen oder geringer Testabdeckung.
9.6	Wie häufig müssen Tests wiederholt werden?	Häufige Testwiederholung führt bei manuellem Testen zu hohen Kosten und eventuell zu Terminverzug.
9.7	Wie viel Prozent aller Tests müssen bei Wiederholung einzelner Tests ebenfalls wiederholt werden?	Starke Abhängigkeit von einzelnen Tests verschärft das Problem.
9.8	Können nach erstmaliger manueller Ausführung von Testschritten bei Wiederholung die Schritte automatisch ausgeführt und die Ergebnisse ausgewertet werden?	Das ist ein typischer Rationalisierungsschritt.
9.9	Kann die Systemperformance durch Tests bestimmt werden?	Nachweis der Performance ist wichtig, um die Systemeigenschaften messen zu können.
9.10	Kann die Systemperformance frühzeitig bestimmt werden?	Die Performance sollte frühzeitig korrekt geschätzt werden können.
9.11	Kann das System hoher Last ausgesetzt werden?	Außergewöhnliche Zustände sollten durch Tests berücksichtigt werden, ...
9.12	Treten während der Tests typische Lastsituationen auf?	... das gilt auch für typische Lastzustände.

Id	Prüfkriterien	Kommentar
	Testen (2/3)	
9.13	Wenn nein: fordert der Kunde kein deterministisches Verhalten im Falle von Überlast?	Das ist unwahrscheinlich, das Auslassen dieser Tests führt zu einem hohen Risiko.
9.14	Kann der Verbrauch an Haupt- und Massenspeicher während der Tests bestimmt werden?	Auch die Kontrolle des Verbrauchs an Ressourcen ist wichtig.
9.15	Kann frühzeitig der Speicherverbrauch bestimmt werden?	Der Verbrauch sollte frühzeitig korrekt geschätzt werden können.
9.16	Können Fehlerzustände erzeugt werden?	Die sichere Beherrschung von Fehlerzuständen ist wichtig, oft können Fehler nur auf dem Testsystem durch Simulation erzeugt werden.
9.17	Wenn nein, warum nicht?	Das Auslassen solcher Tests erhöht das Risiko.
9.18	Wird der Testabdeckungsgrad bestimmt?	Man sollte wissen, wie viel der Software getestet wurde.
9.19	Wenn nein: warum nicht?	Mangelnde Kenntnis erhöht das Risiko.
9.20	Werden Werkzeuge zur Testautomation eingesetzt?	Werkzeuge können die Effizienz verbessern.
	Wenn ja, weiter bei 9.27	
	Wenn nein:	
9.21	Sind keine Werkzeuge verfügbar?	Für einige Anwendungsbereiche gibt es tatsächlich kaum Unterstützung für Testautomation.
9.22	Wenn nein, welche anderen Gründe gibt es?	Reicht die Effizienz nicht aus, oder wird das Einsparungspotenzial unterschätzt?
9.23	Wurde schon über eigene Werkzeuge nachgedacht?	Das könnte ein Ausweg sein, ...
9.24	Wurden die Kosten abgeschätzt oder Angebote eingeholt?	... wenn die Kosten angemessen sind.
9.25	In welchem Zeitraum würden die Kosten dieser Maßnahme durch die erzielten Einsparungen kompensiert werden?	Eine grobe Abschätzung reicht, wenn die Kosten zu hoch sind, kann entweder nach weiterem Potenzial gesucht werden, oder nach preiswerteren Lösungen.
9.26	Wurde versucht, verschiedene Testaktivitäten zu harmonisieren, um damit das Einsparungspotenzial zu erhöhen?	Eine Ausweitung des Einsatzbereiches eines Werkzeuges erhöht das Einsparungspotenzial.
	weiter bei 9.33	
9.27	Werden Testfälle automatisch generiert?	Der meiste Aufwand entsteht bei der manuellen Testfallerzeugung. Hier liegt das größte Potenzial.

Id	Prüfkriterien	Kommentar
	Testen (3/3)	
9.28	Werden Testfälle automatisch ausgeführt?	Die meisten Werkzeuge unterstützen nur diesen Teil.
9.29	Werden die Ergebnisse automatisch ausgewertet bzw. dokumentiert?	Hierdurch kann Aufwand gesenkt werden. Die automatische Auswertung verhindert, dass Fehler in der Menge der Daten übersehen werden.
9.30	Wie viel wird durch die Automation abgedeckt in Aufwand bzw. Kosten und prozentual bezogen auf den gesamten Testaufwand?	Ein geringer Anteil weist auf ein noch vorhandenes Einsparungspotenzial hin.
9.31	Wie viel des wiederkehrenden Aufwandes wird durch Testautomation abgedeckt?	Ein hoher Anteil sollte erreicht werden, sonst ist ein großes Potenzial vorhanden.
9.32	Konnte durch Testautomation wiederkehrender Aufwand in einmaligen Aufwand umgewandelt werden?	Trifft zu, wenn Testsequenzen einmalig manuell definiert und dann automatisch wiederholt und ausgewertet werden.
9.33	**Ende**	

Id	Prüfkriterien	Kommentar
10	**Verifikation und Validierung**	
10.1	Ist der Unterschied zwischen Verifikation und Validierung bekannt?	Verifikation: Wenden wir die richtigen Methoden an? ("Do we build the system right?") Validierung: Haben wir die richtigen Anforderungen definiert? ("Do we build the right system?")
10.2	Werden Konsistenz, Vollständigkeit, Korrektheit verifiziert und "dead code" identifiziert?	Frühzeitige Erkennung solcher Fehler ist wichtig. "Dead Code" impliziert Entwurfs- und Implementierungsfehler.
10.3	Wird die Kompatibilität verschiedener Teile der Software automatisch zur Entwicklungszeit verifiziert?	Werden Werkzeuge zur Fehlerprävention eingesetzt, die beispielsweise bei der Integration Inkompatibilitäten automatisch erkennen können bzw. inhärent Konsistenz garantieren?
10.4	Werden Anwendereingaben während des Betriebes automatisch verifiziert?	Falsche Bedienung usw. sollte frühzeitig erkannt werden, ...
10.5	Werden Daten während des Betriebes automatisch verifiziert?	... das gilt auch für den Datenaustausch.
10.6	Wird die Einhaltung der geforderten Performance während des Betriebes verifiziert?	Eine (mäßige) Verletzung der geforderten Performance ist schwer zu erkennen und sollte daher automatisch identifiziert werden.
10.7	Wird die Nutzung der Ressourcen während des Betriebes verifiziert?	Was für die Performance gilt, gilt auch für die Ressourcen.
10.8	Werden gemessene Eigenschaften gegen die Anforderungen verifiziert?	Hierzu gehören Testabdeckung, Datenprofile, Antwortzeiten usw.
10.9	Werden Eigenschaften für die Validierung visualisiert?	Eigenschaften müssen in einer verständlichen Form präsentiert werden.
10.10	Ist eine frühzeitige Validierung möglich?	Eigenschaften sollten bereits bei Beginn der Entwicklung gemessen werden können.
10.11	Ist ein Vergleich unterschiedlicher Anforderungen und der resultierenden Eigenschaften frühzeitig möglich?	Ein Vergleich erlaubt die Wahl der besten Alternative, beispielsweise wenn Systemarchitekturen auf Machbarkeit oder Brauchbarkeit untersucht werden müssen.

Id	Prüfkriterien	Kommentar
11	**Qualitätssicherung**	
11.1	Existieren Anforderungen an die Qualitätssicherung?	Wenn keine Anforderungen vom Auftraggeber vorliegen, sollten eigene Anforderungen definiert werden.
11.2	Werden Maßnahmen getroffen, um die Einhaltung der QS-Anforderungen zu überwachen?	Die Einhaltung von Anforderungen sollte immer überwacht werden.
11.3	Werden Maßnahmen getroffen, um die Qualität zu messen?	Die Messung der Qualität bezieht sich entweder auf die Einhaltung der Anforderungen oder Messung der Fehlerrate.
11.4	Wenn ja, welche Metriken werden dazu eingesetzt?	Die Einhaltung der QS-Anforderungen kann prozentual als "Anzahl der Verletzungen pro Gesamtmenge" angegeben werden, die Fehlerrate beispielsweise in "Fehler pro LOC". Qualität muss messbar sein.
11.5	Können Maßnahmen getroffen werden – wenn notwendig, um Fehlersituationen während des Betriebes überstehen zu können?	Zur Bewältigung von Fehlersituationen kann beispielsweise Management von redundanten Ressourcen unterstützt werden.
11.6	Werden Tests durchgeführt, um Fehler zu finden?	Werden Tests nur durchgeführt, um die Funktionalität zu demonstrieren, können kaum alle Fehler gefunden werden.

6 Automatische Softwareproduktionsprozesse

In den früheren Kapiteln haben wir essentielle Punkte unseres Konzepts an Beispielen erläutert und Thesen für eine Optimierung des Softwareentwicklungsprozesses aufgestellt. In diesem und im nächsten Kapitel zeigen wir, wie das Konzept in die Praxis umgesetzt werden kann.

Wir erläutern in diesem Kapitel, was bei der Definition eines Produktionsprozesses zu beachten ist und welche Prozessschritte prinzipiell ablaufen. Durch Vergleiche mit automatischen Produktionsprozessen, die uns bereits aus dem täglichen Leben bekannt sind, führen wir den Leser von der abstrakten Prozessdefinition hin auf das Gebiet der vollautomatischen Softwareproduktionsprozesse. Abschließend vergleichen wir unser Konzept mit uns bekannten ähnlichen Ansätzen.

Entwickler, die Produktionsprozesse definieren wollen, also "prozessorientierte Entwickler" (POE), finden in diesem Kapitel Richtlinien und Hinweise für die Prozessdefinition. Anwender von Produktionsprozessen, d.h. "anwendungsorientierte Entwickler" (AOE), erhalten Information über die Steuerung des Produktionsprozesses durch ihre Anforderungen, und welche Mitwirkungsmöglichkeiten sie bei der Gestaltung eines Produktionsprozesses haben. Manager erfahren, welche strategischen Entscheidungen getroffen werden müssen, um erfolgreich einen Produktionsprozess definieren, anpassen und anwenden zu können.

6.1 Ziele des vollautomatischen Produktionsprozesses

Der Begriff "Automation" wird in der Softwareentwicklung mehrdeutig verwendet. Die Verbindung der Wörter "Automation" bzw. "automatisch" mit Entwicklungsaktivitäten wie Codieren und Testen erweckt üblicherweise den Eindruck, dass keine signifikanten manuellen Eingriffe mehr erforderlich sind, weil "Automation" auf anderen Gebieten tatsächlich in dieser Weise eingesetzt wird. Wie wir früher bereits erwähnt haben, handelt es sich aber in der Softwareentwicklung bisher nur um Teilautomation, die nur einen Bruchteil der gesamten Aktivitäten bzw. des Gesamtaufwandes abdeckt.

Dagegen ist unser Ziel die "Vollautomation" oder "vollständige Automation". Hierunter verstehen wir, dass kein Ablauf eines Produktionsprozesses einen manuellen Eingriff erfordert. Denn auch nur ein geringer manueller Eingriff senkt die Effizienz des Produktionsprozesses erheblich. Um uns von Teilautomation abzugrenzen, verwenden wir daher im Englischen das Adjektiv "automated" anstelle des üblichen "automatic", und bezeichnen den Ansatz als "Automated Software Production" ("ASaP"), der Automation von Testen, Verifikation und Validierung einschließt.

Die Mitwirkung eines Entwicklers beschränkt sich dann nur auf

- die Definition der Anforderungen in einer durch den Produktionsprozess definierten, aber auf die Bedürfnisse des Anwenders abgestimmten Notation,
- die Abnahme des automatisch erzeugten Produktes durch Lesen der zugehörigen, automatisch erstellten Berichte über die Produkteigenschaften, sowie auf
- die (geplante) iterative, inkrementelle Entwicklung des Produktes durch wiederholte Ausführung der ersten beiden Schritte.

Diese Vorgehensweise impliziert eine klare Trennung zwischen "innovativer, geistiger" Leistung ("Inspiration" im Sinne von Edison) und "wiederholbaren" Arbeitsschritten ("Transpiration"), die nach fest vorgegebenen Regeln ablaufen. In diesem Sinne repräsentiert ein "vollautomatischer Softwareentwicklungsprozess" 100%ige Wiederverwendbarkeit der im Rahmen des Produktionsprozesses eingesetzten Software.

Die vollständige Automation erfordert aber auch eine vollständige Lösung aller bei der Produktion möglicherweise auftretenden Probleme. Ein Entwickler, der einen solchen Produktionsprozess definieren will, muss sich dessen bewusst sein. Hierin unterscheidet sich das Konzept "ASaP" von anderen Ansätzen der Teilautomation, bei denen nicht alle Probleme abgefangen werden müssen, weil der Entwickler, der gleichzeitig POE und AOE ist, noch manuell eingreifen kann.

Wenn nicht zwischen POE und AOE unterschieden wird, vermischen sich beide Tätigkeitsarten, der vollautomatische Ablauf wird nicht realisiert. Jede manuelle Intervention verringert aber die Effizienz des Gesamtprozesses. Da sich solche Eingriffe bei jeder Produktion wiederholen, kann durch Vollautomation ein großes Einsparungspotenzial erschlossen werden, vorausgesetzt der Produktionsprozess selbst wird korrekt und effizient implementiert.

Neben der konkreten Ausgestaltung der Abläufe wird die fachgerechte Realisierung von solchen Produktionsprozessen daher ein weiterer Schwerpunkt dieses Kapitels sein.

6.2 Voraussetzungen für die Prozessdefinition

Die Definition eines automatischen Produktionsprozesses erfordert eine detaillierte und kritische Analyse der bekannten manuellen bzw. geplanten Arbeitsschritte. Eine direkte Übertragung bekannter Herstellungstechniken kann zu ineffizienter Automation führen, oder auch zum Scheitern bei Definition und Realisierung. Gute Voraussetzungen für eine erfolgreiche Analyse bringt mit, wer bereit ist, vertraute Handlungsweisen in Frage zu stellen. Denn er wird eher Alternativen entwickeln – sofern notwendig, die für die automatische Umsetzung besser geeignet sind als die bisher eingesetzten Verfahren.

Mangelhafte Implementierung eines Prozesses durch einen POE führt zu mangelnder Akzeptanz durch einen AOE. Das Scheitern eines POE beweist nicht die Unmöglichkeit der Realisierung von vollautomatischen Prozessen, sondern weist auf fehlende Erfahrung hin.

Vor der Realisierung eines automatischen Produktionsprozesses muss das Rationalisierungspotenzial im bisherigen oder geplanten Entwicklungsverfahren identifiziert werden. Dazu gehören

- der Abwurf von "Ballast",
  der nur benötigt wird, um Schwächen der manuellen Entwicklung zu beheben, wie beispielsweise das Erstellen und Lesen von Prüfberichten für Zwischenphasen. Solche Aktivitäten können entfallen, weil (bzw. wenn) "per Konstruktion" die Korrektheit garantiert wird.
- die Beseitigung von Denkblockaden,
  die beispielsweise
  - eine klare Trennung von Anforderungen und Produktion verhindern wie die übliche Zuordnung von Topologie- und Performanceaspekten zum Entwurf und damit der Produktion, obwohl es sich um Anforderungen handelt.
  - effizientes Testen verhindern, weil die Testvorbereitung, wie das Extrahieren von Testinformation aus Code, Ent-

wurf oder Spezifikation, anscheinend nur manuell möglich sein soll.

  - die zentrale Steuerung der Produktion verhindern, weil Teilprozesse unabhängig bzw. unkoordiniert behandelt werden wie Datenbankentwurf, Datenzugriffe, Benutzeroberfläche und Zugriffsrechte bei Datenbankanwendungen.

- die Einführung neuer Techniken wie
  - die automatische Testfallgenerierung und Evaluierung der Produkteigenschaften durch Synergie mit der Codegenerierung.
  - die Anpassung von Schnittstellen an die Zielplattform durch den Produktionsprozess.
  - die Überwachung des Produktionsprozesses durch sich selbst.
  - die "Orthogonalisierung von Produkteigenschaften", d.h. Entkopplung von Konfigurationsparametern.

Der "prozessorientierte Entwickler" (POE) muss sich das Ziel setzen, dass der Produktionsprozess ohne Eingriffe des "anwendungsorientierten Entwicklers" (AOE) immer zu einem für diesen verständlichen Ergebnis kommt, entweder durch definierten Abbruch, wenn die Voraussetzungen für eine korrekte Produktion nicht vorliegen, oder durch die gewünschte Produktion. Im regelungstechnischen Sinne muss der Prozess "regelbar" sein, d.h. auch unter Einfluss von Störungen wie falschen Eingaben des Anwenders das vorgegebene Ziel erreichen können.

These 51
Ein Anwender muss einem Produktionsprozess vertrauen können

Ein POE muss bei seiner Arbeit berücksichtigen, dass der AOE auf ihn angewiesen ist und er daher sehr sorgfältig den Prozess implementieren muss. Wenn der Produktionsprozess ohne Angabe von Gründen abbricht oder das Produkt nicht die gewünschten Eigenschaften aufweist, weil die Eingaben nicht wie vom Anwender erwartet umgesetzt werden, ist ein AOE quasi "hilflos", denn er kann (und sollte auch nicht) den Ablauf der Produktion überprüfen, für ihn ist der Produktionsprozess eine "Black-Box", ein Hilfsmittel, das seinen Anweisungen folgt, aber auch so intelligent ist, entweder bei drohendem Misserfolg die Ausführung zu verweigern oder auf Mängel des Produktes hinzuweisen.

Die Entkopplung von Anforderungen und Implementierung und die strikte Trennung von POE und AOE ist beabsichtigt. Sie ist Voraussetzung für die gewünschte Effizienzsteigerung. Ein AOE benötigt keine Information über Prozessinterna und Implementierungsdetails. Der POE darf daher keine Probleme bei der Realisierung des Produktionsprozesses offenlassen und darauf hoffen, dass der AOE sie bei Bedarf löst. Durch diesen Anspruch unterscheidet sich ein vollautomatischer Prozess von bisherigen Entwicklungswerkzeugen, bei denen die Anwender (AOE) Lücken ausfüllen müssen, die die Entwickler (POE) nicht schließen konnten oder wollten. In anderen Bereichen der industriellen Produktion ist der Anspruch auf Vollständigkeit dagegen selbstverständlich.

6.3 Entwicklerprofile

Durch die Einführung eines vollautomatischen Produktionsprozesses mit einer an der Anwendung ausgerichteten abstrakten Schnittstelle für die Formulierung der Anforderungen kann ein AOE ein Softwareprodukt korrekt erzeugen, ohne Kenntnisse in Softwareentwicklung und Software Engineering zu besitzen. Über den Produktionsprozess nutzt er das Know-how des POE, weil dieser es in einer wieder verwendbaren Form zur Verfügung stellt. Diese Art der Kooperation ist beispielsweise bereits aus dem Anlagenbau bekannt. Der Anwender baut auf den Erfahrungen des Anlagenbauers auf, bestellt eine Anlage statt sie selbst mühsam und unter hohen Risiken selbst herzustellen.

Nur der POE muss daher in Softwareentwicklung ausgebildet sein. Er entspricht daher weitgehend dem bisherigen Bild des Entwicklers, jedoch entwickelt er jetzt nicht mehr Softwaresysteme als Unikate, sondern Produktionsprozesse mit denen viele solcher Unikate hergestellt werden können.

Ein Systemingenieur, der ein Softwaresystem benötigt, aber keine Entwicklungserfahrung besitzt, kann durch einen Produktionsprozess das benötigte System selbst erzeugen. Dazu braucht er keine Kenntnisse in Softwareentwicklung, er muss aber fähig sein, seine Anforderungen konkret in der ihm gewohnten Notation vollständig und eindeutig auszudrücken.

Von der Gestaltung der Anwenderschnittstelle hängt der Erfolg der Prozesse ab. Wird unnötigerweise vom AOE verlangt, seine Anforderungen mit Elementen der Softwareentwicklung anzureichern, muss ein AOE mindestens Grundkenntnisse in der Softwareentwicklung besitzen. In einem solchen Fall verschiebt ein POE also – unzulässigerweise – softwaretechnische Aufgaben und Verantwortung an einen AOE. Umgekehrt sollte ein AOE nicht erwarten, dass ein POE für ihn systemtechnische Probleme löst.

Wir haben beide Variationen bereits in der Praxis beobachtet. Im ersten Fall können Entwickler ihre Welt nicht verlassen und glauben anscheinend, dass an dieser wichtigen Schnittstelle unbedingt softwaretechnische Information benötigt wird. Im zweiten Fall sind anscheinend die Systemingenieure unsicher, und erwarten daher von den Softwareingenieuren Hilfe bei der Lösung systemtechnischer Probleme. Beide Parteien müssen daher ihre Rolle überdenken und neu definieren, Verantwortung für ihre Aufgabe übernehmen und nicht verschieben oder delegieren, sowie notwendige Änderungen ihres Arbeitsplatzprofils akzeptieren.

Löst ein POE seine Aufgabe nur unvollständig, wird der AOE in seiner Arbeit blockiert oder behindert, seine Arbeit wird ineffizient. Der POE muss daher sehr genau und sorgfältig vorgehen und den unbedingten Willen haben, seine Arbeit zu perfektionieren. Dazu muss er gute Kenntnisse auf allen Gebieten der Softwareentwicklung besitzen, sich im Anwendungsbereich des Produktes auskennen oder die für ihn nötigen Kenntnisse erwerben, möglicherweise durch Zusammenarbeit mit einem AOE, und mit Softwareautomatisierungstechniken vertraut sein.

Diese scheinbar "hohen" Anforderungen an einen POE sind nicht überzogen, denn dort, wo in anderen Bereichen bereits Abläufe automatisiert sind, sind sie üblich und akzeptiert.

6.4 Die Prozessdefinition

Wir führen nun den Leser schrittweise in die Thematik der vollautomatischen Softwareproduktionsprozesse ein. Wir beginnen mit der abstrakten, allgemeinen Definition eines Produktionsprozesses, die für alle Anwendungsbereiche prinzipiell gültig ist. Konkrete Beispiele für bereits realisierte Prozesse in verschiedenen Anwendungsgebieten folgen im nächsten Kapitel.

In den früheren Kapiteln haben wir bereits an Beispielen erläutert, wo und wie Verbesserungen durch automatische Produktionsprozesse möglich sind. Wir hoffen, dass wir damit beim Leser das Interesse für die nun folgenden allgemeinen Anforderungen an Produktionsprozesse geweckt haben. Aus den früheren Schlussfolgerungen werden wir nun allgemeine Anforderungen ableiten.

Ein Produktionsprozess (ASaP[1]) besteht prinzipiell aus drei Teilen (Abb. 6-1):

- der Schnittstelle zur Definition der Anforderungen
  Über diese Schnittstelle soll der Anwender (AOE) in seiner gewohnten Notation die Anforderungen formulieren können.
  Benutzen Anwender verschiedene Notationen, sollte jeder die gewohnte benutzen können. "Transformatoren" als Teil des

[1] Wir verwenden nun die Abkürzung "ASaP" für einen (voll)automatischen Softwareproduktionsprozess.

Produktionsprozesses bilden dann die verschiedenen Repräsentationen äquivalenter Information auf eine Standardnotation ab, die den Produktionsprozess steuert.
Dieser Ansatz bietet folgende Vorteile:
- ein AOE muss seine gewohnte Umgebung nicht verlassen. Würde man ihn dazu zwingen, würde seine Effizienz sinken und seine Fehlerrate steigen.
- ein Produktionsprozess kann verschiedene, aber äquivalente Anwendungsbereiche abdecken. Die Anzahl der Einsatzmöglichkeiten erhöht sich bei nur geringen Zusatzkosten für die Transformatoren.

- dem Produktionsprozess selbst
  Er wertet die Anforderungen aus, weist sie zurück, falls sie fehlerhaft sind, oder übernimmt sie, erzeugt daraus das Produkt und dokumentiert dessen Eigenschaften.
- der Schnittstelle zur Übergabe des Produktes
  Über diese Schnittstelle erhält der AOE das Produkt, die Software, sowie eine Dokumentation über die Produkteigenschaften und Information, ob die Anforderungen erfüllt werden oder nicht.

These 56
Bei Fehler kein Code

Da durch ASaP das Produkt quasi "auf Knopfdruck" verfügbar ist, wird ein AOE iterativ bzw. inkrementell entwickeln, nach jedem Zyklus die aktuellen Eigenschaften des Produktes mit den Erwartungen vergleichen, und sich Zyklus um Zyklus dem Endzustand annähern. Ist er erreicht, wird das Produkt abgenommen.

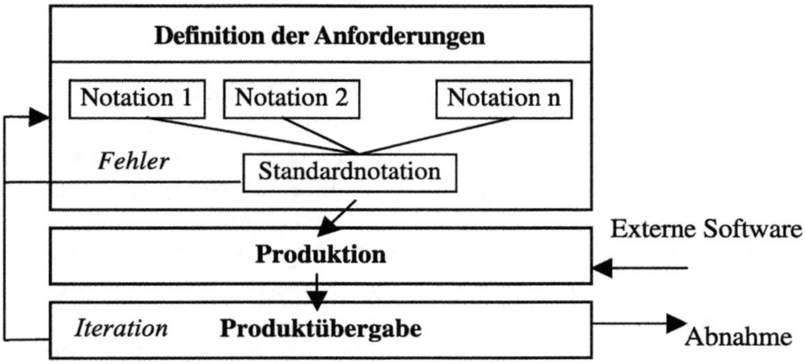

Abb. 6-1
Der prinzipielle Aufbau eines Produktionsprozesses

Da möglicherweise noch nicht alle Software mit Produktionsprozessen erzeugt werden kann bzw. bereits vorhandene Software benutzt werden soll, muss der Produktionsprozess bei Bedarf auch externe Software automatisch integrieren können.

6.5
Produktionsprozesse – im wesentlichen nichts Neues

Bevor wir im Detail auf automatische Softwareproduktionsprozesse eingehen, wollen wir die wesentlichen Merkmale von automatischen Produktionsprozessen an Beispielen des täglichen Lebens betrachten und dann auf die Software übertragen. Zwischen den bekannten Prozessen und Softwareproduktionsprozessen besteht eine Analogie, was helfen wird, die Anforderungen und auch die Optimierung besser zu verstehen. Da Software aber materielos ist, besitzen Softwareproduktionsprozesse noch weit mehr Fähigkeiten als solche, die materiebehaftet sind.

6.5.1
Anwendungsorientierte Produktionsprozesse

Aus folgenden Bereichen kennen wir Produktionsprozesse (um nur einige Beispiele zu nennen):

- mechanische Fertigung
  - Automobilbau: Pkw, Lkw
  - Gebrauchsgüter: Fernsehgerät, Radio, Kühlschrank
  - Halbleiterfertigung: Chips, Platinen
- Chemie / Pharmazie
  - Benzin, Kunststoffe
  - Tabletten
- Lebensmittel
  - Essen: Pralinen, Eis, Suppen, Backwaren
  - Getränke: Flaschenabfüllung

These 44
Automation impliziert Spezialisierung

Die jeweiligen Produktionsprozesse unterscheiden sich stark, weil sie auf das Produkt abgestimmt sind. Ihre Effizienz im Sinne von "produzierte Einheiten pro Zeit" wird erst durch diese Spezialisierung erreicht. Jeder Produktionsschritt hängt von den Eigenschaften eines Produktes ab. Manuelle Tätigkeiten sind auf einige wenige, einfache Aufgaben beschränkt.

Die verbleibenden manuellen Tätigkeiten würden eine komplexe Robotersteuerung erfordern. Beispielsweise wird eine Windschutzscheibe eines Pkw manuell in die Gummidichtung gedrückt, während die Scheibe selbst von einem Roboter transportiert und aufgelegt wird. Wir werden später sehen, dass bei der Softwareproduktion solche Hindernisse mechanischer oder ablauftechnischer Art nicht bestehen.

Betrachten wir nun einen Produktionsprozess für die Eisherstellung. Zunächst wird die Eiscreme erzeugt, in eine Form gegossen und gekühlt. Dann wird der Stiel eingeschossen, und das Eis in eine Schokoladenmasse getaucht, um den Überzug aufzubringen, danach wird das Eis wieder gekühlt und abgepackt.

These 12 Rationalisierungspotenzial ausschöpfen durch detaillierte Analyse der Produktionsschritte.

Die Schritte der Eisproduktion sind für die Herstellung eines Autos nicht brauchbar, und umgekehrt. Niemand würde auch nur ansatzweise darüber nachdenken, beide Produktionsarten zu vereinheitlichen. Ähnliches gilt für Softwareproduktionsprozesse: die Produktionsschritte sind spezifisch für das Produkt. Eine Ableitung aller Produktionsprozesse aus einem allgemeinen Prozess ist nicht sinnvoll. Aber alle Prozesse basieren auf einem gemeinsamen Konzept:

- das Herstellungsverfahren besteht aus Teilschritten
- das Ergebnis des vorherigen Schrittes kann ohne manuellen Eingriffe vom nächsten Schritt übernommen werden,
- jeder Einzelschritt ist vollautomatisiert, manuelle Eingriffe von außen sind nicht erforderlich,
- die Herstellungskette und die Aufgaben jedes Teilschrittes werden für einen bestimmten Anwendungsbereich geplant,
- Teilschritte sind anwendungsspezifisch, aber sie können zur Herstellung ähnlicher Produkte wieder verwendet bzw. adaptiert werden,
- Teilschritte können selbst wieder als Herstellungsverfahren organisiert sein.

Die kleinste gemeinsame Schnittmenge für Fahrzeug- und Eisproduktion enthält beispielsweise Motoren, Universalroboter, Transportbänder. Auf dieser niedrigen Abstraktionsebene würde dann ein AOE die Produktion einer bestimmten Eisart zu definieren haben. Statt mit der Definition der Zutaten müsste er sich erst einmal mit dem Bau der Produktionsanlage beschäftigen, also die Rolle des POE übernehmen.

Genau so gestaltet sich aber z.B. der Einsatz von UML. Das Ziel der Vereinheitlichung verhindert damit eine höhere Abstraktion und Spezialisierung und schließlich mehr Effizienz. Tatsächlich greifen Eishersteller aber auf vorhandene Produktionsprozesse zurück, die von einem POE realisiert wurden. Durch diese Kooperation erhöht sich die Effizienz. Und diesen Vorteil wollen wir auch für die Softwareentwicklung nutzen.

Scheinbar besteht ein Konflikt zwischen diesen verschiedenen Zielsetzungen. Bessere Effizienz erfordert Spezialisierung des Produktionsprozesses, ein breiteres Einsatzgebiet für den Prozess (das Ziel von UML) impliziert aber geringe Abhängigkeit des Prozesses vom Produkt und damit wenig Potenzial für Rationalisierung.

Der Senkung der Herstellungskosten pro Stück durch Automation stehen die Investitionskosten für die Produktionsanlage gegenüber, die auf die Stückzahl umgerechnet wird. Bei zu geringer Stückzahl = "Zahl der Anwendungen" werden die Einsparungen durch Automation kompensiert durch die Kosten der Investition in die Produktionsanlage. Hier muss also ein Kompromiss gefunden werden.

Werden nur allgemein verwendbare Methoden eingesetzt, so verringert sich die Höhe der Investitionen wegen der größeren Stückzahl und damit niedrigeren Kosten pro verkaufter Prozessanwendung. Aber auch das Rationalisierungspotenzial, das zur Senkung der Herstellungskosten beitragen kann, verringert sich, weil entweder weniger Prozessschritte unterstützt werden oder der vorgegebene allgemeine Prozessablauf eine Optimierung des speziellen Ablaufs nicht unterstützt.

Ziel muss daher eine Gesamtoptimierung sein: möglichst viele Schritte des speziellen Produktionsprozesses unterstützen, und einen breiten Markt erschließen.

Trotz der Spezialisierung kann es für einen Produktionstyp zahlreiche Anwendungen geben. So können verschiedene Tablettenarten durch Mischung unterschiedlicher Zutaten ("Parametrisierung") mit dem selben Produktionsprozess hergestellt werden. Auch verschiedene Eissorten lassen sich mit der selben Produktionskette herstellen, ohne die Produktionsanlage umbauen zu müssen.

Ein hoher Spezialisierungsgrad und breite Einsetzbarkeit eines Produktionsprozesses müssen nicht zwingend zu einem Konflikt führen, wenn der Prozess konfigurierbar und adaptierbar ist. Gerade hinsichtlich Adaptierung eröffnet ein Softwareproduktionsprozess viel mehr Möglichkeiten als ein Prozess für materielle Produkte. Denn mechanische Arbeiten und Logistik für die Produktionsmittel sowie die Herstellung von Hilfsmitteln bzw. Werkzeugen sind nicht notwendig, nur Algorithmen und Organisation, und die kann ein Softwareproduktionsprozess selbst definieren und realisieren, sofern genügend Speicher und CPU-Leistung verfügbar sind.

Durch Parametrisierung kann ein spezieller Prozess, der auf seinem Anwendungsgebiet das Rationalisierungspotenzial voll ausschöpft, spezielle Anforderungen von verschiedenen Anwendern abdecken. Trotz der Spezialisierung ist ein solcher Prozess vielseitig einsetzbar. Er vereinbart optimal die Eigenschaften "hohe Effizienz" und "breiter Anwendungsbereich".

6.5.2 Spezialisierung vs. Vereinheitlichung

Wegen der grundsätzlichen Bedeutung spezialisierter, aber breit einsetzbarer Produktionsprozesse und der gegenwärtigen Diskussion über einen einheitlichen Entwicklungsansatz, hauptsächlich veranlasst durch UML ("Unified Modelling Language"), stellen wir beide Vorgehensweisen "Spezialisierung" und "Vereinheitlichung" nun gegenüber.

In unserem Prozessansatz führt Spezialisierung zur Optimierung und zu mehr Effizienz. Spezialisierung kann aber auch durch Einschränkung zur Ineffizienz führen. Aus diesen Blickwinkeln wollen wir nun ASaP und UML betrachten.

In Bereichen, in denen Automation bereits eingesetzt wird – wie beispielsweise in den oben genannten mechanische Fertigung, Chemie/Pharmazie, Lebensmittel – ist bereits bekannt, dass Rationalisierungspotenzial erst durch Spezialisierung des Herstellungsverfahrens entsteht. Im Bereich der Softwareentwicklung dagegen wird gegenwärtig versucht, mit einer einheitlichen Notation wie UML alle Softwareprodukte abzudecken.

Da ein allgemeiner Ansatz einen speziellen Ansatz mit abdecken kann, ist das sicher möglich. Aber ist dies auch effizient?

Betrachten wir dazu die prinzipiellen Aktivitäten im Rahmen von UML:

- die Analyse über "Use Cases"
- das Modellieren der Software durch Hilfsmittel wie Klassen- und Aktivitätsdiagramme.

6.5.2.1 UML Use Cases

Im Fall der Use Cases ist nicht vorgesehen, Details der Anwendung zu unterstützen, die Anwendung wird nur grob beschrieben. Stattdessen sollen sie als Vorbereitung für die Erstellung des "eigentliche" Modells dienen. Damit verbleibt ein erhebliches Risiko, weil die Lösung von Problemen, die erst bei detaillierterer Betrachtung auftreten, auf eine späte Phase verschoben wird. Eine solche Situation ist besonders kritisch: man glaubt, alle Probleme seien gelöst, und unterlässt Vorsorgemaßnahmen.

Ein Beispiel für ein schwer erkennbares Problem haben wir bereits früher gegeben: die fehlertolerante Raumfahrtanwendung im DDV-Projekt. Wäre der Fehler durch Einsatz geeigneter Methoden nicht frühzeitig erkannt worden, wären erhebliche Zusatzkosten und Zeitverzug wegen notwendiger Änderungen entstanden.

Unser Ziel ist, die Entwicklungsmethode für alle Anwendungen eines Bereichs so zu vereinheitlichen, dass alle Anwendungen davon profitieren können. Der Leser mag nun die Frage aufwerfen, ob denn die speziellen Anforderungen an ein sehr kritisches System bei der Entwicklung aller Systeme unbedingt berücksichtigt werden müssen.

Diese Frage ist dann berechtigt, wenn die Erfüllung dieser hohen Anforderungen zu ungerechtfertigt hohen Kosten bei "normalen" Anwendungen führen würde. Wenn es aber ein Verfahren gibt, das sowohl höhere Zuverlässigkeit sichert als auch die Kosten senkt, warum soll dann nicht auf der Ebene der Qualität und Zuverlässigkeit eine Vereinheitlichung möglich sein?

Automatische Produktionsprozesse ermöglichen "vereinheitlichte" Qualität, weil Kosten und Entwicklungszeit für alle gleich niedrig sind. Dieses Ergebnis wird – paradoxerweise – durch Spezialisierung erreicht.

UML vereinheitlicht die Notation und den Prozess, spezialisiert bzw. beschränkt Zuverlässigkeit und Qualität. ASaP spezialisiert die Notation und den Prozess, vereinheitlicht Zuverlässigkeit und Qualität auf hohem Niveau.

Beim UML-Prozess kann das spezifische Rationalisierungspotenzial nicht ausgenutzt werden, durch die Begrenzung von Kosten und Zeit müssen die Qualitätssicherungsmaßnahmen reduziert werden. Daher muss der Aufwand für diese Maßnahmen angepasst, also spezialisiert werden. ASaP kann durch Spezialisierung das Rationalisierungspotenzial nutzen, dadurch Kosten senken und die Qualität allgemein erhöhen.

6.5.2.2 Modellierung mit UML

Bei der UML-Modellierung werden systemtechnische Aspekte wie Abläufe, Aktivitäten, Topologie mit softwaretechnischen Aspekten wie Datentypen und Klassen gemischt. Obwohl UML auf einem objekt-orientierten Ansatz (OOP) aufbaut, mit dem ein hoher Abstraktionsgrad erreicht werden soll, ist keine Trennung von System und Software möglich.

Daraus ergibt sich unserer Meinung nach eine zu starke Spezialisierung auf die jeweilige Anwendung. In folgenden Projekten sind dann auf verschiedenen Ebenen und Komponenten manuelle Änderungen vorzunehmen.

Um System und Software, Analyse und Entwurf in UML voneinander zu trennen, muss von vornherein eingeplant werden, dass die System- und Analysediagramme nicht als Anfangspunkt für die im Entwurf entstehenden Softwaremodelle verwendet werden können.

Somit entsteht eine weitere Schnittstelle, an der Information manuell von einer Phase in die nächste weiter transportiert werden muss. Diese manuelle Transformation verhindert nicht nur die Erhöhung der Produktivität, sondern stellt auch eine weitere Fehlerquelle in einer kritischen – da frühen – Phase des Projekts dar.

Performanceaspekte und die Optimierung von Test, Verifikation und Validierung werden bei der Modellierung mit UML nicht so unterstützt, dass hohe Qualität und Zuverlässigkeit bei niedrigen Kosten erreicht werden können. Die einheitlich für verschiedene Anwendungsbereiche einsetzbare UML-Notation für die Modellierung spezialisiert sich auf den Entwurf mit möglicher Codegenerierung durch UML-Werkzeuge.

Da UML aber offen ist und UML-Werkzeuge Anpassungen und Erweiterungen beispielsweise über Stereotypen ermöglichen, kann UML trotzdem für vollautomatische Produktionsprozesse eingesetzt werden, wenn geeignete Regeln eingeführt und beachtet werden. In diesem Fall bringen Erweiterungen bzw. das Ausklammern bestimmter Teile der UML-Notation die gewünschte Effizienz, sofern die Überprüfung dieser Einschränkungen durch das jeweilige UML-Werkzeug unterstützt wird

6.5.3 Der konfigurierbare Produktionsprozess

Bei Umlage der Aufwendungen für die Produktionsanlage auf die produzierten Einheiten muss der Endpreis des Produktes noch am Markt akzeptabel sein. Dies ist möglich, wenn viele Einheiten produziert und/oder viele Anlagen verkauft werden können. Durch Einsatz einer Produktionsanlage können aber auch viel mehr Einheiten produziert werden, so dass der Endpreis in der Regel stark reduziert werden kann. Dadurch kann ein größerer Kundenkreis erschlossen werden, und es lassen sich mehr Einheiten als früher absetzen.

Eine Produktionsanlage für einen bestimmten Autotyp ist meistens nur einmal vorhanden, dafür ist die Zahl produzierter Autos hoch, der Anteil der Investitionskosten am Endpreis akzeptabel.

Eine Anlage zum Herstellen von Brot oder Brötchen kann vielfach an Bäcker verkauft werden, dadurch ist ihr Preis nicht so hoch. Die Umlage der Anschaffungskosten auf den – im Vergleich zu einem Auto – viel niedrigen Preis der Backwaren daher auch akzeptabel, weil viel mehr Brötchen als Autos hergestellt werden.

Softwareproduktionsprozesse lassen sich prinzipiell mit den o. g. Prozessen vergleichen, aber es besteht ein wesentlicher Unterschied: Softwareproduktionsprozesse erzeugen keine Massenprodukte wie

Autos oder Brot, sondern Unikate. Um mehrere Instanzen eines Softwareproduktes generieren zu können – im Automobilbau wären dies Autos, benötigt man keine komplexe Anlage, man kopiert einfach die Software. Zum "Kopieren" eines Autos benötigt man dagegen eine Produktionsanlage.

Aus dieser Sicht bringt die Entwicklung eines Prozess, der nur ein einziges Auto produzieren soll, keine wesentlichen Vorteile gegenüber der "manuellen" Einzelfertigung. Beim Einsatz einer "Softwareproduktionsanlage" zur Erzeugung von Unikaten, würde man zuerst den Produktionsprozess entwickeln, und dann damit einmalig das gewünschte Produkt erzeugen.

These 59
Software kann Softwareproduktionsprozesse erzeugen

Um effizient zu sein, muss ein Softwareproduktionsprozess verschiedene "Unikate" erzeugen können. Auf den Automobilbau übertragen, wären das Prozesse, mit denen sowohl Pkw, Lkw als auch Fahrräder und Motorräder produziert werden könnten, ohne mechanischem Umbau der Anlage. Ein solcher parametrisierbarer Produktionsprozess würde also die gesamte Klasse der "Fortbewegungsmittel" abdecken.

These 60
Softwareproduktionsprozesse decken Produktklassen ab

Was bei materiebehafteten Produktionsprozessen nicht so einfach zu erreichen ist – weil nur durch mechanischen Umbau, stellt für Softwareproduktionsprozesse kein Problem dar: sie können sich leichter anpassen. Während zur Änderung der Tablettenform ein Strukturteil ausgetauscht werden muss, reicht bei der Software eine Datenänderung, die auch von einem Programm veranlasst werden kann. Daher lassen sich parametrisierbare Produktionsprozesse in der Software leicht realisieren, wenn man die entsprechende Erfahrung besitzt hinsichtlich optimaler Wahl der Parameter und geeigneter Herstellungsschritte.

Die Optimierung der Produktionskette durch Spezialisierung erfordert eine geeignete Organisation und beeinflusst möglicherweise auch die Strukturierung des Produktes in eine Hierarchie von Unterkomponenten, was zu einer Hierarchie von Produktionsprozessen führt.

Durch die Parametrisierung erweitert sich der Einsatzbereich von Softwareproduktionsprozessen. Es lassen sich leicht viele Unikate herstellen, im Prinzip abzählbar unendlich viele. Übertragen auf den Automobilbau könnte ein Käufer eines Autos Karosserie, Motor und weitere Merkmale bei der Bestellung angeben und bekäme dann sofort das Auto "auf Knopfdruck" ausgeliefert. Durch die exakte Reproduzierbarkeit des Produktionsablaufes kann auch die "Typzulassung" eines neuen Unikates durch den TÜV garantiert werden, vorausgesetzt der Produktionsprozess erfüllt die für die Qualitätssicherung notwendigen Randbedingungen, die wir später erläutern werden.

Im Softwarebereich kann ein Produktionsprozess beispielsweise die gesamte Klasse der möglichen Infrastrukturen für verteilte Echtzeitsysteme abdecken. Der Anforderer spezifiziert die Merkmale seines Systems wie Topologie, Kommunikation, Verhalten, die notwendige Software wird dann korrekt erzeugt.

Trotz der Parametrisierbarkeit können nicht alle Anwendungsbereiche abgedeckt werden. Die Software für ein Echtzeitsystem benötigt andere Produktionsschritte als ein Datenbanksystem oder eine grafische Benutzeroberfläche, vergleichbar den unterschiedlichen Herstellungsmethoden für Pkw und Eis. Die Produktionsschritte für diese Anwendungsklassen sind so unterschiedlich, dass keine gemeinsame "Wurzel" gefunden werden kann, aus der alle Prozesse effizient abgeleitet werden können.

Deshalb sind für sehr verschiedene Anwendungen auch unterschiedliche Produktionsprozesse notwendig. Aber alle Prozesse lassen sich nach einem gemeinsamen Schema strukturieren. Daher können Erfahrungen, Techniken und Teilstrukturen übertragen bzw. wieder verwendet werden. Hat man erst einmal begonnen, Prozesse zu definieren, sinkt daher der Aufwand für die Realisierung weiterer Prozesse. Die Methoden der Prozessdefinition implizieren effektive Organisation und erhöhen damit die Chancen auf Wiederverwendung.

6.5.4 Vollautomatische Produktionsprozesse

Automation wurde seit Beginn des 20. Jahrhunderts konsequent zur Steigerung der Produktionsrate und zur Senkung der Stückkosten eingesetzt. Zuerst wurden einfache, aber körperlich anstrengende Tätigkeiten von Automaten übernommen. Heute können Automaten komplexe Abläufe ausführen, und die Qualität der Produkte ist erheblich besser als bei manueller Produktion.

Beim Einsatz von Automaten bzw. automatischen Softwareproduktionsprozessen wird die menschliche Mitwirkung für höher qualifizierte Tätigkeiten als früher benötigt, und zwar für

- die Planung und Realisierung des Produktionsprozesses
  - Analyse des bekannten manuellen oder des geplanten Produktionsprozesses
    Dies ist die Tätigkeit des POE ("Automationsexperte"), der Unterstützung vom AOE ("Domainexperten") benötigt. POE und AOE können auch identisch sein. Sie ist vergleichbar mit der Rolle des "Arbeitsvorbereiters", der früher die Produktionsschritte bei manueller Herstellung festlegte.

- den Produktionsprozess realisieren und die notwendigen Einrichtungen bereitstellen
  Das ist die Aufgabe des POE., vergleichbar mit der Tätigkeit eines Anlagenbauers.
- das Erzeugen eines Produktes
  - Spezifikation des Produktes
    Das ist Aufgabe des AOE.
    Bei der Herstellung von Speiseeis entspricht dies der Definition der Rezeptur.
  - Ausführen des Produktionsprozesses
    Das ist ebenfalls Aufgabe des AOE. Bei vollautomatischen Softwareproduktionsprozessen übergibt er seine Anforderungen an den Prozess und drückt den "Knopf" zum Start der Produktion.
  - Abnahme des Produktes
    Der AOE übernimmt das Softwareprodukt und prüft anhand der mitgelieferten Berichte, ob es seinen Erwartungen entspricht. Möglicherweise muss er Korrekturen an seiner Spezifikation vornehmen und einen neuen Produktionsvorgang starten.
  - Optimierung des Produktes
    Ein AOE kann inkrementell durch mehrere geplante Produktionszyklen das Produkt optimieren, bis es die gewünschten Eigenschaften besitzt.

6.5.5 Prozessparameter

These 52
Ein Anwender muss die volle Kontrolle über den Prozess haben.

Prozessparameter steuern den Produktionsprozess und definieren das Ergebnis. Mit Prozessparametern

- können die Eigenschaften eines Produktes innerhalb einer Produktklasse wie "verteilte Echtzeitsysteme" festgelegt werden.
  Diese Art der Parametrisierung ermöglicht erst die Einführung eines Produktionsprozesses. Sie entkoppelt die Produkteigenschaften von der Herstellung.
- kann der Anwendungsbereich eines Prozesses auf verschiedenen "Produktklassen" erweitert werden, wie die Abdeckung von Echtzeitsystemen und Client-Server-Systemen über einen gemeinsamen Prozess für "verteilte Systeme".
  Diese Parameter erweitern die Parameter einer Produktklasse, und erlauben die hierarchische Definition eines Produktes aus Teilkomponenten einer spezialisierteren Produktklasse.

Durch Hinzufügen von Parametern, die die Definition einer Netzwerktopologie ermöglichen, kann aus einem Prozess für "Echtzeitsysteme auf nur einem Rechner" ein Prozess für "verteilte Echtzeitsysteme" werden. Die Erweiterung des Parametersatzes impliziert selbstverständlich einen Ausbau des Prozesses.

Über Parameter wie "Prozessname", "Zykluszeit", "Timeout" können dagegen die Eigenschaften einer Produktklasse wie "Echtzeitsysteme" festgelegt und variiert werden.

Trotz Spezialisierung auf bestimmte Produktklassen kann der unterstützte Bereich durch die Parametrisierung unendlich groß werden. Als Synonym für "Prozessparameter" werden wir den Begriff "Konfigurationsparameter" verwenden, da wir über die Parameter den Prozess so konfigurieren, dass er ein bestimmtes Produkt herstellen kann.

Es ist die Aufgabe des POE, zusammen mit einem AOE die geeigneten Parameter zu identifizieren. Da der Satz der Parameter möglicherweise später noch erweitert werden muss, sollte der Produktionsprozess flexibel angepasst werden können. Die Prozessparameter tragen wesentlich zum Erfolg des Produktionsprozess und seiner häufigen Verwendbarkeit bei. Daher wollen wir nun Anforderungen an Prozessparameter formulieren.

6.5.5.1 Wahl der Parameter

Die Parameter sollten entkoppelt sein, sich nicht überlappen. Im mathematischen Sinne sollten sie "linear unabhängig" sein und als (zueinander orthogonale) Basisvektoren einen n-dimensionalen Raum aufspannen. Durch die Entkopplung soll Redundanz in den Anforderungen vermieden werden.

Redundante Information führt zu Konflikten, weil die verschiedenen Informationsteile sich widersprechen können. Die notwendigen Korrekturen erfordern Mehraufwand, ebenso das Wiederholen von Information. Somit verringert Redundanz die Effizienz und erhöht die Fehlerwahrscheinlichkeit.

Zur besseren Entkopplung sollten die Parameter in Untermengen eingeteilt werden, die voneinander unabhängige Eigenschaften beschreiben. Eine hierarchische Gliederung ist sinnvoll.

Beispielsweise sollten verschiedene Typen von Eigenschaften durch getrennte, zueinander orthogonale Parametermengen beschrieben werden. Die Performance von Datenkanälen wie Datenrate oder Antwortzeit oder der Dateninhalt sollten mit einem Satz von Parametern definiert werden, die Fehlertoleranz des Übertragungskanals mit einem anderen. Verknüpfung zwischen beiden Gruppen sollten über eine Abbildung realisiert werden.

Erfordern die zu übertragenden Daten verschiedene Zuverlässigkeitsklassen des Kanals, dann sollte der Kanal nicht direkt angegeben werden, nur die Art der benötigten Zuverlässigkeit. Für jeden Kanal wird neben der konkreten Realisierung der Übertragung und der Fehlertoleranz auch noch die Zuverlässigkeitsklasse angegeben. Der Produktionsprozess kann dann selbst die geeigneten Kanäle bestimmen. Ändern sich die Anforderungen, werden die Werte der Parameter geändert, die Umsetzung erfolgt durch den Prozess.

Die Wahl der Prozessparameter beeinflusst stark die Effizienz der Anwenderschnittstelle und die Breite des Einsatzgebietes. Erfahrung ist wichtig, um die Parametergruppen zu entkoppeln wie in dem obigen Beispiel, und den Aufwand für die Definition der Anforderungen zu minimieren.

6.5.5.2 Reduktion der Parametermenge

Die Menge der Parameter beeinflusst die Komplexität der Anwenderschnittstelle und den für die Definition des Produktes notwendigen Aufwand. Die Parametermenge wird reduziert, wenn redundanter Information vermieden wird.

Nach unseren Beobachtungen entsteht Redundanz, weil (Teil)Information in verschiedener Form benötigt wird, d.h. ein Teil kann aus dem anderen abgeleitet werden über eine Transformation, die der Anwender selbst ausführen muss. Von heutigen Werkzeugen wird daher geprüft – wenn überhaupt, ob ein Anwender konsistente Information eingegeben hat. Sinnvoller ist es dagegen, die Transformation vom Prozess ausführen zu lassen. Das spart Aufwand und garantiert Konsistenz.

Betrachten wir beispielsweise ein Netzwerk von Prozessoren, die über TCP/IP oder UDP miteinander verbunden werden sollen. Für TCP/IP müssen wir für die Verbindung aller Rechner n*(n-1)/2 Paare angeben, da es sich um einen Punkt-zu-Punkt-Typ handelt. Aufwand und Anzahl der Verbindungen wachsen somit quadratisch mit der Zahl der Netzwerkknoten an. Schnell wächst auch das Risiko, ein Paar zu vergessen oder vielleicht einen Prozessornamen falsch zu schreiben.

In diesem Beispiel wird die Information über die Prozessoren redundant verwendet. Erstens, um die Knoten selbst zu definieren, zweitens, für die Herstellung der Verbindungen. Die möglichen Verbindungen leiten sich aber nach einer klaren Regel aus der "Basisinformation" über die Prozessoren ab. Die Information, die für die Verbindungseinrichtung notwendig ist, muss daher nicht vom Anwender explizit angefordert werden. Die Angabe, dass TCP/IP-

Verbindungen gewünscht werden, und die Definition der zugehörigen "Konstruktionsregel" reichen aus.

Durch die Verknüpfung der Parameter mit Konstruktionsregeln wird der Umfang der Anforderungen wesentlich reduziert, Inkonsistenzen "per Konstruktion" der Anwenderschnittstelle ausgeschlossen.

Aus mathematischer Sicht bilden Funktionen – stetige und unstetige – das Bindeglied zwischen der einfachen, redundanzfreien Menge von Parametern und daraus abgeleiteten Kombinationen, auch höherer Ordnung. Solche Funktionen sind Teil der Konstruktionsregeln.

Parametrisierung und Konstruktionsregeln vereinfachen wesentlich die Anwenderschnittstelle. Dies ist einer der Aspekte, mit denen ihre Komplexität vereinfacht werden kann. Wir werden später detailliert auf Komplexitätsreduktion eingehen.

6.5.5.3
Parametertypen und Parameterstrukturen

Unter dem Begriff "Typ" verstehen wir hier nicht einen "Datentyp" im Sinne einer Programmiersprache, sondern folgende Arten von Prozessparametern:

- offene Mengen von Parametern
  wie Prozessoren, Prozesse, Zustände, "Messages", Kommunikationskanäle, Datenfelder
- feste Anzahl von Parametern,
  die beispielsweise Attribute anderer Parameter sind,
  wie Grad der Fehlertoleranz eines Kanals für die Datenübertragung, Anzahl von Instanzen eines Prozesstyps, Timeout einer erwarteten Nachricht.

Durch Schachtelung von Parametern können somit Parameterstrukturen und -hierarchien entstehen. Wichtig ist, dass ein Produktionsprozess beliebige Mengen von Parametern unterstützt, die Produktion skalierbar hinsichtlich der Menge ist, damit beispielsweise ein System von n Prozessen oder eine Datenbankstruktur mit k Datenfeldern für beliebige n und k erzeugt werden kann.

6.5.5.4
Parameterwerte

Die Werte der Parameter an dieser anwenderorientierten Schnittstelle sollten unabhängig von der Implementierung sein. Namen (Literale, Text usw.) und Zahlen reichen aus, Datentypen sind nicht erforderlich.

Um einen Prozess einzuführen, wird "ProzessX" angegeben, für eine Zykluszeit "1" oder "0.5" in der vom Produktionsprozess definierten Einheit wie "Sekunde", für ein Datenfeld beispielsweise "Name". Sofern nur ein bestimmter Bereich zulässig ist, überprüft der Produktionsprozess die Gültigkeit der eingegebenen Werte, und weist den Anwender auf Fehler hin.

Der Prozess legt intern die Datenrepräsentation fest und berücksichtigt dabei z.B. den numerischen Wertebereich. Keinesfalls sollte von einem Anwender verlangt werden, die Prozessparameter wie in einer Programmiersprache einzugeben, beispielsweise

```
Prozess1 : const string:="Prozess1";
```

In einem Kontext, in dem ein Prozessname erwartet wird, muss die Nennung eines bisher nicht definierten Namens – z.B. "Prozess1" – ausreichen, um einen weiteren Prozess im System zu generieren, dessen Eigenschaften dann ggf. noch durch weitere Parameter festgelegt werden. Trotzdem können Schreibfehler von Namen erkannt werden, da durch das Metamodell (s. Kap.6.5.9) auf Konsistenz und Vollständigkeit geprüft wird. Fehler durch falsche Schreibweise, wie sie z.B. von BASIC her bekannt sind, können sich nicht in die ausführbare Software fortpflanzen, sondern werden frühzeitig durch die Verifikation erkannt.

Der Anwender sollte auch nicht gezwungen sein, die Gesamtanzahl von Elementen wie "Prozessen" selbst zu definieren, das sollte der Produktionsprozess übernehmen. Dieser kann einfacher die Mengen und den notwendigen Speicherplatz bestimmen sowie die notwendigen Prüfungen durchführen.

6.5.5.5 Parameterklassen

Unter Parameterklassen verstehen wir Mengen von Parametern, die hinsichtlich der Konstruktion des gewünschten Produktes voneinander unabhängig sind. Bei einer Änderung von Parameterwerten der einen Klasse sind keine Änderungen von Parametern der anderen Klasse notwendig. Diese Mengen bilden quasi Unterräume im Gesamtraum der Konfigurationsparameter für ein Produkt.

Betrachten wir Parameter, mit denen wir einen Echtzeitprozess definieren. Dazu gehört der Name eines Prozesses, aber auch seine Zustände und die Kommandos, die er in einem Zustand empfangen kann. Wird ein neuer Zustand eingeführt, dann müssen für ihn auch Kommandos definiert werden. Wird ein Datenfeld in einer Datenbank definiert, dann muss als weiteres Attribut sein Typ wie "Integer" oder "String" festgelegt werden.

Unabhängig davon können wir für einen Prozess den Grad der Fehlertoleranz festlegen, also die Anzahl gleichwertiger Prozesse, die eine Aufgabe in einem System (dem Produkt) übernehmen sollen. Alle Eigenschaften dieser Prozesse sind identisch und werden durch die Parameterklasse "Verhalten" definiert, zu der die Parameter "Zustand" und "Kommando" aber auch "Timeout" gehören. Mit dem Parameter Fehlertoleranz und den möglichen Werten "keine Redundanz" (nur ein Mal vorhanden), "1-fach redundant" (zwei Mal vorhanden) wird ab 1-facher Redundanz zusätzliche Funktionalität für einen Prozess angefordert, ohne seine anderen Eigenschaften zu verändern.

Bei einer verteilten Datenbank könnten wir fordern, dass bestimmte Datenstrukturen auf verschiedenen Rechnern gespeichert werden, um damit gegen Datenverlust bei Ausfall eines Rechners abgesichert zu sein.

In solchen Fällen würde zusätzliche Funktionalität hinzugefügt werden, beispielsweise für die Koordination der Prozessinstanzen oder für den Zugriff und die Aktualisierung der Daten, ohne dass Funktionalität, die von anderen "Klassen" bestimmt wird, geändert werden muss.

Jede Parameterklasse steuert somit einen unabhängigen Teilprozess, der bei Bedarf aktiviert werden kann, z.B. wenn n-fache Redundanz (n>0) benötigt wird. Gewisse Teilprozesse sind obligatorisch wie der zur Klasse "Verhalten", andere optional wie für die Fehlertoleranz. Für die Effizienz des gesamten Produktionsprozesses ist es wichtig, insbesondere für Wartung und Wiederverwendbarkeit der Teilprozesse, dass er in solche unabhängigen Teilprozesse zerlegt wird.

Die Zerlegung der Konfigurationsparameter in solche "Parameterklassen" und eines Produktionsprozesses in zugehörige Teilprozesse ist eine hinreichende und notwendige Bedingung für die effiziente Entwicklung und Wartung von automatischen Produktionsprozessen.

6.5.5.6 Parameterprüfung

Der Übergang von einer Programmiersprache zu Parametern, die eine Ausprägung des Produktionsprozesses definieren, impliziert

- den Übergang zu einer höheren Abstraktionsebene,
  Der Produktionsprozess löst bereits auf der (unteren) Ebene der Programmiersprache die wesentlichen Aufgaben so, dass eine Parametrisierung möglich ist.
- zunächst den Verlust der Prüfmöglichkeiten eines Compilers.

Wir haben bereits früher die erheblichen Nachteile einer fehlenden Möglichkeit auf Prüfung gültiger Annahmen diskutiert, unter denen ein Programm korrekt arbeitet. Dazu reichen die Prüfungen eines

Compilers nicht aus, trotzdem können durch die vorhandenen Prüfungen bereits viele Fehler erkannt und beseitigt werden.

These 46 Fehler in den Parametern dürfen sich nicht in den Produktionsprozess fortpflanzen

Der Verlust dieser Prüfungen beim Übergang auf eine datenorientierte Parametrisierung kann daher nicht akzeptiert werden, sondern muss durch entsprechende Prüfvorkehrungen im Produktionsprozess kompensiert werden. Der scheinbare Nachteil durch Verlust der Prüfmöglichkeit wandelt sich daher in einen Vorteil, denn der Prozess kann – bei entsprechender Organisation – viel mehr prüfen, als ein Compiler es kann. Durch den höheren Abstraktionsgrad und die Fokussierung auf die anwendungstechnischen Aspekte bekommt der Prozess viel mehr an Kontextinformation als ein Compiler und kann dies in mehr Qualität des Endproduktes umsetzen.

Im einfachsten Fall wird geprüft, ob numerische Parameter im gültigen Bereich liegen. Dies wird auch schon von einigen Compilern durchgeführt. Wesentlich mächtiger sind Prüfungen auf Vollständigkeit und Konsistenz in einem durch das Metamodell bekannten semantischen Kontext.

6.5.6 Typen von Produktionsprozessen

Wir unterscheiden Produktionsprozesse nach der Art, wie die Anforderungen definiert werden, und der Art des Ergebnisses:

- Anforderungen
  - werden neu definiert, oder
  - werden aus vorhandener Information abgeleitet,
- Ergebnis ist
  - ein neues Produkt,
  - ein portiertes oder erweitertes Produkt, oder
  - ein getestetes Produkt.

Durch Kombination ergeben sich die in Abb. 6-2 dargestellten 4 Haupttypen, die sich aus drei Untertypen "Produktion" (≡Typ 1), "Informationsextraktion" und "Testfallgenerierung" zusammensetzen.

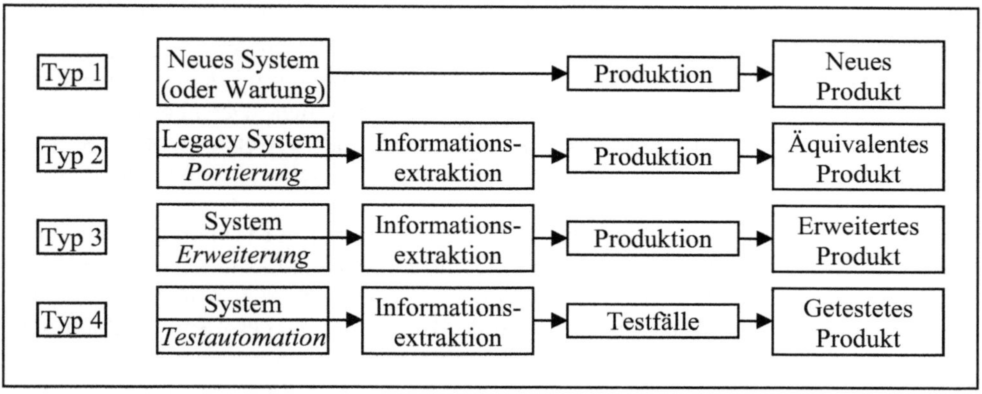

Abb. 6-2 Prozesstypen

6.5.6.1 Haupt- und Basistypen

Zunächst betrachten wir die ersten drei Prozesstypen, deren Ziel die Herstellung eines Produktes ist:

- Typ 1 für die Herstellung von neuen Produkten nach neuen Anforderungen,
- Typ 2 für die Herstellung von neuen Produkten nach bekannten Anforderungen, und
- Typ 3 für die Erweiterung eines Produktes aus ergänzenden Anforderungen.

Beim Typ 1 sind alle Anforderungen neu, mit denen der Produktionsprozess konfiguriert wird, beim Typ 2 sind alle Anforderungen bekannt, ausgenommen diejenigen, die die neue Umgebung bzw. Plattform beschreiben und bisherige Anforderungen ersetzen.

Im ersten Fall werden neue Anforderungen vom AOE an ein neues Produkt definiert. Im zweiten Fall wird beschrieben, wie ein vorhandenes Produkt oder ein Teil davon in ein neues oder modifiziertes Produkt überführt werden kann.

Der Unterschied liegt in der Menge der Prozessparameter, die der Anwender definieren muss. Bei der Herstellung eines neuen Produktes müssen alle Parameter, die die Eigenschaften festlegen, angegeben werden, bei der Modifikation nur der Teil, der zu ändern ist, die restlichen Parameter sind durch das vorhandene Produkt bereits definiert.

Der Typ 2 enthält Typ 1 und kann in zwei Schritte unterteilt werden:

a. der Ableitung der Anforderungen aus dem vorhandenen Produkt ("Informationsanalyse"),
b. der Herstellung eines neuen Produktes aus den nun vorhandenen vollständigen Anforderungen ("Produktion").

These 63 Effiziente Wissensverwertung durch Informationsextraktion

Neben dem bereits bekannten Prozesstyp "Produktion" gibt es nun einen weiteren: die "Extraktion von Information". Er bietet eine effiziente Möglichkeit, vorhandenes Wissen wieder zu verwenden.

Ein neues Echtzeitsystem oder eine neue Datenbank werden mit Typ 1 hergestellt. Mit Typ 2 würde man beispielsweise die Software eines existierenden Datenerfassungssystems auf eine neue Plattform portieren.

Die Anpassung bzw. Portierung stellt im Prinzip eine Wartungsmaßnahme dar, und zwar für ein System, das nicht mit einem automatischen Produktionsprozess erzeugt wurde. Mit der Einführung des Typs 2 wird der große Bereich der "Legacy Software" für automatische Wartungsmaßnahmen erschlossen.

Wartung für Produkte, die nach Typ 1 hergestellt wurden, kann durch diesen Typ selbst durchgeführt werden. Durch Änderung der Prozessparameter wird die Wartungsmaßnahme eingeleitet, das geänderte Produkt ist ein neues Produkt, mit Eigenschaften, die den neuen Anforderungen entsprechen. In diesem Fall ist Wartung äquivalent zur inkrementellen Entwicklung über mehrere Produktzyklen.

Automatische Wartung ist daher sowohl für Typ 1 und Typ2 möglich.

Beim Typ 3 "Systemerweiterung" handelt es sich um eine Kombination aus Typ 1 und Typ 2. Aus vorhandener Information wird ein neues Produkt geschaffen oder ein bestehendes Produkt erweitert. Wir hatten bereits beschrieben, wie ein existierendes Produkt um neue Funktionalität erweitert werden kann, ohne dass neuer manueller Aufwand anfällt, dies entspricht Prozessen vom Typ 3.

Der Anwender beschreibt in diesem Fall, wie aus vorhandener Information das ursprüngliche Produkt erweitert werden kann. Er gibt nur die Ziele an, beispielsweise "erzeuge ein GUI für Prozessdaten". Die Beschreibung der Prozessdaten wird dem vorhandenen Produkt entnommen, und dann über einen Produktionsprozess für GUIs das gewünschte Produkt generiert.

Typ 4 schließlich ergänzt die Entwicklung, erhöht die Qualität eines Produktes, ohne es zu verändern oder zu ergänzen. Aus einem Produkt wird Information für das Testen gewonnen. Er werden Testfälle erzeugt, die Testumgebung aufgebaut, die Testfälle ausgeführt und die Ergebnisse ausgewertet. Damit kann ein vorhandenes Produkt intensiver getestet werden, einschließlich Fehlereinspeisung und Stresstests.

Wir fassen zusammen:

- Haupttypen automatischer Produktionsprozesse erhält man durch Kombination von Basistypen. Wir haben bisher 4 Haupttypen identifiziert:
  - Typ H1: Produktion eines neuen Produktes einschließlich Wartung bzw. inkrementeller, iterativer Entwicklung.
  - Typ H2: Portierung eines Produktes
    Herstellung eines äquivalenten Produktes nach Vorlage eines existierenden Produktes
  - Typ H3: Erweiterung eines Produktes
    Ergänzung eines Produktes aus Information, die bereits vorhanden ist.
  - Typ H4: Automatisches Testen
    Vollständig automatischer Test eines bereits existierenden Produktes, das nicht nach H1 hergestellt wurde.
- An Basistypen haben wir bisher identifiziert:
  - Typ B1: Produktion eines neuen Produktes
    B1 ist identisch mit H1. Er deckt außer der automatischen "reinen" Produktion ("Erzeugung") auch automatische Tests, Verifikation, Validierung und Dokumentation ab.
  - Typ B2: Extraktion von Information
    Das vorhandene Produkt (Dokument, Quellcode, Anforderungen) wird analysiert und die benötigte Information extrahiert.
  - Typ B3: Testfallgenerierung
    Aufbauen einer Testumgebung, Identifizierung von Testfällen, Testausführung und -auswertung, Dokumentation
- Das Ergebnis eines vollautomatischen Produktionsprozesses kann erzeugt werden aus
  - vollständig neuen Anforderungen, oder
  - einer Kombination aus bekannten Anforderungen und neuen Anforderungen, aus dem existierenden Produkt werden Anforderungen automatisch abgeleitet.

Die o. g. Basistypen sind keineswegs atomar, sondern sie setzen sich aus einer Vielzahl weiterer Typen zusammen (s. den folgenden Abschnitt mit Beispielen), die wir aber vorerst nicht weiter klassifizieren wollen. Wir erhalten dadurch eine Hierarchie für Prozesstypen mit Knoten und Blättern. Durch diese Modularisierung steigt der Grad der Wiederverwendbarkeit der "Blatttypen". Nach der Realisierung vieler verschiedener Hauptprozesse können wir dafür den Nachweis erbringen.

Die Wiederverwendbarkeit der eingesetzten Software erhöht sich somit in 2-facher Weise:

- die Software für einen Prozesshaupttyp ist zu 100% wieder verwendbar zur Erzeugung von Produkten eines Anwendungsbereiches, und
- die Software von Basistypen oder kleineren Modulen ist für höhere Typen wieder verwendbar.

6.5.6.2 Beispiele

Zum besseren Verständnis dieses zunächst abstrakten Konzepts über Prozesstypen folgen nun Beispiele für die Inhalte von Haupt- und Basisprozesstypen. Ausführliche Beispiele aus realisierten Projekten bringen wir im nächsten Kapitel.

Haupttyp H1 (B1): Produktion eines Echtzeitsystems

Der POE definiert eine Notation für den AOE. Der Prozess wertet die Anforderungen des AOE aus und erzeugt das System. Die folgenden Prozessschritte sind beispielsweise im Produktionsprozess "ISG" ("Instantaneous System and Software Generation") enthalten.

Typ "Verifikation der Anforderungen"

Die Anforderungen, repräsentiert durch die Konfigurationsparameter des AOE, werden auf Korrektheit (Vollständigkeit und Konsistenz) geprüft. Bei Fehlern werden sie zurückgewiesen, der AOE wird über die Gründe ausführlich informiert.

Typ "Informationstransformation"

Die Anforderungen werden in eine für die Weiterverarbeitung geeignete Form. gebracht. Bei Bedarf wird Zusatzinformation aus den durch den Prozess definierten Datenquellen geholt. Die Pfade zu dieser Information können von den Konfigurationsparametern abhängen. Abgeleitete Information kann wieder als Datenquelle dienen.

Bei einem verteilten Echtzeitsystem werden beispielsweise über die Namen der Knoten, die Konfigurationsparameter sind, Typ und Version des Betriebssystems der Knoten bestimmt, und für jedes Betriebssystem der Produktionsprozess durch die Bestimmung dieser plattformabhängiger Parameter konfiguriert.

Typ "Codegenerierung"

Der Typ "Codegenerierung" deckt mehrere Aspekte ab:

- die eigentliche Codegenerierung,
- die Generierung von Kontroll- und Überwachungsmechanismen, die teilweise zuschaltbar sind (optional), und
- die Instrumentierung für die spätere Auswertung wie Testabdeckung, Datenprofile, Kontrollfluss, Performanceanalyse.

In der Regel werden mehrere Codegeneratoren eingesetzt, und die verschiedenen Codeteile von einem Steuerteil zusammengefügt. Die Codegeneratoren werden von Konfigurationsparametern gesteuert. Beispielsweise wird für jeden Prozess, der in Form eines Literals über die Konfigurationsdaten eingeführt wird, ein "logischer" Prozess unter dem gewünschten Betriebssystem erzeugt. Abhängig von dessen Typ und der Vorgabe durch Konfigurationsparameter werden dann entweder "Threads" oder "Processes" generiert.

Der Generator muss auch Randbedingungen wie "gemeinsamer" oder "getrennter" Adressraum berücksichtigen, und die Datendeklarationen und Namensgebung darauf abstimmen. Für die Codegenerierung gibt es mehrere Möglichkeiten wie

- Veränderung von Vorlagen einschließlich struktureller Änderungen und Expansion,
- Einfügen konstanter Codeteile, oder
- Codegenerierung nach bestimmten Algorithmen.

Typ "Testfallgenerierung" (Typ B3)

Der Testfallgenerator benutzt die Ergebnisse der Informationsextraktion durch Typ B2 und erzeugt Code ("Testcode"), der den zu prüfenden Code stimuliert. Die Stimulierung kann während der normalen Ausführung ("operationeller Betrieb") oder separaten Testläufen erfolgen.

Der stimulierende Code nimmt sowohl die Rolle des "Klienten" (Clients) ein, der die Dienstleistung benötigt, als auch die Rolle des "Zweiflers", der den zu testenden Code, den Dienstleister (Server), herausfordert.

Der Testcode stellt eine Quelle für Daten und Kommandos und eine Senke für die Ausgabewerte des Prüflings dar. Er protokolliert die Ein- und Ausgabedaten sowie auftretende Anomalien. Bei Bedarf werden auch separate Übertragungskanäle für die Testdaten generiert.

Obwohl Testcode und operationeller Code aus der gleichen Quelle, den Anforderungen, abgeleitet werden, sind beide Teile unabhängig, da unabhängige Konstruktionsregeln benutzt werden. Fehler in einem Codeteil können daher durch den anderen Teil erkannt werden, wie Erfahrungen in der Praxis gezeigt haben.

Typ "Compilieren und Linken"

Der erzeugte Quellcode wird in ausführbaren Binärcode überführt unter Berücksichtigung der Betriebssystemversion des Zielsystems, der benutzen Programmiersprache und der Compilerwerkzeuge. Bei verteilten Systemen wird für jeden Plattformtyp der benötigte Binärcode erzeugt basierend auf Information, die im Schritt "Informationstransformation" gewonnen wurde.

Typ "Verteilen und Ausführen"

Der ausführbare Code wird auf das Zielsystem (automatisch) übertragen. Wenn das Entwicklungssystem nicht mit dem Zielsystem identisch ist oder das Zielsystem über mehrere Knoten verteilt ist, erfolgt die Übertragung durch Medien wie RS232 oder Ethernet. Nach Verifikation der erfolgreichen Übertragung kann das System automatisch gestartet werden und auch beendet werden.

Typ "Auswertung"

Der Auswertungsteil analysiert die aufgezeichneten Daten, beispielsweise normale, operationelle Daten, Zusatzinformation durch Instrumentierung oder Information über die Testgenerierung, und erstellt hierarchisch gegliederte Berichte. In dieser Hierarchie wird die Information in verständlicher Form präsentiert, als Text oder Grafik. Der Abstraktions- bzw. der Verdichtungsgrad wachsen von unten nach oben in der Hierarchie.
Der Auswertungsteil ermöglicht zusammen mit der "Dokumentation" die Validierung. Durch die Präsentation der Ergebnisse und aufgezeichneten Eigenschaften des Systems kann der Anwender beurteilen, ob seine Anforderungen zu dem gewünschten Produkt führen. falls nicht, kann er seine Anforderungen ändern und leicht ein neues Produkt herstellen.

Typ "Dokumentation"

Dokumentiert werden

- die Konfiguration bzw. die Anforderungen des AOE, Die Notation wird durch Text und Grafik dokumentiert, zusätzliche kann ein Profil der Anforderungen erstellt werden.

- das erzeugte System,
  beispielsweise Architektur, Topologie, Quellcode, Hierarchien der Funktionsaufrufe (einschließlich Inversion), Funktionsparameter, Typinformation, Datendeklarationen und -beziehungen.
- die Ergebnisse
  Die Auswertungsergebnisse werden in verständlicher Form präsentiert.

Die Dokumentation wird in einem für Textverarbeitungssysteme lesbaren Format erzeugt. In die automatisch generierten Dokumente können manuell erstellte Text automatisch integriert werden, die auch nach strukturellen Änderungen des automatisch erstellten Systems weiter verwendet werden können.

Haupttyp H2: Portierung eines regelungstechnischen Systems

Ein vorhandenes Softwaresystem soll auf eine neue Plattform portiert werden, beispielsweise weil für die frühere Plattform keine Wartung mehr möglich ist. Die Portierung kann sowohl die Programmiersprache als auch die Schnittstellen zum Betriebssystem und der peripheren Hardware betreffen.

Typ "Informationsextraktion" (Typ B2)

Die vorhandene Software wird automatisch analysiert. Die extrahierte Information wird in die für die Produktion (Typ H1, B1) übliche Notation transformiert.

Typ "Produktion"

Anschließend folgen die Schritte für Typ B1 wie oben beschrieben.

Haupttyp H3: GUI für ein Prozessdatenerfassungssystem

Die für die Erweiterung notwendige Information wird aus der vorhandenen Software extrahiert und in Anforderungen für das Zusatzprodukt umgesetzt. Aus dieser Information wird das Zusatzprodukt erzeugt.

Typ "Informationsextraktion" (Typ B2)

Wie für H2 wird die Information aus dem vorhandenen Code extrahiert und konvertiert. Um die Prozessdaten grafisch anzuzeigen, werden deren Datentypen benötigt. Aus einer C-Typdeklaration kann beispielsweise XML-Code erzeugt werden. XML ist dann die Notation für die Produktion (Typ B1). Aber der C-Code kann auch selbst die Notation sein, die der Produktionsprozess erwartet.

Typ "Produktion" (Typ B1)

Die grafische Oberfläche wird in einer Hierarchie organisiert, die der Struktur der Datentypen entspricht. Für jeden Basistyp (ein Blatt in der Typhierarchie) wird ein Format vordefiniert, der Name eines Strukturelementes wird für die Beschriftung übernommen. Die Elementnamen sollten daher lesbar und verständlich sein.

Haupttyp H4: Testfallgenerierung

Bereits vorhandene Software soll durch automatische Testfallgenerierung intensiver getestet werden. Die Software wird analysiert und aus der erhaltenen Information werden Testfälle abgeleitet.

Typ "Informationsextraktion" (Typ B2)

Wie für H2 und H3 wird die Information aus dem vorhandenen Code extrahiert und konvertiert. Für den Test von Funktionen wird beispielsweise Information über Datentypen, Datendeklarationen, Aufruf- und Rückgabeparameter oder Abhängigkeit von weiterem Quellcode (wie h-Files in C oder "Packages" in Ada) benötigt. Soll das Verhalten eines Systems getestet werden, also die Reaktionen auf Ereignisse, so wird Information über die Zustände, die Ereignisse und die zugeordneten Aktionen extrahiert.

Typ "Testfallgenerierung" (Typ B3)

Wie für H1 (Produktion) wird der für die Stimulation benötigte Quellcode erzeugt.

Typ "Compilieren und Linken"

Wie bei H1 wird die Transformation in ausführbaren Code organisiert.

Typ "Verteilen und Ausführen"

Wie bei H1 wird der ausführbare Code auf das Zielsystem übertragen und ausgeführt.

Typ "Auswertung"

Wie bei H1 werden die Ergebnisse ausgewertet.

Typ "Dokumentation"

Wie bei H1 werden die Ergebnisse dokumentiert.

6.5.7 Identifizierung von Abhängigkeiten

Wesentlich für die erfolgreiche Realisierung eines automatischen Produktionsprozesses ist die Identifizierung von Abhängigkeiten zwischen Daten, Schnittstellen und Systemkomponenten. Diese Abhängigkeiten berücksichtigen die Prozesse und sichern bei Änderung von Parametern die Konsistenz des Gesamtsystems.

Durch die Beschreibung von Datenabhängigkeiten wird Redundanz vermieden und die Anzahl der Konfigurationsparameter minimiert. In Kap. 6.5.5.2 hatten wir als Beispiel die Knoten eines Netzwerkes betrachtet. Aus der Basisinformation des Entwicklers über die Netzknoten kann beispielsweise durch folgenden Teil eines Generators der Code für den Aufbau der Verbindungen erzeugt werden:

```
for (i=0;i<nNodes;i++)
{
    for (j=i+1;j<nNodes;j++)
    {
        /* Generate code for network connection */
        buildP2P(node[i],node[j]);
    }
}
```

Durch die vom AOE bereitgestellte Information über die Knoten (node[i]) wird für jede der n*(n-1)/2 möglichen Punkt-zu-Punkt-Verbindungen (P2P) der Code generiert. Statt vom Entwickler die Information explizit über alle aufzubauenden Verbindungen anzufordern, die quadratisch mit der Zahl der Verbindungen wächst, reicht die einfache Menge der Verbindungen aus, um den Code durch "Konstruktionsregeln" (s. das folgende Kap. 6.5.8) zu erzeugen.

Eine weitere triviale, aber für die Gestaltung der Mensch-Maschine-Schnittstelle wichtige Abhängigkeit stellt die Transformation der Daten von einer verständlichen, lesbaren Notation in eine numerische Datenrepräsentation dar. So ist es für die Codierung zweckmäßig, für das Feld "node" eine numerische Repräsentation zu wählen. Leider kann ein Anwender nicht sofort erkennen, dass der numerische Wert "1" beispielsweise dem logischen "Knoten 5" entspricht. Ein Prozess kann die Transformation selbst durchführen, und wenn notwendig, auch wieder von der numerischen in eine lesbare Notation konvertieren. Der Anwender kann also weiterhin für ihn leicht verständliche Begriffe verwenden, wodurch das Fehlerrisiko verringert wird. Die Verwendung von →"enumeration types" reicht nicht immer aus, beispielsweise wenn der Name numerisch und als Text ("string") in C verwendet werden muss.

Wenn solche Information vom Entwickler selbst transformiert wird, handelt es sich um "verdeckte" Redundanz. In den Entwicklungsunterlagen tritt die Information nur einmal – numerisch – auf, denn der Entwickler führt die Transformation selbst durch, er hält die Daten redundant im Kopf, als Text und numerisch.

Wenn wir hohe Flexibilität und Wiederverwendbarkeit zulassen wollen, so müssen wir dem Anwender die größtmögliche Freiheit geben, seine Anforderungen zu formulieren, quantitativ und inhaltlich. Beispielsweise muss ein Prozess Code und Tests generieren, die Entwicklerangaben auf Konsistenz prüfen, variierende Eigenschaften des Produktes analysieren, prüfen und dokumentieren. Kommt neue Information hinzu oder wird ein Teil geändert, so muss der Prozess dafür sorgen, dass die Produktion auf die geänderten Rahmenbedingungen abgestimmt wird.

Betrachten wir als Beispiel eine Datenbank, die aus folgenden Komponenten besteht: Anwenderschnittstelle, Datenbankaufbau, Datenspeicherung und –zugriff, Überprüfung auf Gültigkeit, Dokumentation von Ergebnissen (Bildschirm, Drucker usw.). Wird ein Datenfeld hinzugefügt oder weggenommen, so müssen überall Änderungen durchgeführt werden. Der Prozess muss diese Abhängigkeiten kennen, damit er bei beliebiger Menge und Art von Information das gewünschte Produkt korrekt herstellen kann.

Zur Produktion komplexer Systeme wie der eines Datenbanksystems ist die Zerlegung eines Prozesses in Teilprozesse sinnvoll, beispielsweise je ein Teilprozess für die o. g. Komponenten eines Datenbanksystems. Diese Teilprozesse tauschen Information und Ergebnisse aus, d.h. sie hängen voneinander über Schnittstellen ab. Ein Teilprozess kann beispielsweise Anforderungen an einen anderen Prozess übergeben und tritt daher wie ein Anwender gegenüber dem Teilprozess auf, oder er liefert gemäß Anforderungen ein Ergebnis zurück.

Die beschriebenen Abhängigkeiten treten auch bei der manuellen Entwicklung auf. Ein Entwickler muss sie bei jedem Projekt berücksichtigen. Meistens sind diese Abhängigkeiten nicht dokumentiert, auch schlecht dokumentierbar, da sie von der Vorgehensweise eines Entwicklers abhängen, die sich möglicherweise von Projekt zu Projekt ändert. Seine Erfahrungen ermöglichen ihm, den manuellen Prozess zu organisieren, ohne dass dies im Detail nachvollzogen werden kann. Eine Optimierung über mehrere Produktionszyklen ist daher kaum möglich.

Beim vollautomatischen Prozess sind diese Abhängigkeiten definiert und dokumentiert, was die Wartung und Optimierung eines Prozesses ermöglicht.

6.5.8 Konstruktionsregeln

Beim manuellen Prozess wendet ein Entwickler Regeln gemäß seiner Erfahrung an, um das Produkt zu erstellen. Der vollautomatische Prozess benutzt ebenfalls Regeln, um aus Anforderungen ein Produkt zu erzeugen. Beide Regelsätze sind vergleichbar, aber sie sind nicht identisch. Denn der automatische Prozess kann viel mehr Aktivitäten ausführen, beispielsweise hinsichtlich Test, Verifikation, Validierung, Instrumentierung und Dokumentation, als beim manuellen Prozess bei vorgegebenen Kosten und Zeit möglich sind.

Bei der Definition eines Prozesses konzentriert man sich auf die Konstruktionsregeln, nicht auf Mengen einer Anwendung. Die Regeln ermöglichen die effiziente Produktion beliebiger Mengen. Durch die Einsparung des immer wieder anfallenden Herstellungsaufwandes verbleibt mehr Zeit, die Regeln einmalig vollständig zu definieren.

6.5.8.1 Strategie der Regeldefinition

Ein automatischer Prozess sollte einen möglichst breiten Anwendungsbereich abdecken, daher wird er andere Schritte bei der Produktion ausführen als ein Entwickler. Die Zahl der Schritte kann sogar größer sein oder im Inhalt umfangreicher. Da sie aber automatisch und daher um Größenordnungen schneller ablaufen, erhöhen sich Kosten und Entwicklungszeit nicht.

Beispielsweise kann ein automatischer Prozess immer den vollen Satz von Funktionen für alle Datentypen erzeugen, obwohl nicht alle benötigt und daher später auch nicht integriert werden. Ein Teilprozess produziert alle, ein anderer wählt die aus, die tatsächlich benötigt werden. Bei der manuellen Produktion ist man dagegen wegen Kosten- und Termindruck gezwungen, nur die zu produzieren, die auch benötigt werden. Dies erhöht die Komplexität des Gesamtablaufs, da eine detaillierte Abstimmung zwischen den Teilprozessen erforderlich ist.

In der Metallverarbeitung ist beispielsweise (heute) das computergestützte Fräsen eines komplexen Teils aus einem Rohling trotz des vielen Abfalls effizienter als es manuell aus Einzelteilen zusammenzusetzen, ganz abgesehen von der besseren Stabilität. Der Abfall kann wieder verwendet werden, so dass sich trotz des höheren Aufwands beim Fräsen eine wesentlich bessere Gesamtbilanz hinsichtlich Kosten, Zeit und Qualität ergibt. Wäre das einzige Kriterium die Abfallmenge, so müsste die Produktion manuell ausgeführt werden. Entscheidend für eine Optimierung sind daher die Kriterien für die Beurteilung der Effizienz eines Prozesses, und die sollten alle Aspekte berücksichtigen.

Bei der Definition der Regeln sollte man sich daher – wenn notwendig – von bewährten Verfahren trennen – wie dem Zusammensetzen eines Werkstückes, wenn bei Automation effizientere Methoden möglich sind. Um offen zu sein für bessere strategischen Kriterien hinsichtlich der automatische Produktion, müssen bisherige Verfahrensweisen auf ihre Brauchbarkeit überprüft bzw. prinzipiell in Frage gestellt werden.

6.5.8.2
Aufgaben der Konstruktionsregeln

Nach dieser einleitenden Erörterung über die Bedeutung von Regeln wollen wir nun ihre Aufgabe im Produktionsprozess betrachten. Wir definieren nun einen Softwareproduktionsprozess abstrakt als einen Ablauf,

a. durch den Information über Konstruktionsregeln zu einem Produkt verarbeitet wird, oder
b. durch den ein Produkt gemäß vorgegebener Information unter Anwendung von (Konstruktions-)Regeln verbessert wird.

Fall (a) entspricht den Haupttypen H1-H3 (neues, portiertes erweitertes Produkt), Fall (b) dem Haupttyp H4 (Testfallgenerierung, Fehlererkennung und -beseitigung, Qualitätsverbesserung). *Abb. 6-3* beschreibt die Zusammenhänge zwischen Information, Regeln und Ergebnis in SADT™-Notation[2].

---

[2] SADT ist ein Markenname von SoftTech Inc. 1976 oder von Nachfolgeorganisationen, die äquivalente nicht geschützte Bezeichnung ist "IDEF0"

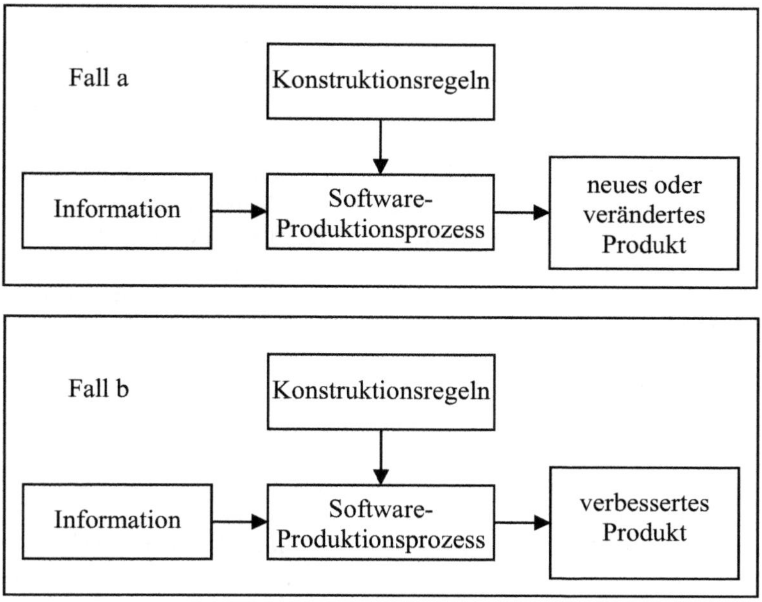

Abb. 6-3
Die Prozess-transformation

Konstruktionsregeln bilden den Kern eines Produktionsprozesses. Sie steuern die Produktion entsprechend den Konfigurationsparametern. Jeder Teilprozess wird durch Konstruktionsregeln repräsentiert. Diese Regeln "konstruieren" nicht nur das Produkt, sondern sie überwachen auch die Produktion, werten Information vom AOE oder von anderen Teilprozessen aus und leiten daraus weitere interne Konfigurationsparameter ab, überprüfen diese Information und den Prozessstatus, und erzeugen Code für die Auswertung der Produkteigenschaften und Dokumentation.

Durch die Konstruktionsregeln werden Operationen auf Softwareelementen wie Daten ("Information") ausgeführt. Um korrekte Software zu erzeugen, müssen die Regeln konsistent und eindeutig sein. Die Elemente eines Produktionsprozesses sind vergleichbar einem mathematischen Körper, auf dessen Elemente Operationen ausgeführt werden, die über Axiome definiert sind und deren Korrektheit und Widerspruchsfreiheit sich nachweisen lassen.

Widersprüche in den Regeln lassen sich bei Wahl geeigneter Regeln erkennen, und zwar durch den Produktionsprozess selbst. Für die Zuverlässigkeit eines Produktes ist diese Fähigkeit sehr wichtig, denn ein AOE oder POE ist nicht immer in der Lage, alle Fehler zu erkennen. Darauf haben wir bereits bei der Diskussion über das Ariane5-Unglück hingewiesen.

Bei einem solchen Produktionsprozess handelt es sich also um ein formales Verfahren. Formale Verfahren werden in der Softwareentwicklung bereits eingesetzt. Wir haben einige davon schon erwähnt. Worin besteht nun der Unterschied?

Um die größtmögliche Sicherheit zu haben, muss ein Prozess alle Produktionsschritte, Test, Verifikation und Validierung sowie funktionale, operationelle und Performanceaspekte abdecken. Die bisherigen "formalen Methoden" beschränken sich auf enge Anwendungsbereiche wie Algorithmen (wie B und Z), unterstützen nicht alle Aspekte, beispielsweise keine Performancevalidierung, oder die Verifikationsverfahren scheitern in der Praxis für komplexe Produkte wie bei SDL (GerlichSDL97).

Die erwähnten Methoden sind für einen breitbandigen Einsatz vorgesehen und können daher kein Optimierungspotenzial bei der Produktion ausschöpfen. Das aber können ASaP-Prozesse durch die Spezialisierung.

Die Herstellung eines Produktes soll durch Konstruktionsregeln vereinfacht werden. Keinesfalls darf die Komplexität der Anwenderschnittstelle durch die Verwendung von Regeln steigen. Das wird von formalen Methoden wie B oder Z nicht beachtet. Die Notation ist auf den Kernprozess der Verifikation und ggf. auch die Codegenerierung zugeschnitten, nicht auf Komplexitätsreduktion an der Anwenderschnittstelle.

Aus Sicht des gesamten Prozesses – einschließlich Anwenderschnittstelle – wird das verringerte Risiko durch formale Verifikation durch ein erhöhtes Risiko bei der Anwendung der komplexen Notation kompensiert. Da nur Teile des Produktionsprozesses abgedeckt werden, muss der Anwender die Verbindung zu anderen Teilprozessen selbst herstellen. Er muss die Information, aus der ein verifiziertes Teilergebnis entstanden ist, das aber nicht direkt in die Produktion integriert werden kann, in eine andere Form transformieren. Hierbei können Fehler entstehen, je komplexer die Notation, desto fehleranfälliger wird die Transformation.

6.5.8.3 Theoretische Hindernisse praktisch überwinden – durch Spezialisierung

Wenn wir unsere Konzepte auf Konferenzen oder bei Kunden präsentieren, werden wir oft mit ungläubigen Blicken bedacht. Viele Entwickler sind der Meinung, dass unsere Ideen aufgrund theoretischer Hindernisse gar nicht umsetzbar seien. Sie unterliegen damit einem Missverständnis in Bezug auf vermutete theoretische Hindernisse.

Ein typisches Beispiel ist die Analyse von bestehendem Code. Es ist aus theoretischen Gründen nicht möglich, beliebigen Code auf beliebige Eigenschaften hin automatisch zu analysieren. Das ist eine Aussage der theoretischen Informatik: Es gibt kein Programm, das von einem beliebigen weiteren Programm feststellen kann, ob es eine beliebige vorgegebene Eigenschaft besitzt.

Dies ist eine bemerkenswerte – wahre – Aussage, die auf den ersten Blick alle Hoffnung auf mehr Effizienz durch Automation zu zerstören scheint. Betrachtet man diese Aussage jedoch näher, wird deutlich, dass sie sehr breit gefasst ist. Zu ihrem Beweis genügt ein Gegenbeispiel, das leicht gefunden werden kann. Meist wird dazu eine bestimmte Eigenschaft ausgewählt, die bewiesenermaßen nicht allgemein bestimmbar ist, wie: Beendet sich ein Programm innerhalb endlicher Zeit oder nicht?

Da diese Frage prinzipiell nicht beantwortet werden kann, ist obige Aussage damit bewiesen. Aber aus diesem Beweis folgt nicht, dass bestimmte Eigenschaften nicht doch für eine eingeschränkte Menge von Programmen oder gar allgemein bestimmbar sind. Ein Beispiel für solch eine Eigenschaft wäre etwa die Frage, ob ein Programm eine Schleife enthält. In allen praktisch relevanten Fällen dürfte diese Frage automatisch beantwortet werden können.

Daraus folgt, dass mit Einschränkungen unser Ziel, Eigenschaften automatisch zu bestimmen, erreicht werden kann, sei dies bei der Form der Programme oder bei der Wahl der zu bestimmenden Eigenschaften. Bisher konnten wir auf diese Weise noch jedes scheinbare theoretische Hindernis mit realistischen Einschränkungen überwinden.

6.5.8.4 Mit Konstruktionsregeln bisherige Grenzen überwinden

Die Anwendung von Konstruktionsregeln ist eine konsequente Erweiterung bekannter Methoden wie OOP oder AOP in Richtung vollständiger Automation unter Vermeidung ihrer Nachteile. Konstruktionsregeln decken die Funktionalität von OOP und AOP ab, aber ihr Anwendungsbereich geht darüber hinaus. OOP und AOP sind auch nicht als Untermengen in einer Obermenge "Konstruktionsregeln" enthalten, denn die Konzepte sind unterschiedlich. Die Definition von Konstruktionsregeln erfordert ein Metamodell (s. Kap.6.5.9) für den Prozess.

AOP und OOP wollen Aufgaben in einem Softwaresystem voneinander abgrenzen und zentralisieren mit dem Ziel, den Grad der Wiederverwendbarkeit zu erhöhen.

Die Abgrenzung wird erreicht, indem die Software in Module unterteilt wird und jedem Modul eine bestimmte, definierte Funktionalität zugewiesen wird. Wie ein Modul die Leistung erbringt, ist für die anderen Module unwichtig.

Durch die Zentralisierung wird eine bestimmte, abgegrenzte Funktionalität an einer einzelnen Stelle in Entwurfsdokumenten und Quellcode generisch bereitgestellt. So kann die Funktionsweise der Implementierung sowohl übersichtlicher präsentiert als auch schneller und mit weniger Risiko modifiziert werden. Wenn sie benötigt wird, sorgt ein Codegenerator für die gewünschte Ausprägung.

Abb. 6-4 Modularisierung bei OOP und AOP

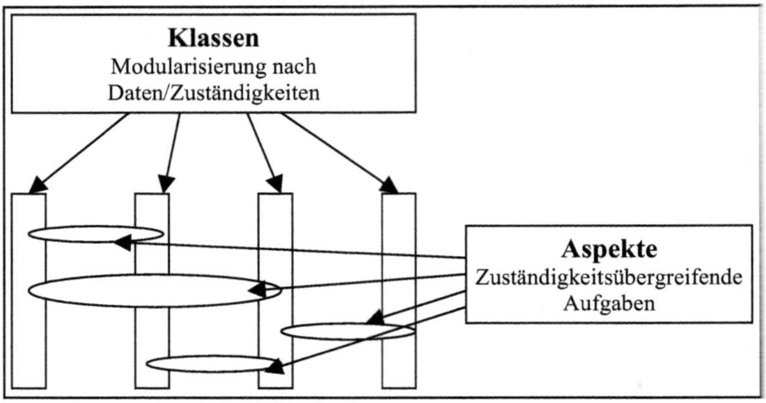

Beim Klassenkonzept von OOP steht die Abgrenzung der agierenden Objekte im Mittelpunkt, etwa Datentypen und Agenten (Abb. 6-4). Der funktionale Inhalt der Klassen, beispielsweise Operationen auf Datentypen, hängt stark von der Struktur der Daten ab. Wird sie geändert, sind manuelle Eingriffe erforderlich, Betrachten wir dazu eine C++-Klasse, die u. a. einen Operator für die Konvertierung ihres Inhalts in einen lesbaren Text enthält.

Abb. 6-5 Manuelle Anpassung einer Klasse bei strukturellen Änderungen

```
class Person {
public:
 string name;


 operator string() {
  return string(„name:") +
            name;



 }
};
```

```
class Person {
public:
 string name;
 Date date_of_birth;

 operator string() {
  return string(„name:") +
            name+
        "date of birth:"+
            date_of_birth;
 }
};
```

Obwohl sich der Inhalt des Konvertierungsoperators direkt aus der Struktur der Klasse ergibt, ist ein manueller Eingriff notwendig, wenn sich die Zahl der Strukturelemente ändert, beispielsweise wenn das Geburtsdatum hinzugefügt wird.

AOP stellt die Zentralisierung von Aufgaben in den Mittelpunkt (Abb. 6-4), die sich nicht einzelnen Klassen, Objekten oder Agenten zuweisen lassen. Dafür werden so genannte "Aspekte" eingeführt, die als "Modulcontainer" für diese Aufgaben dienen.

Bei der Implementierung ohne AOP würden diese Aufgaben über die beteiligten Agenten und Objekte verteilt werden und in mehreren Kopien existieren. Um sie zusammenzufassen, müssen diese Einzelteile aus dem Klassencode extrahiert werden und beim sog. Weaving dort wieder eingesetzt werden. Folglich impliziert die Anwendung von AOP die nachträgliche Modifikation von Code durch einen Weaver.

Wir können beispielsweise mit Hilfe von AspectJ (AspectJ), einem AOP-Werkzeug, existierenden Java-Code erweitern, und am Anfang und Ende einer Methode eine Ausgabe einfügen.

```
aspect Logging {
  pointcut tracedCall() :
     call(void someMethod(int,int));

  before() : tracedCall() {
    System.out.println(„before „+thisJoinPoint);
  }

  after() : tracedCall() {
    System.out.println(„after „+thisJoinPoint);
  }
};
```

Weitere Anwendungen für AOP sind etwa Profiling oder die Prüfung von Vertragsbedingungen (Schnittstellen) beim "Design by Contract", z.B. von Vor- und Nachbedingungen oder die Zulässigkeit bestimmter Aktionen in einem bestimmten Laufzeitkontext.

```
aspect ThreadsContract {
  pointcut threadStart() :
     call(void Thread.start());

 pointcut threadCanStart() :
     !withincode(void Thread.init());

  declare error: threadStart() && !threadCanStart() :
     „Thread cannot be started inside Thread.init()!";
};
```

Unter den Weavern gibt es gute und schlechte Beispiele. Arbeitet ein Weaver etwa auf rein syntaktischer Ebene, können durch die Modifikationen auch Fehler erzeugt werden.

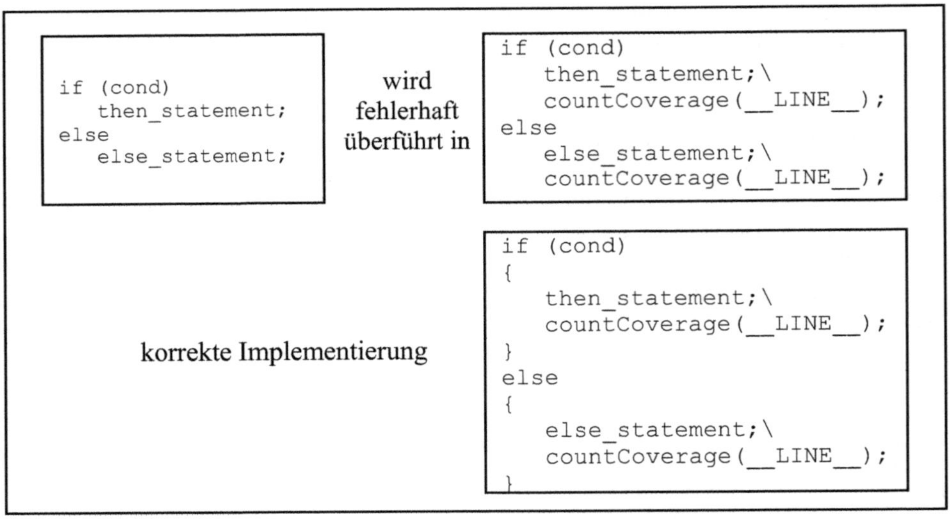

Abb. 6-6 Fehlerhafte Modifikation von Quellcode

Wenn wir zur Messung der Testabdeckung jede Anweisung durch eine weitere ergänzen, die die Zahl der Ausführungen zählt, so erhalten wir einen Syntaxfehler beim THEN-Zweig und einen semantischen Fehler beim ELSE-Zweig, da die hinzugefügte Anweisung immer ausgeführt wird.

Die korrekte Implementierung erhält man durch Gruppierung der THEN- und ELSE-Anweisungen in Blöcke.

Ein viel kritischeres Problem von AOP besteht jedoch darin, dass es eines seiner wichtigsten Ziele – der Zentralisierung von Funktionalität – nicht oder nur in wenigen Fällen erreicht.

Während beim Lesen von Quellcode ohne AOP erkannt werden kann, an welcher Stelle der Programmlauf jeweils fortgesetzt wird, müssen für Code, der mit AOP-Werkzeugen erweitert wird, meistens alle Aspekte zusätzlich untersucht werden, die die betroffene Klasse modifizieren können. Der Vereinfachung der Wartung steht in diesen Fällen der höhere Aufwand bei der Verifikation des Codes gegenüber.

Im Code eines solchen Moduls gibt es keinen Hinweis darauf, welche Aspekte ihn modifizieren. Darin unterscheidet sich AOP wesentlich von prozeduralen und objektorientierten Vorgehensweisen. Auch AOP ist daher mehr auf die Produktion von Code als auf seine Verifikation ausgerichtet.

Mit AOP können zwar mehrfach benutzte Funktionen mit Aspekten zentral verwaltet und auch nachträglich in existierenden Code eingefügt werden, aber Funktionen eines einzelnen Moduls werden dann auf mehrere Aspekte im Programmcode verteilt, die durch OOP eingeführte Kapselung von Funktionalität in einer Einheit auf

Codeebene wird wieder aufgehoben. Bei vollständiger Automatisierung ist dies unerheblich, da ein Automat auch verteilte Information korrekt verwalten kann. Wenn aber der Code noch manuell bearbeitet bzw. gewartet werden muss, erhöhen sich Fehleranfälligkeit, Aufwand und Zeit. Da bei Anwendung von OOP und AOP oder ihrer Kombination weiterhin manuelle Eingriffe notwendig sind, muss dieser Einfluss in einer Gesamtbilanz über die Effizienz der Methoden berücksichtigt werden.

Ohne AOP ist der Code verständlich und lesbar, aber schlecht wartbar, mit AOP schwer verständlich und lesbar, aber leicht wartbar. Jeder dieser herkömmlichen Ansätze hat spezifische Vor- und Nachteile, eine Lösung mit allen Vorteilen ohne Nachteile hinnehmen zu müssen, gibt es nicht.

Mit Konstruktionsregeln lässt sich dieses Problem dagegen lösen, aus folgenden Gründen:

Die Struktur des Codes wird auf einer höheren Abstraktionsebene repräsentiert, dies impliziert eine wesentlich kompaktere und kürzere Beschreibung. Statt expliziten Codes wird eine logische Referenz verwendet, deren Aufgabe klar definiert, aber auch konfigurierbar ist.

Solche Referenzen stellen das Minimum an Information dar, das zum Erstellen eines Systems (Softwareprodukts) benötigt wird. Wenn beispielsweise ein System aus mehreren (Echtzeit-)Prozessen bestehen soll, müssen mindestens die Namen der Prozesse genannt werden. Aber diese reichen auch schon aus, um ein ausführbares System mit Standardeigenschaften zu erhalten. Denn durch Konstruktionsregeln wird genau festgelegt – und das wird durch die Spezialisierung erst möglich – welche Eigenschaften ein solcher Prozess besitzen soll. Die Standardeigenschaften können durch Konfigurationsparameter auch geändert werden, die ähnlich kompakt wie ein Prozessname angegeben werden können und ebenfalls einen hohen Abstraktionsgrad aufweisen. Solche konfigurierbaren Eigenschaften können bei einem Echtzeitprozess Zustände, Aktionen, Perioden von zyklischen Vorgängen usw. sein, bei Datenbanken Datenstrukturen.

Die Konstruktionsregeln ermöglichen eine Expansion der minimalen Information um einige Größenordnungen in vollständigen Quellcode, entsprechend werden Komplexität und Aufwand für Entwicklung und Wartung einer speziellen Produktfamilie reduziert.

Im Vergleich zu OOP, AOP oder anderen Ansätzen erfolgt die Modularisierung nicht auf der Implementierungsebene einer Programmiersprache, sondern auf einer systemtechnischen Ebene bei hoher Abstraktion. Durch die Verwendung von Konstruktionsregeln entfällt die Notwendigkeit, den Quellcode lesen zu müssen, obwohl er hierfür ausreichend lesbar und verständlich ist.

Konstruktionsregeln können strukturelle Änderungen abdecken.

Durch Extraktion der Information wissen die Generatoren, welche Elemente zu einer Datenstruktur gehören, und können beispielsweise die oben erwähnte "print"-Methode der Klasse "Person", Operator "string" der Abb. 6-5 selbst anpassen.

Somit können Änderungen der Menge oder des Inhalts von Konfigurationsparametern automatisch abgedeckt werden.

Konstruktionsregeln sind Modulen zugeordnet. Ein Modul kann wieder aus Untermodulen bestehen, die auch über Konstruktionsregeln erzeugt werden.

Prozesstypen lassen sich solchen Modulen zuordnen und durch eine Hierarchie von Modulen untergliedern.

Mit Konstruktionsregeln können "abstrakte Aspekte" wie Testfallerzeugung abgedeckt werden.

Bei AOP wird einem "Aspekt" konkreter Code zugeordnet, die Funktionalität ist auf der Ebene einer Programmiersprache definiert. Die Funktionalität der Testfallgenerierung hängt aber von der Ausprägung der konkreten Information wie einer Datenstruktur ab. Wie bei der automatischen Anpassung der print-Methode an erweiterte bzw. geänderte Datenstrukturen kann mit Konstruktionsregeln der Code für die Testfallgenerierung kontextabhängig erzeugt werden.

Bei Verwendung von Konstruktionsregeln wird Code nicht dupliziert oder referenziert, sondern es wird Code nach Algorithmen unter Beachtung der Anforderungen "intelligent" erzeugt, den es vorher in dieser Form noch nicht gab. Das ist wichtig für die Skalierbarkeit eines Produktionsprozesses, auf die wir später noch detailliert eingehen werden.

These 61 Konstruktionsregeln vervielfachen Information intelligent um Größenordnungen.

Mit Konstruktionsregeln kann Code für die Bearbeitung beliebiger Datenstrukturen und Kontrollflüsse nur aus abstrakten Anforderungen erzeugt werden. Durch den höheren Abstraktionsgrad reduziert sich der Umfang der bereitzustellenden Information erheblich. In der Praxis haben wir Faktoren zwischen 10 und 100 beobachtet, d.h. aus 1 Byte Information über Anforderungen werden 10 .. 100 Bytes Quellcode (GerlichDasia2002), der per Konstruktion korrekt ist und nicht mehr verifiziert werden muss. Zu erwähnen ist, dass dies Codeexpansion nicht mehr Code als unbedingt notwendig erzeugt.

6.5.9
Metamodelle

Die Beschreibung der Abläufe und Zusammenhänge eines Produktionsprozesses erfolgt über ein Metamodell, das vom POE definiert wird. Ein AOE braucht dieses Modell nicht zu kennen. Da die Definition des Metamodels sich aber an den Bedürfnissen der Anwendungen orientiert, wird ein POE die Erfahrungen eines AOE für die Definition eines Metamodels nutzen.

Ein Metamodel beschreibt formal die Aktivitäten, die für die Entwicklung einer Anwendung ausgeführt werden müssen, und Zusammenhänge bzw. Abhängigkeiten zwischen den benutzten Objekten. Die aus der manuellen Entwicklung bekannten Abläufe repräsentieren in der Regel eine Untermenge des Metamodells. Denn das Metamodell erweitert sie systematisch um Aktivitäten, die für die Überwachung des Prozesses und die Qualitätssicherung des Produktes notwendig sind, und üblicherweise wegen begrenzter Kosten und Entwicklungszeit manuell nicht ausgeführt werden können.

Bei der Tabellenkalkulation ("Spreadsheet") bilden die in den Feldern abgelegten Rechenregeln wie "=SUMME(A1:A9)" ein (einfaches) Metamodell. Durch diese Regeln wird beschrieben, welche Aktionen nach einer Änderung eines Datenfeldes auszuführen sind, um die Ergebnisse zu aktualisieren und die Konsistenz aller Daten wieder herzustellen.

Den Rechenoperationen entsprechen die Konstruktionsregeln, den Datenfeldern Objekte wie Prozesse, erfasste oder ausgetauschte Daten, Prozessoren, Datenkanäle, Zustände. Mit dem Metamodell wird beispielsweise auch beschrieben, wie abgeleitete Information aus Basisinformation gewonnen wird, wie generischer Code bzw. Templates angepasst werden müssen (s. "Adaption", Kap. 6.5.10.5), welche Prüfungen wo notwendig sind, welche Objekte von den Konfigurationsparametern abhängen.

Ein Metamodell formalisiert einen Produktionsprozess und definiert die Herstellungs- und Qualitätssicherungsregeln auf dem Körper der Objekte, aus denen das Produkt besteht.

6.5.10
Eigenschaften vollautomatischer Produktionsprozesse

Aus der Konfigurierbarkeit und der Benutzung von Konstruktionsregeln folgen einige weitere wichtige Eigenschaften von vollautomatischen Prozessen, die die Effizienz des Herstellungsverfahrens wesentlich beeinflussen.

Umgekehrt charakterisieren diese Eigenschaften auch einen solchen Produktionsprozess. Sie sind daher notwendig und hinreichend für einen Prozess hoher Effizienz. Eine erste solche Bedingung hatten wir bereits in Kap. 6.5.5.5 (Parameterklassen) beschrieben. Nun folgen weitere.

6.5.10.1 Skalierbarkeit

Der Begriff "Skalierbarkeit" hat eine doppelte Bedeutung:

1. Art und Größe einer Anwendung sind skalierbar,
2. die Produktionszeit ist skalierbar.

Skalierbarkeit der Anwendung

Durch die Fähigkeit, Information über Konstruktionsregeln zu expandieren und in ausführbare Software umzusetzen, können beliebige Mengen an Information verarbeitet werden.

Ein Produktionsprozess kann ein Echtzeitsystem mit nur 1 (Echtzeit-)Prozess erzeugen und mit 100, für nur 1 Prozessor und 100 Prozessoren, für ein Betriebssystem und mehrere. Wesentlich ist, dass bei einer Änderung der Mengen keine manuellen Eingriffe notwendig sind. Bei einem mechanischen Prozess müsste die Produktionsanlage umgebaut werden, wenn beispielsweise statt eines Kraftfahrzeuges mit 2 Achsen eines mit 3 Achsen produziert werden sollte. Ein automatischer Produktionsprozess kann durch Verwendung von Konstruktionsregeln den Umbau selbst ausführen. Wird "eine Achse" mehr benötigt, dann sorgt er dafür, dass das Chassis so modifiziert wird, dass die zusätzliche Achse hineinpasst.

Bei einem Datenbanksystem kann Software für beliebig große Datenstrukturen und Abhängigkeiten erzeugt werden. Auch die Verteilung über mehrere Rechner stellt kein Problem dar. Die Zuordnung von Teilen der Datenbank zu Rechnern wird durch Relationen in den Anforderungen ausgedrückt.

Die Skalierbarkeit betrifft aber nicht nur Mengen, sondern auch Funktionalität sowie Performance und Ressourcen. Wie ein Echtzeitprozess auf Ereignisse reagiert, kann frei definiert werden. Beschränkungen auf vordefinierte Zustände, Ereignisse oder Datenverarbeitungsfunktionen gibt es nicht. Ferner werden asynchrone und synchrone Systeme unterstützt, bei Datenbanken Definition, Zugriff und Anwenderschnittstelle. Der komplette Anwendungsbereich einer Produktfamilie kann abgedeckt werden. Die Skalierbarkeit ermöglicht somit offene Produktionsprozesse, trotz der Spezialisierung können unendlich viele verschiedene Produkte erzeugt werden.

Skalierbarkeit der Produktionszeit

Da alle Produktionsschritte automatisch ausgeführt werden, wird die Produktionszeit T_{prod} allein von der Leistungsfähigkeit CPU_{power} des benutzten Rechners bestimmt. Nimmt sie zu, verkürzt sich die Zeit von der Ablieferung der Anforderungen bis zur Verfügbarkeit des Produktes:

$$T_{prod} = const \;/\; CPU_{power}$$

Die volle Skalierbarkeit bzgl. der Rechnerleistung ist eine charakteristische Eigenschaft vollautomatischer Produktionsprozesse. Denn jeder manueller Eingriff in den Produktionsprozess führt zu so großen Verzögerungen, dass die o.g. Beziehung nicht mehr allgemein gilt.

6.5.10.2
Komplexitätsreduktion

Die Reduktion der Komplexität sowohl an der anwendungsorientierten (AOE) als auch an der prozessorientierten (POE) Schnittstelle ist eine wesentliche Voraussetzung, um die Entwicklung großer und komplexer Softwaresysteme sicher beherrschen zu können. Sie wird erreicht durch:

- Parametrisierung, Konfigurierbarkeit des Produktionsprozesses an der AOE-Schnittstelle
  Die Parameter trennen die systemtechnischen von den Implementierungsaspekten.
- Vermeidung von Informationsredundanz und Beschränkung der Informationsmenge auf lineare Abhängigkeit von der Zahl von Konfigurationsparametern.
- Hierarchisierung der Produktion an der POE-Schnittstelle
  Das Problem wird in kleine übersichtliche Einheiten eingeteilt, deren Eigenschaften genau bekannt sind.
- Einführung von Konstruktionsregeln an der POE-Schnittstelle
  Mit wenig Information wird viel Software erzeugt, beliebige Mengen und Eigenschaften der Produktfamilie werden zuverlässig umgesetzt.

These 55
Ein Prozess muss die Informationsmenge reduzieren

Wesentlich für die Reduktion der Komplexität ist die Expansion von Information nach Konstruktionsregeln und die daraus entstehende Möglichkeit, Information zu überprüfen. Für einen AOE verringert sich die Informationsmenge, er muss sich nicht mit Implementierungsdetails beschäftigen und wird bei der Verifikation der bereitgestellten Information wesentlich entlastet. Ein POE konzentriert sich auf eine beschränkte Anzahl Konstruktionsregeln, mit denen er beliebige Mengen automatisch verarbeiten kann.

Die Komplexitätsreduktion wird somit erreicht durch die Zurückführung großer, eventuell unendlicher Mengen auf eine sehr kleine und endliche Menge an Information.

6.5.10.3
Automatische Informationstransformation

Automatische Produktionsprozesse verringern die vom AOE abzuliefernde Information ("die Anforderungen") für die Herstellung eines Produktes. So benötigen sie nur wie für die o. g. Punkt-zu-Punkt-Verbindungen nur die Elemente selbst, aber keine Kombinationen höherer Ordnung.

Ferner ermitteln sie abgeleitete Information aus Basisinformation wie eine IP-Adresse oder die Betriebssystemversion über den Hostnamen und verwalten sie. Damit ist die Konsistenz dieser Daten immer gesichert, während sie bei manueller Bearbeitung durch Wartungsmaßnahmen inkonsistent werden kann. Bei großen Mengen sind dann Aufwand und Fehlerrisiko hoch.

Neben der Ergänzung neuer Information wie Anforderungen an ein neues System nach vorgegebenen Regeln ist für die Effizienz des Gesamtprozesses die Extraktion vorhandener Information und ihre Transformation in die benötigte Form notwendig.
Solche Transformationen sind meistens zwischen verschiedenen Teilprozessen erforderlich, um Ergebnisse einer Stufe in Parameter für die nächste zu überführen. Müssten die Transformationen manuell ausgeführt werden, wären die Produktionsprozesse nicht mehr skalierbar bzgl. der Rechnerleistung.

6.5.10.4
Kontinuität von der Simulation bis zur Endversion

Bei der Entwicklung eines neuen Produktes ist es vorteilhaft, wenn es schrittweise definiert werden kann. Oft beeinflussen erste praktische Erfahrungen mit Prototypen die weitere Entwicklung. Die einfache Erzeugung von Prototypen aus möglicherweise unvollständiger Information muss daher von automatischen Produktionsprozessen unterstützt werden. Das kostengünstige Erzeugen von repräsentativen Prototypen, Verwerfen und die schrittweise Optimierung eines Produktes werden erst durch Automation wirtschaftlich möglich.

Bei einem Datenbanksystem stehen beispielsweise erst einmal Datenstrukturen und -verknüpfungen im Vordergrund, weniger die Verteilung der Daten über ein Netzwerk und die Art der Datenübertragung. In einer späteren Phase können dann solche zusätzlichen Eigenschaften definiert und mühelos integriert werden, ohne die früheren Arbeiten ändern zu müssen (s. a. Kap. 6.5.5.5, Parameterklassen). Für eine repräsentative Untersuchung reicht dann ein äquivalentes Übertragungsmedium aus, aber in einem frühem Stadium müssen nicht die endgültigen Komponenten schon festgelegt werden.

Außerdem muss das System während der Entwicklung erweitert werden können, um Schnittstellen zur Umgebung abzudecken. Bei einem "embedded system" fehlt am Anfang Hardware, die durch Software emuliert werden muss. Die Wechselwirkungen mit der Umgebung wie Einwirkung von Kräften, Wärmeleitung oder Reibung müssen eventuell simuliert werden, weil das System noch nicht unter realen Bedingungen betrieben werden kann. Die Simulation kann auch gezielt eingesetzt werden, um das Systemverhalten zu analysieren, weil dann die Bedingungen exakt vorgegeben und wiederholt werden können. In bestimmten Fällen sind Test, Verifikation und Validierung auch nur durch Simulation möglich, wie etwa für kritische Fehlersituationen.

Bei der Entwicklung eines Systems können somit verschiedene Ausprägungen auftreten:

- Das System ist unvollständig definiert,
  da es schrittweise (inkrementell) erweitert wird.
- Das System enthält mehr als die später benötigten Komponenten,
  da Umgebung oder Hardwarekomponenten durch Software abgedeckt werden müssen, die später wieder entfernt werden muss.
- Das System wird geändert,
  da Ergebnisse zeigen, dass die Anforderungen nicht zu den gewünschten Produkteigenschaften führen und die Anforderungen daher geändert werden müssen.

Die Ausprägung eines System verändert sich somit von der ersten Idee bis zur endgültigen Version kontinuierlich. Die aus der manuellen Entwicklung bereits bekannten Ziele wie Nachweis der Machbarkeit, Probebetrieb unter Simulationsbedingungen, Systemoptimierung und schließlich Nachweis der geforderten Eigenschaften bei der Abnahme, werden auch beim Einsatz eines automatischen Prozesses weiterhin verfolgt, nur die Zykluszeiten sind kürzer.

Jedem der genannten Systemzustände entspricht ein Satz von Konfigurationsparametern, aus dem das jeweilige Produkt erzeugt wird. Der Übergang von einem einfachen Prototypen zur prinzipiellen Definition des Produktes, über Prototypen zur Evaluierung von Architektur, Topologie, Performance und Ressourcen, verschiedenen alternativen Ansätzen im Rahmen der Systemoptimierung bis hin zum abgenommenen Produkt nur durch Änderung der Anforderungen ist möglich.

Der Unterschied zwischen Simulation und dem Endprodukt ist fließend, die Grenzen verschwimmen, und jeder Zustand kann jederzeit erreicht werden. Alle Optionen werden durch einen Prozess abgedeckt, eine bestimmte Option wird durch eine korrespondierende Anforderung aktiviert. Durch diese Fähigkeit unterscheidet sich ein automatischen Prozess signifikant von dem manuellen Prozess, bei dem die verschiedenen Ausprägungen Richtung Simulation oder Performanceevaluierung Insellösungen sind, die keine direkte Verbindung mit dem Endprodukt haben.

6.5.10.5 Automatische Adaption der Produktionsprozesse

Bisher haben wir nur funktionale Anforderungen oder Anforderungen zu Performance, Ressourcen und Fehlertoleranz betrachtet, die die Codeerzeugung direkt beeinflussen. Es gibt aber auch noch andere Anforderungen wie zum Nachweis der Korrektheit durch Test, Verifikation und Validierung. Diese werden bei einem automatischen Prozess implizit abgedeckt und müssen nicht explizit formuliert werden, wirken sich aber auf den generierten Code des Produktes, beispielsweise dessen Instrumentierung, und weiteren Code aus, der für den Nachweis der Produkteigenschaften benötigt wird.

Um sie erfüllen zu können, muss sich der Prozess an die explizit formulierten Anforderungen, repräsentiert durch die Konfigurationsparameter, anpassen können, wir nennen diese Fähigkeit "Adaption". Der Prozess muss jede explizite Anforderung überprüfen und das Ergebnis im Gesamtbericht berücksichtigen. Da die Anforderungen (innerhalb des geplanten Anwendungsbereichs) variabel sind, muss ein Prozess die benötigten Hilfsmittel dynamisch, aber deterministisch erzeugen.

Wird beispielsweise bei einer Anwendung ein Zustand hinzugefügt, so muss die Testsoftware auch diesen Zustand stimulieren und Fehlerfälle erzeugen. Erweitert ein Entwickler in einer Datenbank eine Struktur um ein Feld, dann müssen Eingabedaten für die Benutzeroberfläche erzeugt, die Speicherung überprüft und – wenn relevant – der Zugriff über eine Indexdatei veranlasst werden.

Daten zum Nachweis der ausgeführten Aktivitäten und deren Ergebnisse werden gesammelt und aufbereitet unter Verwendung der vom Entwickler benutzten Terminologie. Hat er einen Zustand "Initialisierung" eingeführt, dann sollte er diesen Namen im Code und in den Berichten wieder finden, und nicht einen vom Generator eingeführten Namen wie "status1".

Die betroffenen Teilprozesse wie für Test und Verifikation erhalten vom Codegenerator die Information über die Zusammensetzung der aktuellen Anwendung und konfigurieren sich entsprechend dieser Information. Referenzieren Konfigurationsparameter beispielsweise Zustände oder Datenfelder, die durch Fehler des AOE nicht definiert sind, so muss der Verifikationsprozess dies erkennen, obwohl ihm die vom AOE gewählten Namen erst durch die Konfiguration des Prozesses bekannt werden.

Um sich anpassen zu können, muss ein Prozess möglicherweise dynamisch neue Prozesssoftware, also an die Anwendung angepasste Instanzen von Prozesstypen, generieren, z.B. um plattformabhängige Werte aktuell zu bestimmen. Aufgabe eines Prozesses ist also nicht nur die Erzeugung der Anwendung, sondern auch die Erzeugung von hierfür angepassten Werkzeugen, etwa im obigen Beispiel ein Programm, das eine Systemkonstante der Zielplattform bestimmt, deren Name sich aus den Anforderungen an die Anwendung ergibt.

6.5.11 Verifikation von Prozessen und Qualitätssicherung

Die Herstellung eines korrekten Produktes ist das Ziel eines automatischen Prozesses, der sich selbst überwacht. Aber kann man diesem Ergebnis auch trauen? Diese Frage kann mit "ja" beantwortet werden, wenn ausreichende Maßnahmen zur Qualitätssicherung getroffen werden. Diese Maßnahmen betreffen die Entwicklung der Software, beispielsweise durch Einhaltung von Richtlinien, aber noch mehr die Überwachung des Produktionsprozesses und der Nachweis der Korrektheit für die produzierte Software.

Absolute Sicherheit gibt es nicht, wie wir später darlegen werden. Daher sind Konzepte notwendig, mit denen eine möglichst hohe Sicherheit erreicht werden kann. Auch hierzu werden wir die großen Ressourcen eines Rechners nutzen. Wesentlich hierfür ist die Skalierbarkeit des Produktionsprozesses und die Nutzung von interner redundanter Information, die die Adaption der Qualitätssicherungsmaßnahmen an den jeweiligen Fertigungsprozess erlaubt.

Dieser Ansatz ermöglicht die Definition von Verifikationskonzepten bei geringer Komplexität, aber ihre Expansion parallel zur Codeproduktion und Anwendung auf große, komplexe Systeme, wobei das Konzept selbst auch ständig überprüft werden kann. Hierdurch entstehen viele Filter, von denen jeder selektiv für eine bestimmte Fehlerart wirkt. Durch Kombination vieler Filter wird die

Fehlerrate gesenkt, vergleichbar mit der Reduktion der Lichtintensität bei der Kreuzung linearer Polarisationsfilter.

Die "konventionelle" Qualitätssicherung konzentriert sich auf das gesamte Produkt, so dass die Wahrscheinlichkeit relativ hoch ist, wegen der Größe und Komplexität Fehler zu übersehen. Bei automatischen Produktionsprozessen dagegen beschränkt sich – bei unserem Konzept – die Qualitätssicherung auf kleine, überschaubare Bereiche und Konstruktionsregeln, und die Qualitätssicherung für das komplexe Produkt wird vom Rechner durchgeführt durch Skalierung unter ständiger Selbstkontrolle.

In der Raumfahrt muss die Wahrscheinlichkeit auf Systemebene (nicht pro LOC) für kritische Ereignisse (Zerstörung des Systems, Verletzung von Personen) kleiner als 10^{-9} und für katastrophale Ereignisse (Lebensgefahr) kleiner als 10^{-12} für die Missionsdauer sein (vgl. MA3SURD). Das Verhalten der Software in solchen Situationen muss daher besonders sorgfältig durch Tests untersucht werden.

Zunächst geben wir einen Überblick über grundsätzliche Probleme hinsichtlich Verifikation von Produktionsprozessen, dann erläutern wir unseren Ansatz.

6.5.11.1 Korrektheit – ein Ziel, zwei Fehlerquellen

Um ein korrektes Produkt zu erhalten, müssen die Beiträge vom Entwickler und Werkzeug korrekt sein. Soweit möglich wird ein Produktionsprozess die Beiträge eines AOE auf Korrektheit überprüfen. Verbleibende Fehler des AOE können dann nur im Rahmen der Validierung erkannt werden, wozu ihm der Prozess auch wieder Unterstützung durch Visualisierung der Produkteigenschaften geben muss.

An der Beseitigung beider Fehlerquellen muss ein Prozess mitwirken, mittelbar durch Bereitstellung geeigneter Hilfsmittel zur Validierung und unmittelbar durch Verifikation der vom Prozess benutzten Software. Mit der Validierung, den Aufgaben des Entwicklers und der Art der Unterstützung durch einen Prozess, haben wir uns bereits befasst. Daher werden wir nun uns eingehend mit der Verifikation von Produktionsprozessen bzw. deren Korrektheit beschäftigen.

6.5.11.2 Kosten der Verifikation

Ziel eines Produktionsprozesses ist es, kostengünstig und schnell korrekte Software zu liefern. Jeder solche Prozess enthält aber von einem POE manuell erstellte Software, und der Prozessablauf basiert auf erdachten Regeln, deren Korrektheit erst einmal nachgewiesen werden muss. Da die Software und Abläufe sehr komplex sein können, ist mit einer gewissen Zahl von Fehlern zu rechnen, die gefunden und beseitigt werden müssen. Der Nachweis der Korrektheit sollte auch kostengünstig erbracht werden können, sonst kompensieren die Verifikationskosten des Prozesses die Einsparungen bei der Produktion.

Aus einer für die Europäische Raumfahrtagentur ESA Anfang 2004 durchgeführten Untersuchung (s. ACG-SoA) über den Einsatz von Codegeneratoren[3] wissen wir von einer Anwendung im Bereich Transportwesen, für die strenge Sicherheitsanforderungen gelten, dass hohe Kosten für die Zertifizierung entstehen, weil sie für jede Version des Generators wiederholt werden muss. Die kumulierten Zertifizierungskosten liegen daher in der Größenordnung der manuellen Entwicklungskosten, das Einsparungspotenzial ist relativ klein. Trotzdem wird der Einsatz des Codegenerators als Erfolg gewertet, da die Änderungszyklen wesentlich verkürzt werden und die Fehlerrate kleiner ist als bei manueller Entwicklung: von 0 Fehlern bis zu einer 100x kleineren Fehlerzahl als bei der früheren manuellen Entwicklung, für die ca. $2{*}10^{-3}$ / LOC angegeben wird (vgl. ACG-SoA).

Ursache für die hohen Zertifizierungskosten ist die häufige Wartung des Codegenerators, die notwendig ist, um steigende Anforderungen einer größeren Zahl von Benutzern erfüllen zu können. Die Wiederverwendbarkeit, die eine Kostensenkung durch Verteilung der Entwicklungskosten bewirken sollte, führt somit zu einer Erhöhung der Wartungskosten.

Dieser Fall lehrt uns, dass ein Produktionsprozess hinreichend breit das beabsichtigte Anwendungsgebiet abdecken sollte. Variierende bzw. steigende Anforderungen dürfen keine Änderungen am Produktionsprozess veranlassen, sondern müssen durch die Konfigurationsparameter aufgefangen werden. Um das Einschleusen von Fehlern über Konfigurationsparameter zu verhindern, müssen an der Anwenderschnittstelle Prüfungen durchgeführt werden, wie wir in Kap.6.5.5.6 bereits beschrieben haben. Die Korrektheit der Prüfmechanismen für beliebige Anwendungsfälle wird durch Adaption (s. vorigen Abschnitt 6.5.10.5) sichergestellt.

6.5.11.3 Korrektheit ist ein relativer Begriff

Wir analysieren nun die Bedeutung von "korrekt". Nach unseren Erfahrungen und Beobachtungen ist kein absoluter Nachweis der

[3] Codegeneratoren sind nur Teil eines automatischen Produktionsprozesses.

Korrektheit von Software möglich. Werden keine Fehler beobachtet, so ist dies kein Beweis für Fehlerfreiheit, denn unter veränderten Randbedingungen können plötzlich Fehler auftreten. Daher kann "Korrektheit" nur relativ durch eine Wahrscheinlichkeit ausgedrückt werden wie: „Die Wahrscheinlichkeit, dass noch ein Fehler auftreten kann, ist größer als 10^{-7}“.

Meistens ist aber auch eine solche Abschätzung schwierig, eher unmöglich, und die aktuelle Fehlerrate kann erst durch das Auftreten von Fehlern abgeschätzt werden. Wenn beispielsweise bei einer Größe von 100 KLOC ein Fehler aufgetreten ist, weiß man, dass die Fehlerrate $\geq 10^{-5}$/LOC ist. Eine obere Grenze kann man dann aber immer noch nicht ableiten, höchstens darauf vertrauen, dass bei dieser kleinen Fehlerrate nur mit geringer Wahrscheinlichkeit der nächste Fehler auftritt, und die obere Grenze daher vielleicht nur um den Faktor 10 größer ist. Aber selbst eine solche Abschätzung kann nicht beruhigen, denn wann und wo der nächste Fehler auftritt, wie kritisch er ist, lässt sich nicht vorhersehen.

Korrektheit kann somit nur auf die Bedingungen bezogen werden, unter denen kein Fehler während der Tests beobachtet wurde. Ziel eines Produktionsprozesses muss daher sein, einen möglichst großen Betriebsbereich zu untersuchen, beispielsweise durch automatische Testfallgenerierung und -auswertung, und seinen Einsatz für eine große Zahl von Anwendungen zu ermöglichen.

Die Ausführung dieser Tests dient also allein der Überprüfung der Software, die vom Produktionsprozess verwendet wird oder die von ihm integriert wird, aber nicht von ihm erzeugt wurde. Könnte man davon ausgehen, dass sie korrekt wäre, könnte auf diese Tests verzichtet werden.

Der Bezug der Korrektheit auf einen vorher getesteten oder geprüften Bereich ist vergleichbar mit der Einschränkung der Betriebsbedingungen für mechanische oder elektronische Produkte. Wenn wir bei einem Motor die zulässige Drehzahl überschreiten und ihn dadurch zerstören, verwundert uns das nicht. Überschreitet die Last auf einem Rechner eine Grenze, oberhalb der nicht getestet wurde, so können wir nicht erwarten, dass die Software sich deterministisch und korrekt verhält. Werden bestimmte Datenbereiche erstmals durch ein Programm verwendet, so muss das Ergebnis angezweifelt werden, bis es verifiziert werden konnte.

Im Unterschied zur Mechanik und Elektronik verhält sich Software nicht stetig, wenn nicht gerade Differentialgleichungen gelöst oder stetige Funktionen berechnet werden. Logische Entscheidungen können zu sehr sprunghaften Änderungen der Ergebnisse führen, die sich aus früheren Werten nicht vorhersagen lassen. Aus der Korrektheit des vorhergehenden Schrittes kann also nicht auf die des nachfolgenden geschlossen werden.

Um die Kosten für die Verifikation eines Produktionsprozesses niedrig zu halten, suchen wir nach Alternativen für die Zertifizierung. Um sie zu finden und mit der Zertifizierung vergleichen zu können, müssen wir zuerst verstanden haben, was Zertifizierung bedeutet.

Wir sollten daher nicht nur fragen „Können wir uns auf die Ergebnisse eines nicht zertifizierten Produktionsprozesses verlassen? ", sondern auch „Welche Garantien gibt uns die Zertifizierung hinsichtlich Korrektheit? ".

These 107
Zertifizierung impliziert nicht Korrektheit.

Mit der Zertifizierung wird nämlich keine Korrektheit bescheinigt, sondern nur bestätigt, dass die Herstellung gemäß der geforderten Richtlinien erfolgte. Mit deren Anwendung wird die Erwartung verknüpft, dass die größtmögliche Fehlerfreiheit – gemäß Stand der Technik – erreicht werden kann. Eine absolute Aussage über die Korrektheit ist mit der Zertifizierung nicht verbunden. Das Columbia- und Ariane5-Unglück zeigen, dass selbst nach sorgfältiger Prüfung noch Fehler auftreten können.

In diesem Zusammenhang erwähnten wir bereits, dass beide Unglücke nicht durch Verletzung der Sorgfaltspflicht verursacht wurden, sondern durch falsche Einschätzung und Interpretation von Information wegen zu hoher Komplexität. An diesem Punkt wollen wir ansetzen, um Alternativen zu entwickeln.

6.5.11.4
„Divide et Impera": Erfolg durch Modularisierung

Die Fehler, die zum Columbia- und Ariane5-Unglück führten, wurden übersehen, weil (1) wegen zu großer Komplexität die Zusammenhänge nicht erkannt wurden, (2) keine zusätzliche unabhängige Prüfung erfolgte, durch die die falsche Interpretation hätte identifiziert werden können. Man war "absolut" sicher, dass alle Randbedingungen berücksichtigt wurden. Daher werden wir über den Produktionsprozess die Komplexität an der Mensch-Maschine-Schnittstelle senken, indem wir die Prüfungen, die von den Entwicklern zu definieren und auszuführen sind, vereinfachen und ihre Zahl beschränken. Mit Rechnern leiten wir dann daraus viele verschiedene, auch redundante, aber voneinander unabhängige Prüfungen parallel zur Codeerzeugung ab, so dass Ergebnisse automatisch verglichen und durch auftretende Abweichungen Fehler erkannt werden können.

Durch Modularisierung in unabhängige Komponenten erhöhen wir die Anzahl der Prüfmöglichkeiten und können dadurch den Herstellungsprozess hinsichtlich Qualitätssicherung "beherrschen". Im

Gegensatz zur Teilung der Reihen der politischen Gegner durch Cäsar mit "destruktiver" Absicht allein zum Zweck der Machterhaltung führen wir hier eine "konstruktive" Teilung durch, um die Korrektheit des Prozesses besser überwachen zu können.

Durch geeignete Organisation eines Prozesses lassen sich daher die Prüfmöglichkeiten gezielt steigern, und damit die Wahrscheinlichkeit für die Fehlererkennung erhöhen. Wann immer Plausibilitätsprüfungen möglich sind, sollten sie auch implementiert werden. Falls die Performance dadurch zu stark sinkt, kann der Prozess sie für den operationellen Betrieb deaktivieren, und nur für den Testbetrieb erzeugen.

Auch die Konstruktionsregeln lassen sich auf diese Weise ständig überprüfen. Obwohl der generierte Code "per Konstruktion" korrekt sein sollte, sind Fehler zu erwarten und müssen während der Implementierung des Prozesses erkannt und beseitigt werden. Da wir mit einer "relativen Korrektheit" leben müssen, ist es sinnvoll, die Wahrscheinlichkeit für die Fehlererkennung zu erhöhen, auch wenn man von der Fehlerfreiheit überzeugt ist.

6.5.11.5 Mehr Sicherheit durch Vereinfachung

Nicht nur für den AOE ergeben sich aus der Reduktion der Komplexität Vorteile bzgl. Korrektheit, Sicherheit und Zuverlässigkeit der erstellten Anwendung. Auch für den POE gilt das Prinzip "Mehr Sicherheit durch Vereinfachung".

Denn auch die Konstruktionsregeln für die Prüfung stammen aus Menschenhand und können somit fehlerbehaftet sein. Aber solche Prüfregeln können weitaus verständlicher dargestellt und selbst überprüft werden.

Wir erläutern dies an folgendem Beispiel: Es soll die Korrektheit einer Funktion geprüft werden, die die Quadratwurzel einer ihr als Parameter übergebenen Zahl berechnen soll.

Um ihr Ergebnis zu prüfen, wird man kaum eine weitere Wurzelfunktion definieren und die Ergebnisse der beiden Funktionen miteinander vergleichen. Ansonsten wären Aufwand und Komplexität der Prüfung ebenso hoch wie die des Prüflings. Bei Übereinstimmung beider Ergebnisse könnte lediglich gefolgert werden, dass beide Funktionen dieselben Fehler aufweisen, keinesfalls aber, ob eine der Funktionen fehlerfrei ist.

Selbst wenn bei der Entwicklung beider Funktionen Redundanzen verwendet würden – etwa, weil die Funktionen jeweils von unterschiedlichen Programmierern stammen oder in verschiedenen Programmiersprachen umgesetzt sind, würde diese Redundanz mit der Verdopplung des Gesamtaufwands erkauft werden, da die komplexe Funktion zweimal implementiert werden müsste. Aber selbst dann wüsste man bei einer Diskrepanz immer noch nicht, welche Funktion korrekte Werte liefert.

Stattdessen kann man eine einfache Regel anwenden, um das Ergebnis zu prüfen: Das Ergebnis mit sich selbst multipliziert muss gleich dem ursprünglichen Eingabewert sein. Diese Regel kann zwar selbst fehlerhaft sein oder bei einem automatischen Test fehlerhaft umgesetzt werden, aber diese Prüfungen sind deutlich weniger komplex als die zu überprüfende Funktion.

Ergibt sich also bei Anwendung dieser Regel eine Diskrepanz zwischen dem ursprünglichen Eingabewert und dem aus dem Ergebnis der Funktion berechneten Wert, so ist mit hoher Wahrscheinlichkeit davon auszugehen, dass der Fehler bei der Wurzelfunktion und nicht bei der Prüfregel liegt.

Sollte also tatsächlich eine Zertifizierung des automatischen Produktionsprozesses notwendig sein, so reicht es aus, die einfacheren Prüfmodule zu zertifizieren.

6.5.11.6 Verifikation durch Diversifikation

Prüfmöglichkeiten durch "Parity-Bit" oder CRC-Daten (Cyclic Redundancy Check) werden schon lange für die Erkennung von Fehlern in Rechnern oder bei der Datenübertragung eingesetzt. Während wir an der Anwenderschnittstelle redundante Information vermeiden, benutzen wir sie nun gezielt intern zur Verifikation und Überwachung des Produktionsprozesses.

Wir haben während der Implementierung des Produktionsprozesses ISG festgestellt, dass die Teilprozesse für Code- und Testfallgenerierung sich gegenseitig überprüfen können. Obwohl operationeller Code und der Code für seine Stimulierung aus denselben Anforderungen abgeleitet werden, führen Fehler in einem der beiden Prozessteile zu Diskrepanzen an der Schnittstelle. Das gilt auch für die Instrumentierung zur Validierung der Produkteigenschaften und des korrespondierenden Auswerteteils.

Weitere Prüfmöglichkeit entstehen durch die Portierbarkeit der generierten Software. Wenn sie auf verschiedenen Plattformen ausgeführt werden kann, steigt die Wahrscheinlichkeit, Fehler zu erkennen. Wir haben beobachtet, dass bestimmte Fehler auf einer Plattform nicht entdeckt werden können, weil kein Fehlersymptom auftritt ("dormant bugs", "schlafende Fehler"), auf einer anderen Plattform aber sofort erkannt werden können.

Wird ein Bereich außerhalb des zulässigen Adressraumes überschritten, der keine sensitiven Daten enthält, und für den korrektes Schreiben und Lesen möglich sind, so kann dieser Fehler nur erkannt werden, wenn die Adressen auf Gültigkeit überprüft werden. Wegen zu hoher Einbußen an Systemleistung werden solche Prüfungen üblicherweise nicht von der Anwendungssoftware durchgeführt, wenn überhaupt, dann nur im Testbetrieb. Effizienter sind Prüfungen durch die Hardware, beispielsweise einer "Memory Management Unit" (MMU). Wird aber der gesamte verfügbare Speicher vom Betriebssystem freigegeben oder Meldungen einer MMU ignoriert, wie in der Praxis beobachtet, dann können solche Fehler nicht erkannt werden. Je größer der nicht genutzte Speicher ist, desto unwahrscheinlicher ist die Erkennung eines Fehlers durch Überschreiben sensitiver Bereiche. Wird aber zu einer Plattform gewechselt, die den Zugriff auf unzulässige Adressbereiche verhindert, oder diesen Bereich anderweitig nutzt – weil Code und Daten anders im Speicher angeordnet werden, dann steigt die Wahrscheinlichkeit der Fehlererkennung signifikant an, beispielsweise kann dann eine Speicherschutzverletzung auftreten.

These 99 Plattformen wirken als Filter für Fehler

Plattformen wirken quasi als Filter für Fehler. Manche sind für Fehlertyp X sensitiv, andere für Y. Durch Kombination der verschiedenen Filter steigt die Wahrscheinlichkeit, dass kein Fehler unentdeckt bleibt. Ziel muss daher sein, die Benutzung von vielen Plattformen zu ermöglichen, ohne die Kosten wesentlich zu erhöhen und den Quellcode stark zu verändern. Mit einem Produktionsprozess können beide Ziele erreicht werden.

Die vielen möglichen Konfigurationen einer Produktfamilie über Parameter sind zwar eine große Herausforderung für die Verifikation des Prozesses, weil ein großer Bereich abgedeckt und getestet werden muss. Aber sie sind auch eine Hilfe, da durch die große Streuung der Daten Fehler leichter erkannt werden können.

Bei der Wiederverwendung von Codestrukturen durch Konstruktionsregeln wird das Prinzip der Codeerzeugung ebenfalls in vielfältiger Weise getestet. Die Wahrscheinlichkeit zur Fehlererkennung steigt durch die häufige Benutzung, und mit ihr die Zuverlässigkeit. Zwar stellt die mehrfache Verwendung desselben Prinzips eine "single-point"-Fehlerquelle dar, die Erkennung eines solchen Fehlers wird aber gleichzeitig durch die vielfache Verwendung wesentlich erhöht. Denn wenn er auftritt, sind seine Auswirkungen nicht zu übersehen. Wir sehen daher erhebliche Vorteile für ein systematisch, aus wenigen Teilen aufgebauten Produkt gegenüber einem, das aus vielen unabhängigen Teilen besteht, die kaum benutzt werden.

Bei dem Produktionsprozess ISG für verteilte Echtzeitsysteme wurden bei einer Größe von ca. 80 KLOC für die erste Anwendung innerhalb von 4 Jahren nach Auslieferung nur 3 Fehler entdeckt, die aber nicht zum Systemausfall führten, der Betrieb konnte weiterlaufen. Die Fehlerrate von $4 \bullet 10^{-5}$ liegt damit um ca. 2 Größenordnungen unter der, die bei sehr guter Qualifikation der Entwickler typisch ist ($\geq 10^{-3}$, vgl. Fenton2000 und ACG-SoA). Der Code für eine Datenbankanwendung (speicherresident) mit ca. 20 KLOC war fehlerfrei.

Durch die relativ hohe Dichte der Prüfungen im Produktionsprozess und der beigefügten Informationen konnten zwei Fehler relativ schnell erkannt werden (weitere Details im MSL-Beispiel in Kap. 7). Beim dritten Fehler handelt es sich um die falsche Zuordnung operationeller Daten im verteilten System. Da ein Anwender bei der Definition solcher Daten frei ist und die Daten im zulässigen Bereich lagen, wurde der logische Fehler nicht während der Tests des Produktionsprozesses erkannt, sondern erst während der Validierung der ersten Anwendung.

Wesentlich für die weitere Entwicklung von Produktionsprozessen ist die intensive Analyse dieser Fehler, der Gründe, weshalb sie nicht entdeckt wurden, und der Verwendung dieser Erfahrung für die weiteren Entwicklungsarbeiten.

6.5.11.7
Konformität zu Standards

Standards, die für sicherheitskritische Bereiche gelten, schränken durch Regeln den normalen Sprachumfang ein. DO178B, der Standard der Flugzeughersteller, verbietet beispielsweise die Benutzung von Variablen für die untere und obere Grenze einer Schleife. Wird durch einen Fehler eine solche Variable überschrieben, könnte die Anzahl der Schleifen weit über der gewünschten Anzahl liegen, und die Sicherheit wäre nicht mehr gewährleistet. Auch der ANSI-Standard von C verbietet die Benutzung von Variablen zur Deklaration von Feldern außerhalb von Funktionen.

Bei Verwendung von Konstanten kann die unbeabsichtigte Änderung der Schleifendurchläufe bei modernen Compilern nicht eintreten, bei Verwendung von Assemblern können wie beim Compiler auch entsprechende Maßnahmen getroffen werden. Das Laden einer Konstanten erfolgt über eine sog. "immediate operation", d.h. der Wert der Konstanten ist Teil des Befehls. Daher steht dieser Wert im geschützten Codebereich und kann nicht überschrieben werden.

Variablen bieten die Möglichkeit, flexibel auf sich ändernde Anforderungen zu reagieren. So kann zuerst eine Anzahl übergeben und dann ein Feld entsprechender Größe deklariert werden. Diese Fähigkeit zur Anpassung benötigt ein Programm, wenn ein breites Anwendungsgebiet abgedeckt werden soll. Durch Änderung des Wertes der Variablen kann dann leicht das Programm an variierende Mengen angepasst werden. Damit entsteht ein Konflikt zwischen Flexibilität und Sicherheitsstandards.

Ein vollautomatischer Produktionsprozess kann dieses Problem leicht lösen. Er ermöglicht die gleiche Flexibilität, kann aber Konstanten verwenden, wenn die Mengen zwar von Produkt zu Produkt variieren, aber für ein bestimmtes Produkt konstant sind. Da der Prozess alle Daten, die ein Produkt konfigurieren, kontrolliert, kann er konsistent die bekannten Werte verwenden, beispielsweise auch bei Schleifen Konstanten einsetzen. Somit lassen sich die Vorgaben von Standards mit automatischen Produktionsprozessen sehr einfach und konsequent erfüllen.

Dies ist durch den Einsatz von Middleware-Bibliotheken o.ä. nicht möglich, da die Bibliothek solche Anforderungen dynamisch – also mit Hilfe von Variablen – abdecken muss.

6.5.11.8 Ausblick

Durch Formalisierung und kontinuierliche Wartung senken automatische Produktionsprozesse die Fehlerrate. Trotzdem müssen Maßnahmen ergriffen werden, um so viele Fehler wie möglich zu erkennen und zu beseitigen. Besonders sicherheitskritische Bereiche stellen hohe Anforderungen an das Herstellungs- und Nachweisverfahren. Gelingt es, die hierfür anfallenden Kosten auf niedriges Niveau abzusenken, dann profitieren alle Bereiche von der Qualitätsverbesserung.

Die bisherigen Arbeiten zeigen, dass Produktionsprozesse sich selbst überwachen können und Kontrolle durch Diversifikation möglich ist. Aber bevor die Zertifizierung durch solche automatischen Verifikationsmethoden ersetzt werden kann, sind weitere Aktivitäten erforderlich. In weiteren in 2004 angelaufenen Projekten beschäftigen wir uns daher detailliert mit diesem Thema.

6.5.12 Validierung und automatische Testfallerzeugung

Die Erzeugung von Testfällen ist aus zwei Gründen notwendig:

1. um Zweifel an der durch einen Produktionsprozess erzeugten oder integrierten Software auszuräumen als Teil der Verifikation, wie unter Kap. 6.5.11 beschrieben, und
2. um die Eigenschaften der erzeugten Software beobachten, aufzeichnen und auswerten zu können als Teil der Validierung.

Die Fähigkeit eines Produktionsprozesses, Testfälle automatisch erzeugen zu können, ist somit für die Verifikation und die Validierung nützlich. Damit ein AOE beurteilen kann, ob die beobachtbaren

Eigenschaften, die sich aus seinen Anforderungen durch automatische Umsetzung in ausführbare Software ergeben, auch seinen Erwartungen entsprechen, muss er die Software ausführen und die Antwort ("Feedback"), die sie ihm dadurch gibt, auswerten.

Ohne automatische Testfallerzeugung müsste er manuell die notwendigen Testfälle erzeugen und auswerten. Diese Arbeit nimmt ihm der Prozess ab, indem er die Testfälle generiert und den Code so instrumentiert, dass automatisch Berichte erstellt werden können, die der AOE nur noch lesen muss.

6.5.13 Kontinuierliche Wartung

Bei heutigen Entwicklungsansätzen wird zwischen der eigentlichen Entwicklung und der Wartung unterschieden. Im Phasenmodel der ESA wird die Entwicklung durch die Phasen B-D und die Wartung durch Phase E abgedeckt.

Sequentielle Prozessmodelle wie das "Wasserfall-Modell" (Abb. 4-1) oder das V-Model (Abb. 4-2) behandeln Betrieb und Wartung nur als unstrukturierten Vorgang. Aber es liegt nahe, dieselben Methoden und Ansätze anzuwenden wie bei der Entwicklung

Die inkrementellen Modelle ("Prototypen-Modell" der Abb. 4-3, die "Phasenweise Entwicklung" der Abb. 4-4) unterscheiden dagegen nicht zwischen Entwicklung und Wartung. Bei der "phasenweisen Entwicklung" wird deutlich, dass Entwicklung als kontinuierliche Wartung aufgefasst wird. Bereits während der Entwicklung werden Versionen erzeugt und ausgeliefert, der Unterschied zwischen Entwicklung und Wartung verschwindet. Aus vertraglicher Sicht kann die Auslieferung der ersten vollständigen Version als Abschluss der Entwicklung angesehen werden.

Wir leiten nun eine abstrakte Definition für "kontinuierliche Wartung" ab. Eine Entwicklung wird dann als kontinuierliche Wartung angesehen, wenn

- das Endsystem über Zwischenversionen erreicht wird,
- jede Zwischenversion für sich das System in seiner Gesamtheit vollständig repräsentiert und ausführbar ist, aber unvollständig ist im Vergleich zur Endversion beispielsweise hinsichtlich Funktionalität,
- die nächste Version eine Erweiterung der früheren Version bezogen auf die Endversion darstellt.

Aus der Verfügbarkeit einer Zwischenversion folgt immer die Integrierbarkeit der vorhandenen Software, auch von externer Software, die nicht im inkrementellen Zyklus entwickelt wird, aber verfügbar ist.

Die Auslieferung einer Zwischenversion setzt vorherige Tests, Verifikation und Validierung, und ggf. auch eine Abnahme voraus.

Bei manueller Entwicklung entsteht daher im Vergleich zum sequentiellen Ansatz mehr Aufwand, weil bei gleichem Endergebnis (Größe des Quellcodes) häufiger getestet, verifiziert und validiert werden muss. Wird von Version zu Version Quellcode ausgetauscht, erhöht sich auch der Aufwand für die Codierung. Die frühe Auslieferung einer Zwischenversion wird durch Zusatzaufwand erkauft.

Bei Einsatz eines automatischen Produktionsprozesses sind ständig frühe, voll integrierte Versionen verfügbar, ein Zusatzaufwand für Codierung, Test, Verifikation und Validierung entsteht aber nicht. Ein AOE muss nur die Konfigurationsparameter kontinuierlich vervollständigen und die automatisch erstellten Berichte analysieren.

6.5.14 Systemcompiler

Ein Produktionsprozess erstellt aus einer Menge von Zutaten ein Produkt, er "compiliert" also ein Produkt, wenn wir die Bedeutung von "Compilieren" oder "to compile" als "Zusammenstellung, Sammeln" interpretieren (vgl. PONS). Der Begriff "System" wurde bereits als Synonym für ein Softwareprodukt verwendet. Die Bezeichnung "Systemcompiler" für einen Produktionsprozess ist daher nahe liegend und für Informatiker schlüssig.

Abb. 6-7 Abstraktionsebenen der Softwareerzeugung

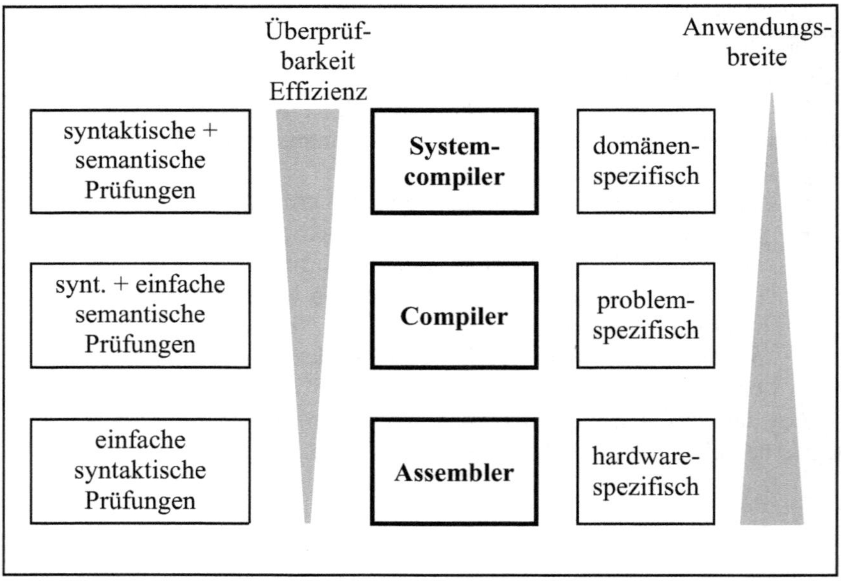

Ein "Systemcompiler" entspricht nach unserer Auffassung der nächsten Abstraktionsebene in der bisherigen Folge von "Assembler" und "Compiler".

Assembler können für jeden Anwendungsbereich eingesetzt werden, hängen aber stark vom Prozessor ab und erfordern hohen Programmieraufwand. Der Assemblercode kann kaum auf Korrektheit überprüft werden, fast alle Operationen sind möglich wie z.B. der Zugriff auf beliebigen Speicheradressen. Es gibt kaum Randbedingungen, die eingehalten werden müssen.

Compiler verbergen die Schnittstellen zur Hardware des Prozessors, sie bieten ein abstrakteres Konzept an, um Anweisungen definieren zu können. Es ist auf einen bestimmten Problemkreis abgestimmt wie kaufmännische (COBOL), systemnahe und technische (FORTRAN, C, Ada) Anwendungen oder Informationssysteme (SQL, Java). Durch Einführung von Typen, logischen Zugriff auf Felder oder Benennung von Datenelementen entstehen mehr Prüfmöglichkeiten. Der anwendungsspezifische Kontext kann aber nicht zur Prüfung herangezogen werden und syntaktisch zulässige, aber semantisch falsche Anweisungen wie die der Abb. 6-6 können nicht erkannt werden.

Systemcompiler (in unserer Definition) verbergen Details der Implementierung in Software wie Datentypen, Feldgrößen, Tasks, Zugriffsmechanismen auf Daten, Datenverknüpfungen oder Hilfstabellen für Datenzugriff und -speicherung. Sie führen anwendungsspezifische Verknüpfungen und Randbedingungen ein, und können daher alle für den Anwendungstyp relevanten semantischen Fehler erkennen. Durch diese Spezialisierung auf einen Anwendungsbereich ("Domäne") wie Datenbanken oder Echtzeitsysteme kann der Produktionsprozess vollständig automatisiert werden.

6.5.15 Teilprodukte und vertragliche Aspekte

Wir beginnen mit der Beschreibung des technischen Hintergrundes einer Entwicklung, die von mehreren Parteien ausgeführt wird. Dann erläutern wir die vertraglichen Aspekte.

Die Konfigurationsparameter für einen Prozess legen zu jedem Zeitpunkt die Eigenschaften eines Produktes fest, die bei einer inkrementellen Entwicklung kontinuierlich erweitert werden. Bei einem großen System können mehrere Firmen und Entwickler (A-OE) daran arbeiten.

Wird ein Produktionsprozess eingesetzt, dann können alle Beteiligten gleichzeitig und unabhängig an Teilen arbeiten. Prinzipiell gibt es zwei Arten der Arbeitsteilung:

1. die homogene Aufteilung (Abb. 6-8)
   Das Produkt setzt sich aus Teilen zusammen, die alle mit demselben Prozess erzeugt werden. Jeder Teil wird dann durch eine Untermenge der Konfigurationsparameter definiert. Die Teilprodukte sind vom gleichen Typ. Der Produktionsprozess ist in sich abgeschlossen.

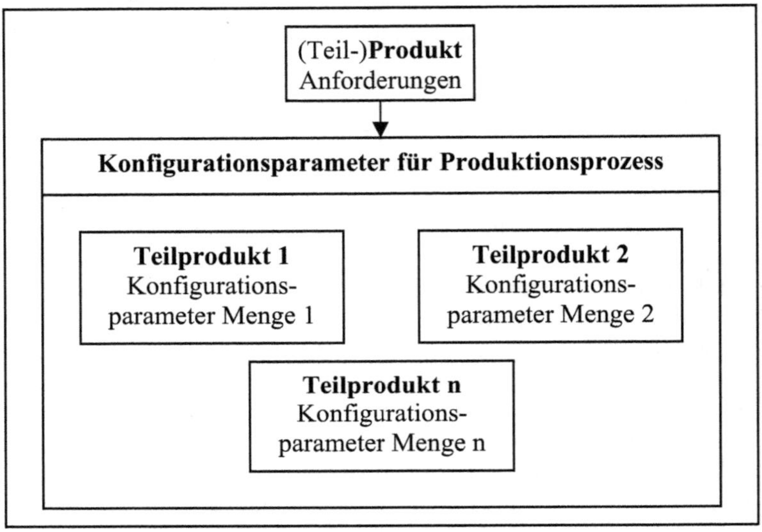

Abb. 6-8 Homogene Aufteilung eines Produktes

2. die hierarchische Aufteilung (Abb. 6-9)
   Das Produkt wird in mehrere Teilprodukte zerlegt, einzelne Teilprodukte sind das Ergebnis unterschiedlicher Herstellungsprozesse, oder ein Herstellungsprozess wird für mehrere Teilprodukte verwendet.
   Die Herstellungsprozesse können vollautomatische oder manuelle Produktionsprozesse sein. Aus Sicht eines Teilprozesses ist dann die Software schon vorhanden und muss integriert werden. Eine Untermenge kann auch durch homogene Aufteilung produziert werden. Diese Teile werden auf der Ebene der Konfigurationsparameter integriert, in allen anderen Fällen auf Quellcodeebene.
   Aus Sicht eines Teilproduktes sind dann die anderen Teilprodukte bzw. die zugehörige Software schon vorhanden. Dazu gehört auch Software die bereits aus früheren Projekten verfügbar ist, oder durch Kauf erworben wird. Wir bezeichnen solche Software als "externe Software". Der Produktionsprozess des Teilproduktes, zu dem die anderen hinzugefügt wer-

den, muss dann für Test, Verifikation und Validierung des entstehenden (Teil-)Produktes die notwendigen Maßnahmen treffen, beispielsweise um Testfälle für die gesamte Software generieren zu können.

Im ersten Fall, der homogenen Aufteilung, erfolgt die Integration auf der Ebene der Konfigurationsparameter: jeder liefert seine Parameter, aus denen der gesamte Parametersatz des Prozesses entsteht. Dieses Verfahren wird bei modellbasierten Ansätzen auch "Integration auf Modellebene" bezeichnet. Die neue Version der Gesamtkonfiguration wird dann an alle Beteiligten verteilt. So kann jeder unabhängig arbeiten und seine Parameter inkrementell weiterentwickeln, aber seine lokale Version, in dessen Mittelpunkt sein Teilprodukt steht, jederzeit an den aktuellen Stand der Partner anpassen. Die Fähigkeit des Prozesses, beliebige Produkteigenschaften gemäß Anforderungen erzeugen zu können, ermöglichen die Verwaltung der unterschiedlichen Ausprägungen desselben Produktes und ihre Zusammenführung.

Bei einem Echtzeitsystem können beliebige Echtzeitprozesse erzeugt werden. Für jeden Echtzeitprozess kann ein AOE zuständig sein. Die verschiedenen Mengen an Konfigurationsparametern werden vor der Produktion zu einer Gesamtmenge zusammengefügt und dann verarbeitet. Im Fall eines Datenbanksystems können separierbare, unabhängige Teile parallel von verschiedenen Auftragnehmern (AN) entwickelt werden, oder Schnittstellen zur Datenerfassung oder -übertragung außerhalb der Datenbank.

Bei der heterogenen Aufteilung (Abb. 6-9) werden die Konfigurationsparameter, die die Schnittstelle zu den anderen Teilen bilden, aus dem übergeordnetem Prozess identifiziert und als Anforderungen an weitere Herstellungsprozesse übernommen.

Beispielsweise können (Echtzeit-)Prozesse von verschiedenen Entwicklern übernommen werden. Die Schnittstelle zwischen den Prozessen wird dann durch den Datenaustausch definiert (s. das Beispiel zur Erzeugung der Echtzeitinfrastruktur in Kap. 7.6). Ein Teil eines solchen Prozesses kann die Datenverarbeitung von der Erfassung bis zur Protokollierung über Telemetrie sein, der durch andere Prozesse realisiert wird (s. das Beispiel über die speicherresidente Datenbank in Kap. 7.6.3). Dann wird an der Schnittstelle des Echtzeitprozesses definiert, wie die Daten übernommen bzw. übergeben werden sollen.

Sollen Prozessdaten mit einem GUI dargestellt werden, dann bildet die Spezifikation der Datenstrukturen die Schnittstelle zum GUI-Produktionsprozess (s. GUI-Generierung in Kap. 7.8.2).

Wichtig ist hierbei, dass auf jeder Ebene der Hierarchie der Teilprodukte das übergeordnete Teilprodukt immer vollständig durch alle Teilprodukte repräsentiert wird. Dies ist eine Folge der Produktionsprozesse und ihrer Untergliederung. Auf allen Ebenen kann das Gesamtprodukt jederzeit durch neue Versionen der Teilprodukte aktualisiert werden.

Abb. 6-9 Heterogene Aufteilung in mehrere Produktionsprozesse

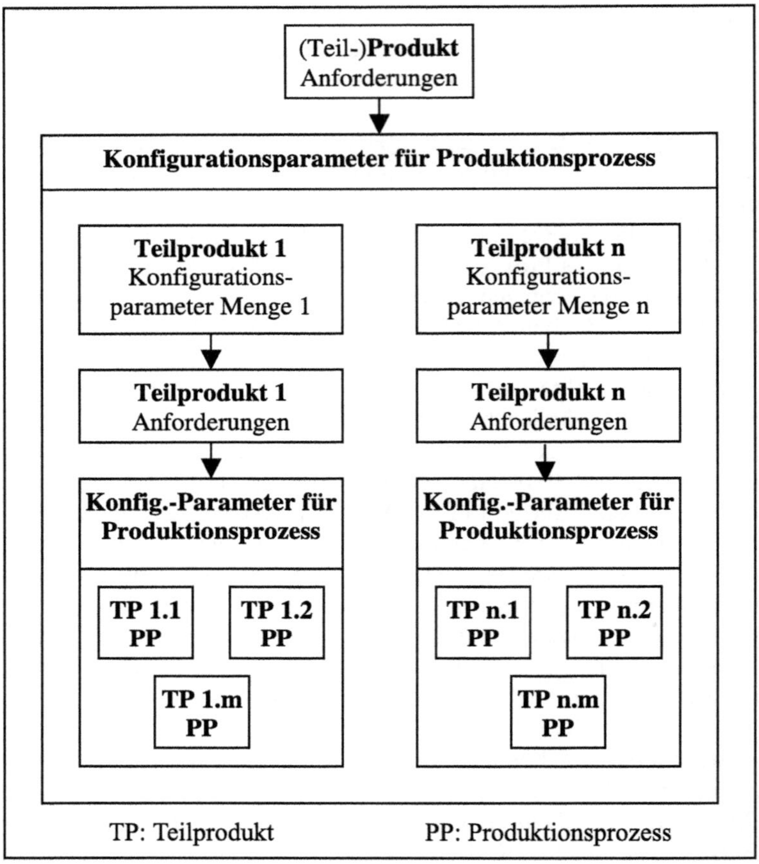

Auf jeder Ebene – einschließlich der obersten Ebene – werden durch Konfigurationsparameter Schnittstellen zu den Teilprodukten definiert. Der für die jeweilige Ebene – ein Teilprodukt – Verantwortliche legt die Anforderungen an die Teilprodukte auf der darunter liegenden Ebene fest, indem er möglicherweise erst mehrere Zyklen für Iterationen oder Erweiterungen ausführt, und übergibt dann die Anforderungen in Form der Konfigurationsparameter an den/die Auftragnehmer.

In einer hierarchischen Aufteilung eines Produktes gibt es für jeden Knoten einen Auftraggeber (AG), und für jedes Blatt einen Auftragnehmer (AN).

Für die Erhöhung der Erfolgschancen gegenüber der bisherigen Vorgehensweise ist entscheidend, dass jeder Auftraggeber auf seiner Ebene die Konfigurationsparameter festlegt und an den folgenden Auftragnehmer übergibt. Dadurch wird die vertragliche Schnittstelle genau festgelegt. Ein Auftragnehmer kann auf Anfrage immer eine aktuelle Version seines Teilproduktes liefern, der Auftraggeber es integrieren.

Am Anfang benutzt ein Auftraggeber eine vereinfachte Version des Teilproduktes (Abb. 6-10), das auf seiner Ebene die Anforderungen erfüllt, ohne dass bereits die volle Funktionalität implementiert sein muss ("Stub"). Der Auftragnehmer entwickelt das Teilprodukt inkrementell und liefert kontinuierlich erweiterte Versionen (Abb. 6-11).

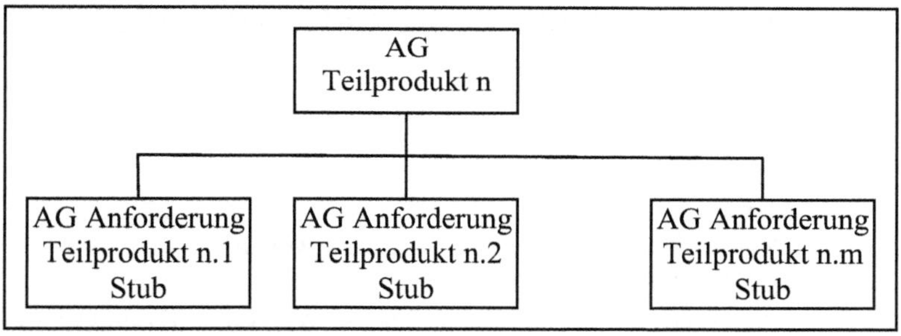

Abb. 6-10 Ausführbare Spezifikationen, frühe Phase ohne AN

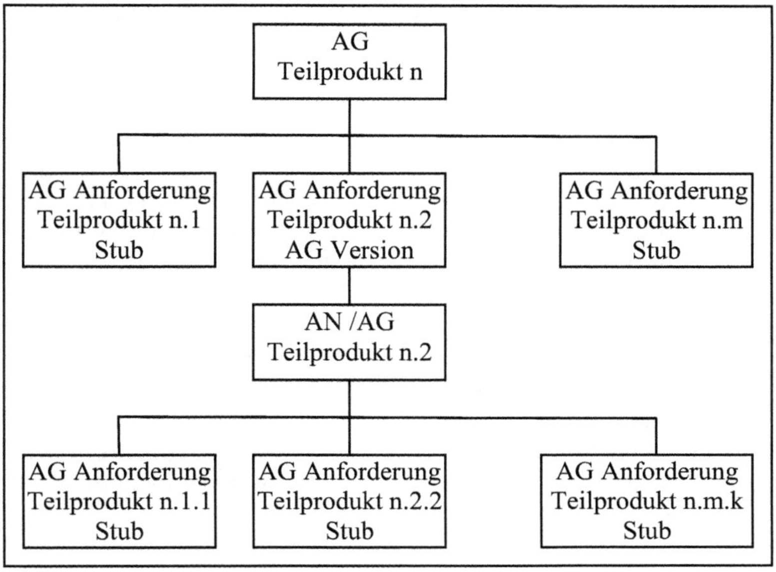

Abb. 6-11 Ausführbare Spezifikationen, spätere Phase mit AN

Da aus den Konfigurationsparametern durch den Produktionsprozess sofort ausführbare Software erzeugt wird, werden Anforderungen, die über Konfigurationsparameter eines Prozesses definiert werden, auch als "ausführbare Spezifikation" ("executable specification") bezeichnet.

Ausführbare Spezifikationen besitzen den Vorteil, dass die geforderten Eigenschaften sofort am realen System beobachtet und ggf. auch korrigiert werden können, bevor sie an einen Auftragnehmer weitergegeben werden, oder nachdem ein Auftragnehmer seine Version zurückgeliefert hat.

Durch die schnellere und ständige Beobachtbarkeit der realen Eigenschaften sinkt das Risiko für Auftraggeber und Auftragnehmer, mögliche vertragliche Konflikte werden frühzeitig erkannt und beseitigt, größere Probleme vermieden.

6.6 Der automatische Entwicklungszyklus

Wir beschreiben nun den Ablauf einer Produktentwicklung, für die ein Produktionsprozess eingesetzt wird. Nach Kap. 6.5.15 gibt es die beiden folgenden Fälle:

- den homogenen Fall
  Nur ein Produktionsprozess wird verwendet.
- den heterogenen Fall
  Verschiedene Produktionsprozesse werden verwendet, oder der Quellcode der Software liegt schon vor. In diesem Fall sehen wir die Abläufe aus Sicht eines automatischen Produktionsprozesses, der vorhandene, "externe" Software auf Ebene des Quellcodes integriert. Mindestens einen solchen Prozess gibt es, wenn wir einen automatischen Produktionsprozess betrachten.

Beginnen wir zunächst mit dem homogenen Fall (). Die Logik dieser Abbildung geht teilweise auf Arbeiten im ESA-Projekt ACG (ACG-Std) in 2004 zurück und ist das Äquivalent zu den bereits früher in Kap. 4 eingeführten Abläufen anderer Entwicklungsansätze wie dem Wasserfallmodell.

Im Mittelpunkt steht die Konfiguration des Produktes, das inkrementell und ggf. iterativ entwickelt wird. Die Konfigurationsparameter bestimmen die Architektur, das Verhalten, die Performance und die Funktionalität des Produktes. Sowohl die (erste) Entwicklung als auch die (nachfolgende) Wartung werden durch die Konfiguration abgedeckt.

Jede Konfiguration wird automatisch vom Prozess verifiziert, bevor automatische Code- und Testfallgenerierung zugelassen werden. Die Konsistenz zwischen der Konfiguration und dem Produkt sowie die Korrektheit des Produkts ist daher immer gewährleistet.

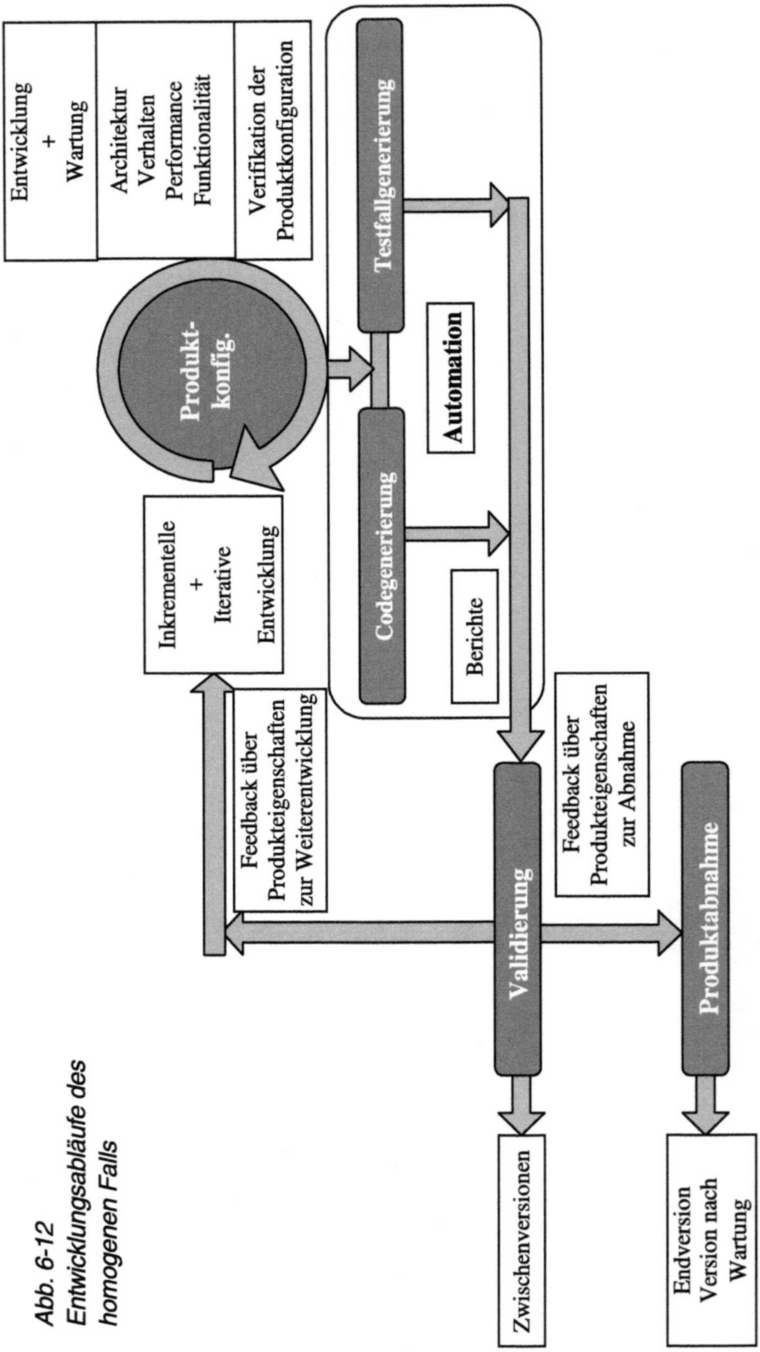

Abb. 6-12
Entwicklungsabläufe des homogenen Falls

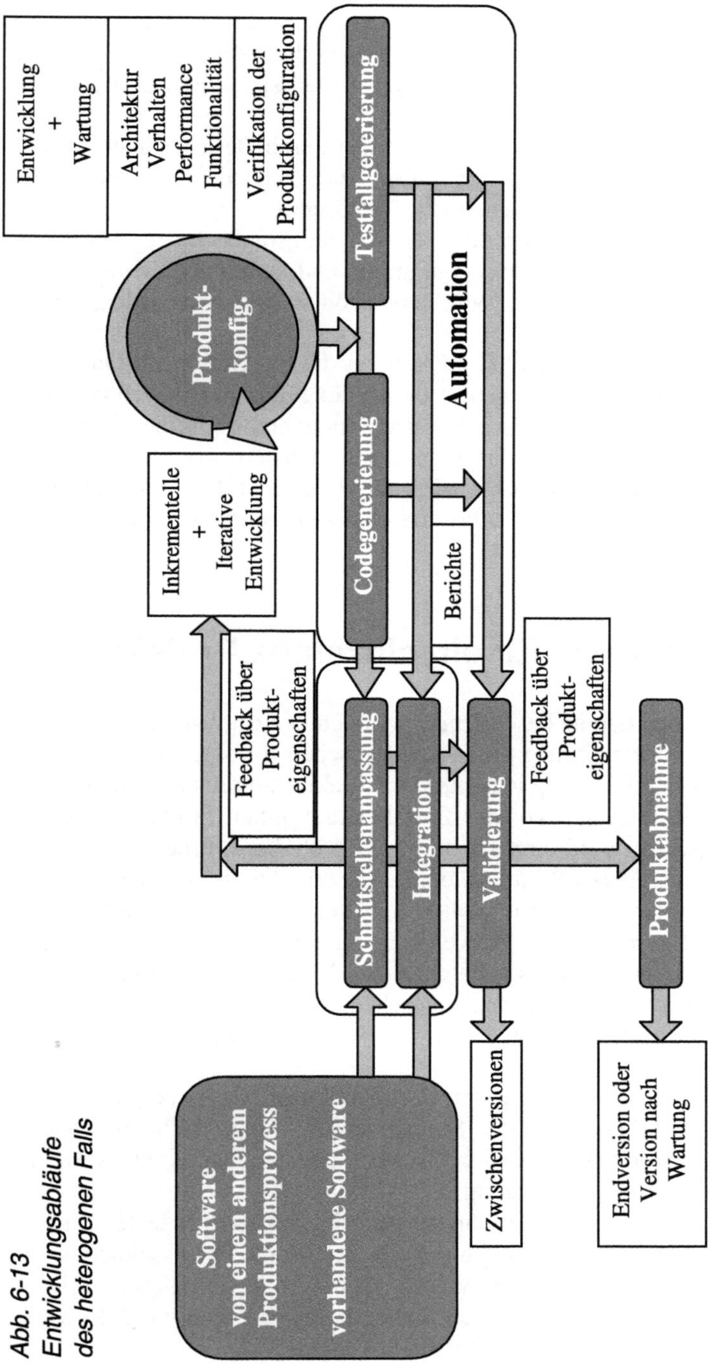

Abb. 6-13
Entwicklungsabläufe des heterogenen Falls

Durch die Testfallgenerierung werden die Eigenschaften des Produkts im zulässigen und unzulässigen Betriebsbereich sowie der Übergang vom fehlerhaften bzw. unzulässigen Betriebsbereich in einen nominalen Bereich untersucht.

Der AOE bzw. der Nutzer werden durch Berichte über die Produkteigenschaften informiert. Der AOE kann dann erweitern oder korrigieren. Bei Erreichen aller geforderten Eigenschaften nimmt der Anwender das Produkt ab. Wartungsmaßnahmen werden als inkrementelle Erweiterung aufgefasst und laufen wie die ursprüngliche Entwicklung ab. Zwischenversionen sind nach jedem Zyklus verfügbar.

Im heterogenen Fall () müssen wir die Integration auf Quellcodeebene mitberücksichtigen. Vor der Integration ist eventuell auch noch eine Schnittstellenanpassung notwendig. Beide Aktivitäten sollten vom Produktionsprozess automatisiert werden. Bei einem neuen Produktionsprozess wird der volle Grad der Automatisierung möglicherweise nicht sofort erreicht, sondern erst nach einigen Produktionszyklen.

6.7 Die Vorteile für ein einzelnes Projekt

Wir haben bereits beschrieben, wie sich der Aufwand für die Erstellung und Einführung eines automatischen Softwareproduktionsprozesses durch Einsatz in mehreren Projekten amortisieren kann.

Steht man nun vor der Entscheidung, einen Produktionsprozess einzusetzen, wird man daher abwägen, ob dieser Produktionsprozess auch in weiteren Projekten eingesetzt oder teilweise wieder verwendet werden kann. Wir wollen nun noch den Fall betrachten, dass vorerst keine weitere Anwendung für einen Prozess ersichtlich ist, und darlegen, dass es auch dann von Vorteil ist, einen solchen Prozess einzuführen – einmal abgesehen davon, dass man sich vielleicht bei der Einschätzung des Wiederverwendbarkeitspotenzials geirrt hat.

Bei der Entwicklung eines Produktionsprozesses begibt man sich auf die Meta-Ebene der Softwareentwicklung: Nicht ein Produkt wird entwickelt, sondern ein System, das das Produkt aus variierenden Anforderungen erzeugt.

Natürlich ist die Einführung eines Produktionsprozesses zunächst mit Aufwand verbunden, wenn z.B. die für die Prozesskette notwendigen Werkzeuge erst hergestellt werden müssen. Diesen Aufwand spart man aber an mehreren Stellen beim konkreten Produkt wieder ein, unter anderem durch folgende Vorteile:

- Garantie der Konsistenz,
- hohe Anpassbarkeit des Produkts,
- schnelle Verfügbarkeit,
- Wiederholbarkeit und Korrigierbarkeit, und
- frühe Sichtbarkeit von Produkteigenschaften.

Das Produkt kann inkrementell und iterativ entwickelt werden, jedoch ohne wie bei der manuellen Entwicklung Inkonsistenzen zu riskieren. Ein automatischer Produktionsprozess erzeugt das Produkt immer aufgrund der Produktanforderungen und leitet damit redundante Informationen immer aus derselben Quelle ab. Ein Softwareentwickler würde solche Informationen einmal ableiten und dann bei weiteren Änderungen in den nächsten Iterationen die verschiedenen Stellen, an denen die Information eingeht, einzeln ändern. Dass er dabei eventuell Fehler begeht oder Änderungen gar vergessen kann, haben wir bereits diskutiert.

Daraus folgt auch, dass das Produkt einfach anpassbar ist, denn dasselbe Inkonsistenzrisiko ergibt sich üblicherweise bei allen Änderungs- und Wartungsmaßnahmen, nicht nur bei iterativer Entwicklung. Die Wartung wird wie die Entwicklung erheblich einfacher. Selbst wenn ein Produktionsprozess nur für ein einzelnes Produkt eingeführt wird, kann dadurch schnell auf Änderungen am Markt reagiert werden. Verschieben sich z.B. die Anforderungen der Kunden auf einem Massenmarkt, so kann bei Einsatz eines automatischen Produktionsprozesses schnell eine konsistente Anpassung des Produkts erreicht werden.

Der Idealfall, dass bei der Produktentwicklung keine Änderungen und Iterationen erforderlich sind, tritt in der Praxis selten auf. Ein automatischer Prozess kann gerade unter den üblichen realen Bedingungen seine Stärken ausspielen, auch bei nur einem einzigen Produkt. Somit gelten die gleichen Aussagen wir für den (vielfach) wieder verwendbaren Fall.

Im Vergleich zur manuellen Softwareherstellung verringert sich außerdem der zeitliche Abstand von der Festlegung der Produkteigenschaften bis zur Messbarkeit dieser Eigenschaften am fertigen Produkt. Entspricht das Ergebnis nicht den Erwartungen, kann mit wenig Aufwand eine weitere Iteration nur durch Änderung der Spezifikation durchgeführt werden.

Während also bei der manuellen Entwicklung entweder der gesamte Aufwand für eine einzelne Iteration aufgewendet werden muss oder bei manueller iterativer Entwicklung viele Ressourcen nötig sind, werden die entsprechenden Ressourcen bei der Entwicklung auf Basis eines automatischen Produktionsprozess nur einmal für dessen Einführung und der Erstellung neuer oder der Adaption bereits vorhandener Werkzeuge eingesetzt. Das Risiko von Terminüberschreitungen oder Nichterfüllung der erforderlichen Qualitätsanforderungen wird auch bei nur einem Projekt dadurch erheblich reduziert. Bei der Entscheidung für oder gegen einen automatischen Produktionsprozess ist daher immer auch zu berücksichtigen, dass Senkung des Risikos, Verkürzung der Entwicklungszeit und Vereinfachung und Verbesserung der Wartung mit einem automatischen Prozess möglich sind.

Wenn man sich aber geirrt hat mit der Feststellung, dass ein Einsatz für weitere Produkte nicht absehbar ist, wird man froh sein, wenn sich doch weitere Anwendungsfälle mit dem bereits verfügbaren Prozess abdecken lassen.

6.8 Merkmale eines vollautomatischen Produktionsprozesses

Abschließend fassen wir die wichtigsten Merkmale zusammen und definieren Kriterien für die Vollautomation. Die folgenden Tab. 6-1 bis Tab. 6-4 zählen die wichtigsten Kriterien auf. Wenn ein Prozess in Teilprozesse zerlegt wird, müssen nicht alle Teilprozesse alle hier aufgezählten Eigenschaften aufweisen. Einige der hier genannten Eigenschaften sind jedoch andererseits auch obligatorisch für alle Prozesse wie "Skalierbarkeit der Komplexität und Produktionszeit", "Reduktion der Komplexität", "Benutzung von Konstruktionsregeln" usw.

Die Definition eines Produktionsprozesses beruht auf einem 2-stufigen Verfahren der Spezialisierung. In einem ersten Schritt werden aus der Gesamtheit aller Lösungen, die von allgemeinen Methoden wie UML und Sprachen ("General Purpose Languages") wie C, C++, Ada, Java, SDL zugelassen werden, diejenigen ausgewählt, die den hier aufgezählten Effizienzmerkmalen (Punkt 2 der Tab. 6-3) entsprechen (Abb. 6-14). In einem zweiten Schritt werden dann für die jeweilige Produktfamilie die Prozessschritte festgelegt. Die beiden Schritte können im Laufe der weiteren Spezialisierung auch mehrfach und iterativ ausgeführt werden.

Abb. 6-14 2-stufige Spezialisierung

Prozessdefinition
Schritt 1: Spezialisierung auf Effizienz
Regeln zur Effizienz
Schritt 2: Spezialisierung auf Produktfamilie
Regeln für Prozessschritte

Tab. 6-1
Kriterien für einen vollautomatischen Softwareproduktionsprozess (1/4)

Id	Kriterium	Kommentar
1	**Prozessdefinition**	
1.1	Fixierung von Erfahrung	Die Automatisierung eines Produktionsprozesses setzt die Kenntnis der Produktionsschritte voraus, also i.a. Erfahrung in der manuellen Herstellung. Das vorhandene Know-how wird fixiert und wird bei Wartung des Prozesses weiter ausgebaut.
1.2	Spezialisierung	Ein Produktionsprozess deckt einen bestimmten Anwendungsbereich ab, die Spezialisierung ermöglicht eine Feinabstimmung auf die Bedürfnisse dieses Bereichs bei größtmöglicher Produktivität und ggf. die Überwindung allgemeiner theoretischer Hindernisse.
1.3	Anwendungsvielfalt	Trotz der Spezialisierung kann ein solcher Prozess eine möglichst große Anzahl von Anwendungsfällen abdecken.
1.4	Durchgängigkeit	Ein automatischer Produktionsprozess deckt alle Produktionsschritte durchgängig ab, nur die Anforderungen müssen vom Entwickler definiert werden, der das Produkt übernimmt und die vom Prozess erstellten Berichte über die gemessenen Eigenschaften liest.
1.5	Skalierbarkeit (Menge)	Beliebige Mengen an Anforderungen können in ein Produkt umgesetzt werden.
1.6	Garantie auf Korrektheit	Der Prozess bzw. der Werkzeughersteller garantiert die Korrektheit des aus den Parametern des Anwenders erzeugten Produktes durch Verifikation. Fehlerhafte Anwenderdaten (Konfigurationsparameter) werden erkannt und zurückgewiesen. Der Anwender erhält eine genaue Beschreibung seines Fehlers. Der Produktionsprozess wird nur ausgeführt, wenn die Anwenderdaten syntaktisch und semantisch fehlerfrei sind.
1.7	Metamodell	Der Prozess wird auf der Basis eines Metamodells realisiert, das die Herstellungsschritte und Abhängigkeiten zwischen ihnen und den Konfigurationsparametern beschreibt.
1.8	Konstruktionsregeln	Das Produkt wird über Konstruktionsregeln erzeugt, die aus dem Metamodell abgeleitet werden.
1.9	Konfigurationsparameter	Der Produktionsprozess ist voll über Parameter konfigurierbar.
1.10	Orthogonale Prozessparameter	Unabhängige Produkteigenschaften können durch unabhängige Mengen von Konfigurationsparametern definiert werden.
1.11	Syntaktische Prüfungen	Der Prozess prüft die Anwenderanforderungen (Konfigurationsparameter) auf korrekte Syntax.

Tab. 6-2
Kriterien für einen vollautomatischen Softwareproduktionsprozess (2/4)

Id	Kriterium	Kommentar
1.12	Semantische Prüfungen	Der Prozess prüft die Anwenderanforderungen (Konfigurationsparameter) auf korrekte Semantik. Durch die Spezialisierung ist der hierfür notwendige Kontext bekannt.
1.13	Instrumentierung	Der Prozess erweitert, wenn notwendig, den Code, um Information über die Eigenschaften des Produkts visualisieren zu können.
1.14	Integration, homogen	Der Prozess unterstützt die Integration von Teilprodukten auf Ebene der Konfigurationsparameter.
1.15	Integration, heterogen	Der Prozess unterstützt die Integration von Teilprodukten auf Ebene des Quellcodes.
1.16	Inkrementelle Entwicklung	Der Prozess ermöglicht die Herstellung von Prototypen, die sich kontinuierlich der Endversion annähern. Bereits wenig Information (unvollständige Menge an Parametern) reicht aus, um einen Prototyp des gewünschten Produkts zu erhalten.
1.17	Iterative Entwicklung	Der Prozess ermöglicht die Herstellung von Alternativen, d.h. die Änderung der Produkteigenschaften über Parameter während der Erzeugung von Prototypen oder der Endversion.
1.18	Informationstransformation	Der Prozess transformiert selbst die in den Konfigurationsparametern enthaltene Information während der Produktion in die benötigte Form.
1.19	Informationsextraktion	Der Prozess überführt, wenn notwendig, bereits vorhandene Information in die für die Konfigurationsparameter vorgesehene Notation.
1.20	Simulation	Der Prozess unterstützt Simulation, d.h. Teilprodukte werden durch Prototypen ersetzt.
1.21	Emulation	Der Prozess unterstützt Emulation, d.h. Schnittstellen des Produktes zur Umwelt werden temporär in den Produktionsprozess miteinbezogen.
1.22	Performance	Der Prozess unterstützt die Definition von Performanceparametern und Analyse der Performance.
1.23	Fehlertoleranz	Der Prozess erlaubt die Definition des Grades der Fehlertoleranz über Konfigurationsparameter.
1.24	Produktfamilie	Die unendliche Menge von Anwendungen wird in Produktfamilien unterteilt.
1.25	Generierungsoperatoren	Für jede Produktfamilie gibt es eine endliche Menge von Generierungsoperatoren, mit denen alle Anwendungen dieser Produktfamilie erzeugt werden können.

Tab. 6-3
Kriterien für einen vollautomatischen Softwareproduktionsprozess (3/4)

Id	Kriterium	Kommentar
2	**Effizienz**	
2.1	Skalierbarkeit (Zeit)	Die Produktionszeit nimmt linear mit dem Inversen der Rechnerleistung ab.
2.2	Mengenreduktion	Die bereitzustellende Information (Anforderungen, Konfigurationsparameter) wächst höchstens linear mit der Größe des Produkts.
2.3	Redundanzfreiheit	Der Prozess fordert äquivalente Information nicht mehrfach an, Information ausgenommen , die 2-er Korrelation wie bei Schnittstellen beschreibt.
2.4	Berichtserstellung und Produktvalidierung	Der Prozess erstellt Berichte über die Eigenschaften des erzeugten Produktes, aus denen der Entwickler ersehen kann, dass bzw. ob das von ihm spezifizierte Produkt tatsächlich seinen Erwartungen entspricht.
2.5	Synergie Code- und Testfallerzeugung	Der Prozess unterstützt nicht nur die Code- sondern auch die Testfallerzeugung. Die dazu notwendige Information leitet er aus den Konfigurationsparametern ab.
2.6	Kontinuierlicher Übergang von der Simulation zur Endversion	Der Prozess unterstützt einen kontinuierlichen Übergang von der Simulation zur Endversion. Die für die Simulation notwendige Software (Hardwaremulation, physikalische und plattformbedingte Randbedingungen) kann über Konfigurationsparameter hinzugefügt- oder entfernt werden.
2.7	Performance der generierten Software	Der Verbrauch an CPU-Leistung der generierten Software ist nicht schlechter als der von äquivalentem manuell generierten Code.
2.8	Verbrauch an Ressourcen der generierten Software	Der Verbrauch an Hauptspeicher der generierten Software ist nicht schlechter als der von äquivalentem manuell generierten Code.

Tab. 6-4
Kriterien für einen vollautomatischen Softwareproduktionsprozess (4/4)

Id	Kriterium	Kommentar
3	**Mensch-Maschine-Schnittstelle**	
3.1	Komplexitätsreduktion	Ein automatischer Produktionsprozess reduziert erheblich die Komplexität an der Mensch-Maschine-Schnittstelle.
3.2	Abstraktionsgrad	Der Abstraktionsgrad an der Anwenderschnittstelle wird an das Abstraktionsvermögen des Anwenders angepasst.
3.3	Visualisierung	Der Prozess präsentiert dem Anwender die Produkteigenschaften in verständlicher und ggf. komprimierter Form.
3.4	Notation	Der Entwickler kann die Konfigurationsparameter in einer ihm vertrauten Notation definieren, er muss keine zusätzliche Notation lernen.
3.5	Ausbildung des Prozessnutzers	Der Nutzer kann ohne Kenntnisse in Softwareentwicklung ein Softwareprodukt erzeugen, das seine Anforderungen voll erfüllt.
3.6	Lesbarkeit	Die generierte Software muss für einen AOE verständlich sein, falls er – aus welchen Gründen auch immer – den Quellcode einsehen will., beispielsweise muss er die von ihm eingeführten Namen von Konfigurationsparametern wiederfinden.
4	**Qualität**	
4.1	Produktionsüberwachung	Der Prozess überwacht die Herstellungsschritte selbst durch entsprechenden Prüfungen und garantiert die Korrektheit des Produkts.
4.2	Prüfung der Produkteigenschaften	Der Prozess befähigt das Produkt (die Software), Eigenschaften aufzuzeichnen und Anomalien während der Laufzeit zu erkennen.
4.3	Qualitätskontrollen	Die Qualitätskontrollen werden durch den Prozess automatisch der jeweiligen Konfiguration des Produktes angepasst.
4.4	Test	Der Prozess erzeugt die für den Nachweis der Korrektheit notwendigen Testfälle.
4.5	Fehlereinspeisung	Der Prozess stellt die Mittel bereit, die notwendig sind, um das Produkt nicht nominalen Bedingungen (Fehlerfällen) auszusetzen.
4.6	Verifikation der Produktion und des Produktes	Der Prozess verifiziert die Konfigurationsparameter, seine Produktionsschritte, die Produktnutzung (das Ausführen der Software) und die Berichtserstellung.
4.7	Verifikation des Prozesses	Der Prozess unterstützt die automatische Verifikation der von ihm benutzten Software ("des Produktes").
4.8	Validierung	Der Prozess unterstützt die Validierung des Produktes.

6.9 Weitere Ansätze auf dem Gebiet der Automation

Abschließend geben wir eine Übersicht über uns bekannte Aktivitäten, die ebenfalls Automation in der Softwareentwicklung betreffen. Diese Aufstellung erhebt nicht den Anspruch auf Vollständigkeit

Charles Simonyi (Simonyi), einer der Mitgründer von Microsoft Corp., hat vor einigen Jahren die Firma Intentional Software Inc. gegründet mit dem Ziel, „die visuelle Form der Software den spezifischen Bedürfnissen des Anwendungsbereiches anzupassen, und schrittweise eine Reihe von domänenspezifischen Sprachen in ein größeres System zu integrieren [...] unter Benutzung von AOP" (Zitat von http://www.intentionalsoftware.com/faq.html#q8). Simonyi baut neben AOP auf UML und damit auf objektorientierten Ansätzen (OOP) auf.

Wir fanden einen Artikel über Sergey Dmitriev unter http://www.codegeneration.net/tiki-read_article.php?articleId=61, der über sein "Meta Programming System" sprach, das nach seinen Aussagen vergleichbar mit dem Ansatz von Simonyi sein soll.

Martin Rösch (RöschLTD) beschäftigt sich in seiner Firma "General Objects LTD" seit ca. Mitte der 1990er mit Programmgeneratoren und Modellierung mit UML. Er baut auf den Arbeiten der "Object Management Group" (s. OMG), speziell der "Model-Driven Architecture" (MDA) auf.

Unter den uns bekannten Ansätzen sind seine Ideen und Ziele unseren am ähnlichsten. Er spricht von "Robotern", die Software erzeugen, von den dadurch erreichbaren Produktivitätssteigerungen, von der Chance, durch Automation Arbeitsplätze zu erhalten statt sie in Niedriglohnländer zu verlegen (s. Kap. 8 und 9 und Rösch2004).

Er spricht von "100% Automatisierungsgrad" im Zusammenhang mit MDA und stellt fest: „MDA-Automatisierung verringert Entwurf und Codierung um mehr als 90%". Aus diesen Feststellungen schließen wir, dass das genannte Einsparungspotenzial sich nicht auf den vollen Zyklus bezieht. Wir haben keine konkreten Angeben zur Produktivitätssteigerung gefunden, abgeleitet aus realen Projekten.

Er berücksichtigt die Verifikation von Spezifikationen, ausgedrückt durch Modelle, aber nicht Validierung. Dies entspricht der Position eines Auftragnehmers, der nicht für die Produktgestaltung, sondern nur für die Umsetzung von Vorgaben verantwortlich ist.

Die im Internet zugänglichen Referenzen verweisen auf Arbeiten mit UML, CORBA, SQL, Java und GUIs.

Im sicherheitskritischen Bereich finden wir Scade (s. Scade). Dieses Werkzeug geht auf eine gemeinsame Aktivität der Schneider Group SA (Grenoble, F, Kernkrafttechnik) und Airbus (Toulouse, F, früher Aerospatiale) zurück. Scade basiert auf der an der Universität Grenoble entwickelten Sprache Lustre (s. Lustre) für synchrone (regelungstechnische) Anwendungen. Scade unterstützt die Verifikation der Spezifikation und erlaubt sog. "Assertions", um zur Ausführungszeit Betriebsbedingungen überprüfen zu können. Der Codegenerator ist nach DO178B zertifiziert. Über Erweiterungen (s. Seguin), die vom Anwender implementiert wurden, können auch Testfälle aus einer Scade-Spezifikation abgeleitet werden.

Für amerikanische Luftfahrtfirmen wie Boeing wurden die Werkzeuge "MSC EASY5" (http.//www.mscsoftware.com) und "Beacon" (http://www.adi.com) entwickelt, die beide mit dem Standard DO178B konform sind. EASY5 ermöglicht die Simulation und Codegenerierung von Differentialgleichungen. Beacon erzeugt neben Code auch Testfälle und misst die Testabdeckung.

In den Bereich der Codegeneratoren für synchrone Anwendungen fällt das mächtige Werkzeug MATLAB (s. MATLAB) und viele Werkzeuge, die es ergänzen oder erweitern wie z.B. Mathworks / Simulink RT, MATLAB Embedded Coder, DSpace Targetlink (http://www.dspaceinc.com) und ASCET-SD (http://en.etasgroup.com).

Sildex (http://www.safeair.org/) ist ebenfalls ein Werkzeug für synchrone Anwendungen, das auch Verifikation unterstützt, insbesondere die Überprüfung von Sicherheitsanforderungen.

Für formale Methoden wie B (s. B) und Z (s. Z), die eine mathematische Notation verwenden, um Spezifikationen auszudrücken, gibt es ebenfalls Codegeneratoren.

Aus dem Bereich der Telekommunikation kommt SDL (s. SDL). Die früheren Werkzeuge ObjectGEODE (OG) und SDT (SDT), die zu dem Werkzeug TAU (TAU) verschmolzen wurden, haben bereits Ende der 1980er Code- und Testfallgenerierung unterstützt. Unsere ersten Erfahrungen auf diesem Gebiet gehen auf Projekte zurück, in denen ObjectGEODE verwendet wurde. SDL basiert auf "endlichen Automaten" (Finite State Machines") und ist für ereignisgesteuerte Anwendungen geeignet.

Ebenfalls in diesen Bereich fallen "Rhapsody" und "Statemate Magnum" von iLogix (iLogix) sowie "IBM ROSE RT UML" (früher Rational Rose). Rhapsody und IBM ROSE RT UML untersützen beide UML. Statemate Magnum basiert auf den sog. "Statecharts" (s. Harel). Ereignisgesteuerte Simulation ist möglich, Code wird für Ada und C generiert.

7 Vollautomation als Realität

In diesem Kapitel beschreiben wir Beispiele, die wir in Projekten bereits realisiert haben, an denen in laufenden Projekten noch gearbeitet wird, oder die als Prototypen bereits realisiert sind, mit denen wir die Machbarkeit automatischer Produktionsprozesse auf weiteren Gebieten demonstrieren. Schließlich geben wir einen Ausblick auf weitere Anwendungsmöglichkeiten.

7.1 Über die Einführung und Optimierung neuer Methoden

Der Weg bis hin zu vollautomatischen Produktionsprozessen war lang, auch falsche Wege wurden eingeschlagen, jedoch auch rechtzeitig wieder verlassen. An Anfang stand keineswegs die Absicht der vollständigen Automatisierung, sondern die Verbesserung der täglichen Arbeit durch geeignete, meist geringfügige, aber doch effektive Hilfsmittel, um Schwächen der benutzten Entwicklungsumgebungen zu überwinden. Allmählich wurden die Hilfen immer mächtiger, auch durch die immer häufiger verwendeten Un*x-Umgebungen, mit ihren vielen Möglichkeiten, Datenströme umzulenken und zu bearbeiten.

Wir begannen bereits Anfang der 1980er, vorhandene Entwicklungsumgebungen zu erweitern, um bessere Effizienz zu erzielen, und haben diese Aktivitäten dann kontinuierlich ausgeweitet.

Eine der ersten Maßnahmen war die Einführung von "include"-Dateien in FORTRAN(77), um die Konsistenz von Daten- und "COMMON"-Deklarationen zu gewährleisten. Dann folgten "übersetzbare Kommentare" (vergleichbar "ifdef") und automatische Dokumentation aus dem Quellcode, ebenfalls in FORTRAN.

Mitte der 1980er folgten Arbeiten zu generischen Systemarchitekturen im Rahmen von ESA-Raumfahrtprojekten (AESOD, ROTEX, COLUMBUS), der Übergang auf C und der konsequente

Einsatz des C-Präprozessors, um Quellcode zu ändern und zu erweitern.

1992 startete die ESA das Projekt "HRDMS" / Highly Reliable Data Management System and Simulation), dem weitere Projekte (OMBSIM, DDV, ExecSpec) folgten. Diese ESA-Projekte beschäftigten sich u.a. mit der Verbesserung der Softwareentwicklungsmethodik und hatten das Ziel, zuverlässigere Software zu erhalten und frühzeitig Risiken während Entwicklung und Betrieb aufdecken zu können.

Software für interplanetarische Missionen muss nach einem Zeitraum von ca. 10 Jahren während eines Zeitfensters von vielleicht einer Stunde korrekt arbeiten. Aktuelles Beispiel ist die ESA/NASA-Mission Cassini-Huygens, die im Oktober 1997 begann. Im Januar 2005 landete die Huygens-Sonde erfolgreich auf dem größten Mond Titan des Saturn und übertrug während der letzten Annäherungsphase von ca. 2½ Stunden Daten über die Atmosphäre an Cassini. Cassini diente während der Mission als Träger für die Sonde und nach der Trennung als Relaisstation zwischen Huygens und der Kontrollstation auf der Erde, wobei Cassini während dieser letzten Phase Titan als Satellit umkreiste.

Werden neue Konzepte eingesetzt, beispielsweise neue Hardwarearchitekturen, muss sichergestellt werden, dass in allen Betriebsmodi keine Fehler auftreten können, besonders in der Software, die nach einem Systemfehler die weitere volle Verfügbarkeit sichern soll. Zeit für Korrekturen ist während solcher Phasen mit kurzen Zeitfenstern nicht vorhanden, außerdem kann von der Erde bei einem Fehler kaum eingegriffen werden, da allein die Übertragungszeit eines Signals von der Sonde zur Erde und zurück 168 Minuten, also mehr als 2½ Stunden, beträgt.

These 82 Frühzeitige Validierung der Anforderungen senkt das Risiko.

Das Ziel dieser ESA-Projekte über Softwareentwicklungsmethodik war daher die "frühzeitige Systemvalidierung" ("early system validation"), für die die Methode "EaSyVaDe" (Early System Validation by Design") definiert und die zugehörige Simulationsumgebung "EaSySim" während des Projekts "OMBSIM" ("On-Board Data Management System Behavioural Simulation") entwickelt wurde. EaSyVaDe führt einen inkrementellen Entwicklungsansatz ein, der mit Simulation und frühzeitiger Validierung von Verhalten und Performance beginnt und mit automatischer Codegenerierung endet.

Als wir an die Thematik "höhere Effizienz und Zuverlässigkeit" im Rahmen dieser Projekte herangingen, hatten wir schon eine Menge Erfahrung bezüglich automatischer Modifikation von Quellcode und Fehlerprävention gesammelt. Dennoch betraten wir zunächst Neuland, und begannen mit Simulation als Hilfsmittel zur frühzeitigen Identifikation von Risiken.

Der Übergang von der Simulation zum Quellcode des Zielsystems war nur teilweise automatisch möglich. Die angestrebte vollständige Skalierbarkeit des Systems, beispielsweise hinsichtlich Topologie und Mengen der Objekte, wurde nicht erreicht, da Systemanforderungen und Implementierung nicht klar genug getrennt wurden, obwohl am Anfang bereits entsprechende Maßnahmen getroffen wurden, die aber offensichtlich nicht ausreichten. Dieser Mangel wurde im Rahmen des Projektes "DDV" ("Data Management System Design Validation") erkannt, bei dem EaSySim(I) zur Verifikation und Validierung bei einem weiteren Projekt eingesetzt wurde.

Die Erfahrung, die während dieser ersten Projekte gewonnen wurde, bildete die Grundlage für die weiteren Arbeiten. Zunächst wurden auf Teilgebieten systematische Analysen durchgeführt (s. Kap. 7.2.3), und daraus die zweite Version "EaSySim II" auf einer neuen technologischen Grundlage entwickelt. Mit EaSySim II wurde eine neue Generation von Werkzeugen geschaffen. Aus den weiteren Erfahrungen entstand dann allmählich durch ständige Erweiterung 1999 der erste vollautomatische Produktionsprozess "ISG".

Bei den ersten Projekten wurden nur Teile von Anwendungen betrachtet, die bereits abgeschlossen waren, um die neue Methodik mit der früheren Vorgehensweise vergleichen zu können. Der Nachteil war – rückwirkend gesehen, dass der in realen Projekten sonst vorhandene zeitliche Druck und der Druck auf vollständige Implementierung fehlte.

Seit 1996 haben wir die Methodik in realen Projekten eingesetzt. Erst unter diesen harten Randbedingungen gelang uns der Durchbruch, da noch bestehende Mängel hinsichtlich Effizienz und Zuverlässigkeit bzw. Qualität nicht weiter hinausgeschoben werden konnten, sondern sofort gelöst werden mussten. Dieser Druck führte zu einem neuen Ansatz, der ständig von Projekt zu Projekt optimiert wurde.

Zur Erläuterung der Problematik nehmen wir das folgende Beispiel. Eine Entwicklungsumgebung mit Codegenerator eines Drittherstellers benutzt für die Generierung von Ereignissen über Timer und die Datenübertragung dieselben Kanäle. Bei hohen Übertragungsraten trat Verlust der periodischen Timersignale auf und führte schließlich zum Systemstillstand. Das Konzept, auf dem der Codegenerator basierte, konnte einen kritischen Zustand wie hohe Systemlast nicht behandeln und überstehen. Beim Überschreiten einer gewissen Lastschwelle gingen Timersignale und Nachrichten verloren so dass der Systemausfall zwangsläufig eintreten musste. Auf die Überlast folgte der Systemstillstand. Durch die Entwicklung eines eigenen Timer-Konzeptes konnte dieser Mangel noch während des realen Projektes beseitigt werden.

Die Arbeiten wurden ab 2000 auf automatische Modifikation von existierendem Quellcode ausgeweitet. Der Quellcode wird ausgewertet, und aus der gewonnenen Information über Programmgeneratoren weitere Programme mit komplementärer Funktionalität erzeugt wie allgemeine Dateninitialisierung oder Funktionen zum Training des Anwenders.

Rückblickend können wir feststellen, dass neue Konzepte unbedingt schrittweise in die Praxis eingeführt und dort erprobt werden sollten. Nur durch kleine, durch die Praxis bestätigte Schritte zur Innovation kann mittel- bis langfristig eine wirkliche Verbesserung erreicht werden. Sind die Innovationsschritte zu groß, besteht die Gefahr, dass an der Praxis vorbei geplant wird und Aufwand zur Lösung von Problemen anfällt, die bei einer späteren Optimierung entfallen können oder sogar eine globale Optimierung verhindern. Ist kein Druck von einem realen Projekt vorhanden, dann besteht die große Gefahr, dass Probleme ausgeklammert werden, deren Lösung für die Praxis aber sehr wichtig ist. Durch die fehlenden Randbedingungen kann der richtige Weg nicht erkannt werden, das korrigierende "Regelsignal" fehlt.

Durch die Kombination von "Entwicklung einer neuen Methodik" und "Projektdurchführung" gelang uns die Lösung eines "Henne-Ei"-Problems. Üblicherweise – und wohl auch berechtigterweise – lehnen Projektleiter den Einsatz "brandneuer" Technologien wegen des möglichen hohen Risikos ab. In Folge können innovative Ansätze nicht unter realen Bedingungen erprobt und verbessert werden. Der Entwickler eines neuen Konzepts kennt aber das Risiko und kann abschätzen, wo und wie er es begrenzen kann, er kann auch schnell Verbesserungsmaßnahmen einleiten, wenn plötzlich in der Praxis Probleme auftreten, wie oben geschildert. Somit bekommt er "aus erster Hand" Information über Mängel, die er dann für den nächsten Optimierungszyklus berücksichtigen kann, während er für das laufende Projekt schnell eine Lösung findet.

Die Erfahrungen, die wir während der letzten zehn Jahre sammeln konnten, zeigen uns auch, dass es nicht reicht, sich nur auf einen Aspekt des Softwareentwicklungszyklus wie die Analyse der Anforderungen oder die Entwurfsphase zu konzentrieren. Die Gefahr ist dann zu groß, dass nur lokale Optimierungen erreicht werden, Probleme ausgeklammert und auf die folgenden Phasen verschoben werden. Das Verschieben von Problemen auf einen späteren Zeitpunkt ist aber äußerst kontraproduktiv hinsichtlich Risikominimierung.

Jetzt hat dieses Verfahren nach interner Anwendung auf zahlreichen Gebieten eine genügende Reife erreicht. Wir können nun die Methodik zur automatischen Softwareproduktion abstrakt definieren und die Werkzeuge für den externen Einsatz freigeben. Die nachfolgenden Beispiele demonstrieren die Machbarkeit des Konzeptes in verschiedensten Anwendungsbereichen und erlauben, Zahlen über die Effizienz der Methodik vorzulegen.

Am Ende dieses Kapitels geben wir einen Ausblick auf weitere potenzielle Anwendungsgebiete, die wir bei Vorstellung der Vorgehensweise in Diskussionen identifiziert haben. Wir bedanken uns bei allen, die Interesse an unserem Ansatz zeigen und uns Anregungen für weitere Anwendungen gegeben haben, aber auch bei denen, die an der Machbarkeit zweifelten, weil dies uns umso mehr anspornte, das Konzept zu perfektionieren.

7.2 Durchgängig von der Spezifikation bis zum Betrieb

Die Methodenansätze der 80er Jahre beharrten auf einer strikten Trennung von Spezifikation und Entwurf: der Anforderer sollte unabhängig von der Art der Implementierung seinen Bedarf definieren, die Umsetzung sollte Spezialisten vorbehalten sein, die sich mit Entwurf und Codierung auskennen. Diese Trennung deckt sich mit der Vorgehensweise bei automatischen Produktionsprozessen. Ein AOE denkt nicht über die Implementierung nach, sondern konzentriert sich auf die Anforderungen und die Eigenschaften eines Produkts.

Während aber bei automatischen Prozessen die Schnittstelle für die Definition von Anforderungen klar definiert ist, ist bei manueller Vorgehensweise eine Verschiebung von Aufgaben zwischen Spezifikations-, Entwurfs- und den folgenden Phasen möglich. Oft werden auch Aufgaben auf spätere Phasen verschoben, um in der aktuellen Phase das Budget nicht zu überziehen. Eine klare Zuordnung wird daher entweder nicht benötigt oder ist nicht beabsichtigt.

So kann es vorkommen, dass Anforderungen in der Entwurfsphase oder später hinzukommen, beispielsweise Performanceanforderungen an einen Übertragungskanal oder die Notwendigkeit eines zweiten Kanals durch Konkretisierung der abstrakten Anforderung "1-fache Redundanz". Diese Vorgehensweise hat dazu geführt, dass solche Anforderungen nicht als Teil der Spezifikation verstanden werden, sondern als Teil des Entwurfs oder der Codierung.

Die Kombination aus Trennung von Anforderungen und Implementierung und der späteren Ergänzung der Anforderungen während der Entwurfs- und Codierungsphase haben aus unserer Sicht zu der Auffassung bzw. Forderung geführt, dass es unmöglich bzw. verboten ist, aus Anforderungen ("Spezifikation") die Implementierung durch direkte Übergänge zwischen den beiden Phasen abzuleiten.

Obwohl ein automatischer Produktionsprozess die Trennung zwischen Anforderungen und Implementierung in idealer Weise ermöglicht, dürfte daher der direkte, automatische Übergang in die Implementierung und das Produkt zu heftigen Diskussionen bei Anhängern der Trennung führen. Mit dem folgenden Beispiel wollen wir zeigen, dass und wie mit Anforderungen ein Produkt inkrementell spezifiziert und produziert werden kann.

Wir beginnen mit einem einfachen, standardisiertem Prototypen, und entwickeln daraus ein spezielles fehlertolerantes System durch inkrementelle Verfeinerung, wobei wir nach einigen Zyklen aufhören, weil wir nur den prinzipiellen Ansatz zeigen wollen. Das Endergebnis ist daher noch allgemein genug, um seine Struktur für verschiedene (kritische) Anwendungen außerhalb der Raumfahrt, beispielsweise im Transportwesen, einsetzen zu können.

7.2.1
Von der Spezifikation zum Produkt

Um das Konzept zu erklären, wählen wir ein Beispiel (Abb. 7-1) aus dem Bereich fehlertoleranter Steuerungssysteme.

Abb. 7-1 Typisches Steuerungs- und Überwachungssystem

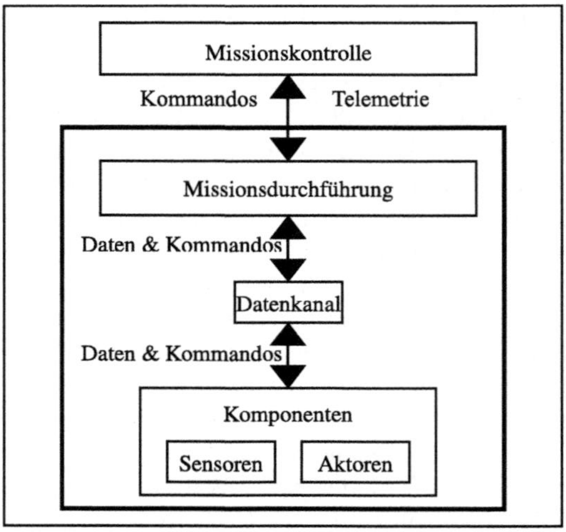

Ein solches System kann beispielsweise einen Autofahrer unterstützen oder einen Roboter, einen Satelliten, eine Raumsonde oder eine Rakete steuern. Im Beispiel gehen wir von einer Raumfahrtanwendung aus und führen entsprechende Komponenten ein. Für andere Anwendungen kann die Struktur direkt übernommen werden, während die Sensoren und Aktoren sowie die Übertragungskanäle andere Bezeichnungen erhalten dürften.

Hinsichtlich Fehlertoleranz nehmen wir an, dass Funktionalität und Performance auch nach dem ersten Fehler noch gewährleistet werden sollen (1-fache Redundanz).

Das System soll selbständig eine Reihe von Zielen umsetzen können ("Missionsziele"), aber von außen steuerbar sein ("Missionskontrolle") und Statusdaten an die Missionskontrolle per Telemetrie übermitteln. Zur Umsetzung der Ziele benötigt das System Sensoren und Aktoren, um den Status der Umwelt erfassen und Aktionen zum Erreichen der Missionsziele einleiten zu können.

Bevor wir die inkrementelle Verfeinerung von der Spezifikation zum realen Endsystem beschreiben, erläutern wir noch einige prinzipielle Aspekte.

Wenn ein Fehler toleriert werden soll, muss jede Komponente 2 Mal vorhanden sein. Daher werden alle Komponenten wie Prozessor, Datenkanal, Sensoren und Aktoren verdoppelt, so dass nach Ausfall einer Komponente noch eine äquivalente zur Verfügung steht. Erst wenn diese auch ausfällt, kann das System die geforderten Eigenschaften nicht mehr erfüllen..

Bei einer Kette von Komponenten beträgt bei konsequenter Verdoppelung von Glied zu Glied die Gesamtanzahl der Komponenten für das n-te Glied 2^n: jeder der 2 Prozessoren erhält zwei Datenkanäle, an jeden Datenkanal sind zwei Sätze von Sensoren und Aktoren angeschlossen usw. Dann würde man in unserem Beispiel insgesamt 4 Sätze von Sensoren und Aktoren verwenden. Das führt zu hohen Kosten, hohem Platzbedarf und Gewicht, und zu hohem Stromverbrauch. Daher wählt man eine Systemarchitektur, bei der jede Komponente insgesamt nur 2 Mal vorkommt: 2 Prozessoren, 2 Datenkanäle, 2 Sätze von Sensoren und Aktoren. Somit muss von jedem der beiden Kanäle auf jeden Satz von Sensoren und Aktoren zugegriffen werden können, ebenso von beiden Prozessoren[1] (Abb. 7-2).

Ausgangspunkt der inkrementellen Verfeinerung ist die Spezifikation des Systems, wie sie durch Abb. 7-1 beschrieben wird. Die Forderung, mindestens einen Fehler zu tolerieren, wird durch Text als nicht-funktionale Anforderung ausgedrückt, und ist zunächst nicht darstellbar. Im Zuge der inkrementellen Implementierung werden solche nicht funktionalen Anforderungen in funktionale Anfor-

[1] Wir wollen hier nicht tiefer auf Probleme eingehen, die mit einer solchen Architektur verbunden sind.

derungen umgesetzt, indem schrittweise Komponenten verdoppelt werden.

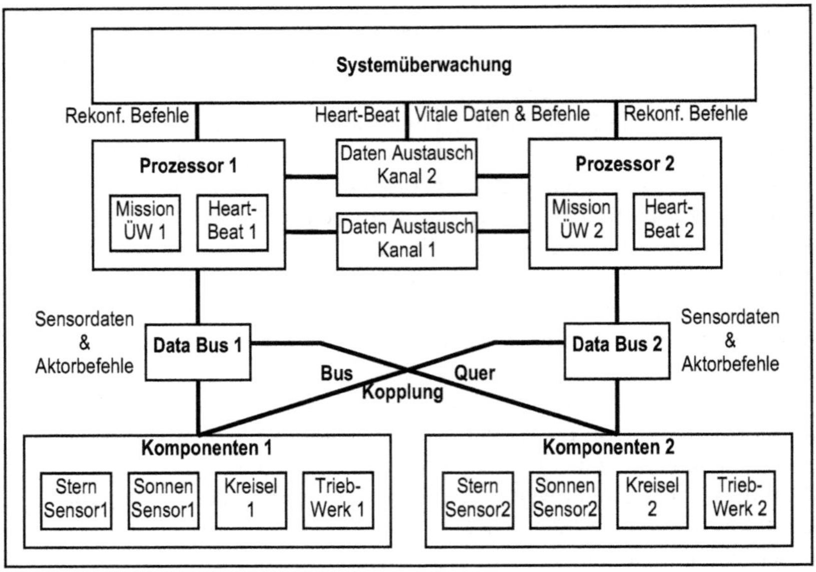

Abb. 7-2
Das voll ausgebaute fehlertolerante System

Die in Abb. 7-1 dargestellte Spezifikation des Systems ist repräsentativ für die Klasse der "Steuerungssysteme" oder "embedded systems". Diese Klasse deckt unendlich viele fehlertolerante Systemlösungen ab. Trotzdem können wir aus dem allgemeinen Ansatz der Abb. 7-1 unser spezielles System der Abb. 7-2 schrittweise ableiten.

Die Verfeinerung besteht aus zwei prinzipiellen Schritten: der Verfeinerung (Erweiterung) zu einem nicht-fehlertoleranten Einzelsystem, und dem Ausbau zum fehlertoleranten System durch Einführung redundanter Komponenten. Die hier dargestellten Ergebnisse basieren auf Arbeiten im Rahmen der ESA-Projekte "DDV" (Data Management System Design Validation) und "ExecSpec" (Executable Specifications) (s. DDV und ExecSpec).

In 7 Schritten wird die Entwicklung von der allgemeinen Spezifikation zur Endversion in Tab. 7–1 und Tab. 7–2 beschrieben.

Im ersten prinzipiellen Schritt () definieren wir alle Komponenten (auf der obersten Ebene) die zum Betrieb benötigt werden, im zweiten Schritt (Tab. 7–2) alle Komponenten, die die Fehlertoleranz unterstützen.

Wir beginnen in den (Teil-)Schritten 1 - 3 mit Komponenten des Sensor- und Aktorenpaketes (bestehend aus Hardware und Software) sowie dem Hauptprozess der Missionsdurchführung, danach erweitern wir das System um den sog. "Heart Beat", den "Herzschlag", mit dem die Prozessoren und die Prozesse periodisch überwacht werden.

Nachdem das Einzelsystem vollständig definiert wurde, werden die für die 1-fache Fehlertoleranz benötigten Teile in den Schritten 4 - 7 hinzugefügt. Die Prozessoren, Sensoren und Aktoren werden zuerst verdoppelt, dann die Datenkanäle.

Zur Minimierung der Gesamtanzahl von Komponenten wird die "Über-Kreuz-Kopplung" ("cross-coupling") eingeführt, wodurch beide Prozessoren über nur zwei Datenkanäle auf beide Sensor- und Aktorpakete zugreifen können.

Mit den letzten Ausbauschritten wird eine Abstimmung der Aktivitäten der beiden Prozessoren ermöglicht. Durch Austausch von Daten kennt jeder der beiden Prozessorsysteme den Gesamtstatus des Systems und kann seine Aktionen darauf abstimmen.

Wir geben ergänzend noch einige zusätzliche Informationen, um in die Komplexität eines solchen Systems einzuführen, obwohl für das Verständnis des kontinuierlichen Ausbaus von der Spezifikation zum Endsystem nicht notwendig,.

Nur eine der zwei funktionell identischen Ketten von Komponenten darf zu einem Zeitpunkt die Systemkontrolle ausüben. Im Fehlerfall muss dann die redundante Kette übernehmen. Beim Systemstart übernimmt eine (vordefinierte) Kette den Betrieb ("aktive Kette"), die andere bleibt in Bereitschaft ("hot stand-by"). Ein Problem kann nun im Fehlerfall entstehen, wenn die Kontrolle von "Kette 1" auf "Kette 2" übertragen werden muss. Fällt beispielsweise die Datenverbindung zwischen beiden Ketten aus, kann die stand-by-Kette nicht eindeutig erkennen, ob nun die andere Kette wirklich ausgefallen ist. Zur Lösung wird ein "Systemüberwachungsrechner" benutzt, der als übergeordnete Instanz die letzte Entscheidung trifft, welche Kette die Kontrolle ausüben soll.

Aber selbst durch diese Maßnahme sind weitere Probleme nicht ausgeschlossen. Fällt der aktive Prozessor aus, kann er möglicherweise seine letzten Aktionen nicht mehr an den redundanten Prozessor übermitteln. Hat er beispielsweise als letzte Aktion ein Aktorkommando abgeschickt, danach durch den Ausfall aber keine Gelegenheit mehr, diese Information weiterzugeben, wird der zweite Rechner dieses Kommando wiederholen mit dem Ergebnis, dass dieses Kommando doppelt ausgeführt wird. Betrifft dieses Kommando die (kurzzeitige) Zündung eines Triebwerkes, so wird der doppelte Impuls aufgebracht. Wenn dies während einer Bahnänderung eines Satelliten geschieht, kann dies zum Totalverlust führen.

Tab. 7-1
Inkrementeller Aufbau des Einzelsystems (1/2)

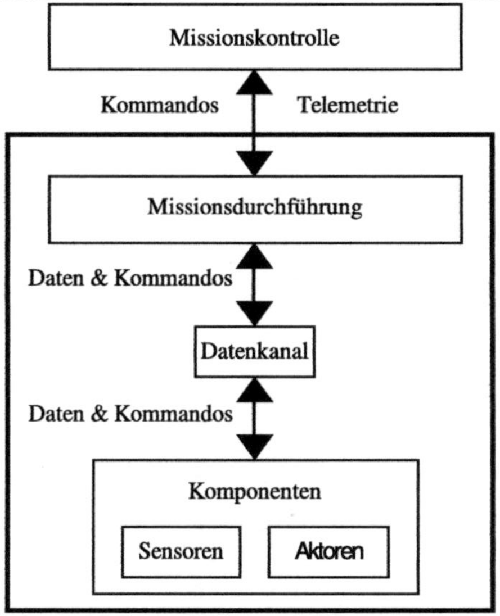	**Spezifikation / Anforderungen** Die wichtigsten Komponenten (oberste Hierarchiestufe, "top level") werden definiert. Das beschriebene System entspricht auf dieser Ebene bereits dem Endsystem, die externen und internen Schnittstellen sind bereits fixiert. Die Identifikation von "Missionsdurchführung", "Datenkanal" und "Komponenten" ist als Anforderung zu sehen und kein Vorgriff auf die Implementierung. Ebenso können bereits Performanceanforderungen formuliert werden. Die Forderung nach Fehlertoleranz ist hier nicht darstellbar, sondern wird durch Text oder eine andere Notation repräsentiert.
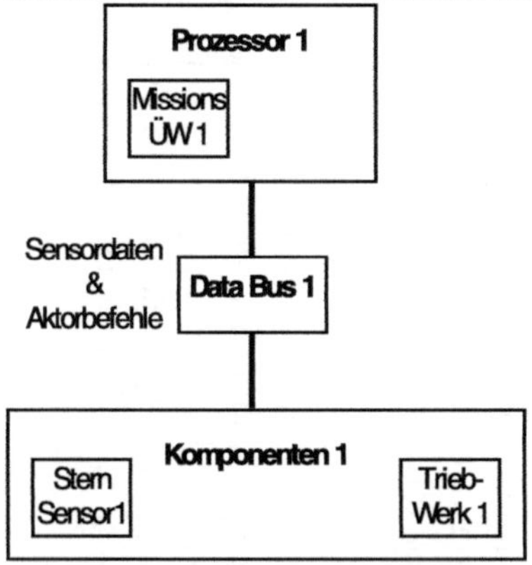	**Schritt 1:** **Konkretisierung erster Teilkomponenten** Die Missionsüberwachung wird als Prozess eingeführt, der Datenkanal wird zum Bus, und je ein Sensor und ein Aktor werden hinzugefügt. Die Anzahl der Komponenten ist 4+1=5 (s. a. Abb. 7-3): Missionsüberwachung, Bus, Sensor und Aktor sowie die hier nicht mehr dargestellte Missionskontrolle.

Tab. 7-1
Inkrementeller Aufbau des Einzelsystems (2/2)

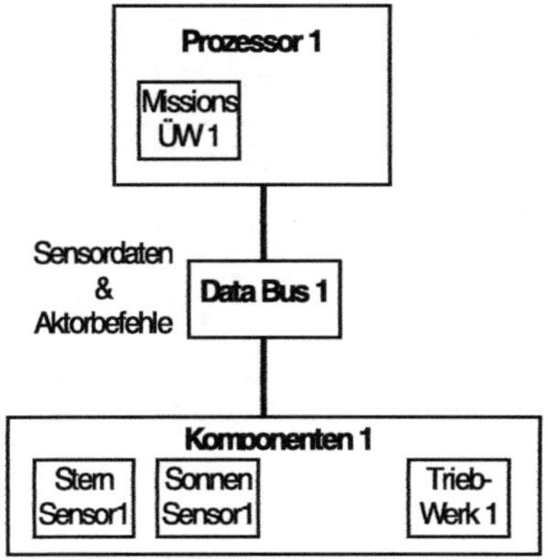	**Schritt 2:** **Vervollständigung Sensorpaket** Ein zweiter Sensor wird hinzugefügt. Die Missionsüberwachung fordert jetzt periodisch Daten von den Sensoren an und sendet Kommandos an den Aktor. Durch die Benutzung der Ressourcen "CPU" und "Bus" werden die Signale verzögert bzw. serialisiert.
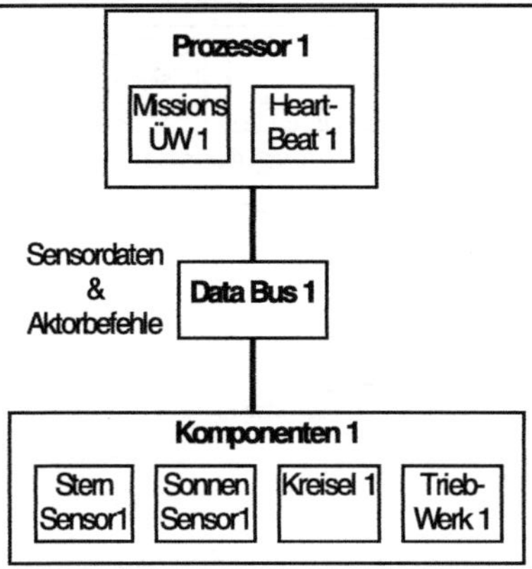	**Schritt 3:** **Vervollständigung des Einzelsystems** Ein zweiter Aktor wird hinzugefügt, das Aktorpaket ist jetzt komplett vorhanden. "Heart Beat" ("Herzschlag") prüft periodisch die Funktionsfähigkeit der Missionsüberwachung und veranlasst ggf. einen Neustart oder sendet bei einem fehlertoleranten System eine Meldung an den übergeordneten Rechner "Systemüberwachung" der erst in Schritt 7 hinzukommt.

Tab. 7-2
Inkrementeller Ausbau zum fehlertoleranten System (1/2)

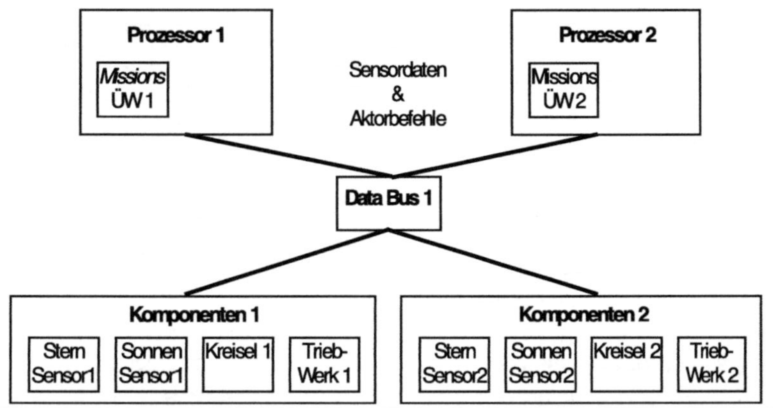

Schritt 4:
Redundante Komponenten
Erster Schritt in Richtung Fehlertoleranz, ein zweites redundantes System wird hinzugefügt. Beide Systeme benutzen noch einen gemeinsamen Bus.
Das zweite System wird "hot stand-by" betrieben, d.h. beide Systeme sind voll funktionsfähig.

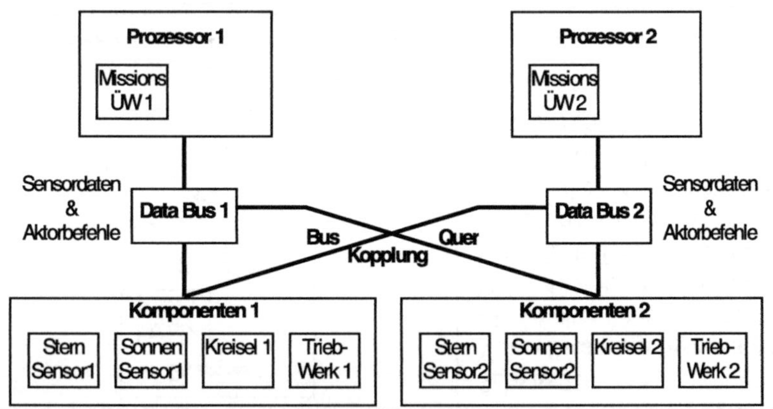

Schritt 5:
Vollständige Redundanz
Durch Einführung redundanter Busse sind jetzt alle Komponenten doppelt vorhanden.
Durch "Kopplung über Kreuz" ("cross-coupling") erhalten beide Prozessoren Zugriff auf die redundanten Sensor- und Aktorpakete.

Tab. 7-2
Inkrementeller Ausbau zum fehlertoleranten System (2/2)

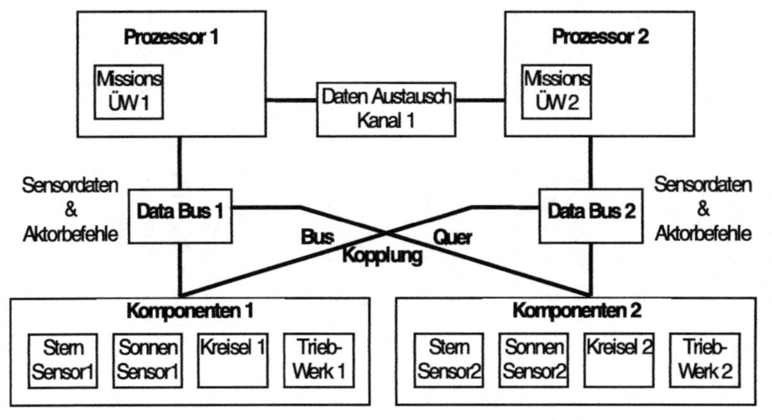

Schritt 6:
Koordination der beiden Ketten
Beide Rechner werden über einen direkten Kanal miteinander verbunden.
Durch periodischen Datenaustausch kennt jeder Rechner den Status des anderen und kann im Fehlerfall die Kontrolle sofort übernehmen.

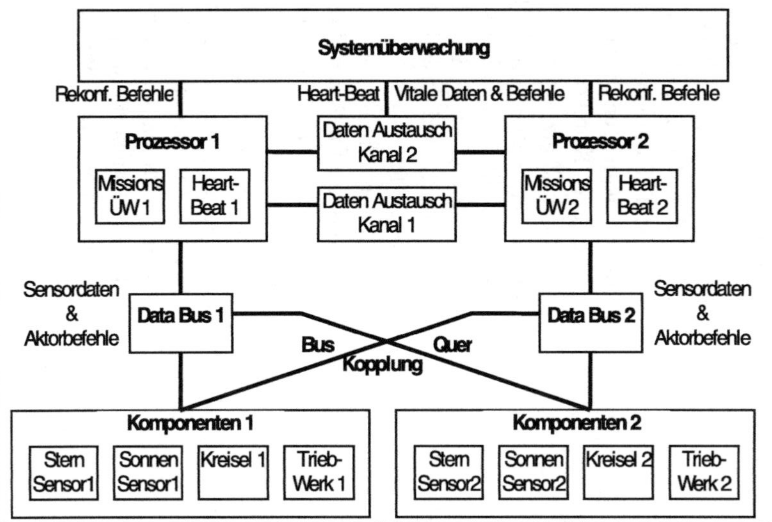

Schritt 7:
Vollausbau des Systems
Der Datenübertragungskanal zwischen beiden Rechnern wird fehlertolerant.
Die Systemüberwachung koordiniert die beiden Rechner und entscheidet, wer aktiv oder passiv ist, beispielsweise wenn der Datenübertragungskanal ausfällt.

Daher ist eine sorgfältige Verifikation und Validierung der Eigenschaften eines solchen Systems notwendig, besonders um das Verhalten im Fehlerfall zu verstehen und Folgefehler, wie das Doppelkommando, zu vermeiden. Die Systemteile, die der Fehlerbehebung dienen, müssen somit besonders sorgfältig betrachtet werden. Wenn sie nicht zuverlässig arbeiten, führt dies in der Regel zum Totalverlust des Systems.

Die Fehlermöglichkeit durch Doppelkommandierung wurde im ESA-Projekt "DDV" (s. DDV) identifiziert.

7.2.2 Die Realisierung

Die in Tab. 7-1 und Tab. 7-2 dargestellte Reihenfolge der Verfeinerung wurde realisiert in einer SDL-Toolumgebung, die in Richtung wieder verwendbarer Komponenten erweitert worden war. Bei jedem Schritt wurden die entsprechenden Komponenten hinzugefügt Die Gesamtumgebung, "EaSySim II" (GerExt98, GerSim98) genannt, erlaubte einen semi-automatischen Aufbau des Systems. Bei den Komponenten waren Schnittstellen und Struktur standardisiert. Sie wurden entsprechend der Aufgabe der Komponente erweitert durch SDL-Code. Ein Teil der Eigenschaften wurde auch über Daten festgelegt (Parametrisierung). "EaSySim II" war die Vorstufe zum vollautomatischen Produktionsprozess "ISG".

Zu jeder Komponente war eine vorgegebene Anzahl von Codestrukturen, Funktionen und Dateien manuell zu erstellen. Aus diesen Elementen wurde vom SDL-Tool ObjectGEODE (OG) automatisch Code für die Simulation sowie Echtzeitcode für Entwicklungs- und Zielsystem erzeugt. Die Codeelemente und Daten wurden durch "copy-paste" und anschließende Modifikation von Standardelementen abgeleitet.

Die Ausführung der Schritte 1-7 einschließlich Verifikation und Auswertung für 2 verschiedene Versionen (Simulation und Zielsystem) dauerte ca. 2 Wochen. Bei jedem Schritt wurden ein vollständiges, in sich angeschlossenes, ausführbares System für jede der beiden Version erzeugt. Die Implementierung umfasste die Echtzeitinfrastruktur, Verteilung, Standardfunktionalität wie Datenkommunikation, Initialisierung, Beenden und eine Ausprägung der spezifischen Funktionalität in einer ersten Verfeinerungsstufe. Dazu gehöre auch die Datenerfassung von den Sensoren, der Austausch von Statusdaten und die Kommandierung der Aktoren. Diese Aktivitäten wurden zyklisch ausgeführt.

Die Implementierung diente dem Nachweis

- der Machbarkeit eines kontinuierlichen Überganges von einer Spezifikation zur Endversion durch inkrementelle Verfeinerung, und
- dem Test des "Baukastensystems" von "EaSySim II", mit dem ein System kontinuierlich erweitert werden kann.

Beim inkrementellen Ausbau wurden entweder Komponenten hinzugefügt oder erweitert. Bei diesen Änderungen waren die Auswirkungen auf das Gesamtsystem durch die eingeführte Kapselung minimal: nur die unmittelbar betroffenen Teile mussten modifiziert werden. Wenn beispielsweise ein Prozess erweitert wird und Statusdaten von einem anderen Prozess anfordert, muss der Partnerprozess auch geändert werden, aber keine weiteren Prozesse.

Wird eine Komponente hinzugefügt, so muss sie in den Gesamtablauf integriert werden. Nur die Systemteile, die direkt mit neuen Teilen zusammenarbeiten, müssen entsprechend angepasst werden, während die anderen Teile nicht geändert werden. In vielen Fällen waren nur Änderungen für das Senden und Empfangen von Daten notwendig.

Wenn die Zusammensetzung eines (logischen) fehlertoleranten Kanals aus (physikalischen) Medien durch Daten (Parameter) beschrieben wird, müssen nur die Eigenschaften des neuen Übertragungsmediums sowie die aus "Templates" abgeleitete Software hinzugefügt werden. Wird ein neuer (logischer) Kanal eingeführt – wie in Schritt 6 der Kanal zwischen den beiden Prozessoren, so muss die Software beider Prozessoren erweitert werden. Da die Funktionalität und die zugeordnete Hardware für beide Prozessoren identisch sind, kann ein "Prozesstyp" (einer "Klasse" entsprechend) eingeführt werden, und es reicht aus, nur diesen Typ zu ändern, und davon zwei Instanzen abzuleiten.

Nach dem erfolgreichen Abschluss dieses Pilotprojektes wurden mehrere reale Projekte durchgeführt. Die dabei gewonnene Erfahrung führte dann zum Aufbau des vollständig automatischen Produktionsverfahrens ASaP (Automated Software Production) und dem Prozess "ISG" (Instantaneous System and Software Generation") für die Erzeugung der Infrastruktur von Echtzeitsystemen.

Neben dem Nachweis der prinzipiellen Machbarkeit des Ansatzes wurde bei dem Pilotprojekt mit EaSySim II auch das Verifikationsverfahren auf Brauchbarkeit untersucht. SDL-Werkzuege unterstützen das Verfahren der sog. "exhaustive simulation" bzw. "exhaustive exploration" zur Analyse des Verhaltens ereignisgesteuerter Systeme.

SDL basiert auf dem Konzept der "endlichen Zustandsmaschinen" oder "Finite State Machines" (FSM). Bei der "exhaustive simulation" wird das System gemäß der in den FSMs definierten Zustände und Zustandsübergänge solange (automatisch) stimuliert bis alle möglichen Zustände und Zustandsübergänge abgedeckt sind.

Wie bereits früher erwähnt, kann die Anzahl der Zustände schnell sehr groß werden. Nimmt man an, dass eine Komponente nur 2 Zustände besitzt, dann hat das aus 18 Komponenten bestehende Endsystem bereits 256x1024= 262,144 Zustände. Daher wurde während des kontinuierlichen Ausbaus bei jedem Schritt eine Verifikation durch "exhaustive simulation" durchgeführt, und die Anzahl der Zustände, der Zustandsübergänge und die Rechenzeit bestimmt.

7.2.3 Ergebnisse

Die Abb. 7-3 - Abb. 7-6 zeigen die Ergebnisse für 2 verschiedene Implementierungsansätze "optimiert" und "nicht-optimiert". In Abb. 7-3 ist der Zuwachs an Komponenten für die Schritte 1 - 7 dargestellt (s.a. die Erklärung in , Schritt 1).

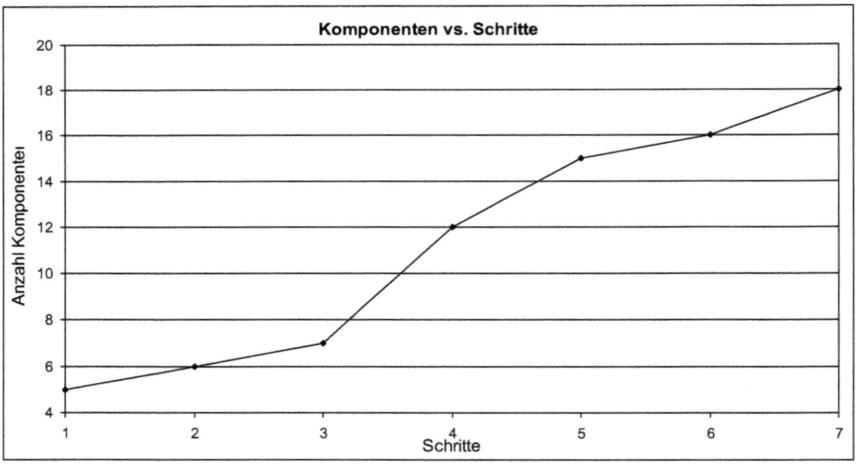

Abb. 7-3 Anzahl der Komponenten bei inkrementeller Verfeinerung

Der Begriff "Optimierung" bezieht sich auf die Anzahl der auftretenden Systemzustände, konkret auf ihre Minimierung. Das benutzte Optimierungsverfahren wurde "mehr zufällig" durch die Berücksichtigung von Performanceeigenschaften entdeckt. Durch Verbrauch von Systemressourcen wie CPU-Zeit und Busbelegung sowie einer Startverzögerung ("kein Big-Bang") werden die Systemaktivitäten entkoppelt, was zu einer erheblichen Reduktion der Systemzustände führt.

Abb. 7-4 Zustände vs. Komponenten

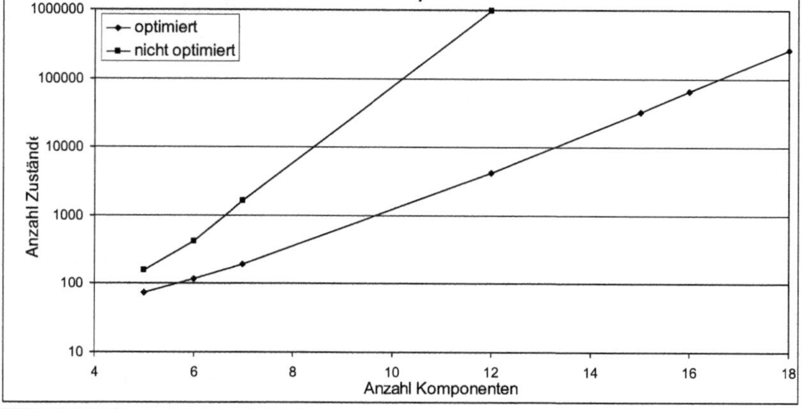

Abb. 7-5 Zustandsübergänge vs. Komponenten

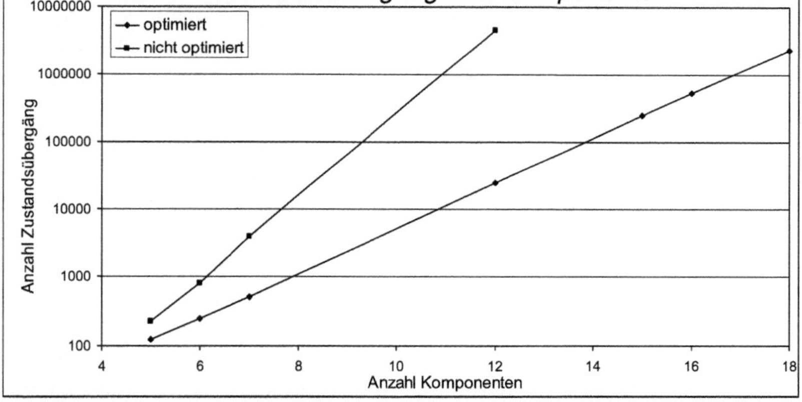

Abb. 7-6 Zeitbedarf vs. Komponenten

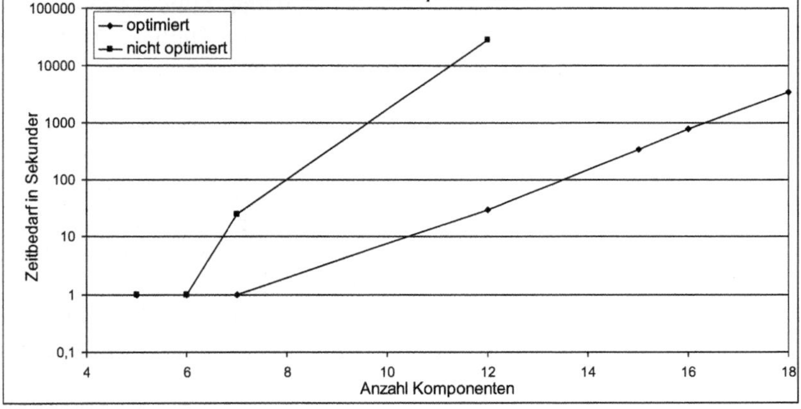

Bei der "exhaustive simulation" wird "zur Vereinfachung" angenommen, dass Zustandsübergänge bzw. die dabei ausgeführten Aktivitäten keine CPU-Zeit verbrauchen ("spontane Zustandsübergänge"). Daher starten alle Ereignisse, die ausführbar sind, im gesamten System zum gleichen (logischen) Zeitpunkt. Der Ablauf geschieht in diskreten logischen Schritten auf einer fiktiven Zeitachse mit Zeitintervallen der Länge 0.

Dies entspricht aber nicht der Realität, weil tatsächlich CPU-Zeit und Zeit für die Datenübertragung verbraucht wird. Wird dies berücksichtigt, so verteilen sich die Ereignisse über der (realen) Zeit, und die Anzahl der möglichen Kombinationen, die zu einem Zeitpunkt ausführbar sind, wird drastisch verringert. Bei Schritt 4 (12 Komponenten) verringert sich die Anzahl der möglichen Zustände von 961,994 auf nur 4209, die der Zustandsübergänge von 4,606,733 auf 24,690. Die für die Simulation benötigte Zeit sinkt von 29,154 s (ca. 8 Stunden) auf nur 339 s (ca. 6 Minuten)[2].

Unter den idealen Bedingungen ("nicht-optimiert") – wie der Methode entsprechend – konnte die "exhaustive simulation" wegen des großen Zeitbedarfs nur bis Schritt 4 ausgeführt werden, während im realistischen ("optimierten") Fall selbst bei 18 Komponenten nur 3407 s, also weniger als 1 Stunde, benötigt wurden. Durch die mit dem Ressourcenverbrauch verbundene "Diskretisierung" der Zeit ("endliche Zeitintervalle") wird praktisch aus einem "Kontinuum an Systemzuständen" eine diskrete Anzahl.

Aber kann der Zustandsraum wirklich so stark reduziert werden, ohne dass die Verifikation unvollständig ist? Wir wollen daher die Unterschiede zwischen beiden Ansätzen genauer betrachten.

Ohne realen Zeitfortschritt fallen in einem Zeitintervall / Simulationsschritt mehr Ereignisse an. Betrachten wir hierzu die Datenerfassung von den Sensoren und die Kommandierung der Aktoren. Diese zyklischen Aktivitäten werden bei der Initialisierung jedes Prozesses gestartet, und die Prozesse werden (üblicherweise) im selben Schritt beim Start des Systems initialisiert, auch die der beiden redundanten Ketten.

Wir haben je zwei Sensoren und Aktoren in zwei Ketten. In jedem Zyklus müssen also 8 Ereignisse bearbeitet werden. Die "exhaustive simulation" betrachtet alle Ereignisse als gleichberechtigt und erzeugt alle möglichen Kombinationen für die Bearbeitung, also 8!=40320 Möglichkeiten, im Sinne von "exhaustive"="vollständig".

In der Realität werden aber alle Ereignisse in einer fest vorgegebenen Reihenfolge erzeugt, die 8! Möglichkeiten werden daher auf nur noch 1 Möglichkeit reduziert. Durch die Unterteilung des einen

---

[2] Die Arbeiten wurden in 1996 mit einer UltraSparc I/140 ausgeführt.

logischen Schrittes in 8 logische Unterschritte, der Realität entsprechend, sinkt die Zahl der zu untersuchenden Kombinationen drastisch. Die gleiche Reduktion ergibt sich durch die "serialisierende" Wirkung der Ressourcen CPU und Übertragungskanäle (wie Bus).

Die starke Reduktion stellt also keine unzulässige Vereinfachung dar, ihre Ursache liegt in systemtechnischen Entscheidungen (in welcher Reihenfolge werden die Sensordaten abgerufen) und praktischen Randbedingungen (Ressourcenverbrauch). Werden diese während der Simulation bzw. Verifikation nicht berücksichtigt, dann müssen mehr Kombinationen betrachtet werden als in der Praxis tatsächlich auftreten können.

Trotz der erheblichen Vereinfachung und des inzwischen eingetretenen Fortschrittes bei Prozessoren, können mit "exhaustive simulation" als Verifikationsmethode komplexe Systeme nicht in akzeptabler Zeit untersucht werden. Die logarithmische Kurve in Abb. 7-6 gibt an, dass die Rechenzeit etwa um den Faktor 10 steigt, wenn 4 Komponenten hinzugefügt werden. Komplexe Systeme (wie wir sie später betrachtet werden), können aber wesentlich mehr Komponenten mit mehr Zuständen haben, beispielsweise 40 bis 50 Komponenten im Fall des Prozesssteuerungssystems MSL (Material Science Laboratory).

Bei 7 Komponenten wurde als Zeitbedarf für die Verifikation ca. 1 s gemessen, bei 40 Komponenten würden also $10^{(40-7)/4}$=$2x10^8$ s benötigt. Heutige Rechner (2004/2005) sind um ca. einen Faktor 20-40 schneller als die UltraSparc I/140, so dass ca. 2-4 Monate für 40 Komponenten an Rechenzeit benötigt würden (ein Jahr hat ca. "π x 10^7 s), bei 44 Komponenten bereits mehr als 2 Jahre! Zu berücksichtigen hierbei ist aber noch, dass möglicherweise Iterationen ausgeführt werden bzw. Fehler in den Anforderungen beseitigt werden müssen. Man erreicht somit schnell eine Zeitdauer (nicht gleichzusetzen mit manuellen Aufwand), die die normale Entwicklungszeit erreichen oder überschreiten würde.

Die Ergebnisse dieser ersten Testreihe mit maximal 18 Komponenten haben bereits früh angezeigt, dass das Verifikationsverfahren der "exhaustive simulation" für größere Systeme, wie sie in der täglichen Praxis überwiegend vorkommen, nicht brauchbar ist, da die Ergebnisse nicht in einer akzeptablen Zeit verfügbar sind, selbst wenn die Anzahl der Zustände bei "Diskretisierung" der Zeit erheblich reduziert wird.

Dies führte zu weiteren Optimierungsmaßnahmen. Durch Vorgabe weiterer Regeln im Rahmen des Produktionsprozesses ISG konnte – ohne Beschränkung der Allgemeinheit – die Zahl der zu betrachtenden Fälle weiter reduziert werden, so dass ein System mit mehr als 40 Komponenten in nur ca. 1 Stunde auf einem PC/200MHz verifiziert werden konnte.

Die Einführung dieser Regeln ermöglichte aber nicht nur die Verifikation in einer akzeptablen Zeit, sondern führte auch zu einer besseren Systemarchitektur, wodurch sich die vollständige automatische Erzeugung von Echtzeitsystemen im Rahmen von ASaP realisieren ließ.

Die Durchführung dieser "Versuchsreihe" zeigte also nicht nur die prinzipielle Machbarkeit eines kontinuierlichen Überganges von der Spezifikation zur Endversion, sondern deckte auch frühzeitig Risiken bzw. die Grenzen des ursprünglich benutzten Verifikationsansatzes aus. Dies war möglich, weil neben den qualitativen Aussagen zur Machbarkeit auch systematisch quantitative Ergebnisse abgeleitet und analysiert wurden.

7.3 Reengineering und n-Version-Development

Viele softwarebasierte Systeme werden für den langfristigen Einsatz geplant und entwickelt. Doch der Stand der Technik entwickelt sich weiter: Neue Hardwaresysteme und -komponenten werden entwickelt oder Betriebssysteme werden durch neue Versionen abgelöst. Die Wartung wird immer teurer, weil etwa für die alte Hardware immer schwerer Ersatzteile zu finden sind. Genauso schwindet die Zahl der Experten, die noch Erfahrung mit den alten Systemen haben.

Produktionsabläufe und Vorgehensweisen ändern sich. Vielleicht muss das System erweitert werden. Schon geringfügige Änderungen bei der Wartung waren schwierig, weil Teile und Experten fehlten. Wie soll denn dann das alte System noch wesentlich weiterentwickelt werden? Das wird teuer und riskant. Wer kennt schon noch die Feinheiten, auf die bei der Erstentwicklung geachtet werden musste? Es könnte passieren, dass Änderungen an einer Stelle im System einen Fehler an einer anderen Stelle auslösen, weil die neuen Entwickler die Feinheiten nicht ausreichend kennen.

Ist dann eine Neuentwicklung vielleicht nicht preiswerter? Gemäß der bisher üblichen Vorgehensweise ist entweder eine vollständige Neuentwicklung mit erneuter Anforderungsdefinition, Analyse, Entwurf, Implementierung und Test, oder so genanntes Reverse-Engineering gefolgt von Reengineering erforderlich.

Unter Reverse-Engineering versteht man die umgekehrte Vorgehensweise der Systemerstellung. Bei der Systemerstellung wird aus einem Systemmodell ein System implementiert, beim Reverse-Engineering steht das fertige System bereits zur Verfügung und es wird ein Modell für dieses System abgeleitet.

Beim Reengineering wird dieses Modell so abgeändert und angepasst, dass es neuen Anforderungen gerecht wird. Dies können neue Hardware- und Plattformanforderungen sein, aber auch neue funktionale und nicht funktionale Anforderungen, z.B. zur Optimierung der Abläufe.

Bei rein manueller Durchführung ist dies auch im Vergleich zu einer völligen Neuentwicklung noch sehr aufwändig. Mit Automation ist aber eine erhebliche Aufwandsreduktion zu erwarten.

Bisher ließen sich Entwickler scheinbar von der Erkenntnis aus der Theoretischen Informatik abschrecken, dass es kein Programm geben kann, das für ein beliebiges weiteres Programm bestimmen kann, ob dieses eine beliebige Eigenschaft besitzt oder nicht. Es ist also nicht möglich, ein universelles Programm zu schreiben, das die gesamte Aufgabe des Reverse-Engineering für beliebige Systeme übernehmen könnte.

Auffallend an der Aussage ist das häufige Vorkommen des Wortes "beliebig“. Aussagen, die sich auf alle Objekte aus einer bestimmten Menge beziehen, sind meist leicht zu widerlegen, solange sie nicht doch immer wahr sein sollten: Man benötigt nur ein einziges Gegenbeispiel, wie wir bereits früher erläutert haben.

Aber durch Spezialisierung werden weit gefasste Annahmen der Theoretischen Informatik und daraus resultierende Aussagen für die Praxis irrelevant.

Nehmen wir an, wir werden von einer Firma beauftragt, ein Produktionssystem zu liefern. Dann muss unser Analysesystem zunächst auf dieses einzelne Produktionssystem ausgelegt werden. Es muss dazu genau die Konzepte erkennen können, die in diesem einen Produktionssystem zum Einsatz kommen.

Unter "Konzepten“ sind dabei sich wiederholende Vorgehensweisen zu verstehen. Ein Konzept bei dem bereits angesprochenen Systemgenerator für Echtzeitsysteme ist etwa die Verwendung von endlichen Zustandsmaschinen für die Modellierung. Dieses Konzept wird sich auch in der Implementierung wieder finden. Oft werden solche Zustandsmaschinen z.B. durch Tabellen implementiert, die dann von einem einfachen Kontrollprogramm abgearbeitet werden. Diese Tabellen könnte ein Analyseprogramm erkennen und auswerten, um wieder zur ursprünglichen Darstellung als endliche Zustandsmaschine zurückzukehren.

Zu Beginn wird man nur ein einzelnes grundlegendes Konzept des Systems herausgreifen und dessen Erkennung implementieren. Beim ersten Einsatz wird das Analyseprogramm auf Teile stoßen, die es nicht interpretieren kann und muss daher für die Analyse dieser Teile erweitert werden. Dann wird die nächste Analyse gestartet, usw. Am Ende wird das Programm genau die Menge der Konzepte kennen, die bei der Entwicklung des zu analysierenden Systems implementiert werden.

Ob dieses System dann auch beim nächsten Auftrag unverändert eingesetzt werden kann, ist nicht sicher. Sicher ist jedoch, dass es schon eine Grundmenge an Entwicklungskonzepten aus dem Bereich des analysierten Systems kennt. Für das nächste System reichen dann möglicherweise kleine Änderungen. In dieser Weise kann inkrementell und von Auftrag zu Auftrag mit minimalem Aufwand das Analyseprogramm angepasst werden. Für die endliche Anzahl der zu betrachtenden Fälle ist dann eine automatische Analyse möglich.

Wichtig für den Erfolg ist, in einem kleinen Bereich anzufangen, sich auf den aktuellen Fall zu konzentrieren, und sich nicht irritieren zu lassen von der beschränkten Gültigkeit der Lösung. Die bei den ersten Schritten gewonnene Erfahrung wird auf jeden Fall helfen, weitere Probleme ähnlicher Art besser zu lösen.

Die automatische Analyse bietet gegenüber der manuellen sofort einen großen Vorteil: die Wiederholbarkeit. Entdeckt man bei der Kontrolle der Ergebnisse einen Fehler oder fehlende Funktionalität, so kann nach einer Korrektur oder Erweiterung eine neue Analyse ohne großen Aufwand sofort durchgeführt werden – identisch zur vorhergehenden bis auf die jeweilige Änderung.

Bei der manuellen Vorgehensweise müsste man bei hohem Aufwand erneut das System analysieren und würde dabei vielleicht neue Fehler erzeugen. Wie viele Iterationen notwendig sind, um eine fehlerfrei Analyse zu erhalten, kann man kaum vorhersagen. Möglicherweise ist es sogar besser, ganz auf eine Analyse der vorhandenen Software zu verzichten und direkt eine neue Entwicklung anzugehen.

Stimmt man ein Analyseprogramm und einen Systemgenerator aufeinander ab – indem z.B. das Analysesystem sofort ein Modell im Eingabeformat des Systemgenerators erzeugt (s. Typ 2 in Abb. 6-2), so können sogar Reverse-Engineering und Neuimplementierung miteinander verschmolzen werden. In beiden Phasen des Projekts können also die Vorteile der Automation genutzt werden. Dann ergibt sich sogar die Möglichkeit, durch automatische Verfahren die Funktion des neu implementierten Systems anhand des alten Systems zu testen. Beide Systeme werden mit den gleichen Eingaben stimuliert und die Ergebnisse werden verglichen (s. Arjonilla 2004).

7.3.1 Vom Reengineering zu n-Version-Development

Im Rahmen eines zum Zeitpunkt der Drucklegung dieses Buches noch laufenden Projekts werden die o. g. Prinzipien für die unabhängige Verifikation und Validierung eines eingebetteten Systems verwendet. Ziel ist es, durch die automatische Portierung auf eine andere Plattform Fehler in der ursprünglichen Implementierung aufzudecken. Der Quellcode soll automatisch analysiert werden, um dann mit Hilfe der Analyseergebnisse und dem bereits existierenden Systemgenerator ISG eine zweite Version des Systems mit unabhängigen Komponenten zu implementieren. Hier handelt es sich also um den "Typ 2" der Abb. 6-2 in Kap. 6.

Dieses Verfahren der Qualitätssicherung wird als n-Version-Development bezeichnet. Dabei werden mehrere Versionen eines Systems implementiert und miteinander verglichen. So sollen Schwachstellen im Entwurf und der Implementierung gefunden werden.

Für den Vergleich der Ergebnisse verschiedener Versionen gibt es mehrere Möglichkeiten:

- die Ergebnisse werden während der Testphase verglichen.
  Dann werden die Versionen verwendet, um Fehler identifizieren und korrigieren zu können.
- die Ergebnisse werden während der Ausführungsphase verglichen.
  Dann werden die Versionen verwendet, um Fehler tolerieren zu können. Bei einer ungeraden Anzahl von Versionen wird dann die Majorität der übereinstimmenden Ergebnisse als das richtige Ergebnis interpretiert. Dieses Verfahren nennt man "Voting".

In einer weiteren Variation werden die Versionen benutzt, um die Wahrscheinlichkeit abschätzen zu können, mit der ein Fehler in einem bestimmten Programmteil gefunden werden kann. Dann unterscheiden sich die Versionen lediglich dadurch, dass in einigen Versionen an einzelnen Stellen Fehler bewusst eingebaut wurden. Wird eine Abweichung bei der Ausführung der benutzten Testfälle auf gefunden, kann davon ausgegangen werden kann, dass ein Fehler an dieser Stelle gut zu finden sind, falls er wirklich vorhanden ist..

Bei unseren Tests von automatisch erzeugtem Code, der für verschiedene Plattformen erzeugt wird und dort ausführbar ist, fiel uns auf, dass bestimmte Fehler auf einer Plattform sofort erkannt werden, andere nicht, dafür aber auf einer anderen Plattform. Dies führte zu einem weiteren Testverfahren: dem Test einer Programmversion auf n Plattformen. Hierbei wird ausgenutzt, dass Plattformen als Filter für verschiedene Fehler wirken. Betriebssystem, Speicherbelegung, Werkzeuge wie Compiler können unterschiedliche Ergebnisse zur gleichen Programmversion erzeugen. Diese Ergebnisse können sich ergänzen wie "unused variable", "uninitialised variable", "access violation" bei der Compilierung oder widersprechen wie im Falle von Unstimmigkeiten durch zeitliche Einflüsse bei der Ausführung.

Der Vorteil der Automation liegt auch hierbei in der aufwands- und risikofreien Wiederholbarkeit. Die Arbeiten zur Analyse können schon begonnen werden, wenn erste Versionen des zu analysierenden Systems vorliegen. Kommt eine neue Version, kann auch diese ohne Zusatzaufwand analysiert werden. Das gilt auch für die automatische Portierung.

Prinzipiell ist n-Version-Development unabhängig davon, ob bereits bestehende Software verändert wird oder Systemgeneratoren aus einer Spezifikation gleich mehrere Implementierungen des Systems erzeugen. Die Modifikationen können entweder durch den Einsatz unterschiedlicher Konstruktionsregeln oder Codegeneratoren und durch die zufällige leichte Abänderung der Konfigurationsparameter umgesetzt werden. Beim Einsatz verschiedener Konstruktionsregeln wird eher die Stabilität und Korrektheit der Konstruktionsregeln getestet, während bei der Variation der Konfigurationsparameter die Spezifikation auf ihre Empfindlichkeit geprüft wird.

Im Rahmen des eingangs erwähnten Projektes mit einem Umfang von ca. 400 KLOC und ca. 7000 Funktionen werden drei Ziele verfolgt:

1. Durch automatische Portierung der vorhandenen Software auf eine andere Plattform (PC) die Möglichkeit zu erhalten, sie mit einem anderen Compiler zu übersetzen. Warnungen oder Fehlermeldungen des zweiten Compilers können Hinweise auf Anomalien geben, die der erste Compiler nicht entdeckt hat.
2. Durch automatische Portierung auf der zweiten Plattform die Möglichkeit zur automatischen Testfallgenerierung und -auswertung zu bekommen, und jede Funktion einzeln einem Modultest unterziehen zu können.
3. Durch automatische Portierung, automatischer Extraktion von Information und Konvertierung dieser Information in eine neue unabhängige Infrastruktur sollen Verhalten und Performance analysiert werden mit den Möglichkeiten, die ein automatischer Produktionsprozess (ISG) bietet,

Diese Aktivitäten werden ergänzend zu den im Projekt ursprünglich geplanten ausgeführt, um

- die üblichen Testaktivitäten zu ergänzen und zu überprüfen,
- festzustellen, welche Fehler auf diese Weise identifiziert werden können, d.h. ob die ergänzenden Tests die bisherigen Testverfahren ersetzen können oder sie ergänzen, und welche Fehler auf diese Weise gefunden oder nicht gefunden werden können.

Es handelt sich also um ein Pilotprojekt, mit dem erste Erfahrungen hinsichtlich automatischer Portierung gesammelt werden können, durch die das Verfahren dann erweitert und verbessert werden kann.

Bisher wurde Schritt 1 abgeschlossen, Schritt 2 ist in Bearbeitung und Schritt 3 wird demnächst folgen.

Die automatische Portierung von ca. 1,000,000 Zeilen Quellcode verteilt auf ca. 1800 Dateien dauert auf einem PC/Laptop 1.6GHz (Mobile-Technology) ca. 20 Minuten, wobei 8 Iterationen ausgeführt werden.

In jeder Iteration wird eine bestimmte Adaption des Quellcodes vorgenommen. Durch Auswertung der Compilermeldungen wird identifiziert, an welchen Stellen im Code welche Änderungen notwendig sind, um den Code mit dem zweiten Compiler ohne Warnungen und Fehler übersetzen zu können. Die Iterationen werden solange wiederholt, bis keine Meldungen oder Änderungen mehr auftreten. Die Änderungen werden automatisch dokumentiert, d.h. nach ca. 20 Minuten liegt ein vollständiger Bericht über die durchgeführten Änderungen und die beobachteten Anomalien vor, der einen Umfang von ca. 50 Seiten hat. Nach ca. 3 Stunden liegt ein erweiterter Bericht mit grafischer Information über die Package-Hierarchie vor (inkl. inverser Beziehungen), der ca. 300 Seiten umfasst.

Bei Schritt 2 versuchen wir zur Zeit ein relativ "triviales", aber für die Praxis doch wichtiges Problem zu lösen. Um die ca. 7000 Funktionen "bottom-up" zu testen, müssen 7000 Testumgebungen generiert werden. Im Schnitt dauert dies "nur" ca. 1 Minute pro Funktion, aber für 7000 Funktionen sind das ca. 5 Tage, während denen der Rechner ununterbrochen nur Testumgebungen aufbaut, ohne auch nur Testfälle auszuführen. Es lohnt sich daher zu untersuchen, ob diese Zeit wesentlich reduziert werden kann.

Auch aus psychologischen Gründen ist eine Reduktion der "Wartezeit" sinnvoll. Als wir in 1999/2000 unseren ersten automatischen Prozess ISG realisiert hatten und in ca. 2 Stunden ein getestetes System bereitstellen konnten, für dessen Erstellung sonst zahlreiche Mann-Monate benötigt würden, wurde diese Wartezeit als sehr lang empfunden.

Die Schlussfolgerung ist: wenn Entwickler beschäftigt sind, spielt Zeit keine Rolle, sie denken dann nicht über Termine und Aufwand nach, sie arbeiten an dem Ziel, die Software zu erzeugen. Wird ihnen die Arbeit aber abgenommen, dann werden sie leicht ungeduldig, weil sie auf das Ergebnis warten müssen. Sie könnten aber auch in der Zwischenzeit andere Aktionen einplanen.

Durch Fortschritte in der Hardware und der vollen Skalierbarkeit der Produktionszeit bzgl. CPU-Leistung sank inzwischen die Produktionszeit von 2 Stunden auf ca. 5 Minuten, die aber immer noch als sehr lang empfunden werden können. Trotz dieses Fortschrittes bei den Rechnern können bei großen Mengen auch heute noch längere Zeiten auftreten, so dass eine neue Herausforderung entsteht, die Produktionszeit zu reduzieren, durch Analyse des Zeitverbrauchs und anschließender Verbesserungsmaßnahmen. Die Definition eines Produktionsprozesses umfasst also nicht nur den Prozessinhalt, sondern auch die Optimierung der Performance an der Mensch-Maschine-Schnittstelle.

Durch die o. g. lange Zeitdauer wird zugleich auch deutlich, welcher immense Aufwand bei einem solchen System benötigt wird und welches Einsparungspotenzial sich dahinter verbirgt. Rechnet man für manuelle Tests im Durchschnitt nur einen Tag, dann werden 7000 Mann-Tage benötigt, bei ca. 200 Arbeitstagen pro Jahr also ca. 35 Mann-Jahre, realistischer vielleicht sogar 70 – 150 Mann-Jahre, was zu Kosten in Höhe von ca. 10 .. 20 M€ allein für Tests führt unter der Annahme 1 Mann-Jahr == 150 k€, wobei sicher keine sehr hohe Testabdeckung erzielt werden kann.

Unsere Arbeiten werden in der Schlussphase des begleiteten Projektes ausgeführt, d.h. die sorgfältig geplanten Tests und Codeanalysen sind abgeschlossen. Durch Schritt 1 wurde – glücklicherweise – nur ein zusätzlicher Fehler festgestellt, aber immerhin ein Fehler, der mit den anderen Methoden bisher nicht entdeckt wurde, weder vom Entwicklungsteam noch von einem zusätzlichen unabhängigen Team. Die Analyse steht zur Zeit noch aus. Wir vermuten aber, dass diese Fehlermeldung in einer großen Menge anderer Meldungen übersehen wurde. Außerdem wurden eine Menge von Plattformabhängigkeiten identifiziert, die nicht erwartet worden waren. Sie wurden im Rahmen der automatischen Portierung behoben, um den Quellcodeode auf der Zielplattform (PC) übersetzen und ausführen zu können.

7.4 Redundanzreduktion bei Parsern

Wir haben schon früher die Reduktion von Redundanz in der Systembeschreibung (Anforderungen, Konfigurationsparameter) angesprochen. An einem einfachen Beispiel, das in der Informatik bestens bekannt ist, soll nun konkret gezeigt werden, wie Redundanz vermieden bzw. reduziert werden kann.

Der Compilerbau wird oft als Aushängeschild der Informatik bezeichnet, weil hier sehr viel an Forschungsarbeit investiert wird und entsprechende Erfolge erzielt werden. Inzwischen muss man Compiler kaum noch implementieren sondern nur noch spezifizieren. Der Code von neuen Compilern wird also auch automatisch generiert. Voraussetzung dafür ist ein hoher Grad an Formalisierung der Prozesse, die in einem Compiler ablaufen.

Der bekannteste dieser Prozesse ist die Überprüfung des Eingabestroms auf grammatikalische Korrektheit, meist in Verbindung mit der Erstellung eines so genannten Syntaxbaums. Dieser Vorgang wird als "parsing“ bezeichnet und der Teil des Compilers, der diesen Vorgang ausführt, als "Parser“.

In unserem Beispiel definieren wir zuerst eine Grammatik und zeigen an dieser, wie Redundanzen entstehen und beseitigt werden können. Wir geben zunächst einen kurzen Überblick über die Beschreibung von Sprachen mit Hilfe von formalen Grammatiken.

Um aus einer Grammatik einen Parser für die von ihr beschriebene Sprache zu erzeugen, muss die Grammatik ggf. in eine vorgegebene Normalform umgeformt werden. Schließlich muss spezielle Information identifiziert werden, die vom Parser zur Erkennung der Sprache benötigt und z.B. in die so genannten FIRST- und FOLLOW-Funktionen umgesetzt wird.

Bei diesen Umformungen und der Bestimmung der genannten Funktionen entstehen Abhängigkeiten und Redundanzen im Parser, die aus der ursprünglichen Spezifikation der Sprache nur mit viel Aufwand erkennbar sind. Dieser Aufwand besteht in der praktischen Umsetzung der Transformationen und Funktionsberechnungen – also der Implementierung der wichtigsten Teile des Spracherkenners. Man kann somit das Risiko für die Implementierung der Spezifikation, das von diesen Abhängigkeiten ausgeht, erst dann einschätzen, wenn man das Risiko bereits eingegangen ist.

Leider sind diese Abhängigkeiten auch durch Änderungen an der Spezifikation nicht vermeidbar, auch wenn sie früh erkennbar wären. Schon dadurch, dass z.B. eine Anweisung entweder eine IF-Abfrage oder eine WHILE-Schleife sein kann – also alternative Definitionen für das Sprachelement "Anweisung" existieren, wird der Spracherkenner Informationen darüber benötigen, wie er beim Einlesen eines Programms zwischen den beiden Möglichkeiten entscheiden kann. Informationen über die einzelnen Regeln müssen also an jedem Entscheidungspunkt zur Verfügung stehen, während die Regeln in der Spezifikation praktisch unabhängig voneinander sind.

Wird also die Grammatik im Rahmen der Weiterentwicklung an einer einzelnen Stelle verändert, so wirkt sich dies auf eine Vielzahl von Stellen im Quellcode des Parsers aus.

7.4.1 Formale Beschreibung von Sprachen

Die formale Beschreibung einer Grammatik besteht aus einer Menge von Symbolen, einem so genannten Startsymbol, sowie einer Reihe von Regeln der Form "A→xWy". Die Symbole werden in Terminale und Nonterminale aufgeteilt, wobei die Nonterminale meist in Großbuchstaben geschrieben werden.

Die Regeln beschreiben, wie aus einem Startsymbol – einem Nonterminal – ein Strom erzeugt werden kann, der nur aus Terminalen besteht. Die Regel "A→xWy" gibt an, dass in einem Strom aus Terminalen und Nonterminalen jedes Vorkommen des Nonterminals "A" durch die Sequenz "xWy" ersetzt werden kann. Um einen Strom von Terminalen aus dem Startsymbol zu erzeugen, müssen so lange solche Regeln der Grammatik angewendet werden, bis der Strom keine Nonterminale mehr enthält.

Betrachten wir die Grammatik mit den Terminalen „0“ und „1“, dem Nonterminal „A“, welches gleichzeitig Startsymbol ist, und den Regeln

```
A→   0
A→   1A1
```

Mit ihnen können alle Sequenzen von "0" und "1" erzeugt werden, die eine "0" und auf jeder Seite der "0" gleich viele "1" enthalten, etwa "0", "11011" und "11111011111".

Umgekehrt kann auch aus einem Strom aus Terminalen das Startsymbol durch umgekehrte Anwendung der Regeln abgeleitet werden, und zwar nur dann, wenn dieser Strom zur von der Grammatik beschriebenen Sprache gehört.

7.4.2
Transformation von Grammatiken

Ein Parser versucht nun, einen Eingabestrom auf das Startsymbol zurückzuführen und dabei zu zeigen bzw. zu widerlegen, dass der Eingabestrom ein Programm entsprechend der Regeln der Programmiersprache darstellt.

Solche Parser werden üblicherweise aus der Grammatik selbst erzeugt. Hierbei kommen verschiedene Implementierungsformen zum Einsatz, die üblicherweise auch entsprechende Anforderungen an die Form der Grammatik stellen.

In diesem Beispiel soll die Konstruktion eines so genannten LL(1)-Parsers aus einer entsprechenden Grammatik gezeigt werden. Dieses Beispiel wird oft in den Lehrbüchern verwendet und beschreibt die Sprache der arithmetischen Ausdrücke mit den Grundrechenarten Addition und Multiplikation.

Abb. 7-7 Grammatik für arithmetische Ausdrücke

```
E→   P
E→   P + E
P→   F
P→   F * P
F→   Z
F→   ( E )
```

Das Nonterminal "Z" symbolisiert eine Zahl und wir geben aus Platzgründen hierfür keine Regel an. Bei genauerer Betrachtung wird offensichtlich, dass die Nonterminale "P" Produkte, "F" Faktoren und "E" Ausdrücke symbolisieren. Entsprechend ist "E" das Startsymbol.

Bei der Konstruktion von LL(1)-Parsern wird für jedes Nonterminal eine Funktion angelegt, die alle Sequenzen erkennen soll, die aus diesem Nonterminal erzeugt werden können. Zur Erkennung eines arithmetischen Ausdrucks muss also nur die Funktion für das Nonterminal "E" aufgerufen und nach deren Rückkehr überprüft werden, ob Fehler entdeckt wurden. Ein solcher Parser wird auch als "Recursive Descent Parser" bezeichnet, da die Funktionen für Nonterminale rekursiv aufgerufen werden.

Wichtig für eine LL(1)-Grammatik ist, dass jeweils anhand des nächsten Symbols aus dem Eingabestrom erkannt werden kann, welche Regel als nächstes angewandt werden muss. Für die oben angegebene Grammatik ist dies nicht der Fall, denn die Regeln "E→P" und "E→P+E" können beide über die Regeln für "P" als nächstes Symbol eine Zahl erzeugen (P→F, F→Z). Der Parser kann also nicht erkennen, welche der Regeln er anwenden muss, wenn das nächste Symbol im Eingabestrom eine Zahl ist.

Damit wir einen LL(1)-Parser aus der obigen Grammatik erzeugen können, müssen wir unsere Grammatik mit Äquivalenzumformungen so transformieren, dass die oben genannte Bedingung erfüllt ist. Diese Transformationen verändern zwar die Grammatik, nicht aber die Sprache, die sie beschreiben. Mit der neuen Grammatik gelten also dieselben Programme als grammatikalisch richtig wie mit der alten Grammatik.

Die üblichen Umformungen sind die Elimination von Linksrekursion und die Faktorisierung von Alternativen.

Als Linksrekursion wird das Auftauchen von Regeln der Form "X→Xyz" bezeichnet. Dabei steht ein Nonterminal sowohl links vom Pfeil als auch unmittelbar rechts vom Pfeil. Bei der Erzeugung eines Recursive Descent Parsers würde dies zu einer Endlosrekursion führen, weil die Funktion für X sich wiederholt selbst aufrufen würde, ohne ein Symbol aus dem Eingabestrom zu konsumieren.

Solch eine Linksrekursion kann auch über mehrere Stufen in einer Grammatik laufen, etwa bei den Regeln "X→Ywz" und "Y→Xab". In unserer Grammatik existiert aber keine Linksrekursion

Die Faktorisierung von Alternativen sorgt dafür, dass in der Grammatik nur noch Regeln existieren, die keine gemeinsamen Anfangssymbole besitzen. Im Falle unserer Regeln für das Symbol "E" wäre das gemeinsame Anfangssymbol "P".

Um dieses zu eliminieren, wird eine neues Nonterminal "E`"eingeführt:

```
E →   P E`
E`→   ε
E`→   + E
```

Die erste Regel für E' besagt dabei, dass aus E' auch eine leere Sequenz erzeugt werden kann, die in der Theorie als "ε" (Epsilon) bezeichnet wird.

Nun wird auch klar, warum diese Transformation "Linksfaktorisierung" heißt: Das gemeinsame Präfix der Alternativen wird praktisch ausgeklammert wie bei der Ausklammerung von Faktoren in einer Summe.

Führen wir diese Transformation für die gesamte Grammatik aus, erhalten wir:

```
E →   P E'
E'→   ε
E'→   + E
P →   F P'
P'→   ε
P'→   * P
F →   Z
F →   ( E )
```

Abb. 7-8 Transformierte Grammatik

Nun ist unsere Grammatik frei von gemeinsamen Präfixen. Leider sieht man ihr nun nicht mehr direkt an, welche Sprache sie beschreibt.

7.4.3 Die Entstehung von Redundanzen

Um nun entscheiden zu können, welche Regel anzuwenden ist, muss der Parser die ersten Symbole kennen, die von den jeweiligen Regeln erzeugt werden können. Dafür wird die so genannte FIRST-Funktion für jede der Regeln berechnet:

```
FIRST(P E')=FIRST(P)=FIRST(F)  =FIRST(Z)∪{(}
FIRST(ε)                       =∅
FIRST(+ E)                     ={+}
FIRST(F P')=FIRST(F)           =FIRST(Z)∪{(}
FIRST(* P)                     ={*}
FIRST(Z)                       ={0,1,2,...,9}
FIRST( ( E ) )                 ={(}
```

Die FIRST-Funktion gibt die Menge der ersten Terminale an, die aus der angegebenen Sequenz aus Terminalen und Nonterminalen erzeugt werden können.

Betrachten wir den Ablauf der Funktion für "E“:

1. Analysiere das nächste Zeichen im Eingabestrom.
2. Ist es eine Ziffer oder eine öffnende Klammer? Wenn nein, melde Fehler.
3. Sonst: Rufe zunächst die Funktion von "P" und dann "E‘" auf.

In der Funktion für "E" sind also Abhängigkeiten zur Definition von "F" – etwa in Form der öffnenden Klammer in FIRST(E)=FIRST(P E') – zu finden, die aus den Grammatikregeln für "E" nicht erkennbar sind. Diese Abhängigkeiten können also nicht dem Entwurf zugeordnet werden, sondern sind auf die Implementierung zurückzuführen.

Bei den meisten Parsern werden noch weitere ähnliche Funktionen wie etwa FOLLOW und LAST zur robusteren Fehlerbehandlung definiert. Auch durch sie werden Abhängigkeiten zwischen einzelnen Funktionen eingeführt, die aus den Sprachentwurf nicht erkennbar sind.

7.4.4 Die Risiken von Redundanzen und ihre Eliminierung

Hieraus lässt sich allgemein schließen, dass in einem Entwurf Abhängigkeiten, die durch die Implementierung entstehen, nicht unbedingt sichtbar werden. Das Risiko, das durch diese Abhängigkeiten entsteht, kann also in der Entwurfsphase gar nicht abgeschätzt werden. Die Abhängigkeiten, entstanden durch redundante Information, bergen die Gefahr von Inkonsistenzen.

Wird jedoch die Transformation vom Entwurf zur Implementierung so automatisiert, dass ein Produktionsprozess die Abhängigkeiten verwaltet, so lässt sich dieses Risiko eliminieren.

Im Fall der Parsererzeugung wird dieses Prinzip bereits vielfach angewendet. Dennoch ist zu beobachten, dass viele Entwickler von Parsern auf die manuelle Methode zurückgreifen.

Einen Grund dafür sehen wir darin, dass die meisten der verfügbaren Generatoren die Aufgabe übersimplifizieren, d.h. sie sehen das Ziel der Parsererzeugung einzig und allein darin, einen Spracherkenner zu produzieren. In der überwiegenden Mehrzahl der Fälle soll die Sprache aber nicht nur erkannt, sondern zum Zweck der späteren Weiterverarbeitung auch in eine abstrakte Zwischenform – z.B. einen abstrakten Syntaxbaum – übertragen werden.

Mit einem herkömmlichen "Spracherkenner-Generator" ist diese Aufgabe teilweise so aufwändig, dass viele Entwickler anscheinend der Meinung sind, die kompliziertere manuelle Implementierung eines Parsers lohne sich aufgrund der besseren Kontrolle über die Erzeugung des abstrakten Syntaxbaums.

Das Problem liegt meist darin, dass Symboltabellen verwaltet und Teilfragmente des Syntaxbaumes innerhalb der einzelnen Regeln des Parsers weitergegeben werden müssen. Hierfür bieten nur wenige Generatoren eine explizite Unterstützung an.

Viel sinnvoller wäre es aber, ein Werkzeug an diese Aufgabe anzupassen, anstatt die Verwendung eines Werkzeuges aufgrund einer schlechten Erfahrung völlig auszuschließen. Ein Handwerker, der Schwierigkeiten hat, Nägel mit einem Schraubenzieher in die Wand zu schlagen, wird wohl kaum dazu zurückkehren, sie mit der Hand in die Wand zu treiben. Er wird dann eher motiviert sein, nach einem besseren Werkzeug wie einem Hammer zu suchen.

Es lohnt sich also, nach einer abstrakteren Darstellungsform zu suchen, wenn Entwickler vermehrt mit Abhängigkeiten konfrontiert werden, die zu Mehraufwand führen. Zu beachten ist aber, dass bei der Abstraktion nicht die für die Aufgabe wichtige Information wegfällt. Nach unserer Erfahrung ist aber eine befriedigende Lösung in den meisten Fällen möglich.

Eines der schwierigsten Probleme wurde noch nicht erwähnt, das bei der manuellen Erzeugung solcher Parser entsteht. An die Erkennung einer Sequenz wie etwa einem Produkt ist meist eine Aktion gebunden. Bei einem Interpreter könnte dies die Berechnung des Produkts sein, bei einem Compiler die Generierung des entsprechenden Codes.

Diese Aktionen sind an die Struktur der zugrunde liegenden Grammatik (Abb. 7-7) gebunden. Da die notwendigen Transformationen die Struktur der Grammatik jedoch verändern (Abb. 7-8), können die Aktionen nicht direkt übernommen werden. Sie müssen der neuen Struktur angepasst werden.

Wie wir im Beispiel gesehen haben, können bei den Transformationen zusammenhängende Regeln auseinander gerissen werden, wie etwa die ursprüngliche Regel für "E" in "E" und "E' " unterteilt wurde. Die Aktion, die zur Erkennung der Sequenz "P + E" gehört, muss daher auch aufgeteilt werden.

Während die Berechnung der FIRST-, FOLLOW- und LAST-Funktionen noch relativ einfach ist, ist die Transformation der Aktionen meist recht komplex. Auch diesen Aufwand kann und sollte daher ein Generator übernehmen.

7.5 Algorithmen

Ein häufig auftretendes Problem in der Softwareentwicklung besteht darin, dass ähnliche Operationen für eine Vielzahl verschiedener Datentypen implementiert werden müssen. So kann es z.B. notwendig sein, für die Kommunikation in einem Netzwerk die Daten beim Versenden und Empfangen zu konvertieren.

Meist werden komplexe Datenstrukturen benutzt. Für jede einzelne dieser Strukturen muss eine eigene Konvertierungsfunktion für die Hin- und Rücktransformation zur Verfügung gestellt werden.

Das Problem besteht weniger darin, dass diese Aufgabe nicht lösbar wäre, sondern vielmehr im Aufwand, den sie erfordert. In einem komplexen System können 100 und mehr solcher Datenstrukturen notwendig sein, die dann möglicherweise noch verschachtelt sind. Der Aufwand für die Erstellung dieser Konvertierungsfunktionen kann daher sehr hoch sein, obwohl die Funktionalität trivial ist.

Außerdem besteht das Risiko, dass bei einer Änderung der Strukturen Inkonsistenzen bezüglich der Konvertierungsfunktionen entstehen.

Dabei ist es meist einfach, das eigentliche Prinzip der Konvertierung zu beschreiben. Die Strukturen werden immer aus einer eng begrenzten Anzahl von Basistypen einer Programmiersprache zusammengesetzt, für die einzeln und mit wenig Aufwand das Konvertierungsverfahren definiert werden kann. In den meisten Fällen gibt es zudem eine einfache Regel, mit der aus den Konvertierungsregeln für die einzelnen Bestandteile einer Struktur die Konvertierungsfunktion der Gesamtstruktur abgeleitet werden kann. Diese Regeln sind vergleichbar mit denen, die bei einem rekursiven Algorithmus verwendet werden.

Wir zeigen nun, wie diese Grundregeln gefunden und formal dargestellt werden können, um dann daraus die benötigte Funktionsmenge automatisch zu erzeugen.

7.5.1 Datenkonvertierung

In diesem Beispiel brauchen wir eine Konvertierung zwischen dem sog. "Big Endian“- und "Little Endian“-Format. Datenfelder die einen Wertebereich mit mehr als 256 verschiedenen Einzelwerten benötigen, müssen im Speicher mit Hilfe mehrerer Bytes dargestellt werden, ähnlich wie im Dezimalsystem Werte größer als 9 mehr als eine Ziffer erfordern.

Üblicherweise werden im Dezimalsystem die Ziffern entsprechend ihrer Wertigkeit absteigend von links nach rechts angeordnet. Prinzipiell ließe sich dies aber auch umkehren, indem man sie aufsteigend ordnet.

Während im Alltag – glücklicherweise – nur die erste Notation verwendet wird, sind bei den Rechnerarchitekturen beide Formen gebräuchlich. Sie werden als "Little Endian“ und "Big Endian“ bezeichnet, da jeweils das niedrigstwertige bzw. höchstwertige Byte im Speicher an das Ende gestellt wird (Abb. 7-9).

Bei der Übertragung von einer Architektur, die das eine Format nutzt, zu einer Architektur, die das andere Format nutzt, muss daher die Reihenfolge der Bytes umgekehrt werden. Somit ergeben sich einige wenige, einfache Regeln für die Konvertierung einzelner Datenfelder der Grunddatentypen. Um eine Struktur von Datenfeldern zu konvertieren, müssen einfach die einzelnen Datenfelder in der Struktur konvertiert werden. Im Prinzip werden diese Grundregeln rekursiv auf alle Datentypen höherer Ordnung angewendet.

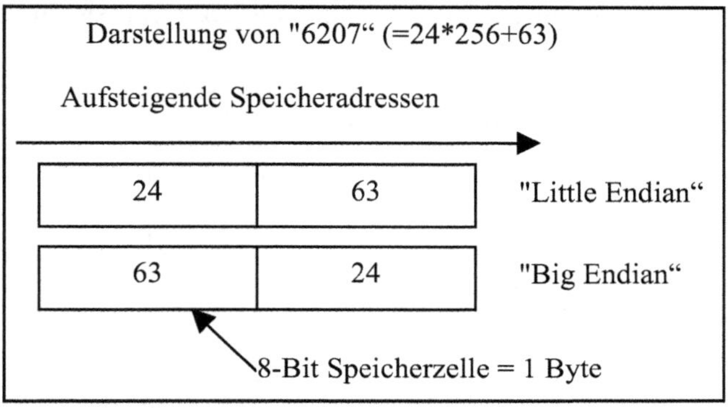

Abb. 7-9 Speicherungsarten von Zahlen

Bei Texten, d.h. Strings bzw. Feldern von Zeichen ("Character") darf die Reihenfolge aber nicht umgedreht werden Wenn eine Datenstruktur beispielsweise eine Größe von 100 Bytes hat, darf daher nicht einfach die Reihenfolge von 100 Bytes umgekehrt werden, sondern man muss die Struktur analysieren und für jedes Element einzeln entscheiden, ob und wie die Anordnung zu ändern ist.

Mit einer kleinen Anzahl von Regeln können nun alle Funktionen für eine theoretisch unendlich große Menge von Datentypen beschrieben werden. Für jede beliebige Datenstruktur lässt sich eine Konvertierungsfunktion konstruieren, weshalb wir diese Regeln auch als Konstruktionsregeln bezeichnen.

Die Grundregeln zur Konvertierung sind als normale Funktionen in der Zielprogrammiersprache darstellbar, wie im Beispiel der folgenden C-Funktion für die Konvertierung vorzeichenloser 16-Bit-Werte:

```
void swapunsignedshort1(unsigned short para1,
                        unsigned short *ret)
{
   *ret=((para1&0x00ff)<<8)| ((para1&0xff00)>>8);
}
```

Die Funktion erhält als Parameter den zu konvertierenden Wert und einen Zeiger auf den Platz im Speicher, wo der konvertierte Wert abzulegen ist. Die Anweisung im Funktionsrumpf vertauscht das erste und das zweite Byte des zu konvertierenden Werts miteinander und legt den neuen Wert im Speicher ab[3].

Der Codegenerator liest nun die benötigten C-Typdefinitionen ein und konstruiert auf Basis einer Schablone, die vom Nutzer vorgegeben wird, Konvertierungsfunktionen für jeden dieser C-Typen, indem z.B. bei einer Datenstruktur die Anwendung der Konvertierungsfunktionen für die einzelnen Struktureinträge verkettet wird. Hier handelt es sich also um den "Typ 1" der Abb. 6-2 in Kap. 6, wenn die Typdefinitionen neu erzeugt werden, wenn sie aus einem schon bestehendem Programm extrahiert werden um Typ 3.

In diesem Beispiel lautet beispielsweise in der von uns eingeführten Notation die Schablonendefinition wie folgt:

```
SAMETYPE swap+ #1 ( /para/)
{
  [ERROR_PTR]
  [STRUCTLIST]
  OPS=;
}
```

Ihre Syntax ist an den Aufbau einer C-Funktion angelehnt. Sie enthält Informationen über die Benennung der zu konstruierenden Funktionen (Präfix "swap") , Anzahl und Typ der Eingabeparameter ("#1" = 1 Parameter) sowie den Typ des Funktionsrückgabewerts ("SAMETYPE") und Optionen für die Verkettung von Einzeloperationen auf einen Datentyp ("OPS=").

In obiger Schablone ist etwa die Information enthalten, dass der Name der Funktion aus dem Wort "swap“ gefolgt vom Namen des bearbeiteten Typs bestehen soll. Sie erhält einen Parameter ("#1“) dieses Typs und liefert einen Wert desselben Typs zurück ("SAMETYPE“).

In eckigen Klammern können Optionen für die Erzeugung angegeben werden. Da Daten über das Netzwerk übertragen werden sollen, sind Zeiger als Datenfelder nicht zugelassen ("[ERROR_PTR]"). Sie zeigen in den lokalen Adressraum und sind damit beim Empfänger nicht verwendbar. Somit übernimmt der Generator auch eine Prüffunktion.

[3] Der gezeigte Algorithmus ist nur für "unsigned" brauchbar. Für den Typ "signed short" muss eine leicht geänderte Implementierung benutzt werden. Warum?

Die Elemente der Struktur sollen einzeln bearbeitet werden ("[STRUCTLIST]"). Alternativ können die Ergebnisse der Funktionen über Operatoren miteinander verknüpft werden ("[OPSLIST]"), die in diesem Fall aber leer ist (rechter Teil von "OPS=;").

Für den Vergleich zweier Elemente können die generierten Strukturen jeweils zwei Strukturinstanzen als Parameter erhalten und einen Wahrheitswert zurückliefern, der angibt, ob die Inhalte der angegebenen Datensätze gleich sind. Dies ist genau dann der Fall, wenn die Inhalte der einzelnen Felder der Datensätze gleich sind. Es müssen also nur Funktionen definiert werden, die den Vergleich für die Basistypen durchführen. Der Generator wird dann angewiesen, die Wahrheitswerte für die einzelnen Felder miteinander durch ein logisches "Und" zu verknüpfen und das Ergebnis als Rückgabewert zu liefern.

Die entsprechende Schablone in unserer Notation würde so aussehen:

```
int compare+ #2 ( /para/)
{
  PROLOG_BEGIN
  ret=1;
  PROLOG_END

  [ERROR_PTR]
  [OPSLIST]

  LEFTDELIM=(
  OPS=&&
  RIGHTDELIM=)
}
```

Betrachten wir nun die folgende Struktur:

```
typedef struct
{
  unsigned long  lockid;
  unsigned short queuesize;
  unsigned int   queue[20];
} lockinfo;
```

Hierfür werden mit den o. g. Schablonen folgende Funktionen automatisch erzeugt:

```
void swaplockinfo1(lockinfo para1,
                   lockinfo *ret)
{
swapunsignedlong1(para1.lockid,
                  &((*ret).lockid));
  swapunsignedshort1(para1.queuesize,
                     &((*ret).queuesize));
  swapunsignedint1arr20(para1.queue,
                        &(*ret).queue);
}
```

Die Funktion `swaplockinfo1` konvertiert die einzelnen Felder der Struktur `lockinfo` und verwendet dazu die vorgegebenen Funktionen `swapunsignedlong1` und `swapunsignedshort1` sowie die ebenfalls erzeugte Funktion `swapunsignedint1arr20`, die die Konvertierung eines Integer-Feldes mit 20 Elementen durchführt:

```
void swapunsignedint1arr20(
                unsigned int *para1,
                unsigned int *ret)
{
  int i1;
  for(i1=0;i1<20;i1++)
  {
     swapunsignedint1(para1[i1],
                      &ret[i1]);
  }
}
```

Als Vergleichsfunktion für diese Struktur wird aus der zweiten Schablone die Funktion `comparelockinfo2` erzeugt:

```
int comparelockinfo2(lock_info para1,
                     lock_info para2)
{
  int ret;
  ret=1;
  ret=(
    compareunsigned_long2(para1.lockid,     para2.lockid)      &&
    compareunsigned_short2(para1.queuesize para2.queuesize)   &&
    compareunsigned_int2_arr20(para1.queue para2.queue));
  return(ret);
}
```

So lässt sich mit einem einfachen Verfahren viel Aufwand sparen. Die oben gezeigten Funktionen sind selbstverständlich für einen Programmierer mit hohen Optimierungsansprüchen nicht besonders befriedigend, aber es ist offensichtlich, dass die Optimierung des Generators nicht besonders viel Aufwand in Anspruch nehmen dürfte. In jedem Fall ist er deutlich kleiner als der Aufwand für die manuelle Produktion der Funktionen für eine größere Anzahl von Typen, die ohnehin nicht viel stärker optimiert wären, und birgt vor allem weniger Risiko. Die Information wird aus bereits vorhandenen Dokumenten automatisch extrahiert und verarbeitet, so dass Redundanz entfällt.

7.5.2 Ausnutzung theoretischer Möglichkeiten in der Praxis

Die Form der Definition aus Kap. 7.5.1 ist Informatikern unter der Bezeichnung "strukturelle Induktion" bekannt. Die Menge aller möglichen C-Typen kann induktiv wie folgt definiert werden.

- Jeder Basistyp ist ein Typ.
- Jeder Zeiger auf einen Typ ist ein Typ.
- Jedes Array eines Typs mit konstanten Grenzen ist ein Typ.
- Jede Struktur ist ein Typ.

Eine Funktion für alle C-Typen lässt sich also theoretisch definieren, indem rekursiv für jeden der obigen Fälle je eine angegeben wird.

Da nur wenige Programmiersprachen – etwa Java – eine Möglichkeit zur Reflektion bieten, also die Fähigkeit haben, während der Laufzeit Informationen über die Typen von Ausdrücken und die Elemente von Arrays und Strukturen zu erhalten, können diese Regeln kaum mit Programmiersprachen umgesetzt werden. Selbst in den Sprachen wie Java, die Reflektion bieten, ist ihr Einsatz mit erheblichen Performanceeinbußen verbunden.

Die Templates von C++ bieten zwar die Möglichkeit, die Fälle für Basistypen und Pointer zu behandeln, indem Templatespezialisierungen für die Basistypen und die Pointer definiert werden:

```
template <typename T>
int compare<T>(const T a,
               const T b);

template <>
int compare<int>(const int a,
                   const int b) {
   return (a==b);
}

template <typename T>
int compare<T*>(const int T* a,
                  const int T* b) {
  return compare<T>(*a,*b);
}
```

Diese Definitionen sind klar erkennbar rekursiv. Eine entsprechende rekursive Definition für Strukturen könnte z.B. eine Struktur jeweils in ihr erstes Feld und die Reststruktur zerteilen. Die Definition für die Vergleichsfunktion könnte dann lauten:

1. vergleiche die ersten Felder der Strukturen miteinander,
2. vergleiche die Reststrukturen miteinander, und
3. verknüpfe die Ergebnisse zum Gesamtergebnis.

Leider bietet C++ – wie die meisten anderen Sprachen mit ähnlichen Sprachkonstrukten – diese Möglichkeit nicht.

Entsprechend können diese theoretischen Konstrukte meist nicht in der Praxis in dieser einfachen Form übernommen werden, sondern müssen manuell für die benötigten Fälle umgesetzt werden. Diese Arbeit können in jedem Fall Generatoren übernehmen, da die Funktionen vollständig formal definiert werden können.

Inzwischen sind für viele Programmiersprachen sogar Programme verfügbar, die ihre Syntaxstruktur in XML (s. XML) darstellen, so dass für Generatoren dieser Art eine Standardschnittstelle bereits existiert und die Entwicklung eines eigenen Parsers eingespart werden kann. Mit Hilfe von XSLT (s. XSLT) oder DOM (s. DOM) lassen sich dann mit wenig Aufwand Generatoren für solche einfachen Aufgaben entwickeln.

7.6 Verteilte Echtzeitsysteme

Ein Echtzeitsystem reagiert auf Ereignisse und Nachrichten anderer Systemkomponenten. Diese Komponenten können auf verschiedene Rechner verteilt sein. In diesem Fall erfolgt die Kommunikation über ein Netzwerk.

Solche Systeme können unterschiedlich Ereignisse behandeln:

- spontan, wenn das Ereignis eintritt,
  dann bezeichnet man das System als "reaktiv"
- nach einem vorgegebenen Zeitplan,
  dann handelt es sich um ein "synchrones System".

Auf einer hohen Abstraktionsebene lassen sich die Aufgaben von Echtzeitsystemen charakterisieren als:

- Erkennung von Ereignissen,
- Behandlung von Ereignissen,
- Erzeugen von Ereignissen, und
- Kommunikation mit anderen Komponenten

Somit steht für den Systemingenieur die Behandlung von Ereignissen im Mittelpunkt und nicht etwa die Details ihrer Übertragung im System. Auf der abstrakten Systemebene ist es völlig uninteressant, ob die Ereignisse über einen CAN-Bus oder über eine TCP/IP-Verbindung übertragen werden und welche potenziellen Fallen bei der Programmierung der entsprechenden Kanäle beachtet werden müssen.

Dennoch beträgt die manuelle Implementierung dieses Teils der Software bei jedem neuen System einen großen Anteil des Aufwands für die Entwicklung.

Selbst Code-Reuse (Wiederverwendbarkeit) in Form von entsprechenden Middleware-Bibliotheken hilft nicht, da verschiedene Szenarien und Konfigurationen abgedeckt werden müssen. Eine solche Bibliothek ist deshalb umfangreich und kompliziert zu verwenden.

Außerdem sind bei der Implementierung der Kommunikationsinfrastruktur Abhängigkeiten im Code und im System zu beachten, die durch eine Middleware-Bibliothek nicht auflösbar sind. Die einfachste Abhängigkeit innerhalb des Codes besteht darin, dass eine Nachricht, die von einem Prozess abgesendet wird, auch irgendwann vom Zielprozess behandelt werden muss.

Man könnte versuchen, die Erfüllung solcher Abhängigkeiten durch automatische Analyse des Quellcodes festzustellen. Solche Analysatoren sind aber äußerst kompliziert zu entwickeln und zu warten. Teilweise geht diese Aufgabe bereits über die theoretischen

Grenzen der Codeanalyse hinaus, ist also in der Praxis ohnehin nicht effizient zu realisieren.

Zur effizienten Entwicklung muss zunächst eine abstraktere Formulierung für die Kommunikationsstruktur gefunden werden, die alle notwendigen Informationen zur Analyse bereits enthält und aus denen das System (automatisch) erzeugt werden kann. Statt also mit einem Codeanalysator nach der Nadel im Heuhaufen zu suchen, wird einfach nur die Nadel ohne den Heuhaufen beschrieben und erzeugt.

Die Konstruktionsregeln und die Semantik der abstrakten Spezifikationsform stellen sicher, dass die Abhängigkeiten immer erfüllt sind. So kann bei jeder Änderung das System neu generiert werden und ist – zumindest in Bezug auf die Kommunikationsinfrastruktur – immer konsistent. Zusätzlich wird natürlich Aufwand eingespart und die Zykluszeit bei Änderungen ist deutlich kürzer.

Abb. 7-10 Abstrakte Beschreibung eines verteilten Echtzeitsystems

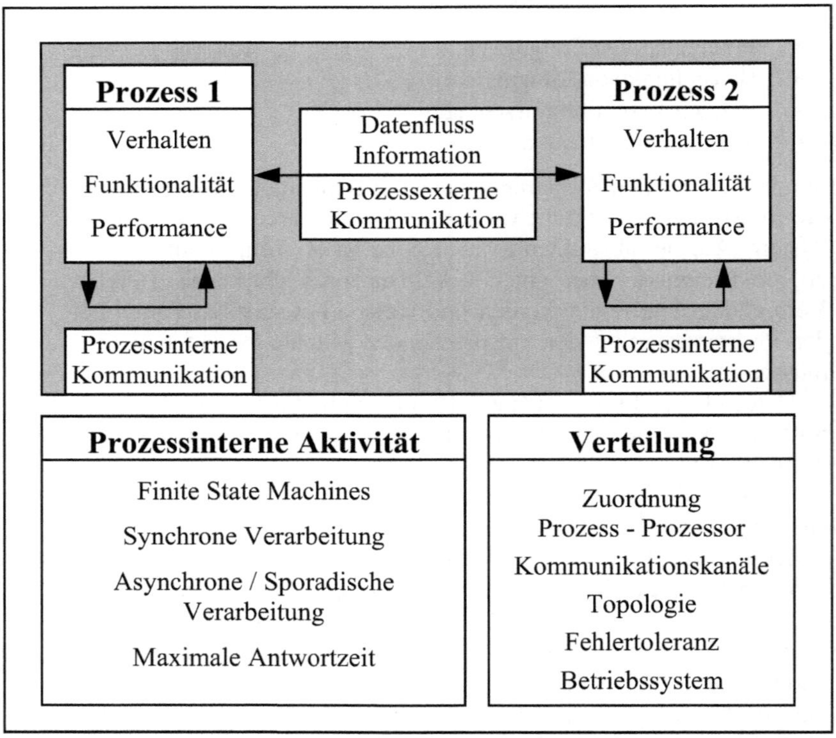

Abb. 7-10 zeigt die für unseren Produktionsprozess ISG gewählte Abstraktion. Im oberen Teil werden die wichtigsten Komponenten wie Prozesse und Kommunikationskanäle und Eigenschaften wie Verhalten, Funktionalität, Performance und Schnittstellen identifiziert. Im unteren Teil werden zwei zueinander orthogonale Mengen von Konfigurationsparametern beschrieben: für die Prozessdefinition und die Verteilung.

Mit den hier aufgezählten Parametern werden die Anforderungen definiert. Diese Liste gibt natürlich nur eine Übersicht und ist nicht vollständig.

Das Verhalten wird über Finite State Machines spezifiziert. Sowohl synchrone als auch asynchrone Verarbeitung wird unterstützt, wobei im Fall von synchronen Systemen noch spezielle Optionen für die Speicherung von Daten in Puffern angegeben werden können. Für die Spezifikation von Performanceanforderungen können beispielsweise "Timeouts" hinzugefügt werden, wenn eine Antwort auf ein gesendetes Signal erwartet wird.

Orthogonal dazu wird die Verteilung der Prozesse über das Netzwerk spezifiziert:

- die Verteilung der Prozessinstanzen auf die Prozessoren,
- die Ausprägung der Kommunikationskanäle ("welche Art"),
- die Topologie des Netzwerkes ("was gehört dazu?"),
- die Art der Fehlertoleranz (für Prozessoren und Kanäle)
- das Betriebssystem, für das Code generiert werden soll.

Abb. 7-11 Das Produktionsverfahren von ISG

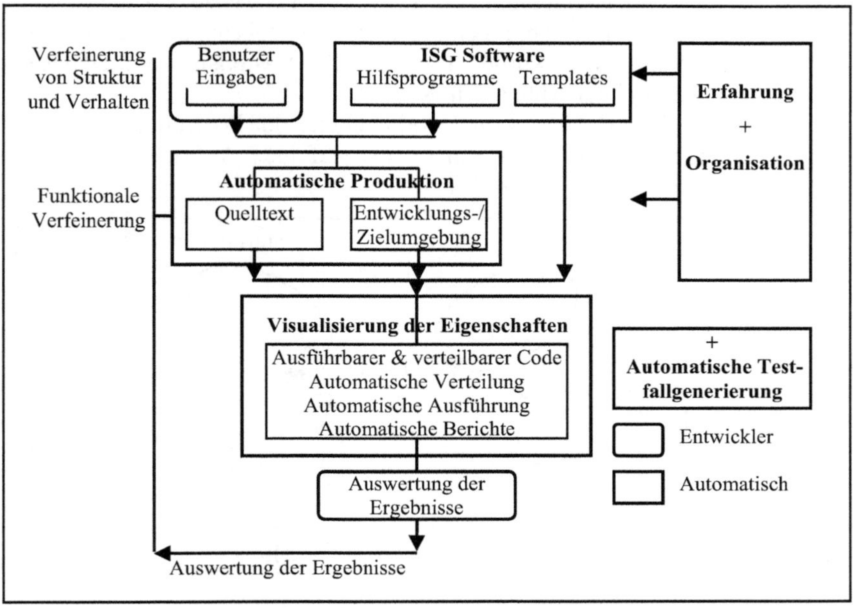

In Abb. 7-11 wird das Produktionsverfahren beschrieben. Nur an zwei Punkten muss der Benutzer eingreifen: zur Ablieferung der Anforderungen (links oben) und zum Abholen des erzeugten, ausgeführten und getesteten Systems und der Berichte (Mitte unten). Die vorhandene Erfahrung und das Know-how über Organisation fließen in den Prozess ein.

Aus den Benutzereingaben und ISG-Templates wird mit Hilfsprogrammen der Quellcode und anderer Code erzeugt, der für die Compilierung, das Binden, die Verteilung, das Ausführen, die Testfallgenerierung und die Berichterstellung benötigt wird, individuell für die jeweiligen Anforderungen.

Wir beschreiben nun einige Anwendungsbeispiele für ISG und weitere Produktionsprozesse für Echtzeitanwendungen.

7.6.1 Master-Slave Struktur

In diesem Beispiel soll ein Kontrollsystem für eine Anzahl von Komponenten entwickelt werden, das aus einem Kontrollprozess ("Master") und untergeordneten Prozessen ("Slaves") besteht. Jeder "Slave" bearbeitet zu jedem Zeitpunkt maximal eine Aufgabe, die er vom Master zugewiesen bekommt. Außerdem meldet sich jeder Slave beim Hochfahren des Systems beim Master an und identifiziert sich. Wir beschränken uns in diesem Beispiel auf die Initialisierungsphase Hier wurde "ISG" als Produktionsprozess eingesetzt, d.h. "Typ 1" der Abb. 6-2 in Kap. 6.

Der Master besitzt zur Vereinfachung der Darstellung nur einem einzigen Zustand ("ctrlState"), der auf jede Anfrage eines Slaves jeweils antwortet (Abb. 7-12).

Abb. 7-12 Zustandsmaschine des Masters

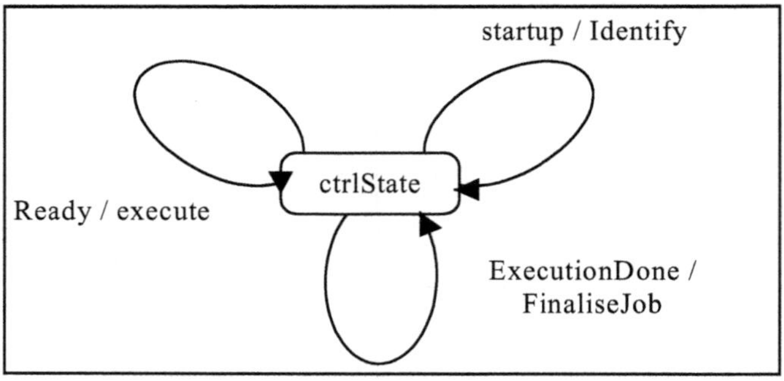

Die Slaves besitzen 6 Zustände (Abb. 7-13):

- startup
- identify
- init
- waitExec
- execute
- waitingUnload

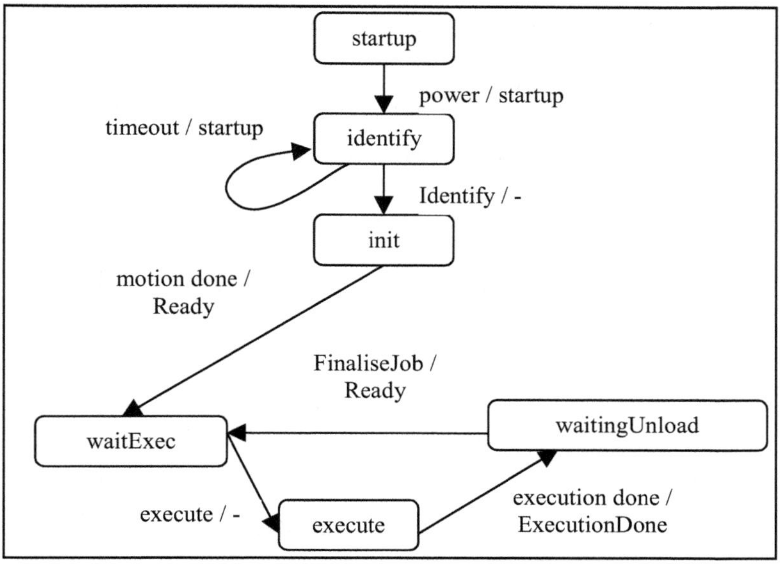

Abb. 7-13 Zustandsmaschine eines Slaves

Beim Hochfahren befindet sich jeder Slave im Zustand `startup`, aus dem eine Nachricht `startup` an den Controller gesendet wird, um danach direkt in den Zustand `identify` überzugehen.

Im Zustand `identify` wird in 5-Sekunden-Abständen die Nachricht `startup` wiederholt, bis der Controller mit der Nachricht `Identify` antwortet. Bei Empfang von `Identify` wird in den Zustand `init` gewechselt. Hier hat der Slave Zeit, seine Werkzeuge zu reinitialisieren, etwa, in dem sie an Anfangspositionen zurückgefahren werden. Zu Simulationszwecken sei die dafür benötigte Zeit zufällig aus dem Bereich zwischen 100 ms und 2 s gewählt.

Nach Abschluss der Initialisierung wird in den Zustand `waitExec` gewechselt, in dem auf die Nachricht `execute` zum Anstoßen der Ausführung gewartet wird. Bei deren Erhalt wird in den Zustand `execute` gewechselt, aus dem nach Abschluss der Ausführung die Nachricht `ExecutionDone` an den Controller gesendet wird. Zu Simulationszwecken wird die Ausführungszeit zufällig aus dem Bereich zwischen 1 s und 2 s gewählt. Nach dem Abschluss der Ausführung wird dann in den Zustand `waitingUnload` gewechselt.

In diesem Zustand wird auf die Nachricht `FinaliseJob` gewartet, bei deren Erhalt die Antwort `Ready` gesendet und in den Zustand `waitExec` gewechselt wird. Dieser Zyklus kann beliebig oft wiederholt werden, je nach Steuerung durch den Controller.

Die formale Spezifikation dieser beiden Prozesstypen erfolgt in der ISG-Spezifikationssprache "ISGL". Als Beispiel hierzu ein Codeausschnitt aus der Beschreibung des Slave-Types:

```
process slave has 1 instances
  with distribution all on cpu1
  defaults:
    # ...
  end
  states:
    in state startup:
      on message poweron:
        send message startup
          to controller instance 1
            received in anystate
          expect reply GetIdentity
           within 5secs
            received in state identify
        enter state identify
      end
      on exception:
        keep samestate
          calling stub function excStartup
      end
    end
# ...
```

Die Spezifikation beginnt mit der Definition des Prozessnamens, der Anzahl der Instanzen und der Verteilung dieser Instanzen auf die logischen Prozessoren (Schlüsselwort "`distribution`"). Mit dem Schlüsselwort "`defaults`" können beispielsweise Standardwerte für den zu verwendenden Bus, die Aufzeichnung der Antwortzeiten sowie der Simulationsparameter Datengröße und CPU-Verbrauch angegeben werden.

Exemplarisch sei hier die Spezifikation des Zustands `startup` des Slaves erklärt. Eine solche Zustandsspezifikation enthält mehr Information als UML-Zustandsdiagramme, aber diese Information ist kompakt repräsentiert.

Die Schlüsselwortsequenz "`in state startup`" zeigt an, dass die folgenden Angaben sich auf die Behandlung von Ereignissen im Zustand `startup` beziehen. Es folgen ein oder mehrere Blöcke, die mit "`on`" und einer Ereignisspezifikation beginnen.

In diesem Fall wird in einem Block der Empfang der Nachricht `poweron` behandelt und in einem weiteren Block allgemeine Ausnahmeereignisse ("`exception`").

Die Behandlung eines Ereignisses besteht aus einer Anzahl von Anweisungen, etwa zum Versenden von Nachrichten, zum Start von Timern oder zum Aufruf von anwenderdefinierten Funktionen (User-Defined Functions, UDF).

Beim Erhalt der Nachricht `startup` im Zustand `startup` etwa wird die Nachricht `startup` an die Instanz 1 des `controller`-Prozesses versendet. In der Nachrichtenanweisung ist die Information enthalten, dass als Antwort die Nachricht `Identify` innerhalb von 5 Sekunden erwartet wird, die im Zustand `identify` behandelt werden soll.

Trifft diese Nachricht nicht innerhalb dieser Zeit ein, so wird eine Ausnahmebehandlung angestoßen, die im Zustand `identify` dazu verwendet wird, um die Nachricht `startup` erneut an `den controller`-Prozess zu verschicken.

Die letzte Anweisung für die Behandlung der `startup`-Nachricht besteht in einem Zustandsübergang in den Zustand `identify`, in dem schließlich die Nachricht `Identify` erwartet wird.

Zusätzlich enthält die Nachrichtenanweisung noch die Information, dass die Nachricht `startup` vom `controller`-Prozess im Zustand `anystate` erwartet wird. Dieser Zustand ist ein Pseudozustand. Ereignisse, die im Zustand `anystate` behandelt werden, können in jedem beliebigen Zustand behandelt werden. Trifft bei einem Prozess eine Nachricht ein, so wird zunächst geprüft, ob diese Nachricht vom `anystate`-Zustand behandelt wird. Ist dies der Fall, wird die dortige Behandlungsvorschrift ausgeführt. Ansonsten wird geprüft, ob das Ereignis im aktuellen Zustand behandelt werden kann. Wird sie auch dort nicht behandelt, wird ein Ausnahmeereignis erzeugt und statt der Nachricht behandelt.

In jedem Zustand muss daher für alle in ihm möglichen Ausnahmeereignisse ein Behandlungsblock existieren. Dabei können besondere Ausnahmeereignisse wie etwa Timeouts speziell behandelt werden. Möglich ist aber auch, einen allgemeinen Behandlungsblock anzugeben, der alle sonst im Zustand nicht behandelten Ausnahmeereignisse verarbeitet.

Ein solcher allgemeiner Ausnahmeblock wird mit der Sequenz "`on exception`" eingeleitet. Für den Fall eines Ausnahmefehlers wird die UDF `excStartup` aufgerufen. Es findet kein Zustandsübergang statt, der Übergang endet im aktuellen Zustand ("`samestate`"). Die UDF kann dann spezielle Maßnahmen einleiten, z.B. die Aktivierung eines Notsystems oder die Benachrichtigung von Wartungspersonal etc. Die Beschreibung der Systeminfrastruktur findet also auf einer hohen Abstraktionsebene statt. Gerade weil sie sehr abstrakt ist, können bereits auf Sprachebene rigide semantische Regeln aufgestellt werden, durch die Fehler frühzeitig erkannt werden können.

Im Fall von ISG ist die Semantik sogar so stark, dass nach einer erfolgreichen semantischen Prüfung garantiert werden kann, dass das System wie spezifiziert lauffähig ist. Schlägt die semantische Prüfung fehl, so wird kein System erzeugt.

Die Spezifikation enthält also alle notwendigen Informationen um die Lauffähigkeit der Kommunikationsinfrastruktur nachzuweisen. Der Entwickler wird durch die Semantik der Sprache dazu gezwungen, genau die notwendige Information zu liefern, aber nicht mehr.

Dies ist ein deutlicher Unterschied zu anderen Ansätzen wie etwa UML, wo der Entwickler alleine entscheidet, wie viel Informationen er im Modell unterbringt, und damit sein System möglicherweise unter- oder sogar überspezifiziert.

Ist das System unterspezifiziert, kann es sein, dass wichtige Aspekte des Systems nicht untersucht wurden. Ist das System überspezifiziert, ist es vielleicht gar nicht umsetzbar, ähnlich einem unter- oder überspezifizierten linearen Gleichungssystem. Die Gleichung x+y=3 hat beliebig viele Lösungen, während das Gleichungssystem 2*x=3; 2*x=4 keine einzige hat.

7.6.2 Echtzeitinfrastruktur

Im Material Science Laboratory (s. MSL) an Bord der Internationalen Raumstation (International Space Station, ISS) sollen verschiedene Materialexperimente durchgeführt werden, darunter auch die Züchtung hochreiner Kristalle unter Bedingungen, die der Schwerelosigkeit nahe kommen (μ-g-Bedingungen). Bei dem eingesetzten Produktionsprozess "ISG" handelt es sich um den "Typ 1" der Abb. 6-2 in Kap. 6.

Das System besteht aus einem Induktionsofen und einem Linearmotor, mit dem das Material durch den Ofen gefahren wird. Druck und Temperatur müssen in sehr engen Grenzen geregelt werden. Störungen wie beispielsweise Beschleunigung des Labors durch Bewegungen der Besatzung oder der Raumstation müssen ausgeglichen werden, ebenso Störungen, die durch den Betrieb des Labors selbst verursacht werden. So müssen das Anlaufen einer Vakuumpumpe oder das Schalten eines Heizrelais kompensiert werden. Dies erfordert komplexe und zeitgenaue Steuerungsalgorithmen, damit die μ-g-Bedingungen nicht verletzt werden. Abb. 7-14 zeigt die prinzipielle Struktur des Rechnersystems.

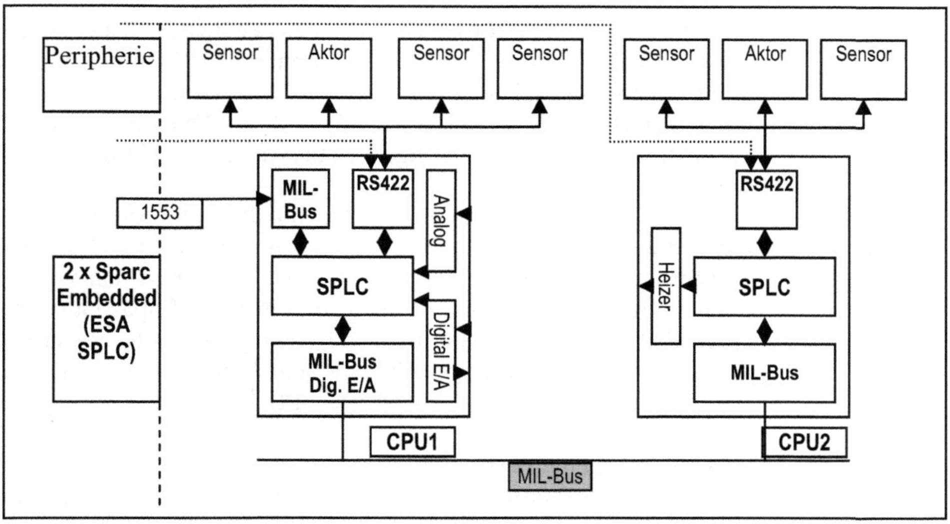

Abb. 7-14 Systemtopologie MSL

Neben der Regelung gehört zu den Aufgaben auch die Datenerfassung, Erzeugung und Versendung von Telemetriedaten, Empfang und Verarbeitung von Befehlen der Bodenstation, die Kalibrierung bzw. Umrechnung der Daten von elektrischen in physikalische Einheiten, der Unterstützung des Zugriffs auf erfasste und abgeleitete Daten sowie die Synchronisierung der auf zwei Rechnern verteilten Datenbank (s. a. Abb. 7-16 in Kap. 7.6.3).

Besonders zu erwähnen ist die Möglichkeit der beliebigen Verteilung von Prozessinstanzen auf die beiden Rechner (soweit die zugehörige Peripherie dies ermöglicht). Erst zur Generierungszeit des Systems muss festgelegt werden, welche Instanzen welchem Prozessor zugeordnet werden. Ebenso können zu Testzwecken einige Instanzen auf einem anderen (Test-)Rechner mit einem anderen Betriebssystem laufen. Diese Zuordnung noch direkt vor Start der Generierung erfolgen, ohne dass Quellcode manuell erzeugt oder geändert werden muss.

In der ersten Iteration der Entwicklung besaß das Regelsystem ca. 40 Prozesstypen und ca. 50 Prozessinstanzen. Am Ende der Entwicklung waren es noch ca. 30 Prozesstypen und ca. 40 Instanzen. Die Restrukturierung geschah allein auf der Anforderungsebene, indem Aktivitäten von einem Prozesstyp in einen anderen verschoben wurden. Nach einem neuen Generierungslauf war dann ein neues System mit einer geänderten Prozessstruktur sofort verfügbar. Mit anfangs 50 und später 40 Instanzen ist das System bereits sehr komplex.

Kritisch waren Performance und Speicher-Ressourcen. Für den verwendeten "Standard PayLoad Computer" (SPLC) lagen noch keine Daten aus ähnlichen Projekten vor, MSL war eine der ersten Anwendung für diese Hardwareinfrastruktur. Die beiden Sparc-Prozessoren wiesen eine geringe Leistung auf, weil sie mit nur 14 MHz getaktet wurden..

Da im Weltraum die Strahlungsintensität deutlich höher ist als auf der Erdoberfläche, müssen die Prozessoren strahlungsresistent sein. Die Strukturen des Prozessorchips sind daher nicht so fein wie die eines normalen Prozessors, die Umladezeiten der Kapazitäten entsprechend höher, und daher nur eine niedrige Taktrate erreichbar. Auch Masse und Leistungsverbrauch sind limitiert und begrenzen die Speichergröße. daher standen pro SPLC nur 6 MB zur Verfügung.

Von Anfang an mussten Performance und Ressourcen beobachtet werden. Das begann mit ersten Tests während der Verifikation und Validierung der Anforderungen auf der Un*x-Entwicklungsumgebung (Solaris™ [4] und Linux), und wurde dann fortgesetzt auf der Zielumgebung, während das System kontinuierlich weiterentwickelt wurde.

Die Extrapolation der ersten Ergebnisse von der Entwicklungsumgebung auf das Zielsystem zeigten, dass Performance und Nutzung der Speicherressourcen kritisch, aber nicht hoffnungslos weit vom vorgegebenen Bereich weg lagen. Mit der von ISG unterstützten (automatischen) Portierung konnten dann weitere Daten auf der Zielumgebung gesammelt werden. Schon bald war klar, dass der Speicher ausreichen würde im normalen Modus. Bei Aktivierung aller Instrumentierungsoptionen wurde der Speicher zwar voll ausgeschöpft, aber er reichte. Die CPU-Belastung aber blieb weiterhin im kritischen Bereich. Erst bei Integration der realen Datenbank konnte eine genaue Aussage über die CPU-Last abgeleitet werden, wobei mit einer Überschreitung der zulässigen Grenze gerechnet werden musste. Für diesen Fall war aber eine alternative Lösung vorgesehen, wie wir später sehen werden.

Die synchronisierte Datenbank enthält ca. 650 Einträge, Messwerte der Sensoren und abgeleitete Daten. Kalibrierung, Datensammlung und Erstellung von Telemetriedatensätzen werden von der Datenbanksoftware mit übernommen und der Code für alle diese Aufgaben wird automatisch aus einem einfachen Spreadsheet erzeugt (s. Kap. 7.6.3), das alle hierfür notwendigen Informationen enthält.

---

[4] Solaris™ ist ein Markenzeichen der Firma Sun.

Die ursprüngliche Organisation der Datenbank stellte sich als ineffizient heraus und die maximale Prozessorauslastung wurde daher überschritten. Durch eine einfache Reorganisation der Daten konnte dieses Problem innerhalb eines Nachmittags behoben werden, inklusive der Neuerzeugung und -inbetriebnahme des gesamten Datenbanksystems. Weitere Tests waren nicht notwendig.

Die Reorganisation bestand in der Neuordnung der Telemetriegruppen, die durch einen Namen im Anforderungs-Spreadsheet (s. Abb. 7-15) definiert wurden. Die Restruktierung erfolgte durch Änderung des Telemetriegruppennamens für die Daten. Dadurch konnte eine Optimierungsmöglichkeit der (automatisch generierten) Datenbanksoftware besser genutzt werden. Sie erkennt hintereinander liegende Daten in den Telemetriegruppentypen. Bei optimierter Anordnung konnten daher viele Daten mit einem einzigen Funktionsaufruf bewegt werden, so dass Rechnerleistung durch Reduktion der Zugriffe auf die Datenbank eingespart werden konnte.

Das mit ISG erzeugte System befindet sich seit ca. 4 Jahren in intensiven (Integrations-)Tests. Während dieser Zeit wurden nur 3 Fehler entdeckt, von denen nur 2 tatsächlich auf ISG zurückzuführen waren.

Da ISG mit ausführlicher Fehlerprüfung und -protokollierung versehen ist, konnte ein Fehler, der bei Konvertierung zwischen verschiedenen Datentypen entstand, innerhalb von 1 Stunde nach Meldung identifiziert und behoben werden. Man kann davon ausgehen, dass kein zukünftiges mit ISG erzeugtes System diese Fehler aufweisen wird.

Die Reduktion der Prozesstypen von 40 auf 30 war nur möglich, weil ISG durch die abstraktere Sichtweise auf das System die sichtbare Komplexität erheblich reduziert hat und so die Nutzung von Optimierungspotenzialen ermöglicht hat.

ISG unterstützt also eine zweistufige Reduktion der Komplexität:

1. Komplexitätsreduktion durch Einsatz der abstrakten Spezifikation von ISG, und
2. Erkennung und Ausnutzung von inhärentem Optimierungspotenzial durch den Entwickler.

Die Umstellung auf weniger Prozessinstanzen erfolgte durch wenige Änderungen am damals verwendeten Spreadsheet. Hierdurch konnten Systemressourcen eingespart werden, die für jede einzelne Prozessinstanz anfielen, wie etwa Stack- und Heapdatenspeicher.

Typische Implementierungsfehler wie etwa Zugriffsfehler oder Schreibfehler in Form von falsch geschriebenen Bezeichnern verschwanden. Zurück blieben nur Fehler aus operationeller Sicht, die ein Systemgenerator konzeptionell nicht erkennen kann. Solche fehlerhaften Entscheidungen liegen im Ermessensspielraum eines

Entwicklers. Ein Prozess kann hier nicht erkennen, ob ein Fehler vorliegt und auch nicht warnen, sonst müsste er bei jedem Teil der Anforderungen fragen: „Ist das auch wirklich Deine Meinung?"

Typisch sind Fehler durch „copy-paste“ und unvollständige Bearbeitung des neu eingefügten Teils der Spezifikation. Solche Fehler können nur bei der Validierung erkannt werden, wenn der Entwickler bemerkt, hier läuft etwas anders als ich dachte. Umso wichtiger ist, dass Produktionsprozesse für die Validierung gute Unterstützung bieten und die Eigenschaften eines Systems visualisieren.

Während langer Teilabschnitte des Projekts war einer der beiden SPLC in der Hardwareintegration, es konnte also nur mit einem Rechner getestet werden. ISG verwendet "logische Prozessoren" die erst vor der Generierung "physikalischen Prozessoren", also realen Rechnern zugeordnet werden können. Daher ist es möglich, ein 2-Rechner-System nur auf einem physikalischen Rechner auszuführen und zu testen, ohne Änderung des Quellcodes.

Nur durch wenige Änderungen in der Topologiespezifikation und eine automatische Neuerzeugung des Systems kann damit ein System an eine neue Plattform oder Topologie angepasst werden. Dazu müssen lediglich die Hostnamen der realen Zielrechner in der Topologiespezifikation den logischen Prozessoren zugeordnet werden..

So wurden Änderungen auf dem "2-auf-1"-Rechnersystem vorgenommen und getestet. Nachdem beide Zielrechner wieder zur Verfügung standen, waren keine weiteren Änderungen mehr notwendig, außer der Abbildung von logischen auf reale Prozessoren.. Das System lief sofort fehlerfrei auf der vollständigen Zielplattform.

7.6.3 Spezifikation und Erzeugung der MSL-Datenbank

Wie bereits in Kap. 7.6.2 beschrieben, enthält das MSL-System neben den eigentlichen Steuerungskomponenten eine verteilte Datenbank mit etwa 650 Datensätzen. In diesen Datensätzen werden die Werte und Zustände von Sensoren und Aktoren aufgezeichnet.

Außerdem wird die Datenbanksoftware auch für die Versendung von Telemetriedaten verwendet. Telemetriepakete werden mit einer Frequenz von 1Hz versandt. Wird also der Wert eines Sensors mit 100Hz ausgelesen, muss in der Datenbank Platz für 100 Werte dieses Sensors eingerichtet werden.

Aus der Hardwareentwicklung lag bereits eine Tabelle vor, in der Sensoren und Aktoren mit ihren Messbereichen, der Kalibrierungsmethode, Signaltyp (z.B. analog, Eingabebit, Ausgabebit, serielle Bitleitung), Auflösung, Genauigkeit sowie den Signalnamen und vielen weiteren Informationen eingetragen waren. Diese Tabelle wurde von den Hardwareentwicklern angelegt, um die Schnittstellen zur Peripherie zu erfassen. Auf dieser vorhandenen Beschreibung bauten wir auf und erweiterten die Tabelle, so dass sie alle Information enthielt, die zur automatischen Erzeugung der Datenbanksoftware benötigt wurde. Um daraus eine Beschreibung der Datenbank zu erstellen, mussten die Einträge nur um Spalten für die Datenhaltung – etwa den Datentyp – erweitert werden. Zusätzlich wurden Funktionsschablonen für die Kalibrierungsfunktionen erstellt.

Der Produktionsprozess für die Datenbank sorgt also dafür, dass die Entwickler mit ihrer gewohnten Notation weiterarbeiten konnten.

Abb. 7-15 Ausschnitt aus der Datenbankdefinition

Name of Signal	Data Type	Input Range	Physical Range	Acqui.Rate	HW Module	Calibration Type
CFDdrive_pot	REAL32	0 - 10V	0 - 200 mm	100	ASM F1	FctASM1_Std
CFDrot_pot1	REAL32	0 - 10V	0 - 360 °	100	ASM F1	FctASM1_Std
CFDrot_pot2	REAL32	0 - 10V	0 - 360 °	100	ASM F1	FctASM1_Std
CF_reg_v_pot	REAL32	0 - 10V	0 - 270 °	10	ASM F1	FctASM1_Std
GS_press_low	REAL32	0 - 10 V	0 - 2 bar abs.	10	ASM F1	FctASM1_Std
CFVpenn_chamb	REAL32	0 - 10 V	1.e-7 - 1000 mbar	1	ASM F1	FctASM1_Pressure
VGSpenning_ms	REAL32	0 - 10 V	1.e-7 - 1000 mbar	1	ASM F1	FctASM1_Pressure

Aus diesen Informationen ließ sich eine vollständige Datenbank erstellen, die selbst für die Kalibrierung der Sensoren und die Zusammenstellung der Telemetriepakete sorgt. Dieser Produktionsprozess ist ebenfalls vom "Typ 1" der Abb. 6-2 in Kap. 6.

Bei einem Teil der Signale ist die Datenbank sogar in der Lage, die Daten selbst vom jeweiligen Sensor abzuholen, während für die restlichen Signale die Werte von anderen Modulen in die Datenbank eingetragen werden. Hierfür war die Erzeugung von Firmware notwendig, die die Daten von der Sensorschnittstelle abholt und an einer allgemeinen Schnittstelle ("memory-mapped") zur Verfügung stellt, von wo sie gelesen werden können.

Da die Datenbank verteilt über die beiden Prozessoreinheiten gespeichert wird, musste auch für die Synchronisierung der Daten zwischen den beiden Einheiten gesorgt werden, so dass jeder Rechner immer die Daten zur Verfügung hat, die er benötigt. Welche Daten wo entstanden und wo verfügbar sein sollten, wurde auch im Spreadsheet durch Spalteneinträge vermerkt.

Alle Aufgaben – Erzeugung der Datenbankstruktur, Synchronisation, Telemetrieerzeugung, Firmwareerzeugung und Kalibrierung – übernahm der Datenbankgenerator. Abb. 7-16 gibt einen Überblick über die Aufgaben der Datenbanksoftware.

Während der Tests stellte sich heraus, dass die Erzeugung der Telemetriepakete deutlich zu viel Prozessorleistung benötigte (s.a. die Anmerkungen hierzu in Kap. 7.6.2). Jedem Feld der Datenbank ist eine Telemetriegruppe zugeordnet, so dass mehrere Felder zu einer Telemetriegruppe gehören. Die Felder einer Gruppe waren aber jeweils über die gesamte Datenbankstruktur verteilt, so dass jedes Feld einzeln in das Telemetriepaket kopiert werden musste.

Abb. 7-16 Datenerfassung und -verarbeitung

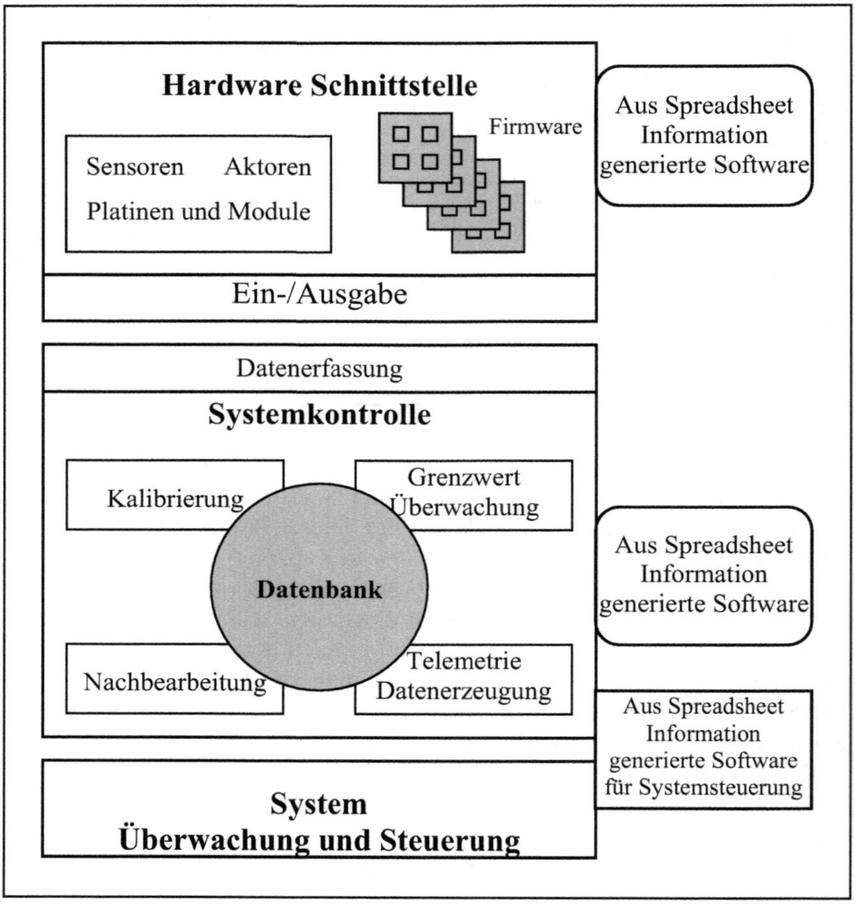

Die Entwickler haben dann die Telemetriegruppen so umgeordnet, dass die Felder einer Gruppe immer in der Datenbankstruktur beieinander standen. So konnte mit einem einzelnen Kopierbefehl eine ganze Telemetriegruppe von der Datenbankstruktur in das Telemetriepaket kopiert werden.

Diese Änderungen wurden an einem einzelnen Nachmittag durchgeführt, inklusive der Neuerzeugung der Datenbank. Danach befand sich die Prozessornutzung durch die zyklische Erzeugung der

Telemetriepakete im vorgegebenen Lastbereich der CPU. Weitere Tests waren nicht notwendig, da durch den Datenbankgenerator garantiert werden konnte, dass auch die neue Datenbank korrekt funktioniert.

7.7 Ein synchrones verteiltes System

Eine weitere Echtzeitanwendung wurde während des ESPRIT-Projektes CRISYS (s. CRISYS) erzeugt. Abb. 7-17 zeigt die Komponenten des untersuchten Systems.

Abb. 7-17 Verteiltes, synchrones Kontrollsystem

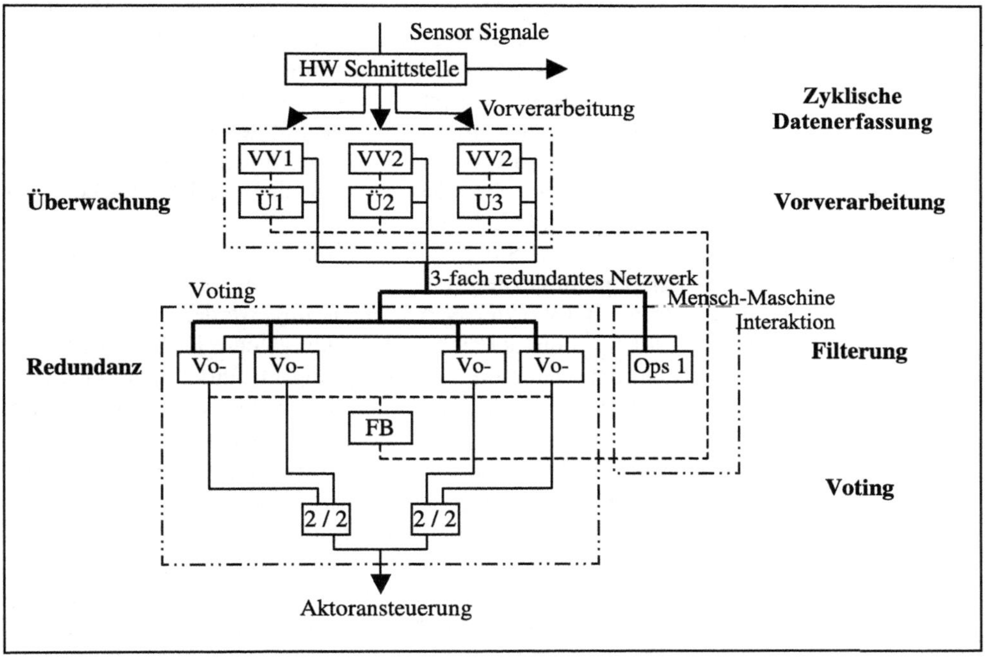

Das Ziel von CRISYS war, den Einfluss einer räumlichen Verteilung auf die synchrone Verarbeitung von Daten zu untersuchen. Dieses Problem wurde theoretisch untersucht. Geeignete Werkzeuge wurden entwickelt bzw. weiterentwickelt. Um die erzielten Fortschritte nachzuweisen, wurden Pilotanwendungen durchgeführt: eine Briefverteilanlage aus dem Bereich Automatisierungstechnik, die Not-Kabinen-Beleuchtung eines Flugzeuges, die Steuerung eines Notstromaggregates eines Kernkraftwerkes.

Das in Abb. 7-17 dargestellte System besteht aus mehreren Verarbeitungsstufen mit bis zu 3-facher Redundanz, die alle die Daten synchron verarbeiten. Am Beginn der Verarbeitungskette steht die Datenerfassung. Danach werden in den Stufen "Vorverarbeitung" und "Überwachung" äquivalente Entscheidungen auf 3 identischen Rechnern abgeleitet. Diese Ergebnisse werden in 4 Votern über eine Verknüpfungsmatrix eingespeist. Die Voter leiten wieder Ergebnisse ab, die in der letzten Stufe noch einmal verglichen werden, bis dann aus allen Vergleichen eine "go/no go"-Entscheidung für einen Aktor entsteht.

Jede der dargestellten Komponenten entspricht einem Rechner, insgesamt gibt es also 16 Rechner.

Bei einem nicht verteilten synchronen System werden alle Takte der Prozesse aus einem "Master-Takt" abgeleitet, eine zeitliche Verschiebung ist daher ausgeschlossen. Ein Prozess liest die Daten, die während des vorigen Taktes eingetroffen sind, verarbeitet sie und schickt die Ergebnisse an die nächste Stufe.

Bei einem verteilten System muss der Master-Takt über das Netzwerk übertragen werden, daher ist mit zeitlichen Verschiebungen ("Timejitter") zu rechnen, die je nach Architektur hoch oder gering sein können. Ziel der Systemauslegung ist natürlich, den Jitter so klein als möglich zu halten.

Wenn Daten von Stufe zu Stufe weitergegeben werden, so kann durch den Timejitter die Zuordnung zu einem bestimmten Takt verloren gehen. Bei exakter Synchronisierung werden in allen Stufen und auf allen redundanten Rechnern äquivalente Daten miteinander verglichen, d.h. Daten die ihren Ursprung im selben Erfassungszyklus von der Hardware haben. Durch Timejitter ist es möglich, dass Daten verglichen werden, die zu unterschiedlichen Erfassungszyklen gehören. In der Regel führt dies zu Diskrepanzen beim Vergleichen und zu "false alarms", also Fehlalarmen. Unter diesen Umständen muss am Ausgang mit fehlerhaften Entscheidungen gerechnet werden.

Ziel der o. g. Pilotanwendung von CRISYS war es nun, den Einfluss von Timejitter zu untersuchen, also festzustellen, wie viele falsche Entscheidungen tatsächlich entstehen in Abhängigkeit von der Größe des Timejitters.

Die Anfälligkeit des Systems gegen Timejitter hängt von den verwendeten Algorithmen ab. Die Universität von Grenoble als Projektpartner hatte dazu ein Werkzeug entwickelt, das feststellen konnte, ob die Möglichkeit besteht, bei Verteilung von Daten über das Netzwerk falsche Ergebnisse zu erhalten. Das Werkzeug kann aber nur eindeutig feststellen, dass mit Fehlern nicht zu rechnen ist. Kann das Werkzeug aber Fehler nicht definitiv ausschließen, impliziert das jedoch nicht, dass Fehler auch auftreten müssen.

In unserem Fall war die Aussage, „es könnten Fehler auftreten". Nach einer Überprüfung meinten die Entwickler aber, dass solche Fehler nicht auftreten können, was kein Widerspruch zu der Aussage des Werkzeuges ist.

Der mit dem Werkzeug Scade (s. Scade) erzeugte C-Code wurde in die von ISG automatisch generierte Echtzeitinfrastruktur integriert. Der eingesetzte Produktionsprozess ist daher vom "Typ 1" der Abb. 6-2 in Kap. 6.

Für jeden der 16 synchronen Prozesse (1 Prozess pro Prozessor) wurde ein Zeittakt mit definiertem Timejitter erzeugt Zur Verifikation der zeitlichen Zuordnung erhielten die Daten einen Zeitstempel, so dass in jeder Verarbeitungsstufe festgestellt werden konnte, ob die Korrelation korrekt war oder nicht.

ISG erlaubt die Angabe des Bereiches für den gewünschten Jitter, wenn eine periodische Aktivität definiert wird. Der Timejitter wurde stufenweise – auf Anforderungsebene – von 0.5% auf 20% erhöht, bezogen auf die wahre Periode, und die Anzahl der zeitlichen Diskrepanzen gemessen zusammen mit den Übereinstimmungen am Ausgang der Voter. Schon bei 0.5% traten ca. 20% Diskrepanzen an den Voterausgängen auf, die allmählich bis auf ca. 35% bei 20% Timejitter anstiegen.

Eine weitere Untersuchung über das Verhalten bei Datenverlust während der Übertragung führte ebenfalls zu einer ähnlichen Größenordnung von Diskrepanzen.

Da das Ziel allein eine Analyse auf Robustheit bei Timejitter und Datenverlust war, und es ohne volle Implementierung der gesamten Funktionalität frühzeitig erreicht werden konnte, waren keine weiteren Iterationen und Verfeinerungsschritte geplant.

Wir benutzen dieses Beispiel, um die Flexibilität von ISG hinsichtlich Topologie zu demonstrieren. Nur durch Ändern der Hostnamen als Konfigurationsparameter kann das aus 16 Prozessoren bestehende System auf jedem Netzwerk ausgeführt, das eine Anzahl von Rechnern zwischen 1 und 16 besitzt, ohne dass weitere Parameter geändert werden müssen. Der ISG-Prozess generiert dann automatisch für die gewünschte Topologie die notwendige Software.

7.8 Client-Server Anwendungen, Datenbanken und GUIs

Die Entwicklung von Datenbanken und den zugehörigen grafischen Oberflächen eignet sich gut als Beispiel für die Ableitung von Informationen und Code aus einer allgemeinen Modellspezifikation, da die bisherigen Methoden schon sehr weit in der Formalisierung solcher Modelle fortgeschritten sind, aber das Automatisierungspotenzial dieser Formalisierung noch nicht ausreichend genutzt wird.

Bei der üblichen Vorgehensweise wird zunächst ein Anwendungsprofil erstellt. Dabei stehen die möglichen Anwendungsfälle ("Use Cases") im Vordergrund, indem die Frage „Wer tut was?“ beantwortet wird. "Wer", das sind die späteren Nutzer des Systems, und "Was", das sind die möglichen Aktionen.

Ein sehr beliebtes Beispiel ist die Verwaltung von Bankkonten. Hier sind die Nutzer z.B. Kunden, Bankpersonal und Administratoren. Mögliche Aktionen sind die Eröffnung eines Kontos, Einzahlung und Abhebung, Ausdruck von Kontoauszügen, etc.

Hieraus ergibt sich dann ein Modell, was in der Datenbank gespeichert werden muss und wer auf welche dieser Daten welche Art von Zugriff hat. Diese Information wird in einem Entity-Relationship-Modell, auch ER-Modell genannt, dargestellt.

Ein ER-Modell enthält die Beschreibung der Datensätze – der Entities – und der Relationen dazwischen, aber die Zugriffsinformationen fehlen oder werden in Kommentarfeldern untergebracht, wo sie für ein Softwareproduktionssystem nicht nutzbar sind, da diese Kommentare meist keiner computerlesbaren Form genügen.

UML-Klassendiagramme sind nichts weiteres als ER-Diagramme erweitert um die Definition von Operationen, mit denen die Entities manipuliert werden können, und objektorientierte Konzepte wie etwa Vererbung. UML bietet außerdem eine Sprache für die Formulierung von Einschränkungen für Operationen, Datenfelder und Relationen an, die "Object Constraint Language" (OCL).

Mit OCL können die Zugriffsbeschränkungen formal ausgedrückt werden, indem sie als Beschränkungen für die Operationen formuliert werden. Eine solche Operation darf dann nur ausgeführt werden, wenn sie mit der einschränkenden Bedingung übereinstimmt. Die Beschränkung für die Operation "Konto erstellen" könnte dann z.B. darin bestehen, dass der ausführende Nutzer ein Bankangestellter sein muss.

Leider unterstützt aber ein UML-Klassendiagramm nicht von vornherein die bekannten Standard-Operationen auf Datenbanktabellen, auf die sich diese Beschränkungen beziehen können. Sie müssen erst vom Entwickler für jede Tabelle einer Anwendung eingeführt werden. Umgekehrt kennt OCL Elemente der Datenbankanwendungen wie "Nutzer" nicht, sie müssen auch innerhalb von OCL durch den Entwickler hinzugefügt werden. Schließlich ist OCL eine allgemeine Constraint Language, die nicht speziell auf Systeme ausgelegt ist, für die Nutzerbeschränkungen ausgedrückt werden müssen. Um die obige Zugriffsbeschränkung also in OCL formulieren zu können, muss explizit eine Möglichkeit gefunden werden, den ausführenden Nutzer einer Operation im OCL-Ausdruck zu verwenden.

Bei Datenbankanwendungen sind jedoch selten mehr Operationen auf Entities notwendig als Einfügung, Löschung und Modifikation ganzer Datensätze und meist bestehen Nutzungsbeschränkungen aus dem Ausschluss oder der expliziten Zuteilung von Rechten an bestimmte Nutzergruppen.

Dies ist vergleichbar mit den Zugriffskontrollen eines üblichen Un*x-Filesystems. Jede Datei und jedes Verzeichnis bekommt einen Eigentümer und eine Gruppe zugewiesen, zusammen mit jeweils einem 3-Tupel, das für "Eigentümer", "Gruppe" und "Andere" die Zugriffsrechte "Lesen", "Schreiben" und "Ausführen" zuteilt.

Jeder Nutzer auf einem solchen System ist Mitglied einer oder mehrerer Gruppen. Möchte ein solcher Nutzer eine Datei lesen, so wird geprüft, ob er Eigentümer der Datei ist. Ist dies der Fall, so darf er die Datei dann lesen, wenn laut Verzeichniseintrag dem Eigentümer der Datei das Leserecht zugewiesen wurde.[5]

Ist er nicht der Eigentümer, so wird geprüft, ob er Mitglied der Gruppe ist, die der Datei zugewiesen wurde, und falls ja, gelten für ihn die Rechte, die den Gruppenmitgliedern zugeschrieben wurden. Trifft dies alles nicht zu, so werden zuletzt die Zugriffsrechte der "Anderen" geprüft.

Für einen Systemadministrator besteht die Hauptaufgabe der Zugriffsverwaltung jetzt darin, sinnvolle Gruppen zu organisieren, den einzelnen Gruppen und Nutzern die jeweiligen Rechte an den Dateien zu geben, die sie benötigen, und die Gruppenzugehörigkeit der Nutzer zu verwalten. So kann die Gruppenzugehörigkeit eines Nutzers z.B. ausdrücken, dass er Beteiligter an einem bestimmten Projekt ist. Er hat dann automatisch Zugriff auf alle relevanten Projektdaten.

Bei einem Datenbanksystem kann also eine vereinfachte Sprache für die Zugriffsbeschränkungen verwendet werden. So könnte etwa der Sachverhalt, dass nur Mitglieder der Gruppe "Bankangestellte", die nicht gleichzeitig Mitglied der Gruppe "Kunden" sind, eine bestimmte Operation ausführen dürfen, so ausgedrückt werden:

```
Bankangestellte & !Kunden
```

[5] Die Rechtezuweisungen der Datei darf übrigens nur ändern, wer Schreibzugriff auf das Verzeichnis hat, in dem sich die Datei befindet.

Beliebig komplizierte Verknüpfungen wären möglich. Müssen Nutzer entweder gleichzeitig Mitglied von "A" und "B" sein oder Mitglied der Gruppe "C", aber nicht von "D", so ließe sich das so beschreiben:

```
(A & B) | (C & !D)
```

Wir verwenden hierbei die logischen Operatoren "Und" ("&"), "Oder" (" | ") und "Nicht“ (" ! ") .

Natürlich mag es kompliziertere Zugriffsbeschränkungen geben. So kann es notwendig sein, einzelnen Kunden das Abheben von ihrem Konto zu verwehren, wenn der Dispositionskredit überschritten wurde. Möglicherweise hat ein Kunde eine Vollmacht für mehrere Konten, so dass hier im Einzelfall entschieden werden muss. Dies sind jedoch spezielle Fälle, die auch durch spezielle Vorkehrungen abgedeckt werden können.

These 33
Effizientes Vorgehen heißt: einfache Fälle sofort lösen, andere bei Bedarf

Es erscheint aber nicht sinnvoll, auch die allgemein üblichen Fälle auf komplizierte Weise umsetzen zu müssen. Vielmehr ist es zweckdienlicher, häufig vorkommende Aufgaben zu vereinfachen und für die selteneren speziellen Anforderungen entsprechende Vorkehrungen zu treffen, so dass sie – wenn notwendig – auch mit komplexeren Mitteln realisiert werden können. Dies ist ein Grundprinzip effizienter Softwareproduktionsprozesse.

Im weiteren Fortgang spaltet sich der Entwicklungsprozess in mehrere Teile auf. Auf Basis des Datenmodells werden nun Datenbanktabellen und grafische Benutzeroberfläche entworfen und manuell entwickelt.

Im Bereich der Datenbanklösungen sind SQL-Datenbanken weit verbreitet, unter anderem, weil die "Structured Query Language" weitgehend standardisiert ist, im Gegensatz zu den meisten anderen Ansätzen.

SQL basiert auf dem mathematischen Relationenmodell, also auf Tabellen. Beziehungen zwischen Datenobjekten lassen sich in diesem Modell nicht direkt darstellen. Aus dem Entity-Relationship-Modell lässt sich zu jeder Beziehung die so genannte Kardinalität ablesen. Je nach Kardinalität (1:1, 1:n, n:m) müssen spezielle Felder zu den Tabellen hinzugefügt oder gar Verbindungstabellen eingeführt werden, die Verweise auf die an der Beziehung beteiligten Datensätze enthalten.

Diese Verfahren lernen Studenten der Informatik bereits in den ersten Semestern. Sie bestehen aus einer Handvoll einfacher Regeln die mit wenig Aufwand auszuführen sind. Warum sollte man diesen einfachen Teil der Entwicklung automatisieren? Warum hat man ihn noch nicht?

Warum sollte man nicht? Es gibt nicht viele Dinge in der Softwareentwicklung, die so klar nach Regeln ablaufen und die so einfach automatisiert werden können wie die Erstellung von Tabellen aus einem Entity-Relationship-Diagramm. Es wäre paradox, Automation nur dort einsetzen zu wollen, wo die Konstruktionsregeln und Konfigurationsparameter erst noch identifiziert werden müssen, aber nicht dort, wo sie offensichtlich schon bekannt sind.

Aus dieser Sicht können wir die Frage „Warum noch nicht?" nicht beantworten. Wir haben nun die Mittel, es zu tun.

Außerdem ist die beschriebene Transformation von ER-Diagrammen in Tabellen des Relationmodells zwar für die Implementierung eines Systems insgesamt wichtig, trägt aber aus Sicht eines Systemingenieurs nichts zur Verbesserung des Systems bei, ER-Modell und Relationenmodell sind aus dieser Sicht nur zwei gleichberechtigte Alternativen. Die Transformation ist nur notwendig, um das System auf Basis eines bestimmten Datenbankparadigmas umsetzen zu können und schränkt damit ohnehin die Portabilität ein, da SQL-Systeme nicht unbedingt kompatibel sind.

Indem die Transformation automatisiert wird und somit aus dem Blickfeld des Systemingenieurs verschwindet, eröffnet sich gleichzeitig die Möglichkeit, sie durch eine andere Transformation für ein anderes Datenbankparadigma zu ersetzen, ohne dass der Produktionsprozess beeinträchtigt würde. Auch die teilweise vorhandenen Inkompatibilitäten zwischen den verschiedenen Implementierungen z.B. von SQL könnten durch Automatisierung transparent gestaltet werden. Ebenso können spezifische Erweiterungen der Datenbanksysteme für die Optimierung ausgenutzt werden.

Auch sollte das zentrale Dokument der Entwicklung immer das Modell sein. Wird während der Entwicklung die Notwendigkeit zur Änderung des Entity-Relationship-Modells erkannt – etwa weil der Kunde zusätzliche Anforderungen eingebracht hat oder sich Teile der anfänglichen Analyse als fehlerhaft oder nicht Ziel führend ergeben haben, so muss bei manueller Vorgehensweise nicht nur das Modell geändert, sondern auch die Transformation erneut durchgeführt werden.

In der Praxis ist im Zweifelsfall den meisten Entwicklern die vollständige Funktion des Systems im auslieferungsfähigen Zustand wichtiger als die Pflege scheinbar unwichtiger Dokumentation wie dem ursprünglichen Modell. Somit weichen Implementierung und Modell immer mehr voneinander ab, je weiter die Zeit fortschreitet. Das bedeutet nicht nur für den auf die Auslieferung folgenden Wartungsprozess ein Risiko, sondern schon für die bis zur Auslieferung noch notwendige Entwicklungsarbeit. Denn das Modell ist die Dokumentation, die das Verständnis des Systems erleichtern soll.

Schließlich bedeutet natürlich jede manuelle Änderung an einem System, das interne Abhängigkeiten besitzt, immer ein Risiko hinsichtlich Inkonsistenzen, die sich auf Funktion und Stabilität des Systems auswirken.

Bei näherer Analyse gelangt man weiterhin zu der Erkenntnis, dass die grafischen Oberflächen für die meisten Datenbanksysteme nach demselben Schema aufgebaut sind und hauptsächlich aus einfachen Formularen bestehen. Daher lassen sich diese Formulare und sogar die gesamte Oberfläche ebenfalls aus dem Modell erzeugen, denn die Formulare bilden nichts anderes als das Datenmodell für den Nutzer in etwas anderer Form ab und bieten die im Datenmodell beschriebenen Möglichkeiten der Manipulation an.

These 34
Häufig anfallende Tätigkeiten zuerst automatisieren, andere bei Bedarf

These 35
Allgemeine Lösungen zuerst, spezielle bei Bedarf

Zudem ist Kreativität auch bei der Entwicklung von grafischen Oberflächen – zumindest in diesem Fall – eher hinderlich, da ohnehin eine gleichförmige Oberfläche mit wenigen, oft wiederkehrenden Bedienungskonzepten nutzerfreundlicher ist, als eine Oberfläche, bei der jedes Datenbankformular anders aufgebaut ist.

Auch hier gilt das Konzept: Häufige Aufgaben durch Spezialisierung und Parametrisierung optimieren und spezielle Anforderungen durch die Möglichkeit der Einspeisung von externem Code umsetzen, sofern sie sich nicht durch Parametrisierung oder einer Erweiterung der Parameter abdecken lassen.

Somit besteht bei Verwendung eines Produktionsprozesses für Datenbanken die Möglichkeit einer einheitlichen Beschreibung. Zur Zeit werden die Tätigkeiten, die bei der Implementierung einer Datenbank anfallen, noch auf verschiedene Rollen und Personen verteilt (Abb. 7-18). Statt für Administration der Datenbank, Definition der Datenbank, Zugriff auf die Datenbank und Darstellung der Daten mit einer grafischen Benutzeroberfläche (GUI) verschiedene Sprachen (in SQL: DCL – Data Control Language, DDL – Data Definition Language, DML – Data Manipulation Language sowie eine weitere für die Implementierung der GUIs) zu verwenden und Informationsredundanz einzuführen, lassen sich alle Beziehungen in einer Notation redundanzfrei ausdrücken.

7.8.1 SQL-Datenbanken aus einem Guss

Ein Ansatz nach Typ 1 (Abb. 6-2) – also die Erzeugung eines vollständig neuen Systems aus einer Spezifikation – erfordert zunächst die Identifizierung einer reduzierten Normalform für die Darstellung der Datenstruktur. Wir haben im vorigen Abschnitt verschiedene Parameter identifiziert, die wir in die Kategorien "Struktur", "Autorisiation" und "Authentifizierung" einordnen können. Als Eingabeformat für den Generator wählen wir XML (s. XML).

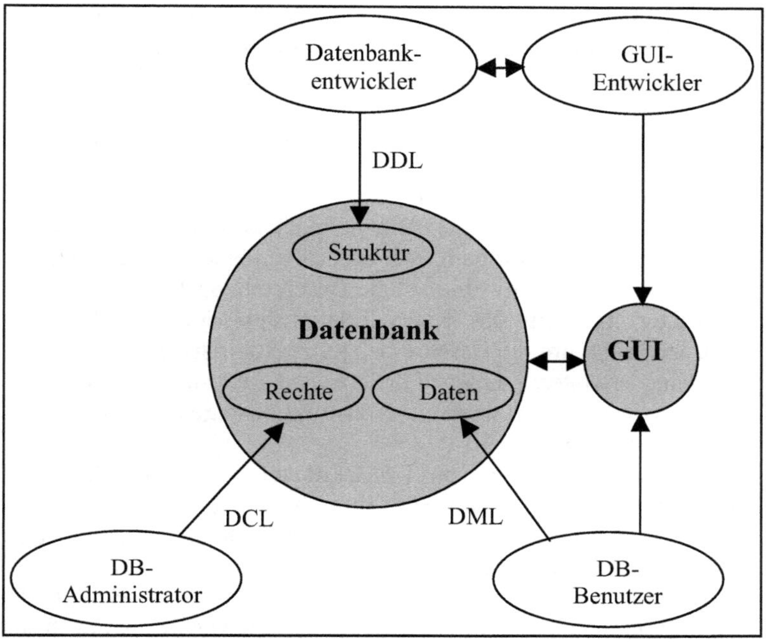

Abb. 7-18 Bisheriger heterogener Ansatz für die DB-Erstellung

Die Struktur wird wie üblich durch Datenelemente und ihre Relationen untereinander ausgedrückt. Unter "Autorisation" werden alle Informationen eingeordnet, die beschreiben, wer zu welchen Datensätzen welche Art von Zugang hat. Parameter der Kategorie "Authentifizierung" beschreiben die Nutzergruppenstruktur und vordefinierte Standardnutzer.

In diesem Beispiel soll die Datenbank einer Bank beschrieben werden. Sie enthält Konten und Kunden, wobei jedes Konto einem Kunden zugeordnet ist, ein Kunde aber Inhaber mehrerer Konten sein kann. Der Kontoinhaber ist autorisiert, den Kontostand auszulesen, Kontoauszüge abzuholen und Überweisungen von seinem Konto auf ein anderes Konto zu tätigen. Weiterhin hat die Bank Mitarbeiter, die autorisiert sind, Konten und Kundendatensätze anzulegen.

Unsere Parametrisierung des Systems soll zwar möglichst allgemein sein, aber wir wollen uns auch darauf konzentrieren, dass ein solches System möglichst einfach spezifiziert werden kann.

Kritische Bestandteile bei der manuellen Implementierung eines solchen Systems sind vor allem:

1. die Umsetzung der abstrakten Beschreibung in ein Datenbankmodell der jeweiligen Zieldatenbank (Transformation),
2. damit verbunden die Abhängigkeit von der Zieldatenbank,
3. korrekte Implementierung von Autorisation und Authentifizierung,
4. Transaktionen (z.B. Überweisung von einem Konto auf ein anderes), und
5. die Performance des Systems.

Die Transformation und die Abhängigkeit ist einfach durch einen automatischen Transformator und eine allgemeine Beschreibung auf Systemebene zu lösen. Eine solche Beschreibung liegt für die Datenstruktur in Form des Entity-Relationship-Modells schon vor, muss aber noch um die Beschreibung von Autorisation und Authentifizierung erweitert werden. Für letztere ergibt sich dann eine Semantik, von der man direkt zu Konstruktionsregeln für die Implementierung gelangt.

Die Implementierung von Transaktionen ist von der Zieldatenbank abhängig. Die meisten SQL-Datenbanken bieten optimistische oder pessimistische Verfahren für den gegenseitigen Ausschluss an.

Ein optimistisches Verfahren führt die Operationen auf einer Kopie der benötigten Daten aus. Diese Kopie wird zu Beginn der Transaktion angelegt. Am Ende der Transaktion wird überprüft, ob inzwischen ein anderer Prozess eine Transaktion abgeschlossen hat, die eben diese Daten ebenfalls verändert hat. Ist dies der Fall, wird die Transaktion erneut mit den neuen Daten begonnen. Ansonsten werden die Ergebnisse der Operation in die Datenbank geschrieben.

Ein pessimistisches Verfahren wird zunächst alle benötigten Datensätze mit Sperren belegen, sie entsprechend der vorgegebenen Operation manipulieren und dann die Sperren aufheben.

Für beide Verfahren sind bestimmte Regeln zu beachten, mit denen Deadlocks vermieden werden können. Aus diesen Regeln lassen sich Konstruktionsregeln für die Implementierung ableiten.

Aufgabe eines Generators wäre also, die Konfliktfreiheit durch solche Konstruktionsregeln unabhängig von der zugrunde liegenden Datenbank zu garantieren. Der AOE muss lediglich die Aktionen spezifizieren, die bei einer bestimmten Operation durchgeführt werden, und der Generator erzeugt vorbereitenden und abschließenden Code für die Transaktion, in die die Operationen eingebettet werden. Für die Form der Spezifikation gibt es verschiedene Möglichkeiten:

1. Die Operationen werden in einer Sprache spezifiziert, die direkt in die Datenbankspezifikation eingebunden werden kann.

   Der Generator könnte dann analysieren, welche Datensätze verwendet werden und entsprechenden Code zum Konfliktschutz für diese Datensätze erzeugen.

   Hierfür müsste diese Sprache allerdings speziell auf diese Form der Analyse ausgelegt sein.
2. Die Operationen werden in einer beliebigen Sprache als User-Defined-Function (UDF) definiert.

   In der Spezifikation ist anzugeben, welche Datensätze verwendet werden. Der Generator erzeugt dann Code, welcher die Transaktion für diese Datensätze vorbereitet und die Datensätze der UDF als Parameter zur Verfügung stellt.

   Von Nachteil wäre, dass man die Unabhängigkeit von der Zielsprache verliert, wobei dies in einigen Fällen auch mit Hilfe der Einführung von Schnittstellen zwischen Implementierungssprache und UDF-Sprache durch den Generator abgedeckt werden kann.

   Im Falle einer Implementierung in Java würde aber bei UDFs in C der Vorteil der Plattformunabhängigkeit von Java verloren.

Zusätzlich muss für jede Operation spezifiziert werden, welche Autorisation zu ihrer Ausführung notwendig ist. Ein Generator muss prüfen, ob diese Autorisationsvorgabe anderen Vorgaben für den Zugriff auf die an der Operation beteiligten Datensätze widerspricht. So könnte eine Operation, die von einem Kunden ausgeführt werden darf, Daten benötigen, die einem Kunden aus anderen Gründen nicht zur Verfügung stehen. Ein Ausweg wäre hier, einem Kunden bei Ausführung dieser speziellen Operation den Zugriff doch zu erlauben. Auf diese Weise kann eine komplexe Autorisationsmatrix entstehen, die auf Widerspruchsfreiheit zu prüfen ist.

Die Performance kann nicht von vornherein festgelegt bzw. vorhergesagt werden, ist aber eine wichtige Eigenschaft des endgültigen Systems. Anfang 2005 sind Berichte von einer großen Internet-Auktionsplattform bekannt geworden, die aufgrund der Überlastung des Systems teilweise unvollständige Suchergebnisse geliefert hat, so dass die Angebote der Verkäufer zeitweise nicht für alle Käufer sichtbar waren. Um die Performance zu bestimmen, muss ein Stresstest vorgesehen werden, der Werte über die maximale Auslastbarkeit, Bearbeitungszeiten bei hoher Last u. ä. als Ergebnis liefert.

Bleibt noch zu klären, wie Tests umzusetzen sind. Anhand der Datenstrukturdefinition kann ein Testgenerator eine Datenbank mit Beispieldaten füllen. Die erlaubten Operationen sind bekannt und können entsprechend zufällig ausgeführt werden. Für einen Bericht müssten die bei den Operationen verwendeten Daten vor und nach

Ausführung der Operation aufgezeichnet werden, zusammen mit den der Operation zugeführten Parametern (z.B. dem Überweisungsbetrag). Ein allgemeiner Bericht könnte die Anzahl der Ausnahmefehler bei Ausführung der Operationen, die Anzahl der ausgeführten Operationen aufgeschlüsselt nach Datensätzen, Performanceinformationen usw. enthalten. Ebenso könnte für die Bestimmung der Testabdeckung interessant sein, welche Operationen wie oft ausgeführt wurden.

7.8.1.1 Ein mögliches Datenformat

Den Inhalt eines Entity-Relationship-Diagramms in XML darzustellen ist keine besonders schwere Aufgabe. Grundelemente sind `<object>` und `<relation>`. Mit ihnen werden die Objekte und ihre Relationen beschrieben. Sie sind eine einfache Abbildung der Metastrukturen von ER-Diagrammen.

Objekte enthalten Felder, die mit Namen und Typ spezifiziert werden. Ein einziges Feld darf dabei das Attribut primary="yes" tragen und wird damit Primärschlüssel, der zur eindeutigen Identifikation des Datensatzes verwendet werden kann. Hat ein Objekt keinen Primärschlüssel und wird für die Implementierung ein solcher benötigt, so muss der Produktionsprozess selbst einen einführen – etwa in Form einer eindeutigen Datensatznummer, die dann auch bei den Operationen zur Manipulation von Datensätzen erzeugt werden muss.

```
<?xml version="1.0" standalone="yes"?>
<database name="Bank">
   <object name="Konto">
        <field name="Nummer" type="Integer"
             primary="yes" />
        <field name="Saldo" type="Currency" />
   </object>
   <object name="Kunde"
        authobject="yes">
        <field name="Name" type="String" />
   </object>
   <!-- ... -->
   <relation>
        <role object="Konto"
             arity="n" />
        <role name="Inhaber" object="Kunde"
             arity="1" />
   </relation>
</database>
```

Bei Relationen werden die an der Verbindung beteiligten Objekte definiert. Eine Relation wird – z.B. in Operationen – durch die Teilnehmer identifiziert. Gibt es mehrere Relationen zwischen zwei Teilnehmern, so können Rollen für die Teilnehmer definiert werden. Die obige Relation wäre also mit "Modell-Hersteller" zu bezeichnen.

Relationen können auch als Aggregation vorkommen, was einer "ist-Bestandteil-von"-Relation entspricht. So sind Reifen Bestandteile eines Autos. Wird der Datensatz für das Auto gelöscht, so macht es keinen Sinn, die Reifen-Datensätze weiterhin in der Datenbank zu halten. Hierfür kann ein bestimmtes Attribut im `<relation>`-Element vorgesehen werden und der Generator erzeugt für die Löschoperation zusätzlichen Code, um die Bestandteile der Relation in der richtigen Reihenfolge aus der Datenbank zu entfernen.

Um eine Operation zu beschreiben, könnte folgendes Format gewählt werden:

```
<transaction name="Überweisen">
  <param name="Quellkonto" type="Konto" />
  <param name="Zielkonto" type="Konto" />
  <param name="Betrag" type="Currency" />
  <authorisation>
    <!-- ... -->
  </authorisation>
</transaction>
```

Objekte können Autorisationsobjekte sein, also Datenbanknutzer repräsentieren. In unserem Beispiel wäre ein Kunde ein Autorisationsobjekt, der sich gegenüber der Datenbank ausweisen kann. Bei der Anmeldung wird diesem Nutzer das entsprechende Autorisationsobjekt zugeordnet, so dass davon ausgehend Autorisationsvorschriften geprüft werden können.

Will ein Kunde etwa von einem Konto Geld auf ein anderes Konto überweisen, so lautet die Vorschrift, dass der aktuelle Nutzer – der Kunde – Inhaber des Quellkontos sein muss. Dies kann durch die Bedingung modelliert werden, dass der Nutzer in einer "Inhaber-Konto"-Relation zum Quellkonto steht.

Zur Definition des Autorisationsmodells existieren für Objekte Standardoperationen wie "Erstellen", "Löschen", "Lesen" und "Modifizieren" und für Relationen Operationen wie "Erstellen", "Verfolgen" und "Löschen".

Die "Verfolgen"-Operation einer Relation ist sinnvoll, wenn z.B. ein Sachbearbeiter im Finanzamt zwar die Daten der Steueranmeldung einsehen darf, aus Gründen der Objektivität aber nicht der Relation "Anmeldung-Anmelder" zu den Daten des Anmelders folgen dürfte. Die Einschränkung der "Verfolgen"-Operation dient also dem Datenschutz, um zu verhindern, dass anhand einer Datenbank von beliebigen Personen beliebige Verknüpfungen hergestellt werden können. Die Beschränkung kann jeweils für beide oder nur für eine Richtung definiert werden, so dass für die Verfolgung vom Anmelder zu seinen Anmeldungen andere Vorgaben existieren können als von der Anmeldung zum Anmelder.

Da Autorisationsobjekte ebenfalls Objekte sind, kann auch die Nutzerverwaltung mit für den AOE verständlichen und üblichen Mitteln beschrieben werden.

Hiermit ist das System vollständig beschrieben. Ein Generator kann die Datenbankstruktur für eine Zieldatenbank, Funktionen zur Implementierung der Operationen – in unserem Fall unter Verwendung von UDFs, die grafische Oberfläche und Testfälle erzeugen – und das für prinzipiell beliebige Zieldatenbanken und Implementierungsprachen (Abb. 7-19).

Abb. 7-19 Interaktionen zum Aufbau einer SQL-Datenbank

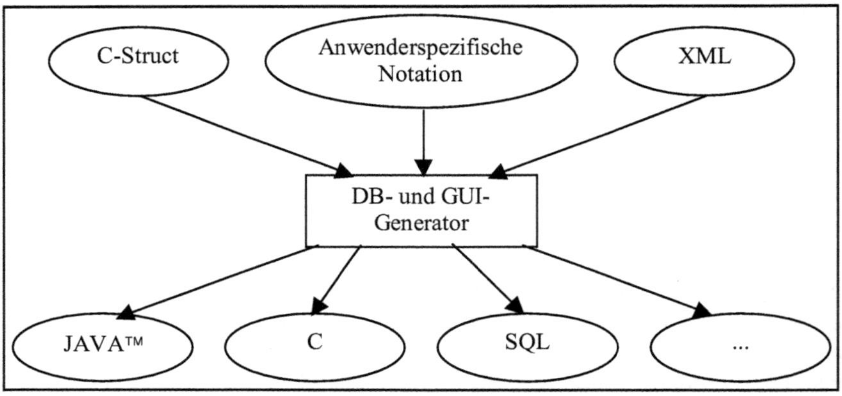

Mit unserem Generator wurde in der Prototypphase unseres Datenbankprojektes auch das in Abb. 7-20 dargestellte GUI erzeugt.

Abb. 7-20 Automatisch erzeugte Datenbank-GUI

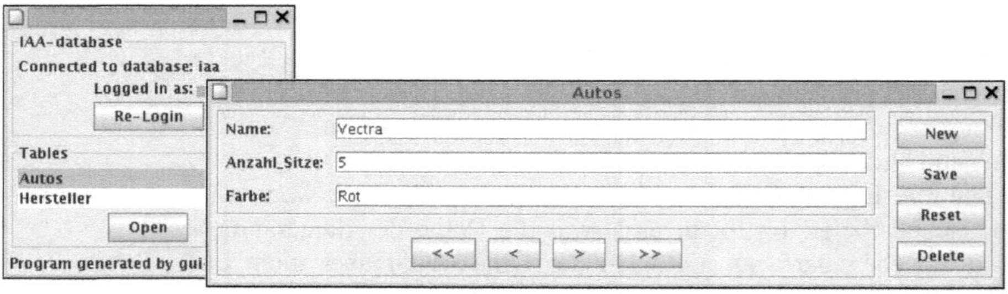

7.8.2
Grafische Oberflächen aus C-Typdefinitionen

Bei vielen Anwendungen im Bereich der Luft- und Raumfahrt sind große Mengen von Prozessparametern wie z.B. Regelparameter und Messwerte zu verwalten, die durch die Operatoren im Kontrollzentrum leicht erkennbar und ggf. auch veränderbar sein müssen. Eine entsprechende einfach zu bedienende und übersichtliche Nutzerschnittstelle ist meist am besten durch eine grafische Benutzeroberfläche zu realisieren.

Auch bei allgemeinen "embedded systems" müssen Prozessdaten angezeigt werden. Eventuell soll auch ein System ohne komfortable Datenpräsentation nachgerüstet werden.

In der Software für die Datenerfassung und -verarbeitung selbst liegen die Prozessdaten in Form von komplexen Datenstrukturen im Speicher vor, deren Inhalt durch Typdefinitionen in der entsprechenden Programmiersprache bereits vorgegeben ist.

Durch Anwendung des Prinzips der Extraktion von bereits vorhandenen Daten ("Information") können diese Strukturinformationen aus dem Programmcode gewonnen und durch einen entsprechenden Generator in eine Implementierung einer grafischen Benutzeroberfläche durch einen automatischen Produktionsprozess umgesetzt werden. Solche Produktionsprozesse sind daher vom "Typ 3" der Abb. 6-2 in Kap. 6.

Betrachten wir folgende C-Strukturdefinition:

```
typedef struct ASaPJavaGUI
{
  TyFirstLevelPage1   firstLevelPage1;
  TyFirstLevelPage2   firstLevelPage2;
  TyFirstLevelPage3   firstLevelPage3;
  TyFirstLevelPage4   firstLevelPage4;
  int                 topLevelInt1;
  int                 topLevelInt2;
  float               topLevelFloat1;
  float               topLevelFloat2;
  TyEnum1             topLevelEnum1;
  TyEnum2             topLevelEnum2;
  double              topLevelDouble1;
  char               *topLevelText1 _STRING;
  char               *topLevelText2 _STRING;
} ASaPJavaGUI;
```

Nun werden diese Strukturdefinitionen aus dem obigen C-Quellcode extrahiert und in eine Java-Benutzeroberfläche zusammen mit den notwendigen Konvertierungsfunktionen für die Datenübergabe zwischen C und Java erzeugt. Der Parser für den in Kap. 7.5.1 vorgestellten Generator konnte hierfür wieder verwendet werden.

Die referenzierten Typen `TyFirstLevelPage1` bis `TyFirstLevelPage4` sind weitere C-Strukturen und die Typen `TyEnum1` und `TyEnum2` sind Aufzählungstypen (`enum`), die hier aus Platzgründe nicht mit abgebildet werden.

Da das Typsystem von C sich leider auf die Repräsentation konzentriert, indem z.B. Zeichenketten als Felder von oder Zeiger auf Zeichen (`char`) spezifiziert werden, muss eine Felddefinition nicht notwendigerweise eindeutig sein. So können die Strukturfelder `topLevelText1` und `topLevelText2` Zeiger auf ein einzelnes Zeichen oder aber NUL[6]-Zeichenketten bezeichnen. Es wäre sogar möglich, dass sie Felder symbolisieren, deren Länge sich durch eine bestimmte Regel aus anderen Feldern der Struktur ergibt.

Aus diesem Grund müssen der Struktur eventuell Zusatzinformationen hinzugefügt werden, was im Beispiel mit dem zusätzlich eingeführten Schlüsselwort _STRING_ eingeführt wird. Da der C-Compiler dieses Schlüsselwort selbst nicht kennt und es mit einer Fehlermeldung quittieren würde, wird ein leeres `#define`-Makro dieses Namens eingeführt. Der C-Präprozessor entfernt somit dieses Schlüsselwort beim Compilieren. Der Parser des GUI-Generators jedoch erkennt das Schlüsselwort und verwendet es für die Erzeugung des entsprechenden GUI-Feldes. .

Damit diese Zusatzinformation auch nachträglich noch konsistent eingefügt werden kann, sollte der Generator hierfür Hilfestellungen bieten, indem er dem Nutzer die Felder angibt, die nicht eindeutig durch solche Zusatzinformationen spezifiziert sind, ähnlich den Warnungen eines Compilers.

Für die Differenzierung von Zeichenketten und Zeichenfeldern wäre es auch möglich gewesen, einen Typ `String` einzuführen, den der Generator dann erkennt:

```
typedef char* String;
```

Andere Differenzierungsprobleme wie die oben genannte Feldlängenproblematik lassen sich so allerdings nicht lösen.

Die aus dieser Struktur generierte Oberfläche ist in Abb. 7-21 zu sehen.

[6] Zeichen mit dem ASCII-Code 0

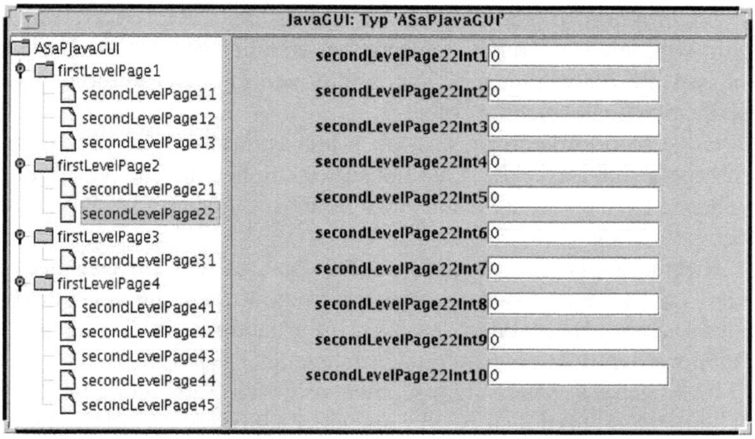

Abb. 7-21 Grafische Oberfläche aus C-Struktur

7.9 Schnittstellenanpassung

Im Rahmen der Entwicklung einer automatischen Testumgebung für grafische Benutzeroberflächen wurde eine Scriptsprache für die Formulierung der Tests benötigt, die von einem Compiler in eine Zwischensprache übersetzt und dann von einem Interpreter ausgeführt wird. Dabei sollte es möglich sein, bereits vorhandene C-Funktionen – sowohl Funktionen der Standard-C-Bibliotheken als auch eigene Funktionen – aus den Scripts heraus zu nutzen.

Diese Aufgabe war in dem gegebenen Umfeld nur durch Schnittstellenfunktionen zu bewältigen. Der Interpreter führt einen internen Stack in Form eines C-Arrays, auf dem Zwischenergebnisse und Parameter abgelegt werden. Bei einem Funktionsaufruf erzeugt der Interpreter auf diesem Stack einen Aufrufrahmen, in dem Verwaltungsinformationen wie etwa die Rücksprungadresse sowie die Parameter eingetragen werden.

Ein solcher Produktionsprozess ist ebenfalls vom "Typ 3" der Abb. 6-2 in Kap. 6

Dann wird aus dem Namen der aufgerufenen Funktion der Name der Schnittstellenfunktion abgeleitet und dieser ein Zeiger auf den Anfang des Aufrufrahmens übergeben. Die Schnittstellenfunktion extrahiert nun aus dem Aufrufrahmen – dessen Format nicht dem Aufrufrahmen entspricht, der normalerweise von C-Funktionen beim direkten Aufruf erwartet wird – die Argumente für die eigentliche C-Funktion und ruft diese auf. Nach der Rückkehr der C-Funktion werden Rückgabewerte konvertiert und im Aufrufrahmen des Script-Interpreters abgelegt. Daraufhin kehrt die Kontrolle zum Interpreter zurück.

Somit muss für jede C-Funktion, die aus den Scripts verwendbar sein soll, eine Schnittstellenfunktion erstellt werden. Außerdem müssen die notwendigen C-Typdefinitionen in Typdefinitionen der Scriptsprache übersetzt werden.

Es ist sofort erkennbar, dass auch hier einige wenige Konstruktionsregeln auf Basis der Funktionsdeklarationen in zur Verfügung stehenden C-Header-Files ausreichen, um die Lösung des Problems zu beschreiben.

Hierfür wurde der vorhandene C-Typparser, der im Beispiel in Kap. 7.5.1 bereits verwendet wurde, um die Erkennung von Funktionsdeklarationen erweitert. Aus den Informationen wurden dann die Schnittstellenfunktionen automatisch erzeugt.

Im Einsatz ist das System momentan für die Erzeugung von 600 Schnittstellenfunktionen, wofür auf einer Ultrasparc I /143MHz 15 Minuten (ca. 1 Minute auf einem PC 1.6GHz) benötigt werden. Selbst dieser scheinbar lange Zeitraum bedeutet eine erhebliche Zeitersparnis gegenüber der manuellen Erstellung, für die wohl mehrere Mann-Monate einzuplanen wären.

Ein weiterer Vorteil ist auch hier wieder die Flexibilität bei Änderungen. Lediglich der Generator muss modifiziert werden und nach 15 Minuten stehen die neuen Schnittstellenfunktionen zum Test zur Verfügung.

7.10 Automatische Testumgebungen

Einer der aufwändigsten Teile eines Softwareprojekts ist ohne Zweifel die Testphase. Die Entwicklung sinnvoller Testfälle, ihre Ausführung und Auswertung erfordern den Einsatz großer Ressourcen. Die Anzahl der Testfälle, die für eine belastbare Aussage über die Qualität des zu testenden Systems notwendig ist, steigt im Allgemeinen exponentiell mit der Anzahl der möglichen Eingabeparameter. Jede weitere Komponente und jeder neue Parameter fügt dieser Anzahl einen weiteren Faktor hinzu. Entsprechend ist die Testphase ein beliebter Ansatzpunkt zur Automation.

Solche Produktionsprozesse sind vom "Typ 4" der Abb. 6-2 in Kap. 6

7.10.1 Funktionstests

DARTT ist ein Werkzeug zur automatischen Erzeugung und Einspeisung von Testfällen, das allein auf Basis von Signaturinformationen aus Ada-Quellcode arbeitet. Dabei werden die Eingabeparametertypen von Funktionen ermittelt und Testfälle aus deren Wertebereich erzeugt. Diese werden in die Funktion eingespeist. Rückgabewerte – Ada kennt auch Output-Parameter – und auftretende Ausnahmefehler werden aufgezeichnet. Die Ergebnisse können grafisch dargestellt werden.

Die zufällige Erzeugung von Werten aus dem Wertebereich der Eingabeparameter impliziert auch, dass unvorhergesehene Eingaben erzeugt werden, die Fehler hervorrufen sollen. So kann die Funktion unter nominalen und nicht-nominalen Bedingungen getestet werden, was grundlegende Anforderung an jede Art von Test sein muss.

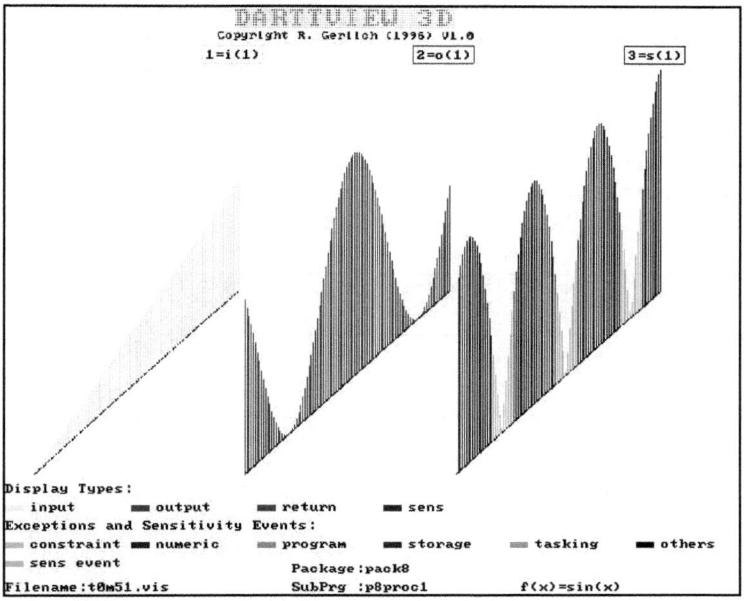

Abb. 7-22
Grafische Darstellung der Testergebnisse für sin(x)

Das Werkzeug ist nicht auf die manuelle Überprüfung der Rückgabewerte auf Korrektheit ausgelegt, sondern mehr auf Robustheitstests, obwohl die Prüfung der aufgezeichneten Ein- und Ausgabewerte auch möglich ist. Es wird eine große Menge von Testfällen erzeugt (z.B. 8 MTests/h für die sinus-Funktion inkl. Aufzeichnen von Daten). Anhand der grafischen Darstellung der Ergebnisse (Abb. 7-22) können interessante Bereiche in der Eingabemenge identifiziert und auf dieser Basis manuell ausgewählte Testfälle entworfen werden.

Dieses Werkzeug wird zur Zeit auf den Test von C-Funktionen erweitert.

7.10.2 Test des Verhaltens

Ein auf Verhaltenstests ausgelegtes Verfahren wird in der Testphase von ISG angewendet: Auf Basis der Spezifikation des Systems werden Testeingaben zufällig erzeugt und Informationen über die Testabdeckung gesammelt. Mit diesen Tests wird das Verhalten der Finite State Machines eines Prozesses getestet, der Prozess durch die Testfälle stimuliert.

Genau wie bei DARTT können auch hier fehlerhafte Eingaben über die so genannte Fault-Injection (Fehlereinspeisung) erzeugt werden. Anhand der Spezifikation ist das Testsystem in der Lage, Eingaben als nominal oder nicht-nominal zu klassifizieren, da die Spezifikation die nominalen Eingaben definiert. Jede andere Eingabe ist dann zwangsweise nicht-nominal.

Die Dauer des Tests kann entweder über ein Zeitlimit oder ein Abdeckungslimit bestimmt werden. In den meisten Fällen ist ein Abdeckungslimit sinnvoll, da über die Abdeckung direkt die Qualität der Testfälle bestimmt werden kann.

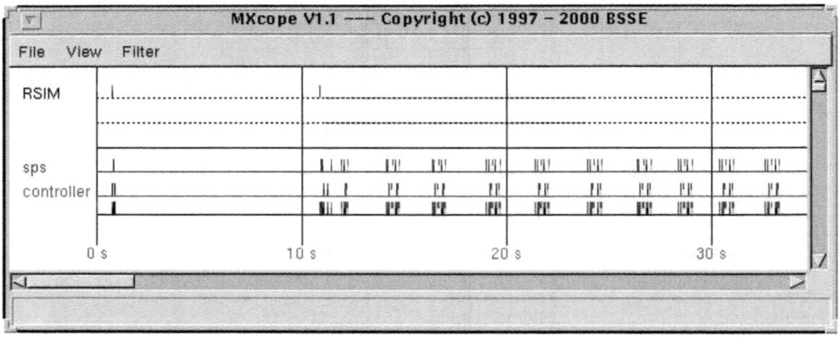

Abb. 7-23 Zeitliche Darstellung der Ereignisse

Am Ende des Tests wird ein Bericht erstellt, der Informationen über den Testablauf enthält – etwa die Abdeckung der Spezifikationszeilen, die Anzahl der eingespeisten Eingaben oder Anzahl der aufgetretenen Fehler. Dieser Bericht stellt die Ergebnisse des Tests quantitativ in Textform und grafisch (Abb. 7-23) dar und bietet einen ersten Überblick.

Zwei verschiedene grafische Darstellungsformen der Kommunikationsereignisse – in Form von Message Sequence Charts (MSCs) oder in Form eines "Timing Diagrams" (Abb. 7-23) ähnlichen Darstellung – können zur detaillierteren Analyse verwendet werden.

Der Code von Anwenderfunktionen (UDFs, "User-Defined Functions") kann auch für die Aufzeichnung zusätzlicher Ereignisse instrumentiert werden, die dann ebenfalls in diesen grafischen Darstellungen zu sehen sind. Ereignisse können ein- und ausgeblendet werden und Informationen über einzelne Ereignisse stehen auf Knopfdruck zur Verfügung. Zyklische Abläufe sind gut erkennbar (s. Abb. 7-23) und Abweichungen sofort sichtbar.

Ansätze für weitere Optimierungen bei der zufälligen Testfallerzeugung werden momentan geprüft, um damit den Aufwand für die Auswertung eines Testlaufes zu reduzieren.

Die vorgestellten Einsatzbeispiele vereinen drei wichtige Grundlagen der Testautomation miteinander:

- Extraktion aller notwendigen Information aus bereits vorliegenden Dokumenten (Spezifikation, Quelltext),
- automatische und objektive Erzeugung von Testfällen, und
- übersichtliche und anwendergerechte Darstellung der Ergebnisse.

Die Darstellung muss dabei die Informationen für einen ersten Überblick sinnvoll zusammenfassen, aber auch den Zugriff auf Detailinformationen ermöglichen.

Dabei sollte der Anwender genau selektieren können, über welche Teile des Ablaufs er Detailinformationen angezeigt haben möchte. Er darf beim Übergang von der Übersicht zu Details nicht plötzlich mit einem endlos langen Ablaufprotokoll konfrontiert werden, aus dem er sich seine Informationen mühsam heraussuchen muss. Im obigen Beispiel der grafischen Darstellung Abb. 7-23 wird dies dadurch erreicht, dass der Anwender durch einen simplen Klick auf das zu untersuchende Ereignis die Informationen zu genau diesem Ereignis erhält.

7.11 Effizienzanalyse

Wir präsentieren nun die Ergebnisse, die wir durch Benchmarking der verschiedenen in diesem Kapitel beschriebenen und weiterer Produktionsprozesse erhalten haben.

Dazu haben wir die Menge der Konfigurationsdaten, die Größe des erzeugten Quellcodes und die Produktionszeit gemessen. Zur Messung der Mengen stehen für jede Repräsentationsart wie C-Code, Ada-Code, Daten und Scripts Programme zur Verfügung, die den relevanten Code bestimmen sowie die Anzahl der Kommentare und Leerzeilen. Als Bezugsgröße gilt immer der "Netto-Code", also nur die gesamte Anzahl von Zeilen minus Kommentarzeilen und leere Zeilen.

Die Produktionszeiten wurden vom Prozess selbst bestimmt über Zeitfunktionen des Betriebssystems oder der Bibliotheken. Die Zeiten sind "Verweilzeiten" vom Beginn bis zum Ende des Prozesses. Bei den Messungen war nur der jeweilige Prozess aktiv.

Gemessen wurde auf Rechnern mit unterschiedlicher Leistung. Daher wurde auf eine einheitliche CPU-Leistung über das Verhältnis der CPU-Taktraten normiert. Referenz ist eine CPU eines handelsüblichen PC mit 1.6GHz Taktrate.

Mit den in Tab.7–4 präsentierten Daten geben wir eine Übersicht über die Leistungsfähigkeit der verschiedenen Prozesstypen und ihrer Realisierung durch verschiedene Produktionsprozesse. Die abgeleiteten Zahlen sind als Schätzungen zu verstehen, die Größenordnung ist relevant, weniger der exakte Wert.

Aus den Messwerten für Menge und Produktionszeit leiten wir für die Prozesstypen 1 und 3 zwei Größen ab:

- die Produktionsrate eines Prozesses pro PC-Stunde,
- die äquivalente Produktivität umgerechnet auf Mann-Jahre eines Entwicklers.

Hierbei treffen wir folgende Annahmen:

- Wir rechnen die gemessenen Netto-LOC auf effektive LOC um, die wir für die Ableitung der Produktivität verwenden, indem wir die Netto-LOC durch einen (sehr großzügigen) Faktor 10 teilen, um den möglicherweise von manuellem Code abweichenden Programmierstil zu berücksichtigen. Diese Umrechnung erfolgt nicht, weil der generierte Code mehr Ressourcen braucht, sondern um eine mögliche Abweichung bezüglich des manuellen Codes auszugleichen (vgl. GerlichDasia2002). Die Performance und der Verbrauch an Ressourcen, die Tab 7-3 angegeben werden, zeigen nach unserer Meinung, dass effizienter Code erzeugt wurde
- Die Produktionsrate eines Prozesses wird von LOC pro PC-Stunde (PC-h) auf Mann-Jahre umgerechnet. Hierbei nehmen wir eine Produktivität in LOC pro Mann-Stunde für die manuelle Entwicklung an, die aus Produktivitätsanalysen, beispielsweise von INSEAD, aber auch von anderen Quellen bekannt ist. Aus Mann-Stunden wird auf Mann-Jahre konvertiert mit dem Faktor 1 Mann-Jahr = 1600 Mann-Stunden.

Die Annahmen sind realistisch, aber sie sind nur geschätzt. So kann ein Mann-Jahr mit weniger oder mehr Mann-Stunden angenommen werden, ebenso schwankt die angenommene Produktivität. Daher sind nur Aussagen über die Größenordnung möglich. Keineswegs sollte man eine Genauigkeit bis zur ersten Vorkommastelle oder gar der ersten Nachkommastelle erwarten.

Für die Anwendungsbereiche halten wir eine Produktivität von 10 LOC pro Mann-Stunde für realistisch. Dies ist bereits ein sehr hoher Wert, wenn Wert auf Qualität gelegt wird. Das Äquivalent für die abgeleitete Produktivität eines Prozesses ausgedrückt in Mann-Jahren eines Entwicklers wird in den letzten beiden Spalten der Tabelle Tab. 7–4 angegeben. Die Werte für die manuelle Produktivität von 10 LOC/M-h wird in der vorletzten Spalte angegeben. Für Leser, die diese Produktivität trotz der in der Literatur verfügbaren Zahlen für zu gering halten, haben wir in der letzten Spalte noch die Werte für eine Produktivität von 100 LOC/M-h an. Dieser Wert dürfte sicher nicht in der Praxis für manuell entwickelte Software erreicht werden, die von Kunden in Betrieb genommen werden soll.

Die beiden letzten Spalten der Tab. 7–4 zeigen, in welcher Größenordnung die Produktivität gesteigert werden kann. Selbst bei Reduktion der gemessenen Netto-LOC auf 1/10 und Annahme einer unrealistisch hohen manuellen Produktivität, produzieren solche Prozesse innerhalb einer Stunde auf einem heutigen PC das Äquivalent von manueller Entwicklung in einem Bereich zwischen 0.4 und 30 Mann-Jahren, selbst bei Reduktion um 100 gegenüber den Werten. Auch bei der geringsten Produktivität von nur 0.4 Mann-Jahren entspricht eine PC-Stunde immer noch 640 Mann-Stunden.

Die Werte hängen stark vom Produktionsprozess ab. Bei der Anwendung #4 werden sehr viele Scripts eingesetzt, die wesentlich mehr Zeit benötigen als C-Programme. Entsprechend der Mischung von C-Programmen und Scripts im Produktionsprozess schwankt auch die Produktivität des Prozesses.

Bei den Anwendungen #6 – #8 werden nahezu nur C-Programme eingesetzt, daraus resultiert eine sehr hohe Produktivität von bis zu 300 bzw. 30 Mann-Jahren, die in einer Stunde auf einem üblichen PC erreicht werden können. Am anderen Ende liegt Anwendung #4, für die ein Prozess eingesetzt wird, bei dem Scripts dominieren. Dazwischen liegt ISG, der für die Anwendungen #1 – #3 verwendet wird. Die Schwankungen zwischen den 3 Anwendungen sind auf einen festen Anteil und einen von der Größe abhängigen Anteil zurückführen. Je größer das System (ausgedrückt in LOC), desto besser ist daher die Produktivität.

Aus den Zahlen der Tab. 7–4 geht hervor, dass bei Einsatz automatischer Prozesse die Produktionszeit praktisch vernachlässigbar ist, und die Arbeit für die kreativen Tätigkeiten ("1% Inspiration") wie die Definition der Anforderungen oder die Abnahme dominiert. Dies sind die 5 .. 20% des gesamten Entwicklungszyklus, die wir früher erwähnt hatten.

Für die Plattform-Portierung (Typ 2, Anwendung #5), d.h. Adaptierung des Codes, können keine Vergleichswerte hergeleitet werden, hier gibt es keine Angaben über die Produktivität einer manuellen Portierung. Wir geben daher nur die Größe und die Portierungszeit an.

Auch für die Testfallgenerierung (Anwendung #9) lassen sich keine Vergleichswerte ableiten, da höchstens Angaben über den absoluten Testaufwand oder den prozentualen Anteil am Entwicklungszyklus in der Literatur zu finden sind. Wir geben daher nur die Anzahl der ausgeführten Testfälle pro PC-h an.

Die Ausführungszeit der zu testenden Funktion geht in die pro Zeiteinheit erreichbare Anzahl der Testfälle ein. Trotzdem geben die für die Typen 2 und 4 erzielten Ergebnisse einen Eindruck über das Potenzial der Produktionsprozesse

Tab. 7–3 zeigt den Verbrauch an Rechenzeit und Hauptspeicher eines automatisch erzeugten Systems. Diese Werte würden für die MSL-Anwendung (Kap. 7.6.2) in einer frühen Konfiguration mit simulierter Last gemessen (CPU-Last und Datenverkehr).

Alle 50 (Echtzeit-)Prozesse (Instanzen von Echtzeit-Prozesstypen) werden auf einem Rechner ausgeführt. Daher beträgt die Anzahl der Sockets nur 41, weil sie nur für jeden (Echtzeit-) Prozesstyp generiert werden, und nicht für jede Instanz. Die Anwendung wurde auf einem SPLC (Standard Payload Computer der ESA, Sparc 14 MHz) ausgeführt.

Obwohl die Kommunikationsressourcen nur per anwenderdefiniertem Echtzeitprozesstypen definiert werden – eine Reduktion, die nur durch die Formalisierung im Rahmen eines Produktionsprozesses möglich ist, entsteht durch die Kommunikationspuffer, Stack usw. ein erheblicher Verbrauch an Speicherressourcen. Dies war der Grund, weshalb im Laufe der (inkrementellen, iterativen) Entwicklung die Anzahl dieser Typen von 41 auf 32 reduziert wurde.

Bei nur 1 Prozesstyp werden die meisten Daten und der zugehörige Code nur 1 Mal benötigt für die Instanzen, die einem Rechner zugeordnet sind. Das gilt für beliebig vielen Instanzen. Dies ist ein erheblicher Vorteil des Produktionsprozesses ISG. Werden die Instanzen auf mehrere Rechner verteilt, erfolgt die Umstellung automatisch.

Dieser Verbrauch an Ressourcen hängt natürlich auch von der Anwendung ab. Wir zeigen diese Information trotzdem, um einen Eindruck über diese Budgets zu vermitteln. Die Konfiguration des Systems bestand aus ca. 600 "Makroanweisungen" in ISG-Notation, einem aus ISGL erzeugtem Zwischencode. Jeder Prozess führte mindestens 1 zyklische Aktivität zusätzlich zu asynchronen Ereignissen aus, deren Periode bei 1 Hz und 0.1 Hz liegt.

Da bei diesen Messungen die Funktionalität noch nicht voll implementiert war, wurde sowohl die CPU-Last als auch der Datenverkehr durch Instrumentierung des Codes erzeugt.

Tab. 7-3
CPU- und Speicherverbrauch einer MSL-Konfiguration

Id	Ressourcetyp	Ressourcenverbraquch Total	pro Typ / Instanz	Kommentar
1	**Speicherverbrauch**			
2	Code	1574000	38391	41 Prozesstypen
3	statische Daten	126500	2530	50 Instanzen
4	malloc-Daten(max.)	152000	3708	41 Prozesstypen
5	*Kommandopuffer*	*21000*	*512*	41 Prozesstypen
6	*Puffer Anwenderdaten*	*66000*	*1610*	41 Prozesstypen
7	*Timer-Warteschlange*	*27500*	-	1 zentraler Timer
8	*UDP Tabellen*	*4000*	*100*	41 Prozesstypen
9	*Verschiedenes*	*33500*	*817*	50 Instanzen
10	Stack	656000	16000	41 Prozesstypen
11	IPC Puffer	320000	7800	41 Prozesstypen, Größe geschätzt,
12	UDP Puffer	500000	12200	41 Prozesstypen, Größe geschätzt
13	**Gesamtgröße**	**3328500**	**81183**	zur Einfachheit bezogen auf 41
15	**CPU-Last**			auf Sparc 14 MHz
14	Durchschnitt	58.6 %	1.2%	50 Instanzen
15	Minimum	44.7 %	0.9%	50 Instanzen
16	Maximum	75.6 %	1.5%	50 Instanzen
17	**Ausführungsdauer**	3329 s		
18a 19b	**Eingespeiste Kommandos**	K1:0.63/s K2:0.50/s		Über 2 Kanäle wurden Kommandos eingespeist, also insgesamt ca. 3600
20	**Pufferlänge**			
21	Kommando Puffer	7		maximale Anzahl von Elementen
22	IPC/UDP Puffer	5		maximale Anzahl von Elementen
23	weiterer Datenpuffer	5		maximale Anzahl von Elementen
24	**Informationsaustausch**			
25	Daten	128		maximale beobachtete Länge
26	**Sockets**	41		je 1 pro Prozesstyp
27	**Task Switches**	470716	 142/s 2.8/s	Gessamtanzahl über Dauer bei 50 Instanzen total, pro Sekunde pro Instanz und pro Sekunde
28	**Speicherbedarf, total**			
39	unbenutzt, minimal	2,930,776		
30	benutzt, minimal	3,089,528	75355	nur Anwendung, bezogen auf 41
31	benutzt maximal	3,950,792	96361	nur Anwendung, bezogen auf 41

Tab. 7-4
Effizienz der Produktionsprozesse

Id	Anwendung	Typ	Ergebnismenge	Verhältnis Ergebnis / Eingabe Bezug: LOC	Produktionszeit / s	Erzeugungsrate pro PC-h	Äquival. Produktivität Mann-Jahre / PC-Stunde	
							10 LOC/h	100 LOC/h
1	MSL	1	80 KLOC	300	600	480 KLOC	30	3.0
2	CRISYS	1	40 KLOC	-	360	400 KLOC	25	2.5
3	Master-Slave	1	20 KLOC	200	240	300 KLOC	19	1.9
4	MSL-DB	1	5 KLOC	5	300	60 KLOC	4	0.4
5	Plattform-Portierung	2	400 KLOC	-	1200	-	-	-
6	JavaGUI aus C	3	700 LOC	20	<0.5	~5 MLOC	~300	~30
7	Little-Big Endian	3	200 LOC	6	<1	700 KLOC	40	4.0
8	Schnittstellen	3	15 KLOC	100	15	3.6 MLOC	225	22.5
9	DARTT sin(x)	4	1 M Tests	-	74	8 M Tests	-	-

7.12
Rückblick und Ausblick

Die bisherigen Erfahrungen und Ergebnisse, die wir beim Einsatz von vollautomatischen Produktionsprozessen gewonnen haben, zeigen, dass wir auf dem richtigen Weg sind. Die in diesem Kapitel beschriebenen Beispiele belegen, dass erhebliche Fortschritte in Produktivität und Qualität möglich sind. Während wir von den ersten Anfängen zur Verbesserung von Entwicklungswerkzeugen bis zum ersten vollautomatischen Produktionsprozess ca. 15 – 20 Jahre benötigten, sind wir nun in der Lage, innerhalb von Monaten ähnliche Produktionsprozesse für neue Anwendungsgebiete einzurichten. Für Ergänzungen bestehender Prozesse reichte in einigen Fällen bereits etwa ein halber Tag aus, um große Mengen an Arbeit danach automatisch erledigen zu können. Wenn wir mit potenziellen Anwendern aus neuen Bereichen diskutieren, stoßen wir unmittelbar auf Probleme, die effizient mit einem geeigneten Prozess gelöst werden können.

In den bisher über unseren Ansatz geführten Diskussionen haben wir aber auch festgestellt, dass die grundlegende Idee häufig falsch verstanden wird, auch weil meist nicht genügend Zeit zur ausführlichen Erläuterung der Strategie vorhanden war. Diese Erfahrung gab mit den Anstoß zum Verfassen dieses Buches.

Wie einleitend erwähnt, ist der Begriff "Automation" nicht eindeutig definiert. Schon bei äußerst geringem Grad an Automation bezogen auf alle Abläufe wird der Eindruck der Vollautomation erweckt, was zwar zutrifft, aber eben nur für einen sehr kleinen Teil des gesamten Prozesses, der damit abgedeckt wird.

"Automatische Codegenerierung" kann beispielsweise bedeuten, dass die Entwicklereingaben auf einer grafischen Oberfläche "vollautomatisch" in Quellcode, also Text, umgesetzt werden. In diesem Fall fügt der Codegenerator kaum weitere Information hinzu und erkennt keine Inkonsistenzen. Auch wird bereits der Aufbau eigener Funktionsbibliotheken als wesentlicher und ausreichender Fortschritt angesehen, bei andauerndem Überzug der Budgets.

Der effiziente Einsatz von Produktionsprozessen setzt ein gutes Verständnis von Herstellungsmethoden voraus. Wer nicht die Schwachstellen bisheriger Verfahren ausreichend analysiert, wird kaum das vorhandene Potenzial durch Automatisierung voll erkennen können, und sich daher mit einer relativ geringen Effizienzsteigerung zufrieden geben müssen. In Zukunft wird jedoch mehr getan werden müssen, um konkurrenzfähig zu bleiben, sowohl von Managern als auch von Entwicklern.

Als wir die Idee zu diesem Buch hatten, war zwar der Trend zur Verlagerung von Softwareentwicklungskapazitäten von Hochlohn- in Niedriglohnländer bekannt. Während wir dieses Buch im Laufe des Jahres 2004 schrieben, hat er sich aber nach unserer Ansicht erheblich verstärkt. Große Konzerne haben in 2004 die Verlagerung von Softwareentwicklungsbereichen angekündigt.

Der Druck auf Softwareentwickler mit einem ungünstigen Preis-Leistungsverhältnis wird weiter wachsen. Schon ist ein weiterer Trend zu beobachten, Entwicklungsarbeiten von Niedrig- in Niedrigstlohnländer zu verlagern. Parallel dazu steigt die Qualifikation von Entwicklern in sog. Niedriglohnländern an. Wir sehen dort auch großes Interesse an der Verbesserung von Qualifikation und Produktivität, mehr als wir hier identifizieren können.

Nicht nur die Softwareentwickler müssen über eine Änderung ihres Arbeitsstils nachdenken, auch die Firmen. Während im 19. und 20. Jahrhundert die wesentlichen Fortschritte in Produktivität und Qualität über eine Verbesserung der Produktionsprozesse unter der Prämisse "Optimierung durch Spezialisierung" erreicht wurde, haben wir im Bereich der Softwareentwicklung in den letzten Jahrzehnten einen gegenläufigen Trend beobachtet: "Optimierung durch Verallgemeinerung und Vereinheitlichung". Trotzdem blieben Kosten, Fehlerraten und Komplexität der Entwicklung hoch.

Offensichtlich haben die Firmen nicht genügend Kompetenz im Hause, um die notwendige Effizienz selbst erreichen zu können, möglicherweise versuchen sie die Kosten zu senken, indem sie Know-how über Methoden und Werkzeuge vom Markt einkaufen wollen. Sie warten auf das geeignete Produkt, das ihnen weiter hilft, ohne sich bewusst zu sein, dass sie die Spezialisten sind, die allein das Rationalisierungspotenzial identifizieren können. Was auf dem Markt allgemein erhältlich ist, kann auch von Konkurrenten eingesetzt werden, eine Profilierung und Stärkung der Wettbewerbsposition ist damit kaum möglich.

Einen Ausweg aus dieser Situation sehen wir in der Kooperation zwischen den "Bedarfsträgern" und den "Know-how-Trägern" für Produktionsprozesse. Die Erfahrungen, die wir in den letzten Jahren sammeln konnten, haben uns den Weg in diese Richtung gewiesen.

8 Gesellschaftliche Aspekte

In diesem Kapitel wollen wir die gesellschaftlichen Aspekte der automatischen Softwareproduktionsprozesse diskutieren, d.h. die Auswirkungen auf Entwickler, Ausbildung, Firmen, Wirtschaft und Arbeitsplatz.

Das Management wird die Reduktion von Aufwand, Zeit und Risiken und die größere Flexibilität begrüßen, die Entwickler das veränderte Arbeitsplatzprofil und das Einsparungspotenzial eher kritisch beurteilen. Daher werden wir diese Aspekte aus verschiedenen Blickwinkeln diskutieren.

Manager, die ihrem Betrieb eine Zukunftsperspektive geben wollen, sollten im allgemeinen die Chancen einer neuen Technologie konsequent nutzen und ihre Umsetzung ermöglichen, unter Berücksichtigung der Interessen der Entwickler.

Entwickler sollten ebenfalls die Chancen sehen und nutzen. Wenn der Preis ihrer Arbeit höher ist als der am Markt erzielbare Erlös, wird die von ihnen angebotene Leistung auf Dauer keine Abnehmer finden. Sie müssen also ihre Leistung den Arbeitskosten anpassen, und dafür bieten die neuen Verfahren der automatischen Softwareproduktion eine gute Chance. Wenn zu den gleichen Kosten mehr geleistet werden kann, dann wird ihr Arbeitsangebot wieder konkurrenzfähig.

Nicht nur, aber auch in der Softwareentwicklung hat ein Ausgleich zwischen gebotener Leistung und verlangtem Lohn bereits durch Outsourcing, Nearshoring und Offshoring bereits begonnen. Zu teure Arbeitsplätze werden abgebaut, und neue konkurrenzfähige Arbeitsplätze werden kaum geschaffen.

Beim Einsatz von Automation können neue, hoch bezahlte Arbeitsplätze für die Entwicklung spezifischer Produktionsprozesse entstehen, weil deren Kosten wegen der Umlage auf mehrere Produkte oder Produktionszyklen nur zu einem kleinen Teil zum Endpreis beitragen.

Um die Auswirkungen der vollständig automatisierten Entwicklung besser beurteilen zu können, beginnen wir mit einem historischem Rückblick und studieren die Folgen von Innovation in anderen Bereichen, bevor wir speziell wieder auf die Folgen von automatischen Produktionsprozessen eingehen und aus den Erfahrungen der Vergangenheit auf die Chancen in der Zukunft blicken.

8.1 Sozialpolitische Relevanz

Innovation führt zu besserer Wettbewerbsfähigkeit, erfordert aber meistens auch die Ablösung bisheriger Herstellungsmethoden, und damit Anpassung der Arbeitsabläufe bis hin zu Arbeitsplatzverlust. Ohne Innovation und Anpassung an die Anforderungen und die Marktsituation sind Arbeitsplätze jedoch wesentlich stärker gefährdet.

Die Einführung von Automation – als spezieller Innovationsprozess – ersetzt menschliche Arbeitskraft, körperliche oder geistige. Sie führt daher immer zum Abbau von Arbeitsplätzen, ist aber nicht unbedingt alleiniger Verursacher. Wird nicht automatisiert, tritt der Verlust nur später ein, aber er tritt ein, weil die angebotene Leistung nicht mehr bezahlt werden kann, wenn preiswertere Alternativen existieren. Aus dieser Sicht bietet Automation daher eher eine Chance, Arbeitsplätze zu erhalten, auch wenn sich deren Profil ändern wird.

So erfreuten sich etwa die Schmiede bis zum Beginn der Industrialisierung im 19. und zu Beginn des 20. Jahrhunderts bester Geschäfte. Sie selbst waren durch den Bau von Maschinen für die neuen Industriewerke gut ausgelastet. Allmählich verschwanden die Schmieden jedoch, weil in den Fabriken deutlich günstiger und bei vergleichbarer oder gar besserer Qualität produziert wurde. Der Beruf des Schmiedes starb aus und heute finden sich Schmieden meist nur noch in Heimatkundemuseen[1].

Doch haben die Schmiede wirklich ihre Existenzgrundlage verloren? Nein, denn sie fanden bessere Arbeitsplätze in den Fabriken. Die Maschinen mussten gewartet und repariert werden und immer neue Fabriken entstanden, für die – jetzt mit anderen Methoden – Werkzeuge und Maschinen gebaut werden mussten. Ein Schmied besaß hierfür die Qualifikation, vorausgesetzt, er war bereit, sich umzustellen. Der Berufszweig der Schmiede ist heute bei Maschinenschlossern oder Mechanikern, aber auch bei den Ingenieuren wiederzufinden und die Industrie bietet heute Millionen Menschen

[1] Einen ähnliche Diskussion findet man bei Goff (Goff 2004). Er meint jedoch, dass Berufe wie die des Schmiedes und des Programmierers aussterben, während wir einen fließenden Übergang in neue Berufsbilder sehen im Sinne einer ständigen Weiterentwicklung (vgl. auch die Kommentare zu diesem Artikel).

Arbeit in den Bereichen Konstruktion, Maschinenbau und mechanische Produktion., die im Vergleich zur Arbeit des Schmieds deutlich angenehmer sein dürfte.

Effizientere Produktionsmethoden können zu höherem Umsatz führen, der mehr Arbeitsplätze erfordert, weil neue Produkte oder Produkteigenschaften neuen Bedarf wecken.

8.1.1 Innovation und die Folgen

Schon immer haben Menschen versucht, durch geistige Leistung ihre beschränkten körperlichen und geistigen Fähigkeiten zu erweitern. Früh wurden Tiere eingesetzt, beispielsweise Pferde zum Reiten, um größere Distanzen überwinden zu können, oder im Ackerbau, um größere Flächen zu bearbeiten. Später folgte dann der Einsatz von Wind- und Wasserkraft sowie Wärme (Dampfmaschinen), um noch viel größere mechanische Leistung verfügbar zu haben. In der Mitte des 20. Jahrhunderts wurden durch die Entwicklungen in der Elektronik auch neue Dimensionen hinsichtlich Vervielfachung geistiger Leistungen erschlossen.

Der Einsatz einer neuen Technologie ist also seit Jahrtausenden üblich. Seit Urzeiten erweitert der Mensch durch eigene geistige Leistung seine beschränkten körperlichen, und seit der ersten Entwicklung von Rechenmaschinen auch seine geistigen Fähigkeiten durch den Einsatz von Hilfsmitteln. Automation, der Einsatz von Automaten, mechanischer oder elektronischer Art, repräsentiert eine der jüngsten Entwicklungen in dieser langen Innovationskette.

Die Entlastung von körperlicher Arbeit, beispielsweise durch Pferde beim Pflügen, wurde damals sicher von jedem Mitglied der Gemeinschaft als große Verbesserung der persönlichen Situation empfunden. Vom Bauern, weil er mehr Land bei geringerer körperlicher Belastung bearbeiten konnte, vom Verbraucher der landwirtschaftlichen Produkte, weil der steigende Nahrungsbedarf gesichert wurde.

Innovationen bringen aber möglicherweise auch Nachteile. Durch die Aufnahme des Zugbetriebes wurden Kutscher arbeitslos, durch die Einführung mechanischer Webstühle die Weber. Der Wert ihrer Arbeitskraft fiel, weil die Dienstleistung und die Produkte durch Einsatz neuer Technologien viel günstiger zu bekommen waren. Da ihnen die Existenzgrundlage entzogen wurde, wehrten sich beispielsweise die Weber durch Zerstörung der Webstühle gegen die neue Technologie. Am 2. April 1928 brach Gustav Hartmann, der "Eiserne Gustav", zu seiner Kutschenfahrt von Berlin nach Paris auf, um die Aufmerksamkeit der Öffentlichkeit auf die zunehmende Konkurrenz durch motorisierte Droschken und die Not der Kutscher zu lenken.

8.1.2 Sozialverträglichkeit

Innovation bedeutet Umbruch, und dieser Umbruch kann für Betroffene, wie für die Weber im oben genannten Beispiel, von Nachteil sein, für andere, wie Textilfabrikanten oder Käufern von Textilien, von Vorteil. Die Einführung von Innovationen sollte daher sozial verträglich gestaltet werden, um diejenigen, die Nachteile erleiden, vor Not zu bewahren.

Sozial verträglich kann eine Maßnahme nur sein, wenn sie steuerbar ist. Bei einem "Dammbruch" zwischen hohem und niedrigem Lohnniveau ist das nicht möglich. Dagegen kann durch Innovation ein solcher Dammbruch vermieden werden, indem das hohe Lohnniveau durch mehr Effizienz relativiert und damit dem niedrigem Niveau außerhalb des Dammes angeglichen wird. Das Absenken des Wasserspiegels vor dem Damm kann durch einen kontrollierten Prozess geschehen. Aus Sicht der Sozialverträglichkeit muss ein solcher Prozess unbedingt angewendet werden.

Aus der Verpflichtung der Gemeinschaft gegenüber dem Individuum folgt umgekehrt aber auch die Verpflichtung des Individuums, konstruktiv zum Erhalt der Gemeinschaft beizutragen. Konkret bedeutet dies, dass bei Wegfall von Verdienstmöglichkeiten die Betroffenen auch flexibel sein müssen, auf andere Tätigkeitsfelder auszuweichen. Sie können nicht erwarten, dass die Gemeinschaft auf Dauer ihren Unterhalt ohne Gegenleistung sichert.

Die Sozialverträglichkeit betrifft die Innenwirkung einer Innovation, den Einfluss auf die Mitglieder einer Gesellschaft. Innovation wirkt sich aber auch auf das Verhältnis zwischen verschiedenen Gesellschaften aus, beispielsweise auf deren Konkurrenzfähigkeit. Wenn man durch Innovation bessere und möglicherweise sogar preiswertere Produkte herstellen kann, wird man einen größeren Umsatz erreichen können, und damit mehr Wohlstand.

Umgekehrt impliziert dies auch, dass durch Innovation andere, die über dieses Wissen nicht verfügen, benachteiligt werden, bis sie durch weitere Innovation den Vorsprung wieder ausgleichen können. Das Erzielen von Vorteilen bzw. die Beseitigung von Nachteilen ist somit der Motor jeglicher Innovation.

8.1.3 Konkurrenzfähigkeit

Um die Konkurrenzfähigkeit zu erhalten, muss Innovation in die Praxis umgesetzt werden. Wer sie nicht als erster einsetzt, wird in Rückstand geraten, wenn ein anderer sie vorher anwendet: Das Zitat von Gorbatschow „Wer zu spät kommt, den bestraft das Leben" gilt auch hier. Eine Gesellschaft kann sich daher vor Innovation nicht verschließen, aber sie muss sie verantwortungsvoll umsetzen. Die durch Innovation Betroffenen müssen sich folglich anpassen, was den Begünstigten leichter fallen wird als den Benachteiligten.

Betrachten wir die Tätigkeit eines Arbeiters, der mehrere Tausend Teile am Tag bearbeitet (bei einem Takt von 15 Sekunden und 8 Stunden pro Tag kann er ca. 3000 Teile bearbeiten). Wenn diese Tätigkeit von einem Automaten (einer Maschine) übernommen wird, sinkt der Wert seiner Arbeitskraft. Daher wird Arbeiter erst einmal an der weiteren Ausübung dieser doch ziemlich eintönigen Tätigkeit interessiert sein, denn sie sichert ihm seinen Unterhalt. Den Vorteil, nicht mehr körperlich (einseitig) belastet zu werden, und vor gesundheitlichen Schäden bewahrt zu werden, wird er erst einmal nicht sehen.

Der Fortbestand des gegenwärtigen Arbeitsplatzes bei gleicher Bezahlung kann aber nicht gesichert werden. Setzen andere Firmen Automaten ein, so wird sein Betrieb, wenn er ihn wie bisher zu gleichem Lohn weiter beschäftigt, nicht mehr konkurrenzfähig sein und bald vom Markt verschwinden. Zu reduziertem Lohn kann er auch nicht arbeiten, weil die Lebenshaltungskosten auf dem gleichen Niveau bleiben. Sein Arbeitsplatz wird daher in jedem Fall verschwinden, entweder durch Einsatz von Automaten oder durch Einstellen der Produktion. Er wird daher eine andere Tätigkeit übernehmen müssen, oder – alternativ – dorthin umziehen müssen, wo der Wert seiner Arbeit und die Lebenshaltungskosten einander entsprechen.

Da die einfacheren Tätigkeiten von Automaten übernommen werden, wird er sich für eine neue Anstellung weiterbilden müssen, beispielsweise um – im einfachsten Fall – mehrere Automaten zu überwachen oder den Einsatz der Automaten zu planen. Von den Beschäftigten wird daher (mehr) Flexibilität gefordert, die Bereitschaft, neue Aufgaben zu übernehmen und sich dafür – in den meisten Fällen – weiter zu qualifizieren.

Dieser Zwang zu höherer Qualifizierung entsteht aber nicht nur durch neue Technologien wie Automation. Auch wenn Arbeitsplätze in Niedriglohnländer ausgelagert werden, bleiben nur höherwertige Arbeitsplätze am Standort zurück. Die ausgelagerten Tätigkeiten müssen koordiniert werden, was höhere Qualifikation und möglicherweise Weiterbildung erfordert. Die hierzu notwendige Qualifikation ist vergleichbar mit der, die für die Benutzung bzw. Steuerung eines automatischen Produktionsprozesses erforderlich ist.

Ein kürzlich veröffentlichter Artikel über Outsourcing (Schmidt04) zu diesem Thema bestätigt unsere Auffassung. Zitat: „In jedem Fall ändert sich aber das Anforderungsprofil der Mitarbeiter. [...] Sie müssen sich vom Handwerker zum Architekten entwickeln."

Trotzdem können durch Automation mehr Arbeitsplätze entstehen als ohne Automation. Wenn durch eine neue Technologie neuer Bedarf geweckt wird, wird auch der Bedarf an Arbeitskräften wachsen. Bei niedrigeren Kosten und/oder mehr Funktionalität werden Produkte oder Dienstleistungen interessant, die sich die Kunden früher nicht leisten konnten oder wollten. Stimmen Preis und Leistung, dann wird ein Kunde ein verbessertes Produkt kaufen, auch wenn er das Vorgängerprodukt noch verwenden könnte.

8.1.4 Der Softwareentwickler, zuerst geschützt, dann gehetzt

Softwareentwickler sind also nicht die ersten, die dem von Innovation ausgehenden Druck ausgesetzt sind. Diese Entwicklung kommt aber unerwartet.

Bis vor einigen Jahren[2] galten Softwarearbeitsplätze im Bereich EU und USA als sicher, die Gehälter waren hoch und Softwareentwickler begehrt. Durch die Öffnung der Grenzen und die Möglichkeiten der Vernetzung stehen aber plötzlich sehr viele Softwareingenieure weltweit zur Verfügung, bei sehr unterschiedlichem Lohnniveau, aber vergleichbarer Leistung.

Die Möglichkeiten der weltweiten direkten Kommunikation öffneten ein Schleusentor, und das Wasser fließt nun in Richtung niedriger Löhne. Firmen, die konkurrenzfähig bleiben wollen, müssen bei den aktuellen Verfahrensweisen mindestens einen Teil ihrer Entwicklung in Länder mit niedrigerem Lohnniveau verlagern (Stichworte: "Nearshoring", "Offshoring").

Diese Entwicklung hat zwei Ursachen:

1. die Kosten der Softwareentwicklung sind bei uns hoch, lange Entwicklungszeit bei hohen Personalkosten,
2. gleichwertige Entwicklungsressourcen auf niedrigem Lohnniveau sind verfügbar.

---

[2] aus der Sicht des Jahres 2004

Wenn Arbeit preiswerter angeboten wird, nutzen Firmen diesen Vorteil aus, um durch einen niedrigen Preis konkurrenzfähiger zu werden. Sobald jedoch der erste damit beginnt, müssen die anderen zwangsläufig folgen.

Aus unserer Sicht bestand bisher zu wenig Anlass, die Arbeitskosten der Softwareentwicklung wesentlich durch kostengünstigere Entwicklungsmethoden zu verringern, und damit dem Druck zu niedrigen Lohnkosten zu entgehen. Das Preis-Leistungsverhältnis wurde anscheinend vom Markt akzeptiert, wodurch der Druck fehlte, alternative Verfahren zu entwickeln.

Der zu geringe Druck zu Veränderungen führte zur Stagnation in der Technologie und in der Qualifikation bzw. Ausbildung der Ingenieure. Eine Sicherung der Arbeitsplatzes durch herausragende Qualifikation war nicht möglich. "Gleicher Lohn für gleiche Arbeit" bedeutet in diesem Fall, dass derjenige, der für niedrigeren Lohn arbeitet, den Zuschlag erhält, sofern es keine anderen wesentlichen Gründe wie Qualifikation gibt, mehr zu bezahlen.

Da Software für die Durchführung neuer Aufgaben oder die Erschließung neuer Produkteigenschaften unverzichtbar war und auch weiterhin ist, war sie offenbar nicht dem Evolutionsdruck ausgesetzt, der in anderen technischen Bereichen herrscht. Diese Vorzugsstellung eines "geschützten" Softwareentwicklers fiel plötzlich weg, der Zaun, der ihn von der rauhen Umwelt der Konkurrenz trennte, wurde beseitigt, und er kann seine hohen Ansprüche nun kaum durchsetzen. Der lange gehegte Protektionismus, durch den er große Vorteile genießen konnte, wirkt sich jetzt negativ aus.

Zu fragen ist aber auch, warum das Schutzgehege so lange existieren konnte. Wurde hier vielleicht zu lange die wenig befriedigende Situation akzeptiert, und zu wenig Druck ausgeübt, um den Status zu ändern? Die Frage "Wer ist stark und wer ist schwach?" kann nicht eindeutig beantwortet werden. Ist der eine stark, weil der andere zu schwach ist, oder ist einer schwach, weil der andere zu stark ist? Hat der Markt zu lange zu hohe Entwicklungskosten akzeptiert? War er zu schwach, um Innovation einzufordern? Waren die Softwareentwickler zu stark, und konnten Forderungen nach mehr Effizienz abwehren? Oder waren beide Seiten einfach mit der Situation zufrieden?

Dem einzelnen Softwareentwickler sind wahrscheinlich diese Zusammenhänge überhaupt nicht bewusst. Er übt seine Tätigkeit gemäß den ihm während seiner Ausbildung vermittelten Werten und Kenntnissen aus. Wünschenswert wäre daher auch eine grundsätzliche Bestandsaufnahme über die Methodik der Softwareentwicklung und das vermittelte Berufsbild.

8.2 Das Arbeitsumfeld

Durch den Einsatz von automatischen Produktionsprozessen wird sich das Umfeld eines Softwareentwicklers verändern.

8.2.1 Rückblick

Aus der uns zugänglichen Information und eigener Erfahrung, basierend u.a. auf mehr als 35 Jahren Tätigkeit in der Softwareentwicklung und 25 Jahre im industriellen Software Engineering schließen wir, dass die Effizienz des Gesamtprozesses nicht im Vordergrund der Entwicklungsmethodik steht bzw. stand.

So gab es "Scheininnovation", neue Methoden und zugehörige Werkzeuge wurden eingeführt, verschwanden aber bald in den Schränken und wurden nicht mehr benutzt. Ein praktischer Nutzen entstand nicht.

Tatsächliche Verbesserungen von Qualität und Produktivität wurden aber kaum gemessen bzw. waren nicht nachweisbar. Möglicherweise sind diese Methoden deshalb so erfolgreich in ihrer Verbreitung gewesen, weil – wie wir bereits angesprochen haben – die Käufer – Manager und/oder Entwickler – das Potenzial nicht einschätzen konnten, und auf die Werbung vertrauen mussten. So steht bei Managemententscheidungen möglicherweise mehr der Wunsch nach Standardisierung im Vordergrund und der Glaube, dass dies ausreicht, als eine gründliche Analyse der tatsächlich erreichbaren Verbesserungen mit folgender Ergebniskontrolle. In solchen Fällen ist dann auch keine nachträgliche Korrektur durch Erfahrungsberichte der Entwickler möglich. Anders als beim Placeboeffekt der Medizin wird aber keine "Heilung" eintreten. Vielmehr handelt es sich um eine äußerst gefährliche Variante der Medikamentierung: der Patient ist davon überzeugt, geheilt zu sein, ist aber immer noch schwer krank. Anders als beim in der Medizin bekannten "Placebo-Effekt" werden nicht die Selbstheilungskräfte des Patienten aktiviert, sondern vielmehr unterdrückt.

Während in anderen industriellen Bereichen die Zielsetzung war, den Mensch aus der Produktionskette herauszunehmen und ihn für kreativere Tätigkeiten einzusetzen – hauptsächlich durch Kostendruck, fand diese Entwicklung im Bereich des Software Engineering offensichtlich nicht statt.

Als Beispiel für den eingeschränkten Nutzen von Innovation betrachten wir AOP (Aspect-Oriented Programming). Mit AOP-

Werkzeugen können große Mengen an Code bearbeitet werden, beispielsweise durch bestimmte Konstrukte automatisch ergänzt werden, der veränderte Code kann aber Fehler enthalten. Dies können bei einigen Umsetzungen Fehler syntaktischer Art sein, die die fehlerfreie Übersetzung des erzeugten Codes verhindern. In jedem Fall können aber logische Fehler enthalten sein. Daher ist möglicherweise eine Nachbearbeitung durch den Ingenieur erforderlich, der alle Fälle noch einmal überprüfen muss. Die erzielbare Einsparung ist daher in solchen Fällen gering, wenn überhaupt ein Nutzen eintritt. Trotzdem wird hier von Automation und Fortschritt gesprochen. Dies ist einer der Gründe, weshalb wir von "vollautomatischen Softwareproduktionsprozessen" sprechen, die kein manuellen Eingriffe mehr erfordern, um uns von dieser Art von Automation abzugrenzen.

8.2.2 Ausblick

Der Einsatz automatischer Produktionsmethoden in der Softwareentwicklung wird das Arbeitsumfeld eines Softwareentwicklers erheblich ändern. Er muss lernen, Produktionsmethoden zu definieren, umzusetzen und anzuwenden. Sein Ziel wird sein, die manuelle Softwareentwicklung zu minimieren, seine bisherige Tätigkeit zu ersetzen, aber dafür andere Tätigkeitsbereiche zu erschließen, die ihn weit stärker fordern werden. Somit wird und muss er sich durch seine Tätigkeit ständig weiter qualifizieren.

Während seiner Ausbildung hat ein Entwickler nicht gelernt, wie automatische Produktionsprozesse realisiert werden können. Nun muss er lernen, Ziele zu definieren, Konflikte zu identifizieren und durch Kompromisse optimal zu lösen. Eigeninitiative ist erforderlich, statt auf Lösung seiner Probleme durch andere zu hoffen, beispielsweise durch universell einsetzbare Methoden, muss er selbst unter den gegebenen Randbedingungen einen kostengünstigen und technisch sinnvollen Weg zum Ziel finden. Er muss beispielsweise verstehen, warum Spezialisierung zu mehr Effizienz führt, ohne dass durch die Spezialisierung die Produktionsmethode unrentabel wird.

Durch diese neuen Fähigkeiten wird er sich von anderen Konkurrenten abheben können, und somit seinen eigenen Arbeitsplatz sichern. Da der Bedarf an solcher Innovation groß ist, werden viele Arbeitsplätze für solche Spezialisten entstehen. Obwohl nach der Implementierung des Softwareproduktionsprozesses seine Arbeit erledigt ist, wird er neue Aufgaben finden, weil neue, wahrscheinlich anspruchsvollere Bedürfnisse entstehen werden, die dann auch gedeckt werden können.

Wenig Chancen wird ein Softwareingenieur haben, wenn er wie bisher entwickelt, und nicht auf Effizienz achtet, Software Engineering als isoliertes, rein wissenschaftliches Fachgebiet sieht, bei dem es mehr auf "künstlerische" Tätigkeit ankommt als auf die Fähigkeit, mit möglichst wenig Ressourcen ein gutes und anspruchsvolles Produkt herzustellen.

8.2.3 Kooperation ist notwendig

Bei Automation werden (bekannte) Arbeitsabläufe analysiert und in automatische Prozesse umgesetzt. Die Analyse und anschließende Synthese erfordert die Zusammenarbeit von Spezialisten des Anwendungsbereiches und der Automation. Nach der Umsetzung in automatische Abläufe sind die Ergebnisse praktisch "auf Knopfdruck" verfügbar. Die Anwendungsspezialisten können ohne fremde Hilfe die Abläufe anstoßen und die Ergebnisse übernehmen. Die Wartung der Produktionsprozesse kann möglicherweise entweder selbst durchgeführt werden oder unter Mithilfe der Automationsexperten.

Die der Automation vorangehende Analyse verlangt von den Anwendungsspezialisten eine systematische Bestandsaufnahme ihrer bisherigen Arbeit, unterstützt durch die Automationsexperten. Diese Analyse wird Schwachstellen aufdecken und somit zur Optimierung des Gesamtprozesses beitragen.

8.2.4 Der Anpassungsprozess

Nach unserer bisherigen Erfahrung wird der notwendige Anpassungsprozess nicht einfach sein. Die automatische Produktion von Software wird von den Entwicklern vorwiegend als Bedrohung verstanden. Zur Abwehr folgen dann (Schein-)Argumente, warum ein Mensch die Tätigkeit besser ausführen könnte.

Dieses Verhalten offenbart aber eher mangelnde Organisationsfähigkeit und fehlenden Überblick. Ein Automat wird immer auf seinem Spezialgebiet dem Menschen hinsichtlich Qualität und Effizienz überlegen sein. Versuche, durch scheinbar höhere Kreativität die Komplexität unnötig zu steigern, um damit den Einsatz von Automaten zu verhindern, werden mittel- bis langfristig in Arbeitsplatzverlust enden. Kreativität sollte der Optimierung des Herstellungsprozesses dienen, aber nicht benutzt werden, um Innovation zu verhindern.

Auch Manager reagieren zurückhaltend, wenn sie die Auswirkungen auf den eigenen Betrieb nicht zuverlässig abzuschätzen können. Naheliegender ist daher offensichtlich, die bereits eingesetzten Methoden beizubehalten und durch niedrigere Löhne die Kosten zu senken, so wie die Mitbewerber verfahren.

Die Verlagerung von Arbeit vom bisherigen Standort an einen mit niedrigeren Kosten wird solange weitergehen, bis auf diese Weise keine Kosten mehr gesenkt werden können, man also wieder den früheren Status erreicht, nur auf niedrigerem Kostenniveau. Dann werden andere Wettbewerbsfaktoren relevant werden wie Entwicklungszeit, Flexibilität, gebotene Funktionalität und Qualität, die allein durch Verlagerung der Arbeit nicht beeinflusst werden können.

Bereits heute ist zu beobachten, dass einer Verlagerung die nächste folgt, weil ein neuer Standort mit noch niedrigeren Kosten gefunden wurde. Die Konzentration auf diese Art der Kostensenkung bindet Ressourcen bei der (Re-)Organisation des Betriebes, die für die Weiterentwicklung der technischen Verfahren nicht mehr zur Verfügung stehen. Innovation im eigenen Betrieb wird somit weitgehend blockiert. Daher wird der Zukauf von Know-how wichtiger, verschafft aber keinen Wettbewerbsvorteil, da die Konkurrenten dieses ebenso verwenden können. Folglich werden die Herstellungskosten noch wichtiger. Es entsteht ein Kreislauf mit immer kürzeren Zyklen, durch den sich alle einem einheitlichen Kosten- und Technologieniveau annähern. Über den Fortbestand einer Firma entscheiden dann andere Kriterien wie Kapitalstärke, Werbung, Marketing, aber nicht mehr Produkteigenschaften wie Funktionalität, Qualität und Preis. Der Ausbau des eigenen Know-how kann/wird stagnieren.

Durch automatische Produktionsprozesse werden dagegen die Herstellungskosten sofort auf ein Minimum reduziert, die früher durch die manuelle Herstellung gebundenen Ressourcen sind frei für Produktoptimierung.

Die Umstellung auf automatische Prozesse erfordert wegen des geänderten Herstellungsverfahrens für die Planung mehr Kompetenz als die Auslagerung. Das vorhandene Know-how wird in den Produktionsprozess eingebracht, damit gegen Verlust beispielsweise durch Fluktuation geschützt, und für kontinuierliche Weiterentwicklung nutzbar.

Kompetenz ist auch notwendig, um den Prozess so zu organisieren, dass manuelle Eingriffe in die Produktion nicht erforderlich sind. Zur Herstellung eines heterogenen Produktes werden verschiedene Prozesse benötigt, beispielsweise für die GUI-Generierung, die

Erzeugung und Verwaltung von Datenbanken, die Datenerfassung und -verarbeitung durch Echtzeitprozesse. Auch wird Software teilweise noch manuell entwickelt werden, da nicht sofort für alle Anwendungsarten automatische Produktionsprozesse verfügbar sein werden. Die automatische Integration solcher Teilprodukte ist daher wichtig, sonst sinkt die Effizienz des Gesamtprozesses stark, und auch die Qualität des Endproduktes.

Die erforderlich Vorgehensweise ist neu und weicht von der bisherigen stark ab. Daher muss die notwendige Kompetenz von den meisten Managern und Entwicklern erst erworben werden, hauptsächlich durch Schulung oder besser durch Training-on-the-job, d.h. Anleitung im Rahmen eines Projektes.

Für Manager ist es wichtig, das Fehlen der notwendigen Kompetenz bei Entwicklern über bestimmte Verhaltensmuster zu erkennen, um rechtzeitig die Weiterbildung fördern zu können und Risiken zu vermeiden.

Anzeichen für Kompetenzschwäche sind: Zweifel am Wert der geplanten Maßnahme, ohne dies detailliert begründen zu können, Verweis auf bereits getroffene Maßnahmen, ohne einen Erfolg oder die Erfolgschancen konkret nachweisen zu können, fehlender Überblick über Effizienz des benutzten Entwicklungsverfahrens, insbesondere bei fehlenden quantitativen Angaben über Zeitaufwand, Fehlerraten, Produktivität, fehlender Nachweis über Effizienzsteigerungen durch frühere Verbesserungsmaßnahmen.

Mangelnde Kompetenz kann zu einer passiven, abwartenden Haltung gegenüber einer neuer Technologie führen, weil die Folgen nicht zuverlässig abgeschätzt werden können. Orientierung an allgemein üblichen Verfahren scheint dann sicherer zu sein, als einen neuen Weg einzuschlagen. Wenn bei einem üblichen Verfahren etwas schief geht, kann man sich immer darauf berufen, dass es allgemein anerkannt ist und andere es auch nicht besser können. Entscheidet man sich für ein neues Verfahren und scheitert damit – wegen unzureichender Kompetenz – ist man allein dafür verantwortlich. Die Wahrscheinlichkeit, das falsche Verfahren auszuwählen, ist bei mangelndem Urteilsvermögen höher, und ein Scheitern damit fast zwangsläufig zu erwarten.

Auch mangelnde Führungsfähigkeit kann zu einer Blockade führen. Wenn ein Teamchef unklare Anweisungen gibt, dann können die Empfänger – meistens –solche Mängel ausgleichen, ein erfolgreicher Abschluss ist trotzdem möglich. Sind die Anweisungen für einen Rechner bestimmt, wird er die Ausführung verweigern. Eine solche Führungskraft wird daher immer den manuellen Ansatz vorziehen.

Möglicherweise werden Entwickler auch erst einmal auf eigene Verbesserungsmaßnahmen verweisen. Ihre Erfolgsaussichten müssen aber bewertet und eingeordnet werden können. Wenn solche Maßnahmen nur einen kleinen Teil des Gesamtprozesses betreffen und nicht die kostenintensiven Anteile, dann wird eine weitergehende Optimierung des Gesamtprozesses durch Konzentration auf das begrenzte Potenzial von Einzelmaßnahmen blockiert. Problematisch wird es, wenn nur die Entwickler selbst das Optimierungspotenzial schätzen können.

Eine erste, einfache und daher weit verbreitete Maßnahme ist beispielsweise die Einführung von Bibliotheken, die wieder verwendbare Funktionen für das Anwendungsgebiet enthalten. Trotzdem ist aber noch ein großer Teil manuell zu programmieren, beispielsweise die notwendige, anwendungsabhängige Infrastruktur. Der hohe Testaufwand für die spezielle Anwendung wird dadurch überhaupt nicht reduziert – unter anderem deshalb, weil auch die Funktion der Bibliothek im jeweiligen Umfeld erneut getestet werden muss, wie z.B. das Ariane5-Beispiel zeigt.

Über den Nutzen einer Maßnahme entscheidet allein der messbare Erfolg, beispielsweise eine signifikante Reduktion des Aufwandes und der Entwicklungszeit, quantifizierbar in Prozent des gesamten Produktionsprozesses. Dieser Nachweis kann erst nach einiger Zeit erbracht werden. Daher ist es wichtig, den Anpassungsprozess ständig zu überwachen, um rechtzeitig Fehlentwicklungen erkennen zu können. Stellt sich heraus, dass eine signifikante Verbesserung bezogen auf den Gesamtprozess nicht erreicht werden kann, dann muss die Maßnahme überdacht werden.

Kann ein innovativer Prozess, der nachweislich mehr Effizienz bringt, nicht erfolgreich eingeführt werden, dann sollte das nicht als Unbrauchbarkeit des Prozesses interpretiert werden, sondern als fehlende Qualifikation – z.B. Erfahrung – der in die Umsetzung Involvierten.

Der Anpassungsprozess muss also von einer Reihe von Maßnahmen begleitet werden, wenn er erfolgreich enden soll:

- Manager sensibilisieren für mögliche Blockaden durch die betroffenen Entwickler und ihnen Entscheidungshilfen geben,
- Entwickler auf die Umstellung vorbereiten, Hemmnisse ausräumen, Vorteile aufzeigen,
- ausreichende Kompetenz für den Übergang auf den neuen Prozess sicherstellen, und
- den Anpassungsprozess qualitativ und quantitativ überwachen.

8.3 Wirtschaftliche Relevanz

Aus wirtschaftspolitischer Sicht steht die Konkurrenz- und Wettbewerbsfähigkeit im Vordergrund: ein Unternehmen muss Gewinn erzielen und seine Stellung am Markt behaupten. Die Dienstleistung bzw. das Produkt, das es anbietet, muss in Preis und Leistung überzeugen, neue Produkte müssen möglichst schnell am Markt plaziert werden, bevor die Konkurrenz ähnliche Produkte anbietet.

Zur Vereinfachung wollen wir nun einheitlich nur noch über "Produkte" sprechen, da bei Softwareentwicklung als Dienstleistung auch ein Ergebnis erzielt wird, dessen Eigenschaften im prinzipiell mit denen eines Produktes vergleichbar sind – auch wenn etwa der Vervielfältigungsprozess bei reiner Software deutlich einfacher ist als bei technischen Produkten.

Ob ein Produkt am Markt als "preiswert" akzeptiert wird, hängt von den Produkteigenschaften und seinem Preis ab. Beide Akzeptanzkriterien werden wesentlich vom Herstellungsprozess beeinflusst. Wenn ein Produkt neue Eigenschaften erhalten soll, um die Wettbewerbsfähigkeit zu verbessern, hängt ein früher Termin für die Markteinführung von der Anpassungsfähigkeit des Produktionsverfahrens ab.

8.3.1 Mehr Synergie durch neue Produktionsmethoden

Produktionsmethoden und die Fähigkeit, sie zu verbessern, tragen zur Zukunftssicherung eines Unternehmens wesentlich bei. Je früher damit begonnen wird, desto größer ist der Vorsprung gegenüber Konkurrenten. Je länger die neuen Verfahren eingesetzt werden, desto größer die Chance, sie zu verbessern und weiterzuentwickeln.

Bisher wurden Rechner über Werkzeuge nur punktuell im Softwareproduktionsprozess eingesetzt. Aber nur ein ganzheitlicher Ansatz bringt wirklich die notwendigen Verbesserungen und Einsparungen. Bei Teilautomatisierung müssen die verschiedenen Phasen nämlich durch manuelle Tätigkeiten wie Analyse von Ergebnissen und Generierung von Information für die nächste Phase verbunden werden, die bei Automation des Gesamtprozesses wegfallen. Auch können Teile einer Phase oder die gesamte Phase entfallen.

So können Testfälle, positive und negative einschließlich Performance- und Robustheitstests, sowie die Analyse der Testergebnisse im Falle der vollständigen Automation mit der Codeerzeugung verbunden werden, und zwar für jede Anwendung.

Durch die vollständige Automation entfallen manuelle Eingriffe, durch die Fehler in den Produktionsprozess unkontrolliert eingeschleppt werden können und dann durch aufwändige weitere manuelle Analyse- und Testverfahren gefunden und beseitigt werden müssen. Während bei manueller Entwicklung die Fehlerwahrscheinlichkeit für jede Anwendung ähnlich ist, da sie von Verfassung und Erfahrung eines Entwicklers abhängt, kann sie bei automatischer Produktion durch Wartung kontinuierlich reduziert werden.

Die Konfigurierbarkeit des Produktionsprozesses verkürzt die Entwicklungszeit. Der Softwareproduktionsprozess kann (innerhalb der unterstützen Produktfamilie) seine Werkzeuge leicht selbst anpassen, wenn sich das Produkt ändert. Sehr unterschiedliche Produkte wie ein 1-Rechner und ein 20-Rechner Echtzeitsystem lassen sich aus der großen Produktfamilie "verteilte Echtzeitsysteme" nur durch Vorgabe systemtechnischer Anforderungen ableiten, eine entsprechende Organisation des Prozesses vorausgesetzt. Für eine Anwendung können somit leicht verschiedene Topologien erzeugt werden, je nach spezieller Anforderung oder um Performanceprobleme zu lösen.

Bei der Auswahl der Werkzeuge, die Softwareproduktionsprozesse unterstützen, muss sorgfältig auf die Abdeckung der Entwicklungskette und die tatsächlich erreichbare Einsparung geachtet werden. Die Hersteller vieler Werkzeuge versprechen wesentliche Einsparungen, aber die Angaben sind kaum vergleichbar bzw. nicht immer nachvollziehbar.

Einsparungen während der Spezifikationsphase wirken sich kaum auf die Gesamtkosten aus. Wenn beispielsweise 70% Kostensenkung versprochen werden, ist die Frage unter welchen Bedingungen. Ist damit nur die Spezifikationsphase, die Codierphase gemeint oder der Gesamtprozess?

Wie ähnlich müssen Systeme sein, damit die Kosten so stark wie behauptet gesenkt werden können bzw. gilt dies auch für sehr verschiedene Systeme? Wenn beispielsweise die Abweichungen zwischen zwei Systemen nur 10% betragen, sind 70% Einsparung möglicherweise zu wenig, da 10% Unterschied immerhin Kosten von 30% einer Neuentwicklung verursachen. Wieviel kann dann eingespart werden, wenn überhaupt keine (strukturelle) Ähnlichkeit zum Vorgängersystem besteht, außer der Verwandtschaft über eine Produktfamilie?

Der Entscheidung für einen neuen Produktionsprozess muss also eine sorgfältige Analyse der erreichbaren Vorteile vorausgehen. Angaben über Einsparungspotenziale müssen vorher kritisch geprüft werden. Nur wenn zu erwarten ist, dass für den geplanten Anwendungsbereich Kosten und Zeit drastisch sinken, lohnt sich die Einführung des Prozesses.

Indikatoren für erfolgreiche vollständige Automation sind beispielsweise:

- die Skalierbarkeit der Anwendung
  Steigen Kosten und Zeit höchstens proportional mit der Größe der Anwendung?
  Bei manueller Entwicklung wachsen Kosten und Zeit überproportional, mit Tendenz zum exponentiellen Verhalten. Gute Organisation und vollständige Automation vereinfachen die Anwenderschnittstelle.
- die Skalierbarkeit der Produktionszeit
  Wenn ein Rechner mit x-facher Leistung für die Softwareproduktion zur Verfügung steht, sinkt dann die Produktionszeit auch um den Faktor x?
  Bei signifikantem manuellen Anteil, sinkt die Produktionszeit nicht wesentlich, bei vollautomatischen Prozessen sinkt sie um den Faktor 1/x.

8.3.2 Egalisieren vs. Spezialisieren

Viele Firmen, die Softwareentwicklung betreiben und mit den auftretenden Problemen konfrontiert werden, bemühen sich, kostengünstig an Know-how zu kommen, um ihre Entwicklungen erfolgreich beenden zu können. Möglichkeiten bieten die Einstellung von qualifizierten Mitarbeitern und/oder der Zukauf von Werkzeugen.

Wird auf Werkzeuge vertraut, dann wird die Qualifikation der Mitarbeiter möglicherweise relativiert. Gute Entwickler müssen sich an die Vorgaben der Werkzeuge anpassen, werden eventuell in ihrer vollen Entfaltung gehemmt, da die Werkzeuge bzw. die zugehörige Methode den Ablauf bestimmen. Schlechte Entwickler werden durch Werkzeuge nicht unbedingt effizienter.

Aus betrieblicher Sicht scheint der Zukauf von Know-how über Werkzeuge und Methoden dennoch attraktiv zu sein. Die Entwicklungskosten für ein Werkzeug werden von vielen getragen, für eine relativ geringe Investition bekommt man anscheinend viel, man liegt im Trend und verschläft nicht eine neue Entwicklung. Da viele andere Betriebe auch so handeln wie man selbst, fühlt man sich bestätigt, das Risiko scheint gering zu sein, eine Fehlentscheidung zu treffen.

Bei mangelnder Effizienzkontrolle kann das Risiko jedoch erheblich anwachsen. Mit dem Kauf ist keine Herstellergarantie für eine Effizienzsteigerung beim Kunden verbunden. Im Vertrauen auf mögliche Verbesserung werden eigene Aktivitäten eingestellt, die Abhängigkeit steigt, der Motor läuft, aber das Schiff fährt ohne Navigator.

Eine Ergebniskontrolle und Anpassung an die betrieblichen Erfordernisse sind aber notwendig, da von einem allgemeinen Werkzeug keine Optimierung spezieller Abläufe bei einem Anwender erwartet werden kann. Der Hersteller eines Werkzeuges kennt die speziellen Anforderungen nicht, daher kann er sie nicht berücksichtigen. Da spezielle Maßnahmen für einen Anwender von Vorteil, für einen anderen aber von Nachteil sein können, müssen die Hersteller ohnehin einen Mittelweg gehen. Sie werden daher nur das abdecken, was viele potenzielle Anwender interessiert, also die Durchschnittsmenge.

Eine Anpassung an spezielle Produktionsabläufe des Anwenders ist daher unumgänglich, beispielsweise um den Übergang zwischen zwei Produktionsphasen effizienter zu gestalten. Ob das Werkzeug die sinnvolle Anpassung auch unterstützt, ist aber vollkommen offen. Ein zusätzliches Spezialwerkzeug ist meistens nicht realisierbar, weil zu teuer. Daraus entsteht ein scheinbar unlösbarer Konflikt: da die Kosten niedrig sein sollen, bleibt die erreichbare Effizienzsteigerung auch niedrig, eine Spezialentwicklung, mit der die gewünschten Ergebnisse erzielt werden können, ist nicht finanzierbar, da es nur einen kleinen Teil der Produktionskette abdeckt.

Diese Situation führt zur Stagnation bei der Optimierung der Entwicklung beim Anwender und zur Bindung seiner Ressourcen. Durch Fokussierung auf Zukauf von Know-how, dessen Wert hinsichtlich des beabsichtigten Einsatzes fraglich ist, liegt das eigene produktspezifische Know-how brach, die eigenen Ressourcen werden für Anpassungsmaßnahmen bzw. die Einarbeitung in die und Benutzung der gekauften Werkzeuge benötigt. Das vorhandene Know-how des Anwenders über die Produkteigenschaften kann nicht in Anforderungen an den Produktionsprozess umgesetzt werden.

Zur Lösung dieses Konfliktes tragen Werkzeuge bei, die bei niedrigen Gesamtkosten Anpassung an einen speziellen Produktionsablauf ermöglichen. Beim Einsatz automatischer Produktionsmethoden sinken die Herstellungskosten, so dass daher Mittel für die Spezialisierung frei werden. Die Investition in ein speziell auf ein Produkt abgestimmtes Werkzeug unter Nutzung des eigenen Know-hows ist aus dieser globalen Sicht lohnender als der Zukauf von schlecht anpassbaren allgemeinen Werkzeugen.

8.3.3 Automatische Produktion vs. Fremdentwicklung

Wir identifizieren nun Unterschiede zwischen automatischer Softwareproduktion und Outsourcing sowie Xshoring (Nearshoring, Offshoring) aus wirtschaftlicher und strategischer Sicht.

Beim "Outsourcing", "Nearshoring" oder "Offshoring" (zur Vereinfachung werden wir dafür auch den Begriff "Auslagerung" verwenden) werden Arbeitsabläufe aus dem Betrieb ausgelagert, um spezialisierten Firmen diese Aufgaben zu übertragen, in der Regel mit der Absicht Kosteneinsparungen zu erzielen. Die Entwicklungsmethoden bleiben manuell ausgerichtet. Im Betrieb verbleiben nur noch "Koordinatoren", die die ausgelagerten Arbeiten betreuen.

Bei automatischer Produktion werden statt dessen die ausgelagerten Arbeiten vom Rechner übernommen. Die verbleibenden Mitarbeiter agieren ebenfalls als "Koordinatoren" zwischen Anforderungen und dem Produktionsprozess ("Konfiguration des Prozesses für das gewünschte Produkt") – oder sie entwickeln Produktionsprozesse. Die Methodik ändert sich im Vergleich zum früheren Verfahren. Den ständig wiederkehrenden Kosten für Entwicklung einer Anwendung – durch Auslagerung reduziert – stehen die einmaligen Kosten für die Entwicklung oder Anpassung eines Produktionsprozesses gegenüber.

Durch Konfiguration des Prozesses wird das gewünschte Produkt erzeugt, durch Entwicklung der Prozess. Bei der Entwicklung eines Prozesses wird das vorhandene Know-how in automatische Abläufe transferiert, gegen Verlust gesichert, und für Wartung geöffnet.

Automation garantiert die Skalierbarkeit bzgl. Größe der Anwendung und Produktionszeit, wie oben beschrieben. Fortschritte in der Leistung von Rechnern sind sofort für den Produktionsprozess nutzbar. Die Grenzen für die realisierbare Größe von Anwendungen werden verschoben, nach unserer Erfahrung in einen Bereich, der weit außerhalb des tatsächlichen Bedarfs liegt.

Im Jahre 1999 haben wir auf einer UltraSparc I/140 Workstation ca. 2 Stunden Produktionszeit für ein verteiltes Echtzeitsystem mit 2 Prozessoren, ca. 40 Prozesstypen und 50 Prozessinstanzen gemessen. Auf einer heutigen Plattform werden nur noch ca. 5 Minuten dafür benötigt. 1997 lag mit einem semi-automatischen Prozess die beherrschbare Grenze für die Entwicklung eines (zuverlässigen) verteilten Echtzeitsystems innerhalb wirtschaftlicher Randbedingungen bei ca. 6-10 Prozessen, dagegen können mit dem vollautomatischen Produktionsprozess mühelos 50 Prozesse erreicht werden, und auch 100 Prozesse oder mehr wären kein Problem. Die Größe der Anwendung wird prinzipiell nur durch den Darstellungsbereich der verwendeten Datentypen, die allokierten Ressourcen sowie Speicher und Leistung eines Rechners begrenzt.

Bei der Auslagerung von Arbeit gelten weiter die Grenzen der manuellen Entwicklung, lediglich die Herstellungskosten sinken durch niedrigere Löhne.

8.4 Ausbildungspolitische Relevanz

Die Definition eines Produktionsprozesses für eine bestimmte Produktfamilie wie etwa "verteilte Echtzeitsysteme" erfordert Erfahrung auf dem jeweiligen Gebiet sowie Abstraktionsfähigkeit, die wesentlichen Prozessparameter zu definieren. Zur Optimierung ist Verständnis der wirtschaftlichen Zusammenhänge notwendig, damit der Prozess auf die für den Wettbewerb entscheidenden Punkte wie Konfigurierbarkeit abgestimmt werden kann.

Die Realisierung eines automatischen Prozesses erfordert den unbedingten Willen, manuelle Eingriffe in den Produktionsprozess zu vermeiden und die Komplexität der Anwenderschnittstelle und der Implementierung zu minimieren. Die einzusetzenden Hilfsmittel sollten sich an den Erfordernissen der Anwendung orientieren und dafür optimiert werden.

Die dazu notwendigen Fähigkeiten werden zur Zeit kaum durch ein Studium vermittelt, sollten in Zukunft aber gefördert werden. Sie reflektieren den höheren Qualifikationsgrad, der für einen Entwickler von Produktionsprozessen notwendig ist, und zum Erhalt seines Arbeitsplatzes wesentlich beiträgt.

8.4.1 Der Kunde ist König

Durch den Einsatz eines Rechners für die Softwareproduktion verändert sich die Schnittstelle zum Anwender, sie wird auf eine abstraktere, höhere, mehr anwendungsorientierte Ebene verlagert[3]. Darauf muss sich der Entwickler des Produktionsprozesses einstellen.

Zur begrifflichen Klärung: Wir unterscheiden nun zwischen "Anwendern" und "Entwicklern" von Produktionsprozessen.

Die Konfiguration eines Herstellungsprozesses für die geplante Anwendung erfordert eine eindeutige, daher formale Notation zur

[3] Prinzipiell handelt es sich hierbei um eine Anforderung. Wir betrachten aber deren Erfüllung als unbedingt notwendig und setzen diese Eigenschaften voraus.

Beschreibung der Anforderungen an das Produkt, wie Anzahl der Rechner, auszutauschende Daten, Datenmengen. Die Notation sollte aber auch für den Anwender verständlich sein und ihn nicht zwingen, seine gedankliche Welt zu verlassen. Beispielsweise denkt ein Ingenieur in Systemkomponenten, Topologie, Abtastraten, er dürfte kaum Begriffe wie "Task", "Preemption", "Datendeklarationen", "verkettete Listen" usw. kennen. Die Notation muss sich daher an den ihm bekannten Begriffen orientieren, nicht an den Vorstellungen und Neigungen der Entwickler, die durch ihr Studium geprägt sind und teilweise sehr "exotische", mathematisch geprägte Notationen verwenden.

Die Entwickler sollten sich mit einem Anwender zusammensetzen und eine Brücke zu ihrer Notation bauen. Für verschiedene Anwendungsgebiete, die durch den gleichen Produktionsprozess abgedeckt werden, sind möglicherweise mehrere Brücken sinnvoll, die alle auch wieder mit einem Produktionsprozess erstellt werden sollten.

Entweder sind bisherige Notationen überhaupt nicht formal wie UML oder nur semi-formal wie SDL, oder sie sind formal, aber die Notation ist für den normalen Anwender nicht brauchbar wie im Falle von Z oder B.

Eine formale Notation muss aber nicht notwendigerweise für einen normalen Benutzer unverständlich sein. Sie kann an das Problem, beispielsweise der Definition eines Echtzeitsystems oder einer Datenbank, und die dem Anwender vertraute Notation angepasst werden. Wird einem Anwender eine ihm unbekannte Notation aufgezwungen, dann steigt die Fehlerwahrscheinlichkeit, da er ein Problem in einer ihm ungewohnten Weise ausdrücken muss, und seine Effizienz sinkt. Unnötigerweise wird er mit etwas belastet, das ein Rechner viel effektiver ausführen kann: die Transformation von der Welt des Anwenders in die des Entwicklers.

Für die Prüfung der Korrektheit ist eine formale Notation unumgänglich, aber sie kann verborgen werden durch eine Transformation von einer "anwenderfreundlichen" Notation in eine für Beweise besser geeignete Notation. Diese Transformation sollte ein Rechner durchführen, nicht der Anwender.

Die Entwickler müssen daher in ihrer Ausbildung lernen, Anwendernotationen zu unterstützen. Das gilt nicht nur für den "Start" des Produktionsprozesses, die Systemspezifikation, sondern auch für das "Ende". Die Ergebnisse – im Prinzip sind dies die Systemeigenschaften – müssen ebenfalls in einer verständlichen Form präsentiert werden, mit unterschiedlichem Abstraktionsgrad. Das impliziert auch, dass diese Information vom Produktionsprozess erzeugt wird, und eine Umsetzung dieser "Rohinformation" in die Welt des Anwenders durch einen Rechner erfolgt. Anhand der Ergebnisse muss der Anwender sofort sehen können, es ist alles in Ordnung oder nicht, und dann einfach auf die benötigte, detailliertere Information zugreifen können, wenn dies notwendig wird.

Die beschriebenen Maßnahmen führen zu einer Komplexitätsreduktion an der Mensch-Maschine-Schnittstelle mittels Rechnern. Den Entwicklern sollte in der Ausbildung die Notwendigkeit einer solchen Komplexitätsreduktion an der Anwenderschnittstelle vermittelt werden.

8.4.2 Automation impliziert Qualifikation

Durch einen automatischen Produktionsprozess können alle Aspekte inkl. Risiken der Softwareentwicklung abgedeckt werden – vorausgesetzt, sie sind einem Entwickler tatsächlich bekannt. Daher sollte ihm während seiner Ausbildung deren Bedeutung vermittelt werden.

8.4.2.1 Softwareentwicklung ist mehr als Codieren

Codieren wird von Laien, aber auch von Softwareentwicklern als Haupttätigkeit bei der Softwareentwicklung angesehen. Beim Bäcker kommt es nicht nur auf die Erzeugung von Teig an, er muss Rezepturen ("Regeln") anwenden, die Wirtschaftlichkeit beachten und die Kundenbedürfnisse treffen. Analoge Anforderungen, die über das "Backen" / Codieren hinausgehen, gibt es in der Softwareentwicklung, die jedoch in der Ausbildung meistens nicht alle angesprochen werden oder vielfach bei den Studenten einfach nicht ankommen.

Hierzu gehören die sog. "nicht-funktionalen" Anforderungen wie ausreichende Performance, Robustheit, gutmütiges Verhalten bei Fehlern, geringe Komplexität, Qualität, Wirtschaftlichkeit und Planbarkeit der Entwicklung.

Zur Fehlererkennung und -behandlung ist eine systematische Vorgehensweise notwendig, die erlernt werden kann: Eher mehr Prüfungen einbauen als zu wenig. Dazu gehört nicht nur die Prüfung von Daten, sondern auch das Überprüfen von Annahmen, auf denen die benutzten Algorithmen aufbauen. Ohne eine solche "rigorose" Vorgehensweise kann man keinen akzeptablen Produktionsprozess entwickeln. Umgekehrt lassen sich solche Maßnahmen mit einem Produktionsprozess viel leichter verwirklichen.

Um Wirtschaftlichkeit zu erreichen, muss beispielsweise die Menge des Codes minimiert werden, denn: je mehr Code, desto größer der Testaufwand. Ebenso sinnvoll ist ein "Bootstrap"-Ansatz: für die Entwicklung von Produktionsprozessen sollten bereits vorhandene (Unter-)Produktionsprozesse eingesetzt bzw. gezielt geplant werden. Die Identifizierung und Umsetzung solcher Strategien sollte Bestandteil der Ausbildung sein.

8.4.2.2 Effizienz

Effizienz kann nur quantitativ nachgewiesen werden, entweder die eines Herstellungsprozesses oder die eines Produktes. Dazu müssen Daten generiert und ausgewertet werden, die Ergebnisse müssen bewertet werden.

Die Erzeugung der benötigten Daten kostet Zeit während der Entwicklung. Durch die erforderlichen Maßnahmen zum Nachweis der Effizienz kann daher der Prozess oder das Programm weniger effizient werden. Um diesen Nachteil zu vermeiden, ist ebenfalls gute Organisation des Prozesses notwendig, und die Anleitung hierzu sollte vermittelt werden.

8.4.2.3 Risikominimierung

Bei der Entwicklung von Software müssen Entscheidungen getroffen werden, deren Richtigkeit erst viel später nachgewiesen werden kann. Die (wahre) Performance einer Anwendung kann erst in der Zielumgebung festgestellt werden, nachdem die Entwicklung abgeschlossen ist.

Ein Produktionsprozess muss zur Risikominimierung beitragen. Dem Entwickler müssen die Risiken aber bekannt sein, damit er den Prozess darauf abstimmen kann. Die Konfigurierbarkeit eines Prozesses erleichtert die Änderung von Entscheidungen, beispielsweise statt einem Rechner zwei Rechner zu benutzen, um mehr Rechnerleistung zu bekommen. Damit kann das Risiko für die Herstellung des Produktes gesenkt werden, da die neue Konfiguration praktisch "auf Knopfdruck" zur Verfügung steht.

Wenn der Herstellungsprozess eine Topologieänderung nicht unterstützt, weil die Anforderung früher nicht bestand, muss er selbst geändert werden. Möglicherweise ist die erforderliche Modifikation aber zu komplex und zu teuer und daher nicht realisierbar. Da der Prozess dann nicht für die viele Anwendungen eingesetzt werden kann, sind teure Sonderentwicklungen notwendig, seine Effizienz sinkt.

Ein Produktionsprozess muss daher offen für Evolution sein, was eine geeignete Architektur bzw. Organisation voraussetzt. Wie dies erreicht werden kann, sollte ein Entwickler während seiner Ausbildung erfahren.

8.4.2.4 Test, Verifikation und Validierung

Ein Produktionsprozess muss Test, Verifikation und Validierung abdecken. Die Entwickler von solchen Prozessen müssen daher die entsprechenden Verfahren und Techniken kennen.

Erstens müssen sie den Prozess so gestalten, dass die Qualität des Produkts messbar bzw. nachweisbar ist. Zweitens müssen sie – mindestens bei kritischen Anwendungen – die Qualität des Produktionsprozesses ebenfalls nachweisen. Dieser Nachweis kann in der Größenordnung einer normalen Entwicklung liegen, wenn nicht genügend Erfahrung vorhanden ist, was die Attraktivität eines automatischen Produktionsprozesses stark beeinträchtigen würde. Auch hierfür sollten die Entwickler geeignete Strategien und Techniken lernen.

8.5 Zusammenfassung

Die Einführung automatischer Softwareproduktionsprozesse bringt erhebliche wirtschaftliche Vorteile. Die Herstellungskosten sinken, die Qualität des Produktes wird besser, die Flexibilität des Herstellungsverfahrens steigt. Das Firmen-Know-how fließt in die Produktionsprozesse ein und kann ausgebaut werden. Die Automation ermöglicht die Konzentration auf die technischen Anforderungen, Personal-Ressourcen werden nicht durch die Entwicklung von Software gebunden. Dies ist ein großer Vorteil gegenüber Outsourcing, Nearshoring und Offshoring.

Durch Automation entfallen Arbeitsplätze in der manuellen Softwareentwicklung, für die davon betroffenen Entwickler sicher höchst bedauerlich. Wird Automation nicht eingesetzt, verschwinden diese Arbeitsplätze durch Outsourcing und Xshoring aber auch. In einer Situation, in der genügend alternative, billige Arbeitsplätze zur Auslagerung von Arbeit verfügbar sind, vernichtet Automation keine Arbeitsplätze am Firmenstandort. Im Gegenteil: es entstehen neue für die Realisierung von Produktionsprozessen, für die qualifiziertes Personal benötigt wird. Außerdem verbleibt die gesamte Wertschöpfung am Standort.

Bleibt zur Stärkung der Wettbewerbsfähigkeit nur noch die Möglichkeit der Senkung von Personalkosten, ist dies ein Anzeichen für technischen Stillstand bei den Produktionsmethoden.

Damit die Entwickler die höheren Anforderungen erfüllen können, die für die Entwicklung von automatischen Produktionsprozessen erforderlich sind, muss die Ausbildung der Softwareentwickler angepasst werden. Nicht nur die Entwickler, sondern auch die Ausbilder müssen sich weiterbilden.

9 Schlussbemerkungen und Ausblick

In diesem Buch haben wir einen alternativen Ansatz zur Softwareentwicklung beschrieben. Eine Analyse der aktuellen – mindestens für uns – unbefriedigenden Situation zeigt, dass eine strategische Umorientierung erforderlich ist. Die hohen intellektuellen, aber dennoch begrenzten menschlichen Fähigkeiten reichen bei steigender Komplexität und Größe der Anwendungen nicht aus, um die Entwicklung von Software effizient bewältigen zu können.

Die menschliche Kreativität, die für die Definition der Systemanforderungen unverzichtbar ist, führt bei der Umsetzung von Ideen in Software zu erheblichen Problemen. Entwicklungszeit und Personalaufwand wachsen überproportional zur Größe der Anwendung. In dieser Situation ist es aus unserer Sicht unmöglich, mit noch mehr Regeln und Personal dieses Problem zu lösen.

Auch jüngste Ansätze wie "agile Methoden" oder "AOP" stellen den Entwickler weiterhin in den Mittelpunkt der Umsetzung von Anforderungen. Agile Ansätze versuchen, das Risiko zu minimieren, das durch eine hohe "Totzeit" zwischen Definition der Anforderungen und sichtbarem Ergebnis entsteht, und den manuellen Aufwand durch einen adaptiven Prozess zu senken, indem sie von Fall zu Fall entscheiden, welche Vorgehensweise bzw. welche Regeln sinnvoll sind. Aber die Vorgehensweise basiert weiterhin auf manueller Entwicklung. AOP ist prinzipiell ein Schritt in Richtung Automation, aber leider unvollständig. Ein Rechner wird zur Unterstützung der Entwickler bei der Umsetzung betrachtet, aber nicht als ausschließliches Mittel für die Umsetzung.

Die in der Softwareentwicklung auftretenden Probleme resultieren u. E. aus einem falschen Verständnis der Rolle von Entwicklern und Rechnern. Die Definition einer Anwendung bzw. eines Systems erfordert Kreativität, die Umsetzung Regelkonformität. Der Einsatz von kreativen Entwicklern für die Umsetzung führt zu einem unlösbaren Konflikt. Strategische Ziele wie hohe Komplexität, hohe Qualität, geringes Risiko, kurze Entwicklungszeit, niedrige Herstellungskosten sind unter diesen Rahmenbedingungen nicht alle gleichzeitig erreichbar.

Nur bei einer Zuordnung der Rollen entsprechend der Fähigkeiten können alle Ziele erreicht werden: der Mensch wird dort eingesetzt, wo Kreativität notwendig ist, der Rechner, wo (Regel-)Konformität erforderlich ist.

Der Rechner setzt Anforderungen durch einen Produktionsprozess regelkonform in ein Produkt um, der Mensch definiert kreativ die Anforderungen des Produktes und den Prozess. Ein Entwickler gewinnt dadurch Freiräume für die volle Entfaltung seiner Kreativität und wird nicht eingezwängt in ein Korsett, in das er nicht hineinpassen kann.

Die Umsetzung dieser Strategie erfordert ein Umdenken bei Managern und Entwicklern. Die Manager müssen für die geeigneten Rahmenbedingungen sorgen, die Entwickler ihre neue Rolle akzeptieren und erkennen, dass sich die Qualität ihres Arbeitsplatzes bessert. Für diese Rolle benötigen die Entwickler eine höhere Qualifikation, durch die ihr Arbeitsplatz sicherer und die Höhe ihres Einkommens gesichert wird.

Die Ausbildung der Entwickler muss dazu an die geänderten Anforderungen angepasst werden. Für die Entwicklung eines Produktionsprozesses sind umfassende Kenntnisse auf dem Gebiet der Softwaretechnik, des Projektmanagements, der Wirtschaftlichkeitsanalyse und der Prozessoptimierung erforderlich neben dem unbedingten Willen zur Automation.

Die Idee, einem Rechner die Umsetzung von Anforderungen in ein Produkt zu überlassen, erweckt den Eindruck, sie sei einfach und leicht zu realisieren. Wir konnten jedoch beobachten, dass Entwickler scheiterten, weil sie nicht genügend Erfahrung besaßen, um einen effizienten Produktionsprozess zu implementieren, und sich überschätzten, oder sie die Idee nicht richtig verstanden hatten, und daher keinen wirklichen Fortschritt erzielen konnten.

Nicht jeder, der einen Führerschein besitzt, kann dann auch erfolgreich ein Flugzeug fliegen. In Diskussionen haben wir gelernt, dass erhebliche Denkbarrieren beseitigt werden müssen. Anscheinend ist es schwierig, jemandem, der nur 2 Dimensionen kennt, in 3 Dimensionen einzuweisen. Er wird auch im 3-dimensionalen Raum immer eine Lösung im 2-dimensionalen Unterraum suchen.

Als wir nach ersten Schritten Mitte der 90er Jahre erstmals versuchten, das Einsparungspotenzial abzuschätzen und auf ca. 30% kamen, wurde das bezweifelt. Seit wir Ende der 90er Jahre den ersten vollautomatischen Produktionsprozess im Bereich Echtzeitsysteme realisiert haben, liegen wir bei ca. 80%. Damals wurde bezweifelt, dass dies auch für andere Anwendungsbereiche möglich ist.

Seitdem haben wir den Ansatz und unsere Erfahrung ständig erweitert und konnten zeigen, dass automatische (Produktions)Prozesse auch für grafische Benutzeroberflächen, Datenbanken, Portierung und weitere Anwendungen möglich sind. Durch die gewonnene Erfahrung und die kontinuierlich wachsenden Menge vorhandener Prozessimplementierungen konnten wir immer den nächsten Prozess effizienter realisieren und seine Effizienz steigern.

Für die Erschließung weiterer Anwendungsbereiche ist eine Diskussion und Kooperation mit potenziellen Anwendern notwendig. Am Anfang sahen wir den Bedarf auf unserem Arbeitsgebiet und besaßen die Technik, dort vollständige Produktionsprozesse zu gestalten. Probleme können aber nur gelöst werden, wenn man sie kennt. Immer wenn wir das Prinzip präsentieren, erfahren wir von weiteren Anwendungsmöglichkeiten, an die wir selbst überhaupt noch nicht gedacht haben, weil sie eng mit einem (uns fremden) Anwendungsgebiet zusammenhängen.

Jeder neue Produktionsprozess ist eine Herausforderung, aber durch die Bewältigung steigt die Erfahrung und mit ihr die Möglichkeit, größere Aufgaben erfüllen zu können.

Abkürzungen und Synonyme

AG	Auftraggeber
AN	Auftragnehmer
AOE	Anwendungsorientierter Entwickler
AOP	Aspect-Oriented Programming
ASaP	Automatische Software Produktion
ASSERT	Automated proof based System and Software Engineering for Real-Time applications
AWL	Anweisungsliste
OOA	Object Oriented Analysis
CAD	Computer-Aided Design
CASE	Computer-Aided Software Engineering
CRC	Cyclic Redundancy Check
CMM	Capability Maturity Model®
CPU	Central Processing Unit
DDV	Data Management System Design Validation
DoD	Department of Defense amerikanisches Verteidigungsministerium
EaSySim	Early System Validation by Simulation
EaSyVaDe	Early System Validation by Design
ER	Entity Relationship
ESA	European Space Agency
ESTEC	European Space Technology Center
EU	Europäische Union, European Union

FAQ	Frequently Asked Questions
FORTRAN	Formular Translator
FP	Function Points
FSM	Finite State Machine
FUP	Funktionsplan
g++	C++-Compiler der GNU-Software
gcc	C-Compiler der GNU-Software
GNU	GNU is not Unix
GUI	Graphical User Interface
HLL	Higher Level Language
HOL	Higher Order Langauge
HRDMS	Highly Reliable Data Management System and Simulation
HW	Hardware
IDEF0	äquivalente, nicht geschützte Bezeichnung für →SADT™
ISG	Instantaneous System and Software Generation
ISS	International Space Station
IT	Information Technology
ITU	International Telecommunication Union
JAA	Joint Aviation Authority
JDBC	Java Database Connectivity
JIT	Just-In-Time (Java-Compiler)
JVM	Java Virtual machine
KLOC	1000 →LOC
KOP	Kontaktplan
LISP	List Processor
LKW	Lastkraftwagen
LOC	Lines Of Code
MDA	Model-Driven Architecture

MMI	Man-Machine Interface Mensch-Maschine-Interaktion
MSC	Message Sequence Charts
MMU	Memory Management Unit
OCL	Object Constraint Langauge
ODBC	Open Database Connectivity
OMBSIM	On-Board Data Management System Behavioural Simulation
OMG	Object Management Group (http://www.omg.org)
OOD	Object-Oriented Design
OOP	Object-Oriented Programming
OS	Operating System (Betriebssystem)
PIM	Platform Independent Model
PKW	Personenkraftwagen
POE	Prozessorientierter Entwickler
PPS	Projektplanungssysteme
QS	Qualitätssicherung
RGB	Format für die Farbwiedergabe
ROTEX	Robotics Experiment
RUP	Rational Unified Process
SADT™	Structured Analysis and Design Technique) →IDEF0 (in Kapitel "Begirffe")
SA/SD	Structured Analysis / Structured Design)
SA/RT	Strunctured Analysis / Real-Time)
SCL	Structured Control Language
SDK	Software Development Kit
SDL	System Description Language
SPS	Speicher-Programmierbare Steuerungen
SQL	Structured Query Language
SW	Software
TCP/IP	Transfer Control Protocol / Internet Protocol

TÜV	Technischer Überwachungsverein
UDP	User Datagram Protocol
UML™	Unified Modelling Language (trademark of OMG)
Un*x	Sammelbezeichnung für Unix-Systeme wie Solaris™ und Linux
VC++	Microsoft™ C++-Compiler
V&V	Verifikation und Validierung
y2k	year 2000
YUV	Video-Format
WCET	Worst Case Execution Time
WML	Werkzeug- und Methodenlieferant

Begriffe

Abstraction
: Ein allgemeines Konzept, das durch die Ableitung wesentlicher Merkmale aus verschiedenen Beispielen entsteht. Abhängig von der Sicht können aus denselben Beispielen unterschiedliche Konzepte abstrahiert werden.

Abstraktion
: →Abstraction

Adaption
: Die Fähigkeit eines Produktionsprozesses, sich an variirende Anforderungen anzupassen, beispielsweise die Teilprozesse für Test, Verifikation und Validierung

Anforderungen

1. Vorgaben an ein softwarebasiertes System, definiert durch den Kunden (möglicherweise in Zusammenarbeit mit dem Hersteller), die von diesem System zu erfüllen sind.
2. Dokument im Rahmen des Systementwicklungsprozesses, dass die Vorgaben nach 1. enhält.

Anwender

1. der Entwickler, der aus der Software anderer Entwickler und eigener Software ein neues Programm erstellt
2. der Endanwender, der nur die Software nutzt, aber nicht entwickelt

ASaP
: Automated Software Production, automatischer Softwareproduktionsprozess

Assembler

1. symbolische Notation von Maschinensprache

2. Programm, dass die Assembler-Notation in Maschinensprache übersetzt

ausführbare Spezifikation
→Spezifikation, ausführbare

Automatischer Produktionsprozess
→Softwareproduktionsprozess, automatischer

Benutzer
→Anwender

Big Endian
Eine Form der Darstellung numerischer Werte im Speicher. Hierbei wird das Byte, das den höchstens Stellenwert hat, auf die höchste Adresse des Datenfeldes abgebildet, die anderen entsprechend absteigend, s.a. „Little Endian".

bottom-up
Bei der Implementierung eines Systems wird bei der untersten Schicht begonnen (bei einem →„embdedded system" ist dies die Hardware-Schnittstelle). Danach werden die höheren Schichten implementiert. Der „bottom-up"-Ansatz reflektiert die Erfahrung, dass man wissen muss, wie die Details an der Basis aussehen, bevor man ein System darauf aufbauen kann. Dabei besteht aber die Gefahr, dass die Anforderungen des Anwenders nicht berücksichtigt werden.

C

weitverbreitete Programmiersprache, die sowohl anwendungsnahes als auch betriebssystem- und hardwarenahes Programmieren erlaubt

C++
Objekt-orientierte Sprache, die auf C aufbaut

Code Analogy
Der Vergleich von Code, um festzustellen, ob ein erkannter Fehler auch noch in anderen Teilen der Software enthalten ist, eine sehr effektive Art, Fehler zu identifizieren

Codegenerator
: Ein rechnergestütztes Werkzeug, das Benutzereingaben in Quellcode transformiert

Code, produktiver
: Code, der unmittelbar notwendig ist, um die →Anforderungen des Nutzers erfüllen zu können.

Code, nicht-produktiver
: Code, der ergänzend zum →produktiven Codebenötigt wird, um dessen Eigenschaften anchweisen zu können, beispielsweise für Instrumentierung, Test, Verifikation, Validierung

Code Walk Through
: Statische Analyse des Codes zur Erkennung von Fehlern. Die Ausführung des Codes wird dabei anhand von Testfällen durch eine Gruppe von Testern simuliert.

Compiler.
1. Ein Programm, das Anweisungen in einer Hochsprache in Assembler-Anweisungen übersetzt.
2. Ein Programm, das Eingaben in einer Sprache in Ausgaben in einer anderen Sprache übersetzt.

CRC
: Cyclic Redundancy Check, ein Verfahren zur Gewinnung einer Prüfsumme für eine Datenmenge, aus der auf die Konsistenz der Daten nach ihrer Übertragung geschlossen werden kann.

Datenbank, DB
: Ein System zur Verwaltung, Speicherung und zum Abruf von Daten

Debuggen
: Die Bestimmung und Eliminierung der Quelle eines bereits festgestellten Fehlers

Deadlock
: Die gegenseitige Blockierung zweier oder mehrerer zyklisch aufeinander wartende Prozesse: Jeder der Prozesse benötigt die Zustimmung des nächsten Prozesses im Zyklus zur Fortführung, die aber nicht eintreten kann, weil die Prozesse sich dran hindern, diese Zustimmung geben zu können. →Life-Lock

Entwicklungsansatz
: Eine Vorgehensweise zum Erstellen von Software, die die notwendigen Abläufe von der Anforderungsdefinition bis zum Abliefern des Ergbnisses definiert.

Echtzeitsystem
: Ein System, das zeitliche Anforderungen erfüllen muss, z.B. auf ein Ereignis innerhalb einer bestimmten Zeit zu reagieren, oder Aktivitäten in regelmäßigen Abständen (periodisch) auszuführen.

Echtzeitsystem, verteiltes
: →Echtzeitsystem, das seine Funktionalität durch den Einsatz mehrerer aktiver Verarbeitungseinheiten umsetzt, die voneinander deutlich getrennt sind. Die Verteilung wird dabei meist zur Lastverteilung oder →Fehlertoleranz durch →Redundanz eingesetzt.

Einkapselung
: Die Trennung von →Schnittstelle und →Implementierung eines Moduls. Für die Verwendung der Funktionen, die ein Modul über seine Schnittstelle der Aussenwelt anbietet, ist die genaue Ausprägung der Implementierung unerheblich, sofern sie eingekapselt ist.

Embedded system
1. Ein System, das in Hardware „eingebettet" ist, also nicht mit einem Anwender bzw. Bediener (während des normalen Betriebes) kommuniziert.
2. Ein System, das dem Nutzer eine Oberfläche präsentiert, die speziell auf die zu erfüllende Aufgabe ausgelegt ist und nicht notwendigerweise suggeriert, dass Computer an deren Erfüllung beteiligt sind.

Encapsulation
: →Einkapselung

Entwickler
: Person, die die Anforderungen in ein System umsetzt oder an diesem Prozess beteiligt ist.

Entwickler, anwendungsorientiert
: Ein →Entwickler, der ein Softwareprodukt mittels eines →Produktionsprozesses herstellt und dafür die →Prozessparameter festlegt und den Herstellungsvorgang überwacht bzw. optimiert.

Entwickler, prozessorientiert

Ein →Entwickler, der einen →(Software-)Produktionsprozess definiert und realisiert. Für die Definition benötigt er Wissen über Automationstechniken, alle Gebiete der Softwareentwicklung und das Anwendungsgebiet. Letzteres wird meistens in Kooperation mit dem Anwender eingebracht bzw. erworben.

Entwicklung, inkrementell

Die Realisierung eines Systems in mehreren Ausbaustufen. Jede der Ausbaustufen ist in sich komplett, aber verschiedene Ausbaustufen setzen jeweils einen anderen Funktionalitätsumfang um. Die früheren Ausbaustufen besitzen geringere Funktionalität als die späteren. Die letzte Ausbaustufe besitzt die volle Funktionaltät.

Entwicklung, iterativ

Verschiedene Alternativen für die Realisierung eines Systems werden implementiert, die beste ausgewählt. Beispielsweise kann die Topologie eines Systems verändert werden, um Vor- und Nachteile eines Zentralrechners mit einer Netzwerklösung zu vergleichen.. In der Praxis nur dann anwendbar, wenn die Entwicklungsmethode den Änderungsaufwand in einem bezahlbaren Rahmen hält.

Enumeration Type

→Type, enumeration

executable specification

→Spezifikation, ausführbare

fail-operational.

1. Eigenschaft eines Systems, das nach dem Auftreten eines Fehlers (einer Mehrzahl von Fehlern) ohne Verlust an Funktionalität voll weiterarbeiten kann.

2. Zustand des Systems aus 1. wenn der Fehler eingetreten ist.

fail-safe.

1. Eigenschaft eines Systems, das nach dem Auftreten eines Fehlers (einer Mehrzahl von Fehlern) eine eingeschränkte, aber vorher klar definierte Funktion erbringen kann. Die Sicherheit des Betriebes ist aber garantiert, so dass es u.a. möglich ist, ggf. die volle Funktionalität (entweder durch interne Maßnahmen oder durch externe Kommandos) wieder zu erreichen.

2. Zustand des Systems aus 1. wenn der Fehler eingetreten ist.

fail-stop.

1. Eigenschaft eines Systems, das nach dem Auftreten eines Fehlers (einer Mehrzahl von Fehlern) nicht mehr weiterarbeitet und sich beendet, auch um Folgeschäden zu vermeiden.

2. Zustand des System aus 1. wenn der Fehler eingetreten ist.

fault injection

1. Die Einspeisung von Fehlern wie falschen Eingaben oder die Verletzung der zulässigen Betriebsbedingungen zum Nachweis, dass sich die Anwendung auch in diesen Fällen definiert verhält, beispielsweise die Fehlersituation überstehen kann oder die Ausführung verweigert.

2. Die Einspeisung von Fehlern wie in 1., um Fehler bei der Behandlung von Ausnahmesituationen wie in 1. aufzuspüren.

fault propagation

Die Auswirkung eines Fehlers über den Ort seiner Entstehung hinaus, wodurch weitere Fehler verursacht werden können. Fehlerausbreitung sollte durch das Erkennen eines Fehlers und korrekte Fehlerbehandlung verhindert werden.

Fehler, single-point

Ein Fehler an einer zentralen Stelle eines Systems, dessen Auftreten zu einem Totalausfall führt.

Fehlerausbreitung

→fault propagation

Fehlereinspeisung

→fault injection

Fehlertolerantes System

Ein System, das beim Auftreten eines oder mehrerer Fehler noch weiterarbeiten kann. Je nach Auslegung kann nach Auftreten eines Fehlers die Funktionalität eingeschränkt sein (s.a. →fail-stop, →fail-safe, →fail-operational)

Fehlertoleranz

→Fehlertolerantes System

GUI

„Graphical User Interface", „grafische Benutzeroberfläche", eine Schnittstelle (i.d.R. über Bildschirm und Tastatur, Maus), über die der Benutzer mit einem System kommunizieren kann. Durch die grafische Ausprägung ist eine übersichtliche und dem Anwendungsgebiet angepasste Darstellung der Information möglich.

Hardware-Software-Co-Design
Die Spezifikation der Funktionalität eines Systems ohne Festlegung, ob sie durch Hardware oder Software realisiert wird. Die Entscheidung für Hardware oder Software kann dann relativ spät getroffen werden, je nachdem, ob Performance(→Hardware) oder Flexibiltät (→Software) gefordert ist.

Hotline
Ansprechpartner für Probleme des Anwenders bei Benutzung von Software. Die Beratung erfolgt meist telefonisch oder per email.

Implementierung
1. Die Umsetzung der Vorgaben des Entwurfsdokuments in ein konkretes System.

2. Der Programmcode eines Moduls, der die durch die →Schnittstelle nach aussen angebotene Funktionaltät umsetzt.

Information Hiding
Das Verbergen von Implementierungsdetails, insbesondere von Details, die einer Änderung unterliegen können (s.a. →Abstraction, →Encapsulation).

Inkrementelle Entwicklung
→ Entwicklung, inkrementell

Integration
Das Zusammenführen von Systemteilen zu einem System höherer Funktionalität.

Interface
1. Die Grenze zwischen zwei miteinander kommunizierenden Systemkomponenten.

2. Die Definition der Funktionalität, die ein Modul an der Grenze aus 1. anderen Modulen zur Verfügung stellt.

Interfaces
→Interface

Intervallschachtelung

1. Die sukzessive Annäherung an ein gesuchtes Element durch stetige Verkleinerung des Suchbereichs. Jeder neue Suchbereich ist dabei echt im vorhergehenden Suchbereich enthalten.

2. Verfahren aus 1. angewandt auf die Fehlersuche (→Debugging) mittels Ausblenden von Code durch Teilung. Der Suchbereich im Code wird dabei jeweils in zwei Teile geteilt. Verschwindet die Ursache (Fehler) bei der Wegnahme des einen Teils, wird dieser Teil erneut unterteilt bis die Stelle eindeutig identifzierbar werden kann, die das beobachtete Symptom auslöst. Meist ist aufgrund von Abhängigkeiten in der Ausführung der zweite Teil des Codes leichter auszublenden als der erste ihm vorhergehende Teil.

   Auf diese Weise kann in den meisten Fällen die Ursache eindeutig identifiziert werden. In einigen Fällen kann die Ursache an anderer Stelle liegen, wenn durch die Wegnahme des Codes die Ursache nur indirekt beseitigt wird.

ISG

Instantaneous System and Software Generation, ein automatischer →Produktionspozess für verteilte Echtzeitsysteme.

IT-System

„Informationstechnisches System", „Information technology", ein System das, das Information verarbeitet. Hierunter wird i.a. ein System ohne Hardware wie Sensoren oder Aktoren verstanden, also ein System, das nur mit Hardware wie Rechnern, Benutzerschnittstellen (Bildschirm, Tastatur, Maus), Datenträgern und Netzwerken arbeitet.

Iterative Entwicklung

→ Entwicklung, iterativ

Konfigurationsparameter

→Prozessparameter

Kunde

Der Nutzer eines Systems, i.a. entweder der Anforderer oder der Käufer.

Life-Lock

Die gegenseitige Blockierung zweier oder mehrerer zyklisch aufeinander wartende Prozesse. Im Gegensatz zum →Deadlock entsteht die Blockade dadurch, dass die Prozesse jeweils auf eine Aktion des Nächsten so reagieren, dass ein weiteres Voranschreiten der Prozesse verhindert wird. Dies ist vergleichbar mit einer

Begegnung zweier Personen auf einem engen Flur, die sich durch ständiges Ausweichen in dieselbe Richtung gegenseitig am Weiterkommen behindern.

Little Endian
: Eine Form der Darstellung numerischer Werte im Speicher. Hierbei wird das Byte, das den höchsten Stellenwert hat, auf die niedrigste Adresse des Datenfeldes abgebildet, die anderen entsprechend aufsteigend, s.a. →„Big Endian".

Manager
: Kosten- und Terminverantwortlicher, Verantwortlicher für strategische Planung wie Projektleiter, Abteilungsleiter, Bereichsleiter, Controller, Geschäftsführer.

manuell
1. lat. „von Hand"
2. steht für die konventionellen Entwicklungsansätze für Software, bei denen große Teile des Codes durch die Entwickler selbst eingegeben werden, oder sonstige damit verbundene Tätigkeiten die Eingabe von Information über eine Tastatur oder Maus erfordern. Voraussetzung für diese manuelle Tätigkeit ist (natürlich) eine geistige Tätigkeit.

Meet-in-the-middle
: Dieser Ansatz versucht die Vorteile von →„top-down" und →„bottom-up" zu realisieren, ohne deren Nachteile übernehmen zu müssen. Sowohlmüssen., Ssowohl Anwenderanforderungen als auch externe Einflüsse sollen berücksichtigt werden.

Metamodell
: Ein Modell, das prinzipielle Zusammenhänge und Regeln eines Modellierungsansatzes definiert.

Methode
: →Entwicklungsansatz

MMI
: „Mensch-Maschine-Schnittstelle", „Mensch-Maschine-Interaktion, „Man-Machine-Interface", eine Schnitttstelle, mit der eine Benutzer mit einem System kommunizieren kann, wie Bildschirm, Tastatur, Maus.

Nearshoring
: Die Auslagerung von Arbeit ins benachbarte Ausland zum Erlangen von Vorteilen, in der Regel zur Kosteneinsparung, →s.a.Offshoring, →Outsourcing

Offshoring

Die Auslagerung von Arbeit ins entferne Ausland zum Erlangen von Vorteilen, in der Regel zur Kosteneinsparung. →Nearshoring, →Outsourcing

OOP

Object-Oriented Programming, Objektorientierte Programmierung: die Unterteilung eines Systems in Objekte mit definierten Schnittstellen hoher Abstraktion (Verallgemeinerung) und dem Verbergen von Information und Abhängigkeiten, die außerhalb der Objekte nicht von Interesse sind(„Information Hiding", „Encapsulation"). Der Ansatz basiert auf der onthologischen Klassifizierung unserer Umwelt durch das menschliche Gehirn.

Outsourcing

Die Auslagerung von Arbeit aus dem Betrieb an Unterauftragnehmer, in der Regel zur Kosteneinsparung., →Nearshoring, →Offshoring

Parity-Bit

Das Parity-Bit ermöglicht die Erkennung von Datenfehlern, indem redundante Information aus den zu überprüfenden Daten abgeleitet wird.

Performance

1. Der Grad der Ressourcennutzung eines Systems wie etwa von CPU-Leistung, Arbeits- und Massenspeicher, Kommunikationskanäle.

2. Der Grad der Resourcennutzung gemäß 1. gemessen an Vorgaben (etwa aus den →Anforderungen).Eine gute Performance bedeutet meist Nutzung von wenig Ressourcen.

Pointer

1. Ein Datenfeld (Variable), dessen Inhalt eine Adresse im Speicher repräsentiert.

2. Der Inhalt des Datenfeldes aus 1.

Phasenmodell

→Modell für den Softwareentwicklungsprozess. Der Prozess läuft in klar abgetrennten Phasen ab. In jeder der Phasen wird eine einzelne Aktivität durchgeführt. Das Modell gilt als veraltet, weil es konkurrierende Entwicklung unzureichend unterstützt.

Produktkonfiguration

Die Konfiguration eines →(Software-)Produktionsprozesses, um mit diesem ein bestimmtes Softwareprodukt zu erzeugen. Den (formalen) Parametern eines Produktionsprozesses werden dabei aktuelle Parameter zugewiesen, so dass das Produkt die gewünschten Eigenschaften bekommt.

Produktionsprozess
→Softwareproduktionsprozess

Prototyping
Vorgehensweise bei der →Systemanalyse, bei der die →Anforderungen durch die Erstellung und Erprobung partieller und auf Einzelkonzepte des Systems bezogener Teilimplementierungen („Prototypen") untersucht und verfeinert werden.

Prozess
1. Abfolge von Schritten, durch deren Ausführung ein vorbestimmtes Ziel erreicht werden soll.

2. Teil betrieblicher Abläufe, z.B. als Herstellungsprozess oder Teil eines Herstellungsprozesse

3. Aktivitätsträger in Kombination mit den für die Aktivität notwendigen Resourcen (Betriebssystemprozess, Task).

Prozessdefinition
Vorgang der Definition eines →(Software-)Produktionsprozesses.

Prozessparameter
Durch die Prozessparameter lassen sich die Eigenschaften eines Produktes einstellen, das durch einen →Produktionsprozess erzeugt wird.

Redundanz
Das Vorhandensein mehrerer Möglichkeiten zur Erfüllung einer Funktion, z.B. mehrerer identischer Komponenten oder die Mehrfachversendung von Nachrichten in einem Netzwerk. Meist zum Zweck der →Fehlertoleranz oder Lastverteilung.

Qualifikation
Unter Qualifikation versteht man die Bestätigung, dass ein Produkt für die vorgesehenen Einsatzbedingungen den Anforderungen entspricht.

Reflektion
Zugriff aus einem Programm heraus auf Daten, die das Programm selbst beschreiben, z.B. Typinformationen.

Ressource
Betriebsmittel für die Ausführung von →Prozessen.

RGB
Repräsentation für die Farbe eines Bildpunktes. „R" beschreibt den roten Anteil, „B" den blauen, „G" den grünen.

ROTEX
Robotics Experiment der →ESA, um das Verhalten und die Konstruktion von Robotern im Weltraum zu testen und zu optimieren.

Schnittstellen
→Interfaces

Softwareprodutionsprozess
Prozess zur Softwareproduktion. Ein „Softwareproduktionsprozess" generiert nicht nur Code, sondern berücksichtigt alle Entwicklungsphasen von der Spezifikation bis zur Abnahme, insbesondere Integration, Test, Verifikation, Validierung, sowie die (frühzeitige) Identifizierung von Anwenderfehlern. Ein Produktionsprozess ist durch seine → Prozessparameter steuerbar.

Softwareproduktionsprozess, automatischer
Ein automatischer →Softwareproduktionsprozess erfordert die Mitwirkung eines Entwicklers nur bei der Spezifikation und der Abnahme, aber nicht während der Zwischenphasen (Entwurf, Codierung, Test, Integration). Charakteristisch für einen solchen Prozess ist die Abnahme der Produktionszeit um ca. den Faktor 1/x, wenn die Rechnerleistung um den Faktor x steigt.

Spezifikation
Die detaillierte, möglicherweise formale Festlegung der →Anforderungen an ein System.

Stapelverarbeitung
1. Die sequentielle Abarbeitung von Aufträgen („Jobs") von einem „Stapel".

2. Form der Automatisierung sequentieller Abläufe beispielsweise durch scripts oder batch files

specification, executable
→Spezifikation, ausführbare

Spezifikation, ausführbare
Anforderungen, die sich sofort in ausführbare Software umsetzen lassen., beispielsweise wenn sie über Konfigurationsparameter eines automatischen Produktionsprozesses definiert werden.

Stub
Ein Teil eines Produktes, beispielsweise eine Funktion, die die Schnittstelle voll repräsentiert, aber intern noch keine bzw. nicht die volle Funktionalität besitzt.

synchron
1. gr. „gleichzeitig", zeitlich zusammenfallend

2. Eigenschaft eines →Echtzeitsystems, bei dem der genaue Zeitpunkt des Eintreffens von Ereignissen im Vorhinein bekannt ist, z.B. bei periodischen Ereignissen.

System
1. Zusammenstellung von einzelnen Komponenten zur Erfüllung einer vorgegebenen Aufgabe.

2. Eine Komponente mit bestimmten Eigenschaften, die auf Anforderung ein vorhersagbares Ergebnis liefert.

System, softwarebasiert
Ein System, in dem mindestens eine Komponente durch Software realisiert wird.

Systemanalyse
Feststellung und Dokumentation der →Anforderungen an das zu erstellende System.

Systemcompiler
→Erzeugungssystem für Softwaresysteme, das einem →Softwareproduktionsprozess folgt.

System, eingebettetes
→Embedded System

Thread
Unter einem Betriebssystem selbständig ausführbarer Teil eines Softwarepaketes, der sich den Addresstraum mit anderen "Threads" teilt. Threads können auch in einem →Prozess eingekapselt sein, wie z.B. in Un*x.

Tool
→Werkzeug

top-down
Die Implementierung eines Systems beginnt bei der obersten Schicht, der Schnittstelle zur Außenwelt, von da werden die nächsten Schichten schrittweise definiert und implementiert. Bei einem →„embedded system“ ist dies die Hardware-Schnittstelle. Dabei besteht die gefahr, dass „oben“ Entwcheidungen getroffen werden, die „unten“ nicht realisiert werden können. s.a. „bottom-up“

Type, enumeration
Ein Datentyp, der die Verwendung von Namen für die Definition eines Wertevorrates einer logischen Menge erlaubt.

Usability
Benutzbarkeit und Gebrauchstauglichkeit von Software

Visualisierung
Die Transformation von Softwareeigenschaften in eine für Menschen verständliche und übersichtliche Form, die optisch wahrgenommen werden kann.

V-Model
Das V-Model stellt jeder Anforderungs- oder Beschreibungsphase eine Nachweisphase gegenüber. Durch die vertikale Anordnung der Phasen gegen die horizontale Zeitachse erhält man ein „V“. Wegen der Betonung des Nachweises kann dieses „V“ auch als Abkürzung für „Verifikation“ und „Validierung“ interpretiert werden.

V-Modell
Beim V-Modell handlet es sich um Vorschriften des „Bundes“ (Bundesreplik Deutschland) für die Erstellung von IT-Projekten.

Ware, braun
Bezeichnung für Haushaltsgeräte, die in Wohnräumenbenutzt werden, und zur besseren Anpassung an die Umgebung meistens in einem dunklen Ton gehalten sind wie Radio- und Fersehapparate

Ware, weiß
Bezeichnung für Haushaltsgeräte, die in Küchen oder Waschräumen benutzt werden, und zur besseren Anpassung an die Umgebung meistens weiß sind wie Kühlschränke und Waschmaschinen

Werkzeug
Ein Programm, das als Hilfsmittel bei der Entwicklung von Software eingesetzt wird.

Xshoring
Sammelbegriff für →Nearshoring, →Outsourcing und →Offshoring

Y-Modell
Bei Einsatz von automatischer Codegenerierung entartet der zur Codegenerierung gehörende Teil zu einem senkrechten Strich, daher wird aus dem →„V-Model“ das „Y-Model“.

YUV
Video-Format, das bei der Übertragung von Bildinformation beim Fernsehen eingesetzt wird. „Y“ gibt die Helligkeit an, „U“ und „V“ repräsentieren die zwei Grundfarben „Rot“ und „Blau“.

Zertifizierung
die rechtskräftige Bestätigung durch eine fachkundige autorisierte Instanz, dass ein Produkt nach den geforderten Richtlinien hergestellt wurde.

Literatur

ACG-SoA: Automatic Code Generation, State-of-Art for Code Generation, ESA/ESTEC Contract. No. 18056/04/NL/JA, Team: EADS-ST, SciSys, SynSpace, BSSE

ACG-Std: Automatic Code Generation, Tailored E-40 Standard, ESA/ESTEC Contract. No. 18056/04/NL/JA, Team: EADS-ST, SciSys, SynSpace, BSSE

AESOD: AOCS Embedded Software Design, ESA contracts no 6534/85/NL/AN(SC), 7433/87/NL/AN(SC), Final reports 1987 and 1990, Noordwijk, The Netherlands

Alexandrescu, A. : Modern C++ Design: Generic Programming and Design Patterns Applied, ISBN 0-201-70431-5, Addison-Wesley, 2001

Ariane5: Airane 5 Flight 501 Failure Report July 1996 http://sunnyday.mit.edu/accidents/Ariane5accidentreport.html

Arjonilla,A.: The last step towards full on-board software automatic development: the automatic test of code generated from models, Proceedings of DASIA2004 (Data Systems in Aerospace), 28.06.-01.07.2004, Nice, France

AspectJ: aspectj Project, http://www.aspectj.org/

ASSERT: Automated proof based System and Software Engineering for Real-Time applications, EU-Projekt FP6-004033, 2004

B: B notation, formal method, http://www.zuser.org

Battini,F.: Clean Room Approach to Space Software Reliability, Proceedings DASIA'98, May 25-28, 1998, Athens, ESA report SP-422, S.. 5-11

Berard,E.V.: Life-Cycle Approaches, http://www.itmweb.com/essay552.htm

Boehm, B.W.: Software Engineering, IEEE Transactions on Computers C-25, 12 (December 1976) 1226-1241

Boehm, B.W.: Guidelines for Verifying and Validating Software Requirements and Design Specifications, In: Samet, P.A. (Hrsgb.): EURO IFIP79, Amsterdam, North-Holland, 1979, S. 711-719

Boehm, B.W.: Software Engineering Economics,l Englewood Cliffs, N..J., Prentice-Hall, 1981

Boehm, B.W.: A Spiral Model of Software Development and Enhancement, IEEE Computer 21, May 1988, S. 61-72

Brammer,U.: Applying CASE Tools for On-Board Software Development, Proceedings of DASIA 2-6 June 2003, Prague, Czech Republic, ESA SP-532

Brooks, F., jr: The Mythical Man-Month, Anniversary Ed., ISBN 0-201-83595-9, Addison-Wesley, 1995

Caib: Columbia Accident Investigation Board, Final rRport, Vol I-VI, Oct.2003), http://www.caib.us/news/report/default.html

Camus, J.-L.: Efficient Development of Avionics Software with DO-178B Safety Objectives, Esterel Technologies, 2002, Toulouse, France

Cass,A.: State-of-Art for Code Generation, Product Assurnace Aspects, ESA/ESTEC contract no. 18056/04/NL/JA, Automatic Code Generation, ACG-TN01-PA-SYN, May 2004

CMM: Capability Maturity Model, Carnegie-Mellon University, SEI Customer Relations, Software Engineering Institute, Pittsburgh, PA 15213-3890, USA, www.sei.cmu.edu/cmm/

Columbia: Columbia Mission STS-107, http://www.nasa.gov/columbia

COLUMBUS: Sammelname für Aktivitäten der →ESA seit 1984 zum Bau der internationalen Raumstation →ISS.

COMPILERTOOLS: http://dinosaur.compilertools.net/

CRISYS: Critical Control System, ESPRIT Project EP 25514, 1997-2001, http://ais.gmd.de/~ap/crisys

DarkSideSW: The Dark Side of Software

http://www.twurl.com/twurled_world/therac/decisions.htm

DDV: Data Management System Design Validation,
ESA contract. no. 9558/91/NL/JG, Final Report, 1995, Noordwijk, The Netherlands

Debris: Columbia mission, Debris Assessments,
http://www.nasa.org/foia/index.html

Demarco,T.: Controlling Software Projects, Management Measurement & Estimation, Yourdon Press, Englewood Cliffs, N.J. 07632, Prentice-Hall, 1982

Demarco,T.,Lister,T.: Both Sides Always Loose: Litigation of Software-Intensive Contract, Cutter IT Journal, Vol. XI, No. 4, April 1998
http.//www.systemguild.com/GuildSite/DandL/cutter0498.html

Denning,P.J.: The Social Life Of Innovation, Communication ACM, Vol. 47, No. 4, 2004

DO178B: Software Considerations in Airborne Systems and Equipment Specifications, Radio Technical Commission for Aeronautics (RTCA) DO-178B, http://www.rtca.org

DOM: Document Object Model, World Wide Web Consortium, http://www.w3.org/DOM/

Duncan,I.: Software Engineering, School of Computer Science, University of Andrews, VIT Lectures 2004, Physics 332
resource.dcs.st-and.ac.uk/Modules/IS5002-VIT/lecture_materials/
Software%20Engineering/VIT104_1.ppt

ECSS-M30: Space Project Management, ECSS-M-30A, April 1996
http:// www.ecss.nl

ESA-ECSS: European Cooperation for Space Standardisation
http:// www.ecss.nl
http://www.estec.esa.nl/ecss/standard/status.html

ESA-PSS: ESA software engineering standards, ESA-PSS-05,
http://esapub.esrin.esa.it/pss/pss-cat1.htm

ESA-ECSS: European Cooperation for Space Standardisation
http://www.estec.esa.nl/ecss/standard/status.html

eFence: Electric Fence malloc() debugger,
http://perens.com/FreeSoftware/ElectricFence/

ExecSpec: Executable Specifications, ESA/ESTEC Initiative, Noordwijk, The Netherlands, 1996

Fenton,N.E: Software Metrics - A Rigourous Approach., Chapmann & Hall Inc., London, 1991

Fenton,N.E., Ohlsson,N.: Quantitative Analysis of Faults and Failures in a Complex Software System, IEEE Transactions on Software Engineering, Vol. 26, No. 8, August 2000

Fewster,F., Graham,D.: Software test Automation, effective use of test execution tools, Addison-Wesley, 1999, ISBN 0-201-33140-3

Föllinger,O.: Regelungstechnik, AEG-Telefunken AG, 1980, ISBN 3-87087-116-4

Gamma et al.; Design Patterns, Addison-Wesley Professional, 1995 ISBN 0-20163-361-2

Gerlich94: Gerlich,R. Denskat,U.: A Cost Estimation Model for Maintenance and High Reuse, European Cost Modelling Conference (ESCOM),, 11.-13.May 1994, Ivrea, Italy

GerlichSDL97: Gerlich,R: Tuning Development of Distributed Real-Time Systems with SDL and MSC: Current Experience and Future Issues, SDL'97 Forum, September 22-26, 1997, Evry, France, pp. 85-100, ISBN 0 444 82816 8
http://www.bsse.biz/papers

GerlichExt98: Gerlich,R: EaSySim II SDL Extensions for Performance Simulation, Workshop on Performance and Time in SDL and MSC, February 17-19, University of Erlangen, Germany, http://www.bsse.biz/papers

GerlichDasia98: Gerlich,R.: Lessons Learned by Use of (C)OTS, Eurospace Symposium DASIA98 "Data Systems in Aerospace", May 25-28, 1998, Athens, http://www.bsse.biz/papers

GerlichSim98: Gerlich,R.: Accuracy of Simulation, Workshop on Performance and Time in SDL and MSC, February 17-19, University of Erlangen, Germany, http://www.bsse.biz/papers

GerlichDasia2000: Gerlich,R Birk,M., Brammer,U., Lattner,K., Ziegler,M.: Automated Generation of Real-Time Software from Datasheet-based Inputs, The Process Model, the Platform and the Feedback from the MSL Project Activities, Eurospace Symposium DASIA2000 "Data Systems in Aerospace", May 22-26, 2000, Montreal, Canada, http://www.bsse.biz/papers

GerlichDasia01: Gerlich,R.: Platform-Dependent (Cost)Impacts on Portability, Software Reuse and Maintenance, Eurospace Symposium DASIA'01 "Data Systems in Aerospace", May 28-June 1, 2001, Nice, France, http://www.bsse.biz/papers

GerlichLNCS2001:Gerlich,R.: Performance and Robustness Engineering and the Role of Automated Software Development, pp.20-39, in Performance Engineering – State of the Art and Current Trends, LNCS 2047, ISBN 3-540-42145-9

GerlichDasia2002: Gerlich,R.: Benchmarks on Automated System and Software Generation - Higher Flexibility, Increased Productivity and Shorter Time-To-Market by ScaPable Software, Eurospace Symposium DASIA'02 "Data Systems in Aerospace", May 13 - 16, 2002, Dublin, Ireland

Gilb,T.,Graham,D.: Software Inspection, Addison-Wesley, 1993

Glass,R.: Software Runaways, Lessons learned from Massive Software Project failures, Upper Saddle River, NJ 1998

Glöe,G.: Das Maß aller Dinge, Definition von QS-Merkmalen und ihre pragmatische Umsetzung, MicroConsult PraxisForum „Embedded Quality", Zürich, München Oktober 2002

Goff, M.: The Blacksmith and the Bookkeeper, Part 1, The Evolving Modalities of Human Missions, 09.09.2004 http://today.java.net/pub/a/today/2004/09/09/blacksmith.html

Gorgs,C. Schweins,R.: Warum unsere Autos so oft kaputt gehen, Automobilindustrie: Viel zu tun, Handelsblatt, 25.09.2002

Harel,D.: Statecharts: A visual formalism for complex systems, in Science of Computer Programming, volume 8, pp. 231 -- 274, June 1987.

Hearn, A.C.: A System and language for algebraic manipulation, Sypmposium on Symbolic and Algebraic Manipulation, Los Angeles, California, 1971, pp.128-133

HRDMS: Highly Reliable Data Management System and Simulation, ESA contract no. 9882/92/NL/JG(SC), Final Report Oct. 1994, Noordwijk, The Netherlands

Humbert, Ph., Sifakis,J., Gerlich,R.: Data Management System Design Validation, Summary, ESA contract. no. 9558/91/NL/JG, 1995 http:// www.fmeurope.org/databases/fmadb085.html

Incose: http://www.incose/org/tools

iLogix: I-Logix UK Ltd., Cornbrash Park, Bumpers Way, Chippenham, Wiltshire SN14 6RA England

INSEAD: ESA Database at INSEAD, Fontainebleau, France, URL: http://www.insead,fr/~rise

ISO9000: eine Einführung findet man beispielsweise unter Wollboldt,W.G.: http://www.gi-ev.de/praxis/normen/iso9000-inhalt-norm.shtml

ITHAFT entnommen aus http://www.it-haftpflicht-01.de/wissenswertes.php

Jakobi,G.: Software ist im Auto ein Knackpunkt, VDI-Nachrichten 28.02.2003, S.8

Kaner,C.: Improving the Maintainability of Automated Test Suites, Quality Week'97, http://www.kaner.com/lawst1.htm

Karlsson,J.: Fault-Tolerant Computer Systems, EDA121, Chalmers University, Department of Computer Engineering, Göteborg, Schweden, 2003 http://www.ce.chalmers.se/undergraduate/DCMAS/EDA121/lectures/lecture1.pdf

Kay, A.: email available by http://userpage.fuberlin.de/~ram/pub/pub_frsmc4/doc_kay_oop_en

LC2: Duncan,I.: Software Engineering, School of Computer Science, University of St Andrews, VIT Lectures 2004, http://www.cc.gatech.edu/classes/AY2000/cs3802_fall/Lecture2/Lecture2.ppt

LC3: Software Life cycle, Lecture #23, Dec. 2003, CS410, University of Massachusetts, Boston, Department of Computer Science http://www.cs.umb.edu/cs410/ise12-09.pdf

LISP: List Processor, Public-Domain Softwarepaket z.B. bei http://www.gnu.org/directory/All_Packages_in_Directory/CMUCL.html

Littelwood,B.: How to measure software reliability and how not to, Proceddings on the 3rd international conference on Software engineering, Atlanta, Georgia, USA, 1976, S. 39-45 http://portal.acm.org/portal.cfm http://www.csr.city.ac.uk, http://www.soi.city.ac.uk/search (City University of London)

LOTOS: ISO 8807, LOTOS – A formal description technique based on the temporal ordering of observational behaviour, 1989

Lustre: Caspi,P., Pilaud,D., Halbwachs,N., Plaice,J.A.: LUSTRE: a declarative language for real-time programming, Proceedings of the 14th ACM SIGACT-SIGPLAN symposium on Principles of programming languages, pp. 178-188, Munich, Germany, 1987

MatLab: The MathWorks, Inc., 3 Apple Hill Drive, Natick, MA 01760-2098, USA,
www.mathworks.com/access/ hel-desk/help/techdoc/matlab.shtml

McClure, C.L.: Top-Down, Bottom-Up, and Structured Programming, IEEE Transactions on Software Engineering, Vol. SE-1, No. 4 (1975) 397-403

MA3SURD: Cormery,P., Turin,M.: Multi-domains Advanced Architecture for Automated Systems, →ASSERT User Requirement Document, MA3S System Famiily, Dec. 2004

Maxwell,K.: ESA/INSEAD Data Analysis Report No. 6, General Effort Estimation Models based on Significant Productivity Figures, May 1997

Maxwell,K.,Eisele,T.: ESA/INSEAD Data Analysis Report No. 5, Productivity of Core Database, May 1997

Maxwell,K.,Wassenhove,L.van,, Dutta,S.: : Benchmarking: The Contribution Dilemma, INSEAD,,April 1997

Mills,H.: Chief programmer teams, principles, and procedures, IBM Federal Systems Division Report FSC 71-5108, Gaithersburg, Md., 1971

MSL: Birk,M., Brammer,U., Lattner,K., Ziegler,M, Gerlich,R.: Automated Generation of Real-Time Software from Datasheet-based Inputs,, Eurospace Symposium DASIA2000 "Data Systems in Aerospace", May 22-26, 2000, Montreal, Canada, http://www.bsse.biz/papers

Musa93: Musa, J.D.: Operational Profiles in Software Reliability Engineering, IEEE Software, March 1993, pp.14--32

Mylopoulos,J.: CSC340, Information Systems, Analysis and Design, Winter 2004
http://www.cs.toronto.edu/~jm/340s/02/PDF2/lifecycles.pdf

Nguyen,H.N.: A Meet-in-the-middle Verification Strategy, Proceedings of the IP-based SoC Design Workshop, December 6-7, 2001, grenoble, 2001

OG: ObjectGEODE, Verilog SA, Toulouse, Frankreich

ObjectGEODE wurde in 2000 mit SDT zusammengefasst, Verilog ist jetzt Teil von Telelogic

OOISO: ISO/IIEC 2382-15 (objekt-orientierte Programmierung)

OMBSIM: On-Board Management System Behavioural Simulation, ESA contract no.10430/93/NL/FM(SC), Final report Nov. 1995, Noordwijk, The Netherlands

OSI: ISO/OSI Schichtenmodell
Im Internet findet man mit den Suchbegriffen "iso osi schichten modell" viele Referenzen. Eine davon ist: http://dbs.uni-leipzig.de/buch/mrdbs-16.html

Palla,V.K.,Pavan,K.N..: Regression Testing Framework and Strategy, Software Testing 2004, 4hat Annual International Software Testing Conference, February 20-21, Pune, India, 2004
http://www.qaiindia.com/conferences/publishing/palla-pavan_baan.pdf

Partsch, H.: Specification and Transformation of Programs, ISBN 0-38752-589-0, Springer-Verlag, 1990

Pathfinder: http://research.microsoft.com/research/os/mbj/Mars_Pathfinder/

Perrier,V.: System architecting by prospective performance analysis and architectural exploration, posted February 26, 2004
http://www.us.design-reuse..com/articles/article7251.html

Pfleeger98 Pfleeger,S.L.: Software Engineering, Theory and Practice, Prentice Hall, 1998

PolySpace: PolySpace Technologies, 100 C, Allée Saint Exupéry, ZIRST Montbonnot, 38330 Montbonnot St Martin, France

PONS: Globalwörterbuch Englisch-Deutsch, Klett, Stuttgart, Collins, London & Glasgow

POSIX: IEEE 1003.1™ Standard for information technology - portable operating system interface (POSIX), IEEE

Premalatha,M.: Test Automation - A Development Activity, Software Testing 2004, 4hat Annual International Software Testing Conference, February 20-21, Pune, India, 2004
http://www.qaiindia.com/conferences/publishing/premlatha_novell.pdf

Pressman97: Pressman,R.S.: Software Engineering: A Practitioner's Approach, 4th Ed., McGraw Hill, 1997.

Prover: PROVER TECHNOLOGY AB, Alstroemberg 22, Stockholm 11247, Schweden

QueensU:http://www.cs.queensu.ca/Software-Engineering/vendor.html

REDUCE: The REDUCE Computer Algebra System,
http://www.uni-koeln.de/REDUCE/

REFA: REFA dieser Name geht zurück auf „Reichsausschuss für Arbeitszeitermittlung (1924), heute: Verband für Arbeitsgestaltung, Betriebsorganisation und Unternehmensentwicklung, URL: http://www.refaly.de

Rees,J.: Apotheken-Inventurscanner und Wegfahrsperre auf einer Frequenz, Elektronikpannen: Verwirrte Schaltkreise in den Autos, Handelsblatt, 25.09.2002

Rhapsody: I-Logix UK Ltd., Cornbrash Park, Bumpers Way, Chippenham, Wiltshire SN14 6RA England

RöschLTD: Rösch,M., Die Softwareentwicklung automatisieren, http://www.roesch.com/martin_roesch.html

Rösch2004: Rösch,M., Automatisierung schlägt Niedriglohnländer, 21.04.2004, http://www.roesch.com/include/files/2004-04-21_Automatisierung_schlaegt_Niedriglohn.pdf

Rational Rose: IBM ROSE RT UML

Rotex: Robotics Experiment, D2 Spacelab Mission, 1993, DLR, Germany, http://www.deutsches-museum.de/ausstell/dauer/raum/e_rotex.htm

Scade: Esterel Technologies SA, 8 rue Blaise Pascal, Parc Euclide, Elancourt 78990, France

Schmidt04: Schmidt,R. Outsourcing will gut vorbereitet sein, Computerwoche Nr. 38, September 2004, Fachhochschule Aalen

Scholz200: Scholz,A., Schmietendorf,A.: Aspekte des Performance Engineering – Aufgaben und Inhalte, in Tagungsband 1. Workshop Performance Engineering in der Softwareentwicklung (PE2000), 15. Mai 2000, Darmstadt, Dumke,R., Rautnestrauch,C., Scholz,A., Schmietendorf,A. (Hrsg.)

Simonyi, Ch.: Intentional Software http://www.intentionalsoftware.com/

SDL Specification and Description Language, Z100, ITU General Secretariat – Sales Section, Place de Nations, CH-1211 Geneva 20, Switzerland, http:// www.sdl-forum.org

SDT: Telelogic AB, PO Box 4128, S-20312, Malmö, Schweden

Seguin,Ch.,G.Durrieux, O.Laurent, V.Wiels: Autoamtic test case generation for critical embedded systems, Proceedings of DASIA2004 (Data Systems in Aerospace), 28.06.-01.07.2004, Nice, France

Sorensen,R.: A Comparison of Software Development Methodologies, Software Technology Support Center (STSC), Hill Air Force Base, Utah, 1995 http://www.stsc.hill.af.mil/crosstalk/1995/01/comparis.asp

Sommerville,I.: Software Engineering, 5th edition, Addison-Wesley, 1996, ISBN 0-201-42765-6

Spillner, A.: From V-model to W-model - Establishing the Whole Test Process, Proceedings Conquest 2000 - Workshop on "Testing Non-Functional Software Requirements", Sept. 2000, Nürnberg, S.221-231.

SpiCE: Software Process Improvement and Capability dEtermination, http://www.sqi.gu.edu.au/spice

Spitzer, M.: Lernen, Spektrum Akademischer Verlag, 2002, ISBN 3-827-41396-6

Statemate: I-Logix UK Ltd., Cornbrash Park, Bumpers Way, Chippenham, Wiltshire SN14 6RA England

StickyMinds: http://www.stickyminds.com

Stutzke,R.D.: The Multiple Dimensions of Software, Confernece on Managing Software Excellence, December 3-5 2002, Baltimore, Maryland http://www.qualityPlustech.com/QAAM_Stutzke_Multiple_Dimensions_SWQuality.pdf

SWTest04: Software Testing 2004, 4hat Annual International Software Testing Conference, February 20-21, Pune, India, 2004 http://www.qaiindia.com/conferences/sw_tst_2004/selected.htm

TAU Telelogic AB, PO Box 4128, S-20312, Malmö, Schweden

TestFAQ:http://www.testingfaqs.org

UML: Unified Modelling Lnaguage, http://www.rational.com/uml

VAPS: enGenuity Technologies Inc., Montreeal, Canada http://engenuitytech.com

VDM: Vienna Development Method, http://vl.zuser.org/#vdm

V-Model: → Spillner, 2000

V-Modell: Das V-Modell, Planung und Durchführung von IT-Vorhaben, Entwicklungsstandard für IT-Systeme des Bundes, Allgemeiner Umdruck Nr. 250, http://www.v-modell.iabg.de

WhatTest: http://www.whatistesting.com

Wirth, N.: On the Composition of Well-Structured Programs, Computing Surveys, Vol. 16, No. 4 (1974) 247-259

XML: eXtended Markup Language, World Wide Web Consortium, http://www.w3.org/XML/

XP: eXtreme Prgramming, Literatur über XP kann gefinden werden auf: http://www.xprogramming.com

XSLT: eXtensible Stylesheet Language Transformations, World Wide Web Consortium, http://www.w3.org/Style/XSL/

Z: Z notation, formal method, http://www.zuser.org

Sachverzeichnis

A

B

C

G

H

I

J

K

L

M

N

O

P

Q

R

S

T

U

V

W

X

Y

Z

Druck:	Strauss GmbH, Mörlenbach
Verarbeitung:	Schäffer, Grünstadt

GPSR Compliance

The European Union's (EU) General Product Safety Regulation (GPSR) is a set of rules that requires consumer products to be safe and our obligations to ensure this.

If you have any concerns about our products, you can contact us on ProductSafety@springernature.com

In case Publisher is established outside the EU, the EU authorized representative is:

Springer Nature Customer Service Center GmbH
Europaplatz 3
69115 Heidelberg, Germany

Batch number: 10105471

Printed by Printforce, the Netherlands